Lehr- und Handbücher zu Tourismus, Verkehr und Freizeit

Herausgegeben von
Universitätsprofessor Dr. Walter Freyer

Bisher erschienene Werke:

Althof, Incoming-Tourismus
Bieger, Management von Destinationen und
Tourismusorganisationen, 3. Auflage
Dreyer (Hrsg.), Kulturtourismus
Dreyer/Krüger (Hrsg.), Sporttourismus
Dreyer/Dehner, Kundenzufriedenheit im Tourismus
Freyer, Tourismus, 6. Auflage
Freyer, Tourismus-Marketing
Kaspar, Management der Verkehrsunternehmungen
Pompl/Lieb (Hrsg.), Qualitätsmanagement
im Tourismus
Sterzenbach, Luftverkehr

Die Deutsche Bibliothek - CIP-Einheitsaufnahme

Freyer, Walter:
Tourismus : Einführung in die Fremdenverkehrsökonomie / von
Walter Freyer. – 6., überarb. und aktualisierte Aufl. – München ; Wien
: Oldenbourg, 1998
  (Lehr- und Handbücher zu Tourismus, Verkehr und Freizeit)
  ISBN 3-486-24760-3

© 1998 R. Oldenbourg Verlag
Rosenheimer Straße 145, D-81671 München
Telefon: (089) 45051-0, Internet: http://www.oldenbourg.de

Gedruckt auf säure- und chlorfreiem Papier
Druck: Grafik + Druck, München
Bindung: R. Oldenbourg Graphische Betriebe GmbH, München

ISBN 3-486-24760-3

Tourismus

Einführung
in die
Fremdenverkehrsökonomie

Von
Professor
Dr. Walter Freyer

6., überarbeitete und aktualisierte Auflage

R. Oldenbourg Verlag München Wien

Inhaltsverzeichnis

Vorwort zur 6. Auflage

Für die 6. Auflage beschränkten sich die Ergänzungen auf die Aktualisierung einiger zentraler Daten und auf die Beseitigung formaler Fehler. Als Anhang 3 wurde eine Übersicht zur aktuellen Diskussion der Zukunftsforschung und Szenarien im Tourismus aufgenommen.

Vorwort zur 5. Auflage

Für die Neuauflage wurde an der bewährten Grundstruktur der ersten vier Auflagen festgehalten. Allerdings wurden alle Tabellen und Abbildungen auf den aktuellen Stand (Mitte der 90er Jahre) gebracht. Hierfür waren zum Teil umfangreichere Aktualisierungen notwendig, da sich seit der Öffnung der innerdeutschen Grenze und des EG-Binnenmarktes zahlreiche Veränderungen in der Tourismuswirtschaft ergeben haben.

Zudem wurden einige neue Abschnitte und Abbildungen aufgenommen, unter anderem zur Lebensstilforschung und zu den Tourismus-Typologien (2.2), zum Kur- und Bäderwesen (3.7), zu den CRS-Computerreservierungssystemen (3.8), zum modernen Marketing-Management (4.4), zur Fremdenverkehrspolitik (5.) sowie zur Tourismustransformation in Deutschland (Anhang 2).

Neben den zahlreichen praktischen und empirischen Teilen des Buches wurden auch einige Ergänzungen zur Theorie des Tourismus vorgenommen. So wurde insbesondere der gesellschaftliche oder "ganzheitliche" Ansatz der Tourismuslehre aus der 1. Auflage in verschiedenen Kapiteln weiter ausgeführt (u.a. bei 1.4, 4.4 und 5.2). Damit liegt nunmehr ein geschlossenes und durchgängiges Modell der Tourismuswirtschaft für alle Kapitel vor.

Letztlich hat das Buch für die 5. Auflage auch eine neue äußere Gestaltung erhalten, was zur weiteren leserfreundlichen Nutzung beitragen soll.

Für die Mithilfe bei der formalen und inhaltlichen Neugestaltung bedanke ich mich bei meinen Mitarbeitern am Lehrstuhl Tourismuswirtschaft der TU Dresden, besonders bei Herrn Dipl.-Betriebswirt Norbert Tödter, der durch zahlreiche Anregungen und auch neue Systematiken zur Fortentwicklung des Buches beigetragen hat.

Mein weiterer Dank gilt den verschiedenen inhaltlichen Anregungen meiner Kollegen und Kolleginnen an den verschiedenen Tourismushochschulen, v.a. in Dresden, Heilbronn, Gelsenkirchen und München.

Möge das Buch weiterhin den Lesern eine Hilfe auf dem touristischen Weg ins nächste Jahrtausend sein.

Vorwort zur 4. Auflage

Für die 4. Auflage wurde an der bisher bewährten Darstellung festgehalten, es wurden lediglich einige Aktualisierungen vorgenommen und im Anhang einige ergänzende Problembereiche neu mitaufgenommen.

Vorwort zur 3. Auflage

Bereits nach einem knappen Jahr ist infolge des raschen Absatzes eine 3. Auflage erforderlich geworden. Aufgrund der Kürze der Zeit seit Erscheinen der 2. Auflage konnten sich die Änderungen auf einige wenige Aktualisierungen und Ergänzungen beschränken.

Ferner bitte ich die Leser und Nutzer des Buches, auch in Zukunft durch Ihre Anregungen zur weiteren Aktualität beizutragen.

Vorwort zur 2. Auflage

Es ist sehr erfreulich, daß bereits nach so kurzer Zeit eine Neuauflage notwendig wurde.

Ich möchte mich vorrangig bei den Kollegen in den verschiedenen touristischen Ausbildungsinstituten bedanken, die vielfach das Buch in ihren Veranstaltungen verwenden bzw. empfehlen, sowie bei den Vertretern der Tourismuswirtschaft, die ebenfalls durch ihre Anregungen und Hilfe zur Aktualisierung dieser zweiten Auflage beigetragen haben.

Neben einer Aktualisierung der Tabellen und Statistiken, soweit dies nach so kurzer Zeit notwendig und möglich war, wurden in dieser 2. Auflage Änderungen und Ergänzungen vor allem in drei Bereichen vorgenommen:

- Es wurden erste Daten über den EG-Reisemarkt mitaufgenommen (v.a. 2.5 und 3.5.6), der mit der Erweiterung des EG-Binnenmarktes ab 1993 zunehmende Bedeutung auch für die deutsche Tourismuswirtschaft erlangen wird.

- Als Ergänzung zur gesamtwirtschaftlichen Schwerpunktsetzung des Buches wurde in Kapitel 4.4 die betriebswirtschaftliche Marketing-Management-Methode noch ausführlicher behandelt, um damit ebenfalls eine Einführung in das touristische Marketing zu geben.

- Drittens erfolgten einige formale und didaktische Ergänzungen: ein Stichwort- u. Abbildungsverzeichnis wurde angefügt, das Literaturverzeichnis aktualisiert und am Ende jeden Kapitels wurden weiterführende Literaturhinweise mitaufgenommen. Problem- und Wiederholungsfragen nach jedem Kapitel sollen vor allem im touristischen Ausbildungsbereich eine weitere Hilfe sein.

Jahrzehnt der touristischen Turbulenzen

Während in den 80er Jahren die deutsche Tourismuswirtschaft vor allem durch Konsolidierung und Stagnation geprägt war, wird das kommende Jahrzehnt aufgrund der neu entstandenen Situation in Deutschland West und Ost sowie der baldigen Öffnung des EG-Marktes neue Herausforderungen an die Fremdenverkehrswirtschaft stellen. Hierzu bestimmt die vorliegende Analyse der Tourismuswirtschaft (mit dem Stand 1990) den Ausgangspunkt für die 90er Jahre. Sie ist aber auch eine Abschlußdarstellung und Standortbestimmung des Tourismus in der Bundesrepublik Deutschland von 1950 bis 1990. In den nächsten Jahren sind infolge des EG-Binnenmarktes und der DDR-Integration deutliche Veränderungen bei Volumen und Strukturen der deutschen Tourismuswirtschaft zu erwarten

Ohne genaue Kenntnis der tourismusökonomischen Voraussetzungen können die 90er Jahre für weite Bereiche des Fremdenverkehrs zu einem Jahrzehnt der touristischen Turbulenzen werden. Weiterhin bin ich für Anregungen sehr dankbar.

Vorwort zur 1. Auflage

Reisen und die damit verbundenen Erlebnisse zählen für viele Menschen zu den schönsten Momenten ihres Lebens. Doch stellen die persönlichen und gesellschaftlichen Phänomene und Gesetzmäßigkeiten des Reisens nach wie vor eine rätselhafte Angelegenheit dar.

Mehrere Jahre Praxiserfahrung als Geschäftsführer eines mittelständischen Reisebüros und Reise(klein)veranstalters, meine Lehr- und Forschungstätigkeit im Bereich der Wirtschaftswissenschaft an verschiedenen Hochschulen und nicht zuletzt zahlreiche eigene Reisen, haben in mir den Wunsch entstehen lassen, meine Erfahrungen über die Fremdenverkehrswirtschaft in diesem Buch zusammenzufassen.

Die vorliegende Arbeit beschäftigt sich vorrangig mit ökonomischen Aspekten des Tourismus. Dabei wird versucht, die in der Wirtschaftswissenschaft verbreiteten methodischen Vorgehensweisen auf touristische Erscheinungen zu übertragen. Durch diese Konzentration auf die ökonomischen Aspekte des Fremdenverkehrs wird versucht,

- **Ökonomen**, die sich vielfach mit touristischen Problemen zu beschäftigen haben, den Zugang zu touristischen Fragestellungen zu ermöglichen,
- **Nicht-Ökonomen**, von denen viele im Fremdenverkehr tätig sind, den Zugang zur ökonomischen Denkweise zu erleichtern.

Das vorliegende Lehrbuch ist folglich sowohl eine

- **Einführung in die Fremdenverkehrslehre** (mit ökonomischer Schwerpunktbildung) als auch eine
- **Einführung in ökonomisches Denken**, Arbeiten, Analysieren und Argumentieren.

Die Betrachtung erfolgt schwerpunktmäßig aus **gesamtwirtschaftlicher Sicht** und marktbezogen. Sie stellt somit eine **Ergänzung** zur bisherigen betriebswirtschaftlichen Schwerpunktbildung in der Fremdenverkehrslehre dar.

Das Buch wendet sich

- an alle **Praktiker** der Fremdenverkehrswirtschaft, die etwas mehr über die Hintergründe ihres täglichen Geschäftes und die Grundstruktur der deutschen Tourismusmärkte wissen wollen,
- als Lehrbuch an **Studierende und Auszubildende**, die Zugang zu ihrem neuen Berufsfeld finden wollen und von Anfang an etwas über den eigenen Betrieb hinaus schauen möchten,
- als Informationsquelle an alle **Reisenden**, die von der Tourismuswirtschaft die Erfüllung ihrer Träume erhoffen und oftmals enttäuscht sind, daß sie nur "vermarktet" werden.

Es wird nicht der Anspruch erhoben, vollkommen neue Erkenntnisse über touristische Phänomene vorzulegen. Über weite Strecken ist die vorliegende Arbeit vor allem eine Zusammenstellung und Systematisierung vorhandener Aussagen aus den verschiedensten Bereichen, wenn auch an manchen Stellen ergänzt um eigene Sichtweisen und Schwerpunktsetzungen.

Das Buch ist mit einer einfachen Grundstruktur aufgebaut. Es verwendet den zentralen Bezugspunkt der Ökonomie, den **Markt**, und betrachtet - nach einer kurzen **Einführung** in das Phänomen des Reisens (in Teil 1) - nacheinander die **Nachfrager** (Teil 2), **Anbieter** (Teil 3), ihr "Zusammentreffen" auf **Märkten** (Teil 4), den Versuch des Staates und anderer Institutionen, das Marktergebnis entsprechend ihrer Zielvorstellungen zu beeinflussen (**Fremdenverkehrspolitik**, Teil 5) und gibt in Teil 6 eine allgemeine Einschätzung der **Bedeutung** des Tourismus aus verschiedenen Blickwinkeln.

Teil 1
Ausgangspunkte des Reisens

1.1 Vom "Reisen" zum "Tourismus"

Fremdenverkehr umfaßt den nationalen und internationalen Reiseverkehr, d.h. Verkehr von Reisenden (oder Touristen) zwischen Heimatort und Reiseziel, den vorübergehenden Aufenthalt (Orts-)Fremder am Ziel- oder Fremdenverkehrsort sowie die Organisation der Reisevorbereitung am Heimatort.

Das Phänomen des Reisens wird im Deutschen vor allem durch den international geläufigeren Begriff **"Tourismus"** beschrieben. Er wird üblicherweise identisch verwendet mit den Bezeichnungen "Touristik", "Fremdenverkehr" und "Reiseverkehr". Die **Fremdenverkehrslehre** beschäftigt sich - in einer weiten Fassung - mit der Gesamtheit der Beziehungen und Erscheinungen, die im Zusammenhang mit Reisen stehen. Bei enger Abgrenzung werden nur Teilaspekte davon berücksichtigt. So interessiert sich die **ökonomische Fremdenverkehrslehre** vor allem für die wirtschaftlichen Aspekte des Reisens; diese umfassen insbesondere die Organisation und Finanzierung von Reisen und der damit beschäftigten Betriebe.

Im Lauf der Zeit hat sich der Inhalt der verschiedenen allgemeinen Begriffsdefinitionen zum Tourismus und Fremdenverkehr nur wenig geändert. In Abb. 1-1 finden sich einige Beispiele solcher Definitionen, wobei die von SCHULLERN ZU SCHRATTENHOFEN als eine der ersten, die von MORGENROTH als die in den Anfangsjahren der Fremdenverkehrslehre verbreitetste und die der AIEST, die auf HUNZIKER/KRAPF zurückgeht, als die heutzutage am häufigsten verwendete Definition angesehen werden kann.

Fremdenverkehr ist der Begriff all jener und in erster Reihe aller wirtschaftlichen Vorgänge, die sich im Zuströmen, Verweilen und Abströmen Fremder nach, in und aus einer bestimmten Gemeinde, einem Lande, einem Staate betätigen und damit unmittelbar verbunden sind. (Hermann von SCHULLERN ZU SCHRATTENHOFEN 1911)

Im engsten Sinne ist als Fremdenverkehr der Verkehr der Personen zu begreifen, die sich vorübergehend von ihrem Dauerwohnsitz entfernen, um zur Befriedigung von Lebens- und Kulturbedürfnissen oder persönlichen Wünschen verschiedenster Art anderwärts, lediglich als Verbraucher von Wirtschafts- und Kulturgütern zu verweilen. (MORGENROTH 1927)

Summe der Beziehungen zwischen einem am Orte seines Aufenthaltes nur vorübergehend befindlichen Menschen an diesem Ort. (GLÜCKSMANN 1935)

Fremdenverkehr ist somit der Inbegriff der Beziehungen und Erscheinungen, die sich aus dem Aufenthalt Ortsfremder ergeben, sofern durch den Aufenthalt keine Niederlassung zur Ausübung einer dauernden oder zeitweilig hauptsächlichen Erwerbstätigkeit begründet wird. (AIEST 1954)

Abb. 1-1 Fremdenverkehr im Wandel der Zeit (Quellen: siehe ARNDT 1978)

All diese Definitionen erscheinen sehr abstrakt und weit gefaßt, ihnen fehlt der Bezug zu historischen, geographischen und gesellschaftlichen Situationen. Doch ist dies ein Problem fast aller allgemeiner Definitionen und kann an dieser einleitenden Stelle, bevor die verschiedenen Teilaspekte des Tourismus eingehend beleuchtet worden sind, nicht genauer gefaßt werden. Doch einige weitere allgemeine Aspekte zu Begriff und Inhalt von Tourismus und Tourismuslehre sollen im folgenden noch erläutert werden.

Praktiker sowie Wissenschaftler im Bereich des Fremdenverkehrs beschäftigen sich vorwiegend mit folgenden drei Teilbereichen des Tourismus, die entsprechend als die **"konstitutiven Elemente des Fremdenverkehrs oder Reisens"** bezeichnet werden können:

- mit dem **Ortswechsel** von Personen, der über den normalen Aufenthaltsort hinausgeht und an einen "fremden" Ort führt; dieser Ortswechsel erfolgt mit verschiedenen **Transportmitteln.**

- mit dem **Aufenthalt** am fremden Ort, der in der Regel in Hotels oder der sogenannten Parahotellerie, zum Teil in Privatunterkünften bei Freunden und Bekannten, erfolgt. Dieser Aufenthalt ist **vorübergehend**, der Reisende hat die Absicht, nach Stunden, Tagen, Wochen oder Monaten zurückzukehren.

- mit den **Motiven** des Ortswechsels, also der Frage, **warum** gereist wird.

Je nach Fragestellung werden bei diesen Bereichen vorrangig ökonomische, soziologische, psychologische, juristische oder andere Aspekte genauer untersucht.

Nicht bei allen Untersuchungen besteht Einigkeit über Begriff sowie Inhalt und Gegenstand der touristischen Untersuchung. Unterschiede bestehen vor allem bezüglich

- der **Reisedauer**: so sind Reisen mit einer Dauer von mindestens 5 Tagen (4 Übernachtungen) bis zu einem Jahr meist, Kurzreisen (Dauer: 2 - 4 Tage) gelegentlich und Tagesausflüge (ohne Übernachtung) selten in touristischen Untersuchungen (und Statistiken) enthalten.

- der **Entfernung**: es werden vor allem Reisen ins In- und Ausland, in die nähere Umgebung sowie am Ort unterschieden, wobei nur selten alle vier Aspekte in entsprechenden Beiträgen behandelt werden.

- der **Motivation**: hier bestehen vor allem unterschiedliche Auffassungen, inwieweit neben Urlaubsreisen noch andere Reisearten, vor allem Geschäftsreisen, in touristischen Untersuchungen enthalten sein müssen.

Darauf aufbauend wird normalerweise als Fremdenverkehr oder Tourismus (auch als Reiseverkehr) betrachtet (vgl. Abb. 1-2):

Die **Urlaubsreise**, die meist zwischen 1 und 4 Wochen dauert, der Erholung dient und außerhalb des ständigen Wohnortes verbracht wird. Urlaubs- oder Erholungsreisen werden um ihrer selbst Willen durchgeführt, die Fahrt und der Aufenthalt am Ort werden "verbraucht, konsumiert" - sie dienen der (privaten) Erholung und dem Lustgewinn.

Davon unterschieden wird die **Geschäftsreise**, meist weiter unterteilt nach Kongreß-, Tagungs- oder Messereise, die in der Regel von kürzerer Dauer ist, aber auch alle Gebiete als Ziel haben kann. Geschäftsreisen sind in vielen Statistiken und Untersuchungen zum Fremdenverkehr nicht enthalten oder extra ausgewiesen. Geschäftsreisen dienen der Herstellung bzw. dem Absatz der Produkte einer

Unternehmung, sie stellen einen entsprechenden Kostenfaktor für den Betrieb dar. Für den (Geschäfts-) Reisenden selbst sind sie Arbeit(-sleistung) und nur - lästiges oder angenehmes - Mittel zum Zweck, zum (erfolgreichen) Geschäftsabschluß. Private Interessen stehen im Hintergrund, auch wenn Geschäftsreisen meist auch mit allgemeinen touristischen Aktivitäten, gelegentlich auch mit anschließendem Urlaub verbunden werden, also auch Elemente der Erholungsreise aufweisen.

Abgrenzung nach				
Motivation				
-Motiv	Geschäft	Gesundheit	Erholung	Studium, Arbeit, Auswandern
-Bezeichnung	Geschäfts-tourismus	Kurtourismus	Urlaubs-, Erholungs-tourismus	Studien-, Auswanderungs-tourismus, Arbeitsaufenthalte
Dauer				
-Tage	1	1–5/2–4	6–30/45 über 30/45-1 Jahr	über 1 Jahr
-Übernachtungen	0	1–4/1–3	5–30/45	
-Bezeichnung	Tagesausflug	Kurzfristiger Tourismus	Erholungs- Langfristiger tourismus Tourismus	Daueraufenthalt
Zielort				
-Entfernung	(Heimat-)Ort	nähere Umgebung	Inland Ausland Kontinent, Transk.	zum Arbeitsplatz kleiner Grenzverkehr
-Bezeichnung	Stadttourism.	Nahtourismus	Inlandst. Auslandstour., Fernt.	(Berufs-)Pendler
	wird nur teilweise dem Tourismus zugerechnet (touristischer Randbereich)		wird (fast) immer unter Tourismus verstanden (touristischer Kernbereich)	wird nicht dem Tourismus zugerechnet

Abb. 1-2   Arten und Formen des Tourismus, (Fremden-, Reiseverkehrs)

Hauptgründe für die Abgrenzung dieser beiden Reisearten liegen vor allem im theoretischen Bereich der Fremdenverkehrslehre (vgl. auch 1.4.4):

Anlaß, Ziel, Durchführung und Finanzierung von Geschäftsreisen unterscheiden sich deutlich von Urlaubsreisen und werden daher getrennt untersucht. Wissenschaftlich wird diese Problematik unter der Fragestellung diskutiert, ob Fremdenverkehr "rein konsumorientiert", wie die Urlaubsreise, oder auch "investiv", wie die Geschäftsreise, die auch erwerbswirtschaftliche Motive miteinbezieht, ist.

Weniger Beachtung in touristischen Untersuchungen finden Ausflugsverkehr, Stadt-, Kurtourismus und Verwandten-/Bekanntenbesuche.

Nicht dem Fremdenverkehr/Tourismus zugerechnet werden Einwanderungs-, Umsiedler-, Auswandererverkehr, militärische Truppenbewegungen sowie Dauer-, Arbeits- oder (langfristiger) Studienaufenthalt sowie Fahrten zum Arbeitsplatz.

Diese Grobbestimmung soll an dieser einführenden Stelle als Vorverständnis genügen, im folgenden werden weitere Ergänzungen und Erläuterungen gegeben.[1]

---

1   Vgl. auch die weiterführenden Literaturhinweise zur Begriffsdiskussion unter 1.5 sowie zur Begriffsproblematik "Tourismus, Fremdenverkehr, Touristik" im Anhang 1.

(Zwischen-)Fazit:

Weiter Tourismusbegriff:
Tourismus umfaßt alle Erscheinungen, die mit dem Verlassen des gewöhnlichen Aufenthaltsortes und dem Aufenthalt am anderen Ort verbunden sind.

Engere Tourismusbegriffe:
Sie grenzen Tourismus vor allem hinsichtlich der Zeit/Reisedauer, des Ortes/der Entfernung und der Motive des Ortswechsels und der wissenschaftlichen Schwerpunktsetzung ein.

Touristischer Kernbereich:
Bei allen Tourismusdefinitionen ist die - mindestens - mehrtägige Urlaubs- oder Erholungsreise enthalten (touristischer Kernbereich). Uneinigkeit besteht vor allem, ob z. B. Geschäftsreisen (Motiv), Tagesreisen (Zeit), Ausflugsreiseverkehr (Entfernung), Studien- und Arbeitsaufenthalte (nicht vorübergehend) usw. zum Tourismus zu rechnen sind.

1.2 Entwicklung des Reisens

1.2.0 Vorbemerkung

(Reisen und) Tourismus in der heutigen Form ist ein relativ junges Phänomen, allerdings mit einigen älteren Wurzeln. Über diese Wurzeln und damit über die Geschichte des Reisens ließe sich unendlich viel, vor allem glossarisch, schreiben[1]:

Man könnte - wie es der geschichtlichen Betrachtung geziemt [2] - sicher mit der Vertreibung aus dem Paradies als erste - erzwungene - "Reise" beginnen, denn im zuvor erwähnten Sinne (vgl. Teil 1.1) war dies sicher "ein Ortswechsel", der "Aufenthalt an einem fremden Ort" war "vorübergehend" und selbst das Motiv "des Erholens und Vergnügens" war wohl vorhanden. Weiter könnte eine solch historische Interpretation über frühgeschichtliche (Völker-)Wanderungen, Pilgerreisen, Kreuzzüge und Entdeckungsreisen bis zum heutigen Massen- und Rucksacktourismus führen, um nur einige der verschiedenen Etappen zu nennen.

Eine einheitliche Vorgehensweise und Behandlung der historischen Aspekte des Reisens besteht nicht. Die Hauptschwierigkeit bei einem geschichtlichen Überblick besteht in der unterschiedlichen Entwicklung in den einzelnen Ländern und der damit verbundenen Beurteilung des "Welttourismus" und "lokalen Tourismus." Sicher ist auf einige dieser Formen einzugehen, um das heutige "Phänomen des Reisens" besser zu verstehen; doch es existieren so zahlreiche gute geschichtlich orientierte Tourismusbeiträge, daß hier einige überblickhafte Ausführungen genügen.

Im folgenden wird der Versuch unternommen, die vielen Formen und Aspekte geschichtlichen Reisens kurz und überblickhaft in einer Systematik darzustellen. Hauptaugenmerk wurde dabei auf **veränderte Formen** des Reisens sowie die **Entwicklung in Deutschland** gelegt.

---

1   Vgl. als Beiträge zur Geschichte des Reisens die Literaturhinweise in Abschnitt 1.5.
2   Fast alle Autoren, die sich mit der Geschichte des Reisens beschäftigen, sind bemüht, den ersten Reisenden ausfindig zu machen, z. B. SCHOLZ 1984: "Organisierte Hannibal die erste Abenteuerreise?"

Es lassen sich vor allem **vier Epochen** des Reisens unterscheiden, die jeweils geprägt waren durch Unterschiede

- in der Wahl des vorherrschenden **Transportmittels**: von den Beinen über das Pferd zu Dampflok und Dampfschiff, dann über die Auto-Straße ab in die Lüfte,

- in der **Reisemotivation**: von der Reise-Notwendigkeit hin zum Selbstzweck (Bildung, Kur, Erholung, Regeneration), vom Luxus- zum Grundbedürfnis,

- in der **Teilnehmerzahl und -schicht**: von der Elite über die Neue Mittelklasse des Industriezeitalters und die Wohlhabenden des beginnenden 20. Jahrhunderts hin zur Masse.

Diese Epochen werden bezeichnet als

(1) Die **Vorphase**, sie umfaßt die Zeit bis ca. 1850 (in England)
(2) Die **Anfangsphase**, von 1850-1914
(3) Die **Entwicklungsphase**, von 1914-1945
(4) Die **Hochphase**, ab 1945

Epoche	Zeit	Transportmittel	Motivation	Teilnehmer
Vorphase	bis 1850	zu Fuß zu Pferd Kutsche z.T. Schiff	Nomaden Pilgerreise Kriegszüge Geschäft Entdeckung Bildung	Elite: Adel, Gebildete, Geschäftsleute
Anfangsphase	1850–1914	Bahn (Inland) Dampfschiff (Ausland)	Erholung	Neue Mittelklasse
Entwicklungsphase	1914–1945	Bahn Auto, Bus Flug (Linie)	Kur, Erholung Kommerz	Wohlhabende Arbeiter (KdF)
Hochphase	ab 1945	Auto Flug (Charter)	Regeneration Erholung, Freizeit	alle Schichten (der Industrieländer)

Abb. 1-3   Epochen des Tourismus

1.2.1 Die Vorphase (bis ca. 1850)

Wie zuvor erwähnt: es begann mit der Vertreibung aus dem Paradies - gereist wurde schon immer. Doch die heutige Fremdenverkehrslehre erkennt die ersten Reisenden nicht als Touristen an: den damaligen Reisenden fehlte die "richtige" Motivation: Reisen bereitete kein Vergnügen, die Fahrten wurden nicht um ihrer selbst Willen durchgeführt, sie waren **nicht Selbstzweck**. Im Gegenteil: die Reise selbst war meist beschwerlich, ein notwendiges, anstrengendes Übel, lediglich Mittel zum Zweck. Hauptmotivation(en) war(en) Handel und Geschäft, Entdeckungs- und Eroberungsdrang, Forschungsinteressen, Bildung, Religion.

Als **Anfangsformen** des Reisens sind zu nennen:

- Bereits bei den Phöniziern und Römern ausgedehnte Handelsreisen,
- in der Antike Reisen zu Heilquellen oder zur Bildung,
- ab dem 11. Jahrhundert die "Fahrenden": Vagabunden, Minnesänger, Troubadoure,
- Im Mittelalter Reisen zur Vervollkommnung der Erziehung,
- Reisen/Wanderschaft der Handwerksgesellen,
- Wallfahrten, Pilgerreisen und Kreuzzüge aus religiösen Gründen,
- Raubzüge und Kriege aus Macht- und Eroberungsdrang,
- Entdeckerfahrten, z. B. Marco Polo usw.,
- die Grand Tour im 17. und 18. Jahrhundert,
- Badereisen im 18. Jahrhundert usw.

Reisen in dieser Vorphase war langsam und beschwerlich, die Straßen waren meist nur Feldwege. Die Reise erfolgte vor allem zu Fuß, zu Pferd oder mit der Kutsche oder - bei den Seefahrernationen - mit dem Schiff. Es galt zumeist das Prinzip "one man one vehicle" (BURKART/MEDLIK 1975: 7). Die Reisegeschwindigkeit betrug anfänglich 5 bis 7 km in der Stunde, was einer täglichen Reisestrecke von selten mehr als 25 bis 60 km entsprach. Reisen war das Privileg bzw. die Aufgabe von Minoritäten. Neben den Geschäftsleuten waren es vor allem der Adel und später finanzkräftige Bürger, die reisten. Die Masse der Bevölkerung "erfuhr" von diesen Reisen anfangs durch Geschichtenerzähler, später durch Reise- und Abenteuerbücher und Artikeln in Zeitungen und Illustrierten.

"Spielleute, Gaukler, Possenreißer, Feuerfresser, Seiltänzer, Taschenspieler, Bärenführer und Marktschreier, Wunderdoktoren, die ihre selbstgebrauten Säfte, Pillen und Kräutersegen anboten, Zahnbrecher, Starstecher und Bader, die auch das Aderlassen und Schröpfen besorgten, Kleinkrämer, Scherenschleifer und Kesselschmiede. Sie musizierten, zeigten Kunststücke, verkauften Heilung und wertlosen Tand, erzählten burleske Schwänke, Sagen und gar schreckliche Geschichten und brachten gern gesehene Abwechslung in den Alltag. Zu diesen auf Europas Straßen Heimischen gehörten aber auch Bettler, Invaliden, Deserteure und entlaufene Leibeigene, Landstreicher und Straßenräuber, die Entwurzelten der Feudalgesellschaft." (LÖSCHBURG 1977: 34)

Erst den jungen Adligen des 17. und 18. Jahrhunderts wird teilweise der Status der "Vorläufer" oder - wie KNEBEL formuliert - als "Fossil" (1960: 12) des Touristen zugestanden, da neben dem Bildungsmotiv endlich auch Vergnügen eine bedeutende Rolle spielte. Ihre Grand Tour erfolgte nach der Ausbildung und sollte die jungen Adligen vor dem Eintritt ins Berufsleben mit fremden Kulturen vertraut machen. Sie dauerte meist 2 bis 3 Jahre und führte - bei den englischen Adligen - von London über Paris meist nach Italien (vgl. Abb. 1-4[1]).

---

1 Hier sind aufgrund einer Auswertung von früheren Reisebeschreibungen die damaligen Touren eingetragen (vgl. TOWNER 1985).

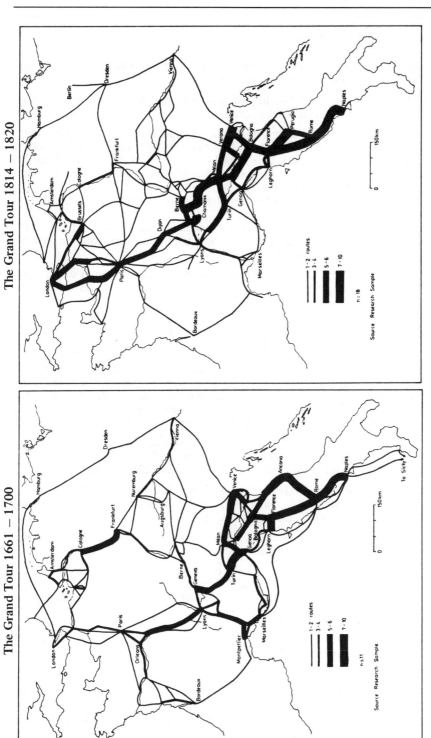

Abb. 1-4   Der Verlauf der Grand Tour (aus: TOWNER 1985: 302f)

1.2.2 Die Anfangsphase (1850 - 1914)

Die eigentliche Anfangsphase des neuzeitlichen Tourismus beginnt im 19. Jahrhundert. Sie ist besonders geprägt von/vom

*   Ausbau des **Post- und Nachrichtenwesens**; für das Liniennetz der Post werden unter anderem die Straßen ausgebaut.

*   der Entwicklung und Verbesserung des **europäischen Verkehrswesens**: nach Erfindung und Einführung des Dampfschiffs (R. FULTON 1807) und der Eisenbahn (G. STEPHENSON 1814) wurde innerhalb von knapp 100 Jahren das deutsche Eisenbahnnetz so ausgebaut, daß es von fast allen Orten binnen weniger Stunden erreicht werden konnte.
    Mit dem Ausbau der Eisenbahn erhöhten sich die Transportkapazitäten und sanken entsprechend die Reisekosten.
    Die großen deutschen Schiffahrtsgesellschaften hatten ab Mitte des 19. Jahrhunderts die Schiffskapazitäten als Spekulation auf eine Auswanderwelle nach Übersee stark ausgeweitet.

*   höherem Wohlstand durch die Industrialisierung, unter anderem wurde auch erstmals Urlaub gewährt (1873 Reichsbeamtengesetz), wenn auch ohne Bezahlung und Rechtsanspruch.

Die **erste Pauschalreise** wurde am 5.7.1841 von Thomas Cook veranstaltet, als Bahnreise in England von Leicester ins 10 Meilen entfernte Loughborough, Hin- und Rückfahrt mit Tee, Rosinenbrötchen und Blasmusik für 1 Schilling.

Zwar war diese erste Reise weniger kommerziell orientiert, sondern eher eine sozial-gemeinnützige Veranstaltung: Thomas Cook war der Vorsitzende einer Abstinenzlervereinigung. Um die Menschen vom Laster des Alkohols abzulenken, eventuell auch um neue Mitglieder zu gewinnen, organisierte Cook diesen Bahnausflug (mit Nebenleistungen), an dem 570 Personen teilnahmen.

In **England** prosperierte dieses neue Geschäft sehr schnell: innerhalb von zehn bis zwanzig Jahren entwickelte sich eine neue (Reise-)Branche, die mit Handzetteln, Plakaten und ab 1862 mit richtigen Reisekatalogen warb.

Reiseziele waren anfänglich innerenglische Orte und Gebiete. Vor allem entwickelte sich in dieser Zeit der englische Badetourismus. Bald folgten Reisen nach Kontinentaleuropa und auch nach Übersee.

In **Deutschland** entwickelte sich der Tourismus erst etwas später und auch mit einigen eigenständigen Formen. Stationen waren:

Um 1800	wurden die ersten deutschen Seebadeanstalten in Heiligendamm, Norderney und Travemünde eröffnet
1801	wurde als erstes Großhotel der "Badische Hof" in Baden-Baden eröffnet
1857	Gründung des Norddeutschen Lloyd
1863	wurde das erste deutsche Reisebüro in Breslau eröffnet: Reisebüro Stangen, das später nach Berlin verlegt wurde. Stangen veranstaltete 1869 eine Gesellschaftsreise zur Eröffnung des Suez-Kanals und 1878 die erste Weltreise
um 1900	Vergnügungsreisen zu Schiff als Folge der - zuvor erwähnten - Überkapazitäten der Schiffahrtsgesellschaften (da die Auswanderwelle nicht wie erhofft eingesetzt hatte - dafür begann aber die erste Reisewelle).

Abb. 1-5   Reiseangebote aus der Anfangszeit
(aus: Stangens illustrierte Reise- und Verkehrszeitung vom 15.2.1895)

Die deutschen Arbeiter hatten finanziell und organisatorisch nicht die Möglichkeit zu ähnlichen Reisen wie in England, lediglich Beamte und Angestellte reisten. In Deutschland hat sich vor allem die **Sommerfrische** als typische Reiseform herausgebildet. Die Sommerfrische lag meist nicht weit von der Stadtwohnung, häufig in den deutschen Mittelgebirgen. Man fuhr stets in den gleichen Ort und in die gleiche Unterkunft. Die Anreise erfolgte meist mit der Bahn. Die Form der Unterkunft war kleinbürgerlich-provinziell, bescheiden, rustikal, mit Familienanschluß. Bei den wohlhabenderen Familien dauerte die Sommerfrische meist von Ende Juni bis Anfang September, abhängig von den Schul-, Semester- und/oder Gerichtsferien.

1.2.3 Die Entwicklungsphase (1914 - 45)

Einen weiteren Einschnitt erhielt der Tourismus durch den 1. Weltkrieg: einerseits kam es zu einem vorübergehenden Versiegen der Touristenströme mit den entsprechenden finanziellen Problemen für die Fremdenverkehrseinrichtungen, andererseits wandelte sich auch die Nachfragestruktur: die bisher vorherrschend vermögenden Bevölkerungsschichten verkleinerten sich und eine neue Schicht nahm nach dem Weltkrieg am Tourismus teil.

In Deutschland entwickelte sich nach den Krisenjahren des 1. Weltkrieges und der Zeit danach langsam wieder der zuvor geschilderte Sommerfrischler-Tourismus, der sozialen Lage angepaßt, bodenständig und bescheiden. Zunehmend reisten mittlere und gehobene Angestellte, erst in den späten 20er Jahren gesellten sich kleiner Angestellte und Arbeiter hinzu. - Nach der Novemberrevolution 1918 wird in der Weimarer Republik eine erste Urlaubsregelung (zwischen 3 und 6 Tagen) eingeführt.

Neue Formen erhielt das Reisen in Deutschland infolge des Nationalsozialismus: es kam zur organisierten Urlaubs- und Freizeitgestaltung mit Hilfe der national-sozialistischen Organisation **Kraft durch Freude (KdF)**. 1933 war ein Reichs-ausschuß für Fremdenverkehr gegründet worden, der dem Reichsminister für Volksaufklärung und Propaganda unterstand. Es wurden staatlich organisierte Reisen (Wanderungen, Zugreisen, Kreuzfahrten) zu niedrigen Preisen angeboten (Beispiel: 8 Tage Ostseeurlaub inklusive Transport, Unterkunft und Verpflegung kosteten 32.- Reichsmark, bei ca. 150.- Reichsmark Monatsverdienst der Teil-nehmer). Hohe Auslastung der Transport- und Beherbergungskapazitäten ließen einen ersten deutschen Reiseboom entstehen: von 2,3 Mio. Reisen 1934 stiegen die Zahlen auf 5 Mio. (1935), 9,6 Mio. (1937) bis 10,3 Mio. (1938).

Am Anfang war das Führerwort als Auftrag:

"Ich will, daß dem Arbeiter ein ausreichender Urlaub gewährt wird und daß alles geschieht, um ihm diesen Urlaub sowie seine übrige Freizeit zu einer wahren Erholung werden zu lassen. Ich wünsche das, weil ich ein nerven-starkes Volk will, denn nur allein mit einem Volk, das seine Nerven behält, kann man wahrhaft große Politik machen." (PRAHL/STEINECKE 1981: 160)

Mit Beginn des 2. Weltkrieges erhielt die Vergnügungsreisetätigkeit einen jähen Einbruch.

1.2.4 Die Hochphase (ab 1945)

Die heutige Form des Reisens wird Gegenstand der weiteren Ausführungen sein. Sie wird üblicherweise als **Massentourismus** (nach Anzahl der Reisenden) be-zeichnet. Geeigneter erscheint die Bezeichnung **organisierter** oder **institu-tionalisierter Tourismus**: "sowohl bei staatlichen Stellen als auch im ökonomi-schen und sozialen Leben ist der Tourismus zu einem festen Bestandteil geworden" (FREYER 1983: 17) - er hat sich institutionalisiert und wird mit modernen betriebs-wirtschaftlichen Methoden "produziert" und vermarktet: Normung der Reiseziele, Montage der Sehenswürdigkeiten und Serienfertigung von Gesellschaftsreisen.

Sie begann in den Jahren nach dem 2. Weltkrieg und ist eng verbunden mit dem wirtschaftlichen (Wieder-)Aufschwung in den westlichen Industrienationen: höhere Einkommen, mehr Freizeit und entwickelte Kommunikations- und Transportmittel waren wichtige Voraussetzungen (siehe genauer Teil 1.3). Anfänglich überwogen Bus- und Bahnreisen, danach entwickelte sich verstärkter Autotourismus und als nächste Station kamen die ersten Charterflüge. Jährlich findet eine regelrechte Völkerwanderung in die Urlaubsgebiete statt. Autolawinen, Düsen-Jets und überfüllte Urlaubsregionen prägen das Bild der heutigen Reise- und Urlaubs-gesellschaften. Einige wichtige Stationen des modernen Nachkriegstourismus in der Bundesrepublik Deutschland waren:

1947	DER-Deutsches Reisebüro GmbH gegründet (als Nachfolger der früheren MER-Mitteleuropäisches Reisebüro GmbH)
1955	Erste deutsche Charterfluggesellschaft gegründet: die Deutsche Flugdienst GmbH

1956	Erstes TOUROPA-Prospekt: Destinationen Mallorca (1600 Fluggäste - von gesamt 1800 im Jahr 1956), Teneriffa, Ägypten, Israel; Fluggerät: Vickers Viking (36 Plätze)
1962	Der "Kaufhaustourismus" beginnt: 1962 Touristikabteilung von Quelle-Reisen, 1964 NUR-Neckermann und Reisen, 1967/68 TUI-Touristik Union International entsteht.

1.2.5 Die Zukunft: Zwischen Stagnation und Expansion

Eine längerfristige Einschätzung des Tourismusbereiches erscheint vor allem durch vier verschiedene Trends gekennzeichnet zu sein:

* Grenzen des touristischen Wachstums
* Technischer Fortschritt
* Verdrängungswettbewerb
* Neue Reiseziele und -formen

(1) Grenzen des touristischen Wachstums

Die Fülle der verschiedenen Aussagen und Prognosen zum heutigen und zukünftigen Reisevolumen erscheint für Außenstehende auf den ersten Blick verwirrend. So liest man in relativ kurzen Abständen sowohl von "starker Expansion" des Tourismus als auch von "rückläufigen Buchungszahlen". Hauptgrund für diese Verwirrung ist eine unterschiedliche Auswertung der vorliegenden Daten bzw. unterschiedliche Betrachtungszeiträume der jeweiligen Einschätzung. Löst man sich von der Tagesdiskussion der Tourismusbranche, die meist nur einen Planungshorizont von einem Jahr aufweist, so zeigen sich doch relativ fundierte und allgemein akzeptierte Trends:

* **Weltweit** rechnet man bis zum Jahr 2000 mit durchschnittlich weiterhin etwa 5 % Wachstum im **internationalen** Reiseverkehr. Allerdings sind diese Zahlen für die nationalen Tourismusplaner nicht sonderlich aussagekräftig, da hier lediglich der **zwischenstaatliche** Reiseverkehr betrachtet wird; das nationale Reiseaufkommen bleibt bei diesen Prognosen unberücksichtigt.

* In der **Bundesrepublik** läßt sich nach den fast durchgängig zweistelligen Zuwachsraten im Reisesektor in den 60er und 70er Jahren eine deutliche Stagnation auf dem erreichten hohen Niveau feststellen. Dies ist an den unterschiedlichsten Indikatoren für das Reiseverhalten zu sehen. Betrachtet man beispielsweise die Reiseintensität (Anteil der Reisenden an der Gesamtbevölkerung, vgl. Abschnitt 2.4.4), so hat sich diese seit ca. 10 Jahren bei ziemlich konstant 55 % eingependelt. Auch in den nächsten Jahren ist nicht zu erwarten, daß wesentlich mehr - aber auch nicht weniger - Bundesbürger verreisen werden.

Auch hinsichtlich der **Inlands- und Auslandsreisetätigkeit** der deutschen Bevölkerung zeigen sich seit einigen Jahren deutliche Stagnationstendenzen: Betrachtet man die **Auslandsreisetätigkeit** der Deutschen, so war sie bis Ende der 70er Jahre durch deutliche Zuwachsraten, von zumeist 10 %, gekennzeichnet. Seit 1980 stagniert die Auslandsreisetätigkeit, sie ist zum Teil sogar rückläufig. Die **Inlandsreisetätigkeit** ist - entgegen allen anderen Meldungen - **nicht rückläufig**, sondern besitzt seit 10 bis 20 Jahren ein ziemlich konstantes **absolutes** Niveau, mit leichten ein- bis zweiprozentigen, Zuwachsraten. Die in den Medien verwirrenden Berichterstattungen über die (rückläufige) Entwicklung der bundesdeutschen Inlandsreisetätigkeit bezieht sich auf die **relativen** Anteile von Inlands- und Auslandsreisen am Gesamtvolumen. Hier ist der Anteil der Inlandsreisen von ca. 60 % in den 60er Jahren auf 30 bis 40 Prozent in den 80er und 90er Jahren zurückgegangen.

Dieser Stagnation oder leichten Rückläufigkeit auf hohem Niveau steht lediglich **ein Trend entgegen,** der ein höheres Reiseaufkommen erhoffen läßt: Es sind veränderte Arbeitszeiten, mehr Freizeit und ein verändertes Freizeitverhalten. Zwar wird ein Teil der vermehrten Freizeit in **passive** Freizeitaktivitäten umgesetzt (Video, Fernsehen), doch erhofft sich die Touristikbranche daraus auch eine erhöhte Reisetätigkeit. Dies kann sich darin zeigen, daß die Deutschen mehrmals im Jahr Urlaub machen, vermehrt Kurzreisen, aber auch zunehmend Ausflüge in die Naherholungsgebiete, unternehmen.

Die Veränderung der Grenzen in Deutschland und in Osteuropa gegen Ende der 80er Jahre sowie die Schaffung des EG-Binnenmarkt ab 1993 stellen neue Herausforderungen an die deutsche und europäische Tourismuswirtschaft, wobei Tendenzen nur schwer vorhersehbar sind. Neben einer verstärkten internationalen Ausrichtung der Tourismuswirtschaft sowie der notwendigen internationalen Anpassungen im Arbeits-, Reise- und Steuerrecht zeigten sich bis Mitte der 90er Jahre keine wesentlichen Veränderungen der Reiseströme.

(2) Technischer Fortschritt

Der zunehmende technische Fortschritt, der fast alle Bereich des privaten und geschäftlichen Lebens durchdringt, wirkt sich auch auf die Tourismusindustrie aus. Dies ist zum einen das Transportwesen, wo immer leichteres, schnelleres, weiteres Reisen ermöglicht wird. Kürzere Reisezeiten und billigere oder gleichbleibende Transportkosten werden in den nächsten Jahren auf die Reisebranche zukommen. Es ist zu vermuten, daß im Jahr 2000 in drei Stunden der Atlantik überquert wird oder/und daß in fünf Stunden die Bahn von München nach Hamburg fahren kann. Großraumflugzeuge und bessere Energieausnutzung werden die Transport kosten, trotz voraussichtlich steigender Energiekosten, nicht verteuern. Reisen wird schneller, weiter und billiger möglich sein (vgl. Abb. 1-6).

Technischer Fortschritt bedeutet aber auch im Bereich der Bürokommunikation für die Tourismusindustrie neue Reservierungs- und Beratungsmethoden: START, Btx, EDV, Video, Bildplatten, CD-ROM usw. bei Buchung und Kundenberatung gewinnen zunehmend an Bedeutung (vgl. FREYER 1987b). Nur wer diese neuen technischen Trends rechtzeitig für sein Unternehmen nutzt, wird in den nächsten Jahren im Bereich der Tourismusindustrie konkurrenzfähig bleiben.

(3) Verdrängungswettbewerb

In der Zeit der touristischen Wachstumsphase in den 60er und 70er Jahren hat sich von seiten der Tourismusanbieter eine enorme Ausweitung ergeben: neue Hotels, neue Reiseveranstalter und Reisebüros und ein erhöhtes (und verbessertes) Transportangebot waren die Folge(n). Doch wie im ersten Abschnitt aufgezeigt wurde, sind die Zeiten steigender Nachfrage und permanenter Expansion vorüber. Die heutige und zukünftige Situation im Anbieterbereich ist durch ein hohes Maß an

Konkurrenz und einen starken **Verdrängungswettbewerb**, verbunden mit einer steigenden Zahl von Konkursen, mit zunehmender **Konzentration** und den verschiedensten Formen der **Kooperation**, gekennzeichnet. Dies ist beispielsweise im Veranstalterbereich zu sehen, mit hoher Konzentration bei den wenigen "großen" (TUI, NUR, LTU) und starker Konkurrenz der wenigen "mittleren" und der "kleinen" Reiseveranstalter. Dies zeigt sich darüber hinaus bei den Fluggesellschaften, die mit immer neuen Tarifen versuchen, wettbewerbsfähig zu bleiben und ihre Marktanteile zu halten. Und es zeigt sich sehr deutlich bei den Fremdenverkehrsorten und Zielgebieten, die zunehmend die Touristen umwerben.

Gegenstand	1979	1989	2009	2029
Reisearten	Großraumflugzeuge; Bahn und Bus leicht abnehmend; Geschwindigkeitsbeschränkungen bei Autos (55 mph)	Zweite Generation der Überschallflugzeuge, starke Verbreitung des Flugverkehrs; schnelle Eisenbahnen (100 mph) und Autos (80 mph)	Möglicherweise hydrogengetriebene Hyperschallflugzeuge, Senkrechtstarter; neuartige Bahnlinien (200-400 mph)	Viele Hypersonicflugzeuge; neue revolutionäre Reisearten z.B."transplanetarischer Tunnel"; automatische Privatfahrzeuge

Reisedauer von New York nach Washington D.C. ... London ... Moskau ... Sidney	Flug- Bahn Auto zeug
	1 Std. 3,5 4,5
	    Std. Std.
	4 Std.
	9 Std.
	1 Tag
		Flug- Bahn Auto zeug
		1 Std. 2 3
		    Std. Std.
		4 Std.
		6 Std.
		15 Std.
			Flugzeug
			
			1 Std.
			
			3 Std.
			4 Std.
			8 Std.
				Flugzeug
				
				0,5 Std.
				
				2 Std.
				2 Std.
				3 Std.

Reisekosten	5-8 cts.pro Meile	5 cts. pro Meile	0 - 5 cts. pro Meile, öffentliche Verkehrsmittel teilweise frei	0 - 5 cts. pro Meile,viele öffentliche Verkehrsmittel frei
Umweltbelastung durch Tourismus	Häufige Diskussionen; einige Beschränkungen	Starke Beschränkungen, Anti-Tourismuspolitik	Abklingen der Umweltproblematik; weitgehende Kontrolle durch verbessertes Management	Nicht mehr als Problem erkannt,voll kontrolliert
Reisen/ Tourismus/ Freizeit	Verhältnis Tourismus/Freizeit wächst	Weiteres Anwachsen des Verhältnisses Tourismus/Freizeit	Stabiles Verhältnis Tourismus/Freizeit	Breite Palette von Freizeitaktivitäten der Selbstverwirklichung einschl. Reisen
Arbeitszeit	38-Std.-Woche	35-Std.-Woche	Etwa 20-Std.-Woche mit individuellen Wahlmöglichkeiten	Hohe individuelle Freiheitsgrade

Abb. 1-6   Die gegenwärtigen und zukünftigen Trends im Tourismus
(nach PAPSON 1979)

Bei den unterschiedlichsten Anbietern von Fremdenverkehrsleistungen ist in den letzten Jahren die vermehrte Hinwendung zu modernen Managementmethoden, zu Betriebs- und Marktanalysen, zur Kooperation und zum Einsatz moderner Kommunikationsmittel zu sehen.

(4) Neue Reiseziele und -formen

Die insgesamt hohe Reisetätigkeit hat auch eine neuen "Urlaubstyp" hervorgebracht: reiseerfahrene und kritische Kunden haben neue Wünsche, sie suchen neue Zielgebiete und neue Reiseformen. Aktivurlaub, sanfter Tourismus, Stadtreisen, Freizeitparks sind nur einige der neuen Reisetrends (vgl. auch 6.4.4). Auch besteht eine zunehmende Tendenz innerhalb der deutschen Tourismusindustrie, vermehrt zu propagieren.

Dies bedeutet zum einen erhöhten Informationsbedarf der deutschen Tourismusanbieter über das Reiseverhalten und die Wünsche der deutschen Reisenden. Es bedeutet zum anderen das verstärkte Bemühen der deutschen Fremdenverkehrsindustrie um ausländische Gäste, denen Deutschland als Reiseland attraktiv(er) gemacht werden soll. Das erfordert den zunehmenden Einsatz von Technik und modernen Marketingmethoden innerhalb der Tourismusindustrie.

1.3   "Boomfaktoren" des Reisens

In diesem Abschnitt wird vor allem auf die Haupteinflußfaktoren des Tourismus, die sogenannten **"Boomfaktoren"** eingegangen. Sie haben die heutige Form des Tourismus in den westlichen Industrienationen hervorgerufen.

Dieser bedeutende Anteil des Tourismus am Gesellschaftsleben der Industrienationen hat sich erst nach 1945 entwickelt. Als wichtigste Antriebskräfte für diese Entwicklung werden vor allem folgende sechs Faktoren genannt[1]:

- Einkommen und Wohlstand
- Urlaub und Freizeit
- Motorisierung und Transportwesen
- Entwicklung des Kommunikationswesens
- Bevölkerungswachstum und Verstädterung
- Entstehung und Ausbau einer Tourismusindustrie

Sie werden im folgenden etwas genauer dargestellt, da sie entscheidend zum Verständnis des heutigen Tourismus beigetragen haben.

---

1   Vgl. ähnlich auch RESCH 1975: 113ff und KRIPPENDORF 1984: 39ff; vgl. ausführlich auch FREYER 1991b

1.3.1 Einkommen und Wohlstand

Im ökonomischen Bereich sind Produktion und Einkommen nach dem 2. Weltkrieg rasant angestiegen:

• Die gesamtwirtschaftliche Produktion, die üblicherweise durch die Entwicklung des realen Bruttosozialprodukts (BSP) aufgezeigt wird, hat sich seit Bestehen der Bundesrepublik zirka versechsfacht. Mit leichten Wachstumsschwankungen ist das BSP von ca. 437 Mrd. DM (1950) auf ca. 2.544 Mrd. DM (1990) gestiegen (in konstanten Preisen von 1991). Zusammen mit den neuen Bundesländern beträgt das reale BSP zu Beginn der 90er Jahre über 2.800 Mrd. DM. Die obere Kurve in Abb. 1-7 zeigt die **absolute Höhe** des BSPs (in konstanten Preisen, real), die untere die **Veränderung**, die zumeist in der öffentlichen Diskussion angeführt werden (Wachstumsschwankungen im Vergleich zum Vorjahr).

• Ähnlich stiegen auch die verfügbaren Einkommen sowie die privaten Konsumausgaben an. Während das durchschnittliche verfügbare Jahreseinkommen pro Einwohner 1950 nominal DM 1391 betragen hat, ist es bis 1990 auf über 24.200 DM gestiegen.

• Der Stundenlohn hat sich verfünfzehnfacht, er stieg von ca. DM 1,29 (1950) auf ca. DM 20.- (1990). Selbst bei realer Betrachtung, also ohne Preissteigerung, entspricht dies dem fünffachen Reallohn.

• Mit steigendem Wohlstand hat sich innerhalb der privaten Konsumstruktur eine deutliche Verschiebung der Ausgabenanteile von den Grundbedarfsgütern zugunsten des sogenannten "gehobenen" oder "freien" Bedarfs ergeben. 1960 wurden noch 36,6 % des privaten Konsums für Nahrungs- und Genußmittel ausgegeben, 1990 hingegen nur noch ca. 20 %. Der Anteil des touristischen Konsums stieg von 1,7 % auf 4,3 %.

• Im Lauf der Jahre stieg die **Ausstattung** der privaten Haushalte mit den verschiedenen langlebigen Konsumgütern, so haben 1990 beispielsweise - im statistischen Durchschnitt - alle Haushalte einen Kühlschrank, 99,0 % eine Waschmaschine, 97,2 % einen PKW und 53,2 % eine Geschirrspülmaschine.

• Das (gestiegene) Einkommen wurde vermehrt für Urlaubsreisen verwendet ("Von der Fress- zur Reisewelle"). Reisen wurde für immer größere Bevölkerungsgruppen finanziell erschwinglich - immer mehr Menschen verreisten.

• Im Jahr 1993 gab es ein Volumen von 47 Mrd. an Lebensversicherungen und wurden 200 Mrd. vererbt.

Abb. 1-8 zeigt den Anstieg der gesamtwirtschaftlichen Produktion und den entsprechenden überproportionalen Anstieg der gesamten privaten (Konsum-) Ausgaben für Reisen (seit 1970). Deutlich ist hier der überproportionale Anstieg des touristischen Konsums (C_T) zu sehen, mit einem auffallenden relativen Rückgang nach der Krise 1980/81 (vgl. genauer FREYER 1986a). Eine analoge Fortschreibung für die Folgejahre liegt (noch) nicht vor.

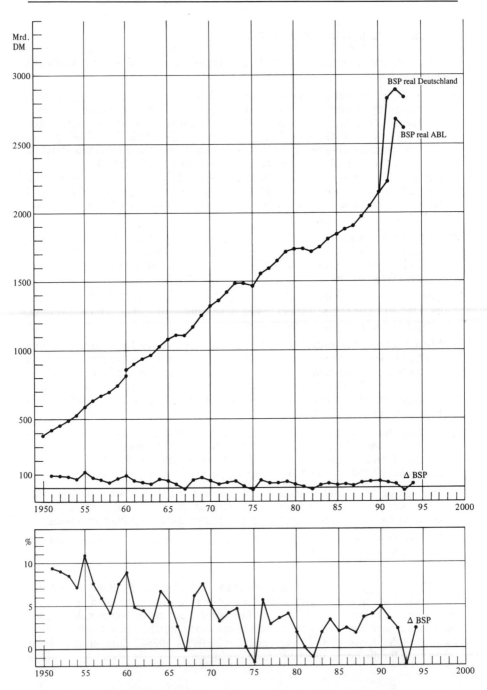

Abb. 1-7   Wachstum und Wachstumsschwankungen des realen Bruttosozialprodukts in der Bundesrepublik 1950 - 1994
(BSP real, bis 1960 in Preisen von 1985, danach in Preisen von 1991, ab 1991 mit neuen Ländern)

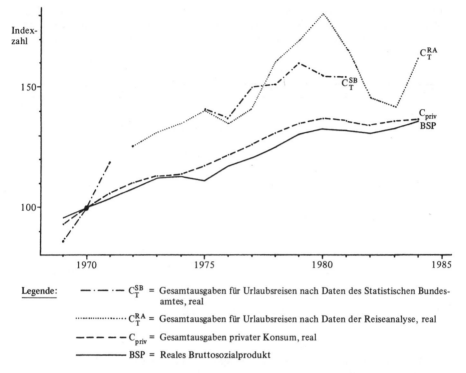

Legende: $—\cdot—\cdot—$ C_T^{SB} = Gesamtausgaben für Urlaubsreisen nach Daten des Statistischen Bundesamtes, real

        $\cdots\cdots\cdots$ C_T^{RA} = Gesamtausgaben für Urlaubsreisen nach Daten der Reiseanalyse, real

        $-----$ C_{priv} = Gesamtausgaben privater Konsum, real

        $\rule{2cm}{0.4pt}$ BSP = Reales Bruttosozialprodukt

Abb. 1-8   Die Entwicklung von touristischem gesamtem privatem Konsum im Vergleich zum
BSP 1969 - 1984 (alle Angaben real, in Preisen von 1976, mit Basis 1970 = 100)
(aus: FREYER 1986a: 86)

1.3.2 Urlaub, Freizeit, Wertewandel

Die Abnahme der Tages-, Wochen- und Lebensarbeitszeit und die damit verbundene Zunahme der Freizeit hat zu einem Bewußtseinswandel in der Bevölkerung
geführt. Bei einem gleichzeitigen Anwachsen des Einkommens, ist der Drang zu
einer sinnvollen Freizeitgestaltung gestiegen, bei dem auch der Urlaub als Form der
Regeneration und Erholung einen immer größeren Stellenwert einnimmt.

(1) Arbeitszeitverkürzung

Um die Jahrhundertwende hatte das Jahr 300 Arbeitstage und der Tag 10,5
Arbeitsstunden. Anspruch auf Urlaub gab es für Arbeitnehmer nicht. Höchstens
von Fall zu Fall aus besonderen Gründen (zum Beispiel Tod eines Angehörigen)
und dann natürlich unbezahlt. Erst nach dem zweiten Weltkrieg rückte der Urlaub
bei Tarifverhandlungen immer mehr in den Vordergrund. Die Zahl der Urlaubstage
stieg von durchschnittlich 12 Tagen im Jahre 1950 auf heute 31 Tage. Diese 31

Tage bedeuten, in einem Stück genommen, sechs Wochen und einen Tag Abwesenheit vom Arbeitsplatz. Da der Lohn weitergezahlt wird und fast jeder Arbeitnehmer zusätzlich Urlaubsgeld erhält, steht der Erholung und dem Reisen nichts im Wege.

1950	1970	1990	2010
6-Tage-Woche 48-Stunden-Woche 279 Arbeitstage 86 Freie Tage (Urlaub/Feiertage/ Sonntage)	5-Tage-Woche 42-Stunden-Woche 238 Arbeitstage 127 Freie Tage (Urlaub/Feiertage/ Sonntage)	5-Tage-Woche 38-Stunden-Woche 200 Arbeitstage 165 Freie Tage	4-Tage-Woche 32-Stunden-Woche 165 Arbeitstage 200 Freie Tage

Abb. 1-9 Rahmenbedingungen Arbeits- und Freizeit
(aus: OPASCHOWSKI 1987: 12)

Während noch in den 50er Jahren die Arbeitszeit den Tagesablauf weitgehend dominiert hat, zeigt sich heutzutage eine deutliche Gewichtsverlagerung zum Freizeitbereich hin. Der Anteil der Jahresfreizeit stieg von 1.600 Stunden jährlich (1950) (gegenüber 2 700 Stunden Arbeitszeit) auf derzeit ca. 2.100 Stunden (und 2000 Stunden Arbeitszeit) (vgl. OPASCHOWSKI 1987).

(2) Verschlechterte Arbeitsbedingungen: "Vermassung, Isolierung, Entfremdung"

Aber auch die Zufriedenheit mit der Arbeit und am Arbeitsplatz ist zurückgegangen. Durch verschlechterte Arbeitsbedingungen wie Automatisierung des Produktionsablaufs, Arbeit an Sichtgeräten und in Großraumbüros sind viele Arbeiter ihren Produkt entfremdet. Sie fühlen weniger Befriedigung durch ihre Arbeitstätigkeit und suchen ihre Erfolgserlebnisse vermehrt außerhalb des Arbeitsprozesses in der Freizeit (und im Urlaub).

Freizeit und Urlaub werden als "Gegenwelt" zum Alltag angesehen, in der neue und veränderte Zielvorstellungen gelten (vgl. nächster Textabschnitt). Auch die steigenden Arbeitslosenzahlen in den letzten Jahren haben zur Neubesinnung von Arbeit und Freizeit geführt.

(3) Wertewandel[1] : Von der Arbeits- zur Freizeitgesellschaft

Mit zunehmender Freizeit geht auch ein Wertewandel innerhalb der Gesellschaft einher. Anstelle der früheren gesellschaftlichen Ziele und **"Arbeitstugenden"** sind neue **Freizeitwerte** getreten (vgl. Abb. 1-10).

---

[1] Vgl. dazu die verschiedenen Beiträge der psychologischen und soziologischen Freizeitforschung, vor allem OPASCHOWSKI und die dort angegebene Literatur und Untersuchungen.

Traditionelle Arbeitstugenden	Neue Freizeitwerte
Zielsetzugen	**Zielsetzugen**
• Leistung/Erfolg/Anerkennung	• Spaß/Freude/Lebensgenuß
• Besitz/Eigentum/Vermögen	• Sozialkontakte/Mit anderen zusammen sein/Gemeinsamkeit
Fähigkeiten	**Fähigkeiten**
• Fleiß/Ehrgeiz	• Selbermachen/Selbst-Aktiv-Sein
• Disziplin/Gehorsam	• Spontaneität/Selbstentfaltung
• Ordnung/Pflichterfüllung	• Sichentspannen/Wohlfühlen

Abb. 1-10 Alte und neue gesellschaftliche Werte
(vgl. OPASCHOWSKI 1987: 16)

1.3.3 Motorisierung und Mobilität

Die private Mobilität hat vor allem durch die Ausweitung der privaten Motorisierung (PKW) und den Ausbau des Transportnetzes (Straße und Schiene) sowie die Entwicklung auf dem Flugsektor (Großraum-, Charter- und verstärkte Linienflüge) zugenommen.

(1) Auto/Straße

Das am meisten benutzte Reiseverkehrsmittel ist der PKW. Auto- und Blechlawinen gehören heute zu den - abschreckenden - Bildern des modernen Tourismus. Dieser Trend begann mit der zunehmenden Motorisierung und dem Ausbau des Straßennetzes. Erst vor 100 Jahren wurde das Automobil erfunden. Im Jahre 1950 gab es erst 1/2 Mio privater PKW in der Bundesrepublik, also 1 PKW pro 120 Einwohner. Bereits 1985 hätte bei einem Bestand von ca. 30 Mio Kraftfahrzeugen die gesamte Bevölkerung der Bundesrepublik (ca. 61 Mio.) auf den Vordersitzen ihrer PKWs Platz nehmen können - und von den Beifahrern wären 12,5 Mio Kinder (unter 18 Jahren) gewesen (vgl. Abb. 1-12). War in der unmittelbaren Nachkriegszeit die Nutzung von PKWs zum größten Teil noch auf den gewerblichen Bereich beschränkt, so werden heute drei Viertel der zugelassenen Kraftfahrzeuge im privaten Bereich genutzt. Auch der Bestand an Freizeitfahrzeugen ist deutlich angestiegen: Bereits für Fords legendäres T-Modell ("Tin Lizzy") gab es einen Campingaufsatz mit vier Betten. Heute sind es vor allem **Caravans und Wohnmobile** (ca. 150 000 zugelassene und weitere 50 000 selbst ausgebaute), die speziell für Urlaubsbedürfnis produziert werden. Auch das Motorrad hat in den letzten Jahren wiederum als Freizeit- und Urlaubsfahrzeug an Bedeutung gewonnen.

Was ist eigentlich Mobilität?

Eines der ältesten und zugleich anschaulichsten Beispiele von Mobilität steckt in dem militanten Wort "Mobilmachung": der Aufbruch von Soldaten in den Krieg, um das eigene Land zu verteidigen oder ein fremdes zu erobern.

Friedlicher verwenden die Soziologen den Mobilitätsbegriff: einmal als horizontale Mobilität, wenn es darum geht, von A nach B umzuziehen, um aus bestimmten Gründen den Arbeitsplatz oder den Wohnort zu wechseln, zum anderen als vertikale Mobilität, die den sozialen Auf- bzw. Abstieg von Einzelpersonen innerhalb der Gesellschaft beschreibt.

Bereits an dieser Stelle wird deutlich, daß Mobilität nicht nur die Fähigkeit des Menschen beschreibt, räumliche Entfernungen zu überwinden und bestimmte Wegstrecken zurückzulegen, sondern auch - im übertragenen Sinn - den eigenen Lebensraum zu nutzen und zu erleben, räumliche sowie geistig-soziale Grenzen zu überwinden und neue Lebensräume zu erschließen.

Unser alltäglicher Sprachgebrauch mit Begriffen wie "Erfahrung sammeln", "Horizont erweitern" oder "bewandert" zeigt, wie eng für uns der Zusammenhang von räumlicher Beweglichkeit und geistig-sozialer Entwicklung bereits geworden ist.

	Zweckmobilität	**Erlebnismobiliät**
Definition / Bewertung	Von einem wichtigeren Hauptzweck – Arbeiten, Versorgen, Lernen – abgeleitetes Nebenbedürfnis	Originäres, selbständiges Bedürfnis: persönliche Entwicklung, Neugier, Lustgewinn, Flucht usw.
Individuelle Maßstäbe der Verkehrsteilnehmer	bekannte Ziele und Wege, wenig Auswahl- und Entscheidungsfreiheit,	neue Ziele und Wege, viel Auswahl- und Entscheidungsfreiheit,
	Zeitdruck (knapp kalkuliertes Zeitbudget), geringer Erlebniswert, eher negativ besetzt: notwendiges Übel,	mehr Zeit vorhanden, hoher Erlebniswert, positiv besetzt: Spontaneität, spielerisch, sportlich
	Wegen Zeitdruck werden kurze Fahrtzeiten und Entfernungen angestrebt = hohe Geschwindigkeit	Freude am Fahren ist wichtiger als kurze Reisezeit, Geschwindigkeit ist zweitrangig
Politische Maßstäbe der Mobilitätskritiker	„notwendig" wegen – vorhandener Standorte – unverzichtbarer Aktivitäten deshalb: kaum reduzierbar	„nicht notwendig", da – große Entscheidungsfreiheit über Umfang, Ziele und Wege – gesellschaftspolitisch umstritten deshalb: leichter reduzierbar
	– „sozialverträgliche" Verkehrsmittelwahl (Förderung des ÖV, Verdrängung, Verteuerung des IV) – Mobilitätsbegrenzung (Zielgruppen gegen IV; Verweigerung der IV-Infrastrukturvorsorge)	

Abb. 1-11 Mobilität (Quelle: ADAC 1987: 5f)

Voraussetzung für die starke Zunahme des Kraftverkehrs war die erhebliche Vergrößerung und vor allem die Verbesserung des Straßennetzes. Sie wurde sowohl durch den **Bau neuer** als auch durch den verkehrsgerechten **Ausbau der vorhandenen** Straßenverbindungen erreicht.

	1950	1960	1970	1980	1985	1990
Beförderte Personen (in Mio Personen)						
Bahn	1.472	1.399	1.054	1.165	1.104	1.172
Straße	3.995	6.418	6.170	6.730	5.809	5.894
Luft	0,6	4,9	21,3	35,8	41,7	63,0
Personen-km (in Mio. Pers. km)	31.887	39.545	38.129	38.826	41.202	44.588
Bahn	k. A.	48.520	58.380	73.901	61.929	65.149
Straße[1]	645[2]	1.555	6.551	10.960	12.656	18.442
Luft						
Bestand an Kfz (in Mio)						
Krafträder	0,9	1,9	0,2	0,7	1,4	1,4
PKW (und Kombi)	0,5	4,5	13,9	23,2	25,7	30,7
LKW	0,4	0,7	1,0	1,3	1,3	1,4
Gesamt	**1,8**	**7,1**	**15,2**	**25,2**	**28,4**	**33,5**

[1] Verkehr mit Stadtschnellbahnen, Straßenbahnen, O-Bussen und Kraftomnibussen (ohne privaten Verkehr)
[2] 1955

Abb. 1-12 Entwicklung der Verkehrsleistung in der Bundesrepublik 1950 - 1990 (Quelle: STATISTISCHES BUNDESAMT 1994)

(2) Flug

Vor allem die Entwicklung im Flugbereich hat die Ära des Massentourismus eingeleitet: Charterreisen mit Großraumflugzeugen gehören heute zum "touristischen Alltag". Aber auch zunehmende Entwicklung des Flug-Linienverkehrs hat dem Tourismus Aufwind gegeben.

Heute hat sich dadurch die Reisezeit in die Haupturlaubsgebiete deutlich verkürzt. Der Flug nach Spanien oder Italien dauert nur noch 2 bis 4 Stunden, wo noch vor Jahren eine 15-20stündige Autoreise notwendig war.

(3) Bahn

Die Bahn hatte den Anfang des massenhaften Reisens im 19. Jahrhundert ermöglicht und war auch kurz nach dem zweiten Weltkrieg noch von großer Bedeutung. Heute ist die Bedeutung des Verkehrsmittels Bahn zwar leicht rückläufig bzw. stagniert, obwohl die Leistungsfähigkeit durch Elektrifizierung, den Stundentakt der IC-Inter-City-Verbindungen, schnelle ICE-Verbindungen und neue Hochgeschwindigkeitsbahnen ebenfalls angestiegen ist.

Viele Nebenstrecken der Bundesbahn und viele nichtbundeseigene Eisenbahnen wurden in den letzten Jahrzehnten stillgelegt. Trotzdem ist die Bahn für den touristischen und nichttouristischen Reiseverkehr von großer Wichtigkeit.

1.3.4 Entwicklung des Kommunikationswesens

Der Bereich des Reisens ist seit eh und je eng mit technischen Entwicklungen verbunden. Zum einen sind es **technische Neuerungen**, die das Reisen und seine Ausdehnung für weite Bereiche der Gesellschaft erst ermöglicht und begünstigt haben (vgl. Teil 1.2), zum anderen war Reisen aber auch stets mit neuen Entwicklungen im Bereich des Kommunikationswesens verbunden. Auch hier haben Reisen und technische Entwicklung sich stets gegenseitig beeinflußt. In früheren Zeiten boten die ersten Postkutschen auch erste Möglichkeiten zu weiten Reisen,

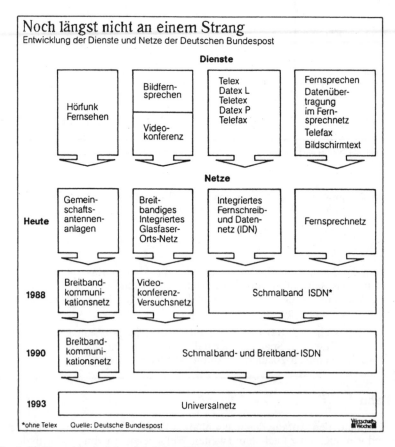

Abb. 1-13 Deutschland wird verkabelt (aus: WIRTSCHAFTSWOCHE)

später erleichterten Telegraphen, Telefon und Telex das internationale Buchungs-
und Reservierungssystem für den Tourismus.

Viele der latenten Reisewünsche sind durch die rasante Entwicklung der
Kommunikationsmittel und die entsprechend vermehrten Länderberichte (in
Fernsehen, Rundfunk, Zeitungen und Magazinen) geweckt worden. Die Staaten
der Erde sind durch schnellere Nachrichtenübermittlung (Telefon, Telex,
Satelitenkommunikation) enger zusammengerückt. Die Medien (TV, Rundfunk,
Video, Journalismus) informieren über Reiseformen und Reisegebiete, die über
Jahrhunderte hinweg unbekannt waren. Darüber hinaus fördert die Tourismus-
werbung das Interesse an entsprechenden Angeboten.

Für die Reiseindustrie bedeutet verbesserte Kommunikationstechnik schnellere,
billigere und sichere Reservierung von Transportmitteln und Übernachtungen weltweit, aber auch effektivere betriebsinterne Buchungsabwicklung, was zu ko-
stengünstigeren und umfassenderen Reisemöglichkeiten und -angeboten führt: "Die
letzten Winkel der Erde werden touristisch erschlossen".

In der heutigen Zeit sind es vor allem neuere Entwicklungen im Bereich der
Elektronik, die moderne Arten der Kommunikation ermöglichen. Für die
Tourismuswirtschaft hat moderne Technologie vor allem für drei Bereiche beson-
dere Bedeutung gewonnen (vgl. auch FREYER 1987b):

(1)   für die **betriebsinterne Kommunikation**: Hier helfen moderne Techni-
       ken, vor allem der Büroorganisation, die große Fülle der im Tourismus-
       bereich anfallenden Daten zu verarbeiten.

(2)   für die **Kundenberatung** und -kommunikation, die teils betriebsintern, teils
       -extern erfolgt: Hier ermöglichen neue Technologien sowohl neue Formen
       der Kundenberatung als auch direkte Buchungsmöglichkeiten der Kunden bei
       den Leistungsträgern. Videofilme und Bildplatten bieten den - potentiellen -
       Kunden weltweite Informationen über Urlaubsgebiete, die sie sich in Ruhe zu
       Hause anschauen und binnen kürzester Zeit buchen und realisieren können.

(3)   für die **externe Kommunikation**, hier vor allem Reservierungssysteme:
       Binnen weniger Sekunden können heutzutage weltweit Hotels, Flüge usw.
       reserviert werden. Mächtige Reservierungssysteme, wie START in
       Deutschland oder SABRE, APOLLO, GALILEO ermöglichen schnellsten
       Zugriff auf alle Daten.

Hierzu zählt auch die gestiegene internationale geschäftliche Verflechtung. Der
internationale Handel hat zu vermehrten internationalen Geschäftsbeziehungen und
zur deutlichen Ausweitung des Geschäftsreiseverkehrs geführt.

1.3.5 Bevölkerungsentwicklung und Verstädterung

Die heutigen Wohnbedingungen sind geprägt durch

* Streß und Hektik der Großstadt
* Anonymität des Lebens in den Großstädten ("Unwirtlichkeit")
* fehlende Kontakte und Kontaktarmut (auch am Arbeitsplatz)
* Sterilität des Stadtbildes
* Wohnsilos
* Landflucht und Verstädterung

Diese Wohnbedingungen haben bei vielen Menschen den Wunsch nach Natur, Landschaft, Erholung, Einsamkeit und neuen/anderen zwischenmenschlichen Kontakten hervorgerufen. Einige dieser Wünsche versuchen sie sich auf Reisen zu erfüllen: Reisen ist für viele Menschen zur Suche nach Natur, nach Wärme aus kalten, umweltverschmutzten Städten und fehlenden sozialen Kontakten geworden.

In der Bundesrepublik wohnen ca. 75 % der Bevölkerung in Städten (über 10.000 Einwohner), ca. 1/3 in größeren bzw. Großstädten (über 100.000 Einwohner) und nur unter 3% in Gemeinden unter 1.000 Einwohnern (vgl. Abb. 1-14). Die Reiseintensität der Stadtbevölkerung liegt deutlich über der der Land-bevölkerung (vgl. Abschnitt 2.4.4).

Allerdings werden oftmals die Erwartungen während der Urlaubsreise nicht erfüllt: auch hier zeigen sich Vermassung, Anonymität, Sterilität, die Urlauber reisen mit Massentransportmitteln in die Zielgebiete, wohnen in Hotelsilos, liegen in Massen am Strand, lernen niemanden kennen usw.

Land	Fläche	Einwohner	Einwohner-dichte	Zahl der Gemeinden	Anteil der Einwohner in Gemeinden mit ... Einwohnern	
	km^2	1.000 E	E/km^2	1991	< 10.000	>100.000
					v. H.	v. H.
Alte Länder	**248.161**	**62.320**	**251**	**8 850**	**26,3**	**31,4**
Schleswig-Holstein	15.731	2.649	168	1.131	42,9	17,5
Hamburg	755	1.669	2.209	1	0,0	100,0
Niedersachsen	47.364	7.476	158	1.053	27,5	20,9
Bremen	404	684	1.691	2	0,0	100,0
Nordrh.-Westfalen	34.071	17.510	514	396	3,1	47,9
Hessen	21.114	5.837	276	430	24,1	23,5
Rheinland-Pfalz	19.846	3.821	193	2.303	58,5	14,6
Baden-Württbg.	35.751	10.002	280	1.112	33,2	19,7
Bayern	70.554	11.596	164	2.100	46,8	22,0
Saarland	2.570	1.077	419	52	7,8	17,8
Neue Länder	**108.572**	**17.955**	**165**	**7.595**	**35,2**	**35,0**
Berlin 1)	889	3.446	3.876	1	0,0	100,0
Brandenburg	29.053	2.543	88	1.793	47,9	10,3
Mecklbg-Vorp.	23.598	1.892	80	1.123	46,3	19,6
Sachsen	18.338	4.679	255	1.623	41,1	29,7
Sachsen-Anhalt	20.443	2.823	138	1.361	44,3	20,5
Thüringen	16.251	2.572	158	1.694	52,3	16,8
Bundesgebiet	**356.733**	**80.275**	**225**	**16.175**	**28,4**	**32,3**

1) Einschließlich Berlin (Westteil)

Abb. 1-14 Siedlungsstruktur und Bevölkerungsdichte in Deutschland
(Quelle: Raumordnungsbericht 1994: 226, 228)

Bevölkerungsentwicklung in Deutschland

In bezug auf den Altersaufbau der Bevölkerung zeigen sich für Deutschland deutli-che Verschiebungen in Gegenwart und Zukunft. Insbesondere der Anteil der älteren

Personen wird von derzeit ca. 20% auf ca. 35% steigen (vgl. Abb. 1-15). Noch deutlicher wird der problematische Altersaufbau, wenn man den Anteil der Rentner an den Erwerbspersonen betrachtet: Dieser sog. "Altenquotient" (Anteil der Über-60-Jährigen an den 20- bis 60-Jährigen) steigt von derzeit 35,2% (1990) auf 72,7% (im Jahr 2030)!

Dieser Trend wird sich auch auf die Struktur des zukünftigen Tourismus auswirken: anstelle der bisherigen vor allem 20 bis 40-jährigen Gäste wird ein steigender Anteil des „Senioren-Tourismus" treten.

Jahr	0-20 Anteil %	20-60 Anteil %	über 60 Anteil %	Zahl insges. (in Mio)	Index
1990	21,7	58,0	20,4	79,80	100
2000	21,3	55,1	23,6	81,10	102
2010	18,9	55,3	25,8	78,90	99
2020	17,3	53,3	29,4	75,00	94
2030	17,2	48,0	34,9	69,90	88

Abb. 1-15 Bevölkerungsentwicklung Bundesrepublik Deutschland
(Quelle: Eigene Zusammenstellung nach STATISTISCHES BUNDESAMT 1994)

1.3.6 Entstehen und Ausbau einer Tourismusindustrie

Im Laufe der Jahre hat sich ein eigener "Industriebereich Tourismus" entwickelt, der in den Anfangsjahren vor allem den gestiegenen Reisewünschen der Bevölkerung Rechnung getragen hat. Doch im Laufe der Zeit hat sich die Marktstruktur vom Käufer- zum Produzentenmarkt gewandelt. Die Tourismusindustrie hat ihre Eigendynamik erhalten: In vielen Empfängerländern und -regionen ist die Tourismusindustrie zur Haupt(devisen)einnahmequelle geworden. Aber auch in den typischen "Entsendeländern", z. B. Bundesrepublik, haben - neben den eigentlichen Reisegebieten - die mit der Vorbereitung und Durchführung des Reisens verbundenen Dienstleistungen (Reiseveranstalter, Reisebüro, Transportbetriebe usw.) einen bedeutenden Anteil an der gesamtwirtschaftlichen Leistungserstellung erhalten. In der Bundesrepublik werden beispielsweise 3 - 4 % des BSPs für den Tourismus erstellt und - je nach Abgrenzung - sind 5 - 10 % der Arbeitsplätze vom Tourismus abhängig (vgl. Teil 6.2).

Diese touristischen Betriebe sind an der Erhaltung und Ausweitung ihres Umsatzes interessiert. Sie versuchen - ähnlich wie andere Industriebereiche - mit modernen Marketingmethoden ihren Marktanteil zu halten und auszuweiten, sie wollen neue Kunden gewinnen und alte/bisherige Kunden halten. Auch die Form des Reiseprodukts hat sich deutlich gewandelt. Die individuelle Reise der Anfangsjahre ist vermehrt der "Reise von der Stange" gewichen: die "standardisierte" Reise ist entstanden. Bereits 1958 sprach ENZENSBERGER von "Normung, Montage und Serienfertigung" (ders. 1958: 713).

1.4 Das System Fremdenverkehr

1.4.0 Vorbemerkung: Modellbildung

Die Fremdenverkehrslehre hat verschiedene Versuche unternommen, das Gesamtsystem des Tourismus zu beschreiben und - graphisch - darzustellen. Als Ergebnis dieser Bemühungen existieren zur Zeit mehrere Modelle, von denen sich keines allgemein durchgesetzt hat. Die vorhandenen Modelle unterscheiden sich sowohl hinsichtlich der Vorstellungen über ein gesamtgesellschaftliches System als auch hinsichtlich der Vor- und Darstellung des spezifisch touristischen Systems.

Die meisten Ansätze beziehen sich auf **Elemente der Systemtheorie** und wählen zur Darstellung Elemente der Mengenlehre. Dies entspricht wissenschaftlichem Denken in Modellen, Schemen und Systemen. Es reduziert die komplexen gesellschaftlichen Beziehungen auf einige wenige Grundstrukturen, die dann genauer analysiert werden. Andererseits werden zwangsläufig Einflußfaktoren vernachlässigt, die nicht in direktem Zusammenhang mit der jeweiligen Fragestellung und Betrachtungsweise stehen.

Es zeigt sich, daß Fremdenverkehrslehre von den meisten Betrachtern als **Universalwissenschaft** angesehen wird, die sich verschiedener Hilfswissenschaften "bedient" (vgl. Teil 1.4.2).

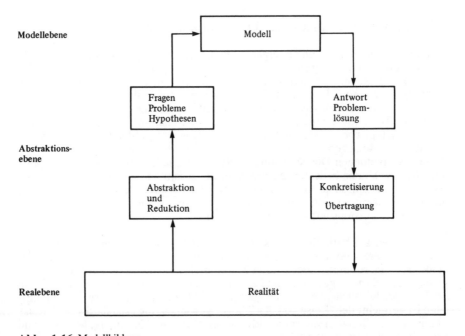

Abb. 1-16 Modellbildung

Im folgenden werden einige touristische Gesamtmodelle beispielhaft kurz vorgestellt und kommentiert. Sie wurden aufgrund ihrer Bedeutung für den deutschen Sprachraum ausgewählt. Darüber hinaus gibt es einige angelsächsische Ansätze bzw. Modelle, die aber in die deutsche Tourismusdiskussion aufgrund einer etwas anderen Denk- und Vorgehensweise kaum Eingang gefunden haben[1]. Als Fortführung dieser allgemeinen Überlegungen wird dann (im nächsten Abschnitt 1.4.2) mit einem eigenen Vorschlag das ökonomische Teilsystem genauer analysiert.

Modelle dienen der (gedanklichen) Erfassung komplexer Vorgänge und der Analyse und Erklärung von Wirkungszusammenhängen innerhalb der Modellstruktur. Stets wird dabei von der - komplexen - Realität abstrahiert, sie wird auf wenige Aspekte reduziert, mit deren Hilfe Lösungen gesucht werden, die wiederum auf die Realität übertragen werden (vgl. Abb. 1-16).

1.4.1 Touristische Gesamtmodelle

(1) Das schweizerische Tourismuskonzept

Eine recht allgemeine und umfassende Darstellung der touristischen und gesellschaftlichen Systemelemente liegt dem schweizerischen Tourismuskonzept zugrunde. Sie wurde in leichten Abwandlungen in die Lehrbücher der Schweizer Tourismusökonomen KRIPPENDORF und KASPAR[2] übernommen. Dieses Modell wird im folgenden kurz dargestellt. Es erscheint als Ausgangspunkt für die weitere touristische Diskussion gut geeignet und kann auch für die Darstellung der Zusammenhänge in anderen Ländern, z. B. der Bundesrepublik Deutschland, verwendet werden. Es werden vier große Systeme unterschieden, innerhalb derer argumentiert wird:

- das gesellschaftliche System mit seinen Werthaltungen
- das System Umwelt mit den vorhandenen Ressourcen
- das Wirtschaftssystem
- das System des Staates mit dem Politikbereich, das übergeordnet, als Steuersystem für die anderen Teilsysteme angesiedelt ist.

Diese Systeme sind Gegenstand der verschiedenen wissenschaftlichen Disziplinen, der Soziologie, Politikwissenschaft, Ökonomie, Geographie, Psychologie, Anthropologie, Philosophie, Geschichtswissenschaft usw. und bilden den Kern der Tourismuslehre.

---

1 Vgl. vor allem die umfassende Darstellung des Tourismussystems von MILL/MORRISON 1985 und die weniger systematischen Ansätze, die oft nur Teilaspekte herausgreifen von MATHEWS 1978, MATHIESON/WALL 1982, YOUNG 1973. - Auch wird nicht näher auf die älteren deutschsprachigen Versuche, eine Theorie des Fremdenverkehrs zu etablieren, eingegangen, vgl. BERNECKER 1956, HUNZIKER 1959, MORGENROTH 1927, THOMS 1952 und HÖMBERG 1977 (eine Übertragungsversuch der funktional-strukturellen Systemtheorie von LUHMANN auf den Fremdenverkehr). Vgl. auch die Beispiele für Tourismus(teil)modelle bei TIETZ 1980: 95.
2 Vgl. KASPAR 1991, KRIPPENDORF 1984, KRIPPENDORF/KRAMER/MÜLLER 1986

Zwischen diesen vier Bereichen bewegt sich der Mensch, in seiner Wohnwelt, seiner Arbeitswelt und seiner Freizeitwelt (-system/-sphäre). In seiner Freizeitwelt tritt der Mensch unter anderem als Reisender, als Tourist, auf und begegnet auf seiner Suche nach dem Gegenalltag anderen Menschen am Urlaubsort - den Touristen und den Bereisten.

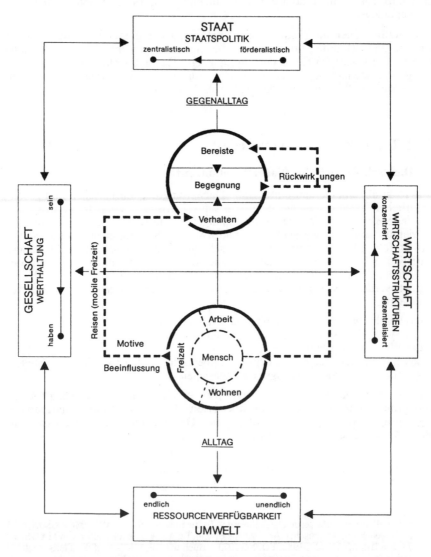

Abb. 1-17 Industriegesellschaftliches Lebensmodell Arbeit - Wohnen - Freizeit - Reisen
(Quelle: KRIPPENDORF 1984: 29)

Dieses hier recht allgemein aufgezeigt System kann in weiteren Schritten weiter differenziert werden: unter ökonomischen Aspekten interessieren insbesondere die Marktbeziehungen des Angebotes und der Nachfrage; unter soziologischen Aspekten interessieren die Begegnungen der Menschen, unter politikwissenschaftlichen die gesellschaftlichen Normen und Gesetze unter Umweltaspekten die Auswirkungen des Reisens auf die Umwelt. Alle 4 Bereiche beinhalten bei KRIPPENDORF jeweils Gegensätze oder Konflikte: die staatliche politische Ordnung kann zentral oder dezentral die ökonomische Struktur konzentriert oder dezentralisiert, die Ressourcen endlich oder unendlich und die Werthaltung zwischen Haben und Sein angesiedelt sein.

(2) Das Prognos-Modell

Eine weitere umfassende Darstellung des gesamten gesellschaftlich-touristischen Systems findet sich bei PROGNOS 1976, die eine Weiterentwicklung einer ähnlichen Darstellung des Fremdenverkehrssystems von HUNZIKER ist (1943: 11 und 1959: 13, vgl. Abb. 1-18).

Hier ist der touristische Kernbereich eingebettet in die verschiedenen anderen gesellschaftlichen Bereiche, wobei von PROGNOS vor allem drei unterschieden werden:

- die **gesellschaftlichen** Einflüsse, dies sind im einzelnen
  - Umweltbelastbarkeit
  - Information, Aufklärung
  - Freizeitverhalten
  - Arbeitszeit, Urlaub

- die **ökonomischen** Einflußgrößen wie
  - Infrastruktur
  - Fremdenverkehrsarbeitskräfte
  - Stadt- und Siedlungsstruktur, Agglomeration
  - Verkehrsaufkommen

- **Außenbeziehungen**, wobei erwähnt werden
  - internationale Freizügigkeit
  - Zahlungsbilanzausgleich, Devisen

Im inneren Bereich wird der Fremdenverkehr dargestellt. Gegenüber den meisten anderen Beiträgen zum Fremdenverkehr ist hier neben dem privat(touristisch)en Fremdenverkehr auch der geschäftliche Reiseveranstalter mitaufgeführt. Als weitere Teilbereiche werden betrachtet:

- beim privaten Fremdenverkehr die Unterscheidungen in nationalen und internationalen Fremdenverkehr sowie die Teilbereiche Freizeit, Erholung, Gesundheit, Vorsorge, Bildung, Kommunikation,

- beim geschäftlichen Fremdenverkehr werden neben nationalem und internationalem Geschäftsreiseverkehr die Teilbereiche Kommunikation, Bildung, Kongresse/Tagungen, Messen/Ausstellungen unterschieden.

Auf den privaten und geschäftlichen Fremdenverkehr wirkt die Fremdenverkehrspolitik ein, was in dieser Abbildung nicht weiter ausgeführt ist.

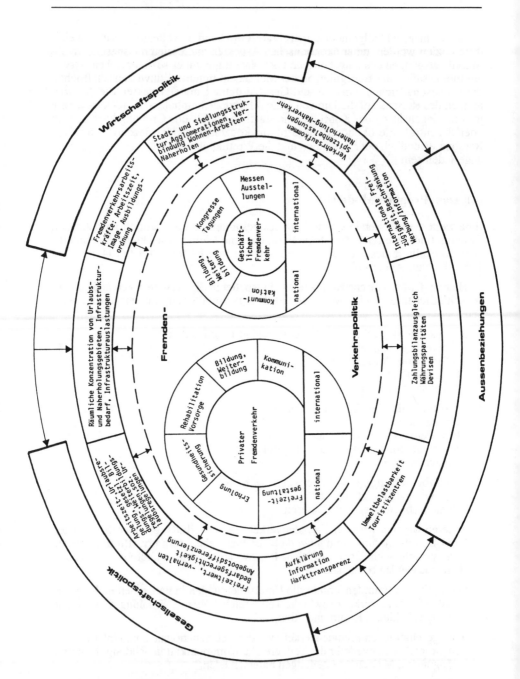

Abb. 1-18 Fremdenverkehr - Fremdenverkehrspolitik - Gesellschaftspolitik
(aus: PROGNOS 1976: 6)

(3) Ein ganzheitliches Tourismusmodell

Bisher existiert - wie eingangs bereits erwähnt worden ist - kein allgemein akzeptiertes touristisches Gesamtmodell. Doch trotzdem besteht bei den meisten Tourismuswissenschaftlern Einigkeit über die Anforderungen an ein solches Gesamtmodell. Es muß bzw. sollte

*   die verschiedenen Teildisziplinen, die sich bisher mit dem Tourismus beschäftigen integrieren ("vernetzen"),
*   multifunktional und "ganzheitlich" ausgerichtet sein,
*   Tourismus als eine "Querschnittsdisziplin" verstehen.

Da es jedoch diese "allumfassende Über-Theorie" des Tourismus nicht gibt, versucht man in der Regel, aufbauend auf den Ansätzen der Systemtheorie, das komplexe Gesamtsystem Tourismus in verschiedene Teilsysteme zu zerlegen, deren Gesetzmäßigkeiten zu analysieren und daraus ein besseres Verständnis für das Gesamtsystem Tourismus zu entwickeln. Hauptschwierigkeit besteht in der Ausdifferenzierung des Gesamtsystems ebenso wie in der Reduktion der Komplexität eines Gesamtsystems auf wenige, möglichst operationale Teile.

Im folgenden wird versucht, auf der Grundlage vorhandener Vorschläge die Diskussion um die Tourismuswissenschaft mit einem eigenen Vorschlag etwas zu beleben. Dabei ist dieser Vorschlag nur teilweise neu, er beschreibt im wesentlichen die heutige Sichtweise des Tourismus als umfassendes Gesamtsystem, zu dem viele weitere Teilsysteme (oder Subsysteme, Dimensionen, Wissenschaftsbereiche oder Module) einen Beitrag leisten. Im folgenden werden vor allem 6 große Bereiche ("Module") unterschieden, die in der heutigen Diskussion um touristische Phänomene immer wieder eine große Rolle spielen. Doch diese 6 Module umfassen bei weitem nicht alle Aspekte, die für eine ganzheitliche Behandlung des Tourismus berücksichtigt werden können (und müßten). So könnte beispielsweise das hier vorgestellte ganzheitliche Tourismusmodell leicht um juristische, geographische, raumplanerische, pädagogische, historische, architektonische, medizinische und weitere Module ergänzt werden. Andererseits sind diese Elemente auch in den hier erläuterten 6 Modulen mitbeinhaltet. Durch diese modellhafte Darstellung wird ferner deutlich, daß es - je nach Ausgangspunkt oder "Mutterdisziplin" - verschiedene Blickwinkel des Tourismus gibt. Einer dieser Blickwinkel - der ökonomische - wird im nächsten Abschnitt genauer erläutert und liegt im wesentlichen diesem Buch zur "Tourismusökonomie" zugrunde.

Die sechs hier unterschiedenen Module für ein ganzheitliches Tourismusmodell sind (in Klammern die entsprechenden Wissenschaftsdisziplinen):

*   **Ökonomie-Modul** (Volks- und Betriebswirtschaftslehre): Volkswirtschaftliche Entwicklungen (wie Konjunktur- und Einkommensentwicklung, außenwirtschaftliche Verflechtungen, Konzentration oder Wettbewerbsveränderungen usw.) und betriebswirtschaftliche Aktivitäten (wie Produktion, Personalpolitik, Investitionen, Marketing usw.) beeinflussen den Tourismus in seiner ökonomischen Dimension.

*   **Gesellschafts-Modul** (Soziologie): Gruppenaktivitäten, Sozialordnungen, gesellschaftliche Werte (und ihr Wandel), Organisationen, Bürokratie usw. beeinflussen den Tourismus in seiner gesellschaftlichen Dimension.

*   **Umwelt-Modul** (Ökologie): Ein besonders aktuelles Modul eines ganzheitlichen Tourismusmodells beinhaltet Fragen der Umweltbelastung und

-gestaltung des Tourismus; sie spielen auch in allen anderen Modulen eine wichtige Rolle (z.B. für Ökonomie, Gesellschaft, Freizeit, Individuum, Internationales). Die Landschaft als natürliche Umwelt wird als eines der wesentlichen Elemente für den Tourismus angesehen.

*   **Freizeit-Modul** (Freizeitwissenschaft): Tourismus ist ein wesentlicher Bestandteil des allgemeinen Freizeitverhaltens ("Freizeit-Tourismus"), wobei Tendenzen zu veränderter Freizeitgestaltung auch den Tourismus deutlich prägen (werden).

*   **Individual-Modul** (Psychologie): Tourismus ist zu einem bedeutenden Teil durch Einstellungen und Verhaltensweisen des Individuums geprägt. Persönlichkeitsmerkmale (wie Ängstlichkeit, Rigidität), Motive und (Reise-)Bedürfnisse sind wesentliche Anstöße für das Phänomen des Reisens.

*   **Politik-Modul** (z. T. Politologie): Politische Institutionen und Träger politischer Mandate gestalten den Tourismus, z. B. im Rahmen der Wirtschafts-, Sozial- oder Tourismuspolitik. Nationale und internationale Bestimmungen, (z. B. Gesetze und Verordnungen) ermöglichen oder behindern den nationalen und internationalen Reiseverkehr.

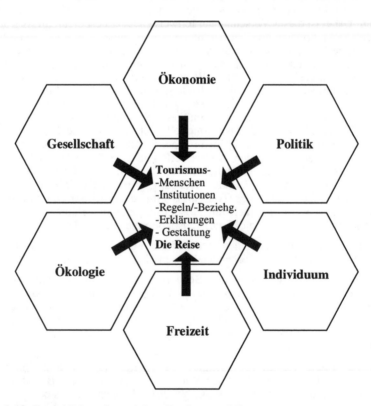

Abb. 1-19 Ganzheitliches oder modulares Tourismusmodell

Im **Kernbereich** wird Tourismus als Erklärungsobjekt im wesentlichen angesehen als:

- Beziehung von Menschen (z. B. Reisende und Bereiste oder Reiseberatung und -betreuung usw.),
- ein Geflecht von Institutionen (z. B. Reiseveranstalter, Leistungsträger, Tourismus-Ministerien usw.),
- Regel- und Beziehungsgeflecht zwischen Menschen und Institutionen (z. B. Tausch-, Rechts- Sozialbeziehungen usw.),
- der Versuch von Erklärungen (Philosophien, Motivationen),
- das Aufzeigen von Gestaltungsmöglichkeiten (z. B. durch Tourismuspolitik und entsprechende Träger der Tourismuspolitik),
- die Reise als Kernelement des Tourismus, die alle mit der Ortsveränderung zusammenhängenden Beziehungen beinhaltet (vgl. Abschnitt 1.4.3),

All diese Elemente können jeweils unter aktuellen gesellschaftlichen Aspekten beschrieben, unter wissenschaftlichen Aspekten erklärt oder unter politischen Aspekten gestaltet werden.

Auch für die vorwiegend ökonomische Erklärung des Tourismus wird im folgenden immer wieder auf dieses ganzheitliche Tourismusmodell zurückgegriffen werden. Es ist eine notwendige Voraussetzung, um die Angebots-, Nachfrage-, Marketing- und Tourismuspolitikstrukturen vor dem Hintergrund dieses ganzheitlichen Modells zu erläutern und zu verstehen, um damit dem universellen Charakter des Tourismus gerecht zu werden (vgl. z. B. Abb. 2-1, 3-1, 5-2).

1.4.2 Das ökonomische Fremdenverkehrsmodell

(1) Ökonomische Aspekte der Fremdenverkehrslehre

Für das vorliegende Lehrbuch interessiert vor allem eine genauere Betrachtung der ökonomischen Aspekte des Fremdenverkehrs. Auf alle anderen Teilbereiche des Fremdenverkehrs wird nur soweit eingegangen, wie sie zum Verständnis der jeweiligen speziellen Aspekte des Fremdenverkehrs notwendig sind. Durch diese Konzentration auf die **ökonomischen Aspekte** des Fremdenverkehrs können

- **Ökonomen,** die sich vielfach mit touristischen Problemen zu beschäftigen haben, leichter Zugang zu touristischen Fragestellungen finden,
- **Nicht-Ökonomen,** von denen viele im Fremdenverkehr tätig sind, Zugang zur ökonomischen Denkweise erhalten.

Andererseits bedeutet diese Vorgehensweise auch eine **Gewichtung** innerhalb der Fremdenverkehrslehre zugunsten des ökonomischen Bereiches bzw. der ökonomischen Methode, mit deren Hilfe auch die anderen Disziplinen des Fremdenverkehrs betrachtet werden. Trotzdem soll diese besondere Hervorhebung der ökonomischen Aspekte keine Bewertung bedeuten, sondern erfolgt überwiegend aus pragmatischen Gründen.

Die **Einordnung** des Reiseverkehrs in das traditionelle ökonomische Lehr- und Wissenschaftsgebäude bereitet einige Schwierigkeiten. Es ist üblich, die verschiedenen wissenschaftlichen Aspekte des Reisens unter dem Oberbegriff der Fremdenverkehrs- oder Tourismuslehre zu behandeln, obwohl zwischen den Begriffen Fremdenverkehr, Tourismus und - als weiteres - Reiseverkehr nicht immer Deckungsgleichheit besteht (vgl. Teil 1.1 und Anhang 1).

Hauptfrage ist, ob die Fremdenverkehrslehre als **eigener Wissenschaftszweig** anzusehen ist, für den volks- und betriebswirtschaftliche (sowie geographische, soziologische, psychologische usw.) Aspekte Teildisziplinen oder "Hilfswissenschaften" darstellen. Diese Sichtweise sieht den Fremdenverkehr als Oberbegriff und die anderen wissenschaftlichen Fragestellungen als Teilbereiche einer Allgemeinen Fremdenverkehrslehre (vgl. Abb. 1-20a). Hauptproblem einer solchen Sichtweise ist, daß sich bisher keine einheitliche allgemeine Theorie des Fremdenverkehrs herausgebildet hat.

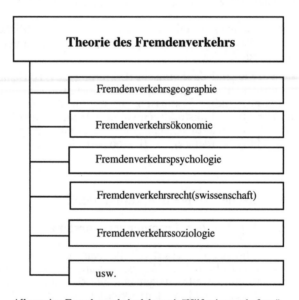

Abb. 1-20a   Allgemeine Fremdenverkehrslehre mit "Hilfswissenschaften "

Andererseits werden Fremdenverkehrsfragestellungen als **Teildisziplinen** anderer Wissenschaftszweige gesehen und dort geschlossen behandelt (vgl. Abb. 1-20b). Dieser Ansatz ist der momentan verbreitetste, wobei aber im Interesse einer umfassenden Fremdenverkehrslehre eine vermehrte Hinwendung zur Sichtweise der Fremdenverkehrslehre als eigener Wissenschaftszweig wünschenswert wäre.

Die ökonomischen Aspekte des Fremdenverkehrs werden im deutschsprachigen Raum mit der üblichen Unterteilung in **Volks- und Betriebswirtschaftslehre** behandelt. Dabei wird vielfach von einer **Speziellen** BWL des Fremdenverkehrs oder einer BWL des Fremdenverkehrs gesprochen. Die betriebswirtschaftlichen Erkenntnisse des Fremdenverkehrs sind zur Zeit relativ weit entwickelt und haben eine gewisse Stagnation (auf hohem Niveau) erreicht. Hingegen werden die volkswirtschaftlichen Aspekte des Fremdenverkehrs nur selten in umfassender

Form behandelt. Verglichen mit dem hohen wissenschaftlichen Niveau verschiedener Teilbereiche der Nationalökonomie hat die Volkswirtschaftslehre des Tourismus noch einen großen Nachholbedarf.

Von ökonomischem Interesse ist vor allem die Beschreibung, Erklärung und Beeinflussung folgender Größen:

Gesamtwirtschaftlich:

- Wachstum und Konjunktur,
- Entwicklung des Preisniveaus,
- Beschäftigung und Arbeitslosigkeit,
- Zahlungsbilanzprobleme,
- Verteilung (Einkommen und Vermögen),
- Wettbewerb als Grundlage der Wirtschaftsordnung,
- Steuern und Subventionen als staatliche Eingriffsmöglichkeiten.

Betriebswirtschaftlich:

- Gewinn und Umsatz,
- Preisbildung,
- Arbeitsplatzqualität,
- Im - und Exportgeschäft,
- Kosten und Aufwand,
- Absatz und Marketing,
- Beschaffung, Einkauf,
- Steuern und Finanzen.

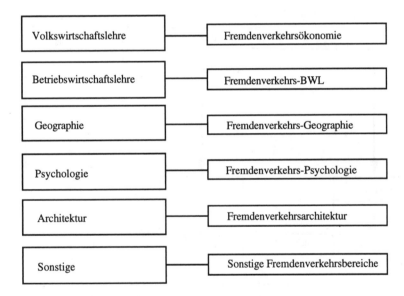

Abb. 1-20b   Fremdenverkehr als Teil anderer Wissenschaften

Die wirtschaftliche Betrachtung beinhaltet zumeist "typisch ökonomische **Analyseinstrumente**", die in den folgenden Kapiteln genauer erläutert werden. Zu ihnen werden üblicherweise gezählt:

- Kosten-Ertrags- oder Aufwand-Nutzen-Denken,
- Wirtschaftliches Prinzip: möglichst viel Output bei gegebenem Input oder möglichst wenig Input für vorgegebenen Output,
- quantitativ-monetäre Methode,
- Ziel-Mittel-Rationalität,
- individualistischer Ansatz

(2) Das ökonomische System des Tourismus

Auf der Grundlage der zuvor beschriebenen ökonomischen Sichtweise läßt sich der **gesamtwirtschaftliche Tourismusbereich** folgendermaßen darstellen. In der Wirtschaftswissenschaft ist es üblich, zwischen

- Konsumenten (oder Nachfragern) und
- Produzenten (oder Anbietern)

von Gütern und Dienstleistungen zu unterscheiden. Beide Wirtschaftssubjekte treten auf Märkten miteinander in Beziehung (tauschen oder informieren sich). Als dritte Größe wird der Staat (oder staatliche Wirtschaftspolitik) unterschieden, der diese Marktergebnisse gegebenenfalls nach bestimmten Zielvorstellungen beeinflußt. Damit lassen sich die wesentlichen volkswirtschaftlichen Beziehungen mit Abb. 1-21 darstellen. In den folgenden Kapiteln werden die einzelnen Strukturen dieses ökonomischen Marktmodells genauer erläutert.

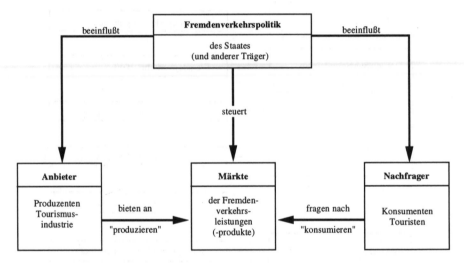

Abb. 1-21 Grundstruktur des ökonomischen Tourismusmodells

Diese Vorgehensweise wird dazu führen, daß am Ende ein ausdifferenziertes ökonomischen System des Tourismus stehen wird, wie es in Abb. 1-23 dargestellt ist: die Anbieter werden unterschieden in eine engere und eine ergänzende touristische Industrie sowie eine touristische Folgeindustrie. Die Nachfrager/Konsumenten werden beispielsweise unterteilt in Reisende, Nichtreisende, in Pauschal- und Individualreisende. Zwischen allen liegen die verschiedenen Märkte: es gibt nicht mehr "den" Tourismusmarkt, sondern es gibt verschiedene touristische Teilmärkte, z. B. den Markt für Übernachtungsleistungen, den Markt für Transportleistungen, der wiederum unterteilt werden kann in den Flugmarkt, Bahnmarkt, Autoreisemarkt usw. Ferner bestehen Märkte für touristische Ergänzungsprodukte, z. B. Souvenirmarkt, Ausrüstungs- und Zeitschriftenmärkte.

(3) Die betriebswirtschaftliche Betrachtung des Tourismus

Die Betriebswirtschaftslehre (BWL) des Tourismus beschäftigt sich mit den betriebsinternen Abläufen - speziell von Tourismusbetrieben, wie z. B. Reiseveranstaltern, Reisemittlern, Beherbergungs-, Transportbetrieben und von Fremdenverkehrsdestinationen.

Hier interessieren - analog zur allgemeinen BWL - im Rahmen der Unternehmenspolitik von Tourismusbetrieben vor allem die funktionalen Bereiche Einkauf, Produktion, Marketing, Personal und Finanzierung sowie deren touristische Besonderheiten. Das Ergebnis ist eine **funktionale BWL des Tourismus**. Soweit der Schwerpunkt der Betrachtung auf spezielle Branchen gelegt wird, kann auch von einer branchenspezifischen oder **institutionellen BWL des Tourismus** gesprochen werden, z. B. BWL der Reisemittler und -veranstalter, BWL des Beherbergungswesens, BWL des Kur- und Bäderwesens usw.

Da im modernen Marketing der Markt als zentraler Bezugspunkt der Unternehmenspolitik angesehen wird ("Marketing als Unternehmensphilosophie", vgl. 4.4.), kann der Markt auch als Bindeglied von volks- und betriebswirtschaftlicher Betrachtung bezeichnet werden (so in FREYER 1995b).

Die hier erwähnten betriebswirtschaftlichen Aspekte des Tourismus werden im folgenden nur ansatzweise behandelt, v. a. in Kapitel 3. Zur BWL des Tourismus vgl. genauer FREYER 1995b, HUNZIKER 1979, KASPAR 1995, KASPAR/KUNZ 1985.

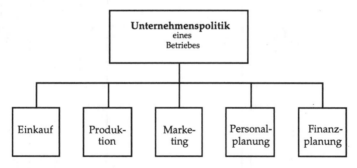

Abb. 1-22 Grundstruktur des betriebswirtschaftlichen Tourismusmodells

"Die Reise beginnt
mit dem Reisefieber."
(SCHLESAK 1972: 10)

1.4.3 Die Reise als Kernelement des Fremdenverkehrs

Wichtigstes Element der Tourismuslehre ist stets die **Reise**. Sie ist Ziel und Gegenstand sowohl der touristischen Anbieter als auch der Nachfrager (als auch der meisten anderen Wissenschaften). Entsprechend dieser zentralen Bedeutung sollen im folgenden die verschiedenen Teilbereiche einer Reise betrachtet werden.

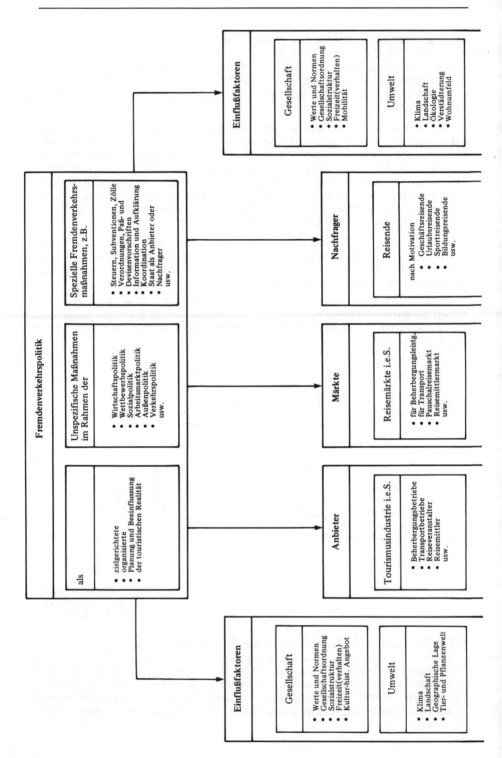

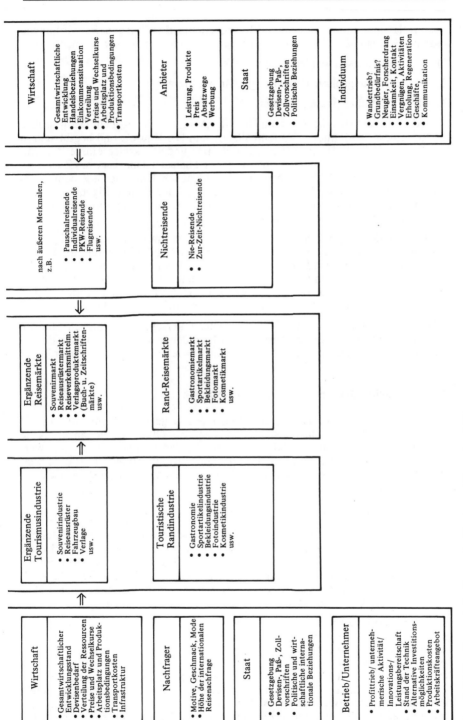

Abb. 1-23 Das ökonomische System des Tourismus (Gesamtmodell)

Dies erfolgt in einem sogenannten **Phasenschema des Reisens**. Es wird davon ausgegangen, daß bei jeder Reise drei Phasen unterschieden werden können:

(1)   Vorbereitungsphase ("am Heimatort")

(2)   Durchführungsphase ("unterwegs", "in der Fremde")

(3)   Nachbereitungsphase ("zu Hause")

Modellhaft läßt sich die Reise mit Hilfe der Abb. 1-24a darstellen: Der Reisende verläßt seinen gewöhnlichen Aufenthaltsort, sein "zu Hause", und begibt sich in "die Fremde". In der Regel ist er auf der Hin- und Rückreise einige Zeit mit entsprechenden Verkehrsmitteln "unterwegs" und hält sich eine Tage am Zielort (in der Destination) auf. Dabei haben die verschiedenen Umfelder aus dem ganzheitlichen Tourismus-Modell aus Abb. 1-19 Einfluß auf die jeweiligen reisespezifischen Betrachtungen, wie z. B. die ökonomischen, sozialen, politischen, juristischen, medizinischen usw. Aspekte einer Reise.

Aus Sicht des Empfängergebietes können mehrere Entsende- oder Quellgebiete von Interesse sein (vgl. Abb. 1-24b). Als weiterer Sonderfall kann die "**Rundreise**" unterschieden werden (vgl. Abb. 1-24c), bei der der Aufenthalt in der Fremde an verschiedenen Orten erfolgt. Weiterhin fallen bei bestimmten Reisen Transport und Aufenthalt zusammen, wie z. B. bei (Schiff-)Kreuzfahrten, Bahnreisen (wie Transib oder Orient-Express), zum Teil auch bei Busreisen.

Während all dieser Phasen trifft der Reisende unterschiedliche Entscheidungen und kommt mit verschiedenen Betrieben der Fremdenverkehrswirtschaft in Berührung, auf die im folgenden bereits teilweise hingewiesen wird (vgl. genauer Teil 2 und 3).

(1) Die Vorbereitungs- oder Planungsphase

Die Vorbereitungs- oder Planungsphase findet überwiegend am Heimatort statt. Sie nimmt bei Urlaubsreisen die meiste Zeit in Anspruch. Oft dauert sie länger als die Reise(durchführung) selbst, häufig das ganze Jahr (oder länger). Nur selten werden bei Urlaubsreisen Reiseentschlüsse spontan getroffen. Hingegen ist die Dauer von wenigen Stunden oder Tagen "normal" bei (Wochenend-)Kurz-Trips und auch bei den meisten Geschäftsreisen.

(1a) Die Reisenachfrager

Diese Phase ist unterschiedlich von der **Reisevorbereitung** geprägt. Manche Reisenden bereiten sich sehr intensiv auf ihre Reise vor. Sie besuchen Sprachkurse (bei Auslandsreisen), Informationsveranstaltungen, lesen Bücher, schauen Filme, informieren sich in Reisebüros und lassen sich beraten. Sie kaufen die richtige (?) Ausrüstung (Koffer, Rucksack, Kleidung), planen die Reiseroute, suchen Mitreisende und treffen Personen, die bereits in diesen Ländern waren.

In diese Vorbereitungsphase fallen die wichtigsten Reiseentscheidungen (vgl. genauer Teil 2.3). Sie erfolgen aufgrund von mehr oder weniger intensiver Information(sbeschaffung) des Reisenden. Diese Informationen erhält er entweder bewußt oder unbewußt von Medien, Bekannten oder durch gezielte Werbung der Reiseindustrie. Nach (oder während) dieser Informationsphase trifft man die Grundsatzentscheidung: entweder nicht zu verreisen oder zu verreisen. Entschließt man sich zu einer Reise, wird man sich die Reise entweder individuell zusammenstellen (planen) oder man bucht ein vorgefertigtes Reisepaket, eine sogenannte Pauschalreise.

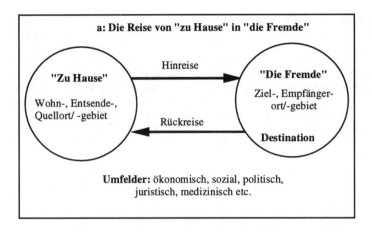

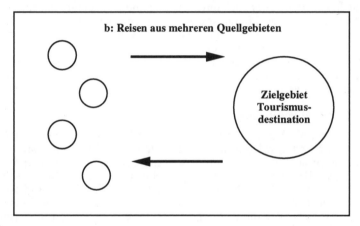

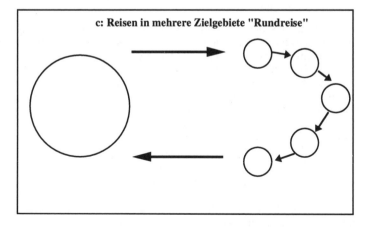

Abb. 1-24   Die Reise von Quellgebiet(en) in die Destination(en)

Buchung einer Pauschalreise: Hier haben Reiseveranstalter "Reise-Pakete" vorbereitet, die in den meisten Fällen den Transport zum und vom Urlaubsort, Unterkunft und verschiedene Nebenleistungen, wie Verpflegung, Reiseleitung usw. beinhalten. Bei der vom Reiseveranstalter angebotenen Pauschalreise hat der Kunde relativ wenig Arbeit: der Pauschaltourist muß die Reiseprospekte durchforsten, sich das zutreffende Angebot aussuchen und seinen Wunsch als Buchung einem Reisemittler (oder direkt dem Reiseveranstalter) mitteilen. Der Reisemittler, meist ein Reisebüro, leitet die Buchung an den Reiseveranstalter weiter, der die entsprechenden Angebote bereits zuvor gesichert/reserviert hat. Nach Bestätigung durch den Reiseveranstalter kann der - angehende - Pauschaltourist nun in Ruhe auf die Abreise warten.

Die **individuelle Reisevorbereitung:** Entscheidet man sich hingegen nicht für die "einfache" Form der Pauschalreise, bei der dem Reisenden bereits ein Reisepaket vom Veranstalter zusammengestellt worden ist, muß man sich die einzelnen Teile der Reise selbst besorgen. Dies kann vollständig vor Reiseantritt geschehen, indem man Reservierungen von Transport, Unterkunft usw. vornimmt (oder nur Teile davon) oder auch unvollständig, indem man nur einzelne Teile wie Transport (als "Nur-Flug", Bahnkarte etc.) oder Unterkunft für die erste Nacht besorgt und die weitere Planung und Entscheidung während der Reise selbst festlegt. Auch bei der individuellen Reisevorbereitung kann (und muß) sich der Individualreisende oftmals eines Reisebüros bedienen, z. B. bei (Charter-)Flugreservierungen, aber die meisten Leistungen kann er auch direkt von den Leistungsträgern erhalten.

(1b) Die Reiseproduzenten

Während dieser Vorbereitungsphase kommen alle Reisenden neben den Reisemittlern und Leistungsträgern noch mit weiteren touristischen Institutionen in Kontakt. So fragen sie eventuell bei Fremdenverkehrsämtern und anderen Informationsstellen nach. Aber vor allem nehmen sie die Dienste verschiedener Betriebe der touristischen **"Ergänzungs-, Rand oder Nebenindustrie"** in Anspruch: Sie kaufen die verschiedensten Reiseutensilien, wie Reisebücher, Sprachführer, neue Kleidung, Koffer, Rucksack, Sonnenöl, Filme, schließen Reise- und Gepäckversicherungen ab, tauschen Reisedevisen, besorgen sich einen internationalen Führerschein usw.

Die Vorbereitungsphase ist Hauptgegenstand der sogenannten **Marktforschung im Tourismus.** Alle Anbieter von Reiseleistungen beschäftigen sich mit dem Entscheidungsprozeß des Reisenden und fragen sich nach Beeinflussungsmöglichkeiten in ihrem Sinne, für ihr Produkt: Reiseveranstalter wollen, daß der Reisende bei ihnen bucht, Transportunternehmer, daß er mit ihrem Verkehrsmittel fährt, Zeitschriftenhersteller und Buchverleger, daß er ihre Publikationen kauft, usw. Für all diese Anbieter ist es ganz besonders interessant, aus welchen Beweggründen sich ein Reisender für eine bestimmte Reiseart, für einen bestimmten Reiseveranstalter oder ein bestimmtes Transportmittel entscheidet und wie er sich auf die Reise vorbereitet. Diese Beweggründe sind Gegenstand der psychologisch-soziologischen Motivforschung (vgl. genauer Teil 2.1, 2.3).

Betriebliches Marketing versucht, die Erkenntnisse der Marktforschung in konkrete Marketingstrategien umzusetzen, d. h. sie versuchen, über eine bestimmte Produkt-, Preis- und/oder Werbepolitik, den Reisenden zum Kauf ihres Angebotes zu veranlassen. Auch hierfür ist die Reisevorbereitungsphase von besonderem Interesse, da hier die grundsätzlichen Entscheidungen der Reisenden fallen.

Phase	Tätigkeiten	Dauer (in Tagen)		
		Urlaubs-reise	Geschäfts-reise	Ausflugs-verkehr
Vorbereitung (am Heimatort)	Information Reiseentscheidung Reisebuchung Reiseausrüstung	30–330	0–14	1–14
Durchführung (in der Fremde)	Reiseantritt Transport Aufenthalt am Zielort (mit Beherbergung, Ver-pflegung, Ausflügen usw.) (Rück-)Transport Ankunft/Rückkehr	14–30	1–5	2–5 oder 1
Nachbereitung (am Heimatort)	Erinnerung, Erzählung Filme entwickeln Reparaturen, Krankheit Kontakte zu Gastland	0–60	0–7	1–7

Abb. 1-25 Das Phasenschema des Reisens

(2) Reisedurchführungsphase

Die eigentliche Reise (Reise i.e.S.) beginnt mit dem Reiseantritt. Als **Reisebeginn** sieht man in der Regel entweder das Verlassen der Wohnung oder das Besteigen des betreffenden Transportmittels (Auto, Flugzeug) an. Die Reise beginnt vor dem Fabriktor, mit dem Abschließen der Haustür, in der Taxe oder im Flugzeug. Man läßt den Alltag hinter sich und reist in die "Fremde".

Die Reisedurchführung(sphase) findet überwiegend **außerhalb des Heimatortes** statt. Sie besteht aus - mindestens - folgenden Elementen:

- Transport zum und vom fremden Ort (Reiseziel oder -destination),
- Aufenthalt und Unterkunft am fremden Ort (oder an mehreren Orten),
- Verpflegung und Aktivitäten am fremden Ort,
- Nebenleistungen wie Reiseleitung, Besichtigungen, Events usw.

(2a) Unterwegs: der Transport

Der **Transport** dauert heute meist nur wenige Stunden und danach kommt man im Zielgebiet an. Früher war das Fortbewegen wesentlicher Inhalt der Reise: der Transport hat Tage oder Wochen gedauert. Heute ist für die meisten Reisenden der Transport zum Urlaubsort meist nur notwendiges Übel und verursacht wenig Freude. Entsprechend hat auch die Beliebtheit des Flugzeuges als schnellstes Transportmittel sehr zugenommen. Mit dem Flugzeug ist man meist nur wenige Stunden "unterwegs", selbst bei Fernreisen nur ca. 10 - 15 Stunden.

Nicht vernachlässigt werden darf allerdings die Bedeutung des Autos, bei dem die Fahrt selbst nach wie vor bedeutendes Reiseelement ist - wenn oft auch unerwünscht. Anders hingegen bei der modernen Art des Wohnmobilurlaubes, wo Fahren und Wohnen einen Teil des "freiheitlichen und unabhängigen" Urlaubserlebnisses ausmachen. Auf die Sonderformen der Bus(rund)reise, der (Schiff-)Kreuzfahrt oder der Zugreise war bereits einleitend hingewiesen worden.

(2b) Aufenthalt im Zielgebiet

Für den **Aufenthalt am fremden Ort** stellen verschiedene touristische und nicht-touristische Leistungsträger verschiedene Angebote zur Verfügung, die der Reisende in Anspruch nimmt ("konsumiert"). Als typische touristische Leistungen gelten Unterkunft und Verpflegung sowie Reiseleitung. Hinzu kommen weitere reisespezifische Leistungen wie Kur- und Gesundheitsleistungen, Ausflugsprogramme, Souvenirs usw. Ein Teil der Angebote im Zielgebiet richtet sich an Einheimische wie Besucher gleichermaßen und ist nicht unbedingt tourismustypisch, z. B. Sport-, Kultur- und weitere Freizeitangebote. Solche ergänzenden Angebote werden allerdings in unterschiedlichem Ausmaß von Einheimischen und Fremden genutzt (vgl. genauer Teil 3.2.1).

Diese Zeit des Aufenthaltes ist für den Reisenden der wichtigste Teil der Reise, es sind - im Ideal - "die kostbarsten Tage des Jahres". Neben den eigentlichen Sach- und Dienstleistungen erwartet der Tourist Erfüllung seiner immateriellen Reisewünsche und -träume, wie Glück, Erholung und Erlebnis(se) (vgl. genauer Teil 3.2.2).

(2c) Rückkehr

Mit der **Rückreise** ist die eigentliche Reise beendet: Der Reisende kommt wieder vor der eigenen Tür an, er kehrt in sein Zu-Hause und in den Alltag zurück (vgl. auch 2.1(3)).

(3) Nachbereitungsphase

Mit der Ankunft zu Hause ist der gesamte Reisevorgang aber meist **doch nicht beendet**: Viele Reisende "zehren" von ihrer Reise bis zur nächsten. Erinnerungen an die letzte Urlaubsreise und bald die Vorfreude auf die nächste helfen, den (Arbeits-) Alltag zu ertragen und zu vergessen. Als wichtige Aktivitäten nach der Rückkehr aus dem Urlaub wird bei Freunden und Bekannten über die Reiseerlebnisse berichtet, es werden Fotos und Filme und die Urlaubsbräune gezeigt und Erfahrungen ausgetauscht. Nur wenige wollen mit ihren Erlebnissen allein bleiben. Reisebericht nach Rückkehr gehört als fester Bestandteil zum gesamten Reiseerlebnis.

Aber auch einige praktische Tätigkeiten fallen noch nach der Reise an (von denen wiederum - touristische - Betriebe profitieren: Filme und Fotos werden entwickelt, das Reisegepäck wird gereinigt und - gegebenenfalls - repariert, Krankheiten - falls im Urlaub geholt - werden auskuriert. Manche Reisende halten auch nach ihrer Rückkehr Kontakt zum Gastland, sie informieren sich weiter und schreiben ihren Gastgebern. Oder sie berichten in den einheimischen Medien über ihre Reiseerlebnisse.

(4) Phasenschema und Reisearten

Betrachtet man das Phasenschema des Reisens, so lassen sich wichtige Unterschiede zwischen verschiedenen Reisearten feststellen. In Abb. 1-25 finden sich Angaben darüber, wie lange in der Regel die einzelnen Phasen für verschiedene Arten des Reises dauern.

Die (jährliche) **Urlaubsreise** hat die längste Vor-, Durch- und Nachbereitungszeit. So dauert die Vorbereitungsphase 30 - 330 Tage, die Durchführung 14 - 30 Tage und danach "zehren" die meisten bis zu zwei Monaten von der Reise. Langsam klingen die Erinnerungen ab und bald beginnt die Vorbereitung auf den nächsten Urlaub.

Anders hingegen bei den **Geschäftsreisen**. Hier ist es typisch, daß die Buchung bzw. Vorbereitung der Reise in der Regel sehr kurzfristig erfolgt, frühestens ein bis zwei Wochen vor Abreise. Die Geschäftsreise dauert meist nicht über eine Woche und die Nachbereitung ist innerhalb weniger Tage abgeschlossen.

Als drittes ist der **Ausflugsverkehr** mitaufgenommen worden. Hier überlegt sich der Reisende auch relativ kurzfristig, einen Tag bis zwei Wochen vorher, ob und wann er einen Ausflug unternehmen wird. Der dauert dann nur wenige Tage, oft über das Wochenende oder nur einen Tag. Die Nachbereitung und Erinnerung ist ebenfalls nach wenigen Tagen beendet.

Entsprechend diesem Reiseverhalten erklären sich auch bestimmte Tarife, die sich am gängigen Buchungsverhalten der Reisenden orientieren: Holiday-Tarife mit 2 bis 3 Wochen Vorausbuchungsfrist, 1 oder 2 Wochen Mindestaufenthalt und 30 - 45 Tagen Höchstaufenthalt, Business-Tarife, die kurzfristig zu buchen sind, ohne Ermäßigung, oft mit besonderem Service während des Transports.

(5) Zusammenfassung: Touristischer Kreislauf

Diesen zuvor dargestellten Ablauf kann man als **Kreislauf des Tourismus oder der Reise** bezeichnen. Für den Reisenden wiederholen sich Reisevorbereitung, -durchführung und -nachbereitung Jahr für Jahr. Für all diejenigen, die aktiv im Tourismus tätig sind, ist es von entscheidender Bedeutung, diesen immer wiederkehrenden Ablauf zu sehen und nicht nur die einmalige Begegnung mit dem Touristen bei der Reisebuchung, während des Transports oder bei seinem Aufenthalt. Denn wer einmal reist, der tut das wieder.

Der Reisende ist der beste "Werbeträger", entweder wiederholt er seine Buchung, Reise usw. selbst oder schickt das nächste mal Freunde, Bekannte auf den selben Kreislauf. Ein Ziel der Tourismusindustrie ist häufig, **Stammgäste** zu gewinnen. Das führt zu geringeren Werbeaufwendungen und zu sichererer Planung für die Zukunft. Der zufriedene Kunde kommt wieder zum selben Reisebüro, zum selben Reiseveranstalter, er nimmt die gleiche Fluggesellschaft oder das gleiche Transportmittel, er geht ins selbe Hotel, ins selbe Land, fährt zur gleichen Zeit, ißt das gleiche Essen, besucht das gleiche Rahmenprogramm, er macht mit der gleichen Kamera die gleichen Bilder, er macht die gleiche Reise - wenn man das alles überspitzt fortführt.

"Was der Schlaf im engen Kreise der vierundzwanzig Stunden ist, das ist das Reisen in dem weiten Kreise der 365 Tage." (FONTANE)

1.4.4 Exkurs: Reisen in Freizeit und Arbeitszeit

In einem engeren Verständnis wird Tourismus als Reisen in der Freizeit mit dem Motiv des Vergnügens und der Erholung angesehen. Doch bereits in Abschnitt 1.1 war darauf hingewiesen worden, daß auch andere Motivationen dem Tourismus (im weiteren Sinn) zugerechnet werden.

Zum besseren Verständnis dieser verschiedenen Sichtweisen ist ein kurzer Exkurs in die Freizeitwissenschaft hilfreich. Hierbei werden verschiedene Freizeitbegriffe verwendet. So wird Freizeit

- als "Residualgröße" gesehen, d. h. alles, was nicht Arbeitszeit ist, ist Freizeit (vgl. Abb. 1-27)
- nochmals in "gebundene" und "ungebundene" bzw. "echte" Freizeit unterschieden; hierbei ist "echte Freizeit" frei von Zwängen und anderen Verpflichtungen, insbesondere die Feierabend-, Wochenend- und Urlaubsfreizeit (vgl. Abb. 1.26);
- als "das, was die Mehrheit der Bevölkerung als Freizeit empfindet" verstanden (OPASCHOWSKI 1988: 197).

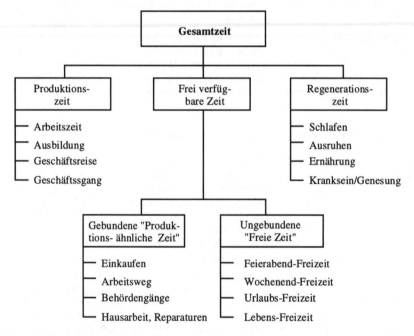

Abb. 1-26 Verschiedene Arten der Freizeit

Im wesentlichen wird demnach Freizeit immer in einer - mehr oder weniger engen - Abgrenzung zur Arbeitszeit gesehen. Für das Reisen ergeben sich demnach zum einen

- **Arbeitszeit-Reisen**, die im wesentlichen mit der Bezeichnung "Geschäftsreisen" erfaßt sind,

- **Freizeit-Reisen**, die im wesentlichen Reisen in der Wochenend- und Jahresfreizeit umfassen, aber auch Reisen in der "Lebens-Freizeit", wie z. B. nach der Pensionierung, Freizeit von Kleinkindern und Jugendlichen sowie von Nicht-Erwerbstätigen (z. B. "Hausfrauen" oder "Lebenskünstlern") zählen hierzu.

Aus dieser Übersicht ist auch ersichtlich, daß die im deutschen übliche Gleichsetzung von "Urlaub" und "Reisen" nicht voll zutreffend ist. Zum einen "muß" in der Urlaubs-Freizeit nicht zwangsläufig gereist werden, zum anderen kann auch in anderen "Frei-Zeiten" gereist werden.

Unter diesen freizeit- und tourismuswissenschaftlichen Blickwinkeln ergeben sich aber für einige Reisearten Zuordnungsprobleme zu den beiden "Reinformen" der Arbeits- und Freizeitreisen:

- Fahrten zum Arbeitsplatz, sie sind weder Arbeits- noch Freizeitreisen (sie erfolgen in der "gebundenen" Freizeit),
- Reisen von Kindern, sie erfolgen **vor** der eigentlichen Produktionszeit, in der "Lebens-Freizeit",
- Senioren-Reisen, sie erfolgen **nach** der eigentlichen Produktionszeit, ebenfalls in der "Lebens-Freizeit",
- Reisen von Arbeitslosen, sie erfolgen in der "unfreiwilligen" Freizeit,
- Reisen von (freiwillig) Nicht-Erwerbstätigen, sie erfolgen in der "freiwilligen" Freizeit,
- Reisen von Hausfrauen: Hausfrauenarbeit ist als Produktionszeit anzusehen, womit ihre Reisen in einer "urlaubsähnlichen" Zeit erfolgen,
- Kur-Reisen und Klinikaufenthalte, sie erfolgen weder "frei"willig, noch sind sie Produktionszeit oder Freizeit; dienen aber - eindeutig - der "Erholung".

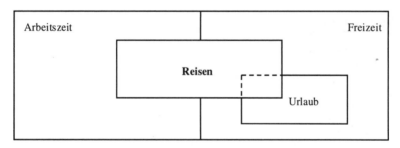

Abb. **1-27** Reisen in Arbeitszeit und Freizeit

1.5 Literaturhinweise zu Kapitel 1

Zur **Begriffsdefinition "Tourismus"** (1.1): ARNDT 1987, BERNECKER 1952, COHEN 1974, FREYER 1991c, KASPAR 1991: 16ff, SPATT 1975: 1ff, WALTERSPIEL 1956

Zur **Geschichte des Reisens** (1.2): BAUSINGER u.a. 1991, ENZENSBERGER 1958, KNEBEL 1960, KROHN 1985, LAUFENBERG 1969, LEED 1993, LÖSCHBURG 1977, SIGAUX o. J., SPODE 1987, 1991

Zu **Boomfaktoren** (1.3): DSF 1990, FREYER 1991b, FREYER/SCHERHAG 1996, KRIPPENDORF 1984: 39ff, OPASCHOWSKI 1997, SMERAL 1994 sowie zur touristischen Zukunftsforschung siehe Anhang 3.

Zum **System Fremdenverkehr** (1.4): BERNECKER 1956, BÖVENTER 1989, FREYER 1995b, HÖMBERG 1977, HUNZIKER 1943, 1959, KASPAR 1986: 13ff, KRIPPENDORF 1984, MÜLLER 1997, MILL/MORRISON 1985, MORGENROTH 1927, PROGNOS 1976, TIETZ 1980: 95.

Zur **Tourismuswirtschaft** finden sich Gesamtdarstellungen für verschiedene Länder bei MCINTOSH/GOELDNER 1986 (USA), TINARD 1994 (Frankreich), HOLLOWAY 1994 (Großbritannien), MÜLLER 1997 (Schweiz), ZOLLES/FERNER/MÜLLER 1989 (Österreich).

1.6 Fragen zu Kapitel 1

1.1 Vom "Reisen" zum "Tourismus"

(1) Was sind Unterschiede, was Gemeinsamkeiten, von
  - Urlaub-Freizeit-Reisen,
  - Urlaubsreisen-Geschäftsreisen,
  - Tourismus-Fremdenverkehr-Reiseverkehr,
  - Freizeit-Tourismus-Urlaub.
  Versuchen Sie, diese Begriffe mit Hilfe der Mengenlehre graphisch abzubilden!

(2) Geben Sie je ein Beispiel für
  (a)   Sportreisen,
  (b)   Kulturreisen,
  (c)   Fernreisen,
  (d)   eine Fahrt in den Nachbarort
  als
  - Geschäftsreise,
  - Urlaubsreise,
  - Freizeitreise.
  (also insgesamt vier mal drei Beispiele)

(3) Was sind die "konstitutiven Elemente des Fremdenverkehrs oder Reisens"?

(4) Was ist der touristische Kernbereich?

(5) Was ist der touristische Randbereich?

(6) Warum werden
  - Pendler,
  - Fahrten zum Arbeitsplatz,
  - Studienaufenthalte,
  - Auswanderung
  in der Regel nicht dem Tourismus zugerechnet?

  Welches der konstitutiven Elemente des Fremdenverkehrs fehlt dabei?

1.2 Entwicklung des Reisens

(7) Welche Phasen werden bei der Entwicklung des modernen Tourismus unterschieden?

(8) Charakterisieren Sie diese Phasen hinsichtlich der typischen
- Transportmittel,
- Motivationen für das Reisen,
- Teilnehmer.

(9a) Waren
- die Vertreibung aus dem Paradies,
- Odysseus Fahrten,
- Hannibals Reise über die Alpen,
- die "Grand Tour"
eine touristische Reise (Tourismus) - warum (nicht)?

(9b) Waren sie "Reiseverkehr"?

1.3 "Boomfaktoren" des Reisens

(10) Welches sind Boomfaktoren des Tourismus (gewesen)?

(11) Wie beurteilen Sie deren Bedeutung für Ihre eigene Organisation (z. B. Reiseveranstalter, Reisemittler, Hotel...)?

1.4 Das System Fremdenverkehr

(12) Aus welchen Elementen bestehen touristische Gesamtsysteme?

(13) Wie sieht die Grundstruktur des/eines ökonomischen Tourismusmodels aus?

(14) Benennen Sie die Grundelemente einer Reise.

(15) Was ist in Abgrenzung dazu eine Pauschalreise?

(16) Erläutern Sie das Phasenschema des Reisens.

(17) Ist die Fremdenverkehrslehre eine eigene Wissenschaft?

(18) Was sind typische
- ökonomische Analyseinstrumente?
- volks- und betriebswirtschaftliche Fragestellungen?

(19) Wozu verwendet man Modelle (in der Wirtschaftswissenschaft)?

Teil 2
Die Nachfrageseite

2.0 Vorbemerkung

"Die touristische Nachfrage stellt die Bereitschaft des Touristen dar,
verschiedene bestimmte Mengen touristischer Güter
zu verschiedenen bestimmten Geldmengen einzutauschen, d. h. zu erwerben."
(KASPAR 1991: 113)

Ein wichtiger Bereich der ökonomischen Tourismusanalyse ist die Betrachtung der Nachfrageseite. Doch anders als in der üblichen typischen ökonomischen Nachfrageanalyse ist der Einfluß des Preises auf die Kaufentscheidung der Nachfrager nur von untergeordneter Bedeutung. Wichtiger erscheinen **andere Einflußgrößen** wie z. B. Image des Reiselandes, Art des Urlaubes (Sonne, Bildung usw.), die generellen Umweltbedingungen und viele individuelle und subjektive Einflußfaktoren.

Einige dieser Einflußgrößen werden in 2.1 beleuchtet. Der folgende Teil 2.2 beschäftigt sich damit, welche Arten von Reisenachfrage unterschieden werden (können), Teil 2.3 zeigt auf, wie die Reiseentscheidung zustandekommt, und in Teil 2.4 wird die bundesdeutsche Reisenachfrage - empirisch - beschrieben.

2.1 Einflußfaktoren auf die Tourismusnachfrage

2.1.0 Vorbemerkung

In diesem Teil werden die unterschiedlichen Einflußgrößen auf die touristische Nachfrage näher beleuchtet. Dabei wird weniger auf **Erklärungen** für die Reisenachfrage eingegangen, sondern die Vielzahl von Möglichkeiten der Beeinflussung aufgezählt, wie sie in den verschiedenen wissenschaftlichen Teildisziplinen wie Psychologie, Soziologie, Politologie, Ökonomie, Geographie usw. behandelt werden. Sie werden im folgenden allgemein und überblickhaft dargestellt, wobei besonders die ökonomischen Einflußgrößen betont werden.

Die touristische Nachfrage wird aus allen Bereichen des gesellschaftlichen Lebens beeinflußt. Je nach Unterteilung des gesamtgesellschaftlichen Systems müssen verschiedene Aspekte beleuchtet werden. In Anlehnung an das in Teil 1 dargestellte ganzheitliche Tourismusmodell werden insbesondere die folgenden sechs Einflußbereiche unterschieden und untersucht:

- individuelle Einflüsse,
- gesellschaftliche Einflüsse,
- ökologische Einflüsse,
- ökonomische Einflüsse,
- Anbieter-Einflüsse,
- staatliche Einflüsse.

Überblickhaft sind die verschiedenen Einflußbereiche und -faktoren in Abb. 2-1 dargestellt. Die einzelnen Bereiche werden in den Abschnitten 2.1 bis 2.6 genauer behandelt.

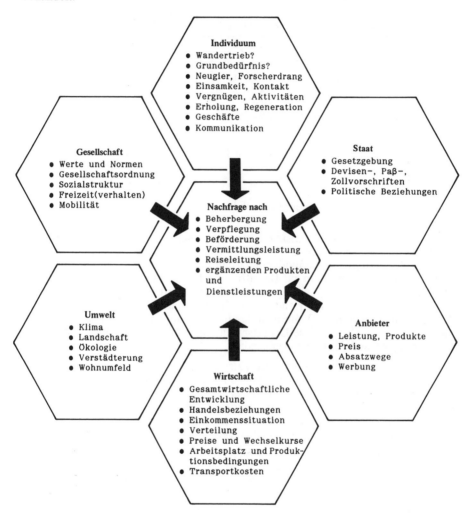

Individuum
- Wandertrieb?
- Grundbedürfnis?
- Neugier, Forscherdrang
- Einsamkeit, Kontakt
- Vergnügen, Aktivitäten
- Erholung, Regeneration
- Geschäfte
- Kommunikation

Gesellschaft
- Werte und Normen
- Gesellschaftsordnung
- Sozialstruktur
- Freizeit(verhalten)
- Mobilität

Staat
- Gesetzgebung
- Devisen-, Paß-, Zollvorschriften
- Politische Beziehungen

Nachfrage nach
- Beherbergung
- Verpflegung
- Beförderung
- Vermittlungsleistung
- Reiseleitung
- ergänzenden Produkten und Dienstleistungen

Umwelt
- Klima
- Landschaft
- Ökologie
- Verstädterung
- Wohnumfeld

Anbieter
- Leistung, Produkte
- Preis
- Absatzwege
- Werbung

Wirtschaft
- Gesamtwirtschaftliche Entwicklung
- Handelsbeziehungen
- Einkommenssituation
- Verteilung
- Preise und Wechselkurse
- Arbeitsplatz und Produktionsbedingungen
- Transportkosten

Abb. 2-1   Einflußfaktoren auf die Tourismusnachfrage

Diese Aufzählung und Unterteilung gibt nur teilweise **Erklärungen** für Reisen und Reisenachfrage. Am weitesten setzen sich die motivational-individuellen Ansätze mit Erklärungsversuchen auseinander.

Grundsätzlich erfolgen Erklärungsversuche aus **zwei Blickwinkeln:**

- der individualistische Ansatz (auch innengeleitete oder endogene Einflüsse)
- der gesellschaftlich-historische Ansatz (auch außengeleitete oder exogene Einflüsse)

Beide entsprechen unterschiedlichen wissenschaftstheoretischen Gesellschafts-
auffassungen und Erklärungsansätzen.

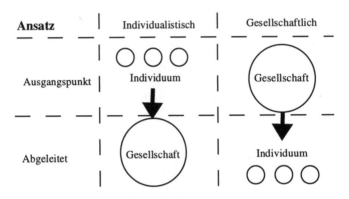

Abb. 2-2   Ansatzpunkte der Gesellschaftsanalyse

Der **individualistische Ansatz** erklärt gesellschaftliche Phänomene aus der
Blickrichtung des Einzelnen, des Individuums. Gesellschaftliche Abläufe ergeben
sich aus der Summe der individuellen Handlungen und Beiträge zum Gesamtsystem. Hier wird vor allem auf Begriffe (und Inhalte) wie Bedürfnisse, Motive,
psychologische Erklärungen eingegangen. Gesellschaftliche Phänomene ergeben
sich aus dem individuellen Handeln, die Gesellschaft ist quasi die Summe, das
Aggregat, der Einzelnen. Wenn man das Individuum verstanden und erklärt hat,
meint man nach dieser Gesellschaftsauffassung, so hat man auch die gesellschaftlichen Abläufe im Prinzip verstanden.

Der **gesellschaftlich-historische** Ansatz geht im Prinzip genau umgekehrt
vor: Hier werden individuelle Handlungen aus gesellschaftlichen und historischen
Entwicklungsgesetzen erklärt - hier ist das Individuum quasi "Produkt" der gesellschaftlichen Entwicklungstendenzen. Bei diesen Erklärungen wird auf gesellschaftliche Produktionsbedingungen, auf Gruppen- und Klassengegensätze und auf historische Entwicklungstendenzen Wert gelegt.

Diese Unterscheidung, die in vielen anderen Wissenschaftsbereichen zu
grundsätzlich verschiedenen Erklärungsansätzen geführt hat und wo meist ein
traditionell-bürgerlicher Ansatz einem kritisch-marxistischem gegenübersteht, hat in
der Fremdenverkehrslehre bisher keinen nennenswerten Niederschlag gefunden.
Hier gehen beide Elemente oftmals ineinander über und werden nicht klar
gegeneinander abgegrenzt.

2.1.1 Individuelle Einflüsse: Die Motive

Zu Beginn wird etwas näher auf die individuellen Nachfragefaktoren, auf die sogenannten **Motivationen** des Reisens näher eingegangen, da hierzu die umfassend-
sten Beiträge und Erklärungsansätze vorliegen.

Betrachtet man die Literatur über Tourismus, so enthalten fast alle Abhand-
lungen - trotz unterschiedlicher Zielsetzungen und Inhalte - stets einen (längeren)

Abschnitt über **Motive des Reisens,** der aber oft mehr verwirrt als erklärt: Der wissenschaftliche Hang zum Systematisieren und Katalogisieren verdeckt oftmals die zugrundeliegenden Strukturen.

Entsprechend schwierig ist eine einheitliche Behandlung der verschiedenen Ansätze. Sie reichen von Reisen ist "Naturgesetz" über "menschliches Grundbedürfnis" bis zum "durch Werbung und das kapitalistische System erst hervorgerufen".

Die folgenden Ausführungen zu den Reisemotivationen beziehen sich vorrangig auf den Urlaubsreisenden, da dieser am meisten "erforscht" ist. Für eine Reihe anderer Reisearten finden sich einige Ausführungen in Abschnitt 2.1.1(4).

(1) Fremdenverkehr als Naturgesetz?

Fremdenverkehr und Reisen sind **keine Naturgesetze,** obwohl einige Autoren dies gerne so sehen würden und teilweise so vorgehen. So spricht beispielsweise PÖSCHL von verschiedenen Entwicklungsgesetzen des Fremdenverkehrs" (vgl. 1962: 206ff; ähnlich auch ZINNBURG 1978: 68ff).

(1a) Das Gesetz der Alternation der Entwicklung

Das Gesetz der Alternation der Entwicklung besagt im wesentlichen, daß die Entwicklung des Fremdenverkehrs **stufenförmig** erfolgt: "Bei 100 Betten lohnt sich z. B. ein Schwimmbad noch nicht, bei 600 kann es betrieben werden. Eine Autobusverbindung benötigt ... vielleicht 1000 Unterkünfte, um die nötige Rendite zu erreichen." (PÖSCHL 1962: 208)

(1b) Das Gesetz von der Schwerkraft und Fliehkraft im Fremdenverkehr

Mit dem Gesetz von der Schwerkraft und Fliehkraft im Fremdenverkehr umschreibt PÖSCHL einerseits die Anziehungskraft bestimmter Gegenden, dort Ansiedlungen zu gründen. Dies führt andererseits im Lauf der Zeit zur Verstädterung und der Ort entwickelt nach und nach eine "Abstoßung", die "Zentrifugalkraft": Die Städte werden vermehrt unwohnlich und die Menschen flüchten zeitweilig aus der städtischen Umwelt, entweder an den Wochenenden oder im Urlaub.

Als Folge dieser Fluchtbewegung entwickeln sich wieder neue Zentren, Urlaubszentren, die aufgrund landschaftlicher Besonderheiten auf die Stadtmenschen eine bestimmte Anziehungskraft ausüben (vgl. ders.: 209ff).

(1c) Das Gesetz der Grenzproduktivität und der Alternative

Ein drittes "Gesetz" versucht, die Denkweise der ökonomischen Grenznutzen- und Grenzproduktivitätstheorie auf verschiedene Aspekte des Fremdenverkehrs zu übertragen: Nach dem Grenzproduktivitätsprinzip lohnt es sich solange für die Tourismusindustrie, die Kapazitäten von Fremdenverkehrseinrichtungen, wie z. B. Hotels, Seilbahnen usw. auszudehnen, wie jede neue Einrichtung - mindestens - die Kosten erwirtschaftet.

Auf der anderen Seite überlegen auch die Reisenden aufgrund des Grenznutzenprinzips, inwieweit Angebotsfaktoren wie Landschaft, Wetter, Ruhe gegeneinander zu substituieren sind und welcher Preis für eine Reise in Urlaubsgebiete "angemessen " ist.

(1d) Reisen als biologisches Bedürfnis

Bereits 1930 wies HÄUSSLER darauf hin, daß infolge des Arbeitsprozesses der Mensch ein "biologisches Bedürfnis" nach Erholung habe: "Soweit es sich dabei (beim Reisebedürfnis, Anm. W.F.) um Erholungsreisen für Menschen handelt, die das Jahr über angestrengt tätig sind, sind diese nicht mehr als Vergnügen oder als Luxus, sondern als biologisches Bedürfnis zu erachten." (HÄUSSLER 1930: 18)

Doch auch hier ist es kein Naturgesetz, das das Reisen bedingt, sondern es sind die Arbeitsverhältnisse und ökonomische Überlegungen, wie es aus den weiteren Ausführungen von HÄUSSLER ersichtlich wird:

"Der durch die Erholung bewirkte Aufbau körperlicher und geistiger Leistungsfähigkeit ist auch vom volkswirtschaftlichen Standpunkt aus nicht zu unterschätzen. Es ist geradezu Erfordernis der Kultur, daß der Mensch nicht bis zur Erschöpfung ausgenützt wird, sondern daß ihm aus wirtschaftlichen, wie aus sozialethischen Erwägungen heraus jenes Maß von Arbeitsruhe gewährt wird, das den Energieverbrauch ausgleicht und für die Gewinnung neuer Arbeitskraft und Arbeitsfreude notwendig ist." (ebd.)

Zusammenfassung: Fremdenverkehr ist nicht naturgesetzlichen Wandlungen und Entwicklungen unterworfen, sondern ein gesellschaftliches, soziales oder individuelles Phänomen. Bestenfalls lassen sich einige sozialwissenschaftliche Annäherungen versuchen. Reisen als Bedürfnis entsteht und vergeht, es wird von vielfachen Faktoren beeinflußt, läßt sich aber - wie die meisten gesellschaftlichen Phänomene - nur begrenzt wissenschaftlich analysieren, prognostizieren und bestimmen.

(2) Vom Luxus- zum Grundbedürfnis?

Fremdenverkehr ist aber auch **kein menschliches Grundbedürfnis**, obwohl dies oftmals in der Tourismusdiskussion auftaucht. Es wird vom elementaren Bedürfnis des Reisens, vom Forscherdrang, vom angeborenen Wandertrieb und menschlicher Wanderlust gesprochen.

Die gesellschaftlichen und individuellen Bedürfnisse werden nach unterschiedlichen Gesichtspunkten in den Wirtschaftswissenschaften analysiert. Zugleich ist "**Bedürfnis**" eine zentrale Kategorie für Erklärungen des Wirtschaftens. Viele ökonomische Autoren und Erklärungsansätze sehen als Ausgangspunkt für wirtschaftliches Handeln Bedürfnisse, zu deren Befriedigung die Menschen in wirtschaftliche Austauschbeziehungen treten müssen. Bedürfnisse stellen ein "Gefühl des Mangels" dar, wobei der Wunsch besteht, diese Mangelsituation(en) zu beseitigen[1] Bedürfnisse lassen sich untergliedern in

* primäre (angeborene, naturbedingte) und
* sekundäre (aus gesellschaftlichem Kontakt erworbene)

oder nach Wichtigkeit in verschiedene Bedürfnisebenen.

Ausführlich wurde die Bedürfnishierarchie von MASLOW (1943: 370ff) behandelt. Er spricht von 5 Bedürfnisebenen (vgl. Abb. 2-3), die der Mensch in dieser Reihenfolge durchläuft: Erst wenn die Grundbedürfnisse befriedigt sind, strebt der

---

1   Vgl. dazu die verschiedenen Lehrbücher zur Einführung in die Wirtschaftswissenschaft.

Mensch die Befriedigung höherwertiger Bedürfnisse wie Sicherheit, sozialen Kontakt, gesellschaftliche Anerkennung und Selbstverwirklichung an.

Übertragen auf ökonomische Kategorien bedeutet diese Entwicklungshierarchie, daß mit zunehmend individuellem und/oder gesellschaftlichem Wohlstand eine Hinwendung von (einfachen) Gütern zur Befriedigung der Grundbedürfnisse, des Existenzbedarfs, zu Gütern des gehobenen Bedarfs, meist mit höherwertiger Qualität bis hin zu Luxusgütern stattfindet. Letztere zeichnen sich dadurch aus, daß sie beispielsweise höhere gesellschaftliche Anerkennung und Prestige bedeuten, aber nicht lebensnotwendig sind. Vereinfacht werden vor allem drei Bedürfnisgruppen unterschieden:

- Grundbedürfnisse - Existenzbedarf
- Gehobener Bedarf
- Luxusbedarf

		Allgemeine Erläuterung	Touristische Beispiele
Ent-wick-lungs-bedürf-nisse		Selbstverwirklichung, Unabhängigkeit, Freude, Glück	Reisen als Selbstzweck: Vergnügen, Freude, "Sonnenlust"
Wertschätzungs-bedürfnisse		Anerkennung, Prestige, Macht, Freiheit	Reisen als Prestige und gesellschaftliche Anerkennung
Soziale Bedürfnisse		Liebe, Freundschaft, Solidarität, Kontakt, Kommunikation	Private und gesellschaftliche Besucherreisen (zur Kommunikation)
Sicherheits-bedürfnisse		Vorsorge für die Zukunft: Gesetze, Versicherungen	Reisen zur Sicherung des Grundeinkommens, z.B. zur Regeneration der Arbeitskraft, Handelsreisen, Kurreisen
Grundbedürfnisse		Essen, Trinken, Schlafen, Wohnen, Sexualität	Reisen zur unmittelbaren Deckung des Grundbedarfs, z.B. Fahrten zur Arbeitsstätte, evtl. Handelsreisen

Abb. 2-3 Bedürfnishierarchie (nach MASLOW 1943 mit eigenen touristischen Ergänzungen)

Vor dem Hintergrund der Bedürfnishierarchie von MASLOW ist die Einordnung des heutigen Tourismus relativ einfach. Auch beim Reisenden treten einige der von MASLOW benannten Bedürfnisse deutlich auf. In früheren Zeiten war Reisen oftmals **Grundbedürfnis**: Es war notwendig, um den täglichen Bedarf an Essen,

Trinken, Wohnen zu sichern. Auch die späteren Forscherreisen sind weitgehend hierzu zu rechnen. Erst auf einer höheren Ebene kommt es zu Reisen aus **Kontakt- und Kommunikationsmotiven**, vor allem Besuche von Bekannten und Verwandten. Auf den höchsten Ebenen bedeutet Reisen vor allem **Prestige, Anerkennung** und danach **Selbstverwirklichung und Glück**. So ist die heutige Form des (Urlaubs-) Tourismus weitgehend einzustufen: Reisen dienen vorwiegend dem Vergnügen, der Selbstverwirklichung.

Entsprechend war "Reisen zum Vergnügen" früher - und ist es noch heute in weniger entwickelten Gesellschaften - oftmals eine Angelegenheit der oberen und privilegierten Schichten. Heute hingegen können und wollen sich immer mehr Menschen Güter der obersten Ebene der Bedürfnishierarchie leisten, z. B. eben auch Reisen aus Prestigegründen oder zur Selbstverwirklichung, aus Freude oder zum Glück.

Fazit: Reisen ist nicht zum Grundbedürfnis geworden, doch der heutige "Standardbedarf" ist größer geworden und umfaßt bei den meisten Menschen der Industrieländer auch die jährliche Urlaubsreise. Wenn heute von "Reisen als Grundbedürfnis" gesprochen wird, meint dies die Festsetzung des Reisebedürfnisses in der veränderten Konsumstruktur. Reisen werden nicht mehr als "Luxus" angesehen, da sie sich fast alle leisten können. Auch wollen die wenigsten Menschen der Industrieländer auf ihre jährliche Urlaubsreise verzichten. So gesehen haben Reisen inzwischen auch etwas von einem Grundbedürfnis, wobei diese Bezeichnung aber - wie aus der MASLOW-Pyramide zu sehen - nicht exakt ist.

Allerdings wird in touristischen Motivationsforschungen nur zum Teil auf diese Bedürfnishierarchie bezug genommen. Häufiger werden vier Motivationsgruppen des Reisens unterschieden, die nebeneinander stehen und nicht hierarchisch geordnet sind, sich allerdings auch in die MASLOW-Pyramide einordnen ließen (vgl. dazu auch Abb. 2-5):[1]

(1) Motive des geistigen Ausgleichs: "abschalten, Tapetenwechsel", "frei sein, tun und lassen, was man will",
(2) Motive des körperlichen Ausgleichs: "Sport, Bewegung" oder umgekehrt "Ruhen",
(3) Bedürfnisse nach Kommunikation: "Geselligkeit"
(4) Bedürfnisse des Forschens und der Abwechslung: "Neue Eindrücke", Abenteuer, Bildung

(3) "Weg-von" oder "Hin-zu"-Reisen

Seit einer psychologischen Studie von HAHN/SCHADE aus dem Jahr 1969 werden die Beweggründe des Reisens vor allem mit zwei Kategorien behandelt:

* das Weg-von-Reisen oder die Konträrhaltung
* das Hin-zu-Reisen oder die Komplementärhaltung

---

1 Vgl. zur touristischen Motivforschung v. a. HAHN/SCHADE 1969, HARTMANN 1979 und Ergebnisse der Reiseanalyse sowie Abschnitt 2.3.3.

(3a) "Weg-von"-Reisen

> *"Wohin reist du, Herr?"*
> *"Ich weiß es nicht", sagte ich, "nur weg von hier, nur weg von hier.*
> *Immerfort weg von hier, nur so kann ich mein Ziel erreichen."*
> *"Du kennst also dein Ziel?" fragte er.*
> *"Ja.", antwortete ich, ich sagte es doch: Weg-von-hier, das ist mein Ziel."*
>
> Franz Kafka, Der Aufbruch

Beim "Weg-von"-Reisen wird vor allem die Fluchtbewegung des Reisens betont - die Suche nach der Gegenwelt (als sozial-psychologische oder kulturkritische Begründung). Urlaub wird hier als Ausgleich zum Alltag, als Überschreiten des Alltags, angesehen, wo all die Wünsche und Träume verwirklicht werden sollen, die in den Zwängen des alltäglichen Lebens nicht möglich sind. Der Mensch lebt im Urlaub die Aktivitäten aus, die im Alltag zu kurz gekommen sind. Alltag ist die Zeit der Beschränkung, wo Kräfte und Bedürfnisse nicht ausgelebt werden können. In Abb. 2-4 sind die Vorstellungsbilder von Alltag und Reise (Urlaub) gegenübergestellt. In dieser (Ausgleich-)Funktion sind Reisen integrativ für bestehende Gesellschaftssysteme, sie stellen eine Art Ventilfunktion dar. Urlaub ist die "Aus-Zeit", keine "Frei-Zeit" im jährlichen Ablauf (WIRTZ 1985: 69).

"Die Gegenwelt erhebt sich auf der Grundlage der herrschenden ökonomischen und sozialen Beziehungen und touristischen Erfordernisse. Sie will Emanzipation von den Zwängen des Arbeitslebens." (ARMANSKI 1978: 25)
"Die Suche nach Kontakten zu anderen Menschen, als Gegenstück zur Anonymität und Beziehungslosigkeit im Alltag, ist ein wichtiger Ferienwunsch." (KRIPPENDORF 1984: 61)

Zum Teil wird das "Weg-Reisen" auch als Folge der **kapitalistischen Produktion** begründet:

"Die vom Kapital hervorgebrachten Produktions- und Lebensformen verlangen eine zeitlich und räumlich ausgedehntere Wiederherstellung der Arbeitskraft, insbesondere längeren bezahlten Urlaub außerhalb des Wohnorts." (ARMANSKI 1978: 23)
"Tourismus als Ventil zum Luft ablassen, um die Enttäuschungen über das Ausbleiben der im Alltag versprochenen und ersehnten Ideale in gesellschaftlich unschädliche Bahnen zu lenken." (KRIPPENDORF 1984: 60)

Vgl. zum "Weg-Reisen" auch den Text auf den Seiten 60/61 (aus: FREYER 1982).

(3b) "Hin-zu"-Reisen

Grundsätzlich anders geartet sind Motivationsstrukturen, die unter dem Oberbegriff "Hin-zu" diskutiert werden. Hier treten die "Frustrationsaspekte" der vorherigen Gruppen in den Hintergrund; Reisen wird zum Forschen, zum Interesse und zur Freude an anderen Ländern und Menschen, "Wanderlust und Sonnenlust" sind die bestimmenden Faktoren. Auch gehören hierzu Geschäfts-, Sport- und politische Reisen, soweit diese unter dem Oberpunkt Tourismus mitbehandelt werden.

Gängigerweise wird behauptet, daß diese, wohl ursprüngliche, Motivation des "Hin-Reisens" mehr und mehr an Bedeutung verloren hat, obwohl bei Motivationsbefragungen diese Motive immer wieder genannt werden.

Auch in der Praxis zeigt sich diese Fluchtbewegung weitaus öfter als die konkrete Zielsuche. Kunden kommen seltener ins Reisebüro mit dem ausgeprägten Wunsch, einen bestimmten Ort oder ein Land zu besuchen oder kennenzulernen, sondern haben mehr allgemeine Wunschvorstellungen wie

- irgendwo in den Süden, wo es warm ist, wo ich Sport treiben oder surfen kann,
- möglichst billig,
- "irgendwas für 1000.- DM".

Nicht das besuchte Land ist das wichtigste, sondern eher zweitrangige Elemente wie "abschalten, ausspannen", "Tapetenwechsel", "frische Kraft sammeln", "Sonne, Wärme", "saubere Umwelt", "Reisezeit", "Reisekosten" usw. (vgl. Abb. 2-5).

Doch nicht immer sind dem Reisenden die wirklichen Antriebskräfte für seine Reise bewußt oder sie werden nicht bei den vorliegenden Meinungsbefragungen erforscht. So tauchen "Prestige und Geltungsdrang", "Rekordsucht" genausowenig in den Motivationsbefragungen auf wie die "kapitalistischen Produktionsbedingungen". In diesem Zusammenhang wird von einem "doppelten Dilemma der Tourismusforschung" gesprochen, was sich mindestens als dreifaches Dilemma entpuppt:

"Die Erforscher und Kritiker des Massentourismus leiten häufig genug ihre Maßstäbe und Begriffe unbewußt oder bewußt aus der eigenen Akademikersituation ab, überstülpen eigene Ideale auf andere Schichten oder kritisieren umgekehrt die Gleichförmigkeit des Verhaltens; das zweite Dilemma entsteht dadurch, daß die empirische Forschung - zumal jene kommerziell ausgerichtete Tourismusforschung - Motive an verbalen Äußerungen ablesen will und dabei durch die Vorgabe von Begriffen oder Fragestellungen das durch Lernvorgänge und Massenmedien Vermittelte feststellt. Denn es ist keineswegs ausgemacht, daß bei anderen Fragen die gleichen Bedürfnisse wieder an der Spitze rangieren würden. (...)
Ein weiterer Kritikpunkt ist: Die meisten bisherigen Untersuchungen über Reisemotive wurden direkt oder indirekt im Interesse der Tourismusbranche durchgeführt. Die gestellten Fragen und die benutzten Instrumente waren zunächst daran ausgerichtet, was der jeweilige Auftraggeber wissen wollte."
(PRAHL/STEINECKE 1981: 196f)

Alltag	Urlaub
Zwänge, Normen	tun, was man will
Hetze, Eile	Ruhe
Leben nach der Uhr	freie Zeiteinteilung
Anstrengung	Faulenzen
Spannung, Streß	Entspannung, Abschlaffen
Pflicht, Ernst	Vergnügen, Frohsinn
Zivilisation, Technik, Künstlichkeit	Lebendigkeit, Spontaneität
Gewohnheit, ständig das gleiche	neue Eindrücke, etwas ganz anderes
Großstadt	Land, Dorf
graue Steinwüste	Natur erleben
Luftverschmutzung	frische Luft

Abb. 2-4 Vorstellungsbilder von Alltag und Urlaub(sreise)
(aus: HARTMANN 1979: 19)

Frage: "Worauf kam es Ihnen bei Ihrer (Haupt)-Urlaubsreise 1992 eigentlich besonders an?"

RA 92 44,7 Mio.	Gesamt		ABL 35,1 Mio.	NBL 9.6 Mio.
Mehrfachn./Listenvorlage	%	Mio	%	%
Entspannung/Erholung				
Abschalten, ausspannen	76,4	34,1	77,2	73,5
Frische Kraft sammeln	57,2	25,6	55,8	62,2
Sich verwöhnen lassen, genießen	46,5	20,8	49,7	35,1
Viel ausruhen, nichts tun, nicht anstrengen	39,2	17,5	44,3	20,6
Tun und lassen, was man will, frei sein	47,1	21,0	50,1	36,1
Etwas für die Schönheit tun, braun werden	12,6	5,6	13,2	10,3
Sich Bewegung verschaffen	43,9	19,6	44,0	43,6
Abwechslung/Erlebnis/Sport				
Aus dem Alltag herauskommen, Tapetenwechsel	77,0	34,4	77,3	76,1
Viel erleben, Abwechslung haben	46,4	20,7	46,4	46,1
Viel Spaß und Unterhaltung haben, vergnügen, amüsieren	48,5	21,7	50,7	40,3
Aktiv Sport treiben, sich trimmen	14,2	6,3	15,5	9,2
Kontakte/Geselligkeit				
Zeit füreinander haben	57,2	25,6	56,7	59,2
Mit den Kindern spielen, zusammensein	28,9	12,9	27,0	35,8
Neue Leute kennenlernen	41,7	18,6	42,7	37,8
Mit Leuten zusammensein, Geselligkeit haben	49,7	22,2	53,1	37,5
Verwandte, Bekannte, Freunde wiedertreffen	28,3	12,7	29,2	25,2
Kontakt zu Einheimischen	39,2	17,5	40,8	33,2
Eindrücke/Entdeckung/Bildung				
Neue Eindrücke gewinnen, anderes kennenlernen	50,5	22,6	47,4	61,9
Andere Länder erleben, Einheimische kennenlernen	37,0	16,6	34,7	45,3
Viel herumfahren, unterwegs sein	34,7	15,5	33,8	37,9
Horizont erweitern, etwas für Kultur und Bildung tun	31,1	13,9	27,5	44,1
Erinnerungen auffrischen	28,1	12,6	30,4	19,8
Aus Entdeckungsreise gehen, etwas Außergewöhnlichem begegnen	14,5	6,5	14,6	13,9
Natur erleben/Wetter				
Natur erleben	60,9	27,2	59,3	66,6
Reine Luft, saub. Wasser, aus der verschm. Umwelt herauskommen	53,7	24,0	54,2	51,6
In die Sonne kommen, dem schlechten Wetter entfliehen	41,6	18,6	45,0	29,1

Abb. 2-5 Reisemotive und Urlaubserwartungen (Quelle: REISEANALYSE 1992)

W. Freyer
FERNREISEN – FLUCHT AUS DEM ALLTAG?

Reisen als Droge

„Ich muß endlich mal wieder raus, was anderes sehen, abschalten, den ganzen Scheiß hier vergessen – egal wohin."
Von Zeit zu Zeit drängt sich uns immer wieder der Wunsch zu verreisen, fortzufahren auf. Dabei sind unsere Reiseziele immer weiter weg, bedingt durch billigere Reisemöglichkeiten (Charterflüge, Billigtickets) und den Wunsch nach immer neuem Fremden. Der Ostertrip nach Portugal, Kreta oder in die griechische Inselwelt, die Semesterferienreise nach Indien, Ceylon, Ostasien, Südamerika oder andere entlegene Orte des Globus werden immer mehr zum Bestandteil unseres Jahresablaufs, auf den wir meinen, nicht mehr verzichten zu können. Der Anlaß für unsere Fernsucht und Reiselust ist uns selbst meist nicht genau bewußt; auf jeden Fall „weg" (von was?) und weitaus seltener „hin" zu bestimmten Orten und Menschen im Ausland.
Die Motive sind zumeist vielfältig, sie reichen von „Neues sehen", „Distanz und Abstand" gewinnen, „Teilnahme an anderen Lebensarten", Erhoffen von „starken Gefühlen", „Reflexion der eigenen Person im sozialen Umfeld" bis zum völligen Ausbruch aus der heimischen Gesellschaft – auf Zeit oder (seltener) für immer.
Dient der Zwei- bis Dreiwochenurlaub der arbeitenden Bevölkerung zumeist der Regeneration der Arbeitskraft, um nach den „kostbarsten Wochen des Jahres" sich wieder in den täglichen Arbeitsprozeß integrieren zu können, so entstand in den letzten Jahren eine immer größere Ablehnung gegen Formen des pauschal organisierten Massen- oder Konsumtourismus. Do-it-yourself-Urlaub (Billigflug plus selbstorganisiertes Reisen mit einheimischen Verkehrsmitteln und Übernachtung in Billighotels anstatt in den Betonklötzen der großen Reiseveranstalter) ist zum Schlagwort und zur sozialen Verpflichtung einer immer größeren Gruppe vor allem junger Reisefreaks geworden. Kontakt zur Bevölkerung, bewußteres Reisen und Abkehr vom Konsumverhalten ist auf die Rucksäcke der neuen Traveller geschrieben. „Globetrotterliteratur", „Alternativführer" weisen ihnen den Weg. Verächtlich wird auf die „typischen Neckermanntouristen" in klimatisierten Hotels und Bussen geschaut, stolz – weil eben anders – pennt man/frau in Billighotels mit bestenfalls Miefquirl und sitzt im „Geheimtip" aus dem Globetrotterbuch zusammen mit anderen Gleichgesinnten, schlürft seinen Tee und bestellt aus der englischen (oder gar schon deutschen?) Speisekarte ein Billig-Billig-Gericht aus einheimischer (?) Küche.
Hier soll keine Lanze gebrochen werden für die Pauschaltouristen, die in ihrem kurzen Jahresurlaub in Shorts und Bikinioberteil durch die Entwicklungsländer hasten, auch keine pauschale Verurteilung der mit guten Vorsätzen und Rucksäcken angetretenen Weltenbummler in Jeans und T-Shirts erfolgen, sondern lediglich einige durchaus gleichgeartete Wünsche und Probleme von (Fern-)Reisenden angedeutet werden.

Flucht als Reisemotiv

Reisen ist häufig „Wegreisen", Flucht vor den täglichen Problemen, sei es vor der unbefriedigenden Situation am Arbeitsplatz oder vor Konflikten, Großstadt- oder Beziehungsproblemen zu Hause. Meist existieren keine Vorstellungen über das „wohin"; das günstigste Angebot entscheidet zumeist über das Urlaubsland („Spanien ist dieses Jahr teuer geworden, Tunesien ist relativ günstig; nein, nach Gomerra haben wir keinen Direktflug." Oder alternativ(er): „Die Ceylonflüge sind alle voll, nach Bangkok oder Mexiko könnten wir vielleicht noch was machen.") Die Art des Urlaubstrips (pauschal

oder do-it-yourself) ist häufig festgelegt durch Zeitbeschränkung (zwei Wochen oder Monate), Familien- (mit Kindern oder Single) und Arbeitssituation (Ausspannen oder Erleben).
So motiviertes Reisen soll Distanz zur gewohnten Umgebung schaffen; Reisen bedeutet Flucht vor der Realität, Suche der Gegenwelt – Reisen wird zur Droge. Diese Art des Reisens erschwert aber einerseits das Ankommen im Land, andererseits ist das Zurückkommen in den Alltag zumeist unvermeidlich.

Reisen ohne anzukommen

Wer aus seiner unverarbeiteten Alltagssituation in ein unbekanntes Urlaubsland flieht, wird dort nur selten ankommen. Ihm/ihr fehlt der Bezug zum bereisten Land genauso wie der Bezug zum Heimatland. Anfangs wird er/sie durch das viele Neue abgelenkt, bestaunt die Andersartigkeit und vergißt seine/ihre Probleme. Anstelle der dürftigen zwischenmenschlichen Beziehungen zu Hause treten vielfältige Kontakte mit Einheimischen, die sich interessiert nach Namen und Herkunft (What's your name? Where are you from?) und alles ist eben anders. Doch nach einiger Zeit stellt sich der Urlaubsalltag ein und man muß sich mit seiner neuen Umgebung arrangieren. Am schwierigsten haben es die Pauschalhotelgäste, denn sie können ihrer Hotelumgebung nur wenig ausweichen und müssen ihren neuen Urlaubsärger zusammen mit dem wieder aufkommenden mitgebrachten Alltagsfrust auf die „dummen Kellner", die nicht deutsch verstehen und dabei noch immer (frech) grinsen, auf die komische Familie am Nachbartisch projizieren oder ihn einfach (?) an der Bar runterschlucken oder am Strand durch die Sonne weggrillen lassen. Gelegentliche „Ausflüge" aus dem Hotel zeigen einem die andere Welt, der aber kein Bezug besteht. Verwundert wird die primitive Arbeitsweise der Einheimischen bestaunt, fotografiert und insgeheim erfreut, daß man es zu Hause besser hat, wendet man sich wieder ab.
Besser haben es die Alternativreisenden, denn sie sind nicht an ein Hotel gebunden, sie können diesem Urlaubsalltagsgefühl ausweichen, können weiterreisen und nach zwei Tagen Delhi einen Tag Agra, zwei Tage Benares einlegen, bevor ein längerer Nepalaufenthalt eingeplant ist. Aber sind sie angekommen? Sicher, sie reisen „näher am Volk", benutzen einheimische Verkehrsmittel, haben dort Kontakt zu Bauern und einfachen Leuten, werden vielleicht mal eingeladen, was sowieso das Größte ist. Aber selbst wenn sie sich noch äußerlich (teilweise) einheimisch zu kleiden versuchen, kann der richtige Kontakt nur entstehen. Die wirklichen Habenichtse aus den Entwicklungsländern merken sofort, daß der Freak nicht ihresgleichen ist. Er ist und bleibt für sie ein Reicher, egal ob er am Strand oder im Hotel schläft. Mit Travellerschecks und Rückflugticket in der Tasche, nimmt er einige Tage am Alltag der Einheimischen teil, doch dann reist er weiter, erfreut über den guten Kontakt zur Bevölkerung, gibt vielleicht etwas Geld, Seife oder ein nettes Lächeln und läßt seinen Gastgeber fasziniert von diesem netten Gast und dessen tollen Möglichkeiten zurück. Der Alltag des Gastgebers geht weiter. Der nächste Reisende kommt bestimmt . . .
Der Alternativreisende geht aber auch weiter, entlang festgelegter Globetrotterpfade werden die wichtigsten Stationen „abgereist". Viele Traveller bleiben dabei ebenfalls unter sich, denn längst hat sich eine eigene Infrastruktur für Billigreisende entwickelt, die im Hotel Malaysia in Bangkok genauso unter sich wird wie in den umliegenden Billigrestaurants. Der Massentourismus hat seine Entsprechung beim massenhaften Individualtourismus. Das Uniseminar und der Frauenabend sind

längst gegen den täglichen Plausch mit anderen Weltenbummlern über neue Billig-Billig-Geheimtips vertauscht worden; politische Gespräche über das Gastland haben Seltenheit. Am Anfang geben einem diese unkomplizierten Gespräche ein tolles Gefühl, wieviel leichter Kontakte unter Gleichgesinnten im Ausland sind, es gibt keine Terminkalender, kein Verabreden am Telefon, sondern spontane, zufällige, neue Kontakte . . .

Aber auch diese Begegnungen leiden unter Oberflächlichkeit, sie sind nur auf Zeit, denn es lockt die nächste Travellerstation, dann good-bye, die nächste Hotelsuche ruft. — Die Hausbesetzung zu Hause ist längst vergessen. Nur wenige kommen an. Auch das Häuschenmieten in Goa oder Schmuck- bzw. Drogenverkauf an den Gringopfaden bedeutet keine Integration in die dortige Gesellschaft. Wir bleiben abhängig von unserer eigenen Reisekultur, von den Beziehungen auf Zeit, von der Flucht vor der Realität.

Rückkehr in den Dschungel der Großstadt

Nach einiger Zeit stellt sich jedem die Frage der Rückkehr. Geldmangel, Ende des Urlaubs, Beginn des Semesters, aber auch Krankheit und Reisefrust bedingen die Rückkehr in die Metropolen.

Die Reise wirkt auf unterschiedliche Art und Weise nach: Sie kann uns mehr Distanz zu uns selbst und unserer Umgebung geben — sie hilft uns so, den Alltagsmist besser zu ertragen. Wir haben neue Energien und finden uns mit unserer hiesigen Situation besser ab, denn wir haben gesehen, welche Probleme wir in einer anderen Umgebung haben und arrangieren uns daher besser mit unserem normalen Alltag. Reisen wurde zur Medizin, zur Alltagshilfe.

Aber unser Reiseerlebnis kann auch genau eine gegenteilige Wirkung haben: Das easy-going in anderen Ländern, der fehlende Leistungsdruck, scheinbar intakte Sozialbeziehungen, fehlender Streß, Naturerlebnis erschweren uns die Rückkehr in den Alltag — wir kommen auch hier nicht mehr an. Wir warten auf die Gelegenheit zum nächsten Ausreisen — Reisen ist zur Droge geworden und nicht selten ersetzt dann auch die Droge das Reisen.

Miteinander, nicht gegeneinander reisen

Die vorherigen Gedanken haben einige Punkte etwas näher beleuchtet. Reisen ist zum Massenphänomen geworden, über dessen Hintergründe nur wenig ausgesagt wird. Regeneration der Arbeitskraft und massenhafte Flucht vor dem Alltag überwiegen heute gegenüber Prestigedenken und Forscherdrang. Unbewältigte Alltagsprobleme erschweren das „Ankommen" in den Urlaubsländern, Beziehungen zum Land und zur Bevölkerung entstehen nur selten, sind häufig auch gar nicht ernsthaft erwünscht. Mangelnde Informationen über das Gastland verhindern das Verständnis. Vor allem Touristen in Entwicklungsländern, egal ob pauschal oder alternativ, denken nur selten über ihren Einfluß auf die dortigen Menschen nach — Entwicklungsländer werden zu einem großen Zoo für westliche Touristen. Die Rückkehr in die gewohnte Umwelt ist zumeist unumgänglich und sollte es wohl auch nicht sein.

Dies kann für einen zufriedenen Reisenden bedeuten

- Regelung der Alltagsprobleme zu Hause
- Reisen um seiner selbst Willen, nicht als Flucht
- Klärung der Urlauberwartungen und -wünsche vor Antritt der Reise — soziale Beziehungen sind auch zu Hause möglich und dort auch häufig dauerhafter.
- Lösen von Erwartungshaltungen der Szene, Genossen, Freunde; Erkennen und Durchsetzen der eigenen Bedürfnisse.
- Informiert reisen, nur so versteht man/frau die eigene Rolle im Urlaubsland besser.
- Wer andere Länder und Leute wirklich kennenlernen will, sollte einen längerfristigen Arbeitsaufenthalt in den dortigen Ländern ins Auge fassen.
- Verzicht auf permanentes Distanzieren von (anderen) Touristen — wir reisen nicht gegen andere.
- Suche nach Formen des Miteinanderreisens (und -lebens)

(4) Speziell: Nicht-touristische Motivationen[1]

Abschließend soll auf einige Aspekte eingegangen werden, die in der heutigen Motivationsdiskussion oftmals vernachlässigt werden.

Bei der Suche nach Motivationen hat man am häufigsten die Urlaubsreise(motivationen) im Auge. Reisen wird zu sehr unter dem touristischen, also **Urlaubs-, Erholungs-, Vergnügungsaspekt,** untersucht. Folglich kommen all jene Faktoren zu kurz, die nichts mit diesen touristischen Motivationen zu tun haben.

---

1 In diesem Abschnitt wird aus Gründen der Hervorhebung auf den engeren Tourismusbegriff bezug genommen, der sich v. a. auf Aspekte des Urlaubs-, Erholungs- und Vergnügungsreisens beschränkt. Ansonsten werden auch die im folgenden genannten Motive dem Tourismus (im weiteren Sinn) zugerechnet. Strenggenommen müßte daher die Überschrift "nicht-urlaubs- und vergnügungsbezogene Motive" lauten.

Als die wichtigsten nicht-touristischen Reiseantriebe, die auch in der Person des Reisenden begründet sein können und somit zu den Reisemotivationen zählen, sind zu nennen:

- **geschäftlich-wirtschaftliche** Motive: Reisen zur Anbahnung oder Abwicklung von Geschäften. Hierzu zählen auch Tagungen, Kongresse und Messereisen sowie Reisen von Künstlern und Sportlern (zur Ausübung ihrer Tätigkeit).

- **Kommunikation** als Motiv: Hier ist das individuelle Kommunikationsbedürfnis das wichtigste, z. B. Besuche von Freunden und Bekannten oder Ausflüge/Reisen mit gesellschaftlichen Gruppen (vom Kegelclub bis zum Betriebsausflug).

- **Sport**: Diese Reisemotivation hat zwar auch zum Teil mit dem Oberpunkt "Vergnügen" zu tun, doch Sportreisen sind eine Mischung aus (Sport-)Geschäft und Vergnügen. Es reisen die aktiven Sportler als auch die Betreuer, Sportfunktionäre und Zuschauer zu Wettkämpfen, Training und sonstigen Sportveranstaltungen.

- **Politische Motive:** Hier dienen Reisen sowohl der Kommunikation als auch "geschäftlichen" Gründen; sie sind aber auch als eigene Reiseart genauer zu betrachten. Dies reicht von den verschiedenen Verband- und Vereintreffen politischer oder ähnlicher Vereinigungen, die Interessenvertretung übernehmen, auf unterer Ebene bis zu den politischen Reisen der Spitzenpolitiker ("Gipfeltreffen").

- **Religiöse Motive**: Auch in der heutigen Zeit sind religiös motivierte Reisen sehr bedeutend: von der täglichen oder wöchentlichen Fahrt zur Kirche, der jährlichen Wallfahrt oder der Pilgerreise nach Mekka (ein Mal im Leben) bis zu den Reisen des Klerus selbst, allen voran der Papst.

- **Gesundheit/Regeneration** als Motiv: Diese Reisen werden oftmals den touristischen Reisen zugerechnet, obwohl Reisen aus Gesundheitsgründen, zur Kur und Erholung, sicher nichts oder nur wenig mit Vergnügen zu tun haben. Als neueste Variante werden zur Zeit häufig "Psycho-Reisen" und Meditationsreisen von Selbsterfahrungsgruppen angeboten.

Für alle diese Reisearten gibt es eine eigene touristische Infrastruktur, spezielle Anbieter und spezielle Nachfragegruppen, wie in späteren Kapiteln zu sehen sein wird.

2.1.2 Gesellschaftliche Einflüsse

(1) Werte und Normen

Ein grundsätzlich anderer Erklärungsansatz bzw. Einflußfaktor als der zuvor benannte individualistische ist der gesellschaftlich orientierte: Reisen entsteht weniger aus individuellen Antrieben, sondern ist aus der Gesellschaft zu erklären.

Werte und Normen innerhalb der Gesellschaft bedingen ein ganz spezielles Freizeit- und Reiseverhalten. In unterentwickelten Gesellschaften hat Reisen zum Vergnügen noch kaum ein bedeutendes Ausmaß und Bewußtsein in der Gesellschaft. Dies wird auch oftmals Reisenden aus Industrie- in Entwicklungsländern auffallen; sie werden als Exoten angesehen, es fällt oftmals schwer, den

Bewohnern der Entwicklungsländer zu erklären, warum eine Reise in ihr Land unternommen worden ist, wo doch keine geschäftlich-ökonomischen Gründe oder Besuch von Verwandten vorliegt.

In den Industrieländern hingegen besteht eine hohe gesellschaftliche Erwartung an das Freizeitverhalten; Reisen im Urlaub ist zu einer gesellschaftlichen "Notwendigkeit" geworden. Eher muß der Nichtreisende begründen, wieso er nicht verreist, als daß der Reisende eine Begründung **für** seine Reise geben muß. Reisen ist zu einem festen Bestandteil des gesellschaftlichen Freizeitverhaltens geworden. In den heutigen Industrienationen hat sich ein Urlaubs- und ein Sonnenkultverhalten entwickelt, das fast alle Mitglieder der Gesellschaft in seinen Bann gezogen hat, und dem sich nur die wenigsten entziehen (können).

Mitbedingt wird Reisen durch die veränderte soziale und technische **Mobilität** innerhalb der Gesellschaft: Die Bewohner der heutigen (Industrie-) Nationen haben nicht mehr ein Leben lang isoliert in ihren Geburtsorten verbracht, sondern sie treten sehr früh in Kommunikation mit ihrer Außenwelt: über Medien, aber auch durch Besuchsreisen sowie gestiegene Mobilität bei der Arbeitsplatzsuche.

(2) Reisen als "Veranstaltung des Kapitalismus"

Grundsätzlich anders sind Erklärungsansätze, die Tourismus als eine systemstabilisierende Einrichtung kapitalistischer Systeme ansehen (vgl. auch die Ausführungen Abschnitt 2.1.1(3a) und die Kritik in 6.4.2(1)). Zwar gibt es auch in sozialistischen Systemen Reisen und Tourismus, doch haben Reisen hier andere Funktionen (soziale, politische, ökonomische) als im Kapitalismus. Dort dienen Reisen

- der **Reproduktion der Arbeitskraft**, um den Arbeiter die restliche Zeit des Jahres für den kapitalistischen Produktionsprozeß einsatzfähig zu erhalten,
- als ein Integrationsinstrument zur Aufrechterhaltung des kapitalistischen Systems; es ist als Herrschaftsinstrument notwendig, indem durch die scheinbare Freiheit während der Urlaubszeit die Sehnsüchte und Kritik und Unzufriedenheit mit Alltag und Arbeitswelt weitgehend befriedigt werden.

"Nichts demonstriert den totalitären Charakter westlicher Vergesellschaftung genauer als gerade die superbe Frei- und Ferienzeit." (SCHLESAK 1972: 16)
"Tourismus ist nichts anderes als die besonders deutliche Spitze jener Verdummungs- und Integrationsmittel, die westliche Welt bestimmen; indem das Reisegeschäft heute die Erfüllung industrialisiert, als Serienprodukt auf den Markt bringt, verlängert es genau jene Welt, aus der sein Kunde fliehen möchte bis in die elementarsten, unbetretensten Gebiete." (ders.: 14f)

2.1.3 Umwelteinflüsse

Gesondert werden neben den gesellschaftlichen Einflüssen die Umwelteinflüsse behandelt, da sie in der heutigen Tourismusdiskussion eine besondere Bedeutung angenommen haben.

Umweltfaktoren sind zum einen die feststehenden topographischen Gegebenheiten wie Wetter, Landschaft und Lage des Wohngebietes: Die Bewohner kalter und regnerischer Gebiete haben vermehrt Reisewünsche nach Wärme und Sonne; wer schon am Meer wohnt, hat in der Regel im Urlaub weniger den Drang ans

Wasser als Binnenlandbewohner. Reisegebiete setzen aber auch Erreichbarkeit voraus; so ist die Karibik eher ein Urlaubsgebiet der Amerikaner und das Mittelmeer eines der Europäer.

Zum anderen zählen zu den Umweltfaktoren die sich verändernden Umweltbedingungen wie Ökologie, Verstädterung und Wohnumfeld. Vor allem die letzteren Faktoren werden als Antriebe zum Reisen in der modernen Industriegesellschaften gesehen: verschlechterte Umwelt, Lärm und Schmutz führen zur oben erwähnte Flucht aus den Wohn- und Arbeitsgebieten in die Erholungs- und Reisegebiete.

2.1.4 Wirtschaftliche Einflüsse

Als besonderer Bereich werden ökonomische Einflußgrößen herausgegriffen, obwohl sie eine **Mischung** aus individuellen und gesellschaftlichen Einflußgrößen darstellen.

Ökonomische Aspekte des Reisens haben zwar in bisherigen Beiträgen zur Tourismusforschung meist viel Beachtung gefunden. Trotzdem wurden sie nur selten mit dem der Ökonomie eigenen Analyseinstrumentarium ausführlich behandelt.

(1) Funktionale Nachfragemodelle

Charakteristisch für die ökonomische Vorgehensweise ist die Behandlung des touristischen Nachfrageproblems bei PÖSCHL (1973: 51ff), der die Tourismusnachfrage als Formel darstellt

$$t = f(m, p, u, c, o, \ \frac{1}{sp.u.})$$

Sie soll ausdrücken, daß die touristische Nachfrage t abhängig ist, von der Beweglichkeit (m-mobilitas), der Kaufkraft (p-pecunia), der Verstädterung (u-urbanitas), der Ballung (c-cumulatio), der Freizeit (o-otium) und dem Reziprok der Entfernung vom Heimatort (sp.u.- spatium utile).

Im Englischen liest sich diese funktionelle Darstellung z. B. als

$$Dij = f(\ \frac{Yj, Fij, Ci}{Cj, Kj, Pj})$$

wobei die Nachfrage D (demand) des Ursprungslands j (z. B. BRD) nach Reisen ins Reiseland i (z. B. USA) abhängt von den Transportkosten F (fare) von Deutschland nach USA, von den Konsumpreisindizes (C) im Heimat- und Gastland sowie der Einkommensverteilung (K) und der Bevölkerung P (population) zu Hause (vgl. MCINTOSH 1980: 98ff).

Diese Form der mathematisch-ökonomischen Nachfrageanalyse wurde durch verschiedene amerikanische Wissenschaftler, vor allem Ökonomen, am weitesten fortgeführt, die Einflüsse auf die Reisenachfrage vor allem innerhalb ökonometrischer Modelle mit Hilfe mathematisch-statistischer Methoden betrachten (vgl. QUANDT 1970).

Die deutsche Fremdenverkehrsliteratur behandelt das Problem der touristischen Nachfrage nicht in dieser funktional-formalisierten Form. Hier liegen nur teilweise Anlehnungen an vorhandene wirtschaftswissenschaftliche Methoden vor. Eine Ausnahme stellt der 1989 erschienene Versuch von BÖVENTER dar. Er betrachtet beispielsweise den Entscheidungsprozeß zur Bestimmung der individuellen Reiseausgaben R des Haushalts h aus der Herkunftsregion k während der Periode t (also R^k_{ht}) in Abhängigkeit der Einflußfaktoren

- Y^h_t gegenwärtiges Einkommen
- V^h_t zu Beginn der Periode vorhandes Vermögen
- D^h_t für Reisen verfügbare Zeit
- I^h_t Informationen des Haushalts über verschiedene Urlaubsmöglichkeiten,
- U^h_t Präferenzen des Haushalts
- p_t Vektor der relevaten Preise
- B_t Einfluß demographischer Faktoren und Siedlungsstrukturen
- T_t globale Entwicklungstrends

als $R^{kh}_t = R^{kh}_t (Y^h_t, V^h_t, D^h_t, I^h_t, U^h_t, p_t, B_t, T_t)$

Ähnlich analysiert BÖVENTER die Qualitätskomponenten sowie die zeitlichen saisonalen Aspekte und die räumlichen Dimensionen der Reiseausgaben (vgl. ders., S. 35ff).[1]

Insgesamt berücksichtigen vorhandene touristische Nachfragemodelle zu wenig die unterschiedlichen wirtschaftswissenschaftlichen Funktionen des Reisens und der Reisenachfrage (vgl. Abb. 2-6). Zum einen werden Reisen als Teil des privaten Konsums nachgefragt (**konsumptive Reisenachfrage** C_T). Sie dienen der Freizeitgestaltung und werden durch private Haushalte als Endverbraucher konsumiert. Zum anderen werden Reisen von Betrieben bzw. Betriebsangehörigen während ihrer Arbeitszeit nachgefragt. Sie sind damit Teil der betrieblichen Leistungserstellung und haben investiven Charakter (**investive Reisenachfrage** I_T, vgl. (3)).

(2) Reisen als privater Konsum

Soweit ökonomische Analysen zur Tourismusnachfrage vorliegen, wird die touristische Nachfrage parallel zur volkswirtschaftlichen Konsumtheorie als **Teil des privaten Konsums** angesehen und entsprechend analysiert. Die Nachfrage nach Fremdenverkehrsleistungen ist abhängig von der **individuellen und gesamtwirtschaftlichen** Situation. Ökonomisch relevante Einflüsse auf die touristische Nachfrage sind vor allem Einnahmen, ökonomische Umweltbedingungen wie Lebensstandard der Gesellschaft, Urlaubszeiten, Verbrauchsgewohnheiten, Kosten des Reisens, allgemeine Konjunkturlage, Arbeitszeiten, Verteilung, Wechselkurse und Preise.

---

1 Allerdings ist BÖVENTERS Ansatz, der eng der traditionellen Mikroökonomie und Raumwirtschaftstheorie verhaftet ist, auf deutliche Kritik gestoßen: "Indifferenzkurven, Potentialvariablen, Gleichgewichtsmodelle - das gesamte Arsenal der Volkswirtschaftstheorie muß herhalten, um zu Erkenntnissen zu kommen, die sich jeder Urlauber, (...) jeder Tourismuspolitiker an fünf Fingern abzählen kann. ... Umfang und Relevanz der wissenschaftlichen Aussagen konvergieren gegen null, die methodische Absicherung gegen unendlich; nichts wird mehr ausgesagt, das aber absolut sicher." (SCHALKOWSKI 1989)

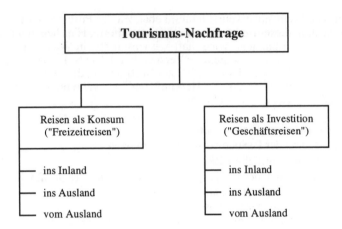

Abb. 2-6   Tourismusnachfrage aus ökonomischer Sicht

Bei den privaten Konsumausgaben sind allerdings nur Ausgaben für Freizeit-bzw. Urlaubsreisen enthalten, womit sich die Untersuchung der Entwicklung der Reisetätigkeit meist auf diesen Teilbereich reduziert. Nicht erfaßt sind zumeist die produktiven Tourismusausgaben privater Haushalte, also Ausgaben für Geschäftsreisen, die entweder als Vorleistungen oder als Investitionen in die gesamtgesellschaftliche Leistungserstellung der entsprechenden Sektoren (Bauge-werbe bei Hotelbauten, Anlageinvestitionen bei Geschäftsausstattung) eingehen[1].

Auffallend ist die geringe Bedeutung, die in der Fremdenverkehrslehre - im Gegensatz zur traditionellen mikroökonomischen Haushalts- und Unternehmens-theorie - der **Preisvariablen** beigemessen wird. Zwar wird auch der Preis als mögliche Einflußvariable stets miterwähnt, doch existieren kaum Ansätze, die parallel zur Markt- und Haushaltstheorie funktionale Abhängigkeiten von Preisen und touristischem Konsum untersuchen.

Anders hingegen bezüglich der **Einkommensabhängigkeit** des touristischen Konsums: Hier existieren zwar wenige, doch immerhin nennenswerte Unter-suchungen, die von Zusammenhängen von veränderter Konjunktur, verändertem Einkommen und veränderter touristischer Nachfrage ausgehen.

In der allgemeinsten Form wird vermutet, daß mit steigendem (fallendem) Einkommen die touristische Nachfrage ebenfalls steigt (fällt). Reiseausgaben wer-den als Teil des privaten Konsums angesehen und es wird vermutet, daß sie ent-sprechend auf veränderte konjunkturelle Situationen reagieren (vgl. Teil 6.2.1).

Allerdings unterscheiden sich die verschiedenen Konsumtheorien dadurch, daß sie spezielle Hypothesen aufstellen, **wie** die (touristische) Konsumnachfrage auf Einkommensänderungen reagiert. Dies betrifft zum einen die Frage nach der

---

1   Da Daten über Ausgaben für Reisen nicht oder nicht im erwünschten Umfang vorhanden sind, werden zur Charakterisierung der Entwicklung der Reisetätigkeit verschiedene Hilfsgrößen ver-wendet, die ausschließlich mengenmäßige Angaben für die Reisetätigkeit enthalten: dies ist zum einen der sehr globale Indikator der Reiseintensität, der den Anteil der Urlaubsreisenden an der Gesamtbevölkerung angibt, und zum anderen die Zahl der Übernachtungen, vgl. FREYER 1986a: 93ff.

Einkommenselastizität der touristischen Nachfrage, zum anderen die Frage, ob die touristische Konsumnachfrage auf das gegenwärtige, zukünftige, vergangene Einkommen, auf Einkommensänderungen, -verteilung usw. reagiert.

Erläuterung: Elastizitäten (aus FREYER 1986a: 72f)

Elastizitäten geben Auskunft über die (prozentuale) Veränderung einer Größe im Verhältnis zur (prozentualen) Veränderung einer anderen. In bezug auf Reisen und Ökonomie zeigt die **Einkommenselastizität des touristischen Konsums**, in welchem Ausmaß die touristische Konsumnachfrage auf Änderungen des Einkommens reagiert.

Bei Elastizitäten sind stets drei Fälle möglich:

(1) Beide Größen ändern sich im **gleichen Verhältnis**, die Elastizität ist 1, d. h. eine 10%ige Veränderung des Einkommens führt zu einer 10%igen Veränderung der touristischen Nachfrage - die Veränderung erfolgt **proportional**. Geht die Veränderung in die gleiche Richtung, d. h. die betrachteten Größen steigen bzw. fallen beide, hat die Elastizität ein positives Vorzeichen, im anderen Fall, wenn der Anstieg einer Größe mit einem Rückgang der andren verbunden ist, ein negatives.

(2) Die Veränderung der abhängigen Variablen, des touristischen Konsums, ist **größer** als die der unabhängigen Größe: in diesem Fall ist die Elastizität größer 1 oder die Veränderung **überproportional**.

(3) Die Veränderung der abhängigen Variablen ist kleiner als die der unabhängigen Variablen, die Elastizität ist kleiner 1 oder die Veränderung erfolgt **unterproportional**.

Bezüglich der **Art der Reaktion** der touristischen Nachfrage auf Einkommensänderungen werden vor allem drei Möglichkeiten unterschieden[1]. Die Reisenachfrage kann beeinflußt werden durch (die):

(a) **Absolute** Höhe des Einkommens:
Dies geht zurück auf KEYNES 1936 als Hauptvertreter dieser Theorie. Sie besagt in einer vereinfachten Form, daß ab einem bestimmten Einkommen ("Existenzminimum") der private Konsum sich in Abhängigkeit vom Einkommen verändert, wobei vermehrte Konsumausgaben mit steigendem Einkommen abnehmen - es wird vermehrt - anteilig - gespart.

(b) **Relative** Einkommenshöhe (im Vergleich zu Mitmenschen oder zu früheren Einkommen):
Die **relative** Einkommenshypothese besagt, daß Konsumeffekte weniger durch das absolute Einkommen beeinflußt werden, sondern daß die relativen Einkommen, d.h. die Stellung der Konsumenten in der Einkommenspyramide, die Konsumentscheidungen beeinflussen. Übertragen auf das Reiseverhalten bedeutet die relative Einkommenshypothese, daß zwar langfristig eine weitgehend konstante Reisegewohnheit besteht, daß aber kurzfristige, außergewöhnliche Einkommensänderungen die Reisegewohnheiten beeinflussen. Beispielsweise werden unerwartete zusätzliche Einkommen (Lohnerhöhung, Steuerrückzahlungen) vermehrt für zusätzliche Reiseausgaben verwendet, verringertes Einkommen (Wechsel oder Verlust des Arbeitsplatzes) führt kurzfristig zu keiner Einschränkung der Reisegewohnheiten. Die geplante Reise wird beispielsweise durch Rückgriffe auf Ersparnisse mitfinanziert.

---

1 Vgl. FREYER 1986a: 73ff und die dort angegebene Literatur.

Ähnliche Überlegungen liegen auch der **permanenten** Einkommenshypothese von FRIEDMAN 1957 zugrunde: die Konsumausgaben orientieren
sich an einem normalen, durchschnittlichen, "permanenten" Einkommen, die
Reisegewohnheiten reagieren längerfristig gesehen nur gering auf häufig
wechselnde Einkommensänderungen.

(c) Zukünftige Einkommens**erwartung**:
Hier sind weniger die wirklich feststellbaren Veränderungen der ökonomischen Größen von Bedeutung als die **Erwartungen** über die zukünftige
Entwicklung. Es wird zwischen Konsumfähigkeit und Konsumwillen unterschieden und es werden vermehrt psychologische und soziologische Einflußgrößen berücksichtigt. Entsprechend sind solche Aussagen empirisch schwer
nachweisbar. Sie liegen allerdings den meisten psychologischen Erklärungen
und soziologischen Untersuchungen mit Hilfe von **Meinungsbefragungen**
zugrunde. Hierzu zählen die bekannten Fragen über subjektive Einschätzungen der zukünftigen Wirtschaftsentwicklung (vgl. auch REISANALYSE) und
der sogenannten "Konsum- oder Geschäftsklimaindex".

(3) Reisen als Investition

Ein anderer, ebenfalls ökonomischer, Ansatz zur Erklärung der Reiseausgaben ist
die Sichtweise der **Reisenachfrage als investiver Faktor.** Hier wird Reisen
als Teil der Produktion, als Investition oder Vorleistung für den (gesamtwirtschaftlichen oder betrieblichen) Produktionsprozeß gesehen. Dieser Bereich der
Reisetätigkeit ist weitgehend identisch mit Geschäftsreisen (einschließlich Tagungs-
oder Kongreßreisen) (vgl. 2.2.4 Geschäftsreise). Dabei wird auch ein gewisser
Einfluß der wirtschaftlich-konjunkturellen Situation auf die Reisenachfrage der
Geschäftsreisenden angenommen:

"Bei Geschäftsreisen liegt die Vermutung nahe, daß ihre Reisetätigkeit durchaus
konjunkturbeeinflußt erfolgt, daß Geschäftsreisen aber mit gewissen Zeitverzögerungen gegenüber der konjunkturellen Entwicklung unternommen werden:
sie werden **antizyklisch** erfolgen, soweit sie geschäftsvorbereitend sind.
Besonders in rezessiven Phasen ist zu vermuten, daß zusätzliche Reiseaktivitäten
im In- und Ausland zur Anbahnung neuer Geschäfte unternommen werden.
Insbesondere der Messetourismus wird als "Barometer" für die künftige
Konjunkturentwicklung gewertet. Andererseits werden einige Geschäftsreisen
aber auch **prozyklisch** erfolgen, soweit eine günstige Ertragslage zu neue
Investitionen und Geschäftsaktivitäten außerhalb des normalen betrieblichen
Standortes motiviert oder Reisen zur Leistungserstellung notwendig sind.
Bleiben als drittes die Geschäftsreisen, die **konjunkturunabhängig** erfolgen.
Dies sind alle Reisen, die durch das jeweilige Gewerbe verursacht sind und die
unabhängig von der geschäftlichen Entwicklung erfolgen, z. B. Filialbesuche,
Kundenpflege, auswärtige Reparaturarbeiten." (FREYER 1986a: 76f).

2.1.5 Anbieter-Einflüsse

Ebenfalls vorwiegend ökonomische Größen sind Einflüsse der Anbieter, die in einem späteren Kapitel als betriebswirtschaftliches Marketing gesondert behandelt
werden (Teil 4.4).

Im Laufe der Jahre hat sich eine eigene Tourismusindustrie entwickelt, die mit ihren vielfältigen Angeboten die touristische Nachfrage bei weitem übersteigt. Man spricht davon, daß sich der **Nachfragemarkt** zu einem **Angebotsmarkt** gewandelt hat. Entsprechend spielt das betriebliche Marketing auch im Tourismus eine immer größere Rolle.

Unternehmen versuchen, mit bestimmten Mitteln Einfluß auf die Nachfrage zu nehmen; als Einsatzmittel stehen ihnen dafür unter anderem die unternehmerischen Marketing-Instrumente zur Verfügung:

*   **Produktpolitik** versucht, möglichst attraktive Reiseformen und -ziele zu gestalten,
*   **Preispolitik** versucht, für jeden Geldbeutel ein entsprechendes Reiseangebot zur Verfügung zu stellen und den Reisenden auch außerhalb der Hochsaison zu Reisen zu bewegen,
*   **Vertriebspolitik** versucht, über die verschiedenen Reisemittler (Reisebüros, Clubs, betriebliche Reisestellen, gemeinnützige Vereine usw.) Nachfrager zu Reisen zu veranlassen
*   **Kommunikationspolitik** (inklusive Werbung) informiert die Nachfrager über die verschiedenen Reisemöglichkeiten.

Mit all diesen Maßnahmen versuchen die Anbieter, potentielle Kunden zu motivieren, Wünsche zu wecken, zu aktivieren und Reisewillige in die - vom Anbieter - gewünschten Gebiete und Formen zu lenken.

Dabei kann an dieser Stelle unbeantwortet bleiben, inwieweit die Anbieter die Reisenachfrager wirklich beeinflussen und

*   im Extrem zu einer Reise "überreden", die sie von sich aus "nie gemacht" hätten oder
*   lediglich vorhandene Reisewünsche durch die Reiseanbieter realisiert werden, also letztlich immer der Reisende selbst souverän entscheidet und nur Reisen unternimmt, die "in ihm stecken und schlummern" (z. T. unbewußt oder ungeweckt).

Festzustellen bleibt, daß die heutige Form des modernen Marketings deutlichen Einfluß auf die "Steuerung" der Touristenströme nehmen kann, wobei nicht jeder Reisende gleichermaßen auf die Angebote und Verlockungen der Reiseindustrie reagiert.

2.1.6 Staatliche Einflüsse

Der Staat versucht, durch verschiedene Maßnahmen der Fremdenverkehrspolitik, Einfluß auf das touristische Angebot und die touristische Nachfrage zu nehmen. So erhalten bestimmte Nachfragegruppen (z. B. kinderreiche Familien, Jugendgruppen) Zuschüsse, damit ihnen Reisen ermöglicht werden.

Durch Ferienregelungen, Paß-, Gesundheits- und Devisenvorschriften versuchen staatliche Stellen, die Reiseströme zeitlich und mengenmäßig zu steuern.

Durch **staatliche Informationspolitik** macht er auf Zielgebiete aufmerksam und fördert das Incoming im eigenen Land.

All diese Möglichkeiten und Maßnahmen werden in Teil 5 (Fremdenverkehrspolitik) ausführlich behandelt.

2.2 Typologisierung der Tourismusnachfrage

2.2.0 Vorbemerkung

Im folgenden werden einige der in der Literatur auftauchenden Unterscheidungen der Tourismusnachfrage, einzelne Tourismusarten und -formen und die verschiedenen Gruppen der Tourismusnachfrager erwähnt, kurz charakterisiert und zum Teil in Beziehung zueinander gesetzt.

Abschnitt 2.2.1 setzt sich mit dem "Gast", "Reisenden" oder "Touristen" selbst auseinander. Im Abschnitt 2.2.2 werden die verschiedenen Tourismusarten und Formen kurz erläutert. Für die Betrachtung der **ökonomischen Aspekte** des Fremdenverkehrs sind vor allem die beiden Gruppen der **Urlaubsreisenden und Geschäftsreisenden** von besonderem Interesse, die in den folgenden Abschnitten (2.2.3 und 2.2.4) etwas genauer betrachtet werden. Eine besondere Erwähnung finden in Abschnitt 2.2.5 die Nicht-Reisenden.

2.2.1 Vom "Gast" zum "Tourist"/Der "homo touristicus"

Der international am häufigsten auftretende Ausdruck für Reisende ist **Tourist;** er hat inzwischen häufig etwas Negatives, etwas von einem Schimpfwort, an sich:

- "Achtung Touristen!" (Buchtitel und Motto einer tourismuskritischen Ausstellung)
- I am not a tourist - I live here" (T-shirt-Aufdruck in Griechenland)
- Touristen - nein danke" (Titelseitenaufdruck der Buchreihe "Anders Reisen")
- Da will ich nicht hin, da sind doch nur Touristen."(Häufigster Wunsch deutscher Urlaubsreisender)
- "Abseits der Touristenpfade" (Positive Empfehlung alternativer und traditioneller Reiseführer)

In einigen Ländern läßt sich auch sprachlich der Wandel des ursprünglich für "Fremde" oder "Gast" verwendeten Begriffes in "Tourist" feststellen, so z. B. in Griechenland, wo Xenos (der Gast) und Xenographia (Lehre von der Gastfreundschaft) mehr und mehr dem Touristen weichen, oder in England, wo das frühere "Guest House" (Haus des Gastes) durch hostel und hotel ersetzt wird oder im Spanischen, wo kaum mehr das "Casa de Huespedes" vorkommt und nicht zuletzt in Deutschland, wo Gäste- zu Fremdenzimmern und Gasthäuser zu Pensionen oder Hotels geworden sind.

Was man noch über den Touristen wissen sollte:
- Touristen sind nach OECD-Definition "Personen, die sich mindestens 24 Stunden außerhalb ihres Wohnortes aufhalten zu beruflichen, vergnüglichen oder anderen Zwecken (außer Arbeit, Studium und Daueraufenthalt),
- Touristen treten in unterschiedlichen Verkleidungen auf
  und:
- **Touristen sind immer die anderen**

Doch auch wenn sich die meisten lieber als "Reisende, Urlauber, Traveller, Gäste, Weltenbummler oder Globetrotter" bezeichnen, so hat sich international die

Bezeichnung "Tourist" als die wohl häufigste durchgesetzt: weltweit findet man Touristen, die "Tourist Information" oder "Tourist Office", und die wird auch von allen "Globetrottern", "Pauschalurlaubern" oder wie auch immer die (Selbst-) Bezeichnungen lauten, in Anspruch genommen.

2.2.2 Nachfragegruppen, -arten und -formen

Versucht man, die Vielfalt der touristischen Nachfrage etwas zu unterteilen, so bieten sich zahlreiche Möglichkeiten an. Die meisten Unterteilungsversuche orientieren sich

* an äußeren Erscheinungen der Touristen (sichtbar),
* an Verhaltensweisen der Touristen (zum Teil sichtbar),
* an Motivationen der Touristen (nicht sichtbar).

Diese mehr oder weniger sichtbaren Erscheinungsformen von Touristen werden als Ausgangspunkt für verschiedene Gruppenbildungen genommen. Gelegentlich wird auch lediglich zwischen Arten (Kriterium: Motive) und Formen (Kriterium: äußere Ursachen und Wirkungen) des Tourismus unterschieden (so KASPAR 1991), doch sind hierbei die Übergänge zu den "Verhaltensweisen" fließend.

Im Gefolge modernen Marketings werden vorgenannte Unterteilungsmöglichkeiten als Ausgangspunkt für Marktabgrenzungen und Marktsegmentierungen genommen (vgl. 4.4). Hierbei haben sich als sog. "Segmentierungskriterien" vor allem die drei Gruppen demographische, verhaltensorientierte und psychographische Kriterien herausgebildet. Eine weitere Unterteilung betont die Zahl der Kriterien und spricht von ein-, zwei- oder mehrdimensionalen Segmentierungen.

Häufig werden die verschiedenen Unterteilungen und Typenbildungen auch grundsätzlich kritisiert, insbesondere wenn sie gleichzeitig zur Erklärungen des Reisens herangezogen werden. Kritiker behaupten, es würden lediglich mit soziologisch-wissenschaftlichem Systematisierungstrieb ("Definitionswut") die verschiedenen Gruppen aufgelistet, was aber nur begrenzt dem Verständnis und der Erklärung des Tourismusphänomens diene. Es fehle zumeist ein gesellschaftlicher und historischer Bezugspunkt ("Sammeln allein hilft nicht weiter", ARMANSKI 1978: 21), und die Typisierungen überdecken oft den menschlichen Hintergrund des Reisens ("Der Reisende als Typ - eine Deklassifizierung als Mensch?" WAHRLICH 1984: 173).

Abb. 2-7 zeigt eine Auswahl der verschiedenen allgemeinen Gruppenbildungen. Die meisten Typologien beziehen sich fast ausschließlich auf Urlaubsreisende. Hierfür werden in Abschnitt 2.2.3 weitere Beispiele vorgestellt. Abschnitt 2.2.4 behandelt in weiterer Differenzierung Arten und Formen der Geschäftsreisenden.

2.2.3 Urlaubsreisende

(1) Reisen als Konsum und Vergnügen

Das meiste Interesse der Fremdenverkehrslehre gilt den Urlaubsreisenden. Urlaubsreisen sollen der Erholung, dem Vergnügen und dem Lustgewinn dienen. Sie sind Teil der privaten Freizeitgestaltung und des privaten Konsums. Sie werden um ihrer selbst Willen durchgeführt.

1. Demographische Kriterien (Auswahl)	Tourismusarten und -formen (auch Reise- oder Touristenarten und -formen)
Alter	Kinder-, Jugend-, Seniorentourismus
Geschlecht	Frauenreisen, Männertouren
Familienstand, Haushaltsgröße	Single-, Familientourismus (mit/ohne Kinder), speziell: Hochzeitsreisen/-tourismus
Einkommen	Sozial-, Luxustourismus
Ausbildung	Arbeiter-, Studenten-, Akademiker-, Arbeitslosentourismus
Beruf	Beamten-, Politiker-, Diplomaten-, Hausfrauentourismus
Wohnort	Inländer-, Ausländertourismus; Nah-, Ferntourismus; Stadt-, Landbewohnertourismus
2. Verhaltensorientierte Merkmale (Auswahl)	*z.T. (nicht) sichtbar*
Verkehrsmittel	PKW-, Flug-, Bahn-, Bus-, Rad-Tourismus
Buchungsverhalten	Individual-, Teilpauschal-, Vollpauschaltourismus
Reiseziele	Inlands-, Auslands-, Fernreise-, See-, Mittelgebirgs-, Bergtourismus
Reisedauer	Ausflugs-, Kurzreise-, Wochenend-, Urlaubs-, Langzeittourismus
Reisepreis	Billig-, Luxus-, Exklusivtourismus, "Massentourismus" (durchschnittlicher Preis)
Reiseklasse (z. T. auch Preis)	First-Class-, Normal(tarif)-, Spar(tarif)tourismus
Reisezeit	Sommer-, Winter-; Hochsaison-, Nebensaisontourismus
Reisegepäck	Rucksack-, Aktentaschen-, Koffertourismus
Unterkunft	Camping-, Bauernhof-, Pensions-, Hoteltourismus
Zahl der Reisenden	Einzel-, Single-, Familien-, Club-, Gruppentourismus
Aktivitäten	Sport-, Erholungs-, Besichtigungs-, Geschäfts-, Fortbildungs- Tourismus
Anlaß	Einladungs-, Besuchs-, Krankheitstourismus; Aussteiger-, Alternativ-Tourist
Motive	Erholungs-, Kur-, Gesundheits-, Kultur-, Bildungs-, Besuchsreisen-, Geschäfts-, Aktiv-, Politik-Tourismus

Abb. 2-7   Erscheinungsformen des Tourismus (Arten und Formen)

Die Fahrt und der Aufenthalt am Ort werden - ähnlich wie andere Güter des privaten Konsums - "verbraucht, konsumiert". Aufgrund der heutigen Arbeits- und Lebensbedingungen in den Industrienationen steht den Arbeitern ein gewisser Teil des Jahres als - arbeitsfreie - Urlaubszeit zur Verfügung. Grundsätzlich sind Urlaub und Reisen zwei ganz unterschiedliche Phänomene, doch in den Industrienationen wird Urlaub meist mit Reisen gleichgesetzt. Während dieser Zeit verlassen die meisten Bewohner ihren gewöhnlichen Arbeits- und Aufenthaltsort und verbringen ihren Urlaub in der Fremde (am Urlaubsort). Im vorherigen Abschnitt über die Motive des Reisens war darauf hingewiesen worden, daß auf Reisen/im Urlaub der "Gegenalltag, die "Gegenwelt" gesucht wird und daß sie der Regeneration der Arbeitskraft für den alltäglichen Produktionsprozeß dienen soll.

Häufig werden als Reise- oder Fremdenverkehr nur Urlaubsreisen verstanden (Tourismus im engeren Sinne). Doch neben diesen privaten Vergnügungsreisen bestehen noch eine Reihe weiterer Reisearten, die Gegenstand des Reise- oder Fremdenverkehrs sind (Tourismus im weiteren Sinne) . Die bekannteste Gruppe sind die Geschäftsreisenden, die im nächsten Abschnitt näher behandelt werden.

Unklar ist in vielen Beiträgen und Untersuchungen zum Fremdenverkehr, inwieweit

• Kur- und Bäderreisen, die auch der Erholung dienen, aber meist außerhalb der Urlaubszeit unternommen werden,
• private Besuchsreisen von Verwandten und Bekannten, die auch dem Vergnügen dienen (können),
• Ausflugsverkehr und (Kurz-)Reisen zu sportlichen, kulturellen oder ähnlichen Veranstaltungen, die meist nur einen oder wenige Tage dauern,

als Urlaubsreiseverkehr oder Tourismus (i.e.S.) anzusehen sind.

(2) Motive und Reiseverhalten

Die Motive für das (Urlaubs-)Reisen und die sozio-demographischen Daten der Reisenden sind für die verschiedenen Anbieter von Tourismusleistungen von besonderem Interesse. Kennt man "seine" Urlauber, ihre Motive und Verhaltensweisen, kann der betreffende Fremdenverkehrsbetrieb sein Angebot entsprechend "zuschneiden" und die für ihn wichtige Kundengruppe gezielt umwerben.

Wesentliche allgemeine Aussagen zu Motiven und Erwartungen der Reisenden waren bereits im vorherigen Abschnitt (2.1) ausführlich dargestellt worden; Erläuterungen über das Zustandekommen der Reiseentscheidung und weitere Daten über das Reiseverhalten verschiedener Gruppen finden sich in den nachfolgenden Abschnitten (2.3 und 2.4).

(3) "Urlaubs-Typen": Typologien und Lebensstile

Zu den Urlaubsreisenden zählen die vielfältigsten touristischen Typologien, die zum Teil mit der im vorherigen Abschnitt aufgezeigten Tourismusformen und -arten identisch sind.

(3a) Urlauber-Typologien

Die Typenbildung geht davon aus, daß sich aufgrund bestimmter äußerer oder psychographischer Merkmale auch ein unterschiedliches (Reise-)Verhalten aufzeigen läßt. Ergebnisse der Typenbildung finden vor allem im Marketing Anwendung, wo für einzelne Typengruppen spezifische Marketingaktivitäten entfaltet werden können. In der einfachsten Form werden Typen nach einzelnen Kriterien (v. a. sozio-demographischen) unterschieden. Die Entwicklung der Typologisierung wird zunehmend von einer mehrdimensionalen Typenbildung geprägt, wobei zusätzlich psychologische und verhaltensorientierte Kriterien Eingang finden (vgl. v. a. die nachfolgend erwähnten Lebensstil-Typen).

Es wird allerdings in diesem Zusammenhang der Vorwurf erhoben, "daß Typologien ihrer Natur nach tautologisch sind. Menschen werden aufgrund ihres Verhaltens (z. B. aufgrund ihres Kontaktverhaltens) bestimmten Kategorien zugeordnet. Die Kategoriezugehörigkeit wird dann als Ursache für das Verhalten angesehen. Da Tautologien aber nichts erklären, sollte man besser auf sie verzichten, wenn man Verhalten erklären will." (BRAUN 1993a: 10)

Zur Veranschaulichung finden sich an verschiedenen Stellen des Buches einzelne Typologien:

- Als "klassische" Typologie wird immer wieder der Systematisierungsversuch von HAHN 1974 genannt, der nach phonetischen Kriterien sechs Haupturlaubstypen unterscheidet, die A-, B-, F-, S- und W-1, W-2- Urlaubstypen (vgl. Abb. 2-8).

- Ebenfalls als Typologie von Touristen ist eine Systematisierung von SMITH bezüglich der Häufigkeit und Anpassungsfähigkeit von Touristen an Normen der Urlaubsgebiete und -gesellschaft während der verschiedenen Entwicklungsphasen des Tourismus anzusehen, die in Teil 6 übernommen wurde (vgl. Abb. 6-36).

- Auch zu diesen Charakterisierungen zählt die kritische Beurteilung des Touristen von KRIPPENDORF 1984, die im Abschnitt 6.4.2 wiedergegeben ist (vgl. Abb. 6-40).

Name	Urlaubs-Typ	Kennzeichen
A-Typ	Abenteuerurlauber	Sucht das "einmalige Erlebnis" - mit kalkuliertem Risiko und mit Gleichgesinnten
B-Typen	Bildungs- und Besichtigungsurlauber	
B-1-Typ		- sammelt Sehenswürdigkeiten und Orte, die der Baedecker vermerkt
B-2-Typ		- sammelt Gefühle und Stimmungen, interessiert an Natur und allem Neuen
B-3-Typ		- natur-, kultur- und sozialwissenschaftlich interessiert
F-Typ	Ferne- und flirtorientierter Erlebnisurlauber	unternehmungslustig, liebt Geselligkeit, Abwechslung, Vergnügen, bevorzugt mondäne Atmosphäre
S-Typ	Sonne-, Sand- und Seeorientierter Erholungsurlauber	Will dem Alltags-Streß entfliehen, sucht Tapetenwechsel, Ruhe und Geborgenheit unterm Sonnenschirm, (etwas) Kontaktinteresse, nicht zu viel Fremdartiges
W-Typen W-1-Typ	Wald- und wanderorientierter Bewegungsurlauber	- will sich fit halten und will auch im Urlaub körperliche Bewegung, liebt Natur und frische Luft
W-2-Typ	Wald- und wettkampforientierter Sporturlauber	- erst sein Hobby entscheidet über das Urlaubsziel

Abb. 2-8   Urlaubs-Typen
(nach HAHN 1974)

1. Eindimensionale Typenbildungen (Differenzierungskriterium, Verfasser)	Touristen- u. Freizeittypen
Urlaubsaktivität (Hahn 1974)	Abenteuer-, Bewegungs-, Bildungs-, Erholungs-, Erlebnis-, Sporturlauber
Landschaftspräferenzen (HARTMANN 1974, 1981)	Mittelgebirgs-, Hochgebirgs-, Mittelmeer-, Nordsee-, Ostsee-, Flachland-, Doppelurlauber (im Sommer das Meer, im Winter die Berge)
Aktionsräumliches Verhalten (FINGERHUT 1973)	Wander-, Freiraum-, Landschafts-, Rundfahrer-, Promenier-, Sport-, Bildungstyp
Lieblingsfarbe (als Indiz für das Freizeitverhalten) (LÜSCHER 1973)	Blau-Typ (Ruhe, Entspannung und Zufriedenheit), Grün-Typ (Festigkeit, Beharrung und Selbststeuerung), Rot-Typ (Erregung, Bewegung u. Aktivität), Gelb-Typ (Lösung, Veränderung, Entfaltung)
Interaktionspartner (MEYER 1978)	Partner-, Personal-, Urlauber-, Kolonisten-, Brückenkopf-Kontakt-Typ
Grad der Anpassung von Touristen an lokale Gegebenheiten (SMITH 1977)	explorer, elite-, off-beat-, unusual-, incipient-mass-, mass-, charter-Touristen
Informationsverhalten (DATZER 1983)	Der Informationsfreudige, Interpersonelle Kommunikation, Informationsverzicht, neutrale Informationsquellen, angebotsorientierte Quellen
Konträrhaltung (Alternativtourist) (FREYER 1985)	Polit-Tourist, Globetrotter, Abhauer
Bereiste Länder (G + J 1988)	Globetrotter, der Weitgereiste, Studienreisende, Sonnen- und Erholungsreisende, Mittel- und Südeuropa-Reisende, Deutschland-Reisende, Wenig-Reisende, Stubenhocker
Reisehäufigkeit im Lebenszyklus (BECKER 1992)	Reisefanatiker, Ständig-, Intervall-, Häufig-, Wenig-, Selten-Reisende

2. Lebensstil-Typologien (Verfasser)	
OPASCHOWSKI 1987 (Freizeitkonsumenten)	Anpassungs-, Geltungs-, Erlebnis-, - Kultur-, Anspruchs-, Versorgungs-, Sparkonsument
ADAC 1989	Typ A: die aktiven Genießer, (B) die Trendsensiblen, (C) die Familiären, (D) die Nur-Erholer
ÖSTERREICH 2000 (Euro-Lifestyle)	Der vorsichtige Erholungsurlauber (Vorsichtige, Heimchen, Mißtrauische, Abgekoppelte), der klassische Kultur-Urlauber (Moralisten, Ordentliche, Puritaner), der anspruchsvolle Erlebnis-Urlauber (Karrieremacher, Protestler, Pioniere, Wohltäter, gute Nachbarn), der junge Genuß-Urlauber (Rocker, Angeber), die junge Familie (Romantiker, Sorglose)
REISEANALYSE 1990: - Lifestyle-Urlaubertypen alte Bundesländer:	(1) der gesundheitsbewußte, vielfältige Engagierte, (2) der passive, häusliche Unauffällige, (3) der aufgeschlossene Freizeitorientierte, (4) der gutsituierte Familienorientierte, (5) der genügsame Fleißige, (6) der dynamische Egozentriker
- Lifestyle-Urlaubertypen neue Bundesländer:	(1) der kreative, unahängige Aktive, (2) der familiengebundene Passive, (3) der bescheidene, häusliche Fleißige, (4) der unzufriedene Interesselose, (5) der gutsituierte Geschäftige, (6) der sportliche, erfolgreiche Genießer.

Abb. 2-9 Urlauber- und Lifestyletypologien (versch. Quellen)

(3b) Lebensstil-Typologien

Als Fortentwicklung der Typenbildung hat sich der Bereich der Lebensstil-Typen ("Lifestyle-Typen") herausgebildet. Da gerade das Reiseverhalten Ausdruck des allgemeinen Konsum- und Lebensstils ist, erfreuen sich Lebensstil-Typen im Tourismus immer größerer Beliebtheit, ohne daß sich bisher eine Typologie durchgesetzt hätte. Ähnlich der Aussagen zur allgemeinen Typenbildung zeichnet sich auch die Lifestyle-Forschung eher durch Vielfalt, Kreativität und Buntheit aus. Viele der vorgelegten Ergebnisse und Typen sind sehr plakativ und einprägsam formuliert, allerdings ist der praktisch-wissenschaftliche Nutzen aufgrund des schnellen Wandels und der hohen Zahl von Lifestyle-Typenbildungen sehr eingeschränkt. Beispiele für Lebensstil-Typologien finden sich in Abb. 2-9:

- 1991 wurden erstmals in der REISEANALYSE auch Lifestyle-Urlaubertypologien ausführlich behandelt. Mit Hilfe multivariater Verfahren wurden aus den Ergebnissen von Lebensstil- und Reisephilosophiefragen je 6 Typen für die alten und neuen Bundesländer entwickelt. Die einzelnen Lifestyle-Typen weisen deutliche Gemeinsamkeiten des Konsum- und Reiseverhaltens sowie signifikante Unterschiede gegenüber den anderen Typen auf: "Innerhalb dieser Gruppen (Typen) sind sich die Personen ziemlich ähnlich, zwischen den Gruppen (Typen) bestehen relativ große Unterschiede." (REISEANALYSE 1990: 123)

- Weitere bekannte Life-Style-Typen der Konsumenten- und Freizeitforschung sind verschiedene Freizeittypologien von OPASCHOWSKI (u. a. 1987, 1993a,b), die Typologie der europäischen Urlauber (Euro-Lifestyle) des Marktforschungsinstitutes Fessel & GFK Wien (vgl. ÖSTERREICH 2000) und des ADAC 1989, die ebenfalls in Abb. 2-9 aufgenommen worden sind. Allgemeine Aussagen zu Urlauber-Typologien sowie Systematisierungsversuche der zahlreichen Ansätze finden sich ferner in SCHRAND 1993, ECKERLE 1994 sowie der dort angegebenen Literatur.

Auch viele der frühen Tourismus-Typologien sind strenggenommen den Lifestyle-Typologien zuzurechnen, der Übergang zu den Tourismusarten und -formen aus Abb. 2-7 ist fließend.

2.2.4 Geschäftsreisende

Eine besonders wichtige Gruppe von Reisenden sind die Geschäftsreisenden. Sie unterschieden sich sowohl hinsichtlich ihrer Reisemotivation als auch bezüglich ihres Reiseverhaltens deutlich von anderen Reisegruppen.

(1) Reisen als Investition und Arbeit

Während der Urlaubs- und Erholungsreiseverkehr überwiegend dem "Vergnügen" dient und der Freizeit- und Konsumsphäre zuzuordnen ist, ist der Geschäftsreiseverkehr in der Regel produktionsbedingt. Reisen und Reiseausgaben sind in diesem Zusammenhang Teil der Produktion; sie gehen als Investition oder Vorleistung in den (gesamtwirtschaftlichen oder betrieblichen) Produktionsprozeß ein. Reisen dient nicht dem Vergnügen, ist nicht Teil der "Gegenwelt", sondern ist Bestandteil des Alltags, Teil der Arbeitswelt.

Geschäftsreisen sind in vielen Statistiken und Untersuchungen zum Fremden-verkehr nicht enthalten oder extra ausgewiesen. Geschäftsreisen dienen der Herstellung bzw. dem Absatz der Produkte einer Unternehmung, sie stellen einen entsprechenden Kostenfaktor für den Betrieb dar. Für den (Geschäfts-)Reisenden selbst sind sie Arbeit(sleistung) und nur - lästiges oder angenehmes - Mittel zum Zweck, zum (erfolgreichen) Geschäftsabschluß. Private Interessen stehen im Hintergrund, auch wenn Geschäftsreisen meist auch mit allgemeinen touristischen Aktivitäten, gelegentlich auch mit anschließendem Urlaub, verbunden werden, also auch Elemente der Erholungsreise aufweisen.

(2) Geschäftsreiseformen

Der Bereich der Geschäftsreisen umfaßt

- Geschäftsreisen aufgrund wirtschaftlicher Beziehungen zwischen Unternehmen und sonstigen Organisationen mit unterschiedlichem Standort (Geschäfts- und Dienstreiseverkehr, auch gelegentlich als "klassische Geschäftsreise" bezeich-net),
- Messe- und Ausstellungsreisen,
- Kongreß-, Tagungs- und Seminartouristik,
- Incentive-Reisen (Motivations-, Anreizreisen für (erfolgreiche) Mitarbeiter)[1].

Diese geschäftlich motivierten Reisen werden oftmals noch genauer unterteilt nach **Art der Geschäftsbeziehungen.** Hierbei dienen geschäftlich motivierte Reisen insbesondere

- der Vorbereitung von Geschäftsabschlüssen,
- der Produktion bzw. direkten Leistungserstellung, wenn sie nicht am Firmensitz erfolgen (z. B. Montage-, Reparaturarbeiten von Technikern und Monteuren, aber auch Reisen zu den Veranstaltungsorten von Künstlern und Sportlern),
- der Weiterqualifikation der Mitarbeiter (z. B. Besuch von Fortbildungssemi-naren und Lehrgängen),
- dem Absatz bzw. Vertrieb der Produkte (Auslieferung und Zustellung, soweit sie über den Geschäftssitz hinausgeht).

(3) Reiseverhalten und -ansprüche

Betrachtet man die gesamte Reiseindustrie, so wird man sich des Eindrucks nicht erwehren können, daß der Großteil des Reiseangebots sehr speziell auf Geschäftsreisende zugeschnitten ist. Fast jede Airline hat eine "Business Class", oftmals einen besonderen Check-In-Counter am Flughafen, Hotels haben "Exe-cutive Floors", Reisebüros eine eigene Geschäftsreiseabteilung, es finden spezielle Reise-Messen für Geschäftsreisende statt und eigene Magazine für Geschäfts-reisende werden herausgegeben (in der Bundesrepublik z. B. Profi-Travel, Mana-ger auf Reisen, die Reisestelle, ti-Geschäftsreise, oder Supplements in Wirtschafts-magazinen, z. B. Wirtschaftswoche, Capital, Handelsblatt, Industriemagazin).

---

1 Die Zuordnung der Incentive-Reisen zum Geschäftsreiseverkehr ist nicht ganz unproblematisch, da sie zwar einerseits für den veranstaltenden Betrieb einen Kostenfaktor darstellt (und auch steuerrechtlich inzwischen als Einkommen zu versteuern ist), die Reise selbst aber deutlich Erholungs- und Vergnügungscharakter aufweist, folglich also von der Motivation des Reisen-den her den Urlaubs- und Vergnügungsreisen zuzurechnen wäre.

Geschäftsreisende haben besondere Ansprüche an das Reiseangebot, sie sind "anspruchsvolle" Kunden. Da sie beruflich und nicht zum Vergnügen unterwegs sind, erwarten sie ein hohes Maß an Unterstützung von der Reiseindustrie. Bedeutend für sie sind vor allem

*   Pünktlichkeit und Zuverlässigkeit,
*   Schnelligkeit: kurzfristige Reservierungsmöglichkeiten mit schnellem Ein- und Auschecken,
*   Vereinfachte Zahlungsmöglichkeiten (über Firmenreisestelle und/ oder Kreditkarten),
*   Komfort.

"Der typische deutsche Geschäftsreisende ist männlich (71 Prozent), mittleren Alters (58 Prozent zwischen 30 und 49), verfügt über eine gehobene Ausbildung (41 Prozent mit Universitätsabschluß oder Abitur) und übt einen leitenden oder qualifizierten Beruf aus (55 Prozent). Weitaus stärker. als es ihrem Anteil an den Berufstätigen insgesamt entspricht, gehen Selbständige, Freiberufler und leitende Angestellte auf Grschäftsreise; das unterscheidet sie - unter anderem - von den gehobenen und höheren Beamten, die ihren Schreibtisch eher selten verlassen." (SPIEGEL 1994: 8)

Reiseanlaß: Bei den Reiseanlässen steht die "Business-to-Business"-Kommunikation im Vordergrund. An zweiter Stelle folgen "Konferenzen, Tagungen, Seminare, Kongresse und Kurse", danach "Messen und Ausstellungen" (nach SPIEGEL 1994).

Reiseziel und Verkehrsmittel: Die meisten Geschäftsreisen sind Inlandsgeschäftsreisen (80 - 90 %). Daher werden die meisten auch mit dem PKW durchgeführt (2/3), ca. 15 % mit der Bahn und ca. 25 % mit dem Flugzeug, wobei sich aber mit steigender Entfernung die Verhältnisse der Verkehrsmittel untereinander deutlich verschieben (vom PKW zum Flugzeug, vgl. CAPITAL 1987: 45).

Bei **Auslandsreisen** stehen die Nachbarländer Frankreich, Niederlande und Belgien (gefolgt von Italien, Großbritannien, Österreich und Schweiz) im Vordergrund. Seit 1988 haben Reisen nach Ost- und Mitteleuropa deutlich zugenommen. In Übersee führen die USA und Kanada (mit 3 Prozent aller Auslandsreisen).

Die **Reisedauer** liegt überwiegend zwischen 1 und 3 Tagen. Im Gesamtdurchschnitt dauern Geschäftsreisen mit Übernachtung ca. 4 Tage (nach REISEMONITOR 1994), laut SPIEGEL 1994 dauern allerdings Interkontinentalreisen knapp 13 Tage, Europareisen 5,7 und innerdeutsche Reisen 3,7 Tage. Das Ausmaß des Tagesgeschäftsreiseverkehrs ist nur unzureichend erfaßt.

Zur **Organisation** der Geschäftsreise bedienen sich lediglich 2 % eines Reisebüros, 7 % einer betrieblichen Reisestelle, 10 % delegieren die Organisation an das Sekretariat und 75 % organisieren die Reise selbst (nach ti-Geschäftsreise 4/94).

Beherbergung: Bei Übernachtungen werden im Inland zu zwei Dritteln "individuelle, kleinere Hotels" und Gasthöfe bevorzugt, 17 % übernachten in Kettenhotels, 11 % in größeren Einzelhotels. Bei Auslandsreisen werden hingegen zu 37% Häuser internationaler Ketten bevorzugt, gegenüber 41 % kleinere und 16 % größere Hotels.

Ausgewählte Reisemerkmale	Besuchsreise	Dienst- und Geschäftsreise
Reiseziel		
- Inland	89,9	75,7
- Ausland	10,1	24,2
- Keine Angabe	0,0	0,1
Unterkunft		
- Hotel	3,5	80,4
- Privatzimmer	2,3	2,7
- Verwandte/Bekannte	91,7/	3,0
- Sonstige Unterkunft	2,5	12,5
- Keine Angabe	-	1,4
Reisedauer		
- Kurzreise (2 bis 4 Tage)	75,2	69,7
- Lange Reise (5 Tage und länger)	24,8	30,3
Organisationsformen *		
- Pauschalreise	1,3	*
- Teil-Pauschalreise	-	*
- Selbst organisierte Reise	98,2	*
- Keine Angabe	0,4	*
Verkehrsmittel		
- Pkw	78,1	57,9
- Eisenbahn	17,1	15,3
- Flugzeug	2,0	16,7
- Sonstige Verkehrsmittel	2,6	8,9
- Keine Angabe	0,1	1,2
Reisekosten von...bis unter...DM		
- unter 400	84,5	32,1
- 400 - 1 600	12,6	41,4
- 1 600 und mehr	1,2	11,5
- Keine Angabe	1,7	14,9
Anzahl der Reiseteilnehmer		
- 1	33,1	88,0
- 2	34,5	11,1
- 3 und mehr Personen	32,2	0,9

* Bei Dienst- und Geschäftsreisen nicht erhoben.

Abb. 2-10 Besuchsreisen sowie Dienst- und Geschäftsreisen nach ausgewählten
Merkmalen (für Deutschland 1992 und in %)
(Quelle: STATISTISCHES BUNDESAMT 1993)

(4) Geschäftsreisevolumen

Daten zum Umfang des Geschäftsreiseverkehrs in der Bundesrepublik liegen nur in
sehr begrenztem Ausmaß und Umfang vor. Insbesondere der Markt der
Tagesgeschäftsreisen ist nach wie vor nur unzureichend erfaßt (vgl. DWIF 1986).
Dies erscheint erstaunlich, schätzt man doch den Geschäftsreiseverkehr von
Umfang, Volumen und Höhe der jeweiligen Ausgaben fast ebenso bedeutend wie
den Urlaubsreiseverkehr ein.

Der **Studienkreis** für Tourismus hatte erstmals in seiner Reiseanalyse 1983
einige Zusatzfragen über den Geschäftsreiseverkehr mitaufgenommen. Diese Untersuchungen kommen zu dem Ergebnis, daß insgesamt ca. 4 Mio Personen mindestens eine Geschäftsreise jährlich unternommen haben. Das entsprach ca. 8,4 %

der deutschen Wohnbevölkerung über 14 Jahren. - Im Durchschnitt hat jeder Geschäftsreisende pro Jahr ca. 7 Geschäftsreisen unternommen, was einem Gesamtvolumen an Geschäftsreisen von 28 Mio pro Jahr entsprach.

Bezogen auf die gesamte Umsatzentwicklung des bundesdeutschen Fremdenverkehrs wird dem Geschäftsreiseverkehr ein Anteil von ca. 45 % zugerechnet (vgl. KOCH 1985: 49), andere Untersuchungen sprechen von ebensoviel Geschäftsreisen wie Urlaubsreisen (vgl. CAPITAL 1986) oder gar von ca. 120 Mio geschäftsbedingten Reisen gegenüber ca. 40 Mio Urlaubsreisen (DRV 1982: 146ff).

Erst Anfang der 90er Jahre wurde der Geschäftsreisemarkt intensiver behandelt. So hat der Spiegel-Verlag in den Jahren 1989 und 1994 zwei umfangreiche Studien zum Geschäftsreisemarkt vorgelegt. Aufgrund regelmäßiger Untersuchungen liegen ferner Daten des REISEMONITORS vor. Auf der Grundlage dieser Quellen ergeben sich folgende Einschätzungen zum **Volumen** des Geschäftsreisemarktes:

Insgesamt geht man von etwas über 5 Mio deutschen Geschäftsreisenden aus. 3,8 Mio davon reisen nur innerdeutsch, ca. 150.000 nur ins Ausland, die restlichen ca. 1,1 Mio fahren geschäftlich sowohl ins Inland als auch ins Ausland.

Diese 5 Mio Geschäftsreisenden unternehmen über 20 Mio Reisen mit Übernachtung. Hinzu kommen noch ca. 130 Mio Tagesgeschäftsreisen, wobei letztere Zahl nur sehr ungesichert erfaßt ist.

Geschäftsreisen nach Deutschland:

Die vorherigen Daten beziehen sich auf Reisen in Deutschland ansäßiger Geschäftsreisender. Hinzu kommen Reisen ausländischer Geschäftsleute **nach** Deutschland.

Der überwiegende Teil dieser Geschäftsreisender kommt aus Europa. Von den ca. 32 Mio. grenzüberschreitenden Geschäftsreisen in Europa erfolgten 6,6 Mio nach Deutschland mit insgesamt knapp 30 Mio Übernachtungen. Deutschland hat damit einen Anteil von ca. 20 % des europäischen Geschäftsreisemarktes.

Geschäftsreisen nach Deutschland erfolgen zu 65 % als Kurzreisen (mit 1 bis 3 Übernachtungen), zu 50 % mit dem Auto und dauerten im Gesamtdurchschnitt 4,5 Tage. Das Flugzeug wurde von 35 % der europäischen Geschäftsreisen gewählt, was einem Aufkommen von 2,2 Mio Flugreisen entsprach.

Bei Geschäftsreisenden aus Übersee stehen die US-Amerikaner mit ca. 500.000 Geschäftsreisenden vor den Japanern (ca. 210.000). Die europäischen Herkunftsländer führen Polen (ca. 1 Mio.) vor Schweden (740.000), Großbritannien (600.000) und den Niederlanden (540.000) an. (Quelle: EUROPÄISCHER REISEMONITOR 1993).

2.2.5 Nicht-Reisende

Bereits bei den Urlaubsreisen war darauf hingewiesen worden, daß Urlaub und Reisen grundsätzlich zwei verschiedene Phänomene sind, jedoch in den heutigen Industrienationen zumeist gleichgesetzt werden. Der Großteil der Bevölkerung verreist, "fährt in Urlaub".

Zum besseren Verständnis des Reisens kann auch eine kurze Betrachtung der Nichtreisenden dienen. Während die Hälfte der (bundesdeutschen) Bevölkerung reist, bleibt jedes Jahr die andere im Urlaub zu Hause. Dies sind ca. 40 Mio Bundesbürger. Bei genauerem Hinsehen zeigt sich, daß nicht alle Daheimbleibenden "notorische Nichtreisende", Nie-Reisende, sind. Lediglich knapp die Hälfte davon **reist nie**, die restlichen Personen verzichten **nur gelegentlich** auf die jährliche Urlaubsreise: sie reisen entweder nur alle paar Jahre oder verzichten aus bestimmten Gründen (vor allem finanzielle und familiäre), gerade im betreffenden Jahr auf ihre Urlaubsreise.

Der häufigste Grund für das **Nichtreisen** ist das Geld (bei knapp 50 %), erst mit Abstand folgen mit je 20 - 25 % (bei Mehrfachnennungen): "zu Hause ist es am schönsten", familiäre bzw. gesundheitliche oder Altersgründe. Alle anderen Gründe sind meist nur für weniger als 10 % der befragten Personen auschlaggebend gewesen, auf eine Urlaubsreise zu verzichten (vgl. Abb. 2-11 und LETTL 1985, KLEIN 1989).

Frage: "Und aus welchen Gründen bleiben Sie normalerweise zu Hause bzw. warum verreisen Sie eigentlich nicht; und aus welchen Gründen wechseln Sie ab, bzw. verreisen Sie nur ab und zu; und aus welchen Gründen war dies eine Ausnahme?"

RA 92 n=3208 Mehrfachnennungen	Gesamt	Nie-Reisende		Intervall-Reisende		Nicht-Reisende*	
		ABL	NBL	ABL	NBL	ABL	NBL
Zuhause ist es doch am schönsten - Umland bietet genügend Erholung und Abwechslung	23,3	47,6	32,5	19,8	16,0	3,0	1,5
Wegen Bürgerkrieg oder politischer Unruhen im Urlaubsgebiet	1,7	2,1	0,2	1,6	0,6	2,8	0,3
Aus Alters- bzw. Gesundheitsgründen	21,8	33,5	39,2	15,1	15,1	15,6	12,7
Aus familiären Gründen	23,8	17,4	21,6	22,2	22,2	35,2	26,9
Wegen beruflicher- oder wirtschaftlicher Sicherheit	9,8	5,3	12,3	9,7	9,7	6,9	29,5
Mache nur des öfteren Kurzurlaub	2,7	2,5	4,5	4,0	4,0	0,8	1,2
War mit der letzten Reise unzufrieden	0,9	0,8	2,0	1,2	1,2	0,4	-
Habe auf eine Urlaubsreise verzichtet, um später mehr reisen zu können	3,8	1,6	1,0	5,9	5,9	3,7	4,5
Wegen Hausbau/Renovierung/Umzug	9,9	5,1	7,6	10,7	10,7	15,4	11,1
Habe (Haus-) Tiere	6,5	12,0	10,7	5,6	5,6	0,7	1,9
Wegen der Kinder	21,8	8,3	9,1	11,2	11,2	10,7	10,6
Habe wenig Zeit aus beruflichen Gründen	9,2	5,7	6,6	10,0	10,0	10,3	16,4
Möchte mein Geld für meine Zeit für andere Dinge verwenden	12,9	18,1	11,2	15,6	15,6	5,8	2,6
Aus finanziellen Gründen	43,1	44,4	51,5	52,2	52,2	26,7	31,2
Weil man sich auf Reisen nicht erholen kann	3,3	5,1	6,4	3,0	3,0	1,8	-
Sonstige Gründe	0,1	0,1	0,6	0,1	0,1	0,1	-
keine Angaben	3,2	2,3	1,8	2,6	2,6	4,2	7,0

* Nichtreisende 90/91/92

Abb. 2-11 Motive für Nie-/Nicht-Reisenden in % der Befragten
(Quelle: REISEANALYSE 1992)

2.3 Die Reiseentscheidung

2.3.1 Entscheidungsprozesse allgemein

Auf der Grundlage von Informationen werden Entscheidungen getroffen. Die Analyse der touristischen Entscheidungsprozesse bereitet Schwierigkeiten, da der eigentliche Entscheidungsprozess nicht zu beobachten und auch dem Reisenden nicht immer bewußt ist, sondern lediglich die Einflußgrößen und das Ergebnis feststellbar sind. Viele Entscheidung des täglichen Lebens erfolgen unter **Unsicherheit**, vor allem infolge von Unkenntnis über die Folgen der Entscheidung. Diese Unsicherheit versucht man, durch Informationen zu reduzieren.

Die Haushaltstheorie der Wirtschaftswissenschaft hat eines der geschlossensten Modelle des Nachfrageverhaltens entwickelt[1]. Die Kaufentscheidung wird hier als vollkommen rationaler und bewußter Optimierungsprozess eines "homo oeconomicus" angesehen: unter bestimmten Restriktionen (v.a. Einkommen, Preise) wird eine Auswahl getroffen, die einen möglichst hohen Nutzen verspricht. Nutzen kann als Umschreibung für "Freude, Spaß, Glück" usw. angesehen werden.

Das Optimum ist dann erreicht, wenn die Grenzrate der Substitution zweier Güter (z. B. x und y) gleich dem umgekehrten Preisverhältnis ist:

$$\frac{d_y}{d_x} = \frac{p_x}{p_y}$$

Weniger formal sind soziologische und psychologische Darstellungen des Entscheidungsprozesses, die vor allem Grundlage für die Reiseentscheidung bilden. Hier werden die Einflüsse von Motivationen, Emotionen sowie Kultur, Gruppen usw. auf Kaufentscheidungen untersucht.

In der betriebswirtschaftlichen Entscheidungslehre und der Werbepolitik des betrieblichen Marketings werden Entscheidungsprozesse mit Hilfe verschiedener Modelle zur Wirkung von Werbebotschaften dargestellt, dessen bekanntestes durch die Kurzformel

AIDA- **A** ttention   (Aufmerksamkeit erzeugen)
 I nterest   (Interesse wecken durch mehr Information)
 D esire   (der Wunsch entsteht)
 A ction   (Handlung-Entscheidung)

beschrieben werden kann (vgl. genauer Abschnitt 2.3.2(2)).

2.3.2 Elemente der Reiseentscheidung

Reiseentscheidungen erfolgen zwar unterschiedlich je nach Reiseart und -form und in Abhängigkeit von der persönlichen Situation der Reisenden, doch lassen sich aufgrund verschiedener soziologischer und psychologischer Untersuchungen einige

---

1   Vgl. als Einführung in die traditionelle Mikroökonomik HENDERSON/QUANDT 1970, SCHNEIDER 1967.

verallgemeinernde Aussagen über den Informations- und Entscheidungsprozess der Reisenden machen. Diese Aussagen treffen vor allem für die Urlaubsreisenden und deren Entscheidung zu - sie lassen sich nur zum Teil für die anderen Reisearten, v. a. die Geschäftsreisenden, übertragen.

Die Hauptgrundlagen dieser sozialwissenschaftlichen Aussagen finden sich vor allem in den Daten der jährlichen Reiseanalyse des Studienkreises für Tourismus[1].

Bereits in Abschnitt 1.4.2 war ein kurzer Überblick über das Informations- und Entscheidungsverhalten der Urlauber während der Reise gegeben worden. Die wesentlichen Entscheidungen über Art und Form der Reise erfolgen in der **Vorbereitungsphase**, bei individuell organisierten Reisen fallen allerdings noch viele Entscheidungen, z. B. über die tägliche Unterkunft und den (Weiter-) Transport, während der Reisedurchführung an.

(1) Der Informationsprozeß

Das Informationsverhalten wird durch verschiedene Untersuchungen zu beschreiben versucht (vgl. Abb. 2-12). Hierbei zeigt sich, daß als Informationsquellen für die Reiseentscheidung[2]

- die eigene Erfahrung (34,4 %) im Laufe der letzten Jahre (infolge der gestiegenen Reiseerfahrung), zusammen mit den Berichten von Bekannten und Verwandten (38,1 %) deutlich am meisten Einfluß hatte;
- die Nutzung und der Einfluß von Prospekten über die Urlaubsregionen und Reiseangebote bis 1990 mit insgesamt 32,0 % eher sehr niedrig war, was im - vermeintlichen (?)- Gegensatz zu der Fülle der bunten Prospekte stand, mit dem die Reiseanbieter untereinander um die Kunden konkurrierten; bei der letzten REISEANALYSE ist dieser Anteil auffallend auf 50 % angestiegen;
- der (bewußte) Einfluß der verschiedenen Medien, wie Fernsehen, Rundfunk, Presse und Magazinen, trotz der Fülle der dort gebotenen Reiseinformationen, mit ca 25 % auffallend gering ist;
- bei nur ca. 10 % **keine** Informationsquellen für die Reiseentscheidung eine Rolle spielen.

(2) Entscheidungsphase

Die Entscheidung **umfaßt** das Wann, Wie, Wie-lange und vor allem das Wohin die Reise gehen soll. Im einzelnen hat der Reisende u. a. Wahlmöglichkeiten hinsichtlich folgender Elemente der Reise:

- Reisezeitpunkt,
- Reisedauer,
- Reisegebiet,
- Reisegestaltung (pauschal, individual),
- Reiseverkehrsmittel,
- Kosten der Reise, Reisekomfort,
- Unterkunftsart,
- Nebenleistungen und -ausgaben.

---

1 Vgl. ferner einige grundlegende Untersuchungen zum Entscheidungs- und Informationsprozess der Reisenden, vor allem HARTMANN 1973, DATZER 1983, BRAUN/LOHMANN 1989.
2 Es waren Mehrfachnennungen möglich, daher ist die Summe in Abb. 2-12 über 100%.

Frage: "Zur Entscheidung für ein Reiseziel können verschiedenene Informationsquellen benutzt werden. Welche der verschiedenen Informationsquellen haben Sie herangezogen, um sich für Ihr Reiseziel, das Sie 1992 angesteuert haben, zu entscheiden?"

RA 92 Reisende: 44,7 Mio. n = 4.609 Mehrfachnennungen	Gesamt 1992		ABL 1992 35,1 Mio %	NBL 1992 9,6 Mio %	Gesamt 1990 43,2 Mio %	Gesamt 1986 27,5 Mio %
	%	Mio.				
Persönliche Gespräche:						
Berichte von Verwandten, Bekannten	38,1	17,0	35,7	47,0	36,6	32,9
Auskunft/Beratung im Reisebüro, Fremdenverkehrsstelle	22,3	10,0	22,0	23,6	17,9	18,7
Zwischensumme persönl. Gespräche	*60,4*	*27,0*	*57,7*	*71,2*	*54,5*	*51,6*
Kataloge/Prospekte:						
Kataloge von Reiseveranst.	22,7	10,1	21,9	25,3	15,1	14,9
Gebiets-/Länderprospekte	8,8	3,9	9,0	7,0	6,4	5,2
Ortsprospekte	9,8	4,3	10,5	7,3	7,2	6,7
Unterkunftsprospekte (Hotel etc.)	8,7	3,9	9,1	8,2	5,1	5,2
Zwischensumme Kataloge/Prospekte	*50,0*	*22,2*	*50,5*	*47,8*	*33,8*	*32,0*
neutrale Informationsquellen:						
Reiseführer	9,2	7,1	9,8	7,2	8,3	12,0
Reiseberichte in Zeitungen und Zeitschriften	7,5	3,4	7,6	7,1	6,4	6,3
Reiseberichte in Fernsehen und Rundfunk	4,5	2,0	4,6	4,3	4,0	2,6
Reisebücher, Romane	2,4	1,1	2,5	2,3	2,7	k.A.
Hotel-/Campingführer	2,8	1,3	2,9	2,5	4,0	k.A.
Zwischensumme neutrale Informationsquellen	*26,4*	*14,9*	*27,4*	*23,4*	*25,4*	
Werbung in Zeitungen, Zeitschriften, Rundfunk, Fernsehen, auf Plakaten und Messen/Ausstellungen	5,7	2,5	4,5	10,2	4,0	4,0
bekannt aus eigener Erfahrung	34,4	15,4	37,8	21,9	37,7	34,3
keine Infoquelle genutzt	9,4	4,2	9,7	8,1	16,7	13,7
Durchschnittliche Zahl der genutzten Infoquellen pro Reisenden	*1,78*				*1,52*	*1,62*

Abb. 2-12   Reiseinformationsquellen
(aus: REISEANALYSE 1986, 1990, 1992)

Der gesamte Prozeß der Reiseentscheidung dauert in der Regel mehrere Monate, kann aber auch in einem einzigen Moment zusammenfallen (Spontanentscheidung), was aber eher die Ausnahme ist. So gibt es zum Beispiel

* spontane Entscheidungen, wo sich ein Reisender kurzfristig aus Lust und Laune für eine Reise entscheidet,
* Reisende, die das ganze Jahr - oder noch länger - für Ihre Reise planen (und sparen) und die verschiedenen Möglichkeiten gegeneinander abwägen oder sich "einmal im Leben" ihren "Traumurlaub" leisten und
* "Gewohnheitsurlauber", die jedes Jahr zur gleichen Zeit in den gleichen Ort fahren (laut REISEANALYSE waren über 50 % der Urlauber bereits mehrmals im jeweiligen Urlaubsgebiet und die Reisegebietstreue stieg über die Jahre an).

Sozialwissenschaftliche Untersuchungen zeigen, daß knapp 30 % der Urlauber bereits im Vorjahr sich für ihr Reiseziel entscheiden, wobei der Schwerpunkt der Reisevorbereitung zwischen Weihnachten und Neujahr und zu Beginn des Jahres, wenn auch die neuen Reiseprospekte erscheinen, liegt. Dies bedeutet, daß der Großteil der Reiseentscheidungen bereits 3 - 6 Monate vor Abreise erfolgt ist, lediglich ein geringer Teil (von ca. 10 bis 20 %) der Reisenden treffen ihre Reiseentscheidungen kurzfristig, also weniger als 4 Wochen vor Abreise. Die Reiseentscheidung zeigt keine sehr deutlichen Unterschiede bei Pauschal- und Individualreisenden, letztere Gruppe entscheidet sich tendenziell etwas später. Nicht jeder Reisende unterzieht sich bewußt diesem komplizierten und theoretischen Entscheidungsmodus, doch in den meisten Fällen lassen sich die vorgenannten Elemente mehr oder weniger ausgeprägt feststellen (vgl. Abb. 2-13).

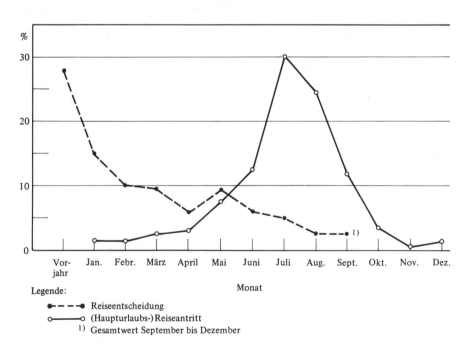

Abb. 2-13 Reiseentscheidung und Reisezeitpunkt
(Darstellung nach REISEANALYSE, Angaben in Prozent aller Reisen)

2.3.3 Modelle und Theorien zur Reiseentscheidung

Für den Reisebereich existieren verschiedene Versuche, Ansätze und Modelle der ökonomischen Entscheidungsanalyse auf den Prozeß der touristischen Entscheidung zu übertragen.

(1) Reiseentscheidung als dynamischer Prozeß: AIDA-Modell

Im AIDA-Modell werden Reisentscheidungen - wie die meisten Kaufentscheidungen - als ein Entscheidungsprozeß über einen längeren Zeitraum und mit zunehmenden Konkretisierungsstufen angesehen. Vor allem die psychologische Reiseforschung des STUDIENKREISES hat diese Entscheidungsabfolge für die Untersuchungen der REISEANALYSE zum Urlaubsreiseverhalten zugrundegelegt (vgl. HAHN/HARTMANN 1973, PIVONAS 1973). So lassen sich vier Phasen bei der touristischen Entscheidung unterscheiden[1] :

A: Phase der ersten Anregung, der **Anmutung (Attention)**
Durch Erzählungen von Bekannten oder Verwandten, durch - zufällige - Berichte in den Medien oder durch Werbeanzeigen wird man auf einen Urlaubsort, ein -gebiet oder -land aufmerksam (gemacht). - Es entsteht ein gewisses Interesse ("Da könnte man auch mal hinfahren").
Von seiten der **Anbieter** werden **generelle Informationen** gegeben, um diese Aufmerksamkeit zu wecken.

I+D: Phase der Bekräftigung, der bewußten Orientierung und **Information** (Interest und Desire)
Das Interesse ist geweckt und man informiert sich mehr oder weniger systematisch über diese Urlaubsmöglichkeit. Von seiten der **Anbieter** müssen nun gezielte Informationen gegeben werden (Orts- und Reiseprospekte, Antworten auf direkte Anfragen).

A: Phase der eigentlichen Entscheidung (**Action**)
Hier fällt erst die eigentliche Reiseentscheidung. Aufgrund der vorhandenen Informationen werden die konkreten Maßnahmen der Urlaubsbuchung vorgenommen: Reisezeitpunkt festlegen, Urlaubszeit eintragen, Hotel reservieren, Pauschalreise buchen usw. Oft ist dies 3 - 6 Monate vor dem Reiseantritt.

Anmerkung: Die Kenntnis dieser verschiedenen Phasen ermöglicht es den verschiedenen Anbietern von Reisen, durch entsprechende (gezielte) Informationen, Werbung und eigenes Verhalten (Zurückhaltung bei der Beratung am Anfang, erst Informationen geben, nicht gleich zum Kauf drängen), die Kaufentscheidung im eigenen Interesse zu beeinflussen.

(2) Reiseentscheidung als (hierarchischer) Stufenprozeß

Ähnlich dem AIDA-Modell gehen andere Untersuchungen ebenfalls von einem mehrstufigen Entscheidungsprozeß aus, wobei hier die Betonung weniger auf den Zeitablauf als auf die Komplexität und die unterschiedliche Bedeutung der

---

[1] Die Phasen I und D werden hier (zur Phase der Bekräftigung) zusammengefaßt. HAHN/HARTMANN (1973: 16) unterscheiden ferner nach der Entscheidungsphase noch eine Phase der Reisevorbereitung, in der die letzten Details geregelt werden: Reisedokumente, Reiseausrüstung, Fahrtroute, Check-Liste usw., was immer im Einzelfall notwendig ist.

Teilentscheidungen gelegt wird. Empirische Untersuchungen haben gezeigt, daß für die Reiseentscheidung verschiedene Aspekte der Reise mit unterschiedlicher Bedeutung einfließen, z. B. in der Reihenfolge (vgl. HAHN/HARTMANN 1973, PIVONAS 1973)

1. Zielgebiet/-ort (Destinationsentscheidung)
2. Urlaubsart: Erholung, Bildungs- Hobbyurlaub oder Verwandtenbesuche
3. Preis/Reisekosten
4. Unterkunftsart
5. Verkehrsmittel
6. Reiseorganisation (pauschal oder individuell)

Theoretische Ansätze stellen die Reiseentscheidung in den Rahmen eines hierarchischen Entscheidungsprozesses, analog zum "Analytic Hierarchy Process (AHP)" in der Konsumentenforschung, vor allem der Markenstrategien (vgl. SAATY 1980, HAEDRICH/TOMCZAK 1990). Beim AHP werden komplexe Entscheidungsaufgaben in eine Folge von Bewertungsschritten aufgelöst. Dabei entstehen mehrere Ebenen (Hierarchien) der Entscheidung, die die Entscheidungskomplexität immer mehr auflösen und von Ebene zu Ebene werden immer konkretere Entscheidungen getroffen.

Beispiel:
1. Entscheidungs-Ebene: Zielgebiet der Reise?
2. Entscheidungs-Ebene: Zeitpunkt der Reise?
3. Entscheidungs-Ebene: Dauer der Reise?
4. Entscheidungs-Ebene: Kosten der Reise?
5. Entscheidungs-Ebene: Art/Qualität der Unterkunft?
usw.

(3) Verhaltenswissenschaftliche Modelle der Reiseentscheidung

Verhaltenswissenschaftliche Ansätze der Konsumforschung sind ebenfalls theoriegeleitet und wollen aufgrund von Modellbildungen das Verhalten der Konsumenten erklären und prognostizieren. Ausgangspunkt dieses Forschungsbereiches war Anfang der 70er Jahre in den USA (vgl. u. a. KATONA 1968), in Deutschland wurde er vor allem durch die Arbeiten von KRÖBER-RIEL geprägt. Die Beiträge lassen sich in zwei Gruppen unterteilen:

(3a) Black-Box-Modelle (S-R-Ansatz):

Hierbei wird das Verhalten der Menschen als Reaktion (R) auf beobachtbare Stimuli (S) interpretiert. Die psychischen Prozesse bei der Kaufentscheidung der Menschen sind nicht beobachtbar und werden daher als „black box" nicht zum Gegenstand der Untersuchung gemacht. Es werden die Reaktionen der Käufer auf Veränderungen von Einflußgrößen, z. B. Marketingaktivitäten wie Werbung usw., untersucht. Dieser Ansatz liegt den meisten stochastischen und ökonometrischen Modellen zugrunde.

Sie untersuchen den direkten Zusammenhang zwischen Modellinput (x) und output (y), z. B. y = f (x). Vorgänge in der Black box werden als Zufallskomponenten berücksichtigt. Stochastische Modelle geben Wahrscheinlichkeiten für bestimmte Zusammenhänge an.

Beispiele:
* Befragt man Gäste einer bestimmten Region (Output) nach verschiedenen sozio-demographischen Komponenten (Input), so kann man Zusammenhänge zwischen Einkommen, Herkunftsort, Bildung und der Reisetätigkeit in diese Region vermuten (und stochastisch aufzeigen), ohne damit jedoch zu wissen, wie die Entscheidung für die betreffende Region (z. B. Urlaub auf Rügen statt Urlaub auf Usedom) zustandegekommen ist.

(3b) Strukturansätze (S-O-R-Modelle):

Strukturmodelle machen den Organismus (O) verstärkt zum Gegenstand der Forschung und Erklärung. Sie bemühen sich um die Strukturierung der Black Box und untersuchen die nicht beobachtbaren Vorgänge im „Organismus Mensch". Den verschiedenen Modellen liegen unterschiedliche Menschenbilder und zumeist psychologische Interpretationen des menschlichen Verhaltens zugrunde. Es werden Hypothesen über die aktivierenden (Motive, Emotionen, Einstellungen/Präferenzen) und kognitiven Komponenten (wie Wahrnehmung, Denken, Lernen) der Käufer aufgestellt und untersucht. Manchen Ansätze geht es dabei um die „totale Erhellung" der Black-Box (System- und Entscheidungsnetzansätze), anderen nur um Teile davon (Partialansätze). Letztere untersuchen nur Teilaspekte des Entscheidungsprozesses, wie z. B. Motivations-, Einstellungsanalysen.

Beispiele:
* Hierbei befragt man Reisende nach ihren Einstellungen und interpretiert ihr Verhalten, z. B. Rigidität, Ängstlichkeit oder Kostenbewußtsein als Ursache für beispielsweise Inlandsurlaub.

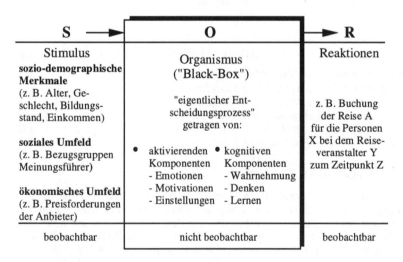

Abb. 2-14 Black-Box-Modell
(nach BÄNSCH 1989: 4)

2.4 Struktur der bundesdeutschen Reisenachfrage

2.4.0 Vorbemerkung

Nach der bisherigen allgemeinen Charakterisierung der Einflußgrößen und Arten der Reisenachfrage werden in diesem Abschnitt einige empirische Ergebnisse über das Reiseverhalten und die Reisenachfrage der bundesdeutschen Bevölkerung wiedergegeben.

Das Reiseverhalten der Deutschen wird in verschiedenen sozialwissenschaftlichen Untersuchungen von zahlreichen Marktforschungsinstituten erforscht. Doch von all den unterschiedlichen Untersuchungen hat die **Reiseanalyse** des Studienkreises für Tourismus in Starnberg den höchsten Bekanntheitsgrad. Ihre Daten werden in der touristischen Diskussion in der Bundesrepublik wie Angaben der amtlichen Statistik verwendet, obwohl sie - auch nach Meinung des STUDIEN-KREISES - diesen Ansprüchen nicht immer genügen können. Nach der Auflösung des Studienkreises Ende 1993 wird versucht, die Zeitreihen der REISEANALYSE mit analogen Untersuchungen weiterzuführen (z. B. Urlaub+Reisen 1994, 1995). Doch auch die Ergebnisse anderer Tourismusinstitute werden immer bedeutender (vgl. genauer zur touristischen Marktforschung Abschnitt 4.4.4 (3) und Abb. 4-14).

Im folgenden werden einige wichtige Kennziffern zur Charakterisierung des bundesdeutschen Reiseverhaltens mit den entsprechenden Daten aufgeführt.[1]

2.4.1 Die Reiseintensität

Die Reiseintensität wird sehr häufig zur Charakterisierung des Reiseverhaltens verwendet. Sie gibt an, welcher/welchen Anteil

- der Gesamtbevölkerung[2] jährlich mindestens eine Urlaubsreise unternimmt (Nettoreiseintensität)
- Reisen an der Gesamtbevölkerung haben (Bruttoreiseintensität).

Die Reiseintensität gilt als recht globaler Indikator, da sie keine Aussagen über Reiseziele und Reisearten zuläßt.

Für die Reiseintensität liegen - je nach Erhebungsinstitut - verschiedene Zahlen und Reihen vor. Die am häufigsten verwendete Zeitreihe ist die des STUDIEN-KREISES, der seine Daten auf die Bevölkerung **über 14 Jahre** bezieht. Andere Untersuchungen gehen von der **Gesamt**bevölkerung aus (so z. B. das Statistische Bundesamt), womit sich aufgrund der größeren Basis eine geringere Reiseintensität ergibt.

---

1 Zu weiteren Informationen über das bundesdeutsche Reiseverhalten vgl. Statistisches Bundesamt und REISEANALYSE, versch. Jg. sowie die Ergebnisse anderer Marktforschungsinstitute, die in Teil 4.4.4 erwähnt sind.

2 Jedoch wird nicht immer die gesamte bundesdeutsche Bevölkerung in entsprechenden Untersuchungen berücksichtigt, so befragt beispielsweise die Reiseanalyse des Studienkreises nur die über 14jährigen Deutschen. Vgl. auch die folgenden Erläuterungen dieses Abschnittes.

Abb. 2-15 zeigt die Entwicklung der Reiseintensität in der Bundesrepubl. nach Angaben der Reiseanalyse des Studienkreises. Insgesamt war bis Mitte der 70er Jahre ein deutlicher Anstieg der Reiseintensität zu verzeichnen, wobei die Zuwächse vorrangig zugunsten der Auslandsreisetätigkeit erfolgten. Die Inlandsreisetätigkeit blieb - absolut gesehen - etwa konstant, nahm aber relativ, bezogen auf die gesamte Reisetätigkeit, deutlich ab. Ab 1975 stagnierte die Reiseintensität - mit leichten Schwankungen - auf diesem hohen Niveau von ca. 55 % bis Ende der 80er Jahre. Der danach ausgewiesene sprunghafte Anstieg auf ca. 65 % ab 1987 dürfte zu einem nicht unbedeutenden Anteil auf den in diesem Jahr erfolgten Wechsel des mit der Reiseanalyse beauftragten Untersuchungsinstituts zurückzuführen sein, zumal andere Untersuchungen für diese Jahre keinen so deutlichen Anstieg des Reiseverhaltens feststellen konnten (vgl. z. B. BAT 1990, EMNID 1990, STATISTISCHES BUNDESAMT 1993, 1994). Auch in den Folgejahren war eine weitgehende Stagnation (auf hohem Niveau) festzustellen, wobei sich die Reiseintensität nur noch um wenige Punkte nach oben oder unten entwickelte.

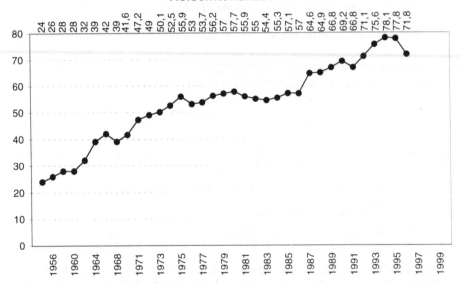

Abb. 2-15 Der Verlauf der Reiseintensität
(Quelle: REISEANALYSE und Urlaub+Reisen, versch. Jg.)

Differenzierte Analysen der Reiseintensität in bezug auf verschiedene soziodemographische Daten ergaben, daß die Reiseintensität in Abhängigkeit von

- der Höhe des Haushaltseinkommens
- dem Bildungsgrad
- der beruflichen Stellung
- der Wohnortgröße

steigt und in Abhängigkeit vom <u>Alter</u> **fällt**[1].

---

1   Vgl. dazu REISEANALYSE, versch. Jg., auch Abb. 6-30.

Bezieher niedriger Einkommen verreisen weniger und vermehrt im Inland, mit steigendem Einkommen nimmt die Reiseintensität zu und der Anteil der Auslandsreisen steigt. Mit ökonomischen Begriffen läßt sich formulieren: die Einkommenselastizität des Reisens ist bei unteren Einkommensgruppen weitaus höher als bei oberen. Das bedeutet, zusätzliches Einkommen wird bei unteren Gruppen vermehrt für Reisen verwendet, mehr als bei oberen Einkommensschichten, umgekehrt reagieren dies Gruppen verstärkt mit Einschränkungen ihrer Reisetätigkeit, falls ihr Einkommen zurückgeht.

2.4.2 Die Reisehäufigkeit

Während die Reiseintensität lediglich ausdrückt, ob jemand verreist, gibt die Reisehäufigkeit an, **wie häufig jemand verreist**. Auch hier beziehen sich die Angaben fast ausschließlich auf die Urlaubsreisen. Von den ca. 60 Mio deutschen Urlaubsreisenden unternehmen ca. 15 Mio mehr als eine Reise. Dies ergibt ca. 70 Mio jährliche Urlaubsreisen. Die Reisehäufigkeit beträgt also bei den Urlaubsreisen ca. 1,2 (Reisen pro Reisenden).

Im Vergleich hierzu verreisen **Geschäftsreisende** im Durchschnitt viel häufiger; ihre Reisehäufigkeit liegt zwischen 4 (bei Reisen mit Übernachtung) und 30 Reisen (inklusive Tagesgeschäftsreisen), vgl. 2.2.4 (4). Genauere bzw. gesicherte Untersuchungen liegen bisher nicht vor. Bezogen auf die Gesamtbevölkerung ergibt sich bei den ca. 5 Mio. Geschäftsreisenden ein Reisevolumen von ca. 45 Mio Übernachtungsreisen sowie von ca. 160 Mio Reisen insgesamt jährlich.

2.4.3 Reiseziele

Seit einigen Jahren fährt der Großteil der deutschen Reisenden, ca. zwei Drittel, ins Ausland. Auffällig ist dabei die **Entwicklung** seit den 60er Jahren: der Anteil der Auslandsreisen stieg permanent von ca. 20 - 30 % in den 50er Jahren über 40 - 50 % in den 60ern auf derzeit über 60 %.

Die beliebtesten **ausländischen Reiseziele** sind seit Jahren Österreich, Italien und Spanien, mit einem Anteil an den gesamten Reisen von ca. 1/3, wobei sich die Gewichtung dieser drei untereinander gelegentlich verschoben hat. Geringer als vielfach vermutet ist der Anteil der außereuropäischen Reiseländer mit ca. 5 Prozent, wovon Reisen in Entwicklungsländer wiederum nur einen geringen Anteil ausmachen (ca. 0,5 % der gesamten Reisenden).

Die Zahl der **Inlandsurlauber** blieb seit Jahren mit ca. 16 Mio konstant, doch nahm der Anteil an den Gesamtreisen infolge der gestiegenen Auslandsreisetätigkeit von ca. 60 % in den 60er Jahren auf derzeit (1997) ca. 30 % ab. - Doch trotzdem ist Deutschland noch immer das beliebteste Urlaubsland der Deutschen, mengenmäßig noch deutlich vor den "großen Drei" Österreich, Italien und Spanien.

Bei den inländischen Urlaubszielen lag Bayern mit ca. 25 % der Inlandsurlauber (oder ca. 10 % der Gesamturlauber) deutlich vor Schleswig-Holstein, Mecklenburg-Vorpommern, Niedersachsen und Baden-Württemberg, wobei sich Mecklenburg-Vorpommern als neues Bundesland ab 1990 sofort in der "Spitzengruppe" ansiedeln konnte.

Die meisten Urlauber kommen - entsprechend der Größe der Bundesländer - aus Nordrhein-Westfalen, Niedersachsen und Baden-Württemberg. Auffallend ist dabei der relativ niedrige Anteil der Reisenden aus Bayern. In bezug auf die Reiseintensität liegen die Bewohner der Stadtstaaten Berlin und Hamburg an der Spitze der reisefreudigsten Bundesbürger.

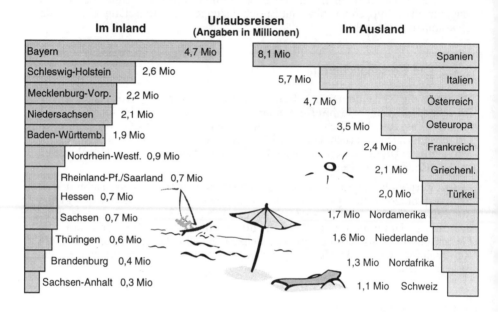

Abb. 2-16 Reiseziele der Deutschen 1996
(Quelle: URLAUB + REISEN 1997)

2.4.4 Reiseverkehrsmittel

Bei den Verkehrsmitteln zeigt sich im Gesamtdurchschnitt der PKW (inklusive Wohnmobile und -wagen) mit über 50% als das häufigste Urlaubsreiseverkehrsmittel - ähnlich auch bei den Geschäftsreisenden. Erst danach kommen mit deutlichem Abstand Flugzeug, Bahn und Bus - alle anderen Transportmittel (Schiff, Trampen, Rad usw.) sind statistisch unbedeutend. Im Laufe der Jahre hat vor allem die Bedeutung der Bahn als Urlaubsverkehrsmittel deutlich abgenommen (von 23 % auf 7 %), auf der anderen Seite ist der Anteil des Flugzeuges von 12 % auf ca. 30 % angestiegen, eine Folge des gestiegenen Anteils von Auslandsreisen (vgl. auch 3.4). In den neuen Bundesländern sind hingegen Flugreisen (noch) weniger beliebt (nur 11 %), dafür werden Urlaubsreisen häufiger mit dem Bus durchgeführt (mit 19 % gegenüber 8 %), jedoch findet immer mehr eine Annäherung des Reiseverhaltens an das der alten Bundesländer statt.

	BRD 1996	BRD 1994	BRD 1992 gesamt	ABL 1992	NBL 1992	ABL 1990	NBL 1990	BRD 1980	BRD 1972
Haupturlaubs-reisen (Basis in Mio.)	61,2	67,2	44,7	35,1	9,6	40,7	13,2	32,1	24,8
Verkehrsmittel (Angaben in %)									
Pkw/Wohn-mobil	51,2	51,5	54,7	53,1	60,5	59,2	62,0	57,4	57,7
Flugzeug	30,2	26,5	26,2	30,3	11,2	23,0	1,7	15,0	11,9
Bus	9,9	10,9	10,5	8,2	19,1	8,3	7,6	8,1	6,8
Bahn	6,7	8,6	7,2	7,0	7,9	8,0	28,0	15,9	23,3
Sonstige	2,0	2,5	1,3	1,4	1,2	1,5	0,7	3,6	1,0

Abb. 2-17 Reiseverkehrsmittel der Haupturlaubsreise 1972 - 1996
(Quelle: REISEANALYSE, URLAUB+REISEN, versch. Jg.)

2.4.5 Organisationsform der Reise

Zwei Drittel der Urlauber reisen individuell, d. h. sie organisieren ihre Reise selbst, meist ohne Hilfe eines Reisemittlers oder -veranstalters. Ca. 40% aller Urlaubsreisen sind pauschal organisiert, zum Großteil Vollpauschalreisen. Je nach Reiseziel unterscheidet sich diese Organisationsform sehr deutlich: Das Inland, Österreich und Italien sind vor allem Ziele der Individualtouristen (v. a. mit dem Auto), bei Spanien, Griechenland und außereuropäischen Destinationen ist der Anteil der Pauschalreisenden besonders hoch (um 80 %), vgl. Abb. 2-18.

2.4.6 Die Reiseausgaben[1]

Für ökonomische Analysen und Beurteilungen des Reisens sind vor allem monetäre Größen von Bedeutung. Hierzu zählt insbesondere die **Ausgabenbereitschaft für Reisen**. Doch trotz dieser besonderen Bedeutung liegen kaum befriedigende Angaben zur Reiseausgabentätigkeit der bundesdeutschen Bevölkerung vor. Zahlen über Reiseausgaben sind in verschiedenen Quellen enthalten:

---

1 Vgl. zum folgenden FREYER 1986a: 82ff

RA 90 Basis 43,2 Mio.	Reisende insgesamt	Pauschal- reisende	Vollpauschal- reisende	Teilpauschal -reisende	Individual- reisende
Reiseziel	%	%	%	%	%
Inland	29,7	12,1	8,2	3,9	87,9
Ausland, davon	70,3	49,5	39,7	9,8	50,5
Spanien	13,0	80,6	77,4	3,2	19,4
Italien	10,2	34,7	24,2	10,5	65,3
Österreich	7,0	21,2	9,4	11,9	78,8
Frankreich	5,9	28,6	15,0	13,6	71,4
Jugoslawien	5,3	34,6	20,9	13,6	65,4
Griechenland	4,2	77,7	72,2	5,6	22,3
außereuropäische Mittelmeerländer	6,0	79,1	75,8	3,3	20,9
außereurop. Länder (o. Mittelmeerld.)	5,2	73,7	57,2	16,5	26,3

Abb. 2-18 Reiseorganisationsformen
(Quelle: REISEANALYSE 1990)

(1)   In den **Mikrozensus**-Daten des Statistischen Bundesamtes, ab 1992 aus der Tourismusstichprobe. Hier sind Ausgaben für gemeinsam gereiste Personen (Haushaltsreise) in einer Summe enthalten. Die Daten liegen getrennt für In- lands- und Auslandsreiseausgaben vor.

(2)   Daten aus der **Reiseanalyse.** Hier wird jährlich eine Gesamtzahl für die Reiseausgaben veröffentlicht. Eine Aufspaltung in Inlands- und Auslands- reisen erfolgt nicht.

(3)   In der **Zahlungsbilanz,** die von der deutschen Bundesbank erstellt wird, sind Teilbilanzen "Reiseverkehr mit dem Ausland", "sowie "Personen- beförderung" enthalten. Diese weisen auf der Ausgabenseite grundsätzlich alle Ausgaben Deutscher für Reisen ins Ausland aus,[1]

(4)   Ferner weist das Statistische Bundesamt innerhalb der **volkswirt- schaftlichen Gesamtrechnung** verschiedene Teilposten aus, die ebenfalls zur Bestimmung der Reiseverkehrsausgaben herangezogen werden könnten. Doch leider sind diese Angaben mit den zuvor genannten Daten nur begrenzt vergleichbar.

Die vorliegenden Zeitreihen für Reiseausgaben zeigen trotz der teilweise nur bruchstückhaft vorliegende Daten und der schwierigen Vergleichbarkeit der ver- schiedenen Zeitreihen untereinander einige interessante Ergebnisse (vgl. Abb. 2-20 und 1-8):

• Die Reiseausgaben der Bundesrepublik sind nominell fast durchwegs gestiegen, allerdings nicht real.

• Die preisbereinigten Reiseausgaben - auch die nominellen - weisen im Vergleich zur gesamtwirtschaftlichen Entwicklung weitaus ausgeprägtere Schwankungen auf.

---

1   Vgl. zur Problematik der Zahlungsbilanz genauer FREYER 1986a: 81f und Abschnitt 6.2.4

• In den Jahren 1970 - 1980 sind die Reiseausgaben überproportional zum Einkommen und zum gesamten privaten Konsum angestiegen. Doch ab 1980 ist ein auffallender Rückgang der - preisbereinigten - Reiseausgaben festzustellen.
• Die Bundesdeutschen geben für ihre Urlaubsreise ca. 1300 DM aus, das entspricht
    - ca. 2/3 eines Monats-Nettogehalts,
    - ca. 3,7 % des gesamten privaten Konsums (gesamtwirtschaftlich),
    - ca. 1/3 des gesamten Freizeitkonsums.

Die Reiseausgaben verteilen sich sehr unterschiedlich je nach Reiseziel und -form (nach REISEANALYSE). Während für einen Inlandsurlaub kaum mehr als 1.000 DM ausgegeben werden, betragen die Ausgaben für Auslandsreisen knapp 2.000 DM, für außereuropäische Reisen gar um 4.000 DM (vgl. Abb. 2-19):

	Gesamt 1991	ABL 1991	NBL 1991	BRD 1989	BRD 1985
	in DM	in DM	in DM	in DM	in DM
Alle Reisenden	1.318	1.468	787	1.321	1.128
Individualreisende	1.191	*	*	1.048	1.022
Pauschalreisende	1.926	*	*	1.773	1.666
Inlandsreisende	905	929	659	926	843
Auslandsreisende	1.717	*	*	1.497	1.228
Außereuropa-Reisende	3.984	*	*	3.903	3.620

* keine Angaben

Abb. 2-19 Reiseausgaben nach Reiseziel und -form
(Quelle: REISEANALYSE 1985, 1989, 1991)

Diese verschiedenen Zahlen zu den Reiseausgaben sind recht verwirrend, denn in der öffentlichen Diskussion weiß man oft nicht, auf welche dieser Zahlen zurückgegriffen wird. Aber als **Fazit** bleibt festzustellen, daß die Reiseausgaben seit einigen Jahren real stagnieren. Zwar zeigen sich teilweise noch **nominelle** Zuwächse, aber unter Berücksichtigung der Einkommenszuwächse, der Inflation, des gestiegenen Gesamtkonsums sind bei den Ausgaben für Urlaubsreisen keine Steigerungen mehr vorhanden.

2.4.7 Zusammenfassung: Deutschland als Reiseland

In Abb. 2-21 sind nochmals verschiedene Kennziffern für das Reiseverhalten der Deutschen zusammengestellt, wie sie sich aufgrund der letzten REISEANALYSE des Studienkreises für Tourismus 1993 ergeben haben. Sie können als gute Basis für Vergleiche mit zukünftigen Untersuchungen dienen.

RA 90 n = 4,533	Durchschnittl. Reiseausgabe pro Person in DM	Durchschnittl. Reisedauer in Tagen	Tagesausgaben insgsamt pro Person in DM
1973	707,58	13,1	39,09
1976	758,13	17,9	42,35
1977	815,04	18,8	43,35
1978	914,44	18,3	49,95
1979	991,10	18,4	53,85
1980	1.124,19	18,2	61,63
1981	1.149,00	17,2	66,69
1982	1.085,00	17,4	62,36
1983	1.116,00	17,4	64,14
1984	1.259,00	17,5	71,94
1985	1.228,00	17,3	70,98
1986	1.331,00	17,2	77,38
1987	1.350,00	17,0	79,47
1988	1.320,00	17,5	75,43
1989	1.325,00	17,2	76,80
1990 ABL	1.370,00	17,3	79,19
1990 NBL	521,00	12,6	41,35

Abb. 2-20 Entwicklung der Reiseausgaben in Abhängigkeit von der durchschnittlichen
Reisedauer von 1975 - 1990
(Quelle: Studienkreis 1991, Sonderbefragung)

2.5 Das Reiseverhalten der Europäer

Im Hinblick auf den Gemeinsamen Binnenmarkt in der EG ab Anfang 1993
interessiert die deutsche Tourismuswirtschaft auch vermehrt das Reiseverhalten der
Europäer. Bisher war man weitgehend auf die länderspezifischen Untersuchungen
angewiesen, die sich von Land zu Land hinsichtlich der Erhebungsmethode,
definitorischen Abgrenzungen und statischen Verfahren deutlich unterschieden
haben. Erst gegen Ende der 80er Jahre gibt es erste Ansätze zu koordinierten
Untersuchungen (vgl. EG-KOMMISSION 1987, ETM-EUROPEAN TRAVEL MONI-
TOR 1990, STUDIENKREIS 1989b, BAT 1994). Die EG plant, die statistische Erfassung des Urlaubs- Reiseverkehrs europaweit zu vereinheitlichen. Eine Pilot-
erhebung war für das Jahr 1990 geplant, hat sich aber zwischenzeitlich um einige
Jahre verschoben.

(1) Das Reiseverhalten

Eine der ersten ausführlichen Studien über das europäische Urlaubsreiseverhalten
stammte von der EG-Kommission für das Jahr 1986, die damals nur wenig Aufmerksamkeit erhalten hatte.

Reiseindikator RA 91/92	Gesamt	ABL	NBL
Reiseintensität 1992			
- in % (der Bevölkerung ü. 14 Jh.)	71,1	70,8	72,2
- absolut (in Mio. Reisende)	44,7	35,1	9,6
Reiseziele 1992			
- Inland (in % aller Reisenden)	34,4	31,5	55,3
- Ausland (in %) aller Reisenden	65,6	68,5	54,7
Verkehrsmittel 1992 (in % aller Reisenden)			
- PKW	54,7	53,1	59,2
- Flugzeug	26,2	30,3	11,2
- Bus	10,5	8,2	19,1
- Bahn	7,2	7,0	7,9
- Sonstige	1,3	1,4	1,2
Urlaubsunterkunft 1992 (in %, Auswahl)			
- Hotel	31,6	33,4	24,9
- Pension	17,9	18,5	16,0
- Ferienwohnung	18,3	18,0	19,6
- bei Verwandten	11,1	9,2	17,7
- Privatzimmer	7,9	7,3	10,3
- Camping /Caravaning	8,7	9,4	6,1
- Bauernhof	1,6	1,3	2,9
Reiseorganisationsform 1992 (in %)			
- Pauschalreise	42,2	42,7	40,7
- Individualreise	57,8	57,3	59,3
Reisedauer 1992 (in %)			
- 5 Tage	2,3	1,5	5,5
- 6-8	10,8	7,7	21,8
- 9-12	13,0	10,8	21,0
- 13-15	37,0	36,6	38,7
- 16-19	6,1	6,5	4,6
- 20-22	19,5	23,2	6,3
- 23-29	6,3	7,8	0,8
- über 30 Tage	5,0	6,0	1,3
- Gesamtdurchschnitt (in Tagen)	*16,5*	*17,4*	*12,7*
Reisebegleitung 1992			
- Alleinreisende ("Singles")	24,6	25,2	22,5
- 2 Personen	38,4	39,2	35,7
- 3 Personen	23,8	22,4	29,1
- 4 Personen	10,4	10,4	10,1
- 5 Personen und mehr	2,8	2,9	2,5
Durchschnittliche Gruppengröße (Personen)	*2,3*	*2,3*	*2,3*
Reiseausgaben 1991 pro Person (in %)			
- unter 300 DM	6,3	3,7	15,2
- 300 bis 600 DM	17,2	12,9	32,4
- 600 bis 900 DM	17,3	15,8	23,0
- 900 bis 1.200 DM	14,1	14,5	12,9
- 1.200 bis 1.500 DM	9,3	10,0	6,7
- 1.500 bis 1.800 DM	9,6	11,5	3,0
- 1.800 bis 2.100 DM	7,2	8,7	2,2
- 2.100 bis 2.400 DM	3,6	4,5	0,5
- 2.400 und mehr	2,7	15,4	2,9
- keine Angaben	2,6	3,0	1,2
Durchschnittliche Ausgaben pro Person (in DM)	*1.318*	*1.468*	*787*

Abb. 2-21 Deutschland als Reiseland
(Quelle: Eigene Zusammenstellung nach STUDIENKREIS 1993: Reiseanalyse)

In den damals 12 Mitgliedsländern der EG hatten im Auftrag der EG-Kommission jeweils nationale Marktforschungsinstitute 1986 Repräsentativbefragungen bezüglich des Urlaubsreiseverhaltens durchgeführt. Für die Bundesrepublik Deutschland war das EMNID-Institut damit beauftragt worden.

Dabei zeigten sich durchaus interessante Ergebnisse über die Urlaubs-Reisegewohnheiten in den EG-Ländern, die sich zwischenzeitlich nur wenig verändert haben.

Die Europäer sind insgesamt sehr reisefreudig. Von 250 Mio. Erwachsenen (über 15 Jahren) in der EG verreisten 1986 jährlich ca. 140 Mio. (also ca. 56 %) im Urlaub. Doch nicht die Deutschen sind - bezogen auf die Reiseintensität (RI) - "Reise-Europameister" (RI = 60 %), sondern bei den Niederländern (RI = 65 %), Dänen (64 %) und Briten (61 %) reist ein noch größerer Teil der Bevölkerung jährlich mindestens einmal in den Urlaub. Das Schlußlicht der Reiseintensität bilden die Portugiesen (31 %), die Iren (39 %) und die Belgier (41 %).

Der **"Durchschnitts-Reise-Europäer"** verreist überwiegend im Juli oder August, bleibt zu 2/3 im eigenen Land und verbringt den Haupturlaub nur zu 3 % außerhalb Europas. Die Hälfte der Urlauber fährt im Urlaub gerne ans Meer, die anderen zu etwa gleichen Teilen in die Berge, aufs Land und in die Städte.

70 % fahren mit dem Auto in den Urlaub, 14 % mit der Bahn und 13 % mit dem Flugzeug. Nur wenige (13 %) buchten ihre Reise über ein Reisebüro, der weitaus größte Teil (75 %) organisierte den Urlaub selbst.

In der Studie wurden auch die **Nichtreisenden** (44 %) genauer untersucht. Bei ihnen waren ökonomische Gründe für das Daheimbleiben ausschlaggebend. Nur jeder fünfte Europäer (ca. 55 Mio.) ist ein "notorischer Nicht-Reisender", d. h. er bleibt regelmäßig zu Hause.

Es gibt aber auch deutliche **Unterschiede** im Urlaubsverhalten der Europäer:

- So fahren 70 % der Griechen, 62 % der Portugiesen und der Luxemburger im Urlaub ans Meer, hingegen nur 44 % der Deutschen, 42 % der Dänen und 36 % der Holländer (zum Vergleich: Gesamtdurchschnitt Europa 52 %).
- Während im Gesamt-Durchschnitt 32 % ihren Urlaub im Ausland verbringen, sind es 94,5 % der Luxemburger, 64 % der Dänen und 60 % der Deutschen, die ihr Land gerne im Urlaub verlassen. Doch nur jeweils 7 - 8 % der Griechen, Spanier und Portugiesen fahren im Urlaub außer Landes.

Die EG-Kommission spricht in ihrer Studie von einer europäischen "Zwei-Klassen-Gesellschaft", was die Reisefreudigkeit und -möglichkeiten in der EG betrifft. Die Länder weisen einen deutlich unterschiedlichen Entwicklungsstand in bezug auf Urlaubsreisen auf:

In der ersten Gruppe ist das Urlaubsbewußtsein sehr weit ausgeprägt. Hier unternimmt mehr als die Hälfte der Bevölkerung einmal im Jahr eine Urlaubsreise, viele sogar mehrfach. Die regelmäßig Nichtreisenden haben in dieser Gruppe einen sehr geringen Anteil (unter 25 %). Zu diesen "entwickelten" Reiseländern gehören die Niederlande, Dänemark, Großbritannien, Deutschland, Frankreich, Luxemburg und Italien.

Auf der anderen Seite sind es fünf Länder, in denen nur eine Minderheit jährlich in den Urlaub fährt, davon nur sehr wenige mehrmals. Der Großteil der Nichtreisenden unternimmt niemals eine Urlaubsreise. Zu dieser Gruppe zählen Griechenland, Spanien, Belgien, Irland und Portugal.

Fazit: Obwohl in der EG die Grenzen mehr und mehr fallen, nutzen die Europäer dieser Möglichkeiten sehr unterschiedlich für ihre Urlaubsreisen. Die Nordeuropäer sind insgesamt reisefreudiger und sie drängt es in den sonnigen Süden. Die Südeuropäer bleiben eher zu Hause und machen Urlaub im eigenen Land.

Land	Nicht-Reisende			Urlaubs-Reisende		
	Nie-R.	Sst.	Ges.	ein-mal	mehr-mals	Ges.
Niederlande	16	19	35	41	25	66
Dänemark	17	19	36	40	24	64
Großbritannien	12	27	39	40	21	61
Deutschland	17	23	40	43	17	60
Frankreich	21	21	42	31	27	58
Luxemburg	23	19	42	38	20	58
Italien	19	24	43	38	19	57
Griechenland	28	26	54	36	10	46
Spanien	36	20	56	31	13	44
Belgien	36	29	59	30	11	41
Irland	34	27	61	30	9	39
Portugal	49	20	69	24	7	31
Durchschnitt EG-Länder	21	23	44	37	19	56

Abb. 2-22 Reiseverhalten der Europäer 1986 (Angaben in Prozent) (Quelle: eigene Zusammenstellung nach EG-KOMMISSION 1987)

(2) Reiseströme 1994 (nach European Travel Monitor)

Seit 1988 werden im "European Travel Monitor " (ETM) regelmäßige Erhebungen zum europäischen Reisemarkt durchgeführt. Der ETM ist das Ergebnis eines Zusammenschlusses von 10 europäischen Tourismusinstituten (aus der Bundesrepublik IPK-Institut für Planungskybernetik München) und 17 Meinungsforschungsinstituten (EMNID aus der Bundesrepublik) sowie einem Computercenter (European Travel Data Center S.A., Luxemburg), von dem seit Januar 1988 alle zwei Monate in verschiedenen europäischen Ländern bei insgesamt 35.000 repräsentativ ausgewählten Europäern Kerndaten hinsichtlich Umfang und Struktur des Reiseverhaltens erhoben werden. Wichtig bei den im ETM erhobenen Daten ist, daß - entgegen den meisten anderen Reisestatistiken in der Bundesrepublik - **alle Reisen** mit mehr als einer Übernachtung, v. a. auch **Geschäftsreisen,** mitenthalten sind.

Für 1993 ergab sich lt. ETM ein **Gesamtvolumen** an Reisen in Europa von ca. 225 Mio. Reisen mit durchschnittlich 9.6 Übernachtungen und einem Devisenumsatz von 160 Mrd. ECU (1 ECU ca. 2 DM). Von den Reisen waren 130 Mio. Urlaubsreisen und 200 Mio. Geschäftsreisen, der Rest entfällt auf andere Reisearten.

Bei den **Transportmitteln** stehen in Europa Auto und Flugzeug deutlich vor Bus, Bahn und Schiff.

Hinsichtlich der **Organisationsformen** waren ca. 60 % Individualreisen, der Rest entfällt auf Voll- und Teilpauschalreisen.

2.6 Literaturhinweise zu Kapitel 2

Zur touristischen **Motivforschung** (2.1) vgl. BRAUN 1993, HAHN/SCHADE 1969, HARTMANN 1979, REISEANALYSE, versch. Jg., als ökonomische Ansätze BÖVENTER 1989, FREYER 1997a, PÖSCHL 1973: 51ff.

Zu **Urlaubertypologien** und **Lifestyle-Typen** (2.2) im Tourismus vgl. u. a. ADAC 1989, BARG 1989, ECKERLE 1994, FINGERHUT u. a. 1973, FREYER 1995a, 1997a, HAHN 1974, ÖSTERREICH 2000, OPASCHOWSKI 1993a,b, REISEANALYSE 1990, SCHRAND 1993.

Zum **Geschäftsreiseverkehr** (2.2.3) vgl. neben den im Text erwähnten älteren Untersuchungen auch CAPITAL 1989, G+J 1990a, PROFITRAVEL 1988, REISEMONITOR 1989, SPIEGEL 1988, 1994.

Die **Nichtreisenden** (2.2.4) wurden in einer Studie von KLEIN 1989 genauer untersucht.

Zur **Reiseentscheidung** (2.3) vgl. BRAUN/LOHMANN 1989, DATZER 1983, HARTMANN 1973 und REISEANALYSE, versch. Jg., zu **Last-Minute-Reisen** vgl. G+J 1990b.

Zur Struktur der bundesdeutschen **Reisenachfrage** (2.4) vgl. BAT, versch. Jg., EMNID, versch. Jg., REISEANALYSE, versch. Jg., REISEMONITOR, versch. Jg., STATISTISCHES BUNDESAMT, versch. Jg., Urlaub+Reisen, versch. Jg.

Zum Reiseverhalten der **Europäer** vgl. EG-KOMMISSION 1987, EUROPEAN TRAVEL MONITOR 1997, STUDIENKREIS 1983, 1989b.

2.7 Fragen zu Kapitel 2

2.1 Einflußfaktoren auf die Nachfrage

(1) Benennen und erläutern Sie - mindestens - sechs Einflußfaktoren auf das Reisenachfrageverhalten (auf die touristische Nachfrage)!

2.2 Typologisierung der Tourismusnachfrage

(2) Was sind Arten und Formen des Tourismus?

(3) Erläutern Sie Unterscheidungskriterien für Urlaubsreise-Typen!

(4) Erläutern Sie einen Typ genauer.

2.3 Reiseentscheidung

(5) Wie kommt die Reiseentscheidung - nach ökonomischer Auffassung - zustande?

(6) Wann wird gebucht, wann gereist?

(7) Welche Erklärungen für die Reiseentscheidung kennen Sie?

2.4 Bundesdeutsche Reisenachfrage

(8) Erläutern Sie in bezug auf die bundesdeutsche Reisenachfrage die Begriffe und die aktuellen Werte

    (8a) Reiseintensität,
    (8b) Reisehäufigkeit,
    (8c) Reiseziele,
    (8d) Reiseverkehrsmittel,
    (8e) Organisationsform der Reise,
    (8f) Reiseausgaben,
    (8g) Mit Hilfe welcher weiteren Kriterien wird das Reiseverhalten beschrieben?

2.5 Reiseverhalten der Europäer

(9) Welches Gesamtvolumen hat die europäische Reisenachfrage?

(10) Wie reist der "Durchschnitts-Reise-Europäer"?

(11) Sind die Deutschen "Reise-Europameister"?

(12) Welche europäischen Reiseuntersuchungen kennen Sie?

Teil 3
Das Tourismusangebot

3.0 Vorbemerkung

Erst durch die Entwicklung einer eigenen und umfangreichen "Tourismusindustrie" ist der heutige massenhafte Tourismus ermöglicht worden. In diesem Teil werden die verschiedenen Formen und Varianten des touristischen Angebotes und der entsprechenden großen und kleinen "Produzenten" dargestellt.

Abschnitt 3.1 betrachtet die **allgemeinen Einflußfaktoren** auf das touristische Angebot. Diese Ausführungen erfolgen weitgehend parallel zu den entsprechenden Einflußbereichen auf die **Tourismusnachfrage** (vgl. Teil 2.1). Größte Bedeutung kommt bei der gesamtgesellschaftlichen Betrachtung "des" Tourismus der Bestimmung des **(Wirtschafts-)Sektors Tourismus** zu. In Abschnitt 3.2 wird eine Abgrenzung des Fremdenverkehrssektors sowie der Tourismusleistung (des "Produktes") versucht, als deren Ergebnis sich drei große Bereiche der Tourismusindustrie ergeben:

- die **"typische"** Tourismusindustrie (oder Tourismusindustrie im engeren Sinne, i.e.S.),
- die **ergänzende** Tourismusindustrie,
- die touristische **Randindustrie**.

Die nachfolgenden Teile 3.3 bis 3.7 beschäftigen sich genauer mit den wichtigsten Anbietern der Tourismuswirtschaft (i.e.S.), mit den Beherbergungsunternehmen (3.3), Transportunternehmen (3.4), Reiseveranstaltern (3.5), Reisemittlern (3.6) und den Fremdenverkehrsorten (3.7).

Dabei wird jeweils das **Tourismusprodukt**, die **Struktur** und **Besonderheiten** dieser Tourismusanbieter herausgestellt.

Als **Ergänzung** zu den hier behandelten Tourismus**anbietern** sind einige Abschnitte des nachfolgenden Kapitels (über **Tourismusmärkte** und touristisches **Marketing**) zu sehen. Dort werden als Zusammenschau der Kapitel 2 und 3 einige ausgewählte Tourismusmärkte hinsichtlich des Marktvolumens und der Marktstruktur (v. a. in 4.3) beleuchtet und es erfolgt eine allgemeine Darstellung zum Marketing-Management für Tourismusbetriebe.

3.1 Einflußfaktoren auf das touristische Angebot

3.1.0 Vorbemerkung

Analog zur Behandlung der Einflußfaktoren auf die touristische Nachfrage können auch hinsichtlich des touristischen Angebotes unterschiedliche Einflußbereiche aufgezeigt werden. Da die Ausführungen zu den Einflußfaktoren auf das touristische Angebot mit denen aus dem Nachfragekapitel teilweise identisch sind, wird deren Erörterung entsprechend kürzer ausfallen. (vgl. Abb. 3-1)

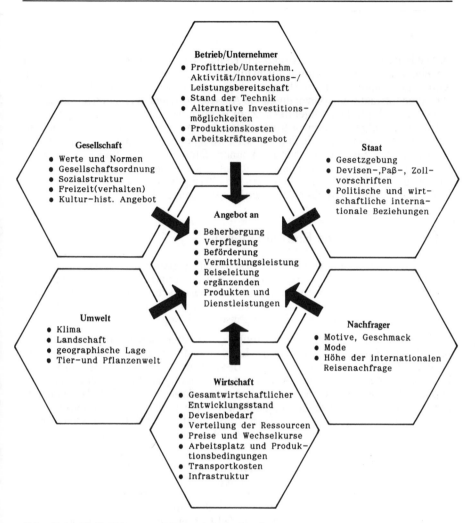

Abb. 3-1 Einflußfaktoren auf das touristische Angebot

3.1.1 Gesellschaftliche Einflüsse

Auch das touristische Angebot hängt ebenso wie die touristische Nachfrage von den allgemeinen gesellschaftlichen Normen, von Wertvorstellungen, Kultur, Tradition und Politik ab. Sie wird durch die Gesellschaftsordnung, die Sozialstruktur und das Arbeits- und Freizeitverhalten des (touristischen) Angebotslandes (mit-)geprägt. Freizeitorientierte Gesellschaften stehen touristischen Angeboten aufgeschlossener gegenüber als stark traditionell ausgerichtete und relativ abgeschlossene Gesellschaften. Aus gesellschaftskritischer Sicht kann hier ebenfalls mit den kapitalistischen Produktionsbedingungen argumentiert werden. Nach dieser Auffassung sind primär die Kapitalinteressen für die Schaffung touristischer Angebote verantwortlich.

3.1.2 Umwelteinflüsse

Die bedeutendsten Einflußfaktoren auf Höhe, Struktur und Art des touristischen Angebots sind Umweltfaktoren, die natürlichen Gegebenheiten des Gastlandes wie Klima, geographische Lage (Berge, Seen), Landschaft, Tier- und Pflanzenwelt. Die Angebotsfaktoren können durch die Anbieter größtenteils nicht beeinflußt werden (**"ursprüngliches Angebot"**). Zum Bereich der Umweltfaktoren zählt auch teilweise die allgemeine Infrastrukturentwicklung (verkehrsmäßige Erschließung und Versorgung mit Energie und Wasser), wobei diese aber auch den wirtschaftlichen Faktoren zugerechnet werden können. Diese Faktoren sind Grundvoraussetzungen für eine touristische Entwicklung, sie können im Gegensatz zu den natürlichen Faktoren von den Anbietern mittelfristig beeinflußt und entwickelt werden (**"abgeleitete Angebotsfaktoren"**, vgl. genauer Teil 3.7.1).

3.1.3 Wirtschaftliche Einflußfaktoren

Fremdenverkehr ist ein wesentlicher Bestandteil der nationalen Ökonomie und des internationalen Handels. Entsprechend haben auch nationale und internationale Entwicklungen bedeutenden Einfluß auf das touristische Angebot, z. B. die konjunkturelle Großwetterlage, Einkommensänderungen im Reise- oder Heimatland, Wechselkursveränderungen und die Ölpreisentwicklung.

Wesentlich mitbestimmt ist das touristische Angebot vom allgemeinen wirtschaftlichen Entwicklungsstand im Land und der Weltwirtschaft. Besonders bedeutend ist für viele Reiseländer der **Devisenbedarf**, was oftmals zu forcierter Entwicklung des touristischen Angebots führt. Wichtig ist die Verteilung und Ausnutzung der vorhandenen Ressourcen an Arbeitskraft und Kapital: Tourismus ist oftmals bedeutender Entwicklungsfaktor für die ökonomische Situation eines Landes, wobei der Einsatz von Arbeitskräften und Kapital im Tourismusbereich als produktiver als in anderen Bereichen der Wirtschaft angesehen wird.

Zudem kommt als wesentlicher Entwicklungsfaktor für das touristische Angebot die vorhandene und mögliche Entwicklung der **Infrastruktur** des jeweiligen Landes: die Erschließung des Landes durch Transportmittel, vor allem für Flug- und Straßenverkehr, sowie die Versorgung mit Energie und Wasser, sind meist notwendige Voraussetzungen für das touristische Angebot. Ferner sind bereits vorhandene **andere Fremdenverkehrseinrichtungen** von großer Bedeutung.

3.1.4 Nachfrager

Analog zur Bedeutung der Anbieter für die Nachfrage spielen für das touristische Angebot die Nachfrager eine zentrale Rolle: Ihre Reisewünsche (nach Kultur, Landschaft und die jeweilige Mode und Möglichkeit in bestimmte Länder zu reisen) sowie Umfang, Art und Herkunft der Reisenden prägen auch die Angebotsstruktur ganz wesentlich: so ist beispielsweise das touristische Angebot auf Mallorca primär auf eine hohe Reisenachfrage aus Deutschland ausgerichtet, wohingegen das mexikanische touristische Angebot primär auf US-amerikanische Touristen abgestimmt ist. Das Interesse an "klassischen Rundfahrten" in Ägypten bedingt ein andersartiges Tourismusangebot als das Urlaubsinteresse auf Ibiza.

3.1.5 Staatliche Einflüsse

Bedeutend für Entwicklung und Struktur des touristischen Angebots eines Landes ist die staatliche Förderung und Beeinflussung des Angebots: von allgemeinen Bestimmungsgründen der Freizügigkeit, Paß- und Zollvorschriften, über die internationalen politischen und wirtschaftlichen Beziehungen zu anderen Ländern bis zur allgemeinen Wirtschaftspolitik und zu speziellen Maßnahmen der Fremdenverkehrsförderung usw.

3.1.6 Unternehmerische/Betriebliche Einflüsse

Bleibt als letzter Punkt die unternehmerische Aktivität eines Landes oder einer Region, die eine bedeutende Voraussetzung für die Entwicklung des Tourismus ist: Vor dem Hintergrund der allgemeinen Entwicklungsmöglichkeiten, die durch Ressourcenverteilung, staatliche Unterstützung sowie allgemeine lokale Gegebenheiten und wirtschaftliches Umfeld geprägt sind, bleibt es letztlich der individuellen unternehmerischen Aktivität überlassen, in welchem Ausmaß und in welcher Form das touristische Angebot eines Landes entsteht.

Eigene unternehmerische Fähigkeiten, Stand der Technik, sowie Profitabilität und alternative Investitionsmöglichkeiten bestimmen das touristische Angebot aus Sicht des jeweiligen Betriebes. Für die unternehmerischen Entscheidungen sind vor allem **betriebliche Kennziffern** von zentraler Bedeutung. **Gewinnerwartung** auf der einen Seite sowie **Kostenelemente** (wie Personal-, Kredit-, Investitionskosten, Steuerbelastung) und Angebote an Produktionsfaktoren (hinsichtlich Qualität und Verfügbarkeit) auf der anderen sind die wesentlichen unternehmerischen Überlegungen. Vorhandene Produktionsfaktoren bedeuten z. B.

- Boden für Hotel(neu)bau, aber auch allgemein "Natur" als touristische Attraktivität,
- qualitative Arbeitskräfte für Managementaufgaben im Fremdenverkehr,
- Kapital für Investitionen (v.a. öffentliche Zuschüsse),
- Technik, um international konkurrenzfähig zu sein.

3.2 Die Struktur des Angebots: Produkt und Produzenten

3.2.0 Vorbemerkung

Ähnlich wie es bei den touristischen Nachfragern nicht einen einheitlichen Nachfragetyp gegeben hat, ist auch das touristische Angebot sehr vielfältig: es reicht vom Angebot an Pauschalreisen der Reiseveranstalter über die Vermittlungsleistung der Reisebüros, über die Leistung der Reiseleiter oder Sportlehrer bis zur Produktion von Souvenirs der Souvenirindustrie oder der Dienstleistung des Hotelfriseurs.

Der Bereich der touristischen Anbieter, die sogenannte Tourismusindustrie, sowie die angebotenen touristischen Produkte bzw. Leistungen werden im folgenden genauer untersucht.

Zu den üblicherweise der Anbieterseite des Fremdenverkehrssektors zugerechneten Betrieben zählen Hotels, Reisebüros und -veranstalter, Verkehrsträger, Fremdenverkehrsgemeinden und -verbände. Dieser Bereich wird als die eigentliche Tourismusindustrie oder Tourismusindustrie im engeren Sinne bezeichnet. Daneben wird im Teil 3.2.1 auf zwei weitere Bereiche, die ergänzende und die touristische Randindustrie hingewiesen, die oftmals bei Fremdenverkehrsuntersuchungen weniger Beachtung finden, in denen aber ebenfalls viele Betriebe am Fremdenverkehr teilhaben. - Dieser Teil ist für das Gesamtverständnis des Fremdenverkehrsbereiches in der Gesamtwirtschaft von zentraler Bedeutung, wenn auch die Darstellung und die verschiedenen Abgrenzungen nicht immer einfach erscheinen mögen.

Abschnitt 3.2.2 setzt sich genauer mit den touristischen Produkten oder der Fremdenverkehrsleistung auseinander. Hier werden einige Eigenschaften beleuchtet, die in der ökonomischen Diskussion gelegentlich eine Rolle spielen. Insgesamt ist Abschnitt 3.2.2 aber recht wissenschaftlich-definitorisch und eher zur Vertiefung gedacht.

3.2.1 Die Tourismuswirtschaft und ihre Produzenten

Die Gesamtheit der für die Erstellung von Fremdenverkehrsleistungen notwendigen oder betroffenen Bereiche stellt die **Tourismusindustrie** dar. Tourismusindustrie ist eigentlich ein irreführender Ausdruck, denn erstens ist Tourismus kein Industrieprodukt, sondern vor allem eine Dienstleistung und zweitens stellt die Tourismusindustrie keinen einheitlichen Industriezweig dar, sondern setzt sich aus Teilbereichen anderer Industriezweige zusammen. Entsprechend bereitet auch die Abgrenzung von Fremdenverkehrsbetrieben sowie der Tourismusindustrie oder des Wirtschaftssektors Fremdenverkehr Schwierigkeiten.

Eine **volkswirtschaftliche Abgrenzung** des "Wirtschaftssektors Tourismus" oder der "Tourismusindustrie" existiert nicht und ist auch nicht unproblematisch. Die verschiedenen Definitionsversuche der **Betriebswirtschaftslehre**[1] lassen zwar - je nach Standpunkt - eine einigermaßen präzise Abgrenzung der sogenannten **Fremdenverkehrsbetriebe** zu, doch eine branchenspezifische Aggregation der Fremdenverkehrsbetriebe ist nur begrenzt möglich, da viele Fremdenverkehrsbetriebe verschiedenen Branchen zuzurechnen sind. Die Bestimmung von touristischen Betrieben bzw. eines Tourismussektors erfolgt nach drei unterschiedlichen Kriterien:

- Art der Leistungserstellung
- Art der Nachfrage
- Intensität des Absatzes

(1) Art der Leistungserstellung (betriebswirtschaftlich: Produkt, volkswirtschaftlich: Entstehungsseite des BSPs):

Die grundsätzliche Abgrenzung der Fremdenverkehrsbetriebe von anderen Betrieben in der Gesellschaft erfolgt nach dem Kriterium der Leistungserstellung. Hier werden alle Betriebe, die das gleiche Produkt erstellen, zu einer Gruppe von Betrieben zusammengefaßt. Diese auf den ersten Blick recht einleuchtende Unter

---

[1] Vgl. dazu vor allem die betriebswirtschaftliche Abgrenzungsdiskussion in verschiedenen Heften des Jahrbuchs für Fremdenverkehr: WALTERSPIEL 1956, HUNZIKER 1952, JOSCHKE 1953.

teilung beinhaltet bei Fremdenverkehrsbetrieben eine Reihe von Problemen, wenn man ins Detail geht. Das Hauptproblem hierbei ist, daß keine Einigkeit darüber besteht, was das Fremdenverkehrsprodukt bzw. die Fremdenverkehrsleistung darstellt (vgl. dazu genauer 3.2.2).

In der Regel geht man bei der Bestimmung der Fremdenverkehrsleistung von einer sehr weiten Fassung des Begriffes aus: Touristische Leistungen sind nach dieser Auffassung alle mit dem in- oder ausländischen Reiseverkehr zusammenhängenden Produktions- und Dienstleistungen. Demnach zählen zum Tourismussektor alle Betriebe, die Leistungen erbringen, die mit dem in- oder ausländischem Reiseverkehr zusammenhängen. Unproblematisch sind hierbei alle Leistungen, die direkt mit der Reise zu tun haben, also Transportleistungen, Übernachtung, Verpflegung, Reiseorganisation und -vermittlung, Werbung; problematisch sind eine Reihe von Randbereichen, die nur gelegentlich mit dem Reiseverkehr in Zusammenhang stehen. Hierzu zählen vor allem Teile der Lederwaren- und Buchindustrie, des Banken - und Versicherungswesens. Diese Betriebe sind üblicherweise nicht mit Leistungserstellungen für den Fremdenverkehr beschäftigt, können aber in speziellen Fällen durchaus mit dem Reiseverkehr zusammenhängende Dienstleistungen und Produkte erstellen. Folglich greift man bei der Bestimmung von Fremdenverkehrsbetrieben auf weitere Kriterien zurück.

Fremdenverkehrs-betrieb	Art der Leistungs-erstellung (FVL) (angebotsseitig)	Nachfrager[1] (nachfrageseitig)	Absatz-intensität in %
Hotel	typische FVL	Fremde Touristen	100%
Reisebüro	typische FVL	Einheimische Touristen	100%
Lufthansa	typische FVL	Urlaubsreisende	29%
		Geschäftsreisende	52%
		Besuchsreisende	19%
Buchverlag	typische FVL	Touristen und Nicht-Touristen	5-100%
	untypische FVL	Nicht-Touristen	0%[2]
Bäcker	untypische FVL	Fremde und Ein-heimische	0-100%

Abb. 3-2 Beispiele für Fremdenverkehrsbetriebe (unterteilt nach den drei Abgrenzungskriterien)

(**2**) Art und Abhängigkeit von der **Nachfrage** (in betriebswirtschaftlicher Betrachtung "Absatz", in volkswirtschaftlicher "Konsum"):

Grenzt man die Tourismuswirtschaft nach Art der Nachfrage(r) ab, so zählen zum Tourismussektor alle Bereiche, in denen **Touristen** (im Sinne von "Ortsfremden") nachfragen: "Eine Unternehmung wird unter dem Gesichtspunkt des Marketing in

---

[1] Hier wird in der Regel zwischen Touristen und Nicht-Touristen, im Sinne von Reisenden und Nichtreisenden, sowie zwischen Ortsansässigen und Nicht-Ansässigen ("Fremden") unterschieden. Beim Beispiel Lufthansa werden verschiedene Touristenarten unterschieden.

[2] Bezogen auf den touristischen Absatz

Bedeutung des Tourismus für ausgewählte Bereiche des verarbeitenden Gewerbes

— Schätzung —

Leit-ziffer [1]	Wirtschaftsbereich	Beschäftigte [2] 1973	Inlands-umsatz [2] 1973 in Millionen DM	wirtschaftliches Gewicht des Tourismus x bis 5 % xx bis 20 % xxx bis 50 % xxxx über 50 %	Touris-musab-hängige Beschäf-tigte — Schätzwerte —	Touris-musab-hängiger Umsatz in %
205	Mineralölverarbeitung ...	36 850	25 530	xx	5 000	15
244	Straßenfahrzeugbau	625 750	29 655	xx	120 000	20
246	Schiffbau einschließlich Boots- und Jachtbau	72 050	2 357	x	5 000	3
248	Luftfahrzeugbau	40 860	2 155	xx	10 000	20
252/254	Feinmechanik und Optik, Uhrenindustrie	157 110	4 623	xxx	30 000	23
258	Musikinstrumente, Sport-geräte, Spiel- und Schmuckwaren	54 840	2 004	xx	10 000	20
268	Druckerei und Verviel-fältigung	219 060	11 541	xx	10 000	6
272	Schuhindustrie	69 920	3 055	x	3 000	5
276	Bekleidungsgewerbe	359 740	15 657	xx	30 000	7
28/29	Nahrungs- und Genuß-mittelindustrie	504 800	82 333	xx	30 000	7
3	Bauhauptgewerbe	1 508 100	77 339	xx	100 000 [3])	7
	zusammen ...	3 757 000			353 000	

[1]) Leitziffer identisch mit „Systematik der Wirtschaftszweige", Statistisches Bundesamt, Wiesbaden 1961
[2]) Statistisches Bundesamt
[3]) einschließlich Ausbaugewerbe

Abb. 3-3   Die Tourismusabhängigkeit ausgewählter Wirtschaftssektoren (aus: BUNDESTAG 1975 : 27f)[1]

dem Moment zur Fremdenverkehrsunternehmung, da sie einen Touristen bedient und damit gewisse direkte Einflußmöglichkeiten auf die touristische Bedürfnis-befriedigung gegeben sind." (KRIPPENDORF 1971: 35).

Hierbei werden die oben angedeuteten Probleme noch deutlicher: Diese Einteilung ist nicht immer sehr eindeutig, da der Absatz der verschiedenen Betriebe oftmals sowohl an Fremde als auch an Einheimische gerichtet ist. Touristen fragen neben der typischen Reiseleistung eine Reihe von "untypischen" touristischen Gütern und Dienstleistungen nach. Solche Produkte werden in der Regel auch von Einheimischen, Ortsansässigen nachgefragt: Lebensmittel, Friseurleistungen, usw. Folglich sieht man sich gezwungen, ein weiteres Hilfskriterium zur Einteilung der touristischen Betriebe und eines Wirtschaftssektors Fremdenverkehr mitheranzu-ziehen: die Intensität des Absatzes.

---

1   Eine Aktualisierung dieser sektoralen Tourismusabhängigkeiten wurde in der Fortschreibung der tourismuspolitischen Leitlinien von 1994 nicht vorgenommen (vgl. BMWi 1994), folglich wird nach wie vor auf die Darstellung von 1975 zurückgegriffen, in der die wirtschaftliche Gewichtung des Tourismus nach wie vor aktuell ist. Lediglich die absoluten Umsatz- und Beschäftigungsgrößen haben sich verändert.

Bedeutung des Tourismus für ausgewählte Bereiche des Dienstleistungssektors
— Schätzung —

Leit-ziffer	Wirtschaftsbereich	Beschäftigte 1970	Umsatz 1972 in Millionen DM	wirtschaftliches Gewicht des Tourismus x bis 5 % xx bis 20 % xxx bis 50 % xxxx über 50 %	Tourismusabhängige Beschäftigte	Tourismusabhängiger Umsatz in %
					— Schätzwerte —	
4	Großhandel, Handelsvermittlung, Einzelhandel ..	3 700 000	581 985	x	200 000	*3 bis 5*
500/507	Eisenbahnen und Deutsche Bundespost	870 000	12 906	xx	100 000	*10 bis 15*
	Deutsche Bundesbahn	(402 000)	(12 323)			
	Deutsche Bundespost	(456 000)				
	Sonstige Eisenbahnen ...	(12 000)	(581)			
501	Straßenverkehr	310 000	17 219	x	15 000	*1*
502	Binnenschiffahrt	25 000	2 690	x	1 500	*1*
503	See- und Küstenschiffahrt	67 000	1 312	x	2 000	*1*
504	Luftfahrt, Flugplätze	26 000	2 749	xxxx	21 000	*80*
5096	Reiseveranstaltung, Reisevermittlung	19 000	559	xxxx	19 000	*100*
60	Kredit- und sonstiges Finanzierungsgewerbe ⁴) .	427 000	6 773	x	10 000	*4*
61	Versicherungsgesellschaften ⁴)	232 000	860	x	10 000	*5*
700	Gaststätten- und Beherbergungsgewerbe	721 000	27 716	xxx	250 000	*35*
707	Kunst, Theater, Film, Rundfunk, Fernsehen	67 000	2 546	x	7 000	*5*
708	Verlags- und Pressewesen	98 000	10 490	x	8 000	*5*
713	Architekten und Ing.-Büros u. a.	185 000	9 470	x	5 000	*2*
714	Wirtschaftswerbung	48 000	6 872	xx	5 000	*10*
718	Sonstige Dienstleistungen	138 000	10 020	xx	15 000	*10*
7181	Schausteller	(7 000)	(269)			
7187	Fotografisches Gewerbe ..	(16 000)	(637)			
	zusammen ...	6 933 000			668 000	

⁴) ohne steuerfreie Umsätze nach § 4 VStG Ziffern 8 und 9

Abb. 3-3 (Fortsetzung)

(3) Intensität des Absatzes:

Eine Abgrenzung nach Intensität des Absatzes schließt unmittelbar an die zuvor genannte Gruppe an: bedeutsam ist neben der Zielgruppe, an die das Produkt gerichtet ist, (zusätzlich) das Ausmaß, die Intensität, der Abhängigkeit eines Betriebes oder Sektors von der touristischen Nachfrage. Fremdenverkehrsbetriebe und damit Teile des Wirtschaftssektors Tourismus, kann nach dieser - nicht unumstrittenen - Auffassung "jeder Betrieb sein, der an ortsanwesende Fremde absetzt", er wird aber erst dann als touristischer Betrieb angesehen, wenn "der Absatz an diese Fremde ... deutliche betriebsstrukturelle Wirkungen zeigt" (WALTERSPIEL

1957: 45). Hier wird also nach Intensität des Absatzes abgegrenzt. Doch wann ist der betriebliche Absatz oder - volkswirtschaftlich argumentiert - der entsprechende Sektor "deutlich oder intensiv" tourismusabhängig? Für die betriebliche Abgrenzung wird ein Betrieb dann als Fremdenverkehrsbetrieb angesehen, wenn sein Absatz zu mehr als 50 % tourismusbedingt ist. Nicht als Fremdenverkehrsbetrieb anzusehen sind Betriebe, deren Absatz zu weniger als 20 oder 30 % tourismusbedingt ist. Kritisch ist die Einordnung all jener Betriebe, deren Absatzzahlen in bezug auf den Tourismus mehr als 20 - 30 %, aber weniger als 50 - 60 % beträgt.

Doch für eine **volkswirtschaftliche** Bestimmung eines Tourismussektors ist eine solche Abgrenzung nach der Absatzintensität schwierig zu erfassen und bestenfalls schätzungsweise möglich. Nur wenige in der Volkswirtschaftlichen Gesamtrechnung ausgewiesenen Wirtschaftsbereiche sind mehr als 10 oder 20 % tourismusabhängig (vgl. Abb. 3-3), trotzdem sind solche Bereiche gesamtwirtschaftlich als touristische Randindustrie mitzuerfassen.

Ergebnis: Drei Bereiche der Tourismuswirtschaft

Als **Ergebnis** dieser verschiedenartigen Abgrenzungsversuche kristallisieren sich insbesondere drei große Bereiche der tourismusabhängigen Leistungserstellung heraus. Sie sind - strenggenommen - Mischformen, die sich aus den vorher genannten Abgrenzungskriterien Art der Leistungserstellung, Nachfragern und Absatzintensität ergeben[1].

(1) Die "typische Tourismuswirtschaft"

Der erste Bereich ist die **typische** Tourismuswirtschaft oder Tourismuswirtschaft **im engeren Sinne** (i.e.S.). Dieser Bereich ist auch normalerweise ziemlich unbestritten dem Fremdenverkehrsbereich zuzurechnen, wenn auch mit unterschiedlichen Anteilen für Inlands-, Auslands-, Nah-, Fern-, Tagungs-, Kongreß-, Urlaubs-, Geschäftstourismus oder Tagesausflugverkehr. Er umfaßt all jene Betriebe, die typische Fremdenverkehrsleistungen erbringen, also Leistungen, die in direktem Zusammenhang mit dem Fremdenverkehr und der Reise stehen. Die Leistung dieser Betriebe wird fast ausschließlich für Reisende erstellt; nur in Ausnahmefällen profitieren auch Nicht-Reisende von diesen Betrieben. Nachfrager sind zum überwiegenden Teil die Reisenden selbst, zum geringen Teil auch andere Anbieter der Tourismusindustrie i.e.S.

Im Bereich der Leistungsträger Transport ist diese betriebliche Zuordnung nicht unproblematisch, denn hier ist die Absatzintensität verschiedener Leistungsträger, beispielsweise der Bahn oder der Linienflug-Anbieter, unterschiedlich hoch, je nachdem, ob man ausschließlich Vergnügungsreisende, Geschäftsreisende oder alle Reisende hinzuzählt. In einer weit gefaßten Abgrenzung des Reiseverkehrs sind diese Bereiche zu 100 % dem Fremdenverkehrsbereich zuzurechnen. Bei einer enger gefaßten Abgrenzung, die beispielsweise nur Urlaubsreisende berücksichtigt und vor allem den Nah- und Berufsverkehr ausgrenzt, sind nur geringere Anteile dieser Leistungsträger der Fremdenverkehrswirtschaft zuzurechnen (vgl. Abb. 3-4).

---

1   Begrifflich werden die Bereiche sehr unterschiedlich bezeichnet bzw. abgegrenzt: als additativspezifisch (JOSCHKE 1953), mittelbar-unmittelbar (HUNZIKER/KRAPF 1942), Absatz an Fremde (Walterspiel 1956), vorbereitende/erfüllende/ergänzende Fremdenverkehrsaufgaben (THOMS 1952: 73).

Tourismuswirtschaft im engeren Sinn Typische Tourismusbetriebe		Ergänzende Tourismuswirtschaft Tourismusspezialisierte Betriebe		Touristische Randindustrie Tourismusabhängige Betriebe	
Wirtschaftsbereich	**Tourismusleistung**	**Wirtschaftsbereich**	**Tourismusleistung**	**Wirtschaftsbereich**	**Tourismusleistung**
Beherbergung	Beherbergungsleistung	**Produktion**		**Produktion**	
Reiseveranstalter	Pauschalreise	Souvenirindustrie,	Souvenirs	Sportartikelindustrie	Sportartikel
Reisemittler	Vermittlungsleistung	Reiseausrüster (Lederwaren, Campingind.)	Reiseausrüstung, Koffer, Campingartikel	Bekleidungsindustrie	Bekleidung
Bäderwesen	Kuraufenthalte	Fahrzeugbau	Schiffe, Autos, Flugzeuge, Fahrräder,	Fotoindustrie	Fotoartikel
Fremdenverkehrsämter, -verbände u. -organis.	Vermittlung-, Beratungs- u. Werbeleistung	Buch- u. Zeitschriftenverlage	Reiseführer, -zeitschriften, Landkarten	Kosmetikindustrie	Kosmetika, Sonnenschutzm.
Fremdenverkehrs-gemeinden und -gebiete	Touristische Infrastruktur, "Attraktionen"	Arzneimittelindustrie	Reiseapotheke	Arzneimittelindustrie	Arzneimittel
Verkehr	Beförderungsleistung			Elektroindustrie	Radios, Uhren
- Straße	- per Bus, Auto	**Dienstleistung**		Bäcker	Backwaren
- Schiene	- per Bahn	Animateure, Fremdenführer, Reiseleiter	Reiseleitung, -betreuung		
- Luft	- per Flugzeug	Journalisten	Reisebericht, -informat.	**Dienstleistung**	
- Wasser	- per Schiff	Kreditinstitute	Geldwechsel, Reiseschecks	Gastronomie	Verpflegungsleistung
Kongreß- u. Tagungswesen	Kongreß- u. Tagungsorganisat.	Kreditkartenorg.	Kreditkarten, Reiseservice	Sportlehrer	Sportdienstleistungen
Messen u. Ausstellungen	Messe- und Ausstellungsorganisation	Versicherungsuntern.	Reiseversicherungen	Friseure	Haarpflege
		Verleihfirmen	Verleih von Autos, Fahrrädern etc.	KFZ-Betriebe	KFZ-Reparatur
		Automobilclubs	Beratung, Straßendienst	Tankstellen,	Tankstellen,
		Ausbildungsstätten	Tourismusausbildung	Automobilclubs	Service, Beratung
		Marktforschungsinst.	Marktforschung Tourismus	Bergbahnen, Skilifte	Beförderungsleistungen
		Behörden, Verwaltung, Regierung, Ministerien, Botschaften, Auslandsvertretung.	Verwaltung Tourismusbetr. Tourismuspolitik Touristenbetreuung	Spielbanken	Glücksspiele, Unterhaltung
				Kulturanbietet	Kulturangebot
				Ärzte	Gesundheitsleistung
				Masseure	Massage
Typische Tourismusbetriebe bieten typische Tourismusleistungen an, die ausschließlich von Touristen/Reisenden nachgefragt werden		Untypische Tourismusbetriebe haben sich mit typischen Tourismusleistungen auf Touristen/Reisende als Zielgruppe spezialisiert.		Untypische Tourismusbetriebe haben sich mit **un**typischen Tourismusleistungen auf Touristen/ Reisende als Zielgruppe spezialisiert.	

Abb. 3-4   Die Tourismuswirtschaft

(2) Ergänzende Tourismuswirtschaft

Die zweite Gruppe von Reiseverkehrsbetrieben wird als **ergänzende Tourismuswirtschaft** bezeichnet. Es handelt sich hier fast ausschließlich um Betriebe, die in ihrer Gesamtheit nicht dem Fremdenverkehrsbereich, sondern den verschiedensten anderen Wirtschaftsbereichen zugerechnet werden. Aber einige dieser Betriebe, bzw. deutlich abgrenzbare Bereiche dieser Betriebe, haben sich auf **Fremdenverkehrsleistungen spezialisiert**; sie stellen **typische Tourismusprodukte** her, die für die Durchführung der Reise notwendig oder erwünscht sind: so beispielsweise spezielle Produktionsunternehmen, die ausschließlich Souvenirs herstellen, Bereiche des Verlagswesens, die Reiseführer und Reisezeitschriften oder Landkarten produzieren, Teile des Dienstleistungsgewerbes, die Spezialangebote für Touristen haben: Reiseversicherungen, Geldwechsel usw. (vgl. Abb. 3-4).

Aber neben der touristischen Produktion werden von diesem Wirtschaftsbereich bzw. dessen Betrieben weitere Produkte und Dienstleistungen, die nichts mit dem Tourismus direkt zu tun haben, erstellt. Alle Anbieter im Bereich der ergänzenden Tourismusindustrie sehen sich einer eigenartigen Nachfrage gegenüber: Ihre potentiellen Nachfrager finden sich in den verschiedenen Bereichen der Tourismuswirtschaft, es sind

- auf der einen Seite die Reisenden selbst, dort jeweils auch spezielle Untergruppen wie Geschäftsreisende, Vergnügungsreisende, Privat- und Besuchsreisende usw.,
- auf der anderen Seite die unterschiedlichen industriellen Anbieter im Bereich der Tourismusindustrie i.e.S., der touristischen Folgeindustrie, aber auch innerhalb der ergänzenden Tourismusindustrie.

(3) Touristische Randindustrie bzw. -wirtschaft

Der dritte Bereich wird als **touristische Randindustrie**, als **Folgeindustrie, untypische** oder **mittelbare Tourismusindustrie** bzw. -wirtschaft bezeichnet. Er umfaßt jene Betriebe, deren Produkt bzw. Dienstleistung nach Art der Produktion keine (typischen) Fremdenverkehrsleistungen darstellen. Ihr Absatz ist grundsätzlich an alle Nachfrager, egal ob Reisende oder nicht, gerichtet. Jedoch zeigt sich aufgrund lokaler oder zeitlicher Gegebenheiten, daß der Absatz in bedeutendem Ausmaß an Touristen erfolgt ("tourismus-intensiver Absatz"). Diese Betriebe sind **vom Tourismus abhängig**.

Dies betrifft vor allem die verschiedenen Betriebe an Fremdenverkehrsorten, die infolge eines hohen Tourismusaufkommens oder ihrer Lage (neben einem Hotel oder an einem Ausflugsort) überwiegend ihre Produktion und ihre Dienstleistungen für Touristen erbringen. Ein Beispiel könnte der Bäcker eines kleinen Ski- oder Badeortes sein, der normalerweise nicht dem Tourismusbereich zuzurechnen ist, aber in dem Moment zum touristischen Randbereich zu zählen ist, wo sein Absatz in bedeutendem Ausmaß an Touristen gerichtet ist. Ein weiteres Beispiel wäre der Friseur, der grundsätzlich tourismusunabhängig arbeitet, aber - im Extremfall, z. B. als Hotelfriseur - bis zu 100 % tourismusabhängig sein kann - folglich auch dem Tourismussektor zugerechnet werden müßte.

Analog zu diesen Überlegungen sind auch die **Gastronomiebetriebe,** - entgegen der in der Fremdenverkehrsdiskussion üblichen Zuordnung - der touristischen

Randindustrie zuzuordnen und nicht der typischen Tourismusindustrie. Hier haben sich lediglich untypische Tourismusbetriebe mit untypischen Tourismusleistungen auf Touristen spezialisiert.

Zusammenfassung 3.2.1

(1) Typische Tourismusbetriebe bieten typische Tourismusprodukte an, die ausschließlich von Touristen/Reisenden nachgefragt werden.
(2) Untypische Tourismusbetriebe spezialisieren sich mit typischen Tourismusprodukten auf Touristen als Zielgruppe.
(3) Untypische Tourismusbetriebe spezialisieren sich mit untypischen Tourismusleistungen auf Touristen als Zielgruppe.

3.2.2 Das "Produkt" bzw. die "Fremdenverkehrs- oder touristische Leistung"

Eine besondere Behandlung erfährt in der Fremdenverkehrslehre oftmals der Begriff der **Tourismus- oder Fremdenverkehrsleistung** bzw. des **touristischen Produkts**. Dieser zentrale ökonomische Begriff bereitet bei seiner Übertragung auf den Tourismusbereich einige Schwierigkeiten. Einerseits erstellt jeder Betrieb bzw. Teilbereich sein eigenes (touristisches) Produkt:

- die Transportbetriebe erstellen die Beförderungsleistung,
- die Hotels die Beherbergungsleistung,
- der Reiseführer die Reiseleitung,
- die Souvenirindustrie die Souvenirs,
- Verlage die Reisezeitschriften und Landkarten,
- usw. (vgl. Abb. 3-4).

Andererseits ergeben diese Teilkomponenten nur in ihrer **Gesamtheit** einen Sinn. Alle touristischen Betriebe (einschließlich der Randindustrie) tragen zur Erstellung eines **touristischen Gesamtproduktes**, der **Reise- oder Fremdenverkehrsleistung** bei.

Das "Gesamtprodukt" besteht aus allem, was für Touristen hergestellt wird oder was Touristen kaufen.

Eine Abgrenzung touristischer Produkte bzw. Dienstleistungen kann ganz analog zu den Ausführungen des Teiles 3.2.1 erfolgen:

- nach Art der Leistungserstellung: hiernach sind alle **"reisetypischen"** Produkte und Dienstleistungen zur Fremdenverkehrsleistung zu zählen,
- von der Nachfrage/vom Absatz her beurteilt, sind alle Güter und Dienstleistungen, die von Touristen **nachgefragt** werden, Fremdenverkehrsleistungen.

Die Fremdenverkehrsleistung ist (in ihrer Gesamtheit)

- eine **nichtmaterielle Leistung,** man kann sie weder sehen noch fühlen und man kann sie auch nur schwer beschreiben[1].

---

1 Hingegen definieren Kaspar/Kunz die touristische Leistung als ein "Bündel von **materiellen** (Hervorhebung W. F.) Produkten und Dienstleistungen, die der Tourist für seine Reise und während seines Aufenthaltes am Reiseziel in Anspruch nimmt oder konsumiert." (KASPAR/ KUNZ 1982: 34)

"Der Kunde kauft aber nicht primär Transport, Beherbergung, Verpflegung, sondern in erster Linie "Urlaubsglück", den Urlaub als Gegenalltag. Er sucht Erholung, Kontakte, Bildung, Erlebnisse usw., also Inhalte, die in den Urlaubsmotivationen ihren Niederschlag finden." (BERNKOPF 1983: 63)

- etwas **Abstraktes**, zusammengesetzt aus den Komponenten Zeit, Raum und Person; sie unterscheidet sich von Land zu Land, von Reisendem zu Reisendem und von Zeit zu Zeit,

- etwas **Vergängliches**, sie kann nicht gelagert werden: ein Hotelbett, das am jeweiligen Tag nicht belegt ist, "verfällt",

- aus **vielen Teilkomponenten** zusammengesetzt, sie ist ein "Leistungsbündel", "a composite product, an amalgam of attractions, transport, accomodation, and of entertainment" (BURKARDT/MEDLIK 1974: 193).

Ohne das Zusammenwirken und Vorhandensein all dieser verschiedenen Komponenten wäre das Gesamtprodukt Fremdenverkehrsleistung oder die Reise nicht möglich. Denn wer reist an einen Urlaubsort, ohne daß dort Unterkunfts- oder Verpflegungsmöglichkeiten vorhanden sind? Oder welcher Hotelier bietet Übernachtungsmöglichkeiten an, ohne daß Transportmöglichkeiten zu diesem Ort bestehen?

Das **"Grundprodukt des Tourismus"** (so TIETZ 1980: 10) ist die Reise selbst. Heutzutage wird vor allem die sogenannte **Pauschalreise** als typisches Fremdenverkehrsprodukt betrachtet, obwohl nur ca. 1/4 aller Urlauber jährlich pauschal verreisen. Die Pauschalreise umfaßt mehrere, voneinander grundsätzlich unabhängige Teilleistungen.

Bereits in Teil 1.4.3 war auf die verschiedenen Phasen einer Reise hingewiesen worden. Entsprechend können auch die verschiedenen Komponenten der Tourismusleistung nach dem **Ort der Leistungserstellung** (in Leistungen am Heimatort, unterwegs und am Urlaubsort) unterschieden werden (vgl. Abb. 3-5).

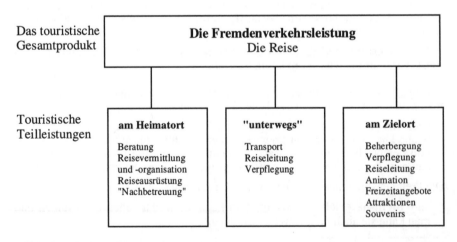

Abb. 3-5   Die Fremdenverkehrsleistung(en)

3.2.3 Speziell: Die Tourismusindustrie im engeren Sinne

In den folgenden Abschnitten werden die wichtigsten Anbieter der Tourismusindustrie im engeren Sinne dargestellt. Dazu ist es hilfreich, vorab noch eine weitere Strukturierung dieses "eigentlichen" Tourismusbereiches aufzuzeigen. Die einzelnen Unternehmen stehen nicht "gleichberechtigt" nebeneinander, sondern weisen eine ganz eigentümliche Stellung zueinander auf, die vielfach mit den Strukturen des Handels verglichen wird (vgl. Abb. 3-6).

Es sind zum einen die touristischen **Leistungsträger** (Beherbergungs- und Transportbetriebe) als **Produzenten** der Tourismusleistung "Reise", deren Leistungen (eventuell ergänzt um weitere Leistungen aus der ergänzenden Tourismusindustrie) der **Reiseveranstalter** quasi als **Großhändler** bündelt (und dabei möglicherweise ein neues Produkt herstellt: die Pauschalreise) und über **Reisemittler**, die **Zwischenhändler**, an die Endverbraucher, die Reisenden, weitergibt.

Eine Sonderstellung nehmen dabei die **Fremdenverkehrsorte** ein, sie sind zum einen ebenfalls "Produzenten", nehmen aber oftmals auch Vermittlungsfunktionen war (vgl. Teil 3.7).

Diese Zusammenhänge und die Aufgaben der einzelnen Unternehmen der Tourismusindustrie werden in den folgenden Abschnitten genauer dargestellt.

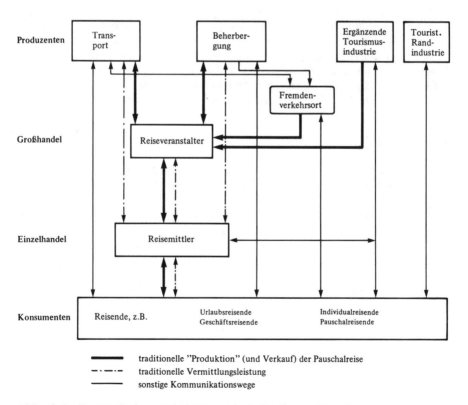

Abb. 3-6 Kommunikations- und Absatzwege in der Tourismuswirtschaft

3.3 Beherbergungsindustrie

3.3.0 Vorbemerkung

Wer reist, benötigt eine Gelegenheit zum Übernachten. Bereits die Römer hatten im Beherbergungs- und Gastgewerbe vorbildliche Einrichtungen geschaffen. Doch in den folgenden Jahrhunderten überwogen eher bescheidene Unterkünfte, vor allem entlang der Handelswege und später der Poststationen.

"Pilgerherbergen säumten die heiligen Wege, die Klöster gewährten Gast-
lichkeit, und auf den Scheitelpunkten der einsamen Paßstraßen boten die
Hospize Unterkunft. Für den mittellosen Wanderer aber gab es mancherorts die
'elenden Herbergen' oder die Spitäler. Entlang der Handelswege fand man in
den Tafernwirtschaften (vom italienischen 'taverna') Zehrung und Nachtlager,
während in den größeren Städten auch seinerzeit (zwischen dem 12. und 16.
Jahrhundert, Anm. W.F.) schon Gasthöfe bereitstanden, die einigen Komfort
aufzuweisen hatten." (KROHN 1985: 235)

Mit dem Aufkommen der Eisenbahn und der ersten Reisewelle im 18. und 19. Jahrhundert verbesserte sich auch der Komfort der Gasthöfe. Die ersten Groß- und Luxus"hotels" entstanden, vorwiegend in Großstädten.

Nach dem 2. Weltkrieg waren es vor allem ausländische Hotelgesellschaften, allen voran amerikanische Hotelketten, die zu einer enormen Ausweitung der Hotelkapazität der gehobenen und Luxusklasse geführt haben.

Heute ist das Hotel- und Gaststättengewerbe von größter Bedeutung für die Tourismuswirtschaft allgemein und vor allem für die lokale Wirtschaft (in bezug auf Umsatz und Beschäftigung). Beispielsweise sind in der Bundesrepublik über 75 % der im Tourismus Beschäftigten im Hotel und Gastgewerbe tätig[1].

3.3.1 Das Produkt

Das Produkt der Beherbergungsindustrie ist die **Übernachtungsleistung**, das Bett/Zimmer/Haus, eventuell verbunden mit Verpflegung (Halb- oder Vollpension oder "garnis") und /oder sonstigen Betreuungs- und Unterhaltungsleistungen.

International hat es sich bei den Hotels eingebürgert, sie nach verschiedenen Kriterien zu klassifizieren. Dies erleichtert den einzelnen Anbieter- und Nachfragergruppen die Auswahl und Beschreibung, vor allem

- den Hotel**verkäufern** zur (vereinfachten) Charakterisierung ihres Produkt-(bündel)s,
- den Hotel**einkäufern** (v. a. Reiseveranstalter) zur Einordnung des Preis-Leistungs-Verhältnisses,
- den (privaten) Kunden bei der Auswahl einer ihren Bedürfnissen entsprechenden Unterkunft.

---

1 Vgl. die ausführlichen Literaturhinweise zum Hotel- und Beherbergungswesen bei 3.3.4.

Allerdings hat sich bisher keines der verschiedenen Klassifikationsschemen weltweit durchgesetzt. Zu den bedeutendsten zählen die der WTO-World Tourismus Organisation und der AIT-Alliance Internationale de Tourisme (Zusammenschluß von 54 Automobil- und Touring-Clubs). Daneben hat fast jedes Land, viele Hotel- und Gourmetführer, z. T. jeder Reiseveranstalter, ein eigenes Schema zur Charakterisierung der Hotels. Bekannte Klassifikationsschemen sind mit Sternen (aber: neben 5-Sterne-Hotels existieren andere Klassifikationen, die bis 7 Sterne oder mehr vergeben), mit Schlüsseln, Punkten oder Eßlöffeln (für die Restaurants). Entsprechend gibt es De-Luxe-, First-Class-, Second-Class-, Economy-Hotels oder einfache Unterkünfte (Pensionen).

Bei den Hotelketten wurde häufig versucht, die bestehende eigene Klassifikation der unterschiedlichen Standards der zum Unternehmen gehörenden Häuser parallel mit Markennamen zu segmentieren. Als deutsches Beispiel können die Steigenberger Hotels (Steigenberger Hotels 5*-Sterne-, Avance 4*-Sterne-, Maxx 3*-Sterne- und Esprit 2*-Sterne-Segement) angeführt werden.

Eine einheitliche Hotelklassifikation wurde in der Vergangenheit von der Mehrheit der Anbieter abgelehnt. Dabei werden die qualitativen Stärken und Schwächen wie Service, Atmosphäre, Flair sowie die individuellen Geschmackspräferenzen der Nachfrage als Gründe für eine nur "unzureichende Klassifikation" angeführt. Allerdings ist auch hier in den letzten Jahren bei einigen Landesverbänden der Hotellerie ein Umdenken anzutreffen.

Bei den Hotels ist **Preisdifferenzierung** mit Hilfe verschiedener Kalkulationsgrundlagen aufgrund betriebswirtschaftlicher Erfordernisse im Zusammenhang mit dem Produkt "Hotel" sehr verbreitet. Die Preise für Beherbergungsleistungen sind sehr vielfältig. Sie variieren:

* **innerhalb** des Beherbergungsbetriebes je nach Zimmerausstattung (mit/ohne DU/WC/Balkon/Meerblick),
* je nach **Reisesaison** (Haupt-, Vor-, Nebensaison oder bestimmte Messe- und Ausstellungszeiten),
* je nach **Ort** (Großstadt, Touristzentrum usw.),
* je nach **Abnehmer** bzw. Abnahmevolumen (Einzel-, Groß-, Kontingentabnahme, aber auch EZ, DZ, Sonderkonditionen usw.).

3.3.2 Die Struktur der Beherbergungsindustrie

(1) Arten und Formen

Zur Beherbergungsindustrie zählen neben der klassischen Hotellerie (Hotel, Hotel garni, Pension, Gasthöfe) und den speziellen Beherbergungsbetrieben (Motel, Aparthotel, Kurhotel, Kurheim, Feriendorf) auch der Bereich der **Parahotellerie**, die sogenannte "zusätzliche oder ergänzende" Hotellerie. Sie umfaßt vor allem Privatappartements, Ferienwohnungen, Privatzimmer, Camping, Caravaning, Jugendherbergen, Bauernhöfe und Kollektivunterkünfte, insbesondere Ferien- und Vereinsheime (vgl. Abb. 3-7). Betriebe der Parahotellerie werden häufig als **Nebenerwerbsbetriebe** unterhalten.

Die Beherbergungsindustrie ist durch eine sehr unterschiedliche Nachfrage im Verlauf der Monate, der Wochen sowie der Tage in den einzelnen Betriebsarten gekennzeichnet. Die Öffnungszeiten der Beherbergungsbetriebe schwanken Mitte der 90er Jahre zwischen 83,5 % im Januar und 96,8 % im August. Die Auslastung der angebotenen Bettenkapazitäten weist in Schleswig-Holstein die Extremwerte auf und erreicht im Januar mit 15,7 % die geringste Auslastung und mit 70,9 % im Juli die höchste Auslastung im Vergleich der Bundesländer.[1] 65 % des Jahresumsatzes werden zwischen Mai und Oktober erzielt. Die vier klassischen Beherbergungsbetriebe vereinen mit 58,3 % das Gros der gewerblichen Übernachtungen auf sich. In der Parahotellerie erzielen die Sanatorien und Kurkrankenheime (16,3 %) und die Ferienhäuser und -wohnungen (9,5 %) die meisten Übernachtungen. Das Campingwesen wird meist gesondert ausgewiesen und hat in Feriengebieten zumeist einen Anteil zwischen 10 und 25 % der Gästeübernachtungen.

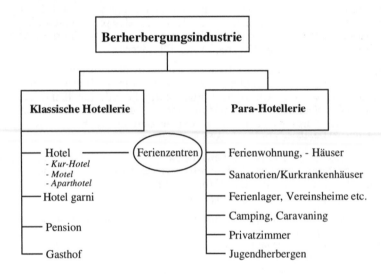

Abb. 3-7   Gliederung des Beherbergungswesens

(1a) Klassische Hotellerie

Ein **Hotel** ist ein Beherbergungsbetrieb und eine Bewirtungsstätte mit herkömmlichem Dienstleistungsangebot und mindestens einem Restaurant für Hausgäste und Passanten sowie Aufenthaltsräumen überwiegend für Hausgäste. Als Mindestvoraussetzungen sind 20 Gästezimmer, davon ein erheblicher Teil mit Bad/Dusche und WC, sowie ein Hotelempfang vorhanden. Im **Hotel garni** werden lediglich Beherbergung, Frühstück, Getränke und höchstens kleinere Speisen als Grundleistungen angeboten. **Pensionen** sind Betriebe, die durch ein eingeschränktes Dienstleistungsangebot gekennzeichnet sind. Speisen und Getränke werden nur an Hausgäste abgegeben. Ein **Gasthof** ist i.d.R. einem Schank- oder Speisebetrieb angeschlossen. Er hat i.d.R. keine weiteren Aufenthaltsräume für Hausgäste.[2]

---

1 Vgl. STATISTISCHES BUNDESAMT (Hg.) , Fachserie 6, Reihe 7.1
2 Vgl. DEHOGA (Hg.): Jahresbericht 1996/1997

(1b) Parahotellerie

Im Bereich der Parahotellerie existiert eine Reihe von speziellen Beherbergungsarten, die besondere Anbieter- und Nachfragestrukturen aufweisen.

Zu unterscheiden ist hierbei vor allem zwischen den haupt- und nebengewerblichen Betrieben des ergänzenden Beherbergungswesens. Im Rahmen der allgemeinen Statistik (Beherbergungsstatistikgesetz) werden nur Betriebe über 9 Betten erfaßt. Dadurch werden erhebliche Kapazitäten der Parahotellerie von **Privatzimmern und Privatferienwohnungen**, Zweitwohnungen und Appartements vernachlässigt. Im Kur- und Bäderwesen standen beispielsweise in der Hauptsaison 1993 statt der 600.000 Betten laut amtlicher Statistik 723.000 Betten zur Verfügung.

Daneben zählen zur Parahotellerie auch **Kurkliniken und Sanatorien**, die z. T. den Sozialversicherungsträgern oder den Kommunen gehören. Sanatorien und Kurkliniken stehen unter ärztlicher Leitung und dienen der Unterbringung von Kurgästen (vgl. genauer 3.7.4). Insgesamt sind dies über 1.000 Betriebe.

Betriebsart	Betriebe	Beherbergungseinh.	Betten	Betten je Betrieb
Klassische Hotellerie				
Hotels	11.758	404.414	718.461	61,1
Gasthöfe	10.575	129.727	238.956	22,6
Pensionen	5.500	70.532	130.731	23,8
Hotels garnis	9.479	145.739	258.300	27,2
Gesamt	*37.312*	*752.117*	*1.346.448*	*36,1*
Parahotellerie*				
Erholungszentren	2.633	78.214	190.550	72,4
Ferienzentren	37	6.895	29.340	793,0
Ferienhäuser, -wohnungen	7.545	69.247	244.907	32,6
Hütten, Jugendherbergen	1.286	39.588	107.900	83,9
Sanatorien, Kurkrankenhäuser	1.089	115.906	148.251	136,1
Gesamt	*11.501*	*293.081*	*726.621*	*63,1*
Insgesamt	*48.813*	*1.045.198*	*2.073.069*	*41,5*
Campingplätze	2.570	222.747	668.241	260

* ohne Campingplätze

Abb. 3-8 Betriebsstruktur der Beherbergungsindustrie
(Quelle: eigene Berechnung nach STATISTISCHES BUNDESAMT 1994)

Ferner sind für den Urlaubsreiseverkehr **Camping- und Caravaningplätze** von touristischer Bedeutung. Das Deutsche Fremdenverkehrspräsidium geht in seinem Jahresbericht 1994 davon aus, daß jede vierte Übernachtung dem Campingtourismus zuzuordnen ist. Dies wird auch anhand der Zahl der zugelassenen Wohnmobile deutlich, die 1992 einen Stand von ca. 280.000 erreicht hat.

Als weitere Form der ergänzenden Beherbergung sind abgeschlossene **Ferienanlagen** (Clubs, El Dorado, Centre Parcs, Damp 2000 etc.) zu erwähnen. Hierbei spielt vor allem eine Rolle, daß sie meist verschiedene Formen der Beherbergung parallel anbieten (Hotel, Appartements, Wohnungen) und dadurch nicht eindeutig der klassischen Hotellerie zuzuordnen sind. Entscheidende Unterschiede bestehen auch im Umfang des Leistungsangebots.

Ferienzentren sind für jedermann zugängliche Beherbergungsstätten, die unterschiedliche Wohn- und Aufenthaltsmöglichkeiten, sowie gleichzeitig Freizeiteinrichtungen in Verbindung mit Einkaufsmöglichkeiten und weiteren Dienstleistungen anbieten. **Ferienwohnungen, -häuser** verzichten auf ein Bewirtungsangebot, da sie mit Kochgelegenheit zur Selbstverpflegung ausgestattet sind.

Die **Erholungs- und Ferienheime** sind Beherbergungseinrichtungen für Angehörige bestimmter Personenkreise. Speisen und Getränke werden nur an Hausgäste abgegeben.

Für den Jugendtourismus sind v. a. **Jugendherbergen** von besonderer Bedeutung (vgl. SPEIL/MAIR 1980, DJH 1994).

(2) Der Mittelstand

In der Bundesrepublik umfaßt der gesamte Bereich der Beherbergung Mitte der 90er Jahre ca. 51.000 Betriebe mit ca. 2,2 Mio. Übernachtungsplätzen. Trotz des Vordringens von Kettenunternehmen sind 95 % aller klassischen Herbergsbetriebe (ca. 35.000 ABL und ca. 3.000 NBL) mittelständisch.

Während die Bettenkapazität bezogen auf die ABL von 1981 bis 1993 um insgesamt 6,8 % auf ca. 1,3 Mio. gestiegen ist, ist die Zahl der Betriebe seit 1981 um 16,5 % zurückgegangen. Die durchschnittliche Bettenzahl pro Betrieb ist von 28 im Jahr 1981 in den ABL auf ca. 36 in Gesamtdeutschland (35 in den ABL) angestiegen. Die Anzahl der Hotelbetriebe ist in den ABL im gleichen Zeitraum um 9,7 % und ihre Bettenkapazität um 46 % gestiegen. Bei den Hotel garnis hat die Bettenkapazität zwar um 1,2 % zugenommen, die Anzahl der Betriebe ist allerdings um 20 % gesunken. Bei den Pensionen und Gasthöfen sind sowohl die Anzahl der Betriebe (-29,9 %; -24,1 %) als auch der Betten (-19,6 %; -11,9 %) rückläufig.

Immer wichtiger in der Hotellerie wird dabei eine Unterteilung nach verschiedenen Betreibermodellen. Hierbei sind in der Hotellerie das Eigentumhotel, das Pachthotel und das Management- (Franchise-) Hotel zu unterscheiden. Die Kapitalintensität der Hotels sind vom Betreibermodell abhängig (vgl. Abb. 3-9).

Betreibermodell	Anlagevermögen in % der Bilanzsumme	
	Eigentums-betrieb	Pacht-betrieb
Stadthotels	85,5-91,1	34,0-58,8
Hotels garni	89,4-92,5	41,6-59,6
Hotels in Kur- u. Ferienorten	88,0-90,5	24,9-48,6
Kur- und Ferienheime	87,2-94,5	26,9-41,6

Abb. 3-9   Kapitalintensität der Klassischen Hotellerie
(Quelle: DWIF 1991)

Der durchschnittliche Jahresumsatz der westdeutschen Beherbergungsstätten beträgt durchschnittlich 0,6 Mio. (1992). Dabei reicht das Spektrum bezogen auf die klassische Hotellerie von ca. 1.447 Mio. DM bei Hotels bis zu 182.000,- DM bei Hotel garnis. Die Personalkosten stehen in direkter Abhängigkeit zum Umsatz und variieren je nach Umsatzklasse zwischen ca. 22 % bis 32 % des Umsatzes.[1]

(3) Die Großen

Rang 1993	Hotel	Zimmer/ Betten	Netto-umsatz 1993 (in Mio. DM)	ø Zim-mer-bele-gung in %	ø er-zielter Zim-mer-preis (DM)	Jahres-netto-umsatz pro Zimmer (DM)	Anteil Beher-bergung	Anz.d. Mit-arbei-ter (Voll-zeit)	GOP in %*
1.	Sheraton Frankfurt/Main	1050/2100	93,0	77,7	208	88.572	65,0	520	-
2.	Hotel Bayrischer Hof München	425/738	72,1	63,0	287	169.527	37,3	724	44,8
3.	Intercontinental Frankfurt/Main	772/1500	53,7	62,0	204	69.560	68,5	428	27,3
4.	Intercontinental Hotel Berlin	511/891	49,7	55,3	257	97.336	53,2	436	16,2
5.	Berlin Hilton Hotel	502/728	48,2	68,4	201	96.016	52,3	346	37,4
6.	Maritim Hotel Köln	454/820	48,1	64,4	200	106.044	44,0	340	-
7.	Dresden Hilton	331/518	47,0	74,7	229	142.000	44,0	391	35,7
8.	Sheraton München Hotel & Towers	636/1272	47,0	70,0	161	73.900	56,0	337	27,0
9.	Elysee Hotel Hamburg	305/610	45,8	82,6	252	150.164	50,0	282	-
10.	München Park Hilton	477/954	45,4	67,4	185	95.200	48,5	370	28,7
11.	Hotel Bachmair am See, Rottach-Egern	310/520	-	88,0	-	-	60,0	330	-
12.	Frankfurt Marriott Hotel	587/1172	44,1	70,4	195	75.128	66,0	300	-
13.	Grand Hotel Esplanade Berlin	402/804	43,0	57,2	276	107.017	48,0	334	35,0
14.	Sport- und Kurhotel Sonnenalp	229/420	41,8	83,9	292	182.570	46,6	323	-
15.	Mainz Hilton	435/800	40,1	88,0	-	92.184	59,0	-	-
16.	Forum Hotel Berlin	1000/1500	39,9	62,0	-	39.900	-/-	350	-
17.	Bristol Hotel Kempinski Berlin	315/603	39,8	61,7	268	116.900	55,3	376	19,3
18.	Hotel Vier Jahresz. Kempinski M.	322/541	38,2	65,9	292	118.505	59,0	352	18,8
19.	Steigenberger Frankfurter Hof	347/500	38,1	59,5	267	110.000	52,8	301	19,2
20.	München City Hilton	479/780	36,8	76,4	166	76.827	60,3	279	37,7

1) Vergleich 1992: 10 Monate als Dresden Hilton

Abb. 3-10 Die 20 größten Einzelbetriebe der deutschen Hotellerie
(Quelle: NGZ - Neue Gastronomische Zeitschrift Nr. 6/1994)

---

1 Vergleichsweise beträgt der Personalkostenanteil bei Reisebüros ca. 60 - 65%.

Die 100 größten Hotels erwirtschaften in Deutschland knapp 1/4 des Gesamt-umsatzes der Hotelbranche. Hierbei überwiegt eindeutig die Kettenhotellerie, die vor allem durch ihre Standorte, Zimmer und Bettenzahl zu den umsatzstärksten Beherbergungsbetrieben zählen. Der durchschnittliche Umsatz pro Hotel der Top 100 liegt bei 28,2 Mio. bei durchschnittlich 350 Zimmern, einer Belegung von 62,5%, einem erlösten Zimmerpreis von 198,- DM und 230 Mitarbeitern pro Hotel (vgl. Abb. 3-10).

(3a) Hotelketten

Insgesamt gibt es Anfang 1995 in Deutschland ca. 70 Hotelgesellschaften mit ca. 670 Betriebsstätten und ca. 100.000 Zimmern (vgl. genauer Abb. 3-11). Die IBIS/Arcade-, die Maritim-, die Treff- (auch Feriendörfer) sowie die Steigenberger-Kette sind die führenden Hotelketten Deutschlands. Die Maritim Hotelgesellschaft verfügt über die größten Zimmerkapazitäten mit rund 12.000 Zimmern in 38 Betrieben. Kennzeichen der Kettenhotellerie ist vor allem, daß viele Hotelketten lediglich als Pachtbetriebe geführt werden. Die Kostenstruktur ist bei diesen Betreibermodellen im Gegensatz zu den im Eigentum geführten Privathotels eine grundsätzlich andere (vgl. Abb. 3-9).

Gesellschaft	Ho-tels	Zim-mer	Gesellschaft	Ho-tels	Zim-mer	Gesellschaft	Ho-tels	Zim-mer
Abacus-Hotels	3	680	HSCH	5	233	Penta	6	1936
Achat-Hotels	2	283	HTM	4	442			
Althoff	5	415	Hungaria	2	282	Queens Moat	24	3234
Appartement-H.	11	1500	Hyatt	1	307	Queens M. H.	11	2326
Arabella	11	2407						
Astron Holding	8	1000	IBIS/Arcade	44	6200	Radisson	1	574
Austrotel	2	295	IFA	5	4300	Rafael	2	206
			Intercity Hotels	6	950	Ramada	18	3872
Bauer	7	508	Intermar	4	572	Rega	7	664
Blue Band	4	1157				Relexa	4	562
			JAL	1	-	Rema	19	3000
Choice Hotel	15	1613	Juwel	5	580			
Cityhotel Syst.	5	365				SAS	3	1159
Consul	3	180	Kempinski	4	1181	Scandic	11	2258
				2	375	Seminaris	3	450
Dorint	33	4789	Lega			Senator	18	2250
			Lindner	6	1054	Sheraton	3	1890
EGK	2	184				Sirenta	2	1260
Euromill	19	3100	Maritim	38	11618	Sofitel/Pull.	2	328
			Mariott	4	1427	Sorat	5	500
Formule I	10	479	Meirotels	3	449	Steigenberger	35	5883
Forte Hotels	4	567	Mercure/Altea	21	2692	Swissotel	1	246
			Mövenpick	11	1831			
Grundig Hotels	3	254		5	537	Team Hotel	6	572
Günewig	11	989	Nestor			Transmar	5	550
			Nobis	4	600	Travel Hotel	29	1580
Hilton Intern.	8	2894	Novotel	31	4351	Treff	36	6127
HM	5	690						
HMS	6	810	Page	5	400	Zander	4	590
Holiday Inn	27	5820	Pannonia	6	763			

Abb.   3-11 Kettenhotellerie in Deutschland (Quelle: DEHOGA 1994)

(3b) Einzelhotellerie/Hotelkooperationen

In der Einzelhotellerie haben sich zunehmend mehr Betriebe zu Hotelkooperationen zusammengeschlossen um vor allem im Bereich des Marketing mit den Hotelketten konkurrieren zu können. Insgesamt bestanden Anfang 1994 27 Hotelkooperationen mit insgesamt 1.050 angeschlossenen Hotels. Die Zahl der angeschlossenen Hotels ist dabei gegenüber 1993 rückläufig, während die Zahl der Kooperationen weiter gestiegen ist. Die Ringhotels stellten mit 137 Hotels die größte deutsche Hotelkooperation dar. Daneben sind die Best Western Hotels (112 Hotels), die Akzent-Hotels (101 Hotels) die größten Kooperationen in Deutschland. Die Namen der Hotelkooperationen beziehen sich auf die Region (Münchner Hotelverbund, Hotel-Ring Rhein-Westerwald) oder auf die Hotels selbst, deren Gebäude oder Lage (Gast im Schloß, Landidyll Hotels) oder nutzen Begriffe, die eine bestimmte Atmosphäre vermitteln sollen (Romantik-Hotels, Flair-Hotels) sowie Phantasie-namen etc.

(4) International

International sind zur Zeit 12 der 20 weltgrößten Hotelketten unter amerikanischer Leitung. Die Maritim Kette hat im Vergleich dazu 38 Hotels mit rd. 12.000 Zimmern und die Lufthansa-Hotel-Gesellschaft (vgl. (5)) über 11.000 Zimmern in 36 Hotels (vgl. Abb. 3-12).

Rang 1995	Name der Kette (Sitz)	Land	Hotels	Zimmer
1	Hospitality Franchise Systems	USA	5.430	509.500
2	Holiday Inn Worldwide	USA	2.096	369.738
3	Best Western International	USA	3.462	282.062
4	Accor	Frankreich	2.378	268.256
5	Choice Hotels International	USA	2.902	249.926
6	Marriott International	USA	976	198.000
7	ITT Sheraton Corp.	USA	414	129.201
8	Hilton Hotels Corp.	USA	219	90.879
9	Promus Cos.	USA	669	88.117
10	Carlson/Radisson/SAS	USA	383	84.607
11	Hyatt Hotels/Hyatt International	USA	172	79.483
12	InterContinental Hotels	England	179	61.610
13	Hilton International	England	161	52.063
14	Forte Hotels	England	270	49.183
15	Grupo Sol/Melia	Spanien	185	46.825
16	Club Méditerranée S.A.	Frankreich	150	45.205
17	New World/Renaissance/Hotels	Hongkong	140	45.104
18	Westin Hotels & Resorts	USA	82	40.074
19	Société du Louvre	Frankreich	511	32.926
20	La Quinta Inns	USA	240	30.000

Abb. 3-12 Die 20 größten Hotelketten der Welt
(Quelle: Gruner+Jahr 1997)

(5) Kooperationen und Reservierungssysteme

In der Bundesrepublik ist die **vertikale Kooperation**, d. h. die Zusammenarbeit von Hotels mit Fluggesellschaften, Reiseveranstaltern, Mietwagenunternehmen, verglichen mit der internationalen Verflechtung, relativ gering. Wichtigster Eigentümer ist die Lufthansa AG, die über ihre (100 %-ige) Tochter Lufthansa-Hotelgesellschaft mbH (LHG) Kempinski-Hotels mit 42,55% und Penta-Hotels mit 63,22% sowie an der Serena Gruppe mit 11,92 beteiligt ist; hinzu kommen durch Kapitalanteile an den Eigentümergesellschaften des Hotel Vier Jahreszeiten München, des Penta Hotel München und des Senator Penta Hotel Lübeck weitere Kapazitäten (vgl. LH-Jahresbericht 1992: 262).

International besitzen viele Airlines eigene Hotels und/oder arbeiten mit bestimmten Hotelgruppen zusammen. PanAm war die erste Fluggesellschaft, die die enge Verbindung von Fluggesellschaft und Hotels gefördert hat.

Die Großhotels sind sehr gut mit technischen Einrichtungen versorgt: Btx, START, EDV gehören hier zur Grundausstattung. Doch diese Gruppe ist relativ klein (maximal 1000), der Großteil der Beherbergungsindustrie verfügt nur eingeschränkt über technische Neuerungen. Hauptproblem für einzelne Hotels ist der Anschluß an zentrale Reservierungssysteme; es ist nicht zu erwarten, daß sich die Kleinhotels eigene Reservierungssysteme zulegen (können). Zum Teil besteht die Möglichkeit, über Gemeinschaftsverbunde, Fremdenverkehrsämter usw., an vorhandene Reservierungssysteme Anschluß zu finden.

3.3.3 Vertriebswege

Geschäftspartner für Hotels sind sowohl die Reisenden als auch die verschiedenen Bereiche der Tourismusindustrie selbst.

Reiseveranstalter sichern sich Bettenkontingente für die gesamte Saison. Einerseits benötigen sie diese Hotel(kontingent)zusagen, um ihr Pauschalreiseangebot rechtzeitig und rechtlich zulässig[1] aufstellen können, andererseits haben sie aber ein ausgeprägtes Interesse

- an Sonderkonditionen bei hohen Kontingentabnahmen, da sie zumeist ein mehr oder weniger hohes eigenes Risiko eingehen,
- an besonderen Stornierungsbedingungen, da sie selbst erst einige Wochen vorher wissen, in welchem Umfang die zugesagten Kontingente auch gebucht werden.

Einzelkunden, zumeist Geschäftsreisende, aber auch Individual- und Urlaubsreisende, buchen bzw. reservieren ihre Hotelwünsche **direkt** beim Hotel.

Die verschiedenen **Reisemittler** verkaufen im Auftrag der Beherbergungsbetriebe Unterkünfte an die nachfragenden Einzelkunden (oder -gruppen). Hierbei benötigen diese Reisemittler möglichst schnellen und einfachen Zugriff auf vorhandene freie Kapazitäten.

---

1 Die angebotenen Reisen müssen auch buchbar sein.

Die bekanntesten Reisemittler sind **Reisebüros,** die sich mehr oder weniger direkt an Hotels wenden und **Fremdenverkehrsämter** (am Ort oder als Vertreter in anderen Orten und Ländern), für die meist eine Reihe von Buchungsmöglichkeiten vorhanden sein müssen.

Um die Hotelreservierung zwischen den Anbietern und Abnehmern möglichst flexibel zu gestalten, wurden verschiedene nationale und internationale Reservierungssysteme entwickelt. Sie ermöglichen

* schnelle Information und Zugriff auf vorhandene Betten,
* schnelle und rechtlich verbindliche Buchungsmöglichkeiten,
* (z. T.) eine einfache Abrechnung.

Allerdings hat sich im deutschen Fremdenverkehr bisher keine einheitliches Hotel-Reservierungssystem durchgesetzt. Anfang der 90er Jahre gibt es ca. 50 regionale und 6 überregionale Reservierungssysteme, die auch für Fachleute unübersichtlich sind und zu einer "Atomisierung des Fremdenverkehrs" beigetragen haben. Momentan sind zunehmend Bestrebungen ersichtlich, daß die Reservierungssysteme vereinheitlicht werden. Als bundesweite Systeme waren Anfang der 90er abres (abr), ADZ (DZT), BESSYTEX, BIX, DER-Hotelreservierungssystem, SESAMTEL tätig, die teils über START, teils über Btx, Telefon oder Telex zu erreichen waren. Durch die Entwicklungen der touristischen Reservierungssysteme "Galileo" und "Amadeus" erhofft man sich auch für den Hotelbereich eine baldige Änderung (vgl. genauer 3.8 "CRS-Computer-Reservierungssysteme).

Im innerdeutschen Fremdenverkehr werden rund 95% aller Buchungen über den direkten Vertriebsweg (Betrieb selbst 80% und Fremdenverkehrsstellen (15%) über die Kommunikationsmittel Brief, Telefax und Telefon abgewickelt (DEHOGA Jahresbericht: 1994).

3.3.4 Weiterführende Literatur zum Beherbergungswesen

Zur geschichtlichen Entwicklungen des Beherbergungswesens vgl. KROHN 1985.

Zu Teilbereichen der Hotelbetriebslehre DWIF 1991, FOURADOULAS 1979, HOLLEIS 1993, KLIEN 1991, KUNZ 1986, 1976, NAGEL 1993, SCHÄTZING 1988, 1992, SCHULTZE 1993, SCHWANINGER 1985, ZEGG 1989; ferner: DEHOGA: Jahresberichte, versch. Jg., DEHOGA 1992.

Aus der angelsächsischen Literatur: LUNDBERG 1984, VENSION 1984

3.4 Transportbetriebe

3.4.0 Allgemeine Aspekte[1]

Ein Großteil der Reiseausgaben entfällt bei jeder Reise auf den Transport: Schätzungen liegen zwischen 25 und 60 Prozent, je nach Reiseart und Transportmittel. Dabei unterscheiden sich die Anteile sowie der Gesamtreisepreis je nach verwendetem Verkehrsmittel recht deutlich (vgl. Abb. 3-13).

Gesamtausgaben pro Person nach Verkehrsmitteln in DM	1974	1984	1990
Flugzeug	-*	-*	2.560
Flug Linie	1360	2.859	-*
Flug Charter	1144	2.052	-*
Bahn	631	1.103	817
Bus	504	1.014	883
PKW	590	1.003	837
Gesamtausgaben pro Person in DM	**665**	**1.259**	**1.175**

* Keine Angaben

Abb. 3-13 Durchschnittliche Reiseausgaben in Abhängigkeit vom Verkehrsmittel (Quelle: REISEANALYSE, verschiedene Jahrgänge)

Die Wahl des Verkehrsmittels erfolgt sowohl nach **objektiven** Kriterien wie Entfernung zum Urlaubsort, Reisekosten, Teilnehmerzahl, PKW-Besitz, aber auch sehr subjektiv, nach sog. Imagefaktoren der Verkehrsmittel (vgl. Abb. 3-14).

Die verschiedenen Verkehrsbetriebe werden entsprechend ihrer Bedeutung für den Reiseverkehr im folgenden gesondert nach der im Tourismus üblichen Unterteilung in

- Straßenverkehr (Pkw und Bus)
- Luftverkehr
- Schienenverkehr
- Wasserverkehr

behandelt. Vor allem werden dabei die unterschiedlichen Anbieter bzw. die Strukturen der Anbieterindustrie genauer aufgezeigt.

---

1   Vgl. zur Bedeutung der verschiedenen Verkehrsträger in der Bundesrepublik auch Abschnitt 1.3.3, speziell Abb. 1-12, und zur Bedeutung der Reiseverkehrsmittel bei Urlaubsreisen Abb. 2-17 sowie Abschnitt 2.4.4.

Verkehrsmittel	positive Meinung	negative Meinung
Pkw	unabhängig, individuell, schnell, bequem, beweglich, Familien mit Kindern, viel Gepäck, Ferien/Urlaub	Benzinpreise, Stau, Unfall, Pannen, Reparaturen, Gestank, Streß, anstrengend, Lärm, Hitze, unsicher
Bahn	bequem, ruhig, ohne Streß, sicher, zuverlässig, schnell, gemütlich, Speise- u. Schlafwagen, Landschaft betrachten, wetterunabhängig	langsam, lange Reisezeit, überfüllt, umsteigen, Gepäck tragen, Verspätung, teuer, langweilig, Wartezeiten, Gerüttel
Bus	billig, Kontakte zu Mitreisenden, fröhlich, Gemeinschaftserlebnis, gute Stimmung, gemütlich, bequem	eng, schlechte Luft, heiß, Lärm, zu viele Menschen, langsam, Schaukeln, unbequem, Gruppenreisen, arme und ältere Leute
Flugzeug - Charter	schnell, bequem, Urlaub, billiger als Linienflugzeug	Angst, unsicher, Absturzgefahr, Luftpiraten, eng, überfüllt, Massenabfertigung, alte/schlecht gewartete Maschinen, unpünktlich, Verspätungen, schlechter Service
- Linie	weite Reisen, guter Service, schnell, bequem, Komfort, Reise, Leute, Stewardessen, zuverlässig	teilweise zu teuer, Angst, Übelkeit, nur für Geschäftsreisen
Schiff	Erholung, in der Sonne liegen, Seeluft, Romantik, Abenteuer, Luxus, gutes Essen, gesellschaftliches Ereignis	Seekrankheit, gefährlich, Sturm, langweilig, teuer, langsam, viele alte Leute

Abb. 3-14 Das Image der Verkehrsmittel
(Quelle: Reiseanalyse 1979)[1])

Das Produkt: die Transportleistung

Das Produkt der Verkehrsbetriebe ist die **Transportleistung**, die Beförderung zwischen Abreise- und Zielort, teilweise mit Beköstigung während des Transports, gegebenenfalls auch Transport am Zielort (v. a. bei Bus- und Autotransport). Dieses **Produkt** bzw. diese Leistung ist grundsätzlich bei allen Transportmitteln **gleich**. Trotzdem sind bei allen Transportmitteln **deutliche Leistungsunterschiede** gegeben: die Flugreiseleistung zwischen Frankfurt und Rom ist eine andere als der Auto- oder Bahntransport.

Von daher können die Leistungen auch als verschiedene Produkte angesehen werden. Auch gleiche Transportbetriebe können trotz gleicher Destination unterschiedliche Produkte anbieten, je nach Qualität der Beförderung (alte, neue Busse/ Flugzeuge, Unterschiede bei Betreuung/Service, Dauer des Transports, Direktverbindung oder nicht, usw.).

---

[1] Sonderuntersuchung zum Image der Verkehrsmittel, später nicht wieder aufgegriffen.

3.4.1 Straßenverkehr

(1) Bedeutung

Es ist immer schwierig, Ursache und Wirkung adäquat zueinander in Beziehung zu setzen. Ähnlich ist es auch mit Tourismus und der Entwicklung im Straßenverkehr. Im Abschnitt 1.3 wurde schon auf die Bedeutung der Motorisierung als einen Boomfaktor des Tourismus hingewiesen. Andererseits ist auch Tourismus ein bedeutender Boomfaktor für die Entwicklung der Autoindustrie. Das gesamte Straßennetz und die gesamte Kfz-Industrie, von Automobilherstellern bis zu Reparaturwerkstätten, Tank- und Raststätten dient dem Reiseverkehr im weitesten Sinne. Doch es läßt sich kein spezieller Anteil an touristischen Reisen bestimmen. Schätzungen sprechen von ca. 20 % der gesamten Automobilindustrie als tourismusabhängig (vgl. Abb. 3-3), was aber eher zu niedrig gegriffen sein dürfte, da hierbei vor allem auch der weite Teil der Geschäftsreisen nicht mitberücksichtigt ist.

Umgekehrt sind die Zahlen über den Anteil des Straßenverkehrs am Tourismus weitaus detaillierter: Der Pkw zählt seit Jahren mit insgesamt ca. 60 % zum beliebtesten Urlaubs-Verkehrsmittel, wobei Inlandsurlauber zu 80 % den Pkw nutzen (vgl. Abb. 2-17).

(2) Struktur des Leistungsträgers Straße

Die Struktur der Verkehrsbetriebe Straße ist nicht einheitlich. Hierzu zählen so unterschiedliche Bereiche wie:

- **Busunternehmen**, sogenannte private gewerbliche Personenbeförderung, hier vor allem Ausflugsfahrten, Ferienzielfahrten, Rundfahrten, Schulfahrten, eigene Reiseveranstaltungen sowie der sogenannte Gelegenheitsverkehr,
- der **private Pkw-Reiseverkehr**, entweder selbst organisiert, organisiert durch Pkw-Vermietungs-Unternehmen, durch Mitfahrzentralen oder als geschäftlicher Pkw-Reiseverkehr. Er ist auch Gegenstand und Aufgabe der verschiedenen Automobilclubs.

Ferner werden dem Straßenverkehr, nicht jedoch dem Reiseverkehr zugerechnet:

- **öffentliche Verkehrsträger**: Städtische Verkehrsbetriebe (Wasserwerke, Polizei, Feuerwehr, Krankenhäuser, Stadtreinigung usw.,
- **öffentlicher Personennahverkehr** und Personenbeförderung im Linienverkehr,
- öffentliches und privates **Gütertransportwesen**, Postverkehr,
- **Radverkehr**, der lediglich im Zusammenhang mit dem Wegebau erfaßt wird.

(3) Die Automobilindustrie

Nur Teilbereiche der Automobilindustrie sind mit **speziellen Angeboten** für den Urlaub beschäftigt, so zum Beispiel die Wohnmobil- und Caravanproduktion. Der Großteil (80 %) ist nur indirekt vom Reiseverkehr abhängig (vgl. Abb. 3-3).

(4) Automobilclubs

Eine besondere Bedeutung im Straßenreiseverkehr kommt den
Automobilclubs zu, die mit ihrem vielfältigen Angebot, unter
anderem

ADAC

- Straßenwacht und Pannenhilfe,
- Touristische Beratung,
- Schutzbriefe,

zur Entwicklung des Autotourismus beigetragen haben.

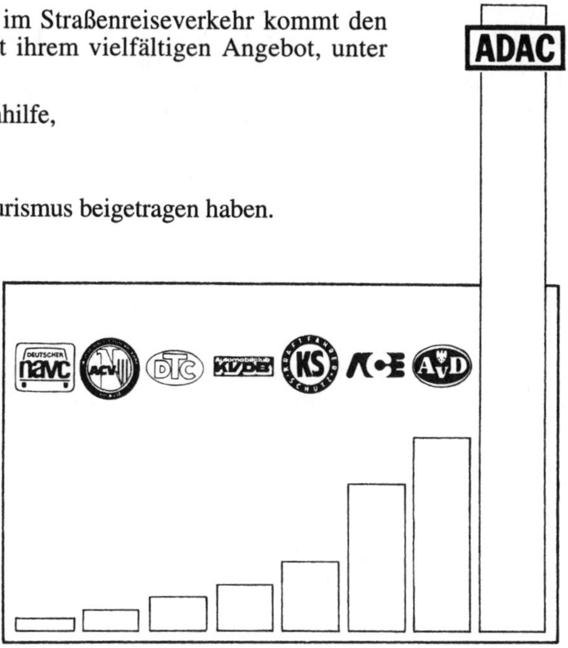

Abb. 3-15 Automobilclubs
in Deutschland

Branchenführer ist mit großem Abstand der ADAC-Allgemeiner Deutscher
Automobil Club, der mit über 12 Mio. Mitgliedern jährlich ca. 800 Mio. DM um-
setzt. Er ist weltweit der zweitgrößte Automobilclub (hinter der AAA-American
Automobil-Association). Der ADAC tritt auch als Reiseveranstalter mit eigenem
touristischen Programm in Erscheinung (vgl. Teil 3.5). Zweitgrößter Club in der
Bundesrepublik ist der AvD-Automobilclub von Deutschland inklusive Korpo-
rativer Clubs wie DCC, gefolgt vom ACE-Auto-Club Europa und dem KS-Kraft-
fahrer Schutz. An vierter Stelle rangiert die KVDB-Kraftfahrer-Vereinigung Deutscher Beamter noch vor dem DTC-Deutscher Touring-Club.

Auch sind einige der Automobilclubs selbst im touristischen Bereich als Anbieter
von Pauschalreisen tätig.

(5) Mitfahrzentralen

Als kleiner Spezialmarkt für Autoreisende haben sich in den letzten Jahren
Mitfahrzentralen (MFZ) entwickelt, die in fast allen größeren Städten Büros unter-
halten und gegen geringe Gebühren Mitfahrer an Autofahrer mit Zielen im
Bundesgebiet und im Ausland vermitteln. Vor kurzem haben sich einige
Mitfahrzentralen auch überregional zum Verband Deutscher Mitfahr-Zentralen e.V.
zusammengeschlossen.

(6) Autovermietung

In der Bundesrepublik existieren ca. 1 400 Autovermietungsunternehmen, die einen Gesamtumsatz von ca. 3,4 Mrd. DM (Stand: 1994) erzielen. Davon entfallen auf den Bereich Pkw-Nutzung für den touristischen Bereich ca. 10 bis 15 % und auf die geschäftliche Nutzung ca. 30 %. Größere Bedeutung kommt hier auch dem Wohnmobilverleih für Urlaubsreisen zu.

Autovermietungsfirmen arbeiten auch international, so sind sie vor allem für Vorausbuchung für Mietwagen bei Ferienreisen von Bedeutung. Teilweise erfolgt diese Leistung über einen Reiseveranstalter (oder ein Reisebüro).

Branchenführer ist in Deutschland die Firma InterRent-Europcar (Zusammenschluß 1.1.1989) mit einem Marktanteil von ca. 23 %, an zweiter Stelle Sixt (ca. 13%), dritter Avis (10%). Die sechs größten Firmen haben einen Marktanteil von rund 50 Prozent.

Avis gilt als führender Anbieter im Bereich Tourismus, wobei die Firma mit ca. 5.500 Reisebüros zusammenarbeitet, über die ca. die Hälfte aller Reservierungen abgewickelt werden. Es bestehen Kooperationen mit den meisten großen Reiseveranstaltern, darunter DER, TUI, ITS, mit vielen Fluggesellschaften und Hotelketten wie Sheraton, Interconti und Penta.

Die Firma **Hertz** ist weltweit der größte Autovermieter. Hauptgewicht hat bei Hertz das USA-Geschäft. In Deutschland bestehen Kooperationen mit ca. 50 Reiseveranstaltern, u. a. mit der Lufthansa.

Firma 1993	Umsatz in Mio. DM	Fahrzeugbestand	Stationen
Europcar	1.400	25.000	527
Sixt	1.500	15.000	250
Avis	1.200	16.000	330
Hertz	k.A.	15.000	230
CC-Autohansa	480	130.000	550

Abb. 3-16 Die größten Autovermieter in Deutschland
(Quelle: Bundesverband Deutscher Autovermieter 1994)

(7) Busunternehmen

Der Bus als Transportmittel hat eine wechselvolle Geschichte hinter sich. Zwischen 1950 und 1960 hatte er mit fast 20 % einen großen Beitrag zum Reiseboom nach dem 2. Weltkrieg geleistet. In den Folgejahren war sein Anteil bis auf 5 % (1973) zurückgegangen. Private Pkw-Reisen und der aufkommende Flugtourismus hatten seine Bedeutung zurückgedrängt. Erst in den letzten Jahren gewinnt er wieder etwas mehr an Bedeutung. Der soziale Aspekt von Gruppenreisen, ein erhöhter Komfort während der Fahrt, Flexibilität am Reiseziel und verstärkte Bemühungen der Busunternehmer haben das Image von Busreisen verbessert und ihren Anteil am Urlaubsreiseverkehr wieder auf gut 10 % (1992) steigen lassen.

Vor allem für die Zweiturlaubsreise, für Kurzreisen und für den Ausflugsverkehr kommt dem Bus eine erhöhte Bedeutung zu. Große Teile dieser Tätigkeiten
sind bei der zuvor genannten Urlaubsreisestatistik nicht miterfaßt. Während nur ca.
4,5 Mio. Reisende den Bus als Transportmittel für ihre Haupturlaubsreise nutzen
und dabei ca. 3,5 Mrd. DM ausgeben (Stand: 1994), werden im Bereich der Kurzreisen und des **Ausflugsverkehrs** weitaus mehr Einnahmen erzielt.

Linienverkehr mit Bussen erfolgt überwiegend im Personennahverkehr.
Überregionale Bedeutung hat lediglich die Deutsche Touring GmbH (eine Tochtergesellschaft der Deutschen Bahn AG). Als Touring- und Europabus-Linien haben
sie eine Reihe von Linienangeboten zwischen den wichtigsten deutschen Großstädten und ins europäische Ausland, unter anderem verkehrt sie nach Skandi-
navien (Stockholm, Helsinki, Oslo), auf den Balkan (bis Istanbul, Athen) und
Spanien (über Barcelona, Madrid bis Malaga), nach Paris und London.

Charterverkehr: Die Hauptbedeutung für Busunternehmen hat der
sogenannten **Gelegenheitsverkehr**, der vor allem umfaßt

* Ausflugsfahrten,
* Ferienzielreisen,
* Mietomnibusreisen.

Von den knapp 6.000 Busbetrieben in Deutschland, davon ca. 700 in den neuen
Ländern, ist der überwiegende Teil (ca. 4.500) ausschließlich mit dem "reinen
Transport" im Linien- und Gelegenheitsverkehr beschäftigt. Lediglich 1.500 haben
auch ein umfangreicheres touristisches Angebot.

Der statistische **Durchschnitts-Bus-Betrieb** hat ca. 7 Busse und 8 Mitarbeiter. Die Leistungspalette der Busbetriebe ist sehr umfangreich; einen Einblick
gibt Abb. 3-17.

A. Busreisen - Rund- und Studienreisen - Städtereisen - Kurz- und Städtereisen - Ferienzielreisen - Clubreisen - Gruppenreisen - kombinierte Reisen - Winter-/Skireisen - Specialevents/Sonderreisen **C. Sonstige touristische Leistungen** - Betrieb von Reisebüros, einschließlich Ticketing Flug-, Bahn-, Schiff- u. Hotelvermittlung - Zusatzleistungen wie Gestellung Stadtführer, Reiseleiter, Reisebegleitern, Hostessen, Übersetzer - Ausarbeitung von Reisen u. touristischen Programmen für Auftraggeber - Bordservice, Catering	**B. Mietomnibusverkehr** - Verkehrsträger für die unter A. aufgeführten Reisen sowohl für andere RV als auch für die eigene RV-abteilung - Vereine, Clubs - Schulen - Firmen, Behörden - Incoming - Werbefahrten - Transfers - Konzert-, Sport-, Kultur und andere Veranstalter - für andere Verkehrströger (Zubringer) - Seminare, Betriebsbesichtigungen, Fortbildungsveranstaltungen **D. Weitere Leistungsbereiche** - Werkstatt, Tankstellen, Spedition, Taxi, Gastronomie, Hotellerie, Lotto, Toto usw.

Abb. 3-17 Die Leistungspalette der Busbetriebe
(Quelle: GAUF 1987: 44)

Im Jahr 1974 wurde von der Buswirtschaft die **Gütegemeinschaft Buskomfort e.V.** gegründet, um die Bedeutung des Omnibusses als Urlaubstransportmittel zu erhöhen. Von dieser Gütegemeinschaft wird die **Klassifizierung** der Busse initiiert, was aber bisher nur bei einem Teil der Omnibusbetriebe gelungen ist. Der grundlegende Gesichtspunkt für die Einteilung von Bussen in eine Gütestufe 1 bis 4 ist der Sitzabstand: Er beträgt beim

*	- Bus	68 cm
**	- Ausflugsbus	72 cm
***	- Reisebus	77 cm
****	- Fernreisebus	83 cm

Die Einstufung hängt weiterhin ab von Kriterien wie Sitzplatzbreite, Verstellbarkeit der Sitze zum Mittelgang, einstellbaren Fußstützen, thermostatisch geregelter Raumtemperatur, beschlagfreien Seitenfenstern usw. (vgl. Abb. 3-18). Ende 1993 hatten knapp 1.000 Omnibusunternehmer ihre Busse (ca. 3.000) in diese Klassifikation aufnehmen lassen. Davon ist ca. jeweils die Hälfte mit 4 und mit 3 Sternen versehen (nur 66 wurden mit 2 Sternen, keiner (!) mit 1 Stern klassifiziert).

---

70 Ausrüstung Gütestufe 4
★★★★-Fernreisebus

- ☐ 71 Sitzabstand mindestens 0,83 m
- ☐ 72 Vis-à-vis Sitze, Sitzabstand mindest. 1,60 m
- ☐ 73 Höhe der Rückenlehne mindestens 0,68 m
- ☐ 74 Stoff- oder Plüschbezüge mit durchgehend gleicher Qualität der Polsterung
- ☐ 75 Aschenbecher pro Sitzplatz, ausgenommen in deutlich gekennzeichneten Nichtraucherzonen
- ☐ 76 Radio- und Mikrofonanlage
- ☐ 77 Tonband-/Kassettenanlage
- ☐ 78 Armlehnen gang- und wandseitig
- ☐ 79 Verstellbarkeit der Sitze zum Mittelgang oder 0,50 m Sitzplatzbreite auch bei Fondsitzen
- ☐ 80 Gepäckablage
- ☐ 81 motorunabhängige Heizung
- ☐ 82 Frischluftzufuhr durch Raumlüftung mit mindestens 30-fachem Luftdurchsatz pro Stunde auch bei stehendem Bus durch Gebläse (Bescheinigung des Herstellers) a) gleichmäßig verteilt **oder** b) individuell regelbar
- ☐ 83 thermostatisch geregelte Raumtemperatur, d. h. je Umlüfter 1 Thermostat, mindestens aber je 1 Thermostat im vorderen, mittleren und hinteren Fahrgastraum

- ☐ 84 Rollos/Vorhänge an den Seitenfenstern
- ☐ 85 Nachtbeleuchtung
- ☐ 86 keine in den Fußraum ragende Konstruktion insbes. Radkästen, ausgenommen an der Seitenwand verlaufender Heizkanal bis zu einer Breite von 15 cm
- ☐ 87 Verstellbarkeit der Rückenlehnen mindestens 35° aus der Senkrechten
- ☐ 88 keine Fahrgastsitze an Türen
- ☐ 89 einstellbare Fußstützen; bei Sitzen, die keinen unmittelbaren Sitz vor sich haben, kann auf die Verstellbarkeit verzichtet werden. Bei Vis-à-vis Sitzen sind keine Fußstützen erforderlich.
- ☐ 90 Leselampe pro Sitz
- ☐ 91 Kein Beschlagen der Seitenscheiben a) durch Doppelverglasung **oder** b) durch Düsenbelüftung
- ☐ 92 Fahrgasttisch für jeden Sitz
- ☐ 93 WC/Waschraum, Wasser- oder Chemikal-Toilette mit Handwaschbecken. Einwandfreie Funktion von WC-Spülung, Waschbeckenablauf und Gebläse (Luftabsaugung).
- ☐ 94 Kühlbar. Elektrischer Kühlschrank mit Rauminhalt für mindestens eine 0,3 l-Flasche oder -Dose pro Sitzplatz (Bescheinigung des Herstellers)

Abb. 3-18 Prüfkatalog für Bus-Klassifizierung, Beispiel 4*-Bus
(Quelle: Gütegemeinschaft Buskomfort)

Preispolitik: Es existieren keine vorgegebenen Tarife für den Bus-Reiseverkehr, sondern die Beförderungspreise im Gelegenheitsverkehr sind ein **Verhandlungsergebnis**, das sich zusammensetzt aus

- festem Tagessatz und
- variablen Kosten (km, Fahrerstunden, Spesen, Nebenkosten).

3.4.2 Luftverkehr

(1) Kurzcharakteristik/Überblick

Die Luftfahrtindustrie ist ein bedeutender und sehr vielfältiger Teil der Tourismusindustrie. Als Teile der Flugindustrie müssen betrachtet werden

- internationale Linienfluggesellschaften und Organisationen,
- Personen- und Frachtverkehr,
- Charterfluggesellschaften,
- nationale Fluggesellschaften,
- Flughäfen (als eigenständige Wirtschaftseinheiten),
- verschiedene Zulieferer.

Weitere wichtige Punkte im Bereich des Flugverkehrs sind die **Tarifstruktur** (vgl. Teil (4) dieses Kapitels) und die **Vertriebsstruktur** (IATA-Reisebüros, die ausführlich in Teil 3.6 behandelt werden).

(2) Exkurs: Abgrenzung Linien- und Charterflugverkehr

Linienflüge sind regelmäßig verkehrende Verbindungen mit festgelegten Tarifen. Im § 21 Abs. 1 und 2 des Luftverkehrsgesetzes ist festgelegt: "Jede öffentliche, zwischen bestimmten Flugplätzen eingerichtete, regelmäßige Flugverbindung mit Beförderungspflicht für Personen, Fracht oder Post, für die dem durchführenden Unternehmen eine Genehmigung erteilt wurde." Kennzeichen für den Linienverkehr sind somit:

- Bindung an bestimmte Linien/Strecken,
- Öffentlichkeit (d. h. jeder hat zu gleichen Konditionen Zugang),
- Regelmäßigkeit, Betriebspflicht, Beförderungspflicht, Tarifzwang und Flugplanpflicht (d. h. der Flugverkehr erfolgt zu vorher angekündigten Tarifen und Zeiten über einen längeren Zeitraum).

Die Flugpreistarife der Linienfluggesellschaften werden aufgrund internationaler Absprachen innerhalb der IATA festgelegt. Diese Flugpreise müssen durch das Bundesverkehrsministerium genehmigt werden.

Im Gegensatz dazu ist der **Charterflugverkehr** (auch Bedarfs- oder Gelegenheitsflugverkehr) nur negativ im Luftverkehrsgesetz abgegrenzt, als "gewerblicher Luftverkehr, der nicht Fluglinienverkehr ist" (§ 22). Dies ist stets dann der Fall, wenn eines der oben genannten Kriterien für den Linienverkehr nicht erfüllt ist, also beispielsweise nicht regelmäßig verkehrt, nicht allen Personengruppen frei zugänglich ist und/oder keine offiziellen Tarife bestehen.

Der Zugang zum Charterflugverkehr ist grundsätzlich jedem Unternehmen offen, doch bedarf es einer Genehmigung durch das Bundesverkehrsministerium. Dieses begrenzt das Angebot bezüglich der Charterflüge durch eine Reihe von Auflagen.

Der für den Reiseverkehr bedeutendste Teil des Charterverkehrs sind Charterflugreisen in Urlaubsgebiete (sog. **Pauschalcharterflüge**), die ca. 90 % des gesamten Charterflugaufkommens in der Bundesrepublik ausmachen. Es begann in der Bundesrepublik in den 50er Jahren und hatte Ende der 70er/Anfang der 80er Jahre einen vorläufigen Höhepunkt erreicht.

Hierbei chartert ein Reiseveranstalter meist über die gesamte Reisesaison ein Fluggerät eines (Charter-)Flugunternehmens[1] (meist einmal pro Woche zu einem festen Flugtermin), stellt ein Pauschalreiseangebot zusammen, wobei er in seiner Preiskalkulation vollkommen frei ist, und sorgt mit eigenem Risiko für die Auslastung der Maschinen. Für die Zulassung zum Charterflugverkehr bestehen bestimmte Auflagen, um vor allem keine Konkurrenz zwischen Charter- und Linienflügen aufkommen zu lassen. Die wichtigsten Vorschriften sind vor allem: Hin- und Rückreise von den selben Flugorten, Mindestaufenthalt der beförderten Gäste, Zusatzleistungen durch den Reiseveranstalter (oder der von ihm beauftragten Leistungsträgern)- außer Flug - am Urlaubsort.

Nachfrager und **Vertragspartner** bei Pauschal-Charterflügen sind gegenüber den Charterfluggesellschaften ausschließlich Reiseveranstalter, keine Privatkunden.

Ein zweites Charter-Angebot für Urlaubsreisende sind die **Nordatlantik-Charter** (ABC-Advance Booking Charter) zwischen Nordamerika und der Bundesrepublik, bei denen auch "Nur-Flug" (ohne Pauschalarrangement am Ort) zu bestimmten Sonderkonditionen (Vorausbuchung, Mindestaufenthalt, strenge Stornobedingungen) gebucht werden kann. Hier chartert ebenfalls ein Reiseveranstalter die Fluggeräte und verkauft die einzelnen Flugplätze an die Reisenden.

Daneben bestehen **Sonder- und Spezialchartermöglichkeiten** (z. B. aus besonderem Anlaß, wie einmalige Veranstaltung, oder für bestimmte Gruppen, wie Studenten, Gastarbeiter, oder Taxi-Flüge, bei Maschinen mit max. 10 Sitzplätzen).

(3) Struktur der Luftverkehrsindustrie

(3a) Linienverkehr in Deutschland

Zwar sind nach Angaben des Statistischen Bundesamtes 1994 zur Zeit 195 Unternehmen in der Luftfahrt tätig, davon 30 nebengewerblich und 165 hauptgewerblich, doch sind für den engeren Bereich der touristischen Flugreisen lediglich 10 Unternehmen von Relevanz. Die anderen beschäftigen sich teilweise mit Reklameflügen, mit Flugangeboten für die nähere Umgebung, Ausflugs-verkehr, Rundflügen usw.

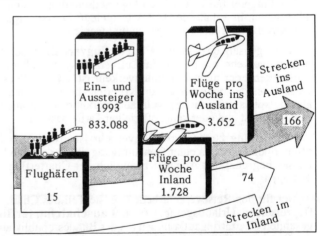

Abb. 3-19
Regionalflugverkehr
(Quelle: ADV 1994)

Ein- und Aussteiger 1993   833.088

Flughäfen   15

Flüge pro Woche ins Ausland   3.652

Flüge pro Woche Inland   1.728

Strecken ins Ausland   166

74

Strecken im Inland

---

1   Grundsätzlich gibt es keine Charterflugzeuge oder -gesellschaften. Es handelt sich in allen Fällen um "ganz normale" Flugzeuge, die eventuell für den Charterverkehr anders bestuhlt sind.

Lufthansa AG

Als "AG für Luftverkehrsbedarf" (Luftag) wurde diese Fluggesellschaft am 6.1.1953 gegründet und am 6.8.1954 umbenannt in "Deutsche Lufthansa AG". Die Hauptverwaltung der deutschen Lufthansa ist in Köln. Eigentümer und Beteiligungen der Lufthansa AG sind vielfältig (vgl. Abb. 3-20). Hinzu kommt nach Öffnung der innerdeutschen Grenze eine verstärkte Zusammenarbeit mit der bisherigen DDR-Interflug auf den Gebieten Flug, Catering, Hotel, EDV, Software usw. Hierzu wurde 1990 das Gemeinschaftsunternehmen Interhansa gegründet, das von der Aufgabensetzung in etwa der Lufthansa Commercial Holding entspricht.

Die Lufthansa fliegt zur Zeit (1992) 201 Städte in 87 Ländern an. Etwa 90 % ihrer Verkaufserlöse erzielt sie auf vier ihrer Märkte: Deutschland, Europa, Fernost und Nordamerika.

Umsatzmäßig werden etwa 80 % des Lufthansa-Umsatzes durch Personentransport und 20 % durch **Frachtflüge** erzielt. Der **Personenflugverkehr** wird zu 53 % von Geschäftsreisenden, 29 % von Urlaubsreisenden und 19 % von (sonstigen) Privatreisenden genutzt. Der Großteil der **Nicht-Geschäftsreisenden** entfällt mit 71 % (des gesamten Privaten- und Urlaubsflugverkehrs) auf den Charterflugverkehr. Der Lufthansa-Vertrieb erfolgt zu 90 % extern.

(3b) Charterflugverkehr

In der Bundesrepublik bestehen nur wenige bedeutende Charterfluggesellschaften, die insbesondere für den Urlaubsreiseverkehr zuständig sind: Zu nennen sind hier insbesondere Condor als Tochtergesellschaft der Lufthansa (ca. 5 Mio. Passagiere), LTU/LTS (ca. 4,5 Mio. Passagiere), Hapag Lloyd (ca. 3,5 Mio. Passagiere) und Aero Lloyd (ca. 2 Mio. Passagiere) (1993), die insgesamt über 3/4 des gesamten Charterflugverkehrs auf sich vereinen (vgl. auch Abschnitt 6.2.6, Konzentration auf dem Charterflugmarkt).

Als Zielgebiete für Charterflüge sind überwiegend die Mittelmeerländer, allen voran Spanien mit 44,2 % (1992) von Bedeutung.

(3c) Flughäfen

Der dritte Bereich, der in bezug auf die Luftverkehrsindustrie von Bedeutung ist, sind die verschiedenen Flughäfen in der Bundesrepublik.

Es besteht eine Vielzahl regionaler Flugplätze (ca. 500), von denen allerdings nur 17 an das internationale Flugnetz angeschlossen sind. Ein Übersicht über das Aufkommen auf den deutschen Flughäfen findet sich in Abb. 3-21.

Das Aufkommen unterscheidet sich nach Personenverkehr und Frachtverkehr. Mit Abstand der bedeutendste deutsche Flughafen ist Frankfurt, von dem auch die meisten internationalen Flüge starten (und landen). International steht Frankfurt nach Passagieraufkommen an neunter, nach Fracht an dritter Stelle.

Die Flughäfen selbst sind als eigener touristischer Industriezweig anzusehen. Sie sind nicht im Besitz einer Fluggesellschaft, sondern werden zumeist privat oder öffentlich betrieben. - Für Flughäfen gelten entsprechend auch veränderte Verkaufs- und Öffnungszeiten.

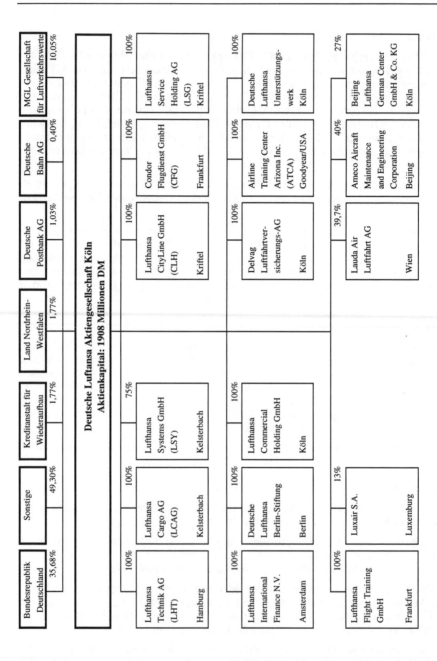

Abb. 3-20 Struktur des Lufthansa-Konzerns   (Quelle: LUFTHANSA Geschäftsbericht 1996)

Flughafen	Jahr	Flugzeug-bewegungen[1]	Fluggäste[2]	Fracht in t [3]
Hamburg	1985	73.593	4.854.477	34.522
	1990	113.375	6.843.445	44.476
	1992[4]	111.115	6.925.273	39.140
Hannover	1985	44.694	2.040.324	10.147
	1990	66.066	2.781.367	12.780
	1992[4]	72.150	3.093.985	14.121
Bremen	1985	28.125	748.953	3.869
	1990	38.201	1.104.810	3.986
	1992[4]	40.257	1.154.842	3.370
Düsseldorf	1985	91.177	8.226.862	50.742
	1990	136.990	11.912.092	52.881
	1992[4]	149.767	12.274.464	49.601
Köln/Bonn	1985	49.943	2.041.732	81.635
	1990	96.514	3.078.116	166.515
	1992[4]	101.267	3.552.708	187.578
Frankfurt a.M.	1985	222.544	20.225.086	772.689
	1990	311.232	29.368.212	1.124.443
	1992[4]	333.760	30.746.463	1.115.858
Stuttgart	1985	60.484	3.041.774	14.228
	1990	88.703	4.401.773	18.906
	1992[4]	97.576	4.770.186	14.834
Nürnberg	1985	24.158	928.064	6.445
	1990	41.010	1.477.305	12.749
	1992[4]	45.547	1.667.810	10.832
München	1985	114.601	8.049.454	40.722
	1990	163.072	11.363.975	60.647
	1992[4]	175.134	12.018.202	56.847
Berlin TXL/THF	1985	55.758	4.552.994	10.928
	1990	101.214	6.709.827	15.406
	1992[4]	142.722	7.500.596	17.400
Berlin SXF	1991[4]	29.537	928.015	6.348
	1992[4]	29.422	1.523.726	5.872
Dresden	1991[4]	18.329	595.240	301
	1992[4]	27.750	1.001.149	717
Leipzig	1991[4]	20.690	636.565	654
	1992[4]	30.627	1.073.378	1.345
Saarbrücken	1985	12.281	166.171	103
	1990	13.233	248.885	2.222
	1992[4]	13.054	325.031	350
Münster-Osnabrück	1990	27.654	284.235	280
	1992[4]	22.982	415.681	5.566[5]

1) Starts und Landungen (gewerblicher Verkehr einschließlich gewerbliche Schulflüge)
2) Zusteiger, Aussteiger, Transit
3) Einladung, Ausladung, Transit
4) Basis: ADV-Statistiken
5) inkl. Bodentransporte

Abb. 3-21 Verkehrsentwicklung auf den deutschen Flughäfen 1984 - 1992
(Quelle: STATISTISCHES BUNDESAMT 1992)

(3d) Internationale Fluggesellschaften

Die Bundesrepublik wird von ca. 100 ausländischen Fluggesellschaften angeflogen, weitere 50 unterhalten in der Bundesrepublik Büros.

International sind ca. 200 Fluggesellschaften in der IATA zusammengeschlossen. Einen Überblick über die Größen der internationalen IATA-Fluggesellschaften findet sich in Abb. 3-22, in der allerdings die Non-IATA-Gesellschaften fehlen.

IATA: *1945 in Havanna gegründeter Dachverband des kommerziellen Luftverkehrs. Derzeit ca. 150 Mitglieder. Hauptaufgaben: Rechtliche und technische Koordination des internationalen Flugbetriebs, Abrechnung der Zahlungen zwischen den Fluggesellschaften, v. a. über BSP-Bank Settlement Plan.*

Airlines Rangfolge	Passagiere in 1000	Airlines Rangfolge	Passagier-km PKT in Mio.	Airlines Rangfolge	Verkaufte Tonnen-km TKT in Mio.
Delta Air Lines	86.992	United Airlines	179.499	United Airlines	19.452
American Airlines	79.511	American Airlines	165.247	American Airlines	17.978
United Airlines	78.665	Delta Air Lines	136.962	Delta Air Lines	14.387
USAir	57.674	Northwest Airlines	100.603	Northwest Airlines	12.407
Northwest Airlines	49.313	British Airways	93.860	**Lufthansa**	**12.138**
All Nippon	37.822	Japan Airlines	69.775	British Airways	11.845
Continental	35.013	**Lufthansa**	**61.602**	Japan Airlines	10.180
Lufthansa	**32.538**	USAir	60.538	Air France	9.684
British Airways	31.725	Continental	57.131	Singapore Airlines	8.350
Japan Airlines	28.846	Qantas	51.870	KLM	7.939
TWA	21.594	Air France	49.524	Korean Air Lines	7.399
Korean Air Lines	21.225	Singapore Airlines	48.400	Federal Express	7.056
Alitalia	20.898	KLM	44.458	Qantas	6.570
SAS	18.704	All Nippon	42.855	Cathay Pacific	6.212
America West	16.802	TWA	40.074	USAir	5.890

Abb. 3-22 Stellung der Lufthansa im Gesamt-Linienflugverkehr der IATA 1995
(Quelle: IATA WORLD AIR TRANSPORT STATISTICS 1996)

(4) Tarife

Bei keinem anderen Verkehrsmittel bereiten die Beförderungstarife dem Außenstehenden - und oft auch den Fachleuten - so viele Probleme wie im Flugverkehr. Dabei ist die Grundstruktur recht einfach, doch Verwirrung entsteht zumeist durch die verschiedensten Bezeichnungen für gleiche oder ähnliche Leistungen und durch die Vielfalt der Sondertarife mit entsprechenden Sonderbestimmungen.

Die Beförderungsleistung (als Grundprodukt/-leistung) der Fluggesellschaften wird grundsätzlich nach Produkt (Beförderungsklasse) und Preis (Tarifklasse) **differenziert.** Entsprechend existieren bei den meisten Fluggesellschaften zwei bis drei Beförderungsklassen mit entsprechend unterschiedlichen Tarifen.

Hinsichtlich der Beförderungsklasse gelten unterschiedliche Leistungen bezüglich des Services während der Beförderung (komfortablere Sitze, besseres Essen, Freigetränke), bei der Abfertigung (Sonderschalter, Schnell-Check-In) und des Freigepäcks. Bezüglich der Tarife bestehen unterschiedliche Zu- und Abschläge - je nach Tarif - gegenüber dem "Normaltarif".

Das heutige **Tarifsystem** ist das komplizierte Ergebnis verschiedener nationaler und internationaler Verhandlungen und Abkommen, v. a. der in der IATA zusammengeschlossenen Fluggesellschaften.

Sondertarife:

IT-Tarife als Einzel-IT oder Gruppen-IT (GIT), (IT=Inclusive-Tour)
Dies sind offiziell von den IATA-Fluggesellschaften für Linienflüge ausgewiesene und genehmigte Tarife, die von Reiseveranstaltern zur Konstruktion von Pauschalreisen verwendet werden sollen/können. Voraussetzung für die Anwendung dieser Tarife sind neben dem Vorliegen eines entsprechenden Reiseprospektes[1], daß als Mindestleistung einer IT-Inclusive-Tour-Reise drei Leistungen vom Reiseveranstalter als Leistungsbündel angeboten werden: der Flug, Unterkunft am Ort und eine weitere Leistung, wie z. B. Transfer, Stadtrundfahrt o. ä.
Als Sonderform der IT-Tarife existieren sog. Gruppen-ITs, bei denen weitere Ermäßigungen für Gruppen gewährt werden, wobei bestimmte Mindestgruppengrößen vorgeschrieben sind, z. B. GIT-6 oder GIT-12, wo mindestens 6 bzw. 12 Passagiere an dieser Reise teilnehmen müssen.

Holiday-Tarif, Excursion-Fare, Apex-Tarif, Flieg und Spar
Die Bezeichnung Apex-Advanced Purchase Excursion Tarif enthält die wesentlichen Anforderungen an die verschiedenen Sondertarife mit unterschiedlichen Bezeichnungen und Vorschriften: Hin- und Rückflug zwischen den selben Flughäfen[2] (Excursion), Vorausbuchung (meist zwischen 2 und 21 Tagen) mit gleichzeitiger Vorausbezahlen des Tickets, Mindestaufenthalt (meist zwischen 6 und 14 Tagen), hohe Gebühren bei Umbuchung oder Stornierung des Fluges.

Stand-By/"Last-Minute-Flüge"
Hier kann der Flug nicht im voraus reserviert, sondern lediglich kurz vor Abflug bei vorhandenen Plätzen gebucht werden. In Deutschland sind die Stand-By-Angebote sehr wenig verbreitet, anders hingegen in den USA oder zum Teil im europäischen Ausland. Bekanntheit haben Stand-By-Flüge vor allem durch die Angebote des "Billigfliegers" Laker-Airways Ende der 70er Jahre von London nach New York (und zurück) erhalten.

Rundreise-Tickets
Viele lokale Airlines bieten Sondertarife, die mehrere Flüge, meist mit der gleichen Airline innerhalb eines bestimmten Geltungszeitraumes, beinhalten. Vor allem in den USA sehr bekannt: "für 99 $ eine Woche unbegrenztes Fliegen".

---

1 An dieses Reiseprogramm werden ebenfalls gewisse formale Ansprüche gestellt, z. B. soll mindestens ein 4seitiges Prospekt vorliegen, bei dem pro DIN-A 4-Seite maximal 4 Ziele angeboten werden, das im Druck- oder Offsetverfahren in einer Mindestauflage von 2000 Exemplaren hergestellt wurde.

2 Manchmal sind auch "Nachbarflughäfen" erlaubt, sogenannte Open-Jaw- oder Y-Flüge, z. B. ex Frankfurt nach Los Angeles und zurück von San Francisco, oder von Berlin-Tegel nach Köln und zurück von Düsseldorf.

Bezugspunkt der **Tarifpolitik** ist der **Voll- oder Normaltarif**. Er berechtigt zur Ausschöpfung aller Möglichkeiten des internationalen Flugverkehrs: kurzfristige Buchung, beliebige Umbuchung (der Zeit oder des Carriers - Endorsement oder Interlinig) oder Unterbrechungen (Stopover) auf der Strecke, Umwege (rerouting, in begrenztem Umfang), keine Gültigkeitsbeschränkungen und Stornierung sowie Rückerstattung (Refund) nicht benutzter Tickets oder Teilstrecken. Der Normalpreis ist in der Regel für die Hin- und Rückreise gleich hoch, Rückflugermäßigungen gibt es nur bei Sondertarifen.

Sondertarife sollen das Auslastungsrisiko der Airline reduzieren, folglich legen sie dem Reisenden Beschränkungen hinsichtlich der Vorausbuchung, der Mindest- und/oder Höchstaufenthaltsdauer, der zu benutzenden Airline oder der Umbuchung oder Stornierung auf. Der Anteil der zu Sondertarifen fliegenden "Minderzahler" - so ein gebräuchlicher, wenn auch nicht präziser Ausdruck[1] - liegt je nach Airline und Destination - meist bei mindestens 50 % des gesamten Fluggastaufkommens.

Einige Beispiele für wichtige Sondertarife und die entsprechenden Sonderregelungen sind im folgenden Kasten aufgezählt. (Dabei sind die Bestimmungen bei allen Airlines zwar grundsätzlich ähnlich, doch im Detail - leider - immer wieder etwas unterschiedlich).

"Graumarkt"

Besondere Verwirrung haben die verschieden Tarife des "Graumarktes" gestiftet. Immer wieder ist von Angeboten zu hören, wo jemand für 200 DM über den Atlantik fliegt oder für 500 DM auf die Malediven. Doch so unübersichtlich dieses "Graumarktgestrüpp" auf den ersten Blick auch erscheinen mag, es hat auch seine eigenen Gesetze und "Tarife". Häufig bewegen sich die grauen Tarife nur wenig unter den niedrigsten offiziellen Sondertarifen (vgl. Abb. 3-23), doch sie haben meist weniger Restriktionen (bezüglich Vorausbuchung und Mindest- bzw. Höchstaufenthalt). Grundsätzlich sollte im Bereich der "grauen" Tickets unterschieden werden zwischen grauen, weichen, Chartertickets und den schwarzen Schafen.

"Grau" sind alle diese Tickets, weil sie sich nicht an die IATA-Tarife und -vorschriften halten. Dies kann entweder dadurch geschehen, daß

* weniger als der offiziell vorgeschriebene Tarif für eine Destination genommen wird. Dies ist vor allem der Fall bei sogenannten "Weichwährungstickets"[2],
* daß Vorschriften für die Anwendung von Sondertarifen nicht eingehalten werden, z. B. trotz Vorausbuchung am Tag vor Abflug ein Ticket zum Holiday- oder APEX-Tarif ausgestellt wird. Oder - häufiger Fall -, daß Tickets zum IT-Tarif ausgestellt werden, ohne daß dem Kunden eine zusätzliche Leistung verkauft wird. Hierzu zählt auch der Verkauf von Nur-Flug-Reisen im Charter-Verkehr, wo - um den offiziellen Vorschriften zu genügen - sogenannte "Charter-Wegwerf-Übernachtungs-Angebote" mitgeliefert werden[3]).

---

1 Die Passagiere zahlen den vollen - legitimen, reduzierten - Sondertarif.
2 Hierunter versteht man Tickets von Fluggesellschaften mit nicht frei konvertierbaren Währungen (vor allem des Ostblocks).
3 Entweder auf dem Campingplatz (15 km außerhalb) oder im Mehrbettzimmer (ein Sechsbettzimmer für 60 Gäste).

Angeboten werden solche Tickets selten direkt von den Airlines, sondern von bestimmten Händlern/Reisebüros oder von Reiseveranstalter (bei Chartern), meist mit Kenntnis oder Duldung der Airlines.

Ziel	First	Business	Economy	Super Flieg & Spar	IT	Graumarkt
Antalya	3187,-	2537,-	2537,-	999,-	940,-	520,-
Athen	2850,-	2350,-	2350,-	920,-	844,-	495,-
Barcelona	2193,-	1693,-	1693,-	560,-	544,-	490,-
Faro	2974,-	2324,-	2324,-	888,-	794,-	509,-
Las Palmas	3569,-	2769,-	2769,-	790,-	910,-	498,-
London	1369,-	1019,-	1019,-	377,-	432,-	250,-
Madrid	2512,-	2012,-	2012,-	690,-	676,-	490,-
Nizza	2028,-	1678,-	1678,-	680,-	535,-	580,-
Palma	2329,-	1829,-	1829,-	570,-	578,-	359,-
Paris	1326,-	1126,-	1126,-	323,-	349,-	279,-
Rom	2352,-	1852,-	1852,-	549,-	670,-	380,-
Tel Aviv	4479,-	3080,-	3080,-	1069,-	1379,-	599,-
LosAngeles	9355,-	5704,-	5313,-	1938,-	3808,-	1095,-
Miami	8325,-	4610,-	4290,-	1688,-	1628,-	999,-
New York	6771,-	3785,-	3424,-	1388,-	1318,-	699,-
Toronto	6761,-	4101,-	3721,-	1298,-	1678,-	899,-
Barbados	7380,-	4853,-	4411,-	1835,-	3952,-	1199,-
MexicoCity	7520,-	5009,-	4532,-	1750,-	1600,-	1420,-
Rio de Jan.	10167,-	7113,-	6466,-	2570,-	2300,-	1575,-
Nairobi	8969,-	5531,-	5179,-	1895,-	1828,-	1099,-
Bangkok	9694,-	5548,-	5300,-	2188,-	1628,-	1150,-
Hongkong	11135,-	6447,-	6158,-	2328,-	1755,-	1489,-
Peking	11074,-	6085,-	5808,-	2898,-	1400,-	1350,-
Singapur	9817,-	5640,-	5387,-	2288,-	1719,-	1250,-
Tokio	13262,-	7952,-	7430,-	2970,-	2710,-	1650,-

Alle Preise in DM hin und zurück ab Frankfurt.

Abb. 3-23 Tarifbeispiele für verschiedene Destinationen
(Quelle: LH-Tarifbuch, bei Graumarkttarifen: eigene Erhebungen, Stand: Mai 1990)

(5) Vertriebswege

Geschäftspartner für die Fluggesellschaften sind einerseits die Reisenden selbst, zum anderen aber häufig Hotels (vor allem große Hotelketten), Reisebüros, die bei den Fluggesellschaften einbuchen, Reiseveranstalter, die in Zusammenarbeit mit den Fluggesellschaften ihre Pauschalreisen veranstalten.

Zum Verkauf der Flugverkehrsleistungen unterhalten die Airlines eigene Verkaufs- und Reservierungsbüros im In- und Ausland. Ein Großteil des Flugscheinverkaufes erfolgt über Reisebüros, hier vor allem über IATA-Büros. Diese müssen gewisse Vorraussetzungen erfüllen (Fachkräfte, Öffnungszeiten, Sicherheiten), sie verpflichten sich zur Einhaltung der IATA-Vorschriften. Zum Teil verkaufen diese Büros über IATA-Unteragenten weiter (was - strenggenommen - offiziell nicht zulässig ist). Graumarkt und Non-IATA-Airlines bedienen sich auch der Non-IATA- Büros als Vertriebsweg.

Die Bedeutung der CRS-Computer-Reservierungssysteme, vor allem für Fluggesellschaften, wird in Teil 3.8 näher behandelt.

3.4.3 Die Bahn

(1) Kurzcharakteristik

Mit der Erfindung der Dampflok und dem Ausbau des Eisenbahnnetzes in der zweiten Hälfte des 19. Jahrhunderts begann der moderne Massentourismus (vgl. Teil 1.2). Ein modernes Massenverkehrsmittel war gefunden worden. Bis Mitte des 20. Jahrhunderts blieb auch die Bahn das Hauptverkehrsmittel für den Reiseverkehr. In den letzten Jahrzehnten hat die Bahn einen deutlichen Bedeutungsverlust erlitten. Während noch 1954 56 % der Urlaubsreisenden die Bahn als Hauptverkehrsmittel bevorzugten, ist die Bedeutung inzwischen auf ca. 11 % zurückgegangen.

"Die Bahn war früher nicht nur Rückgrat des Verkehrs - oft sogar Monopolist - und wirtschaftlich über lange Zeit sehr gesund, sie war Staatsbahn und damit Bestandteil hoheitlicher Gewalt. Mit ihr hatte der Staat ein sehr taugliches Instrument, um Verkehrspolitik, Infrastrukturpolitik, Wirtschafts- und Regionalstrukturpolitik, Sozialpolitik, kurzfristige Beschäftigungspolitik - leider auch Kriegspolitik - zu betreiben." (PÄLLMANN 1986: 96)

(2) Bahn-Produkte und Preise

Das Leistungsangebot der Bahn ist - hinsichtlich der Produktqualität - **differenziert**. Es existieren verschiedene Klassen und Zuggattungen, die sich nach Fahrtdauer, Zahl der Aufenthalte, Wagenart (Sitz-, Liege-, Schlafwagen), Ausstattung der Abteile und der Nebenleistungen (z. B. Bewirtschaftung, Telefon im Zug) unterscheiden:

- ICE-Inter-City-Express (komfortable Schnellverbindungen für bestimmte Langstrecken),
- EC/EuroCity (Internationale Verbindungen mit über 200 europäischen Städten),
- IC/InterCity (Stundentakt für deutsche Großstädte),
- InterRegio (Schnelle Reisezüge für mittlere Reiseentfernungen),
- D-Züge und Fern-Express (Urlaubszüge),
- Züge des Nahverkehrs (Regional-Schnell-Bahn, City-Bahn, S-Bahn),

Ferner bietet die Bahn einige wichtige **Nebenleistungen** an:

- bei der Beförderung sind es z. B. Liegewagen, Beköstigung,
- an den Bahnhöfen sind es Serviceleistungen wie Fahrradverleih, Gepäckaufbewahrung und -beförderung, Reiseverpflegung,
- Rail and Road,
- Park and Rail,
- Rail and Fly.

Darüberhinaus ist die Deutsche Bahn AG mit der Tochter Ameropa auch als **Reiseveranstalter** tätig, indem sie eigene Tourismus-Pauschalprogramme anbietet, z. B. Städtereisen, Tagesausflüge usw.

Die **Preispolitik** der Bahn ist durch das Tarifsystem vorgegeben. Es erfolgt eine Mischkalkulation, z. T. werden entfernungsabhängige Ermäßigungen gewährt.

Die **Preisdifferenzierung** der Bahn ist abhängig von:

- Reisezeit (Tag, Woche),
- Reiseklasse (1., 2.),
- Zugart (D-, EC/IC-, ICE-, Nahverkehr),
- Zahl der Personen,
- Zeitkarten.

Für Reiseveranstalter werden **Sondertarife** gewährt, vor allem für

- die Konstruktion von Pauschalreisen (RIT - Rail Inclusive Tours). Hier bestehen Vorschriften über Zugnutzung, Mindestaufenthalt und Arrangement.
- Jugendliche; die bekanntesten Jugend-Reiseveranstalter mit Bahnreisen sind transalpino, Eurotrain, twen tours, bei denen Jugendliche (bis 25) auf besonderen Strecken ermäßigte Tickets erhalten.

Für den Urlaubsreiseverkehr werden von Reiseveranstaltern **Sonderzüge** auf bestimmten Strecken eingesetzt (TUI-Ferienexpress, Alpen-See-Express).

	ABL-Netz	NBL-Netz
Grundpreis:		
1. Klasse einfach	39,09 Pf/km	36,38 Pf/km
2. Klasse einfach	26,06 Pf/km	24,25 Pf/km
Sparpreis 2. Klasse/ 1. Klasse		
(Pauschalpreis für Hin- und Rückreise,	1. Person	209 DM/ 314 DM
mit Wochenendbindung)	(Mitfahrer 2. - 5. Person)	(105 DM/ 157 DM)
ICE-Sparpreis	1. Person	299 DM/ 449 DM
(Sparpreis mit ICE-Berechtigung)	(Mitfahrer 2. - 5. Person)	(149 DM/ 225 DM)
ICE-Super-Sparpreis	1. Person	239 DM/ 359 DM
(gültig nur an best. Tagen des Monats)	(Mitfahrer 2. - 5. Person)	(119 DM/ 179 DM)
BahnCard		
Basiskarte 2. Klasse/ 1. Klasse	23-59 Jahre	240 DM/ 480 DM
(50% Ermäßigung auf den normalen	(für spezielle Personen-	(120 DM/ 240 DM
Fahrpreis)	gruppen)	bzw. 60 DM/ 120 DM)
Jahresnetzkarte		
- persönlich 2. Klasse/ 1. Klasse		7.250 DM/ 10.900 DM
- übertragbar 2. Klasse/ 1. Klasse		11.942 DM/ 17.913 DM
Spezialtarife		
z. B. Guten-Abend-Ticket 2.Kl./ 1. Kl.	ohne ICE	59 DM/ 99 DM
(gültig 19.00 Uhr bis 02.00 Uhr)	mit ICE	69 DM/ 109 DM

Abb. 3-24   Das Tarifsystem der Bahn
(Quelle: DEUTSCHE BAHN AG 1997)

(3) Struktur der Bahn

Zum 01.01.1994 wurden nach Artikel 87 des Grundgesetzes die behördlich organisierten Staatsbetriebe Deutsche Bundesbahn und Deutsche Reichsbahn in die Deutsche Bahn AG umgewandelt.

---

1 Die speziellen Tarife können nicht mit allen Einzelheiten der Tarifbestimmungen aufgelistet werden.

Durch die Bahnreform sollen die bisherigen Probleme der DB, die sich u. a. aus den Verpflichtungen eines Staatsbetriebes ergeben haben, beseitigt werden. Die Deutsche Bahn AG wird marktorientiert geführt und besitzt eine dezentrale Organisation. Die neun Geschäftsbereiche

- Fernverkehr,
- Nahverkehr,
- Personenbahnhöfe,
- DB Cargo,
- Stückgut,
- Netz,
- Bahnbau,
- Traktion,
- Werke

arbeiten weitgehend selbständig und ergebnisorientiert. Sie sind, soweit notwendig, selbst für Marketing, Vertrieb, Finanzierung und Controlling sowie Personalangelegenheiten verantwortlich. Die Geschäftsergebnisse der einzelnen Geschäftsbereiche werden von diesen gegenüber dem Vorstand der Deutschen Bahn AG verantwortet.

Die wesentlichen Neuerungen durch die Bahnreform sind v. a.:

• die Befreiung aus dem öffentlichen Dienst- und Haushaltsrecht. Dies bedeutet u. a. eine Ablösung der Kameralistik durch eine kaufmännische Buchführung, mit der Einführung handelsrechtlicher Bewertungsprinzipien, Aufbau einer Kostenstellenrechnung und Kostenstellenplanung, die der neuen Unternehmensorganisation entspricht sowie den Aufbau einer innerbetrieblichen Leistungsverrechnung und einer produktorientierten Kostenträgerrechnung.

• Finanzielle Sanierungsmaßnahmen, welche u. a. durch eine Trennung von Fahrweg und Transport, einer Öffnung des Schienennetzes für Dritte und der Einführung des Bestellerprinzips für gemeinwirtschaftliche Leistungen realisiert werden sollen. Eine weitere Maßnahme ist die Verlagerung der Aufgaben- und Ausgabenverantwortung für den Schienenpersonennahverkehr auf die Länder.

Das Bundeseisenbahnvermögen (BEV), in dem die Vermögen der Deutschen Bundesbahn und der Deutschen Reichsbahn zusammengefaßt sind, befindet sich im Eigentum des Bundes. Das BEV ist aufgegliedert in einen unternehmerischen (Deutsche Bahn AG) und in einen Verwaltungsbereich. In die Zuständigkeit des Verwaltungsbereiches fallen im wesentlichen die Personalangelegenheiten der beamteten Mitarbeiterinnen und Mitarbeiter usw., die Bedienung der vom Bund übernommenen finanziellen Verantwortungen der Vergangenheit sowie die Verwaltung der Immobilien, die nicht für den Bahnbetrieb notwendig sind. Das Eisenbahn-Bundesamt übernimmt die Wahrnehmung der hoheitlichen Aufgaben (z. B. Ausübung der Eisenbahnaufsicht und Planfeststellungen für Schienenwege).

In der Deutschen Bundesbahn Holding GmbH (DBH) wurden zwei Jahre vor der Bahnreform die Beteiligungsgesellschaften und Beteiligungen der Deutschen Bundesbahn und der Deutschen Reichsbahn zusammengefaßt (u. a. 62 direkte und 135 indirekte Beteiligungen in den Bereichen Güterverkehr, Personenverkehr und sonstige verkehrswirtschaftliche Dienstleistungen). Mit 24.500 Mitarbeitern erwirtschaftete die DBH im Jahr 1993 einen Umsatz von geschätzten 6 Mrd. DM.

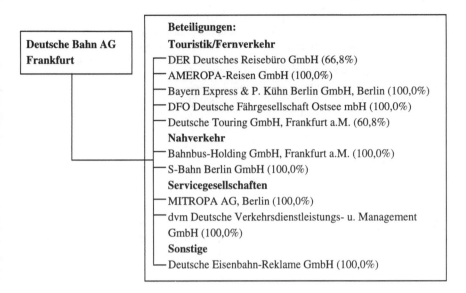

Abb. 3-25 Touristisch relevante Beteiligungen der Deutschen Bahn AG
(Quelle: Deutsche Bahn AG 1997)

Zur Zeit hat die Deutsche Bahn AG eine - quasi - Monopolstellung in bezug auf Reiseangebote auf dem Schienenweg. Neben der DB AG gibt es weitere 99 nicht-bundeseigene Eisenbahnunternehmen, die vor allem für den Nah- und Ausflugsverkehr sowie den Güterverkehr Bedeutung besitzen (sie haben einen Anteil von 15% am Güterverkehr und 8,6% am Personen(nah)verkehr (Quelle: STATISTISCHES JAHRBUCH 1996).

Vor der Bahnreform beschäftigte die Deutschen Bundesbahn 242.735 und die Deutsche Reichsbahn 208.094 Mitarbeiter. (Jeder 38. Arbeitsplatz in Deutschland hängt direkt oder indirekt von der Eisenbahn ab). Zum Jahresende 1996 zählte die DB AG 246.859 Mitarbeiter, konzernweit 288.768 Mitarbeiter.

Die Deutsche Bahn AG unterhält ein Schienennetz von 41.000 km Länge und rund 6.500 Bahnhöfe. Die Verkehrsleistungen der Deutschen Bahn AG unterteilen sich in Personen- und Güterverkehr. Ein Großteil der Personenverkehrsleistung der Bahn wird für den Nahverkehr und hier v. a. für den Berufsverkehr erbracht. Nur ein relativ geringer Prozentsatz der gesamten Leistungserstellung der DB AG ist **tourismusabhängig**. Vor der Bahnreform bezeichnete die Deutsche Bundesbahn selbst den touristischen Anteil ihrer Leistung mit knapp 24 % der Beförderungsfälle und ca. 37 % der Einnahmen. Sie hat im wesentlichen eine Carrier-Funktion zu erfüllen.

(4) Vertrieb

Geschäftspartner für die Deutsche Bahn AG sind sowohl die Reisenden selbst, als auch die verschiedenen Teilbereiche der Tourismusindustrie, vor allem Reisebüros und Reiseveranstalter. Die Leistungen der Bahn werden über verschiedene Vertriebswege angeboten:

- Direktverkauf der DB über eigene Verkaufsstellen.
- Vertrieb über die DER GmbH. Sie ist Generalagent der DB und hat die Aufgabe, den Verkauf von DB-Fahrausweisen über Reisebüros zu organisieren. Dazu gehören die Erteilung von DB-Agenturen und die Abrechnung der von Reisebüros verkauften Fahrscheine gegenüber der DB.
- Vertrieb über DB-Agenturen zu Originalpreisen.
- Vertrieb über CRS-Computer-Reservierungssysteme, v. a. über die Einbindung der DB in das START-System.

3.4.4 Schiffsverkehr

(1) Übersicht

Als Verkehrsmittel für den Personentransport spielt das Schiff in Deutschland nur eine untergeordnete Rolle. Weder der Binnenreiseverkehr, der vorwiegend aus Ausflugsverkehr besteht, noch die Bereiche gewerbliche Personenbeförderung, Seeschiffahrt oder Kreuzfahrten besitzen einen bedeutenden Anteil am Reiseaufkommen.

Lediglich als spezielle Angebotsform für den Urlaubsreiseverkehr hat die **See-Touristik** eine gewisse Bedeutung. Doch auch hier ist das Reiseaufkommen (mit weniger als ein Prozent der jährlichen Urlaubsreisen) äußerst gering. Die Hauptformen sind

- Kreuzfahrten (mit verschiedenen Unterkunftsangeboten),
- Segeltörns,
- Frachtschiffreisen, wo nur wenige Passagiere befördert werden.

Eine weitere Rolle kommt dem Schiff als **Sport"instrument"** zu. Für den Tourismus interessiert weniger die Bedeutung bei der privaten Freizeitgestaltung am Heimatort, als der Einfluß von Segel- und Surfmöglichkeiten am Urlaubsort auf die Reiseentscheidung.

(2) Das Produkt "Schiffsreise"

Schiffsreisen stellen eine interessante Angebotsvariante des Tourismus dar, bei der die eigentliche Transportleistung zumeist in den Hintergrund tritt und der Aufenthalt "an Bord" des Transportmittels zur wesentlichen Angebotsform wird.

Unter touristischen Gesichtspunkten sind vor allem **Kreuzfahrten** (auf See oder auf Flüssen) von Bedeutung: (See-)Reiseveranstalter chartern die Schiffe von den Reedereien und legen die Routen sowie das Programm "an Bord" fest. Die Reederei ist dabei als Leistungsträger neben dem Transport auch für die Beherbergung und die Verpflegung zuständig.

Bei den Wünschen der Kreuzfahrtpassagiere stehen im Vordergrund

- "viel von der Welt sehen",
- "komfortables Reisen mit gutem Service in einer angenehmen Umwelt",
- "Erholung in gesunder, sonnendurchfluteter Seeluft" (nach POLLAK 1992: 328)

Hinsichtlich der spezifischen Produktausgestaltung kann das "Produkt Kreuzfahrt" weiter differenziert werden nach (vgl. POMPL 1994: 261ff):

- **Erholungskreuzfahrt**: Qualitätsmerkmale sind Bequemlichkeit und Komfort, interessante Anlaufhäfen. Die Reise dient in erster Linie der Erholung und Entspannung.
- **Themenkreuzfahrt**: Besonderheit der Reise ist das jeweilige Thema unter dem Fahrtroute, Bordprogramm und Landausflüge stehen (z. B. Musik-Reise, Foto-Reise). Themenkreuzfahrten eigenen sich auch für Incentive-Reisen.
- **Studienkreuzfahrt**: Konzeption der Reiseroute und des Reiseverlaufs anhand der kulturellen Sehenswürdigkeiten. Den Reisemittelpunkt bilden verschiedenen Landausflüge.
- **Expeditionskreuzfahrt**: Die Reiseroute liegt abseits der üblichen Fahrtgebiete, in schwer zugänglichen oder landschaftlich extremen Gebieten (z. B. Gletscherregionen, Inselgebiete, Riffe). Der Transport erfolgt mittels Spezialschiffen.
- **Ausflugfahrten**: "Tagesschiffsreisen mit gleichem Ausgangs- und Zielhafen, mit oder ohne Zwischenstation, oft auch als bloßes Angebot für zollfreie Einkaufsmöglichkeiten ("Butterfahrten")".
- **Frachtschiffsreisen**: Seereisen auf Linienfrachtern oder Trampschiffen in Passagierkabinen.

(3) Struktur der Schiffverkehrswirtschaft

Auch beim Seereiseverkehr wird unterschieden zwischen (vgl. Abb. 3-26):

- Linienverkehr (mit festen Fahrplänen und Tarifen) und
- Bedarfsschiffahrt (Charterverkehr).

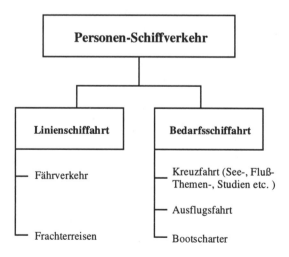

Abb. 3-26 Arten des Personenschiffsverkehrs

Für den **Binnenverkehr** werden in der Bundesrepublik knapp 2.000 Unternehmen ausgewiesen, **international** bieten knapp 400 Reedereien auf rund 2000 Seeschiffen (einschließlich Frachtern, ohne Fähren) die Möglichkeit der Passagierbeförderung an.

80 % aller **Kreuzfahrten** wurden über die Seereiseveranstalter, 20 % über Reedereien vermarktet. Das verdeutlicht die wichtige Position der Veranstalter am Markt. Branchenführer ist Seetours (ab 1988 zusammen mit TUI).

Die bedeutendste deutsche **Reederei** für die touristische Schiffahrt ist die **Hapag Lloyd AG**, die 1970 als Fusion der Hamburg-Amerika-Linie und des Norddeutschen Lloyd entstanden ist. Sie hat neben dem Schiffsverkehr auch bedeutende Beteiligungen an anderen Touristikunternehmen, speziell der Hapag-Lloyd Reisebüro GmbH und der Hapag-Lloyd Fluggesellschaft GmbH.

Hapag-Lloyd war bis 1985 Charterer des einzigen großen Kreuzfahrtschiffes unter deutscher Flagge, der MS Europa. 1989 waren es vier Schiffe (Europa, Berlin, Arkona und Donauprinzessin). Sie hatten einen Anteil von 18,5 % am Gesamtaufkommen des deutschen Marktes.

Obwohl es nach einer Marktstudie des Studienkreises für Tourismus aus dem Jahr 1986 in der Bundesrepublik ein Potential von ca. 2 Mio. Kreuzfahrt-Interessenten gibt, stagniert das jährliche Reiseaufkommen bei ca. 200.000 Buchungen und einem Anteil von ca. 0,5 - 1 % am gesamten Reiseaufkommen (über mögliche Ursachen vgl. ENGELMANN 1989). Weltweit zählten hingegen Kreuzfahrten in den letzten 10 Jahren zu den Wachstumsmärkten.

Veranstalter	Umsatz in Mio. DM	Teilnehmerzahl
Seetours	150,0	32.700
Phoenix Reisen	156,4	40.200
Hapag-Lloyd Tours	k.A.	18.100
Hanseatic Tours	91,1	10.900
Air Maritime Seereisen	32,0	13.800
Delphin Seereisen	41,0	7.800
Transocean Tours	89,0	20.950
DER-Tour	15,6	9.500
Ameropa	18,6	4.600

Abb. 3-27 Seereiseveranstalter in Deutschland 1994
(Quelle: FVW, Fachbeilage Kreuz und Fähr 26/1994)

Das **Kreuzfahrtaufkommen** in der Bundesrepublik Deutschland betrug 1994 knapp 200.000 Teilnehmer bei einem durchschnittlichen Reisepreis von ca. 4.000 DM und einer durchschnittlichen Reisedauer von 13 Tagen. Der Gesamtumsatz belief sich auf ca. 800 Mio DM (Quelle: DRV 1994). Nach Auflösung des Seepassage-Komitees 1992 werden die jährlichen Veranstalterangaben seitens des DRV bekanntgegeben.

Hauptzielgebiete waren 1994 das Mittelmeer und Europa-Nordland mit nahezu ausgelasteten Kapazitäten. Von den Überseegebieten wurden insbesondere Fahrten in der Karibik nachgefragt. Eine stark ansteigende Nachfrage konnte für Flußkreuzfahrten, insbesondere auf Donau und Nil, festgestellt werden. Jede vierte deutsche Kreuzfahrt ist mittlerweile eine Flußkreuzfahrt mit durchschnittlich sieben Tagen Dauer, womit sie als "typische Zweiturlaubsreise" angesehen werden kann.

Bei den letzten detaillierteren Erhebungen des Seepassagekomitees ergaben sich noch folgende Zielgebietsverteilungen: Mittelmeer/Schwarzmeer (mit ca. 26 % der Passagiere), Rund um Westeuropa (17 %), Flußreisen (12 %), Skandinavien/ Nordland (25 %) und die Karibik (10 %), Südamerika (4 %), Indien/Ozeanien (4 %), USA/Kanada/Alaska (2 %).

(4) Vertriebswege

Seereisen wurden fast ausschließlich über Reisebüros gebucht (zu 95 %). Das Seepassage-Komitee Deutschland (ein Zusammenschluß von ca. 50 Kreuzfahrt-, Fährschiff-Reedereien und Seereiseveranstaltern) hatte Ende der 80er Jahre begonnen, besonders erfahrene Reisebüros als "Fach-Agentur" für Seereisen auszuzeichnen und verstärkt Gemeinschaftswerbung zu unternehmen, um etwas frischen Wind in die bisherige Flaute am Kreuzfahrtmarkt zu bringen.

Nach Auflösung des Seepassagekomitees 1992 ist zukünftig ein verstärktes Engagement der SCHARNOW-Stiftung im Bereich Seereisenschulung geplant.

3.5 Reiseveranstalter

3.5.1 Kurzcharakteristik[1]

Zentrale Bedeutung kommt in der Tourismusindustrie dem Reiseveranstalter zu: er kombiniert die verschiedenen Teilleistungen der Leistungsträger zu einem neuen Produkt, zur **Pauschalreise**. Zu den Reiseveranstaltern zählen jene Unternehmen, die eigenständig Reisen konzipieren, d. h. auf der Grundlage der gesetzlichen Bestimmungen "Leistungen Dritter" zu einer neuen, eigenständigen Leistung verbinden.

"Wir verstehen unter einem Reiseveranstalter einen Fremdenverkehrsbetrieb, der im Rahmen eines eigens hierzu gegründeten Unternehmens überwiegend Leistungen Dritter zur Befriedigung des zeitweiligen Ortsveränderungsbedürfnisses und damit zusammenhängender anderweitiger Bedürfnisse zu einer neuen, eigenständigen Leistung verbindet und dies im Namen und auf Rechnung des Reiseveranstalter-Unternehmens anbietet." (HEBESTREIT 1992: 13)

Dies klingt weitaus komplizierter als dies im allgemeinen Sprachgebrauch üblich ist. Doch diese Definitionen beinhalten eine Reihe von Elementen, die den Reiseveranstalter von anderen Fremdenverkehrsbetrieben, vor allem gegenüber den Reisemittlern und Leistungsträgern, abgrenzen. Dies ist vor allem aus haftungsrechtlichen Gründen des Reisevertragsgesetzes von Bedeutung (vgl. 3.5.5). - Wesentliche Elemente der Reiseveranstalter sind demnach

* eigenständige Leistung,
* Verbinden von Leistungen Dritter,
* Auftreten im eigenen Namen (und eigener Verantwortung),
* eigenständiges Unternehmen.

3.5.2 Das Produkt: die Pauschalreise

Die **Hauptaufgabe** der Reiseveranstalter ist die Kombination verschiedener (Teil-) Leistungen von Hotel, Transportunternehmen und Reise-Nebenleistungen zur **(Pauschal-)Reise**. Teilweise wird die Funktion des Reiseveranstalters analog zur Tätigkeit eines Großhändlers gesehen, der aus dem Gesamtangebot der Tourismusindustrie einige spezielle Angebote aussucht, sie zu einem eigenen Programm oder Produkt zusammenstellt und über einen Reisemittler an die Kunden verkauft (vgl. Abb. 3-6).

Der Reiseveranstalter "produziert" Pauschalreisen oder **genauer**: Reiseveranstaltung ist "die Planung, Organisation, der Verkauf und die Durchführung von vorgefertigten Pauschalreisen" (HEBESTREIT 1992: 15) oder noch **komplizierter**: "Wir definieren das Produkt (Leistungsergebnis) des Reiseveranstalters als ein Dienstleistungspaket, bestehend aus mindestens zwei aufeinander abgestimmten Reisedienstleistungen, das im voraus für einen noch nicht bekannten Kunden her-

---

1 Vgl. auch zur genaueren Abgrenzung von Reiseveranstaltern und -büros Abschnitt 3.6.2. Ferner die Daten und Abbildungen zum Reiseveranstaltermarkt (4.3.2) und zur Konzentration in der Branche (6.2.6).

gestellt wurde und geschlossen zu einem Gesamtpreis vermarktet wird, so daß die Preise der Einzelleistungen nicht mehr identifizierbar sind." (ders.: 20f)

Die wichtigsten Teilleistungen einer **Pauschalreise** sind

- Transport,
- Übernachtung,
- Verpflegung,
- Reisebetreuung, - leitung, Animation,
- Versicherungsleistung,
- eventuell kulturelle oder sportliche Leistungen am Ort.

Hinzu kommt meist noch die Beratungs- und Vermittlungsleistung, die vom Reisemittler erbracht wird.

Neben diesen formalen Elementen der Pauschalreise sollte nicht vergessen werden, daß auch die Produktion und Realisierung von **Träumen** einen wichtigen, aber schwer erfaßbaren Teil der Reiseleistung ausmacht. So ist der Slogan "Kostbarste Tage des Jahres" mehr als nur ein Werbespruch, sondern charakterisiert auch die Erwartung an eine (Pauschal-)Reise[1].

Andere, synonyme, Bezeichnungen für Pauschalreise sind Gruppenreise, Gruppenpauschalreise, Package Tour, Gesellschaftsreise, IT- (Inclusive Tour) oder GIT-(Group Inclusive Tour-)Reise bzw. -arrangement.

Die Reiseveranstalter bemühen sich vor allem um die **Urlaubsreisenden**. Nur in Ausnahmefällen zählen **Geschäftsreisende** zu ihrem Kundenkreis[2].

3.5.3 Die Struktur der Industrie

In der Bundesrepublik gibt es Anfang der 90er Jahre ca. 1.200 Reiseveranstalter. Eine genaue Erfassung liegt nicht vor, da vor allem die Abgrenzung zwischen Reiseveranstaltern und Reisemittlern recht problematisch ist (vgl. dazu Abschnitt 3.6.3).

Dabei ist die Größe und Struktur der Anbieter sehr unterschiedlich. Reiseveranstalter ist sowohl der touristische **Großanbieter** mit eigenem dickem Farbprospekt und eigenen Charterflügen in die Urlaubsgebiete als auch der **Kleinveranstalter**, der z. B. einmal im Jahr eine Busgruppenreise über Ostern vom Bodensee nach Berlin zusammenstellt oder auch nur für **einen** Kunden einen Londonaufenthalt mit Flug und Übernachtung arrangiert.

Üblicherweise werden aber unter den ca. 1.200 Reiseveranstaltern in der Bundesrepublik die Betriebe verstanden, die

- mit einem mehr oder weniger aufwendig gestalteten Prospekt, eventuell auch nur mit Flugblättern, ihre Reisen anbieten,

- zumeist mehr als eine Reisemöglichkeit anbieten,

---

1 Vgl. Teil 3.2.2: "Der Kunde kauft aber nicht primär Transport, Beherbergung, Verpflegung, sondern in erster Linie "Urlaubsglück", den Urlaub als Gegenalltag. - Er sucht Erholung, Kontakte, Bildung, Erlebnisse usw., also Inhalte, die in den Urlaubsmotivationen ihren Niederschlag finden." (BERNKOPF 1983: 63).

2 Z. B. Spezialveranstalter für Geschäfts- und Tagungsreisen, Incentive-Reiseveranstalter, gelegentlich auch IT-Reisen (z. B. airtours).

- eigene Plätze bei den Leistungsträgern (Fluggesellschaften, bei Bahn/Bus und Hotels) im Voraus für die erwarteten Kunden reserviert haben und dafür in der Regel ein geldliches Risiko (Vorauszahlung bzw. Abnahmegarantien) eingegangen sind.

Eine gute Übersicht über die Mannigfaltigkeit der Reiseveranstalter in Deutschland gibt Abb. 3-28, wo Reiseveranstalter hinsichtlich ihrer Größe, Angebotsregion, Angebotspalette und ihrem wirtschaftlichen Status unterteilt werden:

- **Größe**: Der Großteil des Marktes wird durch **fünf Branchenriesen** dominiert, die zusammen einen Marktanteil von über 50 % besitzen. Zusammen mit einigen wenigen "mittelgroßen" Reiseveranstaltern (ca. 50) werden ca. drei Viertel des bundesdeutschen Reisemarktes abgedeckt. Die vielen "kleinen" Reiseveranstalter haben sich entweder regional, angebots- oder zielgruppenbezogen spezialisiert.

- **Angebotsregion**: Die meisten Reiseveranstalter sind Regionalanbieter. Lediglich knapp 100 (von 1.200) der deutschen Reiseveranstalter bieten ihre Programme überregional, weniger als 10 multinational an.

- **Programmspezialisierung**: Die "Generalisten" bieten die verschiedenen Reisearten (Erholungs-, Bildungs-, Sportreisen usw.) und -formen (wie Flug-, Bahn-, Bus-, Pkw-Reisen) in zahlreiche Zielgebiete (Mittelmeer, Fernreisen) an. Spezialisten oder Sortimenter spezialisieren sich auf einige der vorgenannten Bereiche und Zielgruppen.

- **Wirtschaftlicher Status**: Neben den hauptgewerblichen Reiseveranstaltern sind im Tourismus einige gemeinnützige Organisationen (wie Vereine, Volkshochschulen, Parteien, karitative und medizinische Einrichtungen) als Veranstalter tätig. Gelegentlich sind einige dieser Organisationen auch als "Schwarzveranstalter" tätig, d. h. ohne gewerbliche und/oder steuerliche Anmeldung.

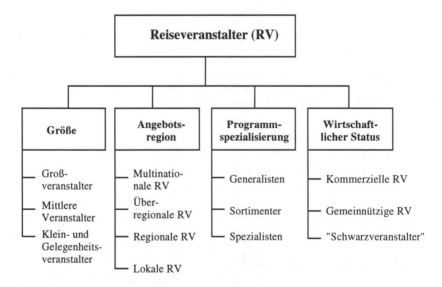

Abb. 3-28 Arten von Reiseveranstaltern (nach: POMPL 1994: 36)

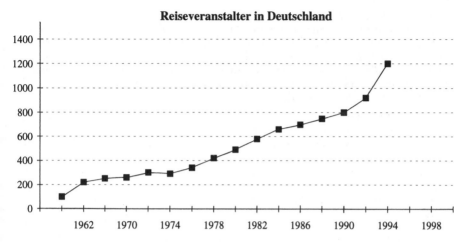

Abb. 3-29 Anzahl der Reiseveranstalter in Deutschland (ab 1994 mit neuen Bundesländern)

Im weiteren erfolgt eine genauere Darstellung der bundesdeutschen Reiseveranstalter vor allem nach dem Kriterium der Größe. In der Bundesrepublik Deutschland lassen sich **drei Gruppen** von Reiseveranstaltern unterscheiden :

- die fünf Großen (TUI, NUR, LTT, DER, ITS),
- wenige Mittlere (ca. 50),
- viele Kleine (über 1.000).

(1) Die fünf Großen und ihre Töchter

Üblicherweise spricht man von "den fünf Großen" des deutschen Reiseveranstaltermarktes, obwohl der fünftgrößte (ITS) größenmäßig nur knapp vor den anderen "mittelgroßen" rangiert. Sie besitzen jeweils mehr als 5 % Marktanteil, sowohl in bezug auf Teilnehmer, Umsatz und Flugaufkommen.

Auffallend für den Laien dürfte sein, daß

- Neckermann entgegen der landläufigen Meinung im In- und Ausland "nur" die Nummer zwei des deutschen Veranstaltermarktes ist und dies deutlich - mit nur ca. halber Größe der TUI,
- die Anteile des Größten und der zwei Größten am Gesamtmarkt beträchtlich sind: TUI hat knapp 20 %, Neckermann und TUI zusammen knapp 30 % Marktanteil.

Die fünf Großen im einzelnen:

(1a) Die Touristik Union International (TUI)

Der zur Zeit mit Abstand größte deutsche Reiseveranstalter ist die TUI, organisiert als GmbH & Co KG. Sie entstand 1967/68 (Gründungstag: 1.11.1968) als Fusion der vier großen Reiseveranstalter Hummel, Scharnow, Dr. Tigges und Touropa. Später kamen weitere Veranstalter hinzu, die bis Ende der 80er Jahre ihre eigenständigen Marken angeboten hatten. Der Zusammenschluß erfolgte in der Erwartung, daß über Einsparungen bei Verwaltungs-, Werbe- und Servicekosten und über eine gestärkte Marktposition dieses Großunternehmens in Zukunft die Ertragssituation der Einzelunternehmen verbessert werden könne. In den Folgejahren realisierten sich diese Erwartungen aber nur langsam und teilweise. Zahlreiche Umstrukturierungen innerhalb des Konzerns und bezüglich der angebotenen Marken spiegeln die Probleme wider.

Für die 90er Jahre hat die TUI nach über 20 Jahren eine tiefgreifende Umgestaltung vorgenommen, von der sie sich Festigung und Ausbau ihrer Marktführerschaft verspricht. Kernpunkt war - nach Aussage der TUI - "die Wandlung vom Universal-Anbieter zum Spezialisten ". Dabei soll der Markenname TUI verstärkt in den Vordergrund treten und 25 TUI-Spezialisten entstanden mit einem eigenen Produkt-Management. Das Hauptangebot wurde anstelle der bisherigen Marken Touropa, Transeuropa, Scharnow, Hummel und Dr. Tigges nach Ländern geordnet und unter dem Markennamen TUI vertrieben und beworben. Hierfür wurden insgesamt 14 Länderspezialisten vorgesehen. Diese länderorientierten Angebote wurden durch zielgruppenspezifische Angebote ergänzt: twen-tours, Kultur und Erleben, Sprachreisen, Kuren und Fitneß, Gruppen- und Incentivereisen. Beibehalten werden die bisherigen TUI-Spezialisten airtours (Linienflugreisen), seetours (Kreuzfahrten und Fähren), Robinson Club (Club-Urlaub), Take off (preiswerter Flugurlaub ab Düsseldorf), Wolters (Skandinavien- und Ferienwohnungs- Spezialist) und hit-Flug/-Hotel/-Bahn (für individuelle Reisen).

Zu den Zukunftsplänen der TUI gehört auch eine noch weitergehende Diversifikation, vor allem in den Bereichen

- Hotel: geplant ist die Expansion von anfangs 45.000 auf 90.000 Betten bis Ende der 90er Jahre,
- Europaengagement: vor allem in Ländern, wo die TUI bisher nicht vertreten ist (z. Z. hat die TUI Veranstalter-Töchter in den Niederlanden, Frankreich, Österreich, Spanien),
- Ausbau der Zielgebietsagenturen,
- EDV-Dienstleistungen: Hier sollen verstärkt EDV-Dienstleistungen durch TUI-Software GmbH (TSG) in Verbindung mit START, AMADEUS, TRASY und den eigenen Systemen IRIS und ARIS vermarktet werden.

Mitte der 90er Jahre ist die TUI mit weitem Abstand Marktführer bei den deutschen Reiseveranstaltern - je nach Teilbereich bewegen sich die Anteile bei ca. 15 - 25 %. Die TUI ist auch an zahlreichen anderen Unternehmen der Tourismusindustrie beteiligt (vgl. Abb. 3-30)[1].

Die TUI hat ein ausgeprägtes Vertriebsnetz (z. Z. 1995 ca. 6.300 Agenturen), sie verkauft ihre Reisen ausschließlich über **fremde** Reisemittler, wobei in den letzten Jahren ca. 160 TUI-Urlaubs-Center, ca. 1.800 TUI-Profipartner sowie 500 Auslandsagenturen entstanden sind (zum Vergleich: 1990 waren es lediglich ca. 3.000 Agenturen, vgl. Abb. 3-36). Nach Aufhebung der Vertriebsbindung 1994 wird die Zahl der TUI-Agenturen sicher noch beträchtlich ansteigen.

---

1   Zur Verflechtung der TUI mit anderen Unternehmen der Touristikbranche vgl. auch Teil 6.2.6.

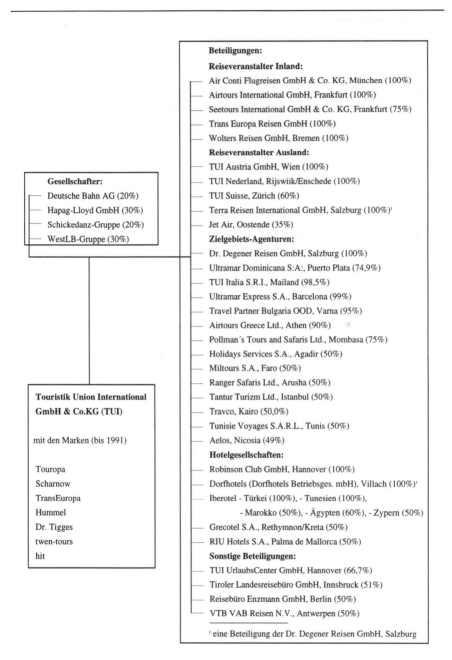

Gesellschafter:
— Deutsche Bahn AG (20%)
— Hapag-Lloyd GmbH (30%)
— Schickedanz-Gruppe (20%)
— WestLB-Gruppe (30%)

Touristik Union International GmbH & Co.KG (TUI)

mit den Marken (bis 1991)

Touropa
Scharnow
TransEuropa
Hummel
Dr. Tigges
twen-tours
hit

Beteiligungen:

Reiseveranstalter Inland:
— Air Conti Flugreisen GmbH & Co. KG, München (100%)
— Airtours International GmbH, Frankfurt (100%)
— Seetours International GmbH & Co. KG, Frankfurt (75%)
— Trans Europa Reisen GmbH (100%)
— Wolters Reisen GmbH, Bremen (100%)

Reiseveranstalter Ausland:
— TUI Austria GmbH, Wien (100%)
— TUI Nederland, Rijswiik/Enschede (100%)
— TUI Suisse, Zürich (60%)
— Terra Reisen International GmbH, Salzburg (100%)[1]
— Jet Air, Oostende (35%)

Zielgebiets-Agenturen:
— Dr. Degener Reisen GmbH, Salzburg (100%)
— Ultramar Dominicana S:A:, Puerto Plata (74,9%)
— TUI Italia S.R.I., Mailand (98,5%)
— Ultramar Express S.A., Barcelona (99%)
— Travel Partner Bulgaria OOD, Varna (95%)
— Airtours Greece Ltd., Athen (90%)
— Pollman´s Tours and Safaris Ltd., Mombasa (75%)
— Holidays Services S.A., Agadir (50%)
— Miltours S.A., Faro (50%)
— Ranger Safaris Ltd., Arusha (50%)
— Tantur Turizm Ltd., Istanbul (50%)
— Travco, Kairo (50,0%)
— Tunisie Voyages S.A.R.L., Tunis (50%)
— Aelos, Nicosia (49%)

Hotelgesellschaften:
— Robinson Club GmbH, Hannover (100%)
— Dorfhotels (Dorfhotels Betriebsges. mbH), Villach (100%)[1]
— Iberotel - Türkei (100%), - Tunesien (100%),
                - Marokko (50%), - Ägypten (60%), - Zypern (50%)
— Grecotel S.A., Rethymnon/Kreta (50%)
— RIU Hotels S.A., Palma de Mallorca (50%)

Sonstige Beteiligungen:
— TUI UrlaubsCenter GmbH, Hannover (66,7%)
— Tiroler Landesreisebüro GmbH, Innsbruck (51%)
— Reisebüro Enzmann GmbH, Berlin (50%)
— VTB VAB Reisen N.V., Antwerpen (50%)

[1] eine Beteiligung der Dr. Degener Reisen GmbH, Salzburg

Abb. 3-30 Der TUI - Konzern (Stand 1997)

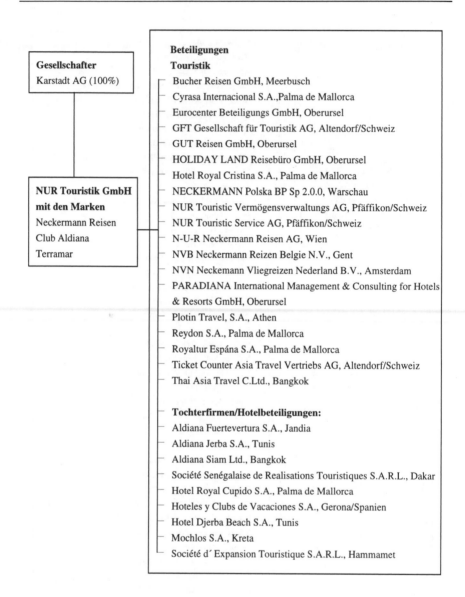

Gesellschafter	Beteiligungen
Karstadt AG (100%)	**Touristik**

Gesellschafter
Karstadt AG (100%)

**NUR Touristik GmbH
mit den Marken**
Neckermann Reisen
Club Aldiana
Terramar

**Beteiligungen
Touristik**
- Bucher Reisen GmbH, Meerbusch
- Cyrasa Internacional S.A.,Palma de Mallorca
- Eurocenter Beteiligungs GmbH, Oberursel
- GFT Gesellschaft für Touristik AG, Altendorf/Schweiz
- GUT Reisen GmbH, Oberursel
- HOLIDAY LAND Reisebüro GmbH, Oberursel
- Hotel Royal Cristina S.A., Palma de Mallorca
- NECKERMANN Polska BP Sp 2.0.0, Warschau
- NUR Touristic Vermögensverwaltungs AG, Pfäffikon/Schweiz
- NUR Touristic Service AG, Pfäffikon/Schweiz
- N-U-R Neckermann Reisen AG, Wien
- NVB Neckermann Reizen Belgie N.V., Gent
- NVN Neckemann Vliegreizen Nederland B.V., Amsterdam
- PARADIANA International Management & Consulting for Hotels & Resorts GmbH, Oberursel
- Plotin Travel, S.A., Athen
- Reydon S.A., Palma de Mallorca
- Royaltur Espána S.A., Palma de Mallorca
- Ticket Counter Asia Travel Vertriebs AG, Altendorf/Schweiz
- Thai Asia Travel C.Ltd., Bangkok

Tochterfirmen/Hotelbeteiligungen:
- Aldiana Fuertevertura S.A., Jandia
- Aldiana Jerba S.A., Tunis
- Aldiana Siam Ltd., Bangkok
- Société Senégalaise de Realisations Touristiques S.A.R.L., Dakar
- Hotel Royal Cupido S.A., Palma de Mallorca
- Hoteles y Clubs de Vacaciones S.A., Gerona/Spanien
- Hotel Djerba Beach S.A., Tunis
- Mochlos S.A., Kreta
- Société d´ Expansion Touristique S.A.R.L., Hammamet

Abb. 3-31   Die NUR-Touristik GmbH (Stand 1997)

(1b) NUR Touristik GmbH

Mit der Gründung des Reiseunternehmens der Neckermann Versand KG durch Josef Neckermann 1963 (zusammen mit Hotelplan) begann damals eine neue Ära des Tourismus in der Bundesrepublik Deutschland: durch Großeinkauf von Hotelkapazitäten, gecharterte Flugzeuge und hohe Auslastungen wurden die neuen Niedrigpreisangebote ermöglicht. Sie lagen anfangs ca. 30 % unter denen der Wettbewerber (Preisbeispiel: 2 Wochen Mallorca, Vollpension, ab Frankfurt DM 338.-). NUR-Neckermann und Reisen war das erste und jahrelang erfolgreichste Versandhandelsunternehmen am Tourismusmarkt, dem bald auch andere Anbieter nacheiferten. Durch Umsatzeinbußen in den 70er Jahren kam es zu einer Übernahme der NUR durch die Karstadt AG (1976) und einer späteren Umbenennung (in NUR Touristik GmbH) sowie Neustrukturierung in eigenständige "Profitcenter".

In den Anfangsjahren hatte NUR eine Profilierung über den Preis gesucht. "Neckermann" ist zum Inbegriff für billiges Reisen und auch des Deutschen Touristen im Ausland geworden[1]. In den Folgejahren versuchte NUR immer wieder, von dem damals aufgebauten Billig-Image wegzukommen, zuletzt durch den Aufbau der Nobel-Marke "Terramar". Es ist dem Konzern aber bisher nur sehr begrenzt gelungen.

Von der NUR Touristik wurden dabei seit 1982 folgende Marken angeboten: Neckermann Reisen, GUT-Reisen, Club 28-Reisen, Club Aldiana und Terramar-Reisen. Mit Erscheinen der Sommerkataloge 1996 erfolgte eine Änderung der Markenstrategie hin zu einer Dachmarkenstrategie (Neckermann Reisen) mit den zusätzlichen Einzelmarken Terramar und Aldiana, wobei auf den hohen Bekanntheitsgrad (90%) des Namens Neckermann zurückgegriffen wurde.

NUR-Touristik ist heute zu 100 % im Besitz der Karstadt AG, sie besitzt ebenfalls zahlreiche weitere touristische Beteiligungen (vgl. Abb. 3-31).

Erst in den letzten Jahren hat sich NUR-Touristik dem vermehrten Verkauf der eigenen Reisen über Reisebüros geöffnet. Anfang 1995 hat NUR ca. 140 eigene und 4.500 buchende Büros, wobei der Umsatzanteil der fremden Büros von 50 % (1987), über 80 % (1989) auf 88 % (1994) angestiegen ist (dabei werden die ca. 150 Karstadt-Büros ("Konzern-Vertrieb") aber seit 1989 den "fremden" Büros zugerechnet (vgl. Abb. 3-36)).

(1c) LTU Touristik GmbH & Co.

Erst in den letzten Jahren hat sich die LTU Touristik als neuer Reiseveranstalter in der Spitzengruppe der deutschen Reiseveranstalter einen Platz erobert. Allerdings ist die LTU Touristik strenggenommen kein Branchenneuling, sondern unter dem Dach der LTU Touristik GmbH & Co sind sieben bisherige Reiseveranstalter vereint (Gründungsjahr war 1986) (vgl. Abb. 3-32).

Die LTU Touristik gehört zur LTU-Gruppe, in der im Laufe der Jahre fünf Unternehmen mit jeweils gleicher Beteiligung ins Leben gerufen wurden. Als Mutterunternehmen kann die LTU-Lufttransport GmbH & Co KG angesehen

---

1 Vgl. zum Beispiel auch den Buchtitel: "English, French or Neckermann?" (BAYER/GILLIG 1979).

werden, die am 20. Oktober 1955 von dem Engländer Bernard A. Dromgoole mit dem Kapital von DM 30.000 gegründet worden war.

Finanzier und bald Alleineigentümer war der Duisburger Architekt und Bauunternehmer Kurt Conle (sein Motto: "Fliegen ist für alle da"). Die heutige Struktur ist aus Abb. 3-32 ersichtlich. Die LTU entwickelte sich bis Mitte der 80er Jahre zu einem der führenden Charterflugunternehmen in der Bundesrepublik (vgl. Abb. 6-34). Über ihr Einzelplatzeinbuchungssytem ermöglichte sie auch kleinen Reiseveranstaltern den Zugang zum Pauschalreisemarkt. Ab Mai 1990 bot die LTU auch erstmals Linienflüge an.

LTU - Gruppe

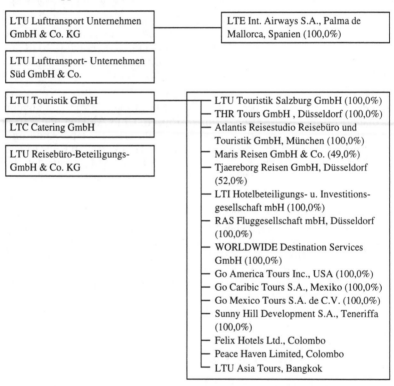

Abb. 3-32 Die LTU-Gruppe (Stand: 1997)

Bis Ende der 80er Jahre hat die LTU mehr und mehr selbst Zugang zum Reiseveranstaltermarkt gesucht - und gefunden -, unter anderem über Beteiligungen an bestehenden Reiseveranstaltern. 1986 wurde die LTU Touristik GmbH gegründet, zu der inzwischen acht Reiseveranstalter mit - noch - eigenen Marken gehören, die im Besitz der LTU Gesellschafter sind. Seit der Saison 1988/89 weist die LTU Touristik die Veranstalterergebnisse der verschiedenen Marken gemeinschaftlich unter dem Namen der LTU Touristik aus (vgl. Abb. 3-35). Dies erschwert insbesondere die Trennung der Zahlen für die LTU als Carrier und ihre Rolle als Veranstalter.

Die LTU Touristik hat keine eigenen Vertriebsagenturen, wie beispielsweise die TUI, sondern der Vertrieb erfolgt über bestehende Agenturen der Veranstaltertöchter. Da dies zu Mehrfachagenturen in bezug auf die LTU führt, ist keine genaue Agenturzahl für die LTU zu ermitteln. Allein die Töchter THR, Jahn und Meier hatten 1994 jeweils über 8.000 Agenturen. Die LTU strebt in den nächsten Jahren eines der größten Agenturnetze an.

(1d) DERTour ("das DER")

Als vierter Großveranstalter wird in Abb. 3-33 "das DER" (die **Deutsche Reisebüro GmbH**) mit DER Tour in seinen wichtigsten Strukturen aufgezeigt. Allerdings liegen die Umsatz- und Teilnehmeranteile von DER Tour nur unwesentlich über denen der nachfolgenden "mittelgroßen" Reiseveranstalter. Dem DER kommt vor allem aufgrund der vielfachen Verflechtungen mit anderen Touristikunternehmen eine große Bedeutung in der Reiseveranstalter- und Reisebürolandschaft der Bundesrepublik zu.

Das DER hat etwas über 400 eigene und ca. 6.600 fremde Vertriebsbüros (im Jahre 1997).

(1e) ITS International Tourist Services Länderreisedienst GmbH KG

ITS wurde 1970 gegründet mit der Absicht, Reisen für den Kundenkreis der Warenhäuser anzubieten. Die ITS GmbH KG ist ein 100 %-iges Tochterunternehmen der Rewe-Zentralfinanz eG (bis 1.11.1994 der Kaufhof AG) und bietet ihre Reisen unter drei weiteren Marken an (vgl. Abb. 3-34).

Verglichen mit den anderen Großveranstaltern waren die weiteren Beteiligungen von ITS bis Ende der 80er Jahre gering. Für die 90er Jahre versucht die ITS, sich durch interne Umstrukturierungen und verstärkte Aktivitäten und Beteiligungen im europäischen Bereich, auf die zukünftigen europäischen Herausforderungen einzustellen und ihre Stellung unter den Großveranstaltern zu festigen.

Der Vertrieb erfolgt (1997) über ca. 500 eigene und ca. 8.000 fremde Reisemittler, wobei allerdings im Vergleich mit den anderen Großveranstaltern ein relativ großer Umsatzanteil auf die eigenen Vertriebsbüros entfällt (ca. 25 % im Jahr 1997, zuvor bis ca. 50%).

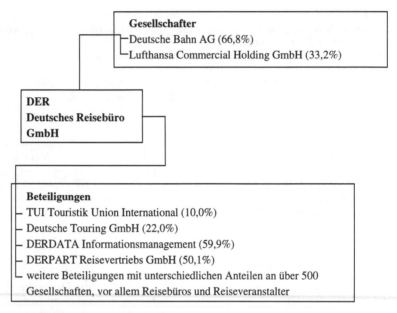

Abb. 3-33 Struktur des DER (Stand 1997)

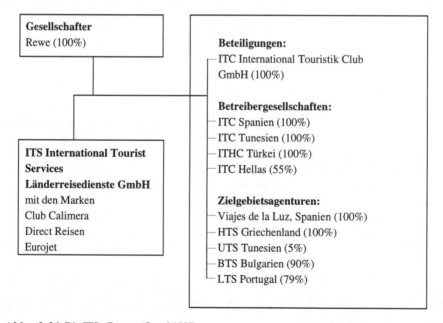

Abb. 3-34 Die ITS- Gruppe (Stand 1997)

(2) Die Mittleren

Definiert man "die Mittleren" Reiseveranstalter mit über 60 Mio. Umsatz oder über 120.000 Teilnehmer, das entspricht jeweils ca. 0,5 % Anteil am Gesamtmarkt, so sind neben den fünf Großen nur ca. 50 weitere Reiseveranstalter zu nennen. Ihr Gesamtanteil am Reiseveranstaltermarkt beträgt ca. 20 - 25 %.

Die so abgegrenzten Reiseveranstalter werden jährlich in einer Veranstalterbefragung der Fachzeitschrift FVW-International erfaßt und nach den verschiedenen Reisearten und Marktanteilen dargestellt. Da die so erfaßten "Großen" und "Mittleren" Reiseveranstalter zusammen ca. 77 % des gesamten Reiseveranstaltermarktes ausmachen, kommt es häufig zu Verwirrungen hinsichtlich der wahren Marktanteile. So beziehen sich auch die Angaben in Abb. 3-35 lediglich auf den Anteil einzelner Reiseveranstalter an den von der FVW befragten Unternehmen dieses Teilmarktes (von 77 %). Als Anteil am Gesamtmarkt müssen die jeweiligen Angaben entsprechend korrigiert werden. Eine entsprechende Berechnung für den Gesamtmarkt wurde in Teil 6.2.6 durchgeführt.

(3) Die "Kleinen"

Es bleiben als dritte Gruppe die vielen kleinen Reiseveranstalter mit jeweils unter 0,5 % Marktanteil und weniger als 120.000 Teilnehmern und/oder unter 60 Mio. Umsatz. Ihre genaue Zahl läßt sich schwer ermitteln, sie werden auf derzeit (1995) über 1.150 geschätzt. Ihr (vermuteter) Gesamt-Marktanteil ist von knapp 40 % im Jahr 1986 auf ca. 33 % im Jahr 1994 gesunken (jeweils bezogen auf Umsatz und Teilnehmer).

Bei den "kleinen" Veranstaltern handelt es sich in der Regel um

- **lokale Reiseveranstalter**, denen für ihren (lokal) begrenzten Markt eine relativ hohe Bedeutung zukommt, z. B. BFR-Berliner Flugring und UNGER-Flugreisen in Berlin,

- **Spezialreiseveranstalter**, die mit speziellen Reiseangeboten, z. B. hinsichtlich der **Destination** (China-Tours), der Reise**art** (Surf-Tours), der Reise**form** (Rad-Reisen), der Reise**teilnehmer** (Frauen-Reisen, Single-Reisen), des Reiseanspruchs (Solidaritätsreisen)oder der Reise**zeit** (Ski-Reisen) aufwarten,[1]

- **Gelegenheitsveranstalter**, die nur in geringem Umfang Reisen veranstalten, häufig auch Busunternehmen oder Reisebüros (vgl. zur Abgrenzung von Reiseveranstaltern und Reisebüros Teil 3.6.2).

---

1 Zum "Markt der Spezialisten" gab es eine ausführliche Serie in der Fachzeitschrift FVW von Nr. 20 (1985) bis Nr. 25 (1986), in der die verschiedenen Anbieter und Nachfragewünsche für folgende Spezialistenmärkte behandelt wurden: Angel-, Jagd-, Reiter-, Golf-, Studien-, Kanu-, Fahrrad-, Motorrad-, Wander-, Bergsteiger-, Gesundheits-, Festspiel- und Wassersportreisen (vgl. DATZER 1985). Sie wurde in den Jahren 1995 und 1996 zum Teil aktualisiert (vgl. DATZER 1995/1996).

Veranstalter 1996/97	Umsatz in Mio.	Marktanteile nach Umsatz in %	Teilnehmer in Tsd.	Marktanteile nach TN in %
TUI Deutschland	6.396,3	27,04	5.182,4	23,60
NUR Deutschland	4.039,2	17,08	3.740,4	17,04
LTU Touristik	3.070,0	12,98	2.349,6	10,70
DER Tour	1.177,5	4,98	1.668,3	7,60
ITS	1.094,4	4,61	1.108,1	5,05
Alltours	1.015,0	4,29	832,9	3,79
FTI	971,4	4,11	1.175,6	5,35
Öger	834,4	3,53	827,7	3,77
Kreutzer	656,0	2,77	453,6	2,07
Fischer	354,5	1,50	328,4	1,50
Studiosus	344,0	1,45	95,6	0,44
Air Marin	322,0	1,36	245,3	1,12
Hapag-Lloyd	270,0	1,14	39,5	0,18
Nazar	233,4	0,99	285,0	1,30
Olimar	224,6	0,95	217,7	0,99
ADAC	214,0	0,90	251,5	1,15
Phoenix	198,5	0,84	64,9	0,30
Ameropa	188,0	0,79	523,5	2,38
Gebeco	137,9	0,58	39,9	0,18
Unger	136,7	0,58	143,1	0,65
Inter Chalet	115,0	0,49	412,5	1,88
Feria	111,0	0,47	45,2	0,21
Dansommer	101,0	0.43	296,0	1,35
BFR	89,5	0,38	86,7	0,40
Transocean Tours	89,0	0,38	21,0	0,10
Winholidays	88,6	0,37	135,0	0,61
Arkona	80,2	0,34	30,8	0,14
Ikarus	77,7	0,33	16,0	0,07
EVS	75,5	0,32	95,4	0,43
Novasol	71,0	0,30	356,0	1,62
ATS	70,0	0,30	71,0	0,32
OFT Reisen	61,2	0,26	30,5	0,14
Schauinsland	60,9	0,26	58,9	0,27
Attika	58,5	0,25	48,4	0,22
Olympia	45,9	0,19	33,7	0,15
Wikinger	43,1	0,18	15,3	0,07
Marco Polo	43,0	0,18	8,8	0,04
Graf	43,1	0,18	113,9	0,52
Delphin Seereisen	40,3	0,17	7,9	0,04
Aeroworld	35,0	0,15	40,0	0,18
Transorient Touristik	34,7	0,15	17,6	0,08
Hafermann	33,1	0,14	77,5	0,35
Dumont Klingenstein	33,0	0,14	7,0	0,03
TRD	30,0	0.13	54,8	0,25
Eberhard	29,2	0,12	45,3	0,21
Schumann	28,6	0,12	30,4	0.14
Hauser Exkursionen	27,2	0,11	5,7	0,03
UFO	25,0	0,11	23,5	0,11
Hirsch	23,1	0,10	23,0	0,10
Kipfler's	18,4	0,08	26,6	0,12
Cherdo Armoric	18,0	0,08	47,2	0,21
Ruf-Reisen	16,5	0,07	20,0	0,09
Kiwi-Tours	15,9	0,07	3,5	0,02
INS	14,5	0,06	29,9	0,14
Frantours FTS	11,0	0,05	32,0	0,15
Pierre & Vacances	10,6	0,04	8,8	0,04
Lernidee	10,6	0,04	6,9	0,03

Abb. 3-35 Deutsche Reiseveranstalter 1997 (Quelle: FVW Nr. 28/97)

Veranstalter 1996/97	Vertriebs- stellen gesamt	Fremd- vertrieb Anzahl	Eigen- vertrieb Anzahl
TUI Deutschland	9.600	9.600	0
NUR Deutschland	9.093	8.782	311
DER Tour	7.003	6.600	403
ITS	8.572	8.045	527
Alltours	9.081	9.000	81
FTI	11.000	10.900	100
Öger	8.569	8.560	9
Kreutzer	7.101	7.100	1
Fischer	6.713	6.700	13
Studiosus	6.901	6.900	1
Air Marin	10.838	10.800	38
Hapag-Lloyd	2.500	2.500	0
Nazar	7.638	7.638	0
Olimar	9.964	9.945	1
ADAC	2.093	1.900	193
Phoenix	7.687	7.687	0
Ameropa	6.500	6.500	0
Gebeco	4.800	4.800	0
Unger	1.583	1.583	0
Inter Chalet	4.338	4.338	0
Feria	7.052	7.050	2
Dansommer	9.500	9.500	0
BFR	1.701	1.700	1
Transocean Tours	3.800	3.800	0
Winholidays	3.840	3.840	0
Ikarus	3.120	3.120	0
EVS	k.A.	k.A.	1
Novasol	5.000	5.000	0
ATS	1.011	1.000	11
OFT Reisen	4.983	4.980	3
Schauinsland	2.301	2.300	1
Attika	7.000	7.000	0
Olympia	k.A.	6.800	2
Wikinger	2.009	2.000	9
Marco Polo	5.000	5.000	0
Graf	727	721	6
Delphin Seereisen	6.630	6.630	0
Aeroworld	9.000	9.000	0
Hafermann	2.733	2.729	4
Dumont Klingenstein	1.800	1.800	0
TRD	k.A.	1.500	29
Eberhard	972	942	30
Schumann	384	380	4
Hauser Exkursionen	552	550	2
UFO	2.504	2.500	4
Hirsch	1	0	1
Kipfler's	1.408	1.405	3
Cherdo Armoric	2.705	2.700	5
Ruf-Reisen	2.235	2.234	1
Kiwi-Tours	400	400	0
INS	750	750	0
Pierre & Vacances	k.A.	k.A.	k.A.
Lernidee	300	300	0

Abb. 3-36 Vertriebsstruktur der Reiseveranstalter 1997 (Quelle: FVW Nr. 28/97)

3.5.4 Vertriebswege: Die Reisemittler

Nur die wenigsten der (größeren) Reiseveranstalter verkaufen ihre Reisen **direkt** an den Kunden. Die meisten vertreiben ihre Reisen **indirekt**, vor allem über Reisebüros (vgl. Abschnitt 3.6). Hierzu vergeben viele der Reiseveranstalter sogenannte **Agenturen** (Agenturverträge) an die Reisemittler, die mit bestimmten Auflagen für die "Agenten" (wie Größe und Lage der Verkaufsräume, Fachkräfte, Mindestumsatz) verbunden sind.

Technisch ist der Vertrieb mit Hilfe sog. **CRS**-Computer-Reservierungssysteme immer bedeutender geworden, wobei die Großveranstalter Mitte der 90er Jahre ca. 80 % bis 90 % ihres Umsatzes über CRS abwickeln (vgl. genauer 3.8).

3.5.5 Exkurs: Die Haftung von Reiseveranstaltern und Reisebüros[1]

(1)   Gesetzliche Regelungen
Ein besonderer Bereich sind die verschiedenen Rechtsbeziehungen für den Reiseveranstalter und
-mittler, auf die hier nur kurz eingegangen werden kann. Seit Einfügung der §§ 651 a bis k ins
Bürgerliche Gesetzbuch (BGB) (als "Reisevertragsgesetz" bezeichnet) am 1.10.1979 besteht in
Deutschland für die Pauschalreisenden ein ausgebauter Rechtsschutz. Die §§ 651a und 651b legen
die Rechte und Pflichten der Vertragspartner (Reiseveranstalter und Reisenden) fest. Zentrale
Bestimmung ist die Haftungsfrage des Reiseveranstalters, v.a. hinsichtlich der in § 651c zuge-
sicherten Eigenschaften und Fehlerfreiheit der Reise.

Die §§ 651c bis 651f regeln Haftung und Gewährleistung; §§ 651g und h befassen sich mit
den Fristen für die Geltendmachung, die Verjährung sowie die zulässigen Haftungsbeschränkungen.

§ 651i gibt dem Reisenden das Recht, jederzeit vom Vertrag zurückzutreten. §§ 651e und J
regeln das Recht zur Kündigung des Reisevertrages. § 651k verpflichtet den Reiseveranstalter zur
Absicherung des Reisepreises. Schließlich verbietet § 651l, Abweichungen von der gesamten
Regelung zum Nachteil des Reisenden in den Allgemeinen Geschäftsbedingungen vorzunehmen.
Der Reiseveranstalter haftet gegenüber dem Kunden auch für fehlerhafte Leistungen der
Leistungsträger Hotel-, Transportunternehmen usw. Darüber hinaus ist dem Reiseveranstalter in
der sog. Informationspflichten-Verordnung auferlegt, bestimmte Angaben zur Reise im Prospekt,
vor Vertragsabschluß, in der Reisebestätigung und vor Beginn der Reise zu machen; so z.B. über
das Transportmittel, die Unterbringung, Paß- und Visumerfordernisse, Name und Anschrift des
verantwortlichen Reiseveranstalters usw.

(2)   Vertragsbeziehungen

Reisemittler sind rechtlich zwischen Reiseveranstalter und Kunden angesiedelt. Sie werden als
Handelsvertreter nach § 84ff HGB im Namen und auf Rechnung des Veranstalters tätig. Dafür
erhalten sie in der Regel sogenannte **Agenturverträge** der Veranstalter oder Leistungsträger, sie
sind dann" TUI-Agentur", oder "IATA-Agentur" oder "Sturzflug-Agentur" usw.

Rechtlich treten Reisemittler als **Erfüllungsgehilfen** des Reiseveranstalters auf, das heißt,
Rechtsansprüche wegen Nicht- oder Schlechterfüllung des Reisevertrages sind an den
Reiseveranstalter zu richten. Das ist dem Kunden nicht immer klar, da sein direkter Vertragspartner
aus seiner Sicht das Reisebüro war. Doch zwischen dem Reisenden und dem Reisemittler kam
lediglich ein Werk- oder Geschäftsbesorgungsvertrag (§§ 675, 631 BGB) zustande. Der eigentliche
Reisevertrag (und damit die Haftungsverpflichtung) besteht zwischen Reisendem und
Reiseveranstalter (nach § 651a BGB).

---

1   Vgl. BIDINGER/MÜLLER1996, FÜHRICH 1996, KLATT/WAHL 1994, TONNER 1995.

Das Reisebüro ist lediglich als **Vermittler** zwischen Reiseveranstalter und Kunden tätig ("verkürzt gesagt: in der Zusammenführung des Reisenden mit dem Reiseveranstalter zum Zwecke des Vertragsabschlusses nach vorheriger fachkundiger Beratung", TONNER 1996: 25f.). Es leitet Ansprüche des Reisenden meist als Zwischenstation weiter. Klagen sind jedoch an den Veranstalter zu richten. Entsprechend ist der Reisevermittler auch nicht haftbar. Er muß Beschwerden nur **ordnungsgemäß** an den Reiseveranstalter **weiterleiten** und nur dieser muß für eventuelle Ersatzansprüche aufkommen.

Strittig sind **Haftungsfragen** bezüglich **falscher Auskünfte** der Reisebüros, z.b. hinsichtlich der Einreisebestimmungen. Hier ist zwar grundsätzlich das Reisebüro wegen Verletzung von Sorgfalts- und Beratungspflichten haftbar zu machen, in der Praxis bestehen aber sehr häufig Nachweisprobleme von Kundenseite (in bezug auf falsche Auskünfte).

Für den Vertragsabschluß zwischen Reisenden und Reisemittlern/Reiseveranstaltern empfiehlt der DRV-Deutsche Reisebüroverband als Bundesverband der Deutschen Reisebüros und Reiseveranstalter detaillierte **Allgemeine Reisebedingungen**, die vor dem Hintergrund des Reisevertragsgesetzes Richtlinien für Höhe und Zeitpunkt der Zahlung des Reisepreises (Anzahlung, Restzahlung), Rücktrittsrecht, Stornogebühren, Haftungsfragen usw. enthalten und die vom jeweiligen Reisebüro und -veranstalter spezifisch ausgestaltet werden können.

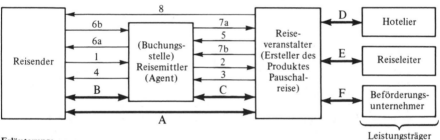

Erläuterung:

1 Bestellung und Anzahlung
2 Übermittlung der Bestellung
3 Bestätigung
4 Übermittlung der Bestätigung
5 Übersendung der Reiseunterlagen
6a Aushändigung der Reiseunterlagen
6b Bezahlung
7a Übermittlung des Reisepreises abzügl. der Provision
7b Provisionsgutschrift
8 Erfüllung des Vertrages

A: Reisevertrag (§ 651 BGB)
B: Geschäftsbesorgungsvertrag, Werkvertrag
   (§§ 675, 631 BGB)
C: Agenturvertrag, Handelsvertreter
   (§§ 84 ff HGB)
D: Beherbergungsvertrag
E: Dienstvertrag
F: Beförderungsvertrag

aus: MANDRYSCH 1979: 35 und eigene Ergänzungen

Abb. 3-37 Rechtsstellung der Vertragspartner
(Quelle: MANDRYSCH 1979: 35 und eigene Ergänzungen)

3.5.6 Europäische Reiseveranstalter

Im Hinblick auf die Erweiterung des EG-Marktes Anfang 1993 ist auch ein Blick auf die europäischen Reiseveranstalter von Interesse (vgl. Abb. 3-38). Hier stehen die deutschen Großveranstalter TUI, NUR, LTU, und ITS auch im europäischen Vergleich an vorderer Stelle.

Außer der TUI und NUR hatten die deutschen Reiseveranstalter bis zu Beginn der 90er Jahre nur wenige Aktivitäten auf den Auslandsmärkten unternommen. Doch in den nächsten Jahren sind hier - nicht zuletzt als Folge des EU-Binnenmarktes - deutliche Veränderungen zu erwarten. Auch für das zukünftige Reiseveranstalter-Marketing bedeutet dies eine vermehrte Berücksichtigung internationaler und globaler Aspekte:

"Viele kleinere Reisebüros verschlafen nahezu einheitlich künftige Marktveränderungen und werden in ein paar Jahren 'böse oder gar nicht mehr' erwachen. Reisebüroketten und wache Agenturen bündeln bereits ihre Umsätze, um eines Tages günstiger einkaufen zu können. Veranstalter suchen direkte Wege zum Kunden und diversifizieren mit neuen Produkten auch international. Zu welcher Branchenstruktur das alles führen wird, weiß noch niemand so recht." (UNGEFUG, in: ITB 1990)

Rang	Unternehmem 1996	Land	Teilnehmer 1996 in Tsd.	Umsatz 1996 in Mio. DM
1	TUI inkl. Ausland	D	6.463	7.397
2	TUI Deutschland	D	4.706	5.501
3	NUR inkl. Ausland	D	4.826	4.750
4	NUR Touristic Deutschland	D	3.488	3.738
5	LTU-Touristik (LTT)	D	2.420	3.232
6	Thomson Tour Operations	GB	4.600	3.423
7	Airtours inkl. Ausland	GB	k.A.	3.668
8	Club Med inkl. Ausland	F	1.401	2.354
9	Nouvelles Frontières inkl. Ausld	F	2.530	2.307
10	First Choice inkl. Ausland	GB	3.134	2.023
11	Airtours Großbritannien	GB	k.A.	1.866
12	Kuoni inkl. Ausland	CH	k.A.	1.831
13	Nouvelles Frontières France	F	1.978	1.676
14	DER Tour	D	2.148	1.467
15	Hotelplan inkl. Ausld.	GB	1.435	1.413
16	First Choice Großbritannien	GB	1.999	1.351
17	Fritidsresor inkl. Ausland	S	1.153	1.143
18	Kuoni Schweiz	CH	k.A.	1.062
19	ITS	D	925	877
20	Alltours	D	780	938
21	Jahn	D	570	920
22	TUI Nederland	NL	1.107	987
23	Scandinavian Leisure Group	S	1.028	1.139
24	Hotelplan Schweiz	CH	604	776
25	Cosmos Group	GB	1.200	740
26	Alpitour	I	695	882
27	Öger Tours	D	734	757
28	Tjaereborg	D	564	758
29	Sun International inkl. Ausld.	B	1.209	709
30	Meier's Weltreisen	D	322	620

Abb. 3-38 Europäische Reiseveranstalter 1996
(Quelle: FVW Nr. 10/97)

3.6 Reisemittler

3.6.1 Merkmale von Reisemittlern

Die von den Betrieben der Tourismusindustrie hergestellten Fremdenverkehrleistungen werden nicht immer direkt dem Endverbraucher, dem Reisenden, angeboten. Häufig werden Pauschalreisen oder touristische Teilleistungen über einen "Zwischenhändler" abgesetzt. Die bekannteste Form dieses Zwischenhandels oder Vertriebsweges sind **Reisebüros**. Sie verkaufen im Auftrage der Produzenten/Hersteller die jeweiligen Tourismusleistung an den Endverbraucher /Touristen. Dies wird in der touristischen Fachsprache als "Vermittlungsleistung" bezeichnet und die entsprechenden Betriebe als **Reisemittler**[1]. - Daneben vermitteln auch andere Institutionen Fremdenverkehrsleistungen, so z. B.

- Reiseclubs und Vereine,
- Fremdenverkehrsämter,
- Reisestellen von Unternehmen,
- usw.

Auch jeder Reiseveranstalter oder Leistungsträger, der seine Leistung/sein Produkt **direkt** an den Reisenden verkauft, wird in dieser Funktion als Reisevermittler tätig.

Zur Eröffnung oder zum Betrieb eines Reisebüros benötigt man keine spezielle Lizenz oder Qualifikation, obwohl das immer wieder gefordert wird[2]. Lediglich in bezug auf die Buchführung bestehen einige spezielle Anforderungen (vor allem Ausweisung der Kundenanzahlungen).

3.6.2 Abgrenzung Reiseveranstalter und Reisebüro

Die Abgrenzung zwischen Reiseveranstalter, Leistungsträger und Reisemittler wird dem Kunden - und auch oft den vermittelnden/veranstaltenden Betrieben - zumeist nicht klar:

Einerseits unterhalten viele Reiseveranstalter und Leistungsträger Verkaufs-/Vermittlungsbüros, die oftmals den gleichen Namen tragen, so z. B. der Reiseveranstalter NUR-Touristik NUR-Touristik-Verkaufsbüros) oder der Leistungsträger Lufthansa mit eigenen Lufthansa Verkaufsbüros. Andererseits treten einige Reisebüros neben ihrer üblichen Vermittlertätigkeit und unter gleichem Namen auch als Veranstalter auf, sei es mit eigenem Programm, aber auch nach gängiger Rechtssprechung stets dann, wenn **mehrere Teilleistungen zu einem Gesamtangebot** mit einem einheitlichen Preis zusammengestellt werden (vgl. Haftung der Reiseveranstalter und Reisebüros, Teil 3.5.5). Die verschiedenen Formen der Reiseveranstalter und -büros sind in Abb. 3-39 auf einer Skala aufgelistet. Hier finden sich als Extreme an den beiden Enden die Idealtypen des "reinen" Reiseveranstalters und des "reinen" Reisemittlers.

---

1 Reisemittler ist "ein Betrieb (oder ein Betriebsteil), der Leistungen Dritter zur Befriedigung des zeitweiligen Ortsveränderungsbedürfnisses und damit zusammenhängender anderweitiger Bedürfnisse vermittelt." (HEBESTREIT 1992: 12)
2 Vgl. die Serie in der FVW - Fremdenverkehrswirtschaft International Nr. 24 (1985) über die Bestimmungen zur Reisebürozulassung in Europa und NIPPER 1985.

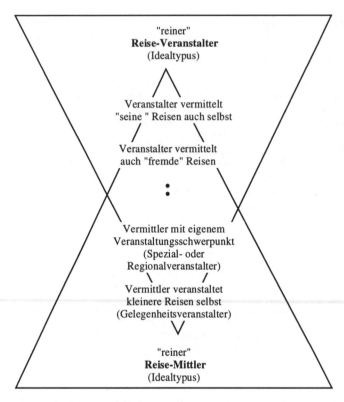

Abb. 3-39 Einordnungsskala für Reisebüros

Der "reine" Reiseveranstalter ist lediglich mit der Organisation/Veranstaltung von Reisen beschäftigt und vertreibt seine Reisen über externe Reisemittler, so z. B. in Deutschland der größte Reiseveranstalter TUI, der keinerlei eigene Vermittlungsbüros besitzt. Die TUI-Agenturen sind alle eigenständige **(fremde)** Betriebe. Als andere Form existieren Reiseveranstalter, die ihre Reisen über **eigene** Verkaufsbüros vermitteln. Hierbei sind (mindestens) zwei Möglichkeiten zu unterscheiden: Erstens Reiseveranstalter und Leistungsträger, die ausschließlich ihre eigenen Fremdenverkehrsleistungen vermitteln, so z. B. lange Jahre Neckermann-Reisen. Heute ist das am deutlichsten an den Verkehrsträgern, z. B. Lufthansa, zu sehen, die in eigenen Verkaufsbüros ausschließlich ihre eigenen Leistungen verkauft.

Zweitens gibt es veranstaltereigene Reisevermittlungsbüros, die auch **"fremde"** **Reisen** vermitteln. Die bekanntesten Beispiele hierfür sind die Kaufhaus-Reisebüros, die zwar schwerpunktmäßig ihre hauseigenen Reisen vermitteln, z. B. ITS oder NUR-Touristik, daneben aber weitere, "fremde" Reisen vor allem lokale/regionale Reiseveranstalter sowie zum Teil IATA-Flüge mitverkaufen.

Am anderen Ende der Skala sind "reine" Reisemittler, die ausschließlich fremd-veranstaltete Reisen vermitteln. Der Großteil der vorhandenen Reisebüros entspricht diesem Idealtypus.

Doch häufig werden **Reisebüros zum Reiseveranstalter** ohne es zu wissen. Dies ist immer dann der Fall, wenn mehr als zwei unabhängig voneinander existierende Teilleistungen zu einer neuen Leistung kombiniert und zu einem einheitlichen Preis angeboten werden[1]. Typisches Beispiel hierfür wäre die Vermittlung eines Fluges mit Lufthansa nach London und die zusätzliche Hotelreservierung im Hotel Kensington Hilton durch das Reisebüro. Erstellt das Reisebüro für beide Leistungen eine Rechnung, z. B. "DM 999.- für Reise London", gilt dies als eigene Reiseveranstaltung. Nur wenn das Reisebüro getrennte Rechnungen erstellt, in denen es zusätzlich klar erkennbar die verschiedenen Leistungsträger ausweist, ist es von einer möglichen Haftung als Reiseveranstalter nach § 651 befreit. Wichtig ist diese genaue Abgrenzung vor allem aus haftungsrechtlichen Gründen (vgl. Teil 3.5.5).

3.6.3 Das "Produkt": die Vermittlungsleistung

Reisemittler erbringen eine typische **Dienstleistung**. Sie vermitteln eine Pauschalreise oder eine Teilleistung im Namen und Auftrag des Reiseveranstalters bzw. der Leistungsträger. Zu dieser Dienstleistung gehört die Beratung des Kunden, die Weiterleitung der Buchung an den Reiseveranstalter oder Leistungsträger ("Reservierung"), das Inkasso des Reisepreises für den Reiseveranstalter und die Weiterleitung - meist erst nach Abreise - der Kundenzahlungen an den Reiseveranstalter sowie die Aushändigung der Reiseunterlagen an den Kunden. Zur **Sorgfaltspflicht** des Reisemittlers gehört die Überprüfung der richtigen Reisedaten sowie auch eine richtige Beratung bezüglich der Einreisebestimmungen. Dazu kommen einige Nebenleistungen, die sich in Reisebüros etabliert haben: vor allem Reiseversicherungen, teilweise Reiseliteratur.

Folgende **Leistungen** erwarten die Kunden von einem Reisebüro

- Buchungen von Pauschalreisen,
- Verkauf von Flug-, Bahn- und Schiffskarten,
- Reservierung von Hotels,
- Auskünfte über
- Ein- und Ausreisebestimmungen,
- Urlaubsländer und -gebiete,
- Reiseangebote der Reiseveranstalter und Leistungsträger,
- Reiseversicherungen.

Reisebüros und deren Mitarbeiter stehen in einem permanenten **Spannungsfeld** der verschiedensten Anforderungsbereiche, vor allem durch die Kunden, die Anbieter (Reiseveranstalter), den Betrieb und gesellschaftliche Trends (vgl. Abb. 3-40):

---

1 Der Gesetzgeber stellt hieran strenge Anforderungen. So erwähnt er ausdrücklich im Gesetz: "Die Erklärung, nur Verträge mit den Personen zu vermitteln, welche die einzelnen Reiseleistungen ausführen sollen (Leistungsträger), bleibt unberücksichtigt, wenn nach den sonstigen Umständen der Anschein begründet wird, daß der Erklärende vertraglich vorgesehene Reiseleistungen in eigener Verantwortung erbringt." (BGB, § 651a(2)).

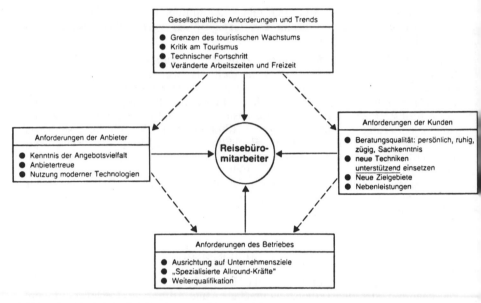

Abb. 3-40 Anforderungen an Reisebüromitarbeiter (aus: FREYER 1986e: 23)

3.6.4 Struktur der Reisebürobranche

Es gibt verschiedene Arten von Reisebüros, wobei vor allem unterschieden werden (vgl. Abb. 3-39):

(1) **Voll-Reisebüros** oder **"klassische Reisebüros"**: Sie haben IATA- und DB-Agentur und zumeist auch Touristik-Agenturen der großen Reiseveranstalter, v. a. TUI und DER-Agentur.

(2) **Spezial- oder Mehrbereichsreisebüros**, die eine der beiden Agenturen, IATA oder DB, besitzen. Sie haben sich oftmals auf Teilbereiche, vor allem den Firmenservice, spezialisiert und erreichen so ebenfalls hohe Umsätze, um die Agenturauflagen zu erfüllen.

(3) **Veranstaltereigene Reisebüros**. Diese vermitteln in der Regel nur den "eigenen" Veranstalter, beispielsweise die Kaufhausreisebüros, ITS und NUR. Bei diesen Büros ist für den Kunden oftmals schwer zwischen Veranstalter- und Mittlerbereich zu unterscheiden

(4) **Markengebundene Reisebüros**, vor allem bei den großen "Marken". Hier sind eigenständige Reisemittler durch Agenturverträge zur Erfüllung bestimmter Auflagen (hinsichtlich Umsatz, Werbung und Produktpalette) verpflichtet, so daß sie nur begrenzt weitere Anbieter verkaufen. Gängiges Beispiel sind TUI-Agenturen. Ebenfalls zu dieser Gruppe sind die Filialkettenbüros, z. B. DER, Wagon-Lits usw., zu rechnen.

(5) **Eigenständige Reisemittler**, die nicht an einen Großveranstalter gebunden sind. Sie haben mehr oder weniger Agenturen, oftmals haben sie sich auf Spezialbereiche (Griechenland, Sport-, Sprachreisen) spezialisiert, vielfach haben sie aber auch die gesamte Veranstalterpalette im Angebot (vor allem in kleineren Orten).

(6) **Nebenerwerbsreisebüros**, die nicht ausschließlich von der Reisevermittlung existieren, gängige Beispiele sind Lottoannahmestellen usw.

Diese vorgenannten Gruppen sind nicht immer klar voneinander zu trennen, doch geben sie einen Überblick über die verschiedenen Arten von Reisebüros in der Bundesrepublik.

Eine weitere gängige Unterscheidung der Reisebüros, die zuvor enthalten ist, ist die in **IATA- und Non-IATA-Reisebüros**. Dies soll sowohl einen gewissen Hinweis auf die Reisebürogröße als auch auf die Haupttätigkeiten geben. Non-IATA-Büros werden oft auch als "reine" Touristik-Büros bezeichnet, da sie keine eigenen Fahrscheine ausstellen (dürfen). Dies hat sich aber in den letzten Jahren zum Teil geändert: viele Non-IATA-Büros haben eine "Unteragentur", d.h. sie verkaufen ähnlich Fahrscheine wie die Vollreisebüros, allerdings mit dem Unterschied, daß die Tickets von den IATA-Agenturen ausgestellt werden und daß sich Agent und Unteragent die Provision teilen. Ferner ist die Unterteilung in Haupt- und Nebenerwerbsreisebüros von einer gewissen Bedeutung, da dies einen Hinweis auf das jeweilige Umsatzvolumen gibt.

In der Bundesrepublik gibt es ca. 12.000 Haupterwerbsreisebüros, davon ca. 2.000 in den neuen Ländern (Quelle: DRV 1995). Durch die Lockerung der Voraussetzungen für die Lizenzvergabe besitzen inzwischen ca. 3.300 Büros eine IATA-Lizenz (1985: ca. 500) und 1.800 eine DB/DER-Lizenz. Man hat somit ca. 30 - 35 % sog. Vollreisebüros und ca. 65 % reine Touristikbüros. Unklarheit besteht über die Anzahl der Reisebüros, die die Reisevermittlung nicht als Hauptgeschäft betreiben. Hierzu zählen insbesondere Toto-Lotto-Annahmestellen, Vermittlungsleistungen von Busreiseveranstaltern usw. Sie werden seitens des DRV mit ca. 6.000 für 1994/95 geschätzt.

Die meisten Büros sind mittelständische Betriebe, in denen oftmals lediglich der Eigentümer oder Filialleiter selbst beschäftigt ist (in über 2000 Büros) oder die zwischen 2 und 4 Beschäftigte haben. Rechnet man die - ca. 1.200 - Reiseveranstalter hinzu, so ergeben sich im statistischen Durchschnitt ca. 4,8 Mitarbeiter. Lediglich 16 Unternehmen hatten in der letzten Arbeitsstättenzählung des Statistischen Bundesamtes aus dem Jahr 1987 über 100 Beschäftigte und allein der Reiseveranstalter TUI über 1000 (vgl. Abb. 3-41a). Die regionale Verteilung der Reisebüros

Betriebsgröße (Zahl der Beschäftigten)	Zahl der Betriebe	Gesamtzahl der beschäftigten Personen
a) 1	2 163	2 163
b) 2– 4	4 685	12 657
c) 5– 9	1 496	9 474
d) 10– 19	557	7 256
e) 20– 49	232	6 741
f) 50– 99	31	2 052
g) 100– 199	11	1 600
h) 200– 499	4	1 292
i) 500– 999	–	–
k) über 1000	1	1 065
	9 180	44 300

Abb. 3-41a Anzahl und Betriebsgröße der deutschen Reisemittler und -veranstalter (Quelle: Statistisches Bundesamt, Arbeitsstättenzählung im Rahmen der Volkszählung, Stichtag: 25. Mai 1987)

und ihre Struktur ist in den einzelnen Bundesländern sehr unterschiedlich (vgl. Abb. 3-41b).

Bundesländer	Einwohner	Reisebüros und Veranstalter	Beschäftigte	Beschäftigte pro Arbeits- stätte	Reisebüro- dichte
Baden-Württemb.	9 350 200	1 260	5 547	4,4	7 421
Bayern	11 043 100	1 666	8 275	5,0	6 629
Berlin	1 884 400	605	2 706	4,5	3 115
Bremen	653 600	101	774	7,7	6 471
Hamburg	1 566 700	437	2 666	6,1	3 585
Hessen	5 552 100	1 095	5 940	5,4	5 070
Niedersachsen	7 188 700	786	4 292	5,5	9 146
NRW	16 672 300	2 423	10 885	4,5	6 881
Rheinland-Pfalz	3 606 100	416	1 609	3,9	8 669
Saarland	1 041 200	130	542	4,2	8 010
Schleswig-Holstein	2 612 100	261	1 064	4,1	10 008
Summe	61 170 500	9 180	44 300	4,8	6 663

Abb. 3-41b Regionale Verteilung der Reisemittler und -veranstalter in der Bundesrepublik (Quelle: s. Abb. 3-41a)

Etwa 2.300 Büros sind in 24 großen **Reisebüroketten** organisiert (vgl. Abb. 3-42).

Der Großteil der bundesdeutschen Reisebüros ist **mittelständisch**, er hat ca. 4 bis 5 Mitarbeiter und einen Jahresumsatz zwischen 0,5 und 1,5 Mio. DM. Dies entspricht ca. 500 bis 1500 jährlich vermittelten Reisen. 1994 betrug der **Gesamtumsatz** der Reisebürobranche ca. 34 Mrd. DM. Er verteilt sich sehr unterschiedlich

*   auf die verschiedenen **Reisebüros**, zirka die Hälfte des gesamten Reisebüroumsatzes wird durch die klassischen Reisebüros abgewickelt,
*   auf die **Geschäftssparten** in den Reisebüros: so entfallen ca. 60 % auf den Touristik-Bereich, 30 % auf die Vermittlung von Flügen, 5 % auf Bahnverkehr und 5 % auf Sonstiges,
*   auf die verschiedenen **Kundengruppen**; hier stammen 66 % der Buchungen von Urlaubsreisenden, 22 % von Geschäftsreisenden und 12 % von Privatreisenden (alle Angaben für 1994).

Reisebüroketten 1993	Vertriebs- stellen	CRS- Ausstat- tung	Umsätze			
			ges. in Mio. DM	Flug in Mio. DM*	Bahn in Mio. DM*	Touris- tik in Mio DM*
DER-Gruppe	260	1.420	2.314,4	894,7	418,9	893,8
First	287	-	2.042,0	916,0	243,0	848,0
Hapag-Lloyd	182	1.163	1.817,0	1.075,0	175,0	537,0
Karstadt	122	505	816,1	174,3	57,7	567,6
Euro Lloyd	78	434	730,8	540,6	50,5	128,9
ITS	307	438	685,0	64,3	27,4	581,7
Thomas Cook	72	368	660,0	392,0	42,0	156,0
Atlas	194	376	482,7	66,5	8,7	401,8
NUR	127	200	409,9	3,5	1,1	396,9
American Express	35	206	344,0	249,0	12,0	40,0
Quelle	172	210	318,0	12,4	1,0	298,8
NVAG	93	127	248,1	-	-	237,4
Wagonlit Travel	39	138	245,8	181,1	19,2	37,6
Flugbörse	70	120	180,0	100,0	-	60,0
Kuoni	25	105	163,0	112,0	13,0	27,0
Schenker-Rhenus	11	67	144,4	105,6	10,0	26,5
Horten	40	68	104,9	7,3	5,4	90,0
Reiseland	70	104	104,5	10,0	0,5	91,7
Alpha	17	43	78,0	19,1	-	58,9
Brewo	17	41	77,0	12,7	11,8	47,6
Go Reisen	14	42	60,0	18,0	7,0	33,0
Alltours	24	43	54,2	1,5	-	48,9
TRD	14	19	35,0	3,0	1,0	29,0
Ferienwelt	11	13	20,0	1,0	1,0	17,0
Gesamt	**2.281**	**6.250**	**12.134,8**	**4.959,6**	**1.108,8**	**5.656,0**

* Verbleibender Umsatz zum Gesamtumsatz entfällt jeweils auf den Bereich sonst. Reisebürogeschäfte
- keine Angaben

Abb. 3-42 Deutsche Reisebüroketten (Quelle: FVW Nr.14/1994)

3.6.5 Exkurs: Reisebüronutzung durch die Reisenden[1]

Für Reisebüros ist es von besonderer Bedeutung, wieviele und aus welchen Gründen Reisende ein Reisebüro in Anspruch nehmen. Ziemlich genaue Angaben zum Buchungsverhalten liegen für Urlaubsreisende durch die Marktuntersuchungen des Studienkreises für Tourismus vor. Hier wurde durch Sonderfragen in der Reiseanalyse auch nach Nutzung der Reisebüros für die Urlaubsreise gefragt.

1 Vgl. zum folgenden HARTMANN 1975, HESSE 1978, 1979, 1980, 1983, 1984, OPPITZ 1981, SCHUCHT 1973.

Weniger Informationen existieren über die **Nutzung der Reisebüros** durch Geschäfts- und Nichtreisende (vgl. Abb. 3-43).

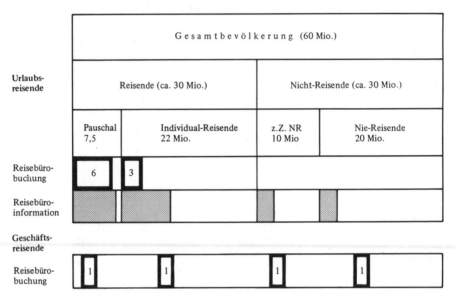

Abb. 3-43 Reisebüronutzung in der Bundesrepublik
(Eigene Zusammenstellung nach verschiedenen Quellen)

Ca. 50 % der bundesdeutschen Bevölkerung unternehmen jährlich eine Urlaubsreise. Von diesen ca. 30 Mio. Reisenden (ABL) fahren lediglich 25 % oder 7,5 Mio. mit einem Reiseveranstalter in den Urlaub, 75 % oder 22,5 Mio. organisieren ihre Reise weitgehend selbst - **individuell**. In bezug auf alle Reisenden ist die Reisebüronutzung mit ca. 25 % relativ gering. Allerdings organisieren ca. 80 % der Pauschalreisenden, aber nur 10 -1 5 % der Individualreisenden ihre Reise mit Hilfe eines Reisebüros[1] .

Ferner nutzen auch einige der ca. 30 Mio. **Nichtreisenden** Reisebüros für allgemeine Informationen, ohne daß es in dem betreffenden Jahr oder irgendwann später zu einer Reisebuchung kommt.

Hinsichtlich der **Geschäftsreisenden** sind nur unzureichende Angaben für den gesamten Reisebürosektor vorhanden. Untersuchungen zum Geschäftsreisebereich ergaben, daß ein Großteil der Geschäftsreisenden ein Reisebüro oder eine betriebsinterne Reisestelle in Anspruch nimmt. Zwar ist die Zahl der Geschäftsreisenden - wie in Abb. 3-43 ausgewiesen - relativ gering, doch infolge

---

1 Diese Zahlen sind nicht wesentlich unterschiedlich wenn man kostenlose und bezahlte Inanspruchnahme von Reiseleistungen unterscheidet. Die zweite Zeile in Abb 3-43 unter Reisebürobuchung zeigt einen nur leicht erhöhten Anteil der Reisebüronutzung als Informationsstelle. - Ähnliche Ergebnisse sind auch aus der Befragung über die Nutzung verschiedener Stellen zur Reiseentscheidung zu sehen, vgl. Abschnitt 2.3. Reisebüros kommen erst an dritter Stelle nach "Empfehlungen von Bekannten" und "bekannt aus eigener Erfahrung".

der hohen Reisehäufigkeit ergibt sich ein durchaus beträchtliches Buchungsaufkommen für Reisebüros.

Neben dem allgemeinen Volumen des Reisemittlermarktes ist es interessant, weitere Informationen über die **Art und Gründe** der Reisebüronutzung durch die Reisenden zu erhalten.

Die Reisebüronutzung zeigt deutliche Schwerpunkte auf (vgl. Abb. 3-44). 80 % der Urlaubsreisenden nehmen ein Reisebüro als Vermittler für Pauschalreisen in Anspruch. Lediglich 11 % buchen Fahrscheine im Reisebüro (und hierbei sind auch die Individualorganisatoren enthalten). Auch sonstige Leistungen, wie beispielsweise Reiseversicherungen und kostenlose Prospektinformationen haben mit 5 bzw. 14 % lediglich einen geringen Anteil[1].

Nutzungsbereiche	Nutzungsarten	Anteil am Gesamtumsatz in %
Nach **Kunden:**	Urlaubsreisend	66 %
	Geschäftsreisende	22 %
	Privatreisende	12 %
Nach **Geschäftssparten**	Touristik	63 %
	Flugverkehr	29 %
	Bahnverkehr	5 %
	Sonstiges	5 %

Abb. 3-44 Art der Reisebüronutzung
(Quelle: DRV 1994)

Abb. 3-45 zeigt die wichtigsten Gründe - aus Kundensicht - **für oder gegen** eine Reisebüronutzung: Viele Reisende gehen ins Reisebüro weil sie meinen, sie **müßten notwendigerweise** ihre Reise dort buchen. Für die meisten Reiseangebote ist dies - zum Glück für das Reisebüro - eine Fehlinformation. Die meisten Reisen können auch bei anderen Büros oder **direkt** beim Veranstalter gebucht werden, wenn auch ohne preislichen Vorteil für den Kunden. Nur wenige Reisen werden ausschließlich über Reisebüros vertrieben, typischstes Beispiel sind die TUI-Reisen. Mit zunehmender Bedeutung **Neuer Medien** werden Reiseveranstalter wohl demnächst vermehrt zum Direktvertrieb übergehen (vor allem mit Hilfe von CRS).

---

1 Die 14% unentgeltliche Prospektinformationen erscheinen relativ gering, wenn man die tägliche Praxis betrachtet: Hier sind nicht ausgewiesen, wie häufig sich jemand in Reisebüros informiert, bevor er bucht, sondern nur, ob er sich informiert. - Als Faustregel gilt: pro Buchung kommen 5 - 10 Beratungen ohne momentane Buchung.

Gründe **für** Reisebüronutzung	Gründe **gegen** Reisebüronutzung
• "Notwendigkeit", dort zu buchen • Preiswerte Angebote • Individuelle, persönliche Beratung • Bequemlichkeit • Sicherheit	• Reisebüro "nicht notwendig", Selbstorganisation • Keine individuelle Reiezusammenstellung • Widerstand gegen "Massentourismus" • Trend zur Individualität • Freude am Selbstorganisieren

Abb. 3-45 Gründe der Reisebüronutzung (Quelle: REISEANALYSE)

Als zweites erwartet und vermutet der Kunde in Reisebüros **preiswertere** Angebote. Doch auch hierbei erkennt der Kunde nicht, daß fast alle Reisen in fast allen Reisebüros zum gleichen Preis zu buchen sind. Er hält zumeist bestimmte Reisebüros für "teurer" als andere, ohne daß dies vom Reisepreis her gerechtfertigt ist.

Weitere Gründe für die Inanspruchnahme von Reisebüros sind **Sicherheit, Bequemlichkeit, persönliche Beratung**. Vom typischen Reisebürokunden wird gesagt, er sei eher "großzügig, bequem und neige zum Komfort, er sei gesellig und reiseerfahren. Hingegen sei der typische Nichtkunde "sparsam, reiseunerfahren, organisiere gerne und sei auf die eigene Familie beschränkt".

Interessant ist, daß fast die gleichen Gründe, die **für** eine Nutzung des Reisebüros sprechen, von Nichtkunden **dagegen** angeführt werden. Das Reisebüro sei **nicht notwendig** für die Reisevorbereitung, Reiseangebote seien teurer, und die Zusammenstellung sei **nicht individuell**. Wichtig und charakteristisch für die Gruppe der Nichtnutzer ist das "fehlende Gefühl der Individualität, der Widerstand gegen organisierten, gegen "Massentourismus", aber auch die **Freude am Selbstorganisieren und das Preisargument**.

3.7 Der Fremdenverkehrsort/die Destination

3.7.1 Das Zielgebiet als Gesamtproduzent

Eine besondere Stellung im Fremdenverkehrsangebot nehmen Fremdenverkehrsorte und -gebiete ein. Hier gibt es keinen so klar umrissenen Anbieter wie bei den meisten anderen Produzenten von Fremdenverkehrsleistungen. Fremdenverkehrsorte sind keine betriebswirtschaftlichen Erscheinungen mit klar abgrenzbarer Produktionsstätte (Betrieb) oder einheitlichem Produkt oder Leistung. Doch andererseits "lebt" der gesamte Fremdenverkehr von den Orten und Gebieten als Fremdenverkehrsanbieter. Die Reiseziele oder Fremdenverkehrsorte sind "Kristallisationspunkte des Fremdenverkehrs" (so KASPAR 1975: 53), die "Zentren eines touristischen Kräftefeldes" (BERNECKER 1956: 94).

Im folgenden werden vorwiegend die Bezeichnungen **Fremdenverkehrsort** oder (touristische) **Destination** verwendet. Sie stehen als übergreifende Begriffe für die verschiedenen Anbieter, die damit gemeint werden können, wie Fremdenverkehrsgemeinde, -gebiet, -region, -land, -ressort, auch für Stadt oder Landschaft. Im angelsächsischen ist die Bezeichnung "destination" (dt. Destination) vorherrschend, im Deutschen hat sie sich allerdings (noch) nicht eingebürgert.

"Zielgebiet" meint eher aus Sicht der Reisenden oder der Reiseveranstalter das (End-)Ziel der Reise (Nachfragersicht oder "Push-Effekte"). Aus dem Blickwinkel der Produzenten oder Anbieter stellen "Orte" bzw. "Destinationen" alle für einen Aufenthalt "in der Fremde" notwendigen Leistungen zur Verfügung (Anbietersicht oder "Pull-Effekte").

In Abschnitt 3.7.2 wird das touristische Produkt eines Fremdenverkehrsortes genauer dargestellt, Abschnitt 3.7.3 gibt einige Hinweise auf die Struktur der Tourismusorte und -destinationen. In Abschnitt 3.7.4 werden die Besonderheiten des Kur- und Bäderwesens eingehender behandelt.

3.7.2 Das touristische Angebot: das Tourismusprodukt bzw. die Fremdenverkehrsleistung von Destinationen

Produkt ist der Ort selbst mit seinen natürlichen und abgeleiteten Angebotsfaktoren als Summe aller Einrichtungen und Maßnahmen, die dem Fremdenverkehr dienen. Fremdenverkehrsorte "produzieren" und bieten (an) Attraktivität ("The central aspect of tourism are attractions (the ability to draw people to them)", MILL/MORRISON 1985: 202).

Im Hinblick auf das touristische Angebot eines Fremdenverkehrsortes sind vor allem zwei Aspekte zu unterscheiden. Zum einen hat jeder Ort eine gewisse Ausstattung an landschaftlichen, klimatischen, historischen und ökonomischen Faktoren, die ihn für Fremde interessant erscheinen lassen (das **ursprüngliche Angebot**). Zum anderen werden zusätzliche Angebote und Leistungen speziell für den Tourismus erstellt (das **abgeleitete Angebot**).

(1) Das ursprüngliche Angebot

Jeder Ort bzw. jede Destination hat eine gewisse ursprüngliche Ausstattung, die nicht speziell für den Tourismus entwickelt wurde. Die Fremdenverkehrslehre bezeichnet dies als das Angebot der **ursprünglichen** oder **natürlichen** Ressourcen. In ökonomischer Betrachtung sind dies häufig sog. freie Güter. Im einzelnen zählen zum ursprünglichen Angebot einer Destination:

- **natürliches Angebot** (naturgegeben)
  - Landschaft,
  - Flora, Fauna,
  - Klima, Wetter,
  - Naturdenkmäler,

- **sozio-kulturelles Angebot** (durch den Menschen geprägt - anthropogene Faktoren)
  - Kultur, Tradition, Brauchtum,
  - Sprache, Mentalität, Gastfreundschaft,
  - Denkmäler (historisch, kulturell, technisch).

Hinzu kommen Einrichtungen der allgemeinen Infrastruktur, die ebenfalls zum ursprünglichen Angebot gezählt werden, da sie nicht speziell für den Tourismus erstellt worden sind. Aus ökonomischer Sicht sind dies in der Regel öffentliche Güter:

- **allgemeine Infrastruktur** (mit Einfluß auf Tourismus)
  - Politik, Soziales, Bildung,
  - Ver-, Entsorgung,
  - Kommunikations-, Verkehrswesen (allgemein).

(2) Das abgeleitete touristische Angebot

Doch die zuvor erwähnten ursprünglichen Angebotsfaktoren machen eine Ort allein nur selten zu einem Fremdenverkehrsort, obwohl sicherlich dadurch erste Anstöße zur Entwicklung des Fremdenverkehrs gegeben werden. Zu einem Teil der Fremdenverkehrsindustrie werden diese Orte erst, wenn weitere - sog. abgeleitete - Faktoren hinzukommen. Hierbei handelt es sich im wesentlichen um zwei Arten von abgeleiteten Angeboten:

- um Einrichtungen und Anlagen, die **speziell für den Fremdenverkehr** entwickelt worden sind und somit den Fremdenverkehr ermöglichen und ausweiten. Hierzu zählen alle privaten und öffentlichen Einrichtungen und Infrastrukturmaßnahmen für den Fremdenverkehr, vor allem Ausbau der Straßen und/oder Flughafen, Schaffung von Grünanlagen, Pflege des Stadtbildes, Einrichtung von Übernachtungs- und Verpflegungsbetrieben, von touristischen Dienstleistungsangeboten (Sport, Unterhaltung) und ein lokales Freizeitangebot (Schwimmbad, Veranstaltungen). Hinzu kommen spezielle touristische Angebote, wie z. B. medizinische Einrichtungen für das Kur- und Bäderwesen, Tagungsstätten und Messeeinrichtungen. Dies sind Einrichtungen und Aktivitäten, die teils speziell für den Fremdenverkehr vorhanden sind, teils auch der einheimischen Bevölkerung zugute kommen[1].

• um Organisations- und Verwaltungsmaßnahmen, die den Fremdenverkehr **institutionalisieren** und in erwünschte Bahnen lenken (wollen). Dies sind im **lokalen Bereich** die Einrichtung bestimmter behördlicher Fremdenverkehrsorganisationen, die sich um die Entwicklung des Fremdenverkehrs kümmern. In der Regel ist dies eine zuständige Abteilung innerhalb der Gemeindeverwaltung oder die Bildung eines (Fremden-)Verkehrs- oder Kurvereins. Im **überörtlichen** Bereich umfaßt dies die entsprechenden Gesetze und Verordnungen, die die Entwicklung zu einem Fremdenverkehrsgebiet ermöglichen (Nutzungspläne, Meldewesen usw.).

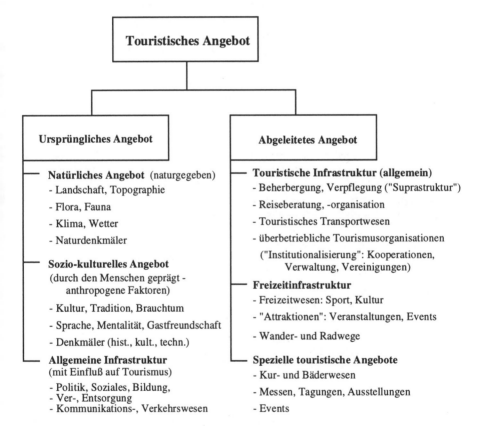

Abb. 3-46 Das touristische Angebot

---

1   Manche abgeleiteten Fremdenverkehrsangebote sind zu einem gewissen Teil auch von Einheimischen zu nutzen, z. B. Hallenbäder, Wanderwege, Restaurants, andere hingegen ausschließlich von Touristen, z. B. die Tourist Information, Hotels usw.

Auf dieser Stufe läßt sich von **institutionalisiertem Tourismus** sprechen. Die Fremdenverkehrszielgebiete bieten ihr Angebot bewußt am Tourismusmarkt an, sie nehmen am marktbezogenen Tauschprozess teil. (wobei allerdings viele der Fremdenverkehrsangebote als öffentliche Leistungen nicht mit Preisen bewertet und gehandelt werden).

Hierbei haben die Betriebe und Institutionen der Fremdenverkehrsorte die unterschiedlichsten Aufgaben (vgl. genauer bei den entsprechenden Abschnitten zuvor). Die Fremdenverkehrsbetriebe im Ort stellen die bekannten Fremdenverkehrsleistungen her, wie Beherbergungsleistungen, Reiseleitung, Kurkonzert usw. Die Gemeindeverwaltung und kooperativen Fremdenverkehrsvereinigungen **kombinieren** die verschiedensten Angebote ihres Bereiches zu einem **Gesamtbild** bzw. -angebot, das dem potentiellen Kunden angeboten wird, z. B. der Ort "Oberammergau", "Berlin" oder "das Alpengebiet", "die Nord- oder Ostsee" oder das "Urlaub in Bayern" oder "Deutschland als Ferienland", "Ostasien als Zielgebiet" usw. Es erfolgt in der Regel keine direkte Bezahlung dieser Gemeindeleistung durch die Nachfrager, sondern Finanzierung über die Mitglieder und - indirekt - über Steuereinnahmen.

In diesem Zusammenhang werden Fremdenverkehrsorte bzw. Reiseziele auch mit großen **"Multi-Produkt-Unternehmen"** verglichen, die in "kollektiver Produktion", die weitgehend unkoordiniert und unabhängig erfolgt, das Fremdenverkehrsangebot eines Ortes herstellen (so KRIPPENDORF 1971: 21 und KASPAR/ KUNZ 1982: 48f).

In der Fremdenverkehrsliteratur werden anstelle der vorherigen Unterscheidung in spezifische und institutionalisierende touristische Angebote zumeist drei verschiedene Bereiche des abgeleiteten Angebotes unterschieden:

* **touristische Infrastruktur** (allgemein):
  - Beherbergung, Verpflegung ("Suprastruktur")
  - Reiseberatung, -organisation
  - Touristisches Transportwesen
  - überbetriebliche Tourismusorganisationen ("Institutionalisierung":
    Kooperationen, Verwaltung, Vereinigungen)

* **Freizeitinfrastruktur**
  - Freizeitwesen: Sport, Kultur
  - "Attraktionen": Veranstaltungen, Events

* **Spezielle touristische Angebote**
  - Kur- und Bäderwesen
  - Messen, Tagungen, Ausstellungen
  - Events

(3) Die drei a's des touristischen Angebotes von Destinationen

Eine etwas andersartige Darstellung der Produktion bzw. der Angebotsfaktoren von touristischen Destinationen findet sich in einigen angelsächsischen Beiträgen, die ebenfalls hilfreich sein kann, die Besonderheiten der "Produzenten" (Tourismus-) Ort bzw. Destination verständlich zu machen. Hierbei wird von "drei a's" gesprochen, die ein Gebiet oder ein Ort als touristische Destination erfüllen muß (vgl. u. a. HOLLOWAY 1994: 5ff). In leichter Abwandlung wird diese Anregungen im folgenden aufgegriffen: Zum Teil überschneidet sich die Darstellung mit den vorherigen Abschnitten (1) und (2), zum Teil ermöglicht sie aber ein weiterreichendes Verständnis.

a-1: attractions ("Attraktionen"): Jeder touristische Ort hat eine gewisse Anzahl von natürlichen oder abgeleiteten Attraktionen aufzuweisen. Ihre Summe ergibt die Gesamtattraktivität eines Ortes oder einer Destination. In einem bestimmten Ausmaß besteht ein Trade-Off zwischen natürlichen und künstlichen Angeboten, d. h. auch Orte ohne bedeutendes Ausmaß an natürlichen Attraktionen können aufgrund künstlich geschaffener Angebote für Touristen attraktiv sein oder werden. So sind insbesondere attraktive Unterkünfte (5-Sterne-Hotels oder Ferienzentren), Freizeit-Attraktionen (wie Spaß-Bäder, Tierparks, Theater), medizinische Einrichtungen (wie Kurkliniken), Events (einmalige oder regelmäßige Veranstaltungen) zur Hauptattraktion einer bestimmten Destination werden.

Auch können ganze Destinationen künstlich geschaffen werden, wie z. B. "Disneyland", "Center Parks" oder - ironisch zu Ende gedacht - ein "Replikaland" (HELLER 1990).

a-2: amenities ("Annehmlichkeiten"): Am Ort selbst sind verschiedene touristische Einrichtungen notwendig, damit ein längerfristiger Aufenthalt möglich ist. Im wesentlichen handelt es sich um Möglichkeiten der Übernachtung und Verpflegung - Kaspar spricht daher auch von der "touristischen Suprastruktur" (ders. 1991: 66). Doch auch weitere ergänzenden Leistungen während des Aufenthaltes gehören dazu, wie Reiseleitung, Besichtigungen, Ausflüge, Freizeitaktivitäten (v. a. Sport, Kultur), Veranstaltungen ("Events") usw. Dies wird zumeist als touristische Infrastruktur bezeichnet, die speziell für den Tourismus erstellt worden ist. Aber auch Einrichtungen der allgemeinen Infrastruktur beeinflussen die Annehmlichkeit des Aufenthaltes, wie z. B. Kommunikationswesen, politische, wirtschaftliche und soziale Einrichtungen.

a-3: access ("Anreise(möglichkeit)", besser: Zugang): Als dritte Voraussetzung für touristische Destinationen sind die Anreisemöglichkeiten oder der Zugang zu sehen. Sie betreffen vor allem die **Verkehrsinfrastruktur**. (Gute) Straßen-, Bahn- und Flugverbindungen (bei Fernreisedestinationen) sowie der öffentliche Nahverkehr (ÖPNV) beeinflussen das Urlaubs- und Geschäftsreiseaufkommen ebenso wie den Ausflugsverkehr.

Es ist Aufgabe der touristischen Produzenten eines Ortes oder einer Destination, ein entsprechendes Angebot an Attraktionen, Annehmlichkeiten und Anreisemöglichkeiten zur Verfügung zu stellen (vgl. genauer 3.7.2). Der schönste (natürliche) Strand wird nur wenig Touristen "anziehen", wenn keine Anreise möglich und keine Übernachtungs- und Verpflegungsmöglichkeiten vorhanden sind. Zudem wird die Dauer des Aufenthaltes durch die Anzahl und das Ausmaß der Attraktionen am Ort abhängen.

(4) Ferienparks

Eine Sonderform des abgeleiteten touristischen Angebotes stellen die verschiedenen Formen der Freizeit- und Ferienparks dar. Unter diesem Oberbegriff werden ganz unterschiedliche Angebotsformen diskutiert, die von relativ "natürlichen" Angeboten (z. B. Naturparks und Biospährenreservaten) bis zu vollkommen künstlichen Angeboten (v. a. "Themenparks") reichen. Bei den Themen- oder Erlebnisparks ist "Disney-Land" am bekanntesten. Als quasi "Zwischenform" gibt es künstliche

Urlaubswelten wie "Badelandschaften", aber auch Sportanlagen zählen hierzu (Golfplätze, Squash-Center usw.).

Die meisten dieser Freizeitparks sind als (Tages-)Ausflugsangebote konzipiert und stehen in keinem direkten Zusammenhang mit dem Übernachtstourismus (Ausnahme: Disney-Parks).

Als weitere große Gruppe werden im Tourismus Anlagen **mit Übernachtungsmöglichkeiten** betrachtet. Sie lassen sich in die obige Übersicht zu Freizeitparks nur schwer einordnen. Zum einen sind es künstlich geschaffene Urlaubslandschaften mit Erholungs- und Freizeitfunktion, zum anderen erfüllen sie Aufgaben der Hotellerie und Parahotellerie. Vielfach werden Ferienhaussiedlungen als Zweitwohnungen und/oder als Kapitalanlagen genutzt.

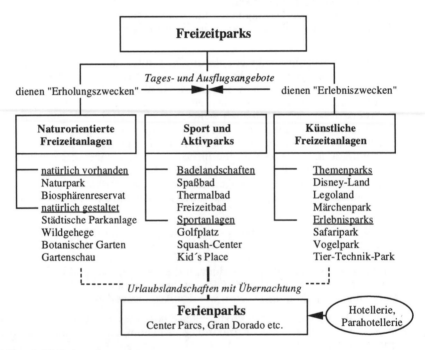

Abb. 3-47 Ferienparks

Sonderform "Center Parks":

Als Weiterentwicklung traditioneller Ferienhaussiedlungen bzw. als Sonderform haben sich Feriengroßprojekte nach dem Vorbild der "Center Parcs" (Niederlande) oder "Gran Dorado" (Niederlande), "Sun Park" (Belgien) entwickelt ("Ferienzentren der 2. Generation"). Es handelt sich dabei um großflächige Bungalow-Parks mit einem meist überdachten und beheizten Zentralkomplex mit Sportanlagen, Einkaufsmöglichkeiten und gastronomischen Einrichtungen. Zentrale Attraktion ist fast immer ein "subtropisches Erlebnisbad", das zusammen mit den anderen wetterunabhängigen Freizeitangeboten eine ganzjährige Nutzung ermöglicht. Die Bettenzahlen bewegen sich im allgemeinen zwischen 2.000 und 4.000.

Je nach Betreiberkonzept gibt es für diese Anlagen ein eher

* **innenorientiertes Betriebskonzept:** Tagesgäste sind nur begrenzt zuge-lassen, diese Anlagen erfordern eine geringere Attraktivität der Umgebung;
* **außen-orientiertes Betriebskonzept:** solche Anlagen sind offener für Tagesgäste, sie erfordern meist eine hohe Attraktivität der Umgebung.

Diese Anlagen sind meist in Gebieten mit außerordentlich hoher Bevölkerungs-konzentration angesiedelt (Holland, Nord-Belgien, Rhein-Ruhr-Gebiet) und liegen innerhalb eines Radius von maximal ca. zwei bis drei Autofahrerstunden.

Als Ergebnis eines Gutachtens für das Niedersächsische Umweltministerium zu Ferienzentren wurde den meisten dieser Projekte eine hohe Verkehrsbelastung, die Störung des Landschaftsbildes sowie der Flora und Fauna sowie ein hoher Wasser- und Energieverbrauch und aus ökonomischer Sicht ein - im Vergleich zu tradi-tionellen Fremdenverkehrseinrichtungen - relativ geringer wirtschaftlicher Nutzen für die Region bescheinigt:

"Die Arbeitsplatzbilanz der neuen Ferienzentren ist im Vergleich zu mittel-ständischen Pensionen und Hotels außerordentlich ungünstig. Es werden mehr als doppelt so viele Betten, etwa zehn Mal so viele Übernachtungen und ein sieben Mal höherer Investitionsaufwand benötigt, um einen Vollzeitarbeitsplatz zu schaffen. ...
Die indirekten wirtschaftlichen Auswirkungen von Ferienzentren der 2. Generation auf die Region sind stark vom Betriebskonzept abhängig. Generell kann man jedoch sagen, daß nur ein geringer Teil der von den Investoren getätigten Ausgaben für Bau und Betrieb ihrer Anlagen in der Region verbleibt. ... Die umfangreichen Bauvorhaben werden von auswärtigen Großunternehmen ausgeführt, und auch der Wareneinkauf erfolgt größtenteils zentral bei Großhandelsketten. Positive Effekte können sich allerdings für Handwerks-betriebe vor Ort ergeben. Auch für Produzenten von Frischprodukten bestehen gewisse Absatzmöglichkeiten. ...
Eine dezentralere, mittelständisch strukturierte Fremdenverkehrsentwicklung kann für die Region mit wesentlich geringerem baulichen und finanziellen Aufwand die gleichen oder bessere Effekte erzielen." (STRASDAS 1992: 295)

Allerdings sollte gegenüber dieser sehr negativen Einschätzung nicht verkannt wer-den, daß nicht immer **Alternativen** zu solchen Freizeit- und Ferienpark-Projekten bestehen. Insbesondere für landschaftlich relativ unattraktive Regionen bieten sich künstliche Urlaubswelten als Ergänzung des gesamten touristischen Angebotes an. (Vgl. als Übersicht zu Freizeitparks SCHERRIEB 1993, zu Ferienparks WAGNER 1984, zur Kritik an Ferienwohnparks STRASDAS 1992)

3.7.3 Die Struktur der Fremdenverkehrsorte (als touristische Anbieter)[1]

Die **Struktur** dieses **Wirtschaftsbereiches** läßt sich nur recht unklar bestim-men. So gibt es keine eindeutigen Kriterien, nach denen ein Ort als Fremden-verkehrsort anzusehen ist. Ist es das Vorhandensein von Fremden bzw. Touristen? Doch in welchem Umfang (einer, hundert oder tausend)? Oder sind es die natür-

---

1 Weitere Angaben zu Struktur und Aufgaben der deutschen Fremdenverkehrsgemeinden auf lokaler und überregionaler Ebene finden sich im Kapitel 5 Fremdenverkehrspolitik.

lichen oder abgeleiteten Faktoren, von denen im ersten Teil gesprochen wurde? Ferner können die Größe, geographische Aspekte, touristische Angebotsfaktoren oder Trägerschaften bzw. Rechtsformen zur Bestimmung herangezogen werden (vgl. Abb. 3-48).

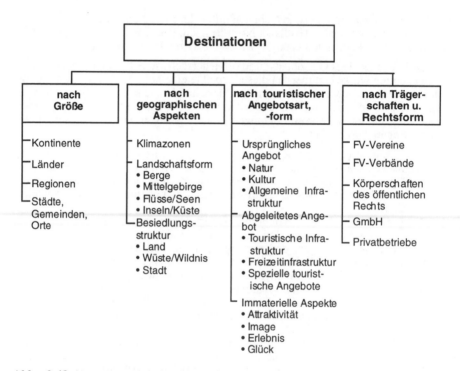

Abb. 3-48 Arten von touristischen Destinationen
(Quelle: FREYER 1997a: 23)

Ergänzend hierzu bestehen für einige Formen der Fremdenverkehrsorte zum Teil gesetzliche Vorschriften, wann sich ein Ort als "Luft-, Kneipp- oder heil-klimatischer Kurort", als "(Heil-)Bad" oder "See(heil)bad oder Mineral- oder Moorbad" bezeichnen darf (vgl. genauer 3.7.4).

In der Bundesrepublik existieren ca. 2400 Fremdenverkehrsorte, davon ca.

- Heilbäder   187
- Seebäder   67
- Luftkurorte   273
- Erholungsorte   818
- Großstädte   68
- Sonstige   1010

Der DFV-Deutsche Fremdenverkehrsverband spricht von insgesamt ca. 6.000 Orten (und Gebieten) in Deutschland, die sich um Touristen bemühen. Darüber hinaus gibt es zahlreiche Gebiets- und Werbegemeinschaften, u. a. ca. 150 Touri-

stische Routen und ca. 160 touristische Regionalverbände und Gebietsgemeinschaften (vgl. DFV 1993, FREYER 1994d, MÜLLER 1994).

Innerhalb dieser Orte und Gebiete existieren die verschiedensten Organe,
Institutionen und Betriebe, die das Angebot der Fremdenverkehrsorte prägen.
Hierzu zählen die **privatwirtschaftlich** organisierten Fremdenverkehrsein-
richtungen am Ort (wie Hotels, Transport- und andere Dienstleistungsbetriebe)
genauso wie die öffentlichen Institutionen, die sich um einen Ausbau und eine
Förderung des Fremdenverkehrs bemühen.

> *"Die meisten Fremdenverkehrsbetriebe stellen die Atome eines Moleküls dar, als
> welches der Fremdenverkehrsort zu gelten hat"* (HUNZIKER 1959: 16)

Die Produktion und Gestaltung des touristischen Angebotes erfolgt auf unterschiedlichen Ebenen, die weitgehend an das förderalistische System der Bundesrepublik angelehnt sind (vgl. auch 5.3.2).

(1) Lokale Ebene

Auf der **unteren Ebene** sind es Orte, Gemeinden und Städte, die sich um den
Fremdenverkehr bemühen. Hierzu bedarf es gewisser organisatorischer und insti-
tutioneller Voraussetzungen, um von einer Teilnahme am Tourismus sprechen zu
können. Auf dieser unteren Ebene wird das Fremdenverkehrsangebot durch verschiedene Verbände und Zusammenschlüsse der Fremdenverkehrsunternehmen
und -berufszweige gestaltet (am bekanntesten sind Verkehrsämter, -vereine und
Kurverwaltungen, Hotel- und Gaststätten- oder Taxivereinigung usw.). Die Organisation kann staatlich, privat oder gemischt zusammengesetzt sein. Viele der
Fremdenverkehrsorganisationen auf Gemeinde- oder überregionaler Ebene verhalten sich nur begrenzt nach gewinnwirtschaftlichen Prinzipien. Das hängt mit der
rechtlichen Organisationsstruktur zusammen. Oftmals handelt es sich um (gemeinnützige) Vereine, die selbst nicht vorrangig nach Profit streben, aber bei der
Förderung der Interessen ihrer Mitglieder letztendlich doch vorwiegend deren
ökonomische Zielsetzungen fördern.

Aufgabe und Zielsetzung dieser Organisationen ist - neben der Förderung der
verschiedenen Mitgliederinteressen -

- die **Förderung des Erscheinungsbildes** (der Attraktivität) des Ortes, z. B.
  durch Beratung und Mitwirkung bei örtlichen Maßnahmen zur Verbesserung der
  Infrastruktur (einschließlich Kur- und Tagungseinrichtungen, Betrieb von
  Campingplätzen usw.) und des Freizeitangebotes, Entwicklung eines Bebau-
  ungs- und Nutzungsplanes, Schutz der natürlichen Ressourcen, Beratung der
  am Ort ansässigen Betriebe und Bevölkerung, um eine möglichst optimale
  Entwicklung des Fremdenverkehrs am Ort zu ermöglichen,
- die **Gästebetreuung** am Ort, z. B. Touristenberatung, Auskünfte, Zimmer-
  nachweis, Vereinheitlichung der Zimmerbewertung, Führungen, Stadtrund-
  fahrten, Veranstaltungen,
- die **Gewinnung von Gästen** durch ein geeignetes Marketing, das von Marktforschung über ein einheitliches Erscheinungsbild des Ortes nach außen bis zu
  Verkaufsförderung durch Werbung, PR, Teilnahme an Messen und Ausstellungen, Zusammenarbeit mit Reisebüros und Reiseveranstaltern reicht.

Wichtigster Faktor, um von einem Fremdenverkehrsangebot der Gemeinden sprechen zu können, ist, daß der Ort nach außen als **Einheit** auftritt.

(2) Regionale Ebene

Daneben bzw. darüber bestehen verschiedene übergeordnete Institutionen, die ein "gebündeltes "Fremdenverkehrsangebot der Region oder eines Gebietes herausstellen. Hierzu haben sich auf regionaler Ebene einzelne Gemeinden und Betriebe zu Regional- oder Landesfremdenverkehrsverbänden bzw. Standesvertretungen (z. B. des Hotel- und Gaststättenverbandes) zusammengeschlossen. Diese Verbände sind meist ebenfalls als eingetragene Vereine organisiert und finanzieren sich weitgehend über ihre Mitgliederbeiträge, teilweise auch mit öffentlichen Zuschüssen.

Hauptaufgabe dieser Regionalverbände ist auch Beratung und Vertretung ihrer Mitglieder nach außen. Teilweise findet auf dieser Ebene auch eine Kooperation mit den entsprechenden Gremien in den Gebiets- und Landesregierungen statt. Auch hier ist eine gezielte Werbe- und PR-Politik eine der wesentlichen Aktivitäten, mit der die Einzelinteressen der Gemeinden und lokalen Fremdenverkehreinrichtungen besser wahrgenommen werden können.

Für den Bereich der Fremdenverkehrsgemeinden bestehen in der Bundesrepublik folgende Zusammenschlüsse, die die Fremdenverkehrsinteressen ihrer Mitglieder durch gemeinsame Maßnahmen fördern:

(2a) Regionale und bundesweite Arbeitsgemeinschaft(en) bzw. Kooperationen (Auswahl):
- der Fremdenverkehrsverbände am Rhein,
- "Deutsche Märchenstraße Hanau-Bremen",
- Touristische Routen, z. Z. ca. 150, u. a. Deutsche Märchenstraße, Sächsische Silberstraße usw.,
- "Urlaub und Freizeit auf dem Lande",
- Magic Ten - Interessengemeinschaft deutscher Großstädte (seit 1.1.91 "Magic Ten - The German Cities"),
- Die Historischen Zwölf - Gemeinschaft historischer Städte in Deutschland (neuer Name: "Historic Highlights of Germany"),
- Deutsches Küstenland, Top of Germany,
- Arbeitsgemeinschaft der Moorbäder,
- Arbeitsgemeinschaft der heilklimatischen Kurorte,
- Arbeitsgemeinschaft der Kneippheilbäder und Kneippkurorte.

(2b) Touristische Routen

Ein interessantes touristisches Phänomen regionaler Arbeitsgemeinschaften sind "Touristische Routen" (Synonym: Ferien-, Urlauber-, Reise- oder Kulturstraßen oder -wege). Auch im internationalen Bereich sind einige zur Berühmtheit gelangt, so z. B. die "Route 66" in den USA, die "Panamericana" oder die "Seidenstraße".

In Deutschland waren 1994 ca. 150 Touristische Routen bekannt. Davon haben ca. zwei Drittel eine Streckenlänge von unter 200 km und nur wenige weisen eine Länge von über 500 km auf. Weiterhin ist bemerkenswert, daß ca. drei Viertel der Touristischen Routen innerhalb des jeweiligen Bundeslandes verlaufen und weitere knapp 20 % lediglich zwei Bundesländer berühren. Nur wenige Routen verlaufen - teilweise - im benachbarten Ausland: z. B. die Burgenstraße (Tschechien), Freundschaftsstraße (Frankreich), Grüne Küstenstraße (Norwegen, Dänemark, Niederlande), Hamarland-Route und Via Romana (Niederlande), Straße der Kaiser und Könige (Österreich).

Als Touristische Routen gelten "auf Dauer angelegte, genau bezeichnete Reiserouten auf Bundes- und Landstraßen (ohne Autobahn), die dem Reisegast thematisch abgegrenzte spezielle Attraktionen bieten" (so eine Definition des DFV von 1981). Meist weisen eigene Beschilderungen mit einem besonderen Signet auf solche Straßen hin. Rechtsgrundlage für die Beschilderung von touristischen Routen bilden die "vorläufigen Richtlinien für touristische Hinweise an Straßen" aus dem Jahr 1988. Da nach § 8 des Bundesfernstraßengesetzes die Zuständigkeit für das Aufstellen von touristischen Hinweisschildern bei den einzelnen Bundesländern liegt, sind diese Richtlinien per Erlaß durch die Länder umzusetzen.

Die Anzahl der vorhandenen Touristischen Routen variiert sehr stark in den einzelnen Bundesländern. Vor allem in den südlichen Bundesländern Bayern und Baden-Württemberg gibt es jeweils über 20 solcher Touristischer Routen, während die meisten anderen westlichen Bundesländer meist ein gutes Dutzend Touristischer Routen verzeichnen. Auffallend wenig Touristische Routen haben Schleswig-Holstein, das Saarland ebenso wie die neuen Bundesländer (jeweils unter 4).

Wichtigstes Kriterium für die Gründung von Touristischen Routen ist ein gewisser thematischer Schwerpunkt bei der Streckenführung. Die meisten Touristischen Routen lassen sich einer der drei Kategorien **Landschaft** (34 %, z. B. Berge-Höhen-Seen-Route, Bergstraße, Alleenstraße, Alpenstraße, Eichenlaubstraße, Fichtelgebirgsstraße, Frankenwaldstraße, Grüne Küstenstraße, Hochtaunusstraße, Romantische Heidestraße, Spessart-Höhenstraße, Wesarthalstraße usw.), **Kulturhistorik** (46 %, z. B.: Alte Salzstraße, Bäderstraße, Burgenstraße, Porzellan-, Schuh-, Edelstein-, Silberstraße, Wehrkirchenstraße, Fachwerkstraße, Raiffeisenstraße, Dichterstraße, Orgelroute, Klassikerstraße, Nibelungen- und Siegfriedstraße, Barockstraße, Märchenstraße, Straße der Kaiser und Könige,

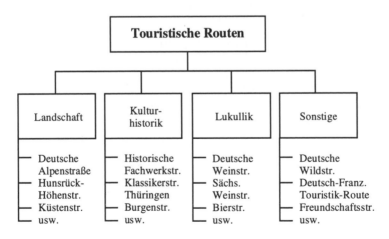

Abb. 3-49 Touristische Routen in Deutschland
(Quelle: MÜLLER 1994)

Störtebekerstraße, Straße der 1000 Oldtimer, Kirchentor usw.) oder **Lukullik** (17 %, es existieren 11 Weinstraßen und 4 Bierstraßen) zuordnen. Lediglich 3 % belegen sonstige Themen, wie z. B. "Landschafts- oder Artenschutz" (z. B. "Deutsche Wildstraße", "Deutsche Alleenstraße"), "Völkerverständigung" ("Deutsch-französische Touristische Route", "Freundschaftsstraße").[1]

(3) Nationale und internationale Ebene

Die verschiedenen Kooperationen setzen sich auch auf **nationaler** und - anders strukturiert - auf internationaler Ebene fort. Auf nationaler Ebene ist hier besonders die **DZT-Deutsche Zentrale für Tourismus** hervorzuheben, deren Hauptaufgabe die Vertretung und Darstellung der Bundesrepublik als Urlaubsland gegenüber ausländischen Besuchern (nach Deutschland) ist. Diese Institution wird fast ausschließlich (zu ca. 85 %) mit Bundesmitteln bezuschußt. Mitglieder sind die verschiedenen Spitzenverbände der deutschen Fremdenverkehrsindustrie und die touristischen Großunternehmen mit öffentlichen Trägern (wie Deutsche Bundesbahn, Lufthansa).

Daneben existieren verschiedene **Standesorganisationen**, die ebenfalls den Fremdenverkehr für die verschiedenen Zielgebiete der Bundesrepublik fördern. Zu nennen sind an dieser Stelle auch Teil 5.3):

- **DFV-Deutscher Fremdenverkehrsverband e.V.**, zu dessen Mitgliedern unter anderem die Landes- und regionalen Fremdenverkehrsverbände, zahlreiche Städte, der Deutsche Städtetag, der deutsche Landkreistag, der Deutsche Städte- und Gemeindebund, der ADAC und viele mehr, zählen.

- **DBV-Deutscher Bäderverband e.V.**, der sich um die Förderung des Kur- und Bäderwesens bemüht. Zu seinen Mitgliedern zählen u.a. der Wirtschaftsverband Deutscher Heilbäder und Kurorte, der Verband deutscher Badeärzte, die Vereinigung für Bäder- und Klimakunde, Verband Deutscher Heilbrunnen, die wissenschaftliche Gesellschaft für die Vertreter der Kurortmedizin, Bädertechnik usw. Der DBV ist Mitglied in der internationalen Vereinigung der FITEC-Fédération Internationale du Thermalisme et du Climatisme, in der 28 nationale Bädervereinigungen zusammengeschlossen sind (Sitz: Paris).

Auf **internationaler Ebene** gibt es ebenfalls Werbegemeinschaften, in denen zumeist die DZT als Vertreter der bundesdeutschen Interessen Mitglied ist. Ziel der meisten Vereinigungen ist die gemeinsame Werbung für die Mitgliedsregionen, vor allem in Nordamerika:

- ETC-European Travel Commission (Mitglied sind 24 europäische Fremdenverkehrszentralen),
- TGA-Touristische Gemeinschaft der Alpenländer,
- TGD-Touristische Gemeinschaft der Donauländer,
- Internationale Rheinwerbegemeinschaften (Rhine River Countries Promotion),
- Eifel-Ardennen-Werbung,
- Internationaler Bodenseeverkehrsverein.

---

1 Die prozentualen Angaben beziehen sich auf eine Untersuchung Touristischer Routen in Deutschland aus dem Jahr 1994, an der 90 Routen teilgenommen haben (vgl. MÜLLER 1994).

3.7.4 Kur- und Erholungsorte[1]

(1) Das Kur- und Bäderwesen

Für zahlreiche touristische Orte sind "Kur-Touristen" von Bedeutung. Mit rund 110 Mio. Übernachtungen entfallen rund 40 % aller Fremdübernachtungen auf die prädikatisierten Kur- und Erholungsorte. In den westlichen Bundesländern sind Mitte der 90er Jahre ca. 270 Orte als Kurorte und Heilbäder prädikatisiert. Für die neuen Bundesländer ist eine Festlegung auch 1995 noch recht schwierig, so daß lediglich auf die Anzahl der Gemeinden im Heilbäderverband zurückgegriffen werden kann, der zur Zeit 14 Mitgliedskurorte aus den neuen Ländern zählt. Allerdings wurden 1995 Daten von 22 Kurorten in der Bäderstatistik erfaßt.

Kurorte und deren Einrichtungen unterliegen zum Teil eigenen Gesetzmäßigkeiten des Angebots und der Nachfrage:

* Auf der **Nachfrageseite** treffen "Kur-Touristen" ihre Reiseentscheidung nur selten aus "freien" Stücken, fast immer sind gesundheitliche Gründe ursächlich, womit eine gewisse Unfreiwilligkeit mitspielt. Für die Reisedestination (Kurort) besteht die Schwierigkeit, daß die Kurgäste vor allem der Klinikkur (s. u.) "auf Empfehlung" der Krankenkassen und Ärzte als Sozialkurgäste oder Privatkurgäste das Angebot einer Kur wahrnehmen.

* Für die **Anbieterseite** steht weniger die Gestaltung des Urlaubs- und Vergnügungstourismus, sondern das medizinisch-orientierte Leistungsangebot im Vordergrund. Doch neben dem sehr speziellen Marktsegment des Kur- und Bäderwesens haben entsprechend prädikatisierte Orte auch zumeist ein bedeutendes allgemeines Gästeaufkommen (sog. Privatgäste). So waren 1995 von insgesamt 9,3 Mio Gästen in Kurorten lediglich ca. 1,6 Mio. Sozialkurgäste und ca. 7,7 Mio. Privatgäste (vgl Abb. 3-50). Die durchschnittliche Aufenthaltsdauer lag insgesamt bei ca. 12 Tagen.

Weitgehend unabhängig vom "Kur- und Bädertourismus" entwickeln sich sogenannte "Wellness-" und "Fitness"-Angebote. Sie stellen spezielle Formen des allgemeinen Erholungs- und Gesundheitstourismus dar, die grundsätzlich in allen Orten und unabhängig von der Prädikatisierung möglich ist. Allerdings wird die Entwicklung dieser Formen des "Gesundheitstourismus" oftmals in engem Zusammenhang mit einer zukünftigen ökonomischen und wettbewerbsorientierten Entwicklung von traditionellen Kur- und Bäderorten gesehen.

Die Bezeichnung **"Kur-Touristen"** wird von medizinischen Vertretern des Kur- und Bäderwesens nicht gerne verwendet, da mit "Tourismus" oft Spaß und Vergnügen verbunden werden, was bei Kuren zumeist nicht gegeben ist. Doch aus tourismuswissenschaftlicher Sicht treffen die "konstitutiven Elemente" des Tourismus (vgl. Abschnitt 1.1), v. a. der vorübergehende Ortswechsel mit mehrtägigem Aufenthalt am fremden Ort auch für den Kuraufenthalt zu und sind dessen Kernelemente. Bei dieser allgemeinen Definition waren die verschiedensten Motivationen des Reisens möglich (wie z. B. Vergnügen, Gesundheit, Regeneration usw.).

---

1 Die Bearbeitung dieses Abschnittes erfolgte zusammen mit N. TÖDTER und I. FISCHER, vgl. dazu auch FREYER/TÖDTER 1993, 1996, DBV 1996: 17ff1.

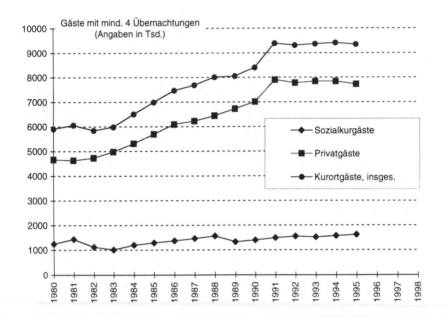

Abb. 3-50 Reiseverkehr in Kurorten
(Quelle: nach DBV 1996: 54)

(2) Die Kur

Die "Kur" ist ein international anerkannter Begriff, der die Grundlage für die Vergabe nationaler Prädikate ("Prädikatisierung") darstellt.

Die nationalen Bädervereinigungen aus 28 Nationen sind in der internationalen Vereinigung Fédération Internationale du Thermalisme et du Climatisme (FITEC) zusammengeschlossen und nehmen aufgrund des medizinisch-touristischen Doppelcharakters des Kurverkehrs Einfluß auf deren Entwicklung. National übernimmt der Deutsche Bäderverband e.V. in sechs weiteren Verbänden (Wirtschaftsverband Deutscher Heilbäder und Kurorte, Verband Deutscher Badeärzte, Vereinigung für Bäder und Klimakunde, Verband Deutscher Heilbrunnen, Heilbäderverband der 5 Neuen Bundesländer, Verband Deutscher Heilbrunnen Großbetriebe) die Aufgaben der Förderung des Kur- und Bäderwesens und der Sicherung der hierfür notwendigen Ressourcen. Seit März 1996 arbeitet ein europäischer Heilbäderverband.

Der Deutsche Bäderverband e.V. versucht, durch seine Zusammenarbeit mit den Versicherungträgern (Landesversicherungsanstalten, Bundesversicherungsanstalt, Seekasse, Bundesknappschaft, Landesversorgungsämter, Berufsgenossenschaften etc.) und durch die Vertretung in den relevanten tourismuspolitischen Organen die Existenz der deutschen Kurorte zu sichern und zu fördern.

Kurformen

Die Kur stellt einerseits eine komplexe ärztliche Übergangsbehandlung der Prävention bzw. Rehabilitation, andererseits eine kurative Behandlung im Rahmen eines lebenslangen und individuellen Gesundheitsprogramms, verbunden mit einem Ortswechsel bei chronischen Krankheiten und Leiden, dar. Kurformen sind die ambulante und stationäre Kur, die Anschlußheilbehandlung sowie Spezialkuren (z.B. Kinderkuren, Mutter-Kind-Kuren).

Die **Prävention** als Früherkennung und Behandlung drohender Erkrankungen unterscheidet dabei in Primäre Prävention, deren Ziel es ist, schädliche Faktoren auszuschalten, bevor sie wirken können, und in Sekundäre Prävention als Verhinderung von erneutem Auftreten von Krankheiten sowie in Tertiäre Prävention als Begrenzung der Folgen einer chronischen Erkrankung.

Die **Rehabilitation** hat dagegen die Wiedererlangung der Gesundheit und Einsatzfähigkeit im Berufsleben bis zum höchstmöglichen Grad nach völligem oder teilweisem Verlust der Erwerbsfähigkeit durch Unfall oder Krankheit zum Ziel.

"Die Kur integriert interdisziplinär verschiedene Therapieformen mit der Behandlung durch natürliche Heilmittel des Bodens, des Klimas und des Meeres. Dabei spielen neben einer gegebenenfalls notwendigen medikamentösen Behandlung die physikalische Therapie, die Bewegungstherapie, die Diätetik, die kleine Psychotherapie in Gruppen und Einzelbehandlungen (zur Verhaltensänderung) und die Gesundheitsbildung (Information, Motivation und Gesundheitstraining) eine entscheidende Rolle." (DBV 1991: 57)

Unterschieden wird zwischen einer **stationären Kur**, deren Kennzeichen die Dauer von mindestens 21 Tagen, die ständige ärztliche Kontrolle, die speziellen Einrichtungen und die direkte Abrechenbarkeit der Klinik mit dem Sozialversicherungsträger ist und der **ambulanten Kur** (auch: offene Badekur) als einer Maßnahme, deren Kennzeichen ein mindestens 21-tägiger Aufenthalt, die freie Arzt-, Orts- und Terminwahl sind. Ein Kuraufenthalt ist grundsätzlich alle vier Jahre zu beantragen und wird von den Sozialversicherungsträgern finanziert bzw. teilfinanziert (vgl. neue gesetzliche Regelungen der GKV und GRV seit Januar 1997).

(3) Die Prädikatisierung für Kur- und Bäderorte

(3a) Die Prädikate

Die **unterschiedlichen Prädikate** der Begriffsbestimmungen, die eine Gemeinde bzw. ein Gemeindeteil erhalten kann, sind im Sinne einer Klassifikation zu verstehen (vgl. Abb. 3-51). So müssen unterschiedliche Voraussetzungen erfüllt sein, um einen bestimmten Titel zu erhalten.

Es bestehen dabei unterschiedliche Anforderungen an:

- die *Art der natürlichen Heilmittel*: ...des Bodens, ...des Klimas, ... des Meeres,
- den *Kurortcharakter*,

- die *artgemäßem Kureinrichtungen*, v. a. Kurmittelhaus, Hallenbad und/oder Freibad, Park- und Waldanlagen, Park- und Waldanlagen, Sport-, Spiel- und Liegewiesen etc.,
- die *ärztliche Versorgung*.

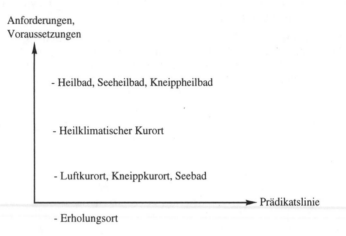

Abb. 3-51 Hierarchieebenen der Klassifikation

Unter *artgemäßen Kureinrichtungen* versteht man Einrichtungen, die der Anwendung natürlicher Heilfaktoren als Kurmittel dienen. Die Träger der Kureinrichtungen stellen die Kur- und Bäderbetriebe dar, von denen die meisten öffentlich geführt sind (vgl. genauer KLOPP/TÖDTER 1993). Bei den Badekurorten gehören z. B. je nach Art und Heilanzeigen eine Trink- und Wandelhalle mit Kurpark, ein Kurmittelhaus zur Abgabe von Bädern, ein Inhalatorium zur Abgabe von Inhalationen, Einrichtungen der Bewegungstherapie im Heilwasser- und Trockenbereich und für Gymnastik, ausgedehnte Park- und Waldanlagen mit gekennzeichnetem Wegenetz, Wege für Terrainkuren und Sport-, Spiel- und Liegewiesen dazu (vgl. genauer FREYER/TÖDTER 1993).

Kurorte müssen den Gästen einen gewissen *Ortscharakter* bieten. Er beinhaltet die medizinische Betreuung, eine kurgemäße Unterkunft und Verpflegung, Einrichtungen zur Unterhaltung und Betreuung der Kurgäste und eine Infrastruktur, die den Forderungen des Umweltschutzes gerecht wird.

Zur *medizinischen Betreuung* der Gäste ist mindestens ein Kur- oder Badearzt vor Ort, der sich mit der Anwendung des natürlichen Heilmittels auskennt und die medizinische Überwachung der Gäste übernimmt, erforderlich.

Zur *Unterhaltung und Betreuung* der Kurgäste werden Lesezimmer, verschiedene sportliche und kulturelle Veranstaltungen etc. angeboten.

Als *kurbegleitende Maßnahmen* werden in den meisten Bundesländern Seminare zu Themen wie verhaltenstherapeutische Ernährungsseminare, Raucherentwöhnungsseminare, Entspannungstechniken, Bewegungstraining etc. angeboten.

(3b) Das Anerkennungsverfahren

Das Kurortrecht gehört nach dem Grundgesetz zur konkurrierenden Gesetzgebung. Da der Bundesgesetzgeber von seiner Gesetzgebungskompetenz allerdings keinen Gebrauch gemacht hat, haben die Bundesländer in Landesgesetzen bzw. Landesverordnungen ein entsprechendes Anerkennungsverfahren festgelegt, das sich an die Begriffsbestimmungen des Deutschen Bäderverbandes e.V. anlehnt und entweder in der Zuständigkeit des Sozial- oder des Wirtschaftsministeriums liegt.

Dabei dient das Anerkennungsverfahren in erster Linie der Qualitätssicherung und wird dabei ständig durch die Begriffsbestimmungen des DBV e.V. und DFV e.V. an veränderte Rahmenbedingungen angepaßt.

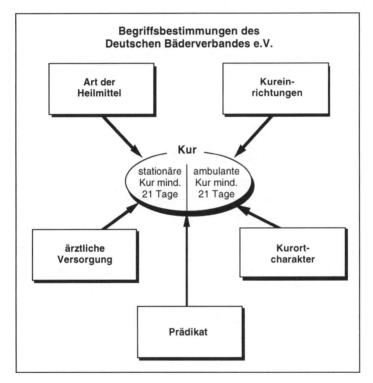

Abb. 3-52 Voraussetzungen für eine Prädikatisierung
(Quelle: FREYER/TÖDTER 1993: 6 und aktuelle Ergänzungen)

3.8   Computer-Reservierungssysteme (CRS)

3.8.1 Vorbemerkung/Kurzcharakteristik

Ein wichtige Teilfunktion der verschiedenen touristischen Leistungsträger (sowie der Reiseveranstalter und Fremdenverkehrsdestinationen[1]) ist der Vertrieb der angebotenen Leistungen an den Endverbraucher. Diese Funktion (des Buchens und Reservierens) nehmen in vielen Fällen Reisebüros als Vermittler zwischen Leistungsträger und Reisenden wahr. Als weitere Zwischenstufe haben sich im Laufe der Jahre relativ selbständige Reservierungssysteme und die entsprechenden Träger(gesellschaften) in der Tourismuswirtschaft entwickelt.

Strenggenommen sind CRS lediglich technische Einrichtungen zur Verwaltung vorhandener Plätze der Leistungsträger und Reiseveranstalter und keine eigenen Vertriebssysteme. Mit der zunehmenden technischen Entwicklung, v. a. der Dialogkommunikation, nähern sich die Aufgaben der CRS aber immer mehr der Distributionsaufgabe der traditionellen Reisemittler, so daß sie bereits heute als Sonderform der touristischen Distributionswege, speziell der Reisemittler, anzusehen wären (so z. B. HEBESTREIT 1993: 337f).

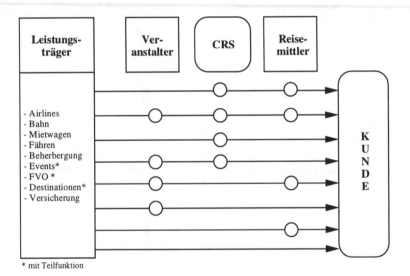

* mit Teilfunktion

Abb. 3-53   Die Stellung der CRS im Distributionssystem der Tourismuswirtschaft
(in Anlehnung an HEBESTREIT 1992: 370)

---

1   Im folgenden wird überwiegend nur von Leistungsträgern gesprochen, auch wenn Reiseveranstalter und Fremdenverkehrsdestinationen nicht im engeren Sinne zu den touristischen Leistungsträgern zählen, sondern als Produzenten oder Vermittler tätig sind (vgl. 3.2.3). In bezug auf die im folgenden behandelten (Platz-)Reservierungsleistungen nehmen sie aber ebenfalls eine Leistungsträgerfunktion wahr.

Die nationalen und internationalen CRS nahmen ihren Ausgangspunkt Mitte der 60er Jahre bei Fluggesellschaften, die ihre angebotenen Flugplätze - zunächst intern - zunehmend über EDV-Systeme verwaltet haben. Mit der Verbesserung der externen Kommunikation bekamen mehr und mehr externe Nutzer Zugang zu den Reservierungscomputern der Airlines, zudem kam es zu Kooperationen der Airlines untereinander. - Die Systeme wurden grundsätzlich für alle Reisemittler geöffnet, die die entsprechenden technischen und finanziellen Voraussetzungen erfüllten.

Als weiterer Schritt wurden ergänzende Leistungen, v. a. Hotelplatz- und Mietwagenreservierungen in die Reservierungssysteme aufgenommen. Es folgten Platzbuchungen von Reiseveranstaltern und letztendlich Leistungen von Versicherungen und Event-Veranstaltern (wie Theaterkarten usw.).

3.8.2 Das Produkt

CRS sind elektronische Medien zum Vertrieb von Reiseleistungen, die den Benutzer über Leistungen, Preise und Vakanzen informieren und ihm den Kauf (Buchung, Reservierung) über ein Terminal ermöglichen.

CRS-Gesellschaften bieten v. a. Kommunikationsdienstleistungen, die Kernleistung umfaßt die Nutzung des Kommunikationsnetzes. Hinzu kommen die damit zusammenhängenden ergänzenden Leistungen, wie Terminals (Hardware), Schulungen usw.

Reservierungssysteme sind - leicht vereinfacht - Verbundcomputer, die den Nutzern den Zugang zu den verschiedenen Reservierungscomputern der Leistungsträger ermöglichen. Sie "bündeln" das Angebot der touristischer Leistungsträger, v. a. der Fluggesellschaften, Bahngesellschaften, von Beherbergungsbetrieben, Fremdenverkehrsdestinationen, Versicherungen, Autovermietern, Event-Veranstaltern usw.

Damit ermöglichen sie den Nutzern, in der Regel Reisemittlern, einen bequemeren, schnelleren, umfassenderen und sichereren Zugriff auf die Angebote der Leistungsträger. Die Hauptfunktion der CRS besteht im Absatz der touristischen Leistungen ihrer Betreiber und Partner.

Das wichtigste touristische Produkt, das über die CRS angeboten wird, sind Anrechte auf (bzw. die Verfügbarkeit von) Plätze(n) bei Airlines, in Bahnen, Bussen, bei Pauschalreisen, in Hotels oder bei Veranstaltungen

- zu bestimmten Zeiten,
- an bzw. nach bestimmten Orten,
- zu bestimmter Qualität (Klassen),
- in bestimmten Umfang.

Bei den Transportunternehmen gehören auch Informationen über Streckenverbindungen sowie die Tarifberechnung zum Leistungsangebot der CRS. Ferner werden allgemeine Informationen über Reisen übermittelt, wie z. B. Einreisebestimmungen, Wetter im Zielgebiet, Devisenkurse, Impfbestimmungen usw.

Die verbesserten Reservierungssysteme sind im Laufe der Jahre zudem dazu übergegangen, neben der eigentlichen Reservierung auch die Ticketausstellung ("ticketing") und verschiedene Verwaltungsaufgaben, wie z. B. Abrechnungen ("back-office-Funktionen"), vorzunehmen.

Zur Technik der CRS:

Als CRS werden v. a. **dynamische** Systeme verstanden, die eine automatische Rückkopplung bei Veränderung vornehmen. Im Gegensatz zu den - ebenfalls noch bestehenden - **statischen** Systemen, die lediglich informieren, z. B. DB-Fahrplanauskünfte oder Hotelvakanzen (ohne Buchungsmöglichkeiten).

Die CRS nutzen verschiedene Kommunikationsnetze zur Übermittlung der Daten zwischen Buchungsstelle und den - entweder dezentral oder zentral organisierten - Datenspeichern der Leistungsträger.

"Die großen elektronischen Reisevertriebssysteme sind technisch hochkomplex aufgebaut. Sowohl die zentralen Rechner, als auch Terminals und Kommunikationseinrichtungen gehören zu den leistungsfähigsten auf dem Markt. Stark vereinfacht gesagt handelt es sich bei den Vertriebssystemen um Rechner-Verbund-Systeme." (Kropp 1992: 41)

3.8.3 Die Struktur der Industrie

CRS-Systeme werden auf unterschiedlichen Ebenen der Tourismuswirtschaft genutzt. So bestehen lokale, regionale, nationale und internationale Systeme teilweise nebeneinander, die nur in den seltensten Fällen miteinander kompatibel sind. Die zunehmende Internationalisierung der Tourismuswirtschaft führt zu einem gewissen Zwang zur Anpassung der Systeme bzw. zur Dominanz überregionaler Systeme gegenüber den lokalen und regionalen CRS.

lokal	regional	national	europäisch	interkon-tinental
Zentrale Zimmervermittlungen	IRIS, TIBS, TourBuSax (ein oder mehrere Bundesländer)	START SMART ESTEREL	GALILEO, AMADEUS	SABRE WORLDSPAN ABACUS

Abb. 3-54   Überblick über verschiedene CRS-Arten (nach Nutzergruppen)

Letztlich sind es technische sowie Kostenüberlegungen, die die zukünftige Entwicklung der CRS beeinflussen werden. CRS finanzieren sich über

- Mieten der Vertriebsnutzer Reisebüros, die sich nach Kosten des CRS, Kommunikationskosten, Buchungskosten berechnen,

- Entgelte der Leistungsträger.

(1) Internationale CRS

Die international auftretenden CRS sind alle ursprünglich von Fluggesellschaften gegründet worden. Heute dominieren einige wenige Reservierungssysteme großer amerikanischer Airlines die internationalen Tourismusmärkte. Vor allem auf dem amerikanischen Markt ist die Marktdurchdringung der CRS nahezu vollständig. Die amerikanischen CRS bilden zusammen mit europäischen und asiatischen Reservierungssystemen strategische Allianzen zur Sicherung des weltweiten Vertriebs.

Die zukünftige Entwicklung wird in Richtung einer globalen Vernetzung der verschiedenen Systeme ("Global Ring") gesehen (vgl. Abb. 3-56).

Die wichtigsten Systeme und ihre Nutzer bzw. Eigentümer finden sich in Abb. 3-55 (alphabetisch).

CRS, Name	Partner
ABACUS	Beteiligungen: v.a. asiatische Airlines: Cathay Pacific, Singapore, Malaysian, Philippine, China Airways/Airline; technische Kooperation mit Worldspan
AMADEUS	Sitz: Madrid, ab 1991 Zentralrechner in Erding (München); Beteiligungen: Lufthansa, Air France, Iberia, SAS (je 25 %) Enge Zusammenarbeit mit Start, Smart, Esterel, Savia; Kooperation mit Sabre
APOLLO	Beteiligungen: United Airlines, USAir, British Airways, Swissair, Alitalia, KLM (ca. 70.000 Terminals) Liefert die Basis-Software von GALILEO
GALILEO	Sitz: Swindon/UK Beteiligungen: BA, Alitalia, KLM, Swissair, AUA, United Technische Kooperation mit APOLLO
SABRE	Beteiligung: American Airlines weltweit größtes CRS (ca. 90.000 Terminals bei 20.000 Reisebüros, 80 % davon in USA) Enge Kooperaton mit AMADEUS angestrebt
SYSTEM ONE	Beteiligung: ursprünglich Texas Air technische Kooperation mit Amadeus
WORLDSPAN	Beteiligung: Northwest, TWA, Delta, ABACUS 1990 Fusion aus den CRS PARS (TWA) und DATAS II (Delta Airlines) entstanden; Enge Kooperation mit ABACUS

Abb. 3-55   Weltweit operierende CRS[1]
(versch. Quellen, Stand: 1994)

(2) Europa

In Europa bilden die beiden CRS AMADEUS und GALILEO quasi ein Franchise-Dach, unter dem sich verschiedene nationalen Reservierungssysteme sammeln, u. a. START, SMART, Traviswiss, Esterel. Dies bietet den Vorteil, daß die nationalen Besonderheiten weiterhin genutzt werden können (v. a. in den Bereichen Reiseveranstalter, Bahn, Fähren) und das ein einheitliches europäisches Reservierungssystem für zentrale Bereiche (v. a. Flug, Hotel, Mietwagen) geschaffen werden kann.

---

[1] Aufgrund der Entwicklung innerhalb der CRS-Gesellschaften sind die hier genannten Beteiligungen schnellen Wandlungen unterworfen (Stand: 1994).

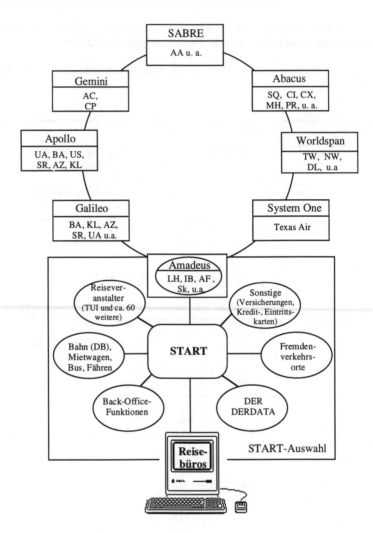

Abb. 3-56   Der "Global Ring" aus Sicht der deutschen Tourismuswirtschaft

(3) START in Deutschland

Die touristischen Reservierungssysteme in Deutschland sind vor allem durch das START-System geprägt, das auch im internationalen Vergleich eine führende Rolle spielt. START steht für Studiengesellschaft zur Automatisierung für Reise und Touristik, wurde 1971 gegründet und nahm 1979 ihren Betrieb auf.

Heute ist Start als Unternehmensgruppe organisiert, deren wichtigsten Anteile bei der Deutschen Bahn (30 %), der Lufthansa (30 %), der TUI (30 %) und bei AMADEUS (10 %) liegen. Zur START Holding GmbH gehören u. a. (in Klammern die Beteiligungsanteile der Holding) die START Betriebs GmbH (100 %), die

START AMADEUS Vertriebs GmbH (51 %), die START Btx Reiseberatungs GmbH (75 %), die START Ticket GmbH (51 %) u. a.

Das START-System besteht aus vernetzten Rechnern mit zugehöriger Software, Betrieb, Kommunikationsdiensten, Schulung und Beratung. Über START besteht u. a. Zugriff auf (Auswahl, vgl. Abb. 3-56):

- Flugbereich: Flugpläne, Tarife, Reservierung, Ticketing, Refunds;
- Bahnbereich: Fahrpläne, Tarifberechnung, Platzbuchung, Ticketing, Refunds;
- Reiseveranstalter: Vakanzen, Informationen, Buchungen der Programme fast aller größeren deutschen Reiseveranstalter;
- Hotelbereich: Hotelbuchungen der angeschlossenen Hotelgesellschaften;
- Fähren: Preisberechnung, Ticketing (manuell)
- Mietwagen: Tarife, Buchungen,
- Bus: Fahrausweise Deutsche Touring;
- Kreditkarten: Kreditkartenautorisierung, -Belege;
- Eintrittskarten: Theater, Festspiele, Musicals, Ausstellungen, Sportveranstaltungen von über 60 Städten.
- Back-Office-Funktionen: Verkaufsbelege, Kundenkarteien, Weiterleitung an Service-Rechenzentren (u. a. DERDATA)

Nach einigen Anlaufschwierigkeiten[1] ist Start zum bedeutendsten Reservierungssystem im deutschprachigen Bereich geworden und ist in den 90er Jahren auch europa- und weltweit richtungsweisend. Die Aufnahme der ganzen Breite der touristischen Angebotspalette, aber vor allem auch die Verbindung mit Back-Office-Funktionen hat Start zu einem wesentlichen Arbeitsinstrument in den Reisebüros werden lassen. - START wollte von Anfang an

• alle touristisch relevanten Anbieter aufnehmen (**Front-Office-Funktionen**): bei Start wurden neben den Angeboten der Airlines auch die großen Reiseveranstalter, die Bahn und Fähren integriert, wodurch Start Vorteile gegenüber den USA-(Airline-)Systemen hatte.
• ein Instrumentarium für die Verwaltung zur Verfügung stellen (**Back-Office-Funktionen**)

(4) CRS für Fremdenverkehrsdestinationen

Eine besondere Entwicklung der CRS ist bei touristischen Destinationen und im kommunalen Fremdenverkehr erfolgt. Hier umfaßt die Leistungspalette der CRS neben der Zimmerreservierung auch zu einem bedeutenden Teil Informationsaufgaben über das lokale und regionale Fremdenverkehrsangebot (vgl. Abb. 3-57).

Entsprechend haben sich hier eigene Systeme entwickelt, bei denen vor allem die Kompatibilität zwischen den verschiedenen Ebenen der Fremdenverkehrswirtschaft nicht gegeben ist. Der Versuch der Einführung eines (bundes)länderweiten oder gar nationalen einheitlichen Reservierungssystems ist im deutschen Fremdenverkehr mit zahlreichen Schwierigkeiten verbunden. Zur Zeit bestehen noch zahlreiche lokale und regionale Systeme nebeneinander ("Insellösungen"). Bundesweit wird - mit Unterstützung des DFV - vor allem die Einführung des Systems TIN-Touristische Informationsnorm präferiert.

---

1 START war im Reiseveranstalterbereich insbesondere auf die Anforderungen des Gesellschafters ausgerichtet, wobei anfangs nur Reisen der Gesellschafter über Start buchbar waren. Dieser "closed shop" ist inzwischen aufgehoben und alle Großveranstalter sind über Start buchbar.

Wichtigste Voraussetzung für ein bundesweites Informations- und Reservierungssystem ist, einheitliche Suchstrukturen und -kriterien zu entwickeln. Diese "Sprache" ist im Auftrag des DFV als TIN entwickelt worden. Durch eine Schnittstelle über German Soft bzw. City Soft zu START sind die Voraussetzungen für eine nationale Kompatibilität der verschiedenen Systeme gegeben. Mit TIN liegen weiterhin die Voraussetzungen für ein einheitliches Abrechnungssystem zwischen Gast, Reisebüro und Fremdenverkehrsstelle sowie Systembetreiber vor.

Damit sind erste Voraussetzungen gegeben, daß auch das inländische Fremdenverkehrsangebot verstärkt über Reisebüros vertrieben werden kann. Bis Anfang der 90er Jahre wurden schätzungsweise nur 7 % des örtlichen und regionalen Zimmerangebotes über Reisebüros gebucht.

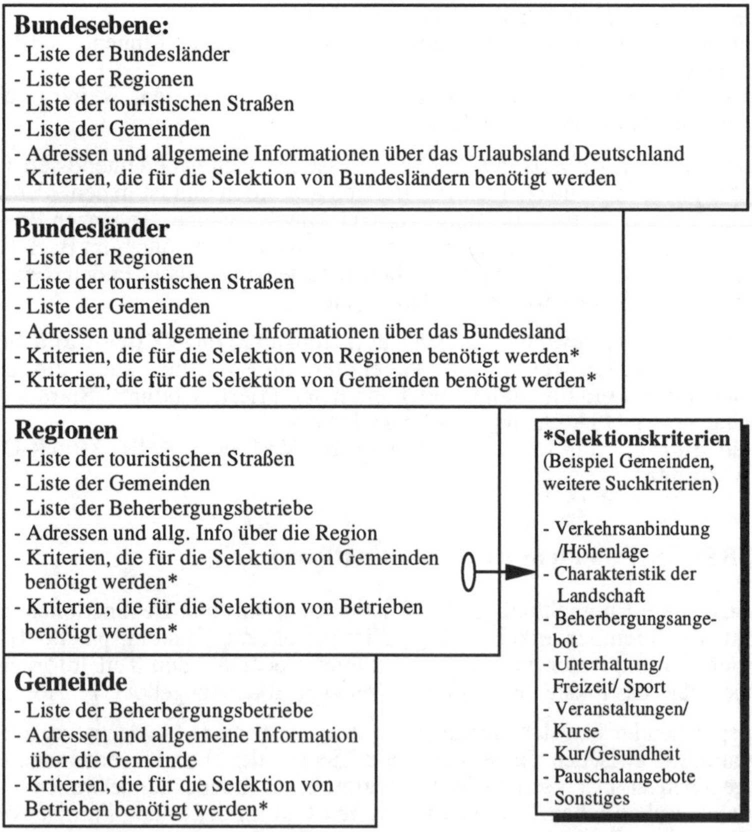

Bundesebene:
- Liste der Bundesländer
- Liste der Regionen
- Liste der touristischen Straßen
- Liste der Gemeinden
- Adressen und allgemeine Informationen über das Urlaubsland Deutschland
- Kriterien, die für die Selektion von Bundesländern benötigt werden

Bundesländer
- Liste der Regionen
- Liste der touristischen Straßen
- Liste der Gemeinden
- Adressen und allgemeine Informationen über das Bundesland
- Kriterien, die für die Selektion von Regionen benötigt werden*
- Kriterien, die für die Selektion von Gemeinden benötigt werden*

Regionen
- Liste der touristischen Straßen
- Liste der Gemeinden
- Liste der Beherbergungsbetriebe
- Adressen und allg. Info über die Region
- Kriterien, die für die Selektion von Gemeinden benötigt werden*
- Kriterien, die für die Selektion von Betrieben benötigt werden*

Gemeinde
- Liste der Beherbergungsbetriebe
- Adressen und allgemeine Information über die Gemeinde
- Kriterien, die für die Selektion von Betrieben benötigt werden*

*Selektionskriterien
(Beispiel Gemeinden, weitere Suchkriterien)

- Verkehrsanbindung /Höhenlage
- Charakteristik der Landschaft
- Beherbergungsangebot
- Unterhaltung/ Freizeit/ Sport
- Veranstaltungen/ Kurse
- Kur/Gesundheit
- Pauschalangebote
- Sonstiges

Abb. 3-57   Aufbau einer nationalen touristischen Datenbank für Destinationen (Quelle: in Anlehnung an TIN, vgl. FRIED 1992)

3.8.4 Ausblick

Die Einführung der CRS brachte für Anbieter und Nutzer zahlreiche Vorteile, doch ist die Bedeutung und Entwicklung der CRS nicht unumstritten:

• Zwischen Anbietern und Nutzern bleibt strittig, wer die größeren Vorteile hat - und sich entsprechend stärker finanziell beteiligen müßte.

• Aus Sicht der traditionellen Reisebüros besteht in Zukunft die Gefahr, daß über die CRS der Reisevertrieb an den Reisemittlern vorbei gelenkt werden könnte. Momentan steht der Zugang von Endverbrauchern zu den CRS noch am Anfang, doch bereits heute können Geschäftsreisestellen direkt buchen und mit der Entwicklung interaktiver Medien, mit home-banking und electronic-cashing ist die Zukunft der privaten Nutzung der CRS vorhersehbar.

• Auch dem Trend zum "Global Ring" wird eine andere Vision (zum "Local Ring") entgegengesetzt: „Kaum zeichnet sich die Entwicklung zu drei, vier oder fünf Universalreservierungssystemen ab, die weltweit das Geschäft der Reisedienstleistungen unter sich aufteilen könnten, sind auch schon Perspektiven erkennbar, unter denen den CRS ein Dinosaurierschicksal beschieden sein könnte. Einerseits ist es fraglich, ob sie sich wirklich zu Universalsystemen entwickeln, die alle Bedürfnisse zu angemessenen Preisen bedienen können. (..) Zum anderen könnten regional operierende Low-cost-Systeme sich besser auf die Bedürfnisse kleinerer Nutzer einstellen." (HEBESTREIT 1992: 360f)

3.9 Literaturhinweise zu Kapitel 3

Allgemeine Darstellungen der Fremdenverkehrswirtschaft mit mehr oder weniger genauer Darstellung der verschiedenen touristischen Anbieter finden sich in der älteren deutschsprachigen Literatur bei BERNECKER 1956, HUNZIKER 1959, HUNZIKER/KRAPF 1942 (Kap. 3), PÖSCHL 1973, SPATT 1975, TIETZ 1980, als neuere Werke gelten KASPAR 1995, MÜLLER 1997, ZOLLES/FERNER/MÜLLER 1989 in der angelsächsischen Literatur sind u.a. zu erwähnen HOLLOWAY 1994 und TINARD 1994 (Frankreich).

Ausführliche Darstellungen **spezieller Anbieterbereiche** finden sich

- für **Reisemittler:** asr 1997, DRV 1982, DÖRR 1994, FÜTH/WALTER 1993, HELLER 1996, KREILKAMP 1995, SÜLBERG 1993;

- für **Reiseveranstalter:** HEBESTREIT 1992, MUNDT 1996;

- für das **Beherbergungswesen** allgemein: DEHOGA, KUNZ 1986, 1976, LUNDBERG 1984, SCHÄTZING 1988, 1992, STREITZ 1996. Für spezielle betriebswirtschaftliche Fragen: DWIF 1991, FOURADOULAS 1979, HÄNSSLER 1997, HOLLEIS 1993, KLIEN 1991, KUNZ 1986, 1976, NAGEL 1993, SCHÄTZING 1988, 1992, SCHULTZE 1993, SCHWANINGER 1985, ZEGG 1989; ferner: DEHOGA: Jahresberichte, versch. Jg., DEHOGA 1992. Zur geschichtlichen Entwicklungen des Beherbergungswesens vgl. KROHN 1985. Aus der angelsächsischen Literatur: LUNDBERG 1984, VENSION 1984.

- zum **Luftverkehr:** POMPL 1991, LUFTHANSA, versch. Jg., SABATHIL 1992, STERZEN-BACH 1996;

- zum **Busreiseverkehr:** BIDINGER/BARTL 1981, BIDINGER 1985, GAUF 1982, 1987, SCHMID 1995, STERZENBACH 1991;

- zur **Bahn:** HAACK/WOLF 1988, RAFFÉE 1990, SCHNELL 1993;

- zur **Schiffahrt**: HEINEMANN u.a. 1988;
- zu **Destinationen** bzw. Fremdenverkehrsorten: BIEGER 1996, DFV 1994, INSKEEP 1991, SCHÖNEMANN 1991;
- vgl. als Übersicht zu **Freizeitparks** SCHERRIEB 1993, zu Ferienparks WAGNER 1984, zur Kritik an Ferienwohnparks STRASDAS 1992);
- zum **Kur- und Bäderbereich**: DBV 1991, DEHMER 1996, FREYER/TÖDTER 1993, 1996, HÜFNER 1992, NAHRSTEDT/PIWODDA 1996, STADTFELD 1993, STEHLE 1995, ZIEGENBALG 1996;
- zu **CRS**: BORNSTAEDT 1992, ECHTERMEYER 1997, FRIED 1989, 1992, HEBESTREIT 1992: 337-372, INKPEN 1994, KROPP 1992, SCHERTLER 1994, SCHULZ/FRANK/SEITZ 1996, TÖDTER 1996.

Zum **Reiserecht** (3.5.5) vgl. BIDINGER/MÜLLER 1996, FÜHRICH 1996, KLATT/WAHL 1994, TONNER 1995.

3.10   Fragen zu Kapitel 3

3.1   Einflußfaktoren auf das Tourismusangebot

(1)   Benennen und erläutern Sie - mindestens - sechs Einflußfaktoren auf das Reiseangebotsverhalten (auf das touristische Angebot)!

(2)   Wie kommt das Reiseangebot nach ökonomischer Auffassung zustande?

3.2   Struktur des Angebots

(3)   Grenzen Sie den Fremdenverkehrssektor ab:
-   allgemein,
-   mit Hilfe ökonomischer Kriterien.

(4)   Erläutern Sie
(4a)   den Fremdenverkehrssektor im engeren und weiteren Sinn,
(4b)   die typische Tourismusindustrie,
(4c)   die ergänzende Tourismusindustrie,
(4d)   die touristische Randindustrie.

(5)   Erläutern Sie mit je einem Beispiel aus dem Sachgüter-
und Dienstleistungsbereich
(5a)   typische,
(5b)   tourismusspezialisierte,
(5c)   tourismusabhängige Tourismusbetriebe.

(6)   Wie hoch ist die Absatzintensität bei den vorgenannten Tourismusbetrieben?

3.3 bis 3.8   Tourismusanbieter

(7)   Erläutern Sie für die Tourismusanbieter
(7a)   Beherbergungsindustrie,
(7b)   Transportbetriebe,

(7c)   Reiseveranstalter,
(7d)   Reisemittler,
(7e)   Fremdenverkehrsort
(7f)   CRS
jeweils
- *das Produkt,*
- *die Struktur der Industrie,*
- *die Vertriebswege.*

(8)   Nennen bzw. erläutern Sie:
(8a)   die Parahotellerie,
(8b)   die drei größten deutschen Hotelketten,
(8c)   den größten Autovermieter in der Bundesrepublik,
(8d)   die Leistungspalette der Busbetriebe,
(8e)   den Unterschied zwischen Linien- und Charterverkehr
(Flug, Bus, Bahn),
(8f)   drei verschiedene Tarifklassen im Flugverkehr,
(8g)   die Vertriebsstruktur der Deutschen Bundesbahn,
(8h)   das Kreuzfahrtaufkommen in der Bundesrepublik 1989,.
(8i)   die "vier Großen" deutschen Reiseveranstalter,
(8j)   den Unterschied Reiseveranstalter - Reisemittler.
(8k)   Anforderungen an Reisebüromitarbeiter,
(8l)   die Umsatzanteile und Reisebüronutzung in bezug auf
Touristik, Flug, Bahn, Sonstiges,
(8m)   Tourismusorte als "amalgam" des Fremdenverkehrs,
(8n)   die wichtigsten CRS-Gesellschaften.

Teil 4
Touristische Märkte

4.0 Vorbemerkung

Als nächster Schritt nach der Analyse der Angebots- und Nachfrageseite(n) ergibt sich die Betrachtung touristischer Märkte. In 4.1 wird eine kurze Erläuterung der in der Wirtschaftswissenschaft üblichen Marktbetrachtung gegeben und zentrale Begriffe der Marktanalyse werden erläutert. Auch ist eine kurze Darstellung des Preis-Mengen-Marktes aus der volkswirtschaftlichen Modellbildung enthalten. In 4.2 werden Besonderheiten der touristischen Marktbetrachtung herausgestellt. Abschnitt 4.3 gibt Beispiele und Erläuterungen für wichtige touristische Märkte in der Bundesrepublik. Während der Schwerpunkt der Betrachtung in diesem Buch auf gesamtwirtschaftlichen Aspekten der Tourismuswirtschaft liegt, wird in Abschnitt 4.4 auf die betriebswirtschaftliche Marktbetrachtung eingegangen. Es wird ein kurzer Überblick über das betriebswirtschaftliche Marketing-Management gegeben.

4.1 Marktanalyse allgemein

"Unsere Märkte bestehen aus Menschen"
(ZOLLES 1981: 26)

4.1.1 Marktbetrachtung in der VWL

Der Begriff des Markts ist im allgemeinen Sprachgebrauch recht verbreitet, doch sind die damit verbundenen Inhalte und Vorstellungen nicht einheitlich. Der Markt ist je nach Betrachtung

- der **konkrete Ort**, wo sich Anbieter und Nachfrager treffen, um Güter zu (ver)kaufen. Typische Beispiele sind der Wochenmarkt, Auktionen oder Versteigerungen oder Messen und Ausstellungen, so z. B. die ITB-Internationale Tourismusbörse in Berlin, laut Werbung "der Welt größter Reisemarkt".

  Doch in der Realität existieren nur wenige dieser "sichtbaren" Märkte, wo alle Anbieter und Nachfrager zusammentreffen. So lassen sich keine "Märkte" für Autos, Äpfel, Elektroartikel, Heizöl, Devisen, Wohnungen konkret aufzeigen. Sie sind bestenfalls in den Auftragsbüchern der Anbieter zu finden oder - so z. B. beim Arbeitsmarkt - in den Karteien von Vertretern/Institutionen der Nachfrager, wie z. B. Arbeitsämter. In diesen Fällen handelt es sich bei den entsprechenden Märkten um

- einen **abstrakten Ort**, eine gedankliche Konstruktion, bei der man sich vorstellt, alle Anbieter und Nachfrager einer Region (Ort oder Land) und/oder eines Zeitraumes träfen - ähnlich den zuvor benannten sichtbaren Märkten - unabhängig von Orts-, Zeit-, Informations-, Transport- oder anderen Problemen zusammen.

Aus dieser Gedankenkonstruktion ergeben sich zwangsläufig eine Reihe von Problemen:

Beispielsweise sind bei einem gesamtwirtschaftlichen Markt für die Bundesrepublik die Anbieter und Nachfrager über das gesamte Bundesgebiet verstreut; so haben sie im Normalfall weder alle Informationen über die anderen Marktteilnehmer, noch ist es einem Nachfrager in München ohne weitere Schwierigkeiten (wie Kosten, Transport, Informationen) möglich, ein Angebot aus Hamburg wahrzunehmen.

Die zuletzt genannte Vorstellung über Märkte ist die in der volkswirtschaftlichen Betrachtung vorherrschende Sichtweise:

> **Märkte** sind Gedankenkonstruktionen, die alle für bestimmte Güter oder Dienstleistungen relevanten Angebots- und Nachfrageinformationen zusammenfassen.

Auf Märkten nehmen Wirtschaftssubjekte (Anbieter und Nachfrager) **miteinander Kontakt** auf, um ihre Transaktionspläne (entweder Tausch oder Produktion) oder ihr Informationsbedürfnis zu verwirklichen. Getauscht werden sollen dabei Güter, Dienstleistungen und/oder (Eigentums-) Rechte.

Zu den **Anbietern** zählen auf den (Absatz-)Märkten die Produzenten und/oder Eigentümer von Produkten bzw. Dienstleistungen (Unternehmer), zu den **Nachfragern** die Konsumenten bzw. Verbraucher (Haushalte). Genau umgekehrt ist die Situation auf dem **Arbeitsmarkt**: Hier bieten die Haushalte (ihre Arbeitskraft) an und die Unternehmer fragen nach. Drittens unterscheidet man Beschaffungsmärkte, auf denen Unternehmer als Anbieter und Nachfrager auftreten.

Wichtig: Eine Marktbeschreibung umfaßt mehr als nur die gängige Formulierung "Angebot und Nachfrage stehen sich gegenüber". Neben der **Marktabgrenzung** (vgl. 4.1.2) beinhaltet "der Markt" auch verschiedene Annahmen und Aussagen über die **Verhaltensweisen** der Marktteilnehmer, also über Anbieter und Nachfrager, und über Informations- und Koordinationsmechanismen am Markt. Die bekanntesten sind Zusammenhänge zwischen den am Markt angebotenen, nachgefragten und gehandelten Mengen und den betreffenden Preisen[1]. Darüber hinaus hat **Markt** für Teilbereiche des Wirtschaftslebens noch andere Bedeutungen. So meint Markt beispielsweise:

- für **betriebliche Absatzüberlegungen** (für das sogenannte betriebliche Marketing und Management) all jene vorhandenen und möglichen Kunden, die das jeweilige Produkt/die Dienstleistung kaufen können. (vgl. genauer 4.4).

- für einen **Verkäufer** die geographische Bezeichnung, den Ort oder das Gebiet, wo er mögliche Käufer für sein Produkt vermutet (der "(Kunden-)Markt" Berlin oder Nordrhein-Westfalen). Entsprechend werden auf diesem "Markt" Marketing-Aktionen "gestartet".

- für den **Tourismusbereich** oftmals lediglich eine spezielle Destination, ein Gebiet oder einen Ort, die zu **verkaufen**, zu "vermarkten" sind, z. B. das Alpengebiet, Mallorca, Berlin. In diesen Fällen wird "Markt" im Sinne von (angebotenes) "Produkt" verstanden. Umgekehrt stellen die gleichen Gebiete

---

1 Vgl. genauer FREYER 1979a.

ebenfalls (Käufer-)Märkte dar: In diesen Fällen sind "Märkte" Verkaufsgebiete, Nachfragemärkte.

- für **Nachfrageforscher** oft nur eine bestimmte Zahl. So stellt z. B. Berlin einen Markt von 1,5 Mio. Reisenden dar, der Geschäftsreisemarkt hat in der Bundesrepublik ein Volumen von 20 Mio. DM jährlich.

4.1.2 Marktabgrenzung

Am Anfang aller (Markt-)Überlegungen steht die **Abgrenzung** des zu betrachtenden Marktes. Dies geschieht in Theorie und Praxis vor allem nach räumlichen, zeitlichen und produktspezifischen Aspekten. Hinzu kommen oftmals betriebsspezifische und Angebots- und Nachfrageaspekte. All diese Kriterien werden zur Abgrenzung eines Marktes meist zusammen betrachtet.

Abgrenzungskriterien für Märkte:

- **Gebiet** (räumlicher Aspekt). Dies umfaßt zumeist das sogenannte "Einzugsgebiet" für das jeweilige Produkt. Unter räumlichen Aspekten zählen - je nach Fragestellung - alle potentiellen oder vorhanden Kunden eines Produktes oder einer Dienstleistung zum Markt.
  Beispiel: Für ein kleineres **TUI-Reisebüro** in Frankfurt ist der relevante Markt auf einen Teilbereich der Stadt begrenzt, meist ist das Haupteinzugsgebiet die nähere Umgebung mit einem Radius von einigen 100 Metern (Laufkundschaft). Hinzu kommen einige Kunden aus anderen Stadtteilen (Telefonkundschaft, frühere Kunden und über Mundpropaganda). Hingegen ist für eine in Frankfurt ansäßige Airline, z. B. Singapore Airline, das gesamte Bundesgebiet, eventuell auch angrenzende Gebiete, als Markt anzusehen. **Oder**: Für Berliner sind vorrangig die Reiseangebote in Berlin relevant, für Münchner die in München usw.

- **Zeit** (saisonaler Aspekt): Während die theoretische Marktvorstellung davon ausgeht, daß alle Informationen zu einem bestimmten Zeit**punkt** vorhanden sind, erstrecken sich in der Realität Marktanalysen und -betrachtungen zumeist auf Zeiträume und/oder verschieden Zeitpunkte.
  Beispiel: Der Markt für Griechenlandreisen ist am 19. März kleiner als der am 21.7. (Ferienzeit), **oder**: Der Reisemarkt stellt sich im Sommer (vorrangig Reisen ins Mittelmeergebiet) anders dar als im Winter (zumeist mehr Skireisen und mehr Fernreisen).

- **Produkt** (sachlicher Aspekt). Marktbetrachtungen erfordern eine klare Abgrenzung, welche Produkte (Dienstleistungen) an diesem Markt gehandelt werden und inwieweit sie mit anderen Angeboten vergleichbar sind ("konkurrieren") und/oder durch diese ersetzbar sind (Substituierbarkeit), oder inwieweit vermeintlich gleiche Angebote für den zu untersuchenden Markt nicht relevant sind.
  Beispiele: Nur für die wenigsten Marktteilnehmer sind alle in der Bundesrepublik angebotenen Reisen von Interesse. Meist beschränken sich die Aktivitäten auf spezielle Reiseformen und -arten. So spezialisieren sich einige Anbieter auf Fern- und Auslandsreisen, die anderen auf Inlandsreisen und Kurzausflüge.
  Der Markt für Billigflüge läßt sich klar vom Markt für Pkw-Urlaubsangebote abgrenzen.

- Sozio-ökonomischen **Gruppen** der Nachfrager (personeller Aspekt): So z. B. nach Alter, Geschlecht, Einkommen, Beruf, Ausbildung, Religion usw.).
  Beispiel: Für ältere Reisende existiert ein Seniorenreisemarkt, für jüngere der Jugendreisemarkt.

- **Anzahl** (und Verhaltensweise) der Marktteilnehmer (Marktformen) (vgl. folgenden Abschnitt).

Als Ergebnis der Marktabgrenzung erhält man Angaben über das **Markt-volumen** des für einen Betrieb oder für die jeweilige Fragestellung "relevanten" Marktes. Die gängigsten Angaben zur Charakterisierung des Marktvolumens beziehen sich auf Umsatz, Zahl der Beschäftigten, Zahl der Anbieter oder/und Nachfrager oder Zahl der "Paxe" (Fluggäste usw.). Nach diesen Kriterien werden in Teil 4.3 einige wichtige touristische Teilmärkte für die Bundesrepublik dargestellt.

Als Sonderproblem des Marktvolumens ergibt sich die Frage der **Konzen-tration**, von der man spricht, wenn einige Marktteilnehmer einen bedeutenden Anteil am Gesamtmarkt haben. In der Bundesrepublik wird aufgrund gesetzlicher Regelungen dann von konzentrierten Märkten gesprochen, wenn

* 1 Unternehmen einen Marktanteil von mindestens 1/3
* 3 Unternehmen einen Marktanteil von mindestens 1/2
* 5 Unternehmen einen Marktanteil von mindestens 2/3

haben (nach § 22 Abs. 3 Kartellgesetz).

Aufgrund der schwierigen und sehr unterschiedlichen Marktabgrenzung sind trotz dieser klaren Festlegung häufig keine klaren Aussagen zur Marktkonzentration möglich. Typisches **Beispiel** in der Tourismusindustrie ist die Situation am Reiseveranstaltermarkt, wo die größten Reiseveranstalter zwar bedeutende Markt-anteile haben, aber je nach Marktabgrenzung nicht unter die Konzentrationsbestim-mungen des Kartellamtes fallen. Andererseits hat das einzige Reisebüro am Ort zwar in der Regel 100 % Marktanteil (dieses lokalen Marktes), aber auch hier werden die Konzentrationsbestimmungen nicht aktiviert (vgl. genauer Teil 4.3.2 und 6.2.6).

4.1.3 Marktformen

In der volkswirtschaftlichen Betrachtung wird zumeist viel Wert und Raum auf die Beschreibung sogenannter **vollkommener und unvollkommener Märkte** gelegt. Diese Betrachtung(en) spielen für praxisrelevante Probleme nur eine unter-geordnete Rolle, helfen aber zum Verständnis der volkswirtschaftlichen Betrachtungsweise. Als Orientierungspunkt ihrer Betrachtungen definiert die VWL einen sogenannten **vollkommenen Markt** . Dies ist ein Markt, bei dem - kurz ausgedrückt - viele kleine Anbieter und Nachfrager vorhanden sind und alle Marktteilnehmer alle Informationen haben[1]. Entsprechend können alle anderen Märkte als mehr oder weniger "unvollkommen" eingestuft werden.

Marktstruktur und Marktverhalten

Betrachtung spielt vor allem die Abgrenzung und Einteilung der Märkte nach Anzahl und Verhaltensweisen der am Markt vorhandenen Teilnehmer. Hier besteht in der Literatur noch immer Unklarheit, inwieweit lediglich die **Anzahl** der Marktteilnehmer oder - unabhängig von ihrer Anzahl - die **Verhaltensweise** der Marktteilnehmer das entscheidende Kriterium zur Abgrenzung von Märkten ist. Die

---

1 Ferner fordert die VWL ein homogenes Gut und vollkommene Markttransparenz, d.h. keine persönlichen und/oder zeitlichen Präferenzen. Transaktionen erfolgen nur im Gleich-gewichtszustand mit unendlicher Reaktionsgeschwindigkeit der Marktteilnehmer. Es handelt sich um einen "Punktmarkt", d. h. Raum und Zeit spielen also keine Rolle.

Anzahl der Marktteilnehmer gibt sicher wichtige Hinweise auf die entsprechenden Marktgegebenheiten, doch zusätzlich ist die **Verhaltensweise** der Marktteilnehmer von Bedeutung. Konkret bedeutet dies: Eine Monopolsituation ist nicht dadurch gegeben, daß nur ein Anbieter vorhanden ist, sondern erst dann, wenn dieser sich auch monopolistisch **verhält**, d. h. das Marktgeschehen "diktiert".

Die **Marktstruktur** (Morphologie des Marktes) wird durch Anzahl und Größe der Marktteilnehmer beschrieben, wobei die Größe durch die Marktanteile (in bezug auf Umsatz, Beschäftigte usw.) gemessen wird.

Als **Verhaltensweise** interessieren in der wirtschaftswissenschaftlichen Marktuntersuchung die Reaktionen der Anbieter und Nachfrager auf Preis- und Mengenänderungen am Markt bzw. deren eigene Preis- und Mengenpolitik (-verhaltensweise).

In der Markttheorie werden vor allem drei wichtige Marktstrukturen und -verhaltensweisen unterschieden

(1)   **ein** marktbeherrschender Anbieter oder Nachfrager, der davon ausgeht, daß er allein die Marktbedingungen (unter anderem Menge, Preis, Qualität) bestimmen kann (Marktmacht),

(2)   **wenige** (relativ große) marktbeeinflussende Marktteilnehmer, die sich in ihren Verhaltensweisen auch an den anderen Marktteilnehmern orientieren,

(3)   **viele** (relativ kleine) Marktteilnehmer, die (einzeln) keinerlei Einfluß auf das Marktgeschehen haben.

Als Kombination von Angebot und Nachfrage ergeben sich neun grundsätzliche Marktformen (vgl. Abb. 4-1). All diese Marktformen lassen sich auch in der Fremdenverkehrswirtschaft feststellen, wobei Monopol- und Oligopolsituationen am verbreitetsten sind (vgl. die nebenstehenden Beispiele).

Nachfrager / Anbieter	einer	wenige	viele
einer	Bilaterales Monopol (1)	Beschränktes Angebotsmonopol (2)	Angebots- monopol (3)
wenige	Beschränktes Nachfragemonopol (4)	Bilaterales Oligopol (5)	Angebots- oligopol (6)
viele	Nachfragemonopol (Monopson) (7)	Nachfrageoligopol (Oligopson) (8)	Polipolistische Konkurrenz (9)

Abb. 4-1   Markformenschema

Sonstige Marktarten

Neben den in Abb. 4-1 genannten Marktformen sind auch noch eine Reihe weiterer Betrachtungen zum Markt möglich, die ebenfalls gelegentlich eine Rolle spielen, auf die hier aber nicht näher eingegangen wird:

- **Marktzugang**: offene und geschlossene Märkte; dies kann sich aus rechtlichen (Konzession) oder wirtschaftlichen Gründen (Kapitalerfordernis, Produktionsverfahren) ergeben. So kann zwar Jeder ein Reisebüro eröffnen (weder Konzession noch Kapital ist notwendig), aber keine Fluggesellschaft (hierfür benötigt man sowohl eine Konzession als auch Kapital),

- **Angebots-Nachfragerelationen:** Ist das Angebot größer als die Nachfrage spricht man von **Käufermarkt**, im umgekehrten Fall (Nachfrage ist größer als das Angebot) vom **Verkäufermarkt** (vgl. auch 4.1.4),

- **räumliche** Ausdehnung: Punkt- oder Gebietsmarkt,

- **Interventions**möglichkeit (vor allem durch den Staat): freier, interventionistischer Markt.

Beispiele für Marktformen aus der Tourismuswirtschaft:

Im folgenden sind einige Beispiele für Marktformen aus dem Bereich des Fremdenverkehrs angeführt. Aufgrund der zuvor getroffenen Einteilung der Märkte nach den Kriterien Anzahl **und** Verhaltensweise der Marktteilnehmer sind nicht alle der folgenden Beispiele eindeutig zuzuordnen, v. a. weil die Verhaltensweise (als qualitatives Kriterium) unterschiedlich beurteilt werden kann.

Bilaterales Monopol (1)
Ein Beispiel für einen Anbieter und einen Nachfrager für bestimmte Leistungen wäre der Post(flug)dienst der Lufthansa für die Deutsche Bundespost.

Beschränktes Angebotsmonopol (2)
Als Beispiel für wenige Anbieter, denen viele Nachfrager gegenüberstehen, kann ebenfalls der Luftmarkt herausgegriffen werden: manche Destinationen bietet die Lufthansa in Konkurrenz mit anderen Fluggesellschaften an, z. B. die Strecke Frankfurt - Bangkok oder Frankfurt - USA. Hier besteht ein beschränktes Angebotsmonopol: zwar können die Nachfrager den wenigen Gesellschaften, die diese Destinationen anbieten, nicht ausweichen, doch die Lufthansa kann ihre Tarife bzw. Serviceleistung nicht ohne Berücksichtigung der Leistungen/Verhaltensweisen der anderen Mitbewerber gestalten. **Oder:** Zwar besaß die Interflug das Angebotsmonopol für Charter-Flüge ab Berlin/Schönefeld nach Athen, doch fragten nur wenige Berliner Reiseveranstalter diese Flüge nach. Entsprechend ergaben sich jedes Jahr schwierige Verhandlungen über Preis, Flugzeit usw.

Angebotsmonopol (3)
Hier gibt es einige eindeutige Beispiele aus dem Fremdenverkehr, z. B. die Lufthansa oder die Bundesbahn, als einzige Anbieter für bestimmte Transportleistungen (vor allem auf Inlandsstrecken), denen viele Nachfrager gegenüberstehen. Auch **verhalten** sich dies Anbieter eindeutig monopolistisch, z. B. bei der Tariffestsetzung oder der Qualität der Transportleistung. Zahlreiche weitere Beispiele lassen sich vor allem bei Berücksichtigung der Möglichkeiten von zeitlich und lokal begrenzten Monopolen (bzw. monopolistischen Verhaltensweisen) finden.

Typisch **zeitlich befristete** Monopole sind: ein kleines Hotel oder eine Pension zur Hauptsaison oder während einer Messe oder nachts um 24 Uhr, das die Preise diktieren kann, da die (vielen) Nachfrager ansonsten keine Unterkunft erhalten.

Typisch **regional begrenzte** Monopole sind: eine kleine Pension, die die einzige Unterkunft im Umkreis von 10 km darstellt (und die einen viel höheren Preis erhebt als dies der Ausstattung zukommt, als es "marktüblich ist") oder das einzige Reisebüro in einem kleinen Ort oder am Flughafen oder während einer Messe.

Typische **"Verhaltensmonopole"** sind: Jeder Anbieter, der seine Kunden dazu zwingen will, die Leistung genau so zu akzeptieren wie er sie ihnen anbietet, obwohl zumeist viele andere Anbieter die gleiche Leistung anbieten. Das können Reisebüros sein oder Busveranstalter oder eine Pension usw.

Beschränktes Nachfragepotential (4)
Dies ist dann gegeben, wenn beispielsweise am Ort nur zwei oder drei IATA-Büros sind, die als Vertragspartner für den Firmendienst der einzigen ortsansäßigen Großfirma in Frage kommen. Zwar kann diese Firma Sonderkonditionen verlangen, doch wird das Reisebüro nur in dem Umfang darauf reagieren, wie es erwartet, daß die ein oder zwei anderen Mitbewerber reagieren.

Bilaterales Oligopol (5)
Durch wenige große Anbieter und Nachfrager ist beispielsweise die Situation am Flugchartermarkt zu charakterisieren: wenige (große) Reiseveranstalter fragen die Transportleistungen der wenigen (großen) Charterfluggesellschaften nach.

Angebotsoligopol (6)
Auch hier läßt sich der Pauschalreisemarkt anführen: den wenigen großen Reiseveranstaltern stehen viele Nachfrager gegenüber. Entsprechend können die Reiseveranstalter vielfach die Destinationen und Leistungen sowie die Preise bestimmen, wobei sie jeweils ein Auge auf die Mitanbieter werfen müssen, doch die vielen Nachfrager sind letztendlich auf die wenigen Charterflugdestinationen angewiesen und müssen Preis und Leistung akzeptieren.

Nachfragemonopol (7)
Eine solche Situation ist für viele Firmendienste gegeben: Ist nur eine Großfirma am Ort, hat sie ein Nachfragemonopol, dem viele Anbieter von Reisemittlerleistungen gegenüberstehen (können).

Nachfrageoligopol (8)
Auch hier kann das vorherige Beispiel der Firmenreisestellen angeführt werden: zwar bieten viele Reisebüros die entsprechenden Leistungen an, doch meist sind nur wenige große Firmen am Ort vorhanden, die diese Leistungen nachfragen. Entsprechend können sie Sonderkonditionen von den Reisebüros fördern (wie Rabatte oder direkte Zustellung der Reiseunterlagen oder telefonische Buchung oder Zahlungsziele, ...).

Polypolistische Konkurrenz (9)
Dies ist die typische Situation auf dem Reisebüromarkt: Vielen Anbietern von Reisemittlerleistungen stehen viele Nachfrager gegenüber. Alle richten sich nach den vorherrschenden Marktleistungen.

4.1.4 Anhang: Das volkswirtschaftliche Marktmodell[1]

In der ökonomischen Theorie wird der Markt graphisch meist mit einem Preis-Mengen-Diagramm dargestellt. Hierzu greift die Markttheorie lediglich den Preis heraus (ceteris-paribus - unter Konstanz aller anderer Größen) und betrachtet die Abhängigkeit der Mengen von den Preisen[2]. Dargestellt werden diese Zusammenhänge

---

1 In Anlehnung an FREYER 1979a.
2 Dies ist eine sehr vereinfachte Darstellung, da für Angebots- und Nachfragemengen ausschließlich der Preis als Einflußgröße berücksichtigt wird. Unbestritten ist in diesem Zusammenhang, daß auch der Preis eine Rolle spielt, doch im Gegensatz zur vielfach verbreiteten Meinung in der VWL kommt dem Preis nicht die alleinige und auch nicht immer die vorrangige Bedeutung bei Produktions- und Nachfrageentscheidungen zu. Die verschiedenen Einflußgrößen auf die touristische Nachfrage und das touristische Angebot waren in den Kapiteln 2. und 3. ausführlich behandelt worden.

- **analytisch** mit Hilfe von Funktionen, wobei die (Angebots- bzw. Nachfrage-) Mengen als **abhängige** und Preise als **unabhängige** Variable betrachtet werden,
- **graphisch** mit Hilfe eines Koordinatenkreuzes, dem sogenannten Preis-Mengen-Diagramm.

Dabei gelten im einzelnen folgende Abhängigkeiten:

Nachfrage

Die nachgefragte Menge x ist eine negative Funktion des Preises, d. h. bei fallendem (steigendem) Preis p steigt (fällt) die zu diesem Preis geplante nachgefragte Menge x. Dabei gibt die **Preiselastizität der Nachfrage** an, um wieviel Prozent sich die von einem Gut nachgefragte Menge ändert, wenn sich der Preis um ein Prozent ändert (dies entspricht - graphisch - der (negativen) Steigung der Nachfragekurve). Als Nachfrager gelten für Konsumgüter die Haushalte, für Produktionsgüter die Unternehmen.

analytisch   graphisch

(1) $x = x(p)$ mit $dx/dp < 0$

Preis
p

Nachfragefunktion

$x=x(p)$

Nachfragemenge x

Angebot

Die angebotene Menge y ist eine positive Funktion des Preises, d. h. bei fallendem (steigendem) Preis p fällt (steigt) die zu diesem Preis geplante angebotene Menge. Als Anbieter gelten für Konsumgüter die Unternehmen, für Produktionsgüter entweder Unternehmen oder Haushalte (für den Produktionsfaktor Arbeitskraft).

analytisch   graphisch

(2) $y = y(p)$ mit $dy/dp > 0$

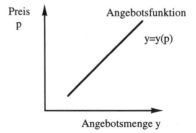

Preis
p

Angebotsfunktion

$y=y(p)$

Angebotsmenge y

Ob es auf den Märkten zu Transaktionen (Tausch oder Produktion) kommt, hängt von der Einigung der Marktteilnehmer ab.

Allgemein gilt: Nur bei einer einzigen Kombination ist die zu diesem Preis p_G geplante angebotene Menge ist gleich der zu diesem Preis geplanten nachgefragten Menge (sogenannte Gleichgewichtsbedingung).

analytisch   graphisch

(3) $x(p_G) = y(p_G)$

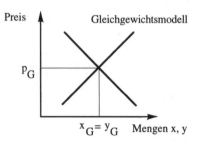

Ist dieser Spezialfall gegeben, besteht keine Veranlassung für Anbieter und/oder Nachfrager, ihre geplanten Mengen zu ändern, denn die gesamte bei diesem Preis geplante Nachfragemenge wird auch zur Verfügung gestellt bzw. umgekehrt, die gesamte zu diesem Preis geplante Angebotsmenge wird nachgefragt. Zu diesem Gleichgewichtspreis kann also die größtmögliche Menge $x_G = y_G$ getauscht ("realisiert") werden und es besteht keine Veranlassung, die Preise zu ändern ($dp = 0$).

In diesem Gleichgewicht sind die **geplanten** Angebots- gleich den **geplanten** Nachfragemengen und die geplanten Größen sind mit den **realisierten** identisch. Stimmen Angebots- und Nachfragepläne nicht überein - dies ist in allen außer der Gleichgewichtssituation der Fall - kommt es zu Planänderungen. Hierzu hat die Markttheorie zwei Versionen:

(1) Gleichgewichtsversion

Nach klassischer Annahme kommt es solange zu Planänderungen, bis sich die Gleichgewichtswerte ergeben.

Die Koordination der Angebots- und Nachfragepläne erfolgt in der Gleichgewichtstheorie über den **Markt- bzw. Preismechanismus** : Bei Übernachfragesituationen, also x > y, wird der Preis tendenziell steigen, bei Überangebotssituationen tendenziell fallen, bis der Gleichgewichtspreis p erreicht ist, zu dem Transaktionen stattfinden (können): Bei Spezifikation der Preisanpassungsfunktion erhält man ein **dynamisiertes Modell**, d. h. ein Modell, dessen Größen sich auf eine **Zeitperiode** (und nicht nur auf einen **Zeitpunkt**) beziehen, in dem für den zeitlichen Anpassungspfad des Preises p gilt:

(4) $\dfrac{dp}{dx} = f(x - y)$, wobei $\dfrac{dp}{dx} \{$ = 0, falls x =y; >0, falls x>y; < 0, falls x<y

Die dynamischen Anpassungsprozesse werden in klassischen Marktmodellen zumeist als gegeben und quasi unendlich schnell (zeitlos) unterstellt, so daß Ungleichgewichtssituationen nur sehr kurz bestehen bleiben.

(2) Ungleichgewichtsversion

Das zuvor geschilderte Partialmodell erscheint allerdings wirklichkeitsfremd bzw. nur für einen kleinen Bereich der marktwirtschaftlichen Realität zutreffend, z. B. für die Wertpapierbörse oder eine Auktion, wo Gesamtangebot und Gesamtnachfrage dem Makler bzw. dem Auktionator bekannt sind und er einen Gleichgewichtspreis bestimmen kann, der es ermöglicht, daß die größtmögliche Menge $x_G = y_G$ umgesetzt werden kann.

Auf den meisten Märkten gibt es keinen zentralen Koordinator, die Wirtschaftssubjekte können erst durch Transaktionen die Information(en) erhalten, ob die individuell und dezentral geplanten Angebots- und Nachfragemengen übereinstimmen. Diese Fälle werden von der "neuen Mikroökonomie" untersucht, in der **unvollkommene Information** der Anbieter und Nachfrager über die (Gleichgewichts-)Preise und die geplanten Mengen der anderen Marktteilnehmer angenommen wird. Wegen dieser unvollkommenen Information kommt es schon vor Erreichen der Gleichgewichtspreise zu Transaktionen, es wird zu "falschen" Preisen gehandelt (sog. "false trading").

Dabei finden - über mehrere Perioden mit Transaktionen - zwar auch Preisreaktionen statt, eventuell auch in der vorher angegebenen Richtung -, aber wegen der notwendigen Reaktionszeit und der Unkenntnis über die Gleichgewichtswerte entstehen **auch Mengeneffekte**, d. h. die Wirtschaftssubjekte müssen sich bei Transaktionen auch mit ihren Mengen anpassen. Die umgesetzte Menge ist dabei stets kleiner als im Gleichgewicht $x_G = y_G$, da die jeweilige aktuelle Transaktion durch die kurze Seite des Marktes begrenzt wird, d. h. die Transaktion entspricht der Angebotsmenge, wenn $y < x$ und der Nachfragemenge, wenn $x < y$ (vgl. folgende Abb.), sog. **realisierte oder effektive Angebots- und Nachfragemengen** (im Gegensatz zu den **geplanten** in Gleichung (1) und (2)). Man kann hierbei auch von "Marktmacht" der kurzen Seite sprechen. Oberhalb des Gleichgewichtspreises setzen sich die Nachfrager durch (**Käufermarkt**), unterhalb die Anbieter (**Verkäufermarkt**).

$$x_{eff}(p) = \min\{x(p), y(p)\}$$

$$y_{eff}(p) = \min\{x(p), y(p)\}$$

(x_{eff}, y_{eff}=effektive Nachfrage(s), Angebot)

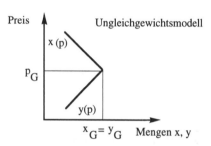

Ist der Preismechanismus grundsätzlich wirksam, d. h. existieren Anpassungsprozesse entsprechend der obigen (klassischen) Preisanpassungsfunktion (4), so kann auch bei "false trading" der Gleichgewichtspreis erreicht werden, doch unterscheidet sich dieser Anpassungsprozeß vom klassischen, da während der Preisanpassung gleichzeitig auch Mengenreaktionen erfolgen, die (mindestens) die **Anfangsausstattung** der Wirtschaftssubjekte berühren, wenn nicht sogar dem Anpassungsprozeß entgegenwirken.

In der klassischen Gleichgewichtsanalyse konnte die Entwicklung der Anfangsausstattung unberücksichtigt bleiben, da sie über die gesamte Planperiode hin unverändert blieb. Kommt es allerdings zu Transaktionen im Ungleichgewicht, so werden bestimmte Pläne nicht erfüllt, die - wenn man nur einen Markt betrachtet - in der nächsten Periode entweder angebots- bzw. nachfragewirksam werden oder sich über den gesamten Preisanpassungszeitraum aufsummieren (als nichterfüllte Angebots- bzw. Nachfragewünsche) und zu Veränderung der Anfangsausstattung und/oder Produktionsanpassung führen. Im folgenden wird nicht näher auf dynamische Preis- und Mengenanpassungen im Ungleichgewicht eingegangen.

Zusammenfassung: Ungleichgewichtssituationen entstehen also sowohl bezüglich der geplanten Angebots- und Nachfragemengen als auch bei den geplanten und realisierten Größen - die zu bestimmten Preisen gewünschten Angebots- und Nachfragemengen stimmen nicht überein. Gründe für diese Ungleichgewichtssituationen sind nichttransparente Märkte sowie zu langsame Preisanpassung. Zwar kann nach wie vor die obige klassische Preisanpassungsfunktion als richtig angenommen werden, doch verliert die klassische Gleichgewichtsanalyse an Bedeutung, wenn Zeit und Raum in die Analyse miteinbezogen werden: **Ungleichgewichtssituationen werden zu den Regelfällen und Gleichgewichtssituationen zu den Ausnahmen.**

Diese Überlegungen werden von der Partialanalyse auf die gesamtwirtschaftliche Betrachtung übertragen und entsprechend werden gesamtwirtschaftliche Märkte und Modelle gebildet (vgl. dazu FREYER 1979a).

4.2 Touristische Märkte im Überblick

4.2.1 Marktabgrenzung im Tourismus

Auf der Grundlage der in Teil 2 und 3 erläuterten Betrachtung der Angebots- und Nachfrageseiten und der vorherigen allgemeinen Marktbetrachtung ergibt sich eine differenzierte Marktanalyse für "den Tourismusmarkt".

Während man gängigerweise von "dem Reisemarkt" spricht, ist dessen Betrachtung in der Realität nicht so einfach, vor allem zeigt sich, daß **mehrere Märkte** im Tourismusbereich zu unterscheiden sind. Wie im Teil 3.2.2 zu sehen war, besteht kein einheitliches touristisches Produkt; die Fremdenverkehrsleistung ist vielfältig und entsprechend existieren auch eine Reihe von touristischen Märkten.

Im folgenden wird als **Tourismusmarkt** der **abstrakte Ort,** die gedankliche Konstruktion, verstanden, wo Angebot und Nachfrage zusammentreffen (analog zur allgemeinen Marktbestimmung, vgl. 4.1.1). Auf touristischen Märkten werden Güter und Dienstleistungen getauscht, die im Zusammenhang mit Reisen stehen.

Jeder Anbieter (und Nachfrager) muß die für ihn relevante Marktstruktur und -situation erfassen und einschätzen. Dabei können Anbieter und Nachfrager auf verschiedenen Märkten auftreten, z. B. Hoteliers bieten Unterkünfte an und fragen Verpflegung nach, Reiseveranstalter bieten Pauschalreisen an und fragen Hotelplätze, Transport usw. nach.

4.2.2 Modell der Tourismusmärkte

In Anlehnung an die Unterteilung der Angebotsseite in eine Tourismusindustrie im engeren, im weiteren und in eine touristische Randindustrie, lassen sich **drei** große **Marktbereiche** unterscheiden:

M-1 **Reisemärkte im engeren Sinne:**
Hier werden "typische" Fremdenverkehrsleistungen gehandelt, die entsprechenden Märkte sind für die Fremdenverkehrslehre besonders interessant, vor allem der Beherbergungs-, Transport-, Pauschalreise- und Reisebüromarkt. Die Nachfrager auf diesen Märkten sind vor allem Reisende und (andere) Betriebe der Tourismusindustrie im engeren Sinne.

M-2 **Reisemärkte im weiteren Sinne:**
Hier werden typische Fremdenverkehrsleistungen von untypischen Fremdenverkehrsbetrieben angeboten. Diese Märkte werden nur selten in touristischen Analysen berücksichtigt. Doch für praktische Tätigkeiten besteht vor allem bei Betrieben des ergänzenden Reisemarktes ein hohes Informationsbedürfnis (und -defizit) nach Marktchancen ihrer Produkte.
Die Anbieter der ergänzenden Reisemärkte sehen sich einer eigenartigen Nachfrageanalyse gegenüber: **Nachfrager** sind sowohl die Reisenden als auch die Unternehmer/Anbieter der Tourismusindustrie i.e.S.

M-3 Touristische Randmärkte:
Hier gilt ähnliches wie für M-2: Grundsätzlich werden auf diesen Märkten "untypische" Tourismusleistungen (besser: ganz normale Produkte und Leistungen) gehandelt. Dieser Bereich wird nur deshalb der Tourismusindustrie zugerechnet, da (auch) Touristen die Leistungen dieser Betriebe nachfragen. Dies geschieht aufgrund zeitlicher und lokaler Gegebenheiten in einem solchen Ausmaß, daß neben den Nichtreisenden Touristen als Nachfrager für die Anbieter eine besondere Bedeutung gewinnen. Vor allem um den Absatz an Touristen zu erhöhen, werden bestimmte Maßnahmen (für das incoming) getroffen, z. B. "Touristen-Menü" oder Sonderkarten und -hefte für Freizeiteinrichtungen, Bäder, Bibliotheken, (zweisprachige) Preisauszeichnungen (in DM und öS, Lire usw.).

Für all diese Marktbereiche gibt es jeweils weitere **"Untermärkte"**. Im Marktbereich M-1 sind es beispielsweise entsprechend der verschiedenen Anbieter die Teilmärkte:

M-1.1   Markt für Übernachtungsleistungen

M-1.2   Markt für Transportleistungen

M-1.3   Markt der Reiseveranstalter (Pauschalreisen)

M-1.4   Markt der Reisemittler

M-1.5   Markt für Messen, Ausstellungen, Tagungen

usw.

Andere Teilmärkte ergeben sich, wenn Abgrenzungen aus Sicht der Reisenachfrager, vor allem nach deren Motivation, vorgenommen werden. In diesen Fällen lassen sich beispielsweise folgende Teilmärkte unterscheiden:

M-1.1   Geschäftsreisemarkt

M-1.2   Urlaubsreisemarkt

M-1.3   Sportreisemarkt

M-1.4   Bildungsreisemarkt

usw.

Ähnliche Unterteilungen gibt es auch für die anderen Marktbereiche (vgl. Abb.4-2).

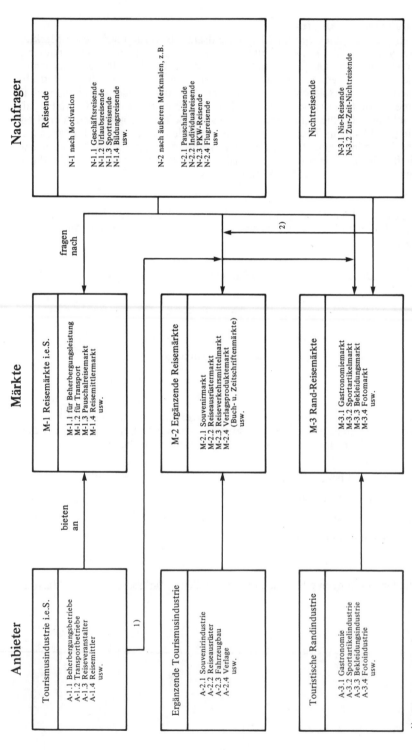

Abb. 4-2 Modell der Tourismusmärkte

1) Betriebe der Tourismusindustrie i.e.S. fragen auch auf M-2 (und M-3) nach, z.B. Reiseveranstalter Reiseversicherungen (auf M-2) oder Gastronomieleistung (auf M-3)

2) Nichtreisende fragen auch auf M-2 und M-1 nach, z.B. Informationen für die nächste Reise

4.3 Ausgewählte Tourismusmärkte in Deutschland

4.3.0 Vorbemerkung

Aufgrund des in Teil 4.2 aufgezeigten allgemeinen Strukturmodells der Tourismusmärkte könnten nun zu allen Märkten von M-1.1. bis M-3.3. bzw. M-3.∞.[1] Marktbetrachtungen hinsichtlich der verschiedenen marktrelevanten Kriterien (aus 4.1) erfolgen. Dies wäre ein "unendliches" Unterfangen. Es werden folglich in diesem Teil lediglich einige (wichtige) touristische Teilmärkte in der Bundesrepublik ausgewählt, für die exemplarisch eine Marktcharakteristik hinsichtlich der/des jeweiligen

* **Marktabgrenzung**, hier vor allem hinsichtlich der verschiedenen an diesem Markt angebotenen Fremdenverkehrsleistungen,
* **Marktstruktur**, also in bezug auf die am Markt auftretenden Anbieter und Nachfrager,
* **Marktvolumens**, also hinsichtlich des Umfanges der am jeweiligen Markt gehandelten Fremdenverkehrsleistungen,

aufgezeigt wird. Dabei wird vor allem auf die für die Marktcharakteristik neuen Faktoren eingegangen, soweit dies über die grundsätzliche Erörterung des Angebots und der Nachfrage in den Teilen 2 und 3. hinausgeht. Dies betrifft vorwiegend Aussagen zum Marktvolumen und zur -struktur.

Strenggenommen gehört zur Marktbetrachtung auch die Analyse des Preismechanismus. Doch da die allgemeine Preisbildung bereits in Kapitel 4.1.5 und als Preispolitik bei den jeweiligen Anbietern mitbehandelt worden ist, wird in diesem Teil darauf verzichtet.

4.3.1 Der Gesamtreisemarkt

(1) Allgemeine Charakteristik

Hierzu zählen **alle** Anbieter, Nachfrager und Produkte, die mit dem Reiseverkehr in Zusammenhang stehen. Für die Angebots- und Nachfrageseite finden sich ausführliche Darstellungen in den Teilen 2 und 3.

(2) Marktabgrenzung

Für den gesamten deutschen Reisemarkt sind unterschiedliche Abgrenzungen möglich, je nachdem, ob man als deutschen Reisemarkt versteht:

* alle von deutschen Unternehmen erbrachten Leistungen für den Fremdenverkehr oder
* alle von deutschen Verbrauchern nachgefragten Fremdenverkehrsleistungen.

Im ersten Fall beinhaltet das auch Leistungen deutscher Fremdenverkehrsunternehmen für ausländische Nachfrager (nach deutschen Tourismusleistungen), nicht aber die Leistung ausländischer Tourismusunternehmen für deutsche Touristen (**Inlandsmarkt**). Im zweiten Fall sind auch die Reiseausgaben Deut-

---

1 Für jeden Teilmarkt bestehen ja (fast) unendlich viele Untermärkte, man muß nur weit genug differenzieren.

scher im Ausland miterfaßt, nicht jedoch Reiseausgaben von Ausländern in Deutschland (touristische **Inländernachfrage**). Weitere Abgrenzungen ergeben sich nach verschiedenen **Teilmärkten**, vor allem hinsichtlich der Betrachtung des Urlaubsreisemarkts und des Geschäftsreisemarkts. Der Umfang des Reisemarkts hängt ferner davon ab, welche Produkte und Unternehmen alle zum Fremdenverkehr gerechnet werden (produktmäßige Abgrenzung).

(3) Struktur

Die **Struktur** des Gesamtreisemarktes war in Teil 4.2 ausgeführt worden. Sie läßt sich hinsichtlich der **Anbieter** in die drei großen Bereiche Tourismusindustrie i.e.S., ergänzende Tourismusindustrie und touristische Randindustrie unterteilen. Bei den Nachfragern sind die verschiedensten Gruppen in bezug auf Motivation oder äußere Merkmale zu unterscheiden. Grundsätzlich stehen sich am Gesamtreisemarkt **viele Anbieter** und **viele Nachfrager** gegenüber, wobei sich aber aufgrund zeitlicher, lokaler und produktmäßiger Besonderheiten die vielfältigsten Marktformen ergeben können.

(4) Marktvolumen

Geeignete Größen zur Bestimmung des Gesamtmarktes wären die in der Markttheorie üblichen Größen für das Marktvolumen nach Umsatz und Beschäftigten. Ferner sind für den Reiseverkehr die Gesamtzahl der Reisenden und der Reisen von Interesse. Doch für den bundesdeutschen Gesamtreisemarkt existieren nur sehr wenige (genaue) Daten für die vorgenannten Größen. Lediglich für Teilbereiche (z. B. Urlaubsreisen, Inlandsreisen) existieren genaue Angaben.

Die vorhandenen Zahlen sind oftmals sehr globale Schätzungen. So spricht man von einem **Gesamtumsatz** der Tourismuswirtschaft von ca. 50 - 100 Mrd. DM oder ca. 4 - 6 % des Sozialproduktes. Die **Beschäftigtenzahl** in der Tourismusindustrie wird mit ca. 1,5 Mio. angenommen.

Zahlen für die **gesamten** Reisenden oder Reisen liegen nicht vor. Hilfsweise nimmt man zur Charakterisierung des gesamten Reisemarktes verschiedene Angaben für den **Urlaubsreiseverkehr**. So spricht man von 40 Mio. jährlichen Urlaubsreisenden, die insgesamt ca. 50 Mio Reisen unternehmen und dafür ca. 60 Mrd. DM ausgeben. Ergänzen könnte man diese Zahlen durch Angaben zum Geschäftsreiseverkehr, wo ca. 5 Mio. Geschäftsreisende ca. 140 Mio. Reisen durchführen und dabei ca. 100 Mrd. DM ausgeben. Aber das sind nur sehr vage Angaben, da für den bundesdeutschen Reisemarkt ferner hinzuzuzählen bzw. auszugrenzen wären

- Umfang des Privatreiseverkehrs,
- Umfang des Sozialkurfremdenverkehrs,
- Umfang des Ausflugverkehrs,
- Anteil der Reiseausgaben von Deutschen, der im In- und Ausland wirksam wird,
- Reiseeinnahmen von Ausländern im Inland,
- Nebenausgaben für Reisen,
- Rückwirkungen des deutschen (ausländischen) Fremdenverkehrs ins, (vom) Ausland für die deutsche (ausländische) Wirtschaft,
- usw.

(4) Zusammenfassung

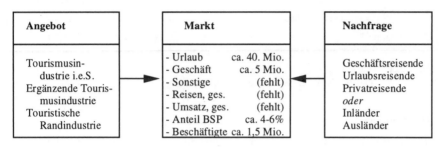

Angebot	Markt	Nachfrage
Tourismusin- dustrie i.e.S. Ergänzende Touris- musindustrie Touristische Randindustrie	- Urlaub ca. 40. Mio. - Geschäft ca. 5 Mio. - Sonstige (fehlt) - Reisen, ges. (fehlt) - Umsatz, ges. (fehlt) - Anteil BSP ca. 4-6% - Beschäftigte ca. 1,5 Mio.	Geschäftsreisende Urlaubsreisende Privatreisende *oder* Inländer Ausländer

Abb. 4-3   Der Gesamtreisemarkt 1994

4.3.2 Der Reisemarkt der Reiseveranstalter (Pauschalreisemarkt) (M-1.3)[1]

(1) Der Veranstaltermarkt

Wegen seiner großen Bedeutung für die deutsche Tourismuswirtschaft wird oftmals der bundesdeutsche Pauschalreisemarkt mit dem Gesamtmarkt gleichgesetzt. Jährlich wird von der Fachzeitschrift FVW eine Übersicht zum Veranstaltermarkt erstellt, in der wichtige Aussagen enthalten sind (vgl. Abb. 3-35). Dort werden deutsche Reiseveranstalter aufgenommen, die entweder

- mindestens 120 000 Reiseteilnehmer oder
- mindesten 60 Millionen DM Veranstalterumsatz

vorweisen können. Diese damit erfaßten Unternehmen repräsentieren ca. 3/4 des gesamten deutschen Reiseveranstaltermarktes (1994 wurden 77% geschätzt). Entsprechend können die Ergebnisse auf den Gesamtreiseveranstaltermarkt hochgerechnet werden.

(2) Marktvolumen

Auf der Grundlage der FVW-Erhebung lassen sich klare Aussagen zu Marktvolumen und -anteilen hinsichtlich Umsatz, Reisen und Reisenden machen. Das Marktvolumen beträgt hinsichtlich der Teilnehmer ca. 24 Mio. Teilnehmer und hinsichtlich des Umsatzes ca. 26 Mrd. DM. Dies entspricht einer durchschnittlichen Ausgabe für die Reise pro Teilnehmer von etwas über 1.000.- DM. Berücksichtigt man die (Urlaubs-)Reisehäufigkeit von ca. 1,2 Reisen pro Reisenden, so ergibt sich eine Reisendenzahl von knapp 20 Mio. Strenggenommen ist daher die Bezeichnung "Teilnehmer" in der FVW-Darstellung nicht exakt, es handelt sich um "Reisen".

Die Beschäftigtenzahl wird nicht ausgewiesen. Sie beträgt im engeren Bereich der Reiseveranstaltung nur einige tausend, unter Berücksichtigung der Reisemittlertätigkeit der Reiseveranstalter ca. 45.000 Personen (vgl. Teil 6.2.3).

---

1   Diese Kennziffer bezieht sich auf Abb. 4-2.

Marktabgrenzung	Umsatz (in Mio. DM)	Teilnehmer (in Mio Reisen)
Nach FVW (57 Reiseveranstalter)	19,85	18,48
Gesamtmarkt[1]	25,78	24,00

Abb. 4-4   Volumen des Pauschalreisemarktes 1994
(Quelle: FVW 28/1994 und eigene Hochrechung)

(3) Struktur:

Die Struktur des Reiseveranstaltermarktes ist durch wenige große und mehrere relativ kleine Anbieter und viele (kleine) Nachfrager gekennzeichnet, also Angebotsoligopol für die großen und Polypol für die kleinen Anbieter.

Die fünf größten Anbieter vereinen einen Marktanteil von ca 60 % , die 57 in der
FVW erfaßten Unternehmen von ca. 3/4 des Gesamtmarktes auf sich. In Abb. 4-6
sind die Marktanteile der 57 in der FVW ausgewiesenen Reiseveranstalter wiedergegeben. Die Angaben beziehen sich **nicht** auf den **Gesamtmarkt**, sondern auf
die FVW-Veranstaltertabelle (die - wie erwähnt - ca. 3/4 des Gesamtmarktes reprä-
sentiert). Zu Konzentrationstendenzen auf dem Reiseveranstaltermarkt vgl. auch
Abschnitt 6.2.6.

(4) Zusammenfassung

Anbieter		Markt		Nachfrager
5	Große	Reisende	20 Mio.	ca. 20 Mio.
50	Mittlere	Reisen	24 Mio.	Veranstalter-
1150	Kleine	Umsatz DM	26 Mrd.	urlaubsreisende
		Beschäftigte	5.000	

Abb. 4-5   Der Reiseveranstalter-Markt 1994

4.3.3 Reisebüromarkt (M-1.4)

(1) Marktabgrenzung

Hinsichtlich Produkt, Raum und Zeit ist dieser Markt ziemlich homogen. Es
werden vorwiegend Reisen der Veranstalter sowie auch reine Transport- oder
Unterkunftsleistungen sowie einige Nebenleistungen (z. B. Reiseversicherungen)
vermittelt.

---

[1]   Schätzung unter der Annahme, daß die FVW-Erhebung 77% des gesamten Reisemarktes erfaßt.

Marktanteile	Flug gesamt (inkl. Fernrs.) in %	Flug Nah u. Mittel in %	Fernreisen in %	Veranstalterumsatz in %
TUI KG	19,67	21,41	9,88	21,67
NUR	17,68	19,72	6,15	15,59
DER	3,53	1,37	15,27	6,85
ITS	5,39	6,11	1,30	4,30
Alltours	5,16	6,01	0,39	3,68
THR (LTU)	5,04	5,44	2,83	1,95
Jahn (LTU)	4,44	4,51	3,28	3.44
Tjaereborg (LTU)	3,84	3,89	3,53	3,44
Öger	3,71	4,20	0,95	2,37
Fischer	3,40	3,81	1,05	2,21
Kreutzer	3,35	3,56	2,17	2,79
Frosch	2,71	1,08	11,88	1,64
Meier's (LTU)	2,56	0,14	16,27	3,22
Hetzel	2,34	2,63	0,68	2,02
ADAC	0,84	0,30	3,84	1,61
Transair (LTU)	2,16	2,01	3,03	2,03
Airtours (TUI)	1,90	1,42	4,60	2,22

Abb. 4-6a Marktanteile Flug und Veranstalterumsatz ausgewählter Veranstalter mit über 2% Marktanteil in einem Bereich 1994 (Quelle: FVW Nr. 28/94 und Abb. 3-35)

Veranstalter 1993/1994	Autoreiseumsatz in Mio.	Veranstalter 1993/1994	Omnibusreiseumsatz in Mio.
DER	532,1	Studiosus	49,3
NUR	268,1	TRD	32,0
Ameropa	153,7	Graf	30,0
ADAC	83,0	Hafermann	28,9
Hetzel	2,3	NUR	24,6

Veranstalter 1993/1994	Bahnreiseumsatz in Mio.	Veranstalter 1993/1994	Seereiseumsatz in Mio.
Ameropa	68,9	Seetours	186,1
DER	24,3	DER	180,0
Studiosus	11,0	Phoenix	156,4
NUR	9,5	Transocean	89,0
INS	0,3	NUR	66,3

Abb. 4-6b Umsätze der jeweils fünf umsatzstärksten Veranstalter auf Teilmärkten 1994 (Quelle: FVW Nr. 28/94)

(2) Struktur

Hier stehen viele (kleine) Reisemittler vielen Nachfragern gegenüber. Die Marktstruktur ist grundsätzlich als polypolistische oder atomistische Konkurrenz zu bezeichnen. Allerdings haben sich einige Reisebüros zu Reisebüroketten zusammengeschlossen, denen eine entsprechend stärkere Stellung am Markt zukommt. Auch über die Veranstalterbindung sind die Strukturen am Reisebüromarkt nicht so einheitlich wie auf den ersten Blick vermutet. (Genauere Angaben finden sich in Teil 3.5)

(3) Marktvolumen

Das Marktvolumen ist relativ klar zu bestimmen: Nach einer Untersuchung des DRVs wurden 1993 ca. 35 Mio. Pauschalreisen mit ca. 25 Mrd. Umsatz und 22.000 Teilnehmern durchgeführt. Diese Umsätze verteilen sich wie folgt:

Nach **Kunden:**

Urlaubsreisende	66 %
Geschäftsreisende	22 %
Privatreisende	12 %

Nach **Geschäftssparten**

Touristik	63 %
Flugverkehr	29 %
Bahnverkehr	5 %
Sonstiges	3 %

Damit ließen sich wiederum weitere Untermärkte des Reisemittlermarktes bestimmen: Teilmärkte für die Vermittlung von Urlaubsreisen(de), Geschäftsreisen(de), Flugreisen(de), Bahnreisen(de) usw.

(4) Zusammenfassung

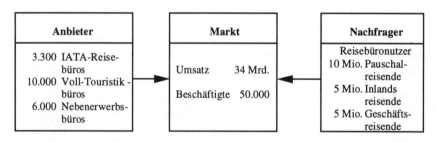

Anbieter	Markt	Nachfrager
3.300 IATA-Reise-büros 10.000 Voll-Touristik -büros 6.000 Nebenerwerbs-büros	Umsatz 34 Mrd. Beschäftigte 50.000	Reisebüronutzer 10 Mio. Pauschal-reisende 5 Mio. Inlands reisende 5 Mio. Geschäfts-reisende

Abb. 4-7   Der Reisebüro-Markt 1994

4.3.4 Beherbergungsmarkt (M-1.1)

(1) Marktabgrenzung

Dieser Teilmarkt ist sehr vielfältig strukturiert. Er läßt sich je nach zeitlicher (Hoch- und Nebensaison), lokaler (Fremdenverkehrsgebiet, Großstadt) und produktmäßiger (von der First-Class-Hotel- bis zur Campingplatzübernachtung) sehr unterschiedlich abgrenzen. Auch gibt es gewisse Schwierigkeiten bezüglich des Anteiles von inländischen und ausländischen Übernachtungen bzw. Inländer- und Ausländerübernachtungen. Analysen des deutschen Beherbergungsmarktes interessieren sich zumeist für alle in inländischen Beherbergungsbetrieben erfolgten Übernachtungen.

(2) Struktur

Je nach Betrachtungsgebiet stehen sich unterschiedlich viele Anbieter und Nachfrager auf den entsprechenden Teilmärkten gegenüber. Auf der Angebotsseite sind es nur wenige Großhotels (mit über 100 Betten), die ihre Leistungen anbieten, doch aufgrund lokaler und zeitlicher Gegebenheiten kommt auch oftmals kleineren Hotels eine quasi-monopolhafte Stellung und Verhaltensweise zu. Bezüglich der Nachfrageseite sind vor allem Urlaubs- und Geschäftsreisenachfrage von Bedeutung. Daneben besteht ein bedeutender Marktanteil für Kur- und Erholungsbeherbergung.

(3) Marktvolumen

Das Marktvolumen wird neben den Umsatzgrößen (1989: ca. 20 Mrd. DM) und der Zahl der Beschäftigten (ca. 250 000) vor allem durch die Zahl der Ankünfte (ca. 70 Mio.) und Übernachtungen (ca. 250 Mio.) charakterisiert (vgl. Abb. 4-8a und b).

(4) Zusammenfassung

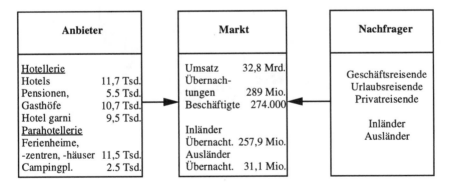

Abb. 4-8a Der Beherbergungsmarkt 1993

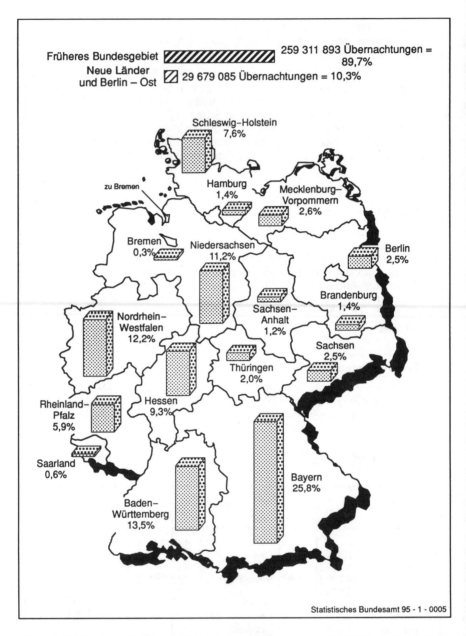

Abb. 4-8b Verteilung der Übernachtungen im Beherbergungsgewerbe auf die Bundesländer 1993 (Quelle: STATISTISCHES BUNDESAMT 1995)

4.3.5 Flugmarkt (M-1.2.2) [1]

(1) Marktabgrenzung

Die Marktabgrenzung erfolgt vor allem hinsichtlich

- regionaler Aspekte in Inlands- und Auslandflugverkehrsmarkt,
- des Produkts in Linien- und Charterflugverkehrsmarkt,
- der Nachfragegruppen in Urlaubs- und Geschäftsreiseflugmarkt.

(2) Marktvolumen

Für das Marktvolumen interessieren neben den Kennziffern für Umsatz und Beschäftigung auch Größen wie Beförderungsleistung, z. B. gemessen in Personen-km oder bezahlten Passagier-Kilometern (PKT). In der Bundesrepublik wurden 1990 ca. 13 Mio. Reisende befördert. Für die Lufthansa ergab sich auf dem Inlandsmarkt ein PKT-Wert von ca. 2,8 Mio.

(3) Struktur

Es gibt wenige Großanbieter, deren Marktstellungen sich je nach Destination sehr unterscheiden. Aufgrund des IATA-Preiskartells können die Anbieter meist die Preise diktieren. Den Anbietern stehen in der Regel viele Nachfrager gegenüber, also meist Angebotsmonopol oder -oligopol, nur in Ausnahmefällen (fast) vollkommene Konkurrenz.

(4) Zusammenfassung

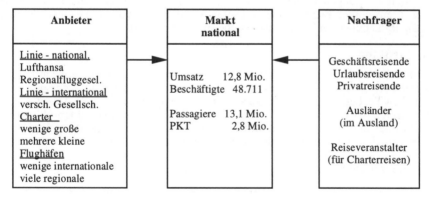

Abb. 4-9   Der Flug-Markt

4.3.6 Der touristische Verlagsmarkt (M-2.4)

Als ein Beispiel für Märkte aus der ergänzenden bzw. Randindustrie wird der Verlagsmarkt kurz angeführt.

---

1 Der Flugmarkt stellt einen Untermarkt des Transportmarktes (M-1.2) dar; Angaben zur Struktur des gesamten Transportmarktes finden sich in Teil 3.4.0.

(1) Marktabgrenzung

Hier erfolgt die Marktabgrenzung vorwiegend auf der Grundlage der Produktart und beschränkt sich auf den deutschen Markt.

Von Interesse sind alle für den Reiseverkehr produzierten Verlagsprodukte. Sie lassen sich nach Art des Produktes noch weiter differenzieren (z. B. nach Reiseführern, Magazinen, Fachzeitschriften), so daß sich hier zahlreiche Teilmärkte des Marktes für touristische Printprodukte unterscheiden lassen.

(2) Marktvolumen

Hinsichtlich des Marktumfanges für Buch- und Zeitschriftenproduktion weist der Börsenverein des Deutschen Buchhandels Zahlen für Titel und deren Anteil an der gesamten Titelproduktion aus. Umsatz- und Beschäftigtenzahlen werden nicht angegeben. Auch liegen keine Zahlen über die jährlich verkaufte Anzahl der Bücher vor.

Bezüglich der **Titelproduktion** (die genaue Abgrenzung lautet "Geographie, Heimat- und Länderkunde, Reisen") ergibt sich ein Marktanteil von 2 bis 3 Prozent; dies entspricht in absoluten Zahlen 2.856 neuen bzw. neu aufgelegten Titeln. Hinsichtlich der Reisezeitschriften ist das Angebot an Reise- und Freizeitzeitschriften von 38 im Jahre 1970 auf inzwischen 384 angestiegen. Doch bezogen auf die Auflagenhöhe ist die Bedeutung für den gesamten Zeitschriftenmarkt mit ca. 2 bis 6 Prozent relativ gering.

Noch verwunderlicher ist das Bild, wenn man die verschiedenen Titel genauer unter die Lupe nimmt: es überwiegen hierbei die Sport- und Freizeittitel. Reisezeitschriften im strengeren Sinne gibt es zur Zeit lediglich einige Dutzend. Hierbei sind aber offensichtlich keine Fachzeitschriften miterfaßt, denn allein die einschlägigen Fachpublikationen für Tourismusbetriebe sind mehr als 50.

(3) Struktur

Zahlreiche Verlage stehen mit verschiedenen Printprodukten vielen Nachfragern gegenüber. Grundsätzlich ist also hier eine polypolistische Konkurrenz gegeben. In manchen Teilbereichen existieren aber lediglich einige wenige große Anbieter, v.a. im Bereich der Reiseführer, die sich aber nur in den seltensten Fällen oligopolistisch oder monopolistisch **verhalten** . Hier ist also weitgehend die polypolistische Verhaltensweise (und folglich auch Marktstruktur) verbreitet.

(4) Zusammenfassung

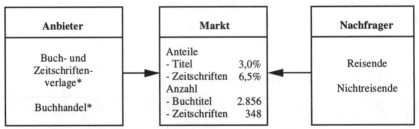

*Es liegen keine gesonderten Zahlen über die touristischen Verlagsanbieter vor

Abb. 4-10a   Der touristische Verlagsmarkt
(Quelle: Börsenverein des deutschen Buchhandels 1994)

Fachzeitschriften (Auswahl)

Allgäuer Fremdenverkehrsblatt
+ Wirtschaftsmagazin
Allgemeine Hotel- und Gaststätten-Zeitung
Animation
Bus Tourist
busverkehr
Busfahrt
congress + seminar
Der Fremdenverkehr + Das Reisebüro
Der Fremdenverkehr, Tourismus + Kongress
DVZ Deutsche Verkehrs-Zeitung
Eisenbahnmagazin
Fernreisen
Fernweh
Freizeitpädagogik
FVW-International
Heilbad und Kurort
Gastgewerbe, Das
Gasthaus, Das
Gastronom, Der
Gasthotel
hg hessische gaststätte
Hotel Restaurant
hotel revue + touristik revue
incentive journal
incentive travel magazin
Internationales Verkehrswesen
Jahrbuch für Fremdenverkehr
m+a Report
Manager auf Reisen
NGZ Service manager
OR Omnibusrevue
profi travel
RB Congress Marketing
RB Reisebüro Marketing
Reisebüro Bulletin
Reisemarkt
Reisestelle
reise und bädermagazin Deutschland
Revue de Tourisme, s. ZfF

Telex+Travel
ti-Geschäftsreise
touristik aktuell
touristik management
touristik report
Touristik & Verkehr
TW Tagungs-Wirtschaft
Zeitschrift für Fremdenverkehr (ZfF)

Populäre Reisezeitschriften (Auswahl)
abenteuer & reisen
GEO
GEO-Spezial
GLOBO
MERIAN
Reisefieber
Saison
tours
Traveller's World

Internationale Fachzeitschriften
Annals of Tourism Research (USA)
Business Traveller
Business Travel World
International Tourism Quarterly
Journal of Leisure Research
Journal of Sustainable Tourism
Journal of Tourism Studies (Australia)
Journal of Transport Economics and Policy
Journal of Travel Research (USA)
Leisure Studies
Revue de l'Academie Internationale du
Tourisme
Tourism Management
Transport Management
Transport Reviews
Travel and Tourism Analyst
Travel Research Journal
World Travel (WTO)

Abb. 4-10b Touristische Zeitschriften (Auswahl)

4.4 Touristisches Marketing(-Management)

4.4.0 Vorbemerkung: Marketing-Management im Tourismus

Im Zusammenhang mit der Marktbetrachtung sind auch einige allgemeine betriebswirtschaftliche Aspekte zu berücksichtigen. Marktbetrachtungen sind für alle Betriebe des Fremdenverkehrs als Grundlage für ein **Führungskonzept** der Geschäftspolitik von Interesse.

Innerhalb der touristischen Betrachtung kommt dem Marketing (-Management) eine immer höhere Bedeutung zu. Die Ausrichtung des Betriebes und der -politik "auf den Markt" ist die heute vorherrschende Auffassung der betrieblichen Absatzpolitik, des Marketings. Doch der Tourismusindustrie wird nachgesagt, daß sie noch wenig Bezug zu dieser modernen Marketingauffassung habe.

Im folgenden werden die Grundzüge des modernen betrieblichen Marketing-Managements und die jeweilige Bedeutung für Betriebe der Tourismusindustrie aufgezeigt. Mit Hilfe dieses allgemeinen Konzeptes können für alle Teilbereiche der Tourismusindustrie gesonderte Marketingkonzepte entwickelt werden, also z. B. ein eigenständiges Hotel-, Reiseveranstalter-, Reisebüro- oder Destinations-Marketing-Management-Konzept (vgl. ausführlich FREYER 1997a).

4.4.1 Allgemeine Aspekte des Marketing-Managements

In weiten Bereichen der Wirtschaft überwiegen heutzutage **moderne** marktorientierte Managementkonzepte. Der Fall, daß ein Produkt erstellt und erst anschließend überlegt wird, wie es am besten zu verkaufen wäre, wird als "**altes** oder veraltetes **Marketingkonzept**" bezeichnet. Hierbei wird Marketing als absatzpolitisches Instrumentarium verstanden. Hingegen wird bei der **modernen Marketing-konzeption** Marketing angesehen als "eine Konzeption der Unternehmens-führung, bei der im Interesse der Erreichung der Unternehmensziele alle betrieb-lichen Aktivitäten konsequent auf die gegenwärtigen und künftigen Erfordernisse der Märkte ausgerichtet werden." (BIDLINGMAIER 1983: 15). Zentrales Anliegen ist also die Ausrichtung der **gesamten Betriebsaktivitäten** auf den Markt. Ausgangspunkt sind die (durch die Marktforschung ermittelten) Nachfrage-wünsche, die unter Berücksichtigung der eigenen Betriebsziele und Produktions-möglichkeiten in Produkte und Dienstleistungen umgesetzt werden. Im Extrem heißt das: "Es wird produziert, was Erfolg verspricht, egal was es ist."

In der Fremdenverkehrsindustrie ist aber das alte Marketingkonzept weitaus ver-breiteter als das moderne universelle Marketing-Konzept. Dies bedeutet, daß nach "alter" Marketingauffassung erst ein "Produkt" hergestellt wird, z. B. ein Hotel ge-baut oder ein Sportcenter oder ein Reisebüro eröffnet wird oder Reiseveranstalter und -büros neue Reisen, z. B. nach Nordkorea, zusammenstellen. Erst anschlie-ßend werden Maßnahmen zur Belebung des Absatzes entwickelt (speziell Werbung). Die moderne Marketing-Management-Methode geht genau umgekehrt vor: Erst wenn eine Marktuntersuchung ergeben hat, daß ein hohes Potential für Nordkorea-Reisen (oder für ein neues Hotel) vorhanden wäre, wird diese Reise (das Hotel) auch angeboten (gebaut) und alle Aktivitäten werden auf die aus der Marktanalyse hieraus gewonnenen Erkenntnisse abgestimmt[1].

Altes Marketingkonzept

Modernes Marketingkonzept

Abb. 4-11 Modernes Marketingkonzept
(aus: BIDLINGMAIER 1983: 14)

Ein modern ausgerichtetes Marketingkonzept erfordert eine **starke Stellung** der Marketingabteilung/des Marketings in der Betriebsstruktur. "Alle Lösungsversuche, Marketing der Verkaufsabteilung unterzuordnen oder als Stabsstelle der Unternehmensleitung zuzuordnen (wie dies im Fremdenverkehr oft der Fall ist, Anm. W. F.), bedeuten keine echte organisatorische Institutionalisierung des Marketinggedankens." (MEFFERT 1986: 543)

Hierbei sind die vielfältigsten Möglichkeiten gegeben, die abhängig sind von der vorhandenen Betriebsstruktur (Größe, Organisationsgrad, Betriebsziele usw.), von der Aufgabenstellung (Produkt) und den beteiligten Personen. Sie alle schwanken zwischen den Extremen der streng hierarchischen Gliederung und team-orientierter Organisation, mit oder ohne Hinzuziehung von Stäben. **Marketing-Management** ist die allgemeinste Form des betrieblichen Marketings, wobei neben dem Marketing-Mix (ist Marketing im engeren Sinne) die gesamte Organisation und die Stellung des Marketings im Betrieb mitberücksichtigt werden.

4.4.2 Besonderheiten des touristischen Marketings

(1) Allgemeine Besonderheiten

Touristisches Marketing weist gegenüber den vorherigen allgemeinen Marketingkonzepten einige Besonderheiten auf:

Das beginnt beim **Fremdenverkehrsprodukt**, das zu vermarkten ist (vgl. Teil 3.2.2):

---

1 In diesem Zusammenhang sind Klein-Reiseveranstalter oftmals (ungewollt) als "Marktforscher" für Großunternehmen tätig. Erst wenn sich ihre Marktideen als erfolgversprechend gezeigt haben, werden sie von Großveranstaltern kopiert.

- Das Fremdenverkehrsprodukt ist ein Leistungsbündel von Sach- und Dienst-leistungen,
- Fremdenverkehrsleistungen können nicht gelagert werden,
- sie hängen von den Komponenten Zeit und Raum ab,
- der Käufer muß zum Produkt kommen, Produktion und Absatz im engeren Sinne fallen zusammen ("uno-actu-Prinzip"),
- es besteht eine hohe Komplementarität zwischen verschiedenen Fremdenver-kehrsprodukten.

Das betrifft die **Nachfrager** touristischer Leistungen:

- die **Adressaten** des touristischen Marketings sind unterschiedlich, sie bestehen nicht nur aus den "Endverbrauchern", den Touristen, sondern auch aus zwischen-, über- und nebengeordneten Institutionen wie Fremdenverkehrs-ämtern, Reisebüros, Reiseveranstaltern, Hotels usw.,
- die touristische Nachfrage ist sehr **elastisch**, in Abhängigkeit von Konjunktur, Einkommen, Preisen, Werbung, Geschmack usw.,
- Informationen über die Wünsche und Motive der Nachfrageseite erhalten die Marketingträger vor allem indirekt über Meinungsbefragungen und Markt-analysen.

Für die **Anbieter** der Fremdenverkehrsprodukte gilt:

- Ihre **Angebotsmenge ist relativ starr,** sie wird durch natürliche oder kurz-fristig nicht zu beeinflussende Kapazitätsgrenzen (Umweltvariable) bestimmt. Diese sogenannten **exogenen** Faktoren haben für das touristische Marketing eine hohe Bedeutung:
  - natürliche Ressourcen (Wasser, Berge, Wetter),
  - Bettenzahl am Ort (und in der Nähe),
  - (regelmäßige) Verkehrsverbindungen, Infrastruktur,
  - nationales und lokales Preisniveau.

  All diese Punkte zusammen ergeben die **Attraktivität** des Ortes bzw. der Fremdenverkehrsleistung im Vergleich zur Konkurrenz.

- **Saisonalität** der touristischen Leistungen:
  Zu Zeiten der Hochsaison (z. B. Weihnachten, Ostern, Ferien) und Vor- und Nachsaison gelten unterschiedliche Marketingstrategien. Soweit das Marketing-ziel höchstmögliche Auslastung der Kapazitäten über die Gesamtsaison ist, bedeutet das z. B.:
  - Sonderangebote zu Nebensaisonzeiten,
  - höhere Preise zu Hochsaisonterminen,
  - Berücksichtigung von Umweltvariablen, zu denen in diesem Zusammenhang auch zählen: die Angebote anderer (Tourismus)Institutionen, z. B. Festivals, sportliche oder religiöse Ereignisse usw.

- Die **Komplementarität** des touristischen Angebotes ergibt ein ausgeprägtes Konkurrenzverhältnis zu anderen Tourismusanbietern, vor allem zu anderen Regionen mit vergleichbaren Angeboten.

- Die **Anbieterseite** besteht aus verschiedenen unabhängigen Anbietern mit ent-sprechend unterschiedlichen Unternehmenszielen. Daraus folgt ein unterschiedli-ches Marketing je nach Träger des Marketing. Es sind hierbei vor allem zwei Ebenen des Marketings zu unterscheiden:

1. das Marketing **staatlicher und öffentlicher Träger**, überregionales Marketing, das im Teil 5 als **Tourismuspolitik** genauer behandelt wird

2. Das **betriebliche Marketing**, das im folgenden dargestellt wird, unterscheidet sich je nach Fremdenverkehrsbetrieb, z. B. ergibt sich ein spezielles Marketing für Hotelbetriebe, für Transportunternehmen, für Reiseveranstalter und Reisebüros.

Touristisches Marketing ist weitaus mehr als in den anderen Bereichen ein **ganzheitliches Konzept**, d. h. es erfordert von allen Bereichen des Betriebes (vom Einkauf über die Leistungserstellung bis zum Absatz) die **Ausrichtung auf den Markt** (vgl. dazu den nächsten Abschnitt).

(2) Ganzheitliches Marketing im Tourismus

Ein Ansatz zum ganzheitlichen Tourismus-Marketing findet sich in FREYER 1991c. Hier werden in Anlehnung an das ganzheitliche bzw. modulare Tourismusmodell aus Teil 1.4.1 (3) die verschiedenen Bereiche ("Module") für das Marketing ausgeführt.

Diese Sichtweise greift die Erweiterung und Vertiefung des allgemeinen Marketing auf (vgl. u. a. KOTLER/LEVY 1969, FREYER 1990b: 18ff) und überträgt diese Ansätze auf das touristische Marketing.

• **Vertiefung** ("Deepening") meint eine Weiterentwicklung der allgemeinen Marketingerkenntnisse für den Gesamtbereich Tourismus ("Allgemeines Tourismus-Marketing") ebenso wie für Teilbereiche der Tourismuswirtschaft, z. B. in Form eines "Speziellen Tourismus-Marketing" für Hotels, Transportbetriebe, Reiseveranstalter, Reisemittler, Fremdenverkehrsdestinationen usw. Eine Möglichkeit der Vertiefung ist in Abschnitt (3) dargestellt.

• **Ausweitung** ("Broadening") meint im Tourismus die Erweiterung der traditionell ökonomischen Marketingerkenntnisse um weitere Bereiche oder Dimensionen.

Vor allem der Aspekt der Ausweitung des touristischen Marketing läßt sich in Anlehnung an das in Abb. 1-16 erläuterte ganzheitliche Tourismusmodell veranschaulichen. Ähnlich der dort dargestellten 6 Module sind auch für ein ganzheitliches Marketing - mindestens - 6 Bereiche der Erweiterung zu berücksichtigen (vgl. genauer FREYER 1991c):

• **Ökonomisches Tourismus-Marketing**: Ganzheitliches Tourismus-Marketing erfordert fundierte Kenntnis der modernen betriebswirtschaftlichen Marketing-Methode (hier als "ökonomisches" Marketing bezeichnet). Sie muß v.a. berücksichtigen:

  - *Marketing als Methode*: hierbei wird modernes Marketing-Management als Unternehmensphilosophie und Führungskonzeption verstanden, wie sie in den Abschnitten 4.4.3 bis 4.4.7 ausführlich dargestellt wird. Diese Methode beinhaltet die meisten der folgenden Teilaspekte.

  - *Strategisches Marketing*: Modernes Marketing ist langfristig und strategisch orientiert (vgl. 4.4.5).

- *Zielgruppen-Marketing* (Segmentierung): Anstelle des früheren "massenorientierten" Marketing wird im modernen Marketing eine zielgruppenspezifische Ausrichtung verfolgt.

- *Instrumentelles Marketing*: Nach wie vor ist die Ausgestaltung der Marketing-Strategien mit dem traditionellen Instrumentarium der Produkt-, Preis-, Vertriebs- und Kommunikationspolitik notwendig. Hinzu kommen neue und tourismusspezifische Instrumente (vgl. 4.4.6)

- **Gesellschaftliches Tourismus-Marketing:** Als Teilaspekt des gesellschaftsbezogenes Tourismus-Marketing werden die Wechselwirkungen von Marketing und Gesellschaft betont. Im einzelnen umfaßt ein so geartetes gesellschaftsorientiertes Tourismus-Marketing analog zum allgemeinen Marketing:

  - das "human concept of Marketing" (menschliches Marketing),
  - Social oder Sozio-Marketing
  - Non-Profit-Marketing oder "gemeinnütziges Marketing",
  - ökologisches Marketing (vgl. genauer das nächste Modul).

- **Ökologisches Tourismus-Marketing:** Besonders im Tourismus stehen Umweltfaktoren schon seit langem im Mittelpunkt der Diskussion. Ein ganzheitliches Tourismus-Marketing muß diese Aspekte in die unternehmerische Zielsetzung integrieren, es muß ökologische Strategien und Konzepte entwickeln und im Marketing-Mix entsprechend umsetzen (vgl. genauer Teil 6.4.4 (6)).

- **Freizeitorientiertes Tourismus-Marketing:** Auch müssen im Tourismus-Marketing vermehrt Entwicklungen der gesamten Freizeitaktivitäten berücksichtigt werden. Unter anderem werden in diesem Teilbereich verlangt:

  - erlebnisorientierte Tourismusangebote (Aktivitäten, Emotionen, Events),
  - Kulturelles Marketing ("Kultur-Tourismus"),
  - Sport-Marketing ("Sport-Tourismus"),
  - Vereins-Marketing ("Hobby-Tourismus, Club-Urlaub, Geselligkeit usw.).

- **Nachfragerorientiertes Tourismus-Marketing** berücksichtigt verstärkt neue Trends im Konsumentenverhalten, wie z. B. verhaltenswissenschaftliche Erkenntnisse, (neue) Reisetypen und veränderte Werte. Einige Hinweise gibt die Lifestyle-Forschung im Tourismus (vgl. Kap. 2.2.2.3 (3)).

- **Internationales Tourismus-Marketing:** Tourismus ist von seiner Natur her ein Phänomen, bei dem lokale, regionale oder nationale Grenzen überschritten werden. Entsprechend müssen auch die Erkenntnisse des Internationalen Marketing verstärkt für das touristische Marketing berücksichtigt werden. Marketing-Strategien sind grenzüberschreitend, global und multikulturell zu entwickeln (vgl. genauer FREYER 1991c und die dort erwähnten Literaturhinweise).

Neben den zuvor erläuterten 6 Modulen und Bereichen können noch weitere gesellschaftliche Bereiche in das ganzheitliche Marketing aufgenommen werden, wie z. B. medizinische, geographische, pädagogische Aspekte usw.

(3) Tourismus-Marketing als Dienstleistungs-Marketing

Ein weiterer Ansatz zur Entwicklung eines eigenständigen Tourismus-Marketing ergibt sich durch eine stärkere Berücksichtigung der wissenschaftlichen Erkenntnisse des Dienstleistungs-Marketing.

Die meisten unter (1) genannten Besonderheiten des touristischen Marketing sind durch den Dienstleistungscharakter der touristischen Leistungen bedingt. Folglich wäre anstelle der sachgüter- und produktionsorientierten Sichtweise, die momentan auch im touristischen Marketing vorherrscht, ein verstärkter dienstleistungsorientierter Ansatz für das touristische Marketing empfehlenswert. Ein solches Vorgehen wurde in der Vergangenheit für den Tourismus noch nicht oder bestenfalls fragmentarisch entwickelt. Hierzu genügt es nicht - wie in (1) -, auf die verschiedenen Teilaspekte der Dienstleistungsbesonderheiten hinzuweisen, sondern es ist ein umfassendes Modell des touristischen Dienstleistungs-Marketing zu entwickeln.

Ein erster Versuch in diese Richtung findet sich in FREYER 1995a (auch auszugsweise bereits in 1994c und 1995b vorgestellt). Dieser Ansatz orientiert sich an Modellen, die bereits für einen eigenständiges Dienstleistungs-Marketing entwickelt worden sind (vgl. u. a. BENÖLKEN/GREIPEL 1994, CORSTEN 1990, HILKE 1989, MEYER 1986).

Im **Gegensatz zur traditionellen Produktionswirtschaft** wird nicht erst ein Produkt gefertigt, dann auf Lager gelegt und gewartet, bis der Käufer kommt oder - hilfsweise - nach der Produktion „Marketing" oder "Absatzpolitik" (im Sinne von Werbung, Prospektgestaltung, Messebeteiligung usw.) betrieben, sondern bei touristischen Dienstleistungen

*   ist eine Lagerhaltung nicht möglich,
*   fallen Produktion und Absatz zusammen,
*   erfolgt erst nach dem Verkauf (Buchung vor der Reise) die Leistungs-
    erstellung (während der Reise),
*   sind die Leistungen überwiegend immateriell, der Kunde kann sie nicht
    anschauen, vergleichen, sondern dies alles findet weitgehend „im Kopf" statt.

All diese Besonderheiten im Tourismus führen dazu, daß ganz andere (Denk-) Zusammenhänge für die touristische Leistungserstellung und das Tourismus-Marketing zugrundegelegt werden müssen. Für ein solches dienstleistungs-orientiertes Tourismus-Marketing werden drei Phasen unterschieden:

*   **Potentialphase**: Marketingaktivitäten für touristische Dienstleistungen sind
    insbesondere auf die Phase **vor** der eigentlichen Leistungserstellung gerichtet.
    Hier müssen Tourismus-Dienstleister ihre Fähigkeit (ihre "Potenz" oder ihr
    "Potential") zur Leistungserstellung herausstellen. Dabei sind Glaubwürdigkeit,
    Image, bereits vorhandene Reiseerfahrung („Stammgäste", Wiederholer), die
    Erfahrung anderer (Freunde und Bekannte) wichtige Einflußgrößen.

*   **Prozeßphase**: Die eigentliche Produktion bzw. Leistungserstellung der
    touristischen Reise findet erst **nach** erfolgtem Verkaufsabschluß statt. In der
    „Prozeßphase" fallen Absatz und Leistungserstellung zusammen (sog. „uno-
    actu-Prinzip"). Zudem treten - als weitere Besonderheit von Dienstleistungen -
    während der Phase der Leistungserstellung der Produzent und der Konsument
    der Dienstleistung miteinander in persönlichen Kontakt. Im Dienstleistungs-
    Marketing spricht man vom „Fremdfaktor", der zum Produzenten kommen muß,
    damit an ihm die Dienstleistung verrichtet werden kann. Im Tourismus ist dieses
    „Hinzutreten des Fremdfaktors" meist ein besonders angenehmer Vorgang für
    den Konsumenten: er geht auf Reisen, fährt in die Reisedestination und „erfährt"
    dort den eigentlichen Prozeß der Dienstleistung, die Transport-, Übernachtungs-
    und Verpflegungsdienstleistung, die Reiseleitung usw.

Infolge des persönlichen Kontaktes von Produzent und Konsument bei Dienstleistungen besteht auch eine verstärkte **Mitwirkungspflicht** des Nachfragers bei der Leistungserstellung: Das Verhalten der Touristen selbst während ihrer Reise bestimmt den „Erfolg" und das Ergebnis der gesamten Reiseleistung in besonderem Maße mit.

• **Ergebnisphase**: In der Prozeßphase hat der Dienstleistungsproduzent seine Leistung an den Fremdfaktor abgegeben. Hierdurch sind materielle oder immaterielle Veränderungen am Konsumenten erzielt worden, die in der **Ergebnisphase** betrachtet werden. Sie betont die Immaterialität von Dienstleistungen im Tourismus. Letztlich hat der Gast Wünsche und Erwartungen, die durch die Reise erfüllt werden sollen. Er will während der „schönsten Tage des Jahres" Erholung, Fitneß, Entspannung, Unterhaltung, Freude, Glück usw. erfahren. Dies muß dem Gast im Ergebnis der verschiedenen Teilleistungen geboten werden, ansonsten kommt er nicht wieder. Diese Ergebnisse sind ebenfalls ein wichtiger Aspekt für das touristische Marketing. Sie finden Eingang in der Produktpolitik sowie die Kommunikationspolitik des Marketing-Mix.

Potentialphase	Prozeßphase	Ergebnisphase
"Dienstleistung" im Sinne von: Fähigkeiten und Bereitschaft zur Erbringung einer Dienstleistung	"Dienstleistung" im Sinne von: Tätigkeit (als Tun oder Verrichten)	"Dienstleistung" im Sinne von: Ergebnis einer Tätigkeit
im Tourismus: Reisevorbereitung, Verfügbarkeit und Reiseanrechte sichern (Buchen, Reservieren)	im Tourismus: Reisedurchführung	im Tourismus: Ergebnis/Wirkung der Reise

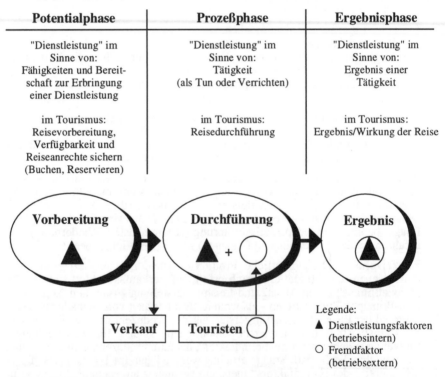

Abb. 4-12 Dienstleistungsorientiertes Marketingmodell im Tourismus
(Quelle: FREYER 1997a: 67)

4.4.3 Marketingschritte im Tourismus

Es lassen sich im touristischen Marketing-Management 5 Phasen unterscheiden[1]

I:	Analysephase
II:	Konzeptionsphase
III:	Gestaltungsphase
IV:	Realisierungsphase
V:	Kontrollphase

Diese fünf Phasen können noch weiter aufgeschlüsselt werden, wodurch sich der in Abb. 4-13 dargestellte allgemeine Ablaufplan des Marketing-Managements ergibt. Bei konkreten Aufgaben können die verschiedenen Phasen unterschiedlich lang und deutlich ausgeprägt sein. Auch können sich einzelne Phasen überlagern oder in anderer Reihenfolge auftreten. Doch diese strukturierte Vorgehensweise erleichtert das Verständnis des gesamten Marketingprozesses. Diese Phasen werden in den folgenden Abschnitten (4.4.4 bis 4.4.7) genauer erläutert.

4.4.4 Analysephase: Touristische Marktforschung und Strategische Analyse

Wie in Abb. 4-13 zu sehen ist, umfaßt die erste Phase die Analyse der drei Bereiche Umwelt (1), Markt (2) und Betrieb (3), die anschließend mit Hilfe verschiedener Methoden ausgewertet und für ein betriebliches Marketing-Konzept aufbereitet werden (Strategische Diagnose - 4).

Als **Marktanalyse im engeren Sinne** wird lediglich die Konkurrenz-/Angebots- und Konsumenten-/Nachfrageanalyse angesehen. Zu einer ausführlichen Marktanalyse gehört aber auch eine Analyse der Umweltbedingungen und des Betriebes, für den die Marktanalyse zu erstellen ist. Soweit dies nicht an anderer Stelle des Marketing-Managements erfolgt, ist jede Marktanalyse um diese beiden Bereiche zu erweitern.

Für die Fremdenverkehrswirtschaft bedeutet dies im einzelnen:

(1) Die touristischen "Umwelt"- oder "Umfeld"bedingungen

Die Festlegung eines betrieblichen Marketings kann nicht losgelöst von den "Umweltbedingungen" erfolgen. Hierbei sind alle allgemeinen gesellschaftlichen Erscheinungen, die eine Auswirkung auf den Fremdenverkehr bzw. den speziellen Fremdenverkehrsbetrieb haben (könnten) von Interesse. (Hinweise hierzu finden sich im Teil 1.3 "Boomfaktoren des Reisens", aber auch in Teil 2 und 3). Die in der älteren und momentanen Marketingliteratur noch weitverbreitete Bezeichnung "Umwelt"analyse sollte im modernen Marketing besser durch den Begriff

---

1 Andere Autoren grenzen die Marketing-Management-Schritte anders gegeneinander ab und erhalten entsprechend zum Teil mehr, zum Teil weniger Phasen. Aber vom Prinzip her sind sie mit dem hier vorgestellten 5-Phasen-Schema weitgehend identisch.

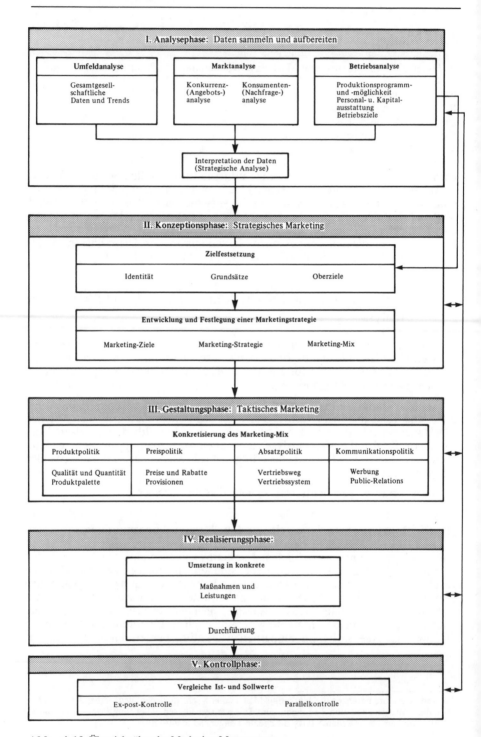

Abb. 4-13 Übersicht über das Marketing-Management

"**Umfeldanalyse**" ersetzt werden (so in FREYER 1988:14 und 199a), da "Umwelt" vermehrt durch ökologische Inhalte besetzt ist. - Die Umfeldanalyse betrachtet vor allem die

- lokalen Gegebenheiten: Einzugsbereich, Bevölkerungsstruktur, Lage, Klima, Erreichbarkeit usw.,

- gesamtwirtschaftliche Entwicklung: konjunkturelle Situation (Aufschwungs-/ Abschwungserwartung oder konjunkturelle (Un-)Abhängigkeit der eigenen Produktion), Einkommenssituation einschließlich der Arbeitslosigkeit als Indiz für das generelle Nachfrageverhalten nach Reisen, Preisniveau und Inflation im In- und Ausland sowie die außenwirtschaftliche Situation (Nachfrage nach Auslandsreisen),

- allgemeinen Reisetrends: Rückgang oder Anstieg des Reisens, neue Transportmittel,

- technische Entwicklung: Neue Technologien für den Betrieb und im Hinblick auf Absatzmöglichkeiten/Vertriebswege bei den Nachfragern (z. B. CRS).

All diese Aspekte lassen sich nicht sehr konkret für den Marketing-Management-Prozess erläutern, sie finden meist nur **indirekt** Eingang in die jeweilige Marktstrategie. Sie bedeuten "Erfahrung, Fingerspitzengefühl, Überblick,.." - und vor allem das **Erkennen von Trends.**

(2) Die Betriebsanalyse

Bei der Betriebsanalyse wird die personelle und finanzielle Situation des Betriebes geschildert, insbesondere Beschäftigte, deren Qualifikation und Positionen, derzeitiger und vergangener Umsatz (Umsatzentwicklung), Erlössituation (Renditeüberlegungen), betriebliches Erscheinungsbild, bisherige Aufgabenschwerpunkte des Betriebes (Touristik, Firmengeschäft usw.).

Eine ausführliche Betriebsanalyse hat sich auch mit der **Betriebsstruktur** zu beschäftigen. Hierzu zählen die **Organisation** des Betriebs- und Buchungsablaufes ("von der Buchung zur Abrechnung) und die **Stellung des Marketings** in der Betriebshierarchie.

Ebenfalls zur Betriebsanalyse werden Aussagen zu den betrieblichen Zielen erwartet. Diese Zielformulierungen werden oftmals von der Betriebsleitung vorgegeben; sie sollten aber immer als ein eigenständiger Schritt im betrieblichen Marketing-Management angesehen werden. Nur wenn Klarheit über die verschiedenen Betriebsziele (vor allem der übergeordneten Ziele des Unternehmens, vom Unternehmenszweck, der Unternehmensidentität und -grundsätze) besteht, kann ein klares Marketingkonzept entwickelt werden. Wegen dieser hervorragenden Bedeutung wird der Zielanalyse und Zielfestsetzung auch ein eigener Schritt im Marketing-Management zugestanden (vgl. II (1)).

Im Tourismus wird dabei meist ein erweiterter Betriebsbegriff verwendet: auch nicht-kommerzielle Einrichtungen und Gebietskörperschaften, insbesondere Fremdenverkehrsorte und Destinationen, handeln als touristische "Betriebe". Sie sind in ganz ähnlicher Form wie in der einzelwirtschaftlichen Analyse auf ihre Stärken und Schwächen zu untersuchen.

(3) Die touristische Marktanalyse oder Marktforschung (i.e.S.) im Tourismus

Touristische Marktforschung ist
"die systematische Erforschung aller Faktoren, die den Besuch bestimmter Reiseziele und den Absatz bestimmter Sach- und Dienstleistungen an Touristen beeinflussen." (SCHMIDHAUSER 1966: 115f)
"systematic collection of information relating to the supply of and demand for a product or a proposed product", für das "Fremdenverkehrsprodukt" (Anm. W.F.) (BURKART/MEDLIK 1976: 209).

Bei der **Marktanalyse im engeren Sinne** wird oftmals nur die **Nachfrage-/ Konsumentenanalyse** in den Vordergrund gestellt, jedoch ist die **Konkurrenzanalyse** in der Praxis zumeist von ähnlicher, wenn nicht gar übergeordneter, Bedeutung. Sie ist meist **schneller, billiger** und liefert präzisere Informationen. (Ausnahme: Neueinführung eines Produktes). Am Anfang aller Überlegungen steht die **Abgrenzung** des zu betrachtenden **Marktes**, vor allem nach räumlichen, zeitlichen, produktbezogenen (sachlichen) und personellen Aspekten, wie dies in Teil 4.1.2 bereits ausführlich dargestellt worden ist. Als Ergebnis der Marktabgrenzung erhält man Angaben über das **Marktvolumen** des für die jeweilige Marktuntersuchung "relevanten" Marktes.

Die jeweils interessierenden Informationen über die Anbieter und Nachfrager am Markt werden grundsätzlich durch zwei Methoden gewonnen:

- durch die sogenannte **Sekundärforschung**, wo verschiedene vorhandene andere Untersuchungen (wie Marktberichte, Fremdenverkehrsstatistiken, die Reiseanalyse oder Fachzeitschriften) für den eigenen Untersuchungszweck analysiert werden,
- durch die **Primärforschung**, wo vor allem durch verschiedene Befragungsmethoden (schriftlich, persönlich, telefonisch) sowie durch Beobachtung Daten gewonnen werden.

Für **konkrete Marktanalysen** ist es sehr bedeutend, zu beurteilen, ob die benötigten Daten durch **eigene Recherchen** des Betriebes beschafft werden können (vor allem, wenn sie in vorhandenen Untersuchungen in ähnlicher Form vorliegen) oder ob durch fremde Erhebungen (ergänzende) Daten beschafft werden müssen. In letzterem Fall wird meist ein externes Marktforschungsinstitut mit dieser Befragung beauftragt. In bezug auf Tourismus gibt es zahlreiche Untersuchungen und Datenquellen, die sich mit Reisen und Tourismus beschäftigen. Sie sind in Abb. 4-14 auszugsweise zusammengestellt.

Als Kernstück der Marktanalysen werden Aussagen zum Markt selbst erwartet. Hierbei liegt der Schwerpunkt fälschlicherweise oftmals bei der bloßen Erforschung des **Nachfrageverhaltens**, neben der Konsumentenalayse (vgl. (3a)), kommen Marktabgrenzung sowie -struktur (vgl. 4.1.2) und Konkurrenzforschung (siehe (3b)) dabei zu kurz.

(3a) Konsumentenanalyse

Die Konsumentenanalyse umfaßt die quantitative und qualitative Erfassung der Nachfrage - das meint vor allem wieviel, von wem und was, warum nachgefragt wird; hierzu werden die Käufer in verschiedene Gruppen eingeteilt und die entsprechenden Nachfragestrukturen aufgezeigt sowie eine Analyse der Käuferentscheidung vorgenommen (dies ist in Teil 2, v. a. 2.3 und 2.4, ausführlich behandelt worden).

Diese Aufgaben sind für Betriebe selbst häufig nur schwer selbst durchführbar, da methodische Kenntnisse der empirischen Sozial- und Marktforschung fehlen. Folglich werden Marktforschungsaufträge über das Kundenverhalten oft extern an Marktforschungsinstitute vergeben. Den Betrieben selbst sind hier oftmals durch einfache Maßnahmen verschiedene (oft ungeahnte) Möglichkeiten zur Erforschung ihres eigenen Kundenverhaltens gegeben:

*   Die Beobachtung und Auswertung aus der Vergangenheit,
*   Auswertung von Buchungsunterlagen aus der Vergangenheit (nach Buchungsanzahl und -häufigkeiten, Preisklassen usw.,
*   Führen von Strichlisten (hinsichtlich der zeitlichen Buchungsschwerpunkte usw.),
*   Auswertung von Sekundärmaterial.

In Fremdenverkehrsorten zählen **Gästebefragungen** zum üblichen Marktforschungsinstrumentarium. Bundesweit werden Reisebefragungen durch verschiedene Marktforschungsinstitute durchgeführt (vgl. 4-14).

(3b) Konkurrenzanalyse

Während in der Marketing- und Marktforschungs-Literatur eine eindeutige Schwerpunktbildung zugunsten der Erfassung und Analyse des Käuferverhaltens besteht, sprechen in der **Marketingpraxis** oftmals eine Reihe von Gründen für die Konkurrenzanalyse.

Eine Erfassung des Angebotes und der Marktstrategien anderer, vergleichbarer Unternehmen spart der eigenen Marketingabteilung oft viel **Geld und Mühe** (und oft auch Mißerfolg). Nach dem Motto "was bereits am Markt erfolgreich ist, kann nicht falsch sein" und "lassen wir die anderen die Arbeit machen, wir kassieren", sind im System der vollkommenen Konkurrenz die vielfältigsten Möglichkeiten der Nachahmung gegeben. Man geht davon aus, daß sich die Konkurrenten bereits ihre Marketing-Strategie ausreichend überlegt haben. Diese Methode ist einfach, billig und oft erfolgreich; sie reduziert zumeist die eigenen Kosten und vor allem das Risiko. Von der kaufmännischen Seite her ist sie in vielen Situationen zu empfehlen, aus rechtlichen Gründen ist sie gelegentlich unzulässig (Extremform: Industriespionage), aus moralischer Sicht ist sie zumeist abzulehnen.

Anmerkung: Das gleiche kann aber auch dem eigenen Betrieb widerfahren: Wenn man nach jahrelanger Forschung und Überlegung und nach teuren Investitionen endlich in die Gewinnzone kommt, eröffnet plötzlich ein neues Unternehmen und "kopiert" die eigene Idee.

Die Konkurrenzanalyse gibt sowohl Hinweise auf Marktanteile der verschiedenen Anbieter, auf mehr oder weniger erfolgreiche Marketingstrategien und angebotene Produkte/Dienstleistungen. Aber der Konkurrenzanalyse kommt noch eine ganz andere Bedeutung zu: Sie ermöglicht, Erfahrungen anderer Unternehmen recht einfach, billig und ohne allzu großes (finanzielles) Risiko für den eigenen Betrieb zu übernehmen. Gerade im Tourismus/Fremdenverkehr ist es oftmals eine erfolgversprechende Betriebs-Marketingpolitik, Marktkonzepte vergleichbarer Betrieb für das eigene Unternehmen zu übernehmen.

Tourismus-Studien (Name, Träger)	Inhalt, Kurzcharakteristik
1. Amtliche Untersuchungen	*v.a. Statistiken*
Statistisches Bundesamt, Wiesbaden	- Tourismus in Zahlen (jährlich neu, ab 1988) - Tourismusstichprobe (unregelmäßig, letztmals 1992) (10.000 telef./pers. HHbefragungen) - versch. Fachserien (Reihen), u. a. Beherbergung, Verkehr - Statistisches Jahrbuch
Statistische Landesämter	- länderbezogene Daten, nur zum Teil tourismusspezifisch - fließen in die Bundesstatistiken ein (siehe oben)
2. Privatwirtschaftliche Tourismusuntersuchungen	*regelmäßige Befragungen von Reisenden*
Reiseanalyse (Studienkreis für Tourismus, Starnberg) bis 1993, danach als "Urlaub und Reisen" (FUR)	- ab 1970 regelmäßige jährliche Urlauberbefragung (Mehrthemenbefragung) - repräsentative Stichprobe: 6.000 Bundesbürger ab 14 (ab 1990 mit NBL ca. 8.000) - Auswertung v.a. nach soziol. und psychol. Faktoren des Reiseverhaltens und der -motivation - zum Teil langjährige Zeitreihen - zahlreiche Sonderuntersuchungen - ab 1994 weitgehend analoge Fortführung durch FUR
Deutscher Reisemonitor (IPK-München, EMNID-Bielefeld) (ist Teil des ETM)	- seit 1988 - zweimonatliche Befragung zum Urlaubs- *und* Geschäftsreisen (ab 1993 monatlich) - Stichprobe: 2.000 ABL (monatlich), 1.000 NBL (3-monatlich)
ETM- Europäischer Reisemonitor (ETIC-European Travel Intelligence Center, Luxemburg), dt. Vertreter IPK-München (siehe oben)	- seit 1988 - regelmäßige Analyse aller Übernachtungsreisen in 24 Ländern (18 west-, 6 osteuropäische) - meist 2-monatlich (länderabhängig) - ca. 100 Befragungswellen jährlich erfassen ca. 300.000 Europäer ab 14 Jh.
TouristScope (Infratest, München)	- seit 1986/7 Urlaubsreisende befragt - repräs. Stichprobe 4.000 Personen - Ergebnisse nur für Auftraggeber
Mobility (Infratest, München)	- seit 1991 - alle Geschäfts- u. Privatreisen (auch ohne ÜN) über 100 km - Stichprobe unterschiedlich je nach Fragestellung: 500 wöchentlich, 1.000 3-monatlich, insgesamt ca. 29.000 Personen jährlich
B.A.T.-Freizeit-Forschungsinstitut, Hamburg	- Tourismusanalysen Deutschland (ab 1986/7) u. Europa (ab 1994) - 5.000 Interviews (4.000 ABL, 1.000 NBL) - daneben zahlreiche Sonderstudien zum Freizeitverhalten (Sport, Shopping usw.) - Stichprobe dabei meist 2.000 Interviews

Abb. 4-14 Marktforschung im Tourismus (Auswahl)

3. **Studien von Tourismus-Verbänden,** u.a.	*zum Teil regelmäßige Befragungen von Verbandsmitgliedern und Sonderstudien, z.B.*
asr, DBV, DEHOGA, DFP, DFV, DRV, DZT	- Betriebsvergleiche (DRV, asr, DEHOGA) - DER-Data Reisebüro-Spiegel (seit 1977, ca. 10% der Reisebüro-Agenturen, Umsätze, monatlich) - Wirtschaftsfaktor Tourismus (DRV 1989), - Wirtschaftsfaktor Ferntourismus (DRV 1990) - Deutscher Tourismusbericht (DFP 1994) - Bäderstatistik (DBV, jährlich) - Marktanalysen von Auslandsmärkten (DZT)
4. **Media-Analysen von Verlagen** (Auswahl)	*im Rahmen der Media-Analysen werden zumeist auch Daten zum Reiseverhalten (der Leser) erfragt und zum Teil gesondert ausgewertet, z. B.*
Axel-Springer-Verlag, Hamburg Bauer Verlag, Hamburg Burda-Verlag, Offenburg Gruner+Jahr, Hamburg (G+J) Spiegel Verlag, Hamburg	- Branchenbilder, MARIA (G+J) - Geschäftsreisen 1988, 1994 (Stern-Verlag) - Typologie der Wünsche (Burda)

5. **Sonstige Studien und Träger** (Auswahl)	*wichtige Einzelstudien*
Reisebiographien (ETI, Trier)	- ab 1993, jährlich - Analyse des lebenslangen Reiseverhaltens - 5.000 ABL, 1.000 NBL
DWIF (München)	zahlreiche bundesweite Einzeluntersuchungen, u.a. - Ausgabenstruktur Fremdenverkehr (mit ÜN) - Ausflugsverkehr - Touristischer Arbeitsmarkt - Betriebsvergleiche
TUD- Technische Universität Dresden	- ab 1994: Übernahme der Bibliothek des ehem. Studienkreises für Tourismus, Starnberg; Aufbau eines touristischen Dokumentationszentrums

Abb. 4-14 Marktforschung im Tourismus (Fortsetzung)

Beispiele:

* Durch Konkurrenzbeobachtung kann ein **Reiseveranstalter** beispielsweise erkennen, welche Destinationen (und Abflughäfen) sich bei einem Mitbewerber recht (wenig) erfolgreich verkaufen. Entsprechend kann er seine Angebotspalette dieser Destination ausweiten (einschränken).

* Ein **Reisebüro** kann sein äußeres Erscheinungsbild besser dadurch den Markterfordernissen anpassen, daß es nicht einen (branchenunerfahrenen) Innenarchitekten oder eine 08-15-Firma mit der Neueinrichtung des Büros beauftragt, sondern beispielsweise 10 andere Reisebüros anschaut, was ihm weitaus mehr Hinweise für eine Neukonzeption geben wird als der Innenarchitekt.

* Für eine **Fremdenverkehrsgemeinde** kann es besonders interessant sein, andere Gemeinden zu besuchen und zu überlegen, inwieweit deren Konzepte auf die eigene Gemeinde zu übertragen sind.

Hauptschwierigkeiten bei Konkurrenzvergleichen sind

- adäquate Vergleichsobjekte zu finden, mit ähnlicher Kundenstruktur, Lage und Umfang,
- ausreichend Informationen über die Konkurrenzunternehmen zu erhalten,
- die entsprechenden Rückschlüsse für das eigene Unternehmen zu ziehen.

Als **Ergebnis** der Konkurrenzanalyse kommt es zu unterschiedlichen Strategien:

- Das gleiche Produkt oder Konzept der Konkurrenz wird übernommen ("Me-Too-Strategie").
- Das Angebot der Konkurrenz wird abgewandelt.
- Man sucht sich eine "Marktnische", stellt also etwas her oder entwickelt eine Strategie, die die Konkurrenz nicht hat.

(4) Die Strategische Diagnose (Interpretation der Daten)

Auf der Grundlage der Analyse von Umwelt, Markt und Betrieb steht eine der wichtigsten Phasen des Marketing-Managements: die Interpretation der Daten. Hierbei sind die eigenen Möglichkeiten zu erkennen und darauf aufbauend ist eine Marketingstrategie zu entwickeln. Zur Darstellung der Marktsituation werden in der Literatur zahlreiche Denk- und Entscheidungsmodelle vorgeschlagen. Bei allen handelt es sich um Methoden, wie die jeweilige Markt- und Betriebssituation systematisch zu beschreiben und für darauf aufbauende Entscheidungen aufzubereiten ist. In der Praxis werden oftmals mehrere dieser Methoden anzuwenden sein, um einen umfassenden Überblick über die Marktsituation der eigenen Unternehmung zu erhalten. Die bekanntesten sind:

(4a) Chancen-Risiken-Analyse

Als erstes können die Chancen und Risiken, das Pro und Kontra, für die zukünftige Entwicklung auf diesem Markt aufgezeigt und in einer Tabelle gegenübergestellt werden.

Wichtig ist hierbei, daß sowohl auf die Möglichkeiten, die ein Markt bietet (und auf die gegebenenfalls schnell reagiert werden muß), als auch auf die Risiken hingewiesen wird (die letztendlich zu einem Mißerfolg oder geschäftlichen Konkurs führen können, wenn sie nicht rechtzeitig erkannt werden).

Die Chancen-/Risiken-Analyse ist eine sehr allgemeine und grundlegende Überlegung, die in fast allen Marktuntersuchungen der Erstellung einer speziellen Marktstrategie vorangestellt werden sollte (d. h. sie ist meist auch um weitere Strategiemethoden zu ergänzen).

(4b) Ressourcenanalyse (Stärken-Schwächen-Profil)

Bei der Stärken-Schächen-Analyse wird für die verschiedensten Bereiche (die sogenannten "Ressourcen") des jeweiligen Unternehmens eine Beurteilung vorgenommen und der eigene Betrieb wird dann mit "dem Markt" (vor allem mit den Mitbewerbern) verglichen.

Wie der Name sagt, können durch diese Methode recht gut die Stärken und Schwächen eines Betriebes oder Ortes aufgezeigt werden. Darauf aufbauend können die eigenen Schwächen abgebaut oder/und die Stärken für Strategien am Markt eingesetzt werden.

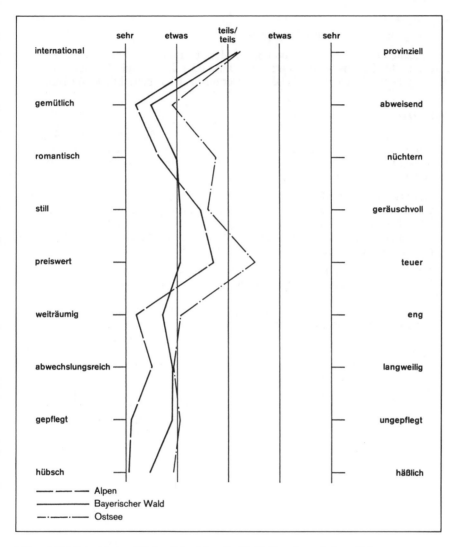

Abb. 4-15 Beispiel eines Stärken-Schwächen-Profils für Fremdenverkehrsgebiete
(aus: BECKER/KLEMM 1978: 99)

(4c) Lebenszyklusanalyse

Die Lebenszyklusanalyse ist ähnlich der Chancen-Risiken-Analyse zu sehen, d. h.
sie gibt eher eine allgemeine Einschätzung der Marktsituation als daß sie sich als
betriebliche Analyse-Methode eignet. Sie geht davon aus, daß jedes Produkt grundsätzlich vier Phasen durchläuft:

- Einführungsphase,
- Wachstumsphase,

- Reifephase,
- Sättigungs- und Schrumpfungsphase.

Entsprechend sollte man für die eigene Marktbeurteilung überlegen, in welcher Situation des Lebenszyklus sich dieser Markt oder das Produkt befindet. Je nachdem ergeben sich unterschiedliche Anforderungen an das betriebliche Marketing.

(4d) Die Portfolioanalyse

Sehr verbreitet ist die Darstellung und Beurteilung der Marktsituation mit Hilfe der Portfolio-Methode. Sie baut auf den zuvor genannten Analysemethoden auf und geht davon aus, daß einem Betrieb verschiedenartige "strategische" Geschäftseinheiten" (oder Produkte oder Bereiche) existieren:

- **erfolgversprechende** ("stars"), für die sich bei hohem eigenen Marktanteil und hohem Marktwachstum - in Erwartung eines späteren hohen Rücklaufes - hohe Investitionen lohnen. Ein Beispiel wäre die Entwicklung eines neuen Touristen-Ressorts in einem Land oder die Einführung eines neuen Pauschalprogrammes durch einen Reiseveranstalter,

- **erfolgreiche** ("Melkkühe", "**cash cows**"), in denen das eigene Unternehmen bereits einen großen Marktanteil besitzt, die keinen großen Zuwachs mehr erwarten lassen und bei denen die momentane Situation höhere Erträge als Aufwand abwirft. Beispiel wären "gut-laufende" Destinationen oder Reiseprogramme eines Reiseveranstalters,

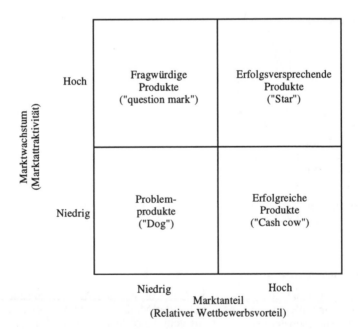

Abb. 4-16   Beispiel einer Portfolio-Matrix

* **fragwürdige** (oft neue Bereiche, "**question marks** "), die ein relativ hohes Risiko aufweisen, an die sich aber - aufgrund des momentanen geringen Marktanteiles und guter Marktaussichten - auch hohe Erwartungen knüpfen (lassen). Hier muß der Betrieb entweder viel investieren oder ganz aussteigen,

* **unattraktive** (Problembereiche, "**dogs**"), deren Marktanteil und Wachstumsaussicht niedrig sind. Sie erwirtschaften kaum Überschüsse, aber auch kaum Verluste. Solche Bereiche hat man oft "im Programm", um seine Produktpalette abzurunden. Bei diesen Geschäftseinheiten sollte man stets prüfen, ob man nicht auf sie verzichten kann. Beispiele wären "Standarddestinationen", bei denen ein Reiseveranstalter weder Gewinn noch Verlust macht, die er aber aus Imagegründen nicht aufgeben will.

Der **Grundsatz** der Portfolioanalyse ist, daß - ähnlich wie bei einem (optimalen) Wertpapierportfolio - in jedem der vier Felder ausreichend eigene Produkte enthalten sein sollen. Eine verbreitete Darstellung der Portfolio-Methode ist mit Hilfe einer Matrix, die Kombinationen aus marktbezogenen (z. B. Marktwachstum oder Marktattraktivität) und unternehmensbezogenen Faktoren (z. B. Marktanteil oder relativer Wettbewerbsvorteil) darstellt und in der vier Felder (bei Weiterentwicklung auch mehr) unterschieden werden (vgl. Abb. 4-16).

4.4.5 Ziele und Strategien (Konzeptionsphase)

Phase II umfaßt die Entwicklung einer Marketingstrategie auf der Grundlage der vorherigen Marktdiagnose unter Hinzuziehung der jeweiligen Betriebsziele. Dies wird auch als **strategisches Marketing** bezeichnet. Es stellt die mittel- bis langfristige Konzeption des Unternehmens dar.

(1) Zielfestsetzung

Informationen über die Ziele hat man zumeist bereits bei der Betriebsanalyse (Phase 1), erhalten. Doch spätestens in der Konzeptionsphase müssen diese Zielinformationen hinsichtlich des Marketings genauer konkretisiert und ausgeführt werden. In der Realität - bei "Marktstudien" - stehen die Ziele oftmals am Anfang der Marktstudie. Sie werden von den Auftraggebern/vom Betrieb vorgegeben. - Im allgemeinen Modell des Marketing-Managements wird die Zielfestlegung jedoch als erster Teil der Konzeptionsphase angesehen.

In Abstimmung mit den übergeordneten allgemeinen Betriebszielen sind in dieser Phase die Marketingziele zu **konkretisieren** und zu **operationalisieren** .

Bei allen Marketingkonzepten (wie auch bei allen Planungs- und Entscheidungsaufgaben) kommt der Zielfestlegung eine bedeutende Rolle zu. Nur wenn Klarheit darüber besteht, was die betrieblichen Ziele sind, können

* die richtigen Maßnahmen, Mittel, Strategien ausgewählt und
* letztendlich die Erfolge/Mißerfolge einer Marktstrategie beurteilt werden.

Die Festlegung der Marketingziele beinhaltet die zuvor erwähnten zwei Problemkreise:

(1a) Entwicklung eines (allgemeinen) marktorientierten Zielsystems (Konkretisierung).

Dies bedeutet, daß die allgemeinen, "übergeordneten" Unternehmensziele mit dem Marketing-Konzept abgestimmt werden. Die übergeordneten Unternehmensziele umfassen vor allem Unternehmenszweck, -idendität und -grundsätze.

Wichtig für den allgemeinen Zielbereich - und in der Allgemeinen BWL oftmals vernachlässigt, da nicht quantifizierbar - sind vor allem die Wertvorstellungen und Motivationen der/des Eigentümer(s) bzw. Managers. Hier sind zumeist aggressive oder passive Marketingstrategien, Innovation oder Tradition eines Unternehmens begründet. Umgekehrt haben es Betriebe oftmals schwer, in denen Marketingstrategie und Unternehmerziel(vorstellung) weit auseinanderfallen. (**Beispiele**: So sollte in der Regel die Jugendreiseabteilung eines Reiseveranstalters nicht dem ältesten, traditionell orientierten Mitarbeiter überlassen werden. **Oder**: Ein jugendlich-locker-alternativer Unternehmertyp wird nur schwer ein traditionsreiches Hotel (für ältere Gäste) gut führen).

Die Ziele sind nicht für alle Zeiten feststehend, sondern unterliegen Umfeldeinflüssen und Anpassungen an (veränderte) Marktsituationen. Sie werden unter Unsicherheit festgelegt (**Unternehmerrisiko**).

Unternehmenszweck bedeutet die Klärung der Frage(n), was überhaupt Sinn und Gegenstand des Unternehmens ist, z. B.

- Produktion von Pauschalreisen oder
- Reisevermittlung (ohne eigene Reiseveranstaltung), eventuell auch gleich ergänzt um spezielle Zielgruppen (... für alle, ... für junge Leute).

Unternehmensidentität ("Corporate Identity") wird heute als zentrales Element des Marketings verstanden. Betriebe sollen nach außen (und innen) ein einheitliches und klares Bild ("Image") darstellen, was einen Betrieb von anderen unterscheidet, z. B. "jung, progressiv" oder "zuverlässig, konservativ", "billig" usw.

Unternehmensgrundsätze: aufgrund von Unternehmenszweck und Unternehmensidentität ergeben sich einige wichtige Unternehmensgrundsätze, die die jeweilige Unternehmenspolitik bestimmen, z. B. verkauft ein traditionsreiches Reisebüro keine Billigflüge, ein "junger, progressiver" Reiseveranstalter keine 08-15-Pauschalreisen nach Mallorca usw.

Erst nach Festlegung dieser übergeordneten Unternehmensziele tauchen die **Handlungsziele** auf, zu denen die bekannten Oberziele einer Unternehmung gehören wie Gewinn, Umsatz, Rentabilität, Macht.

(1b) Operationalisierung der Marketingziele

Operationalisierung verlangt eindeutige Festlegungen, welche Ziele in welchem Umfang zu erreichen sind. Das beinhaltet Meßvorschriften, anhand derer die Zielerreichung zu kontrollieren ist. Als operationale Ziele dienen meist ökonomischen Zielgrößen wie Umsatz, Gewinn, Rentabilität und Marktanteil. In der betrieblichen Praxis ist oftmals die Zielgröße **Deckungsbeitrag** (= Beitrag zur Deckung der fixen Kosten) von großer Bedeutung, da sie der Marketing-Abteilung oder dem Projektmanager ermöglicht, den **Erfolgsbeitrag** des jeweiligen Produktes oder der Abteilung zum Gesamtbetriebsergebnis zu veranschaulichen. Daneben werden im Marketing **"psychographische" Marketingziele** angestrebt, die vor allem auf das Betriebsimage, Bekanntheit und das Käuferverhalten (Kundentreue) gerichtet sind.

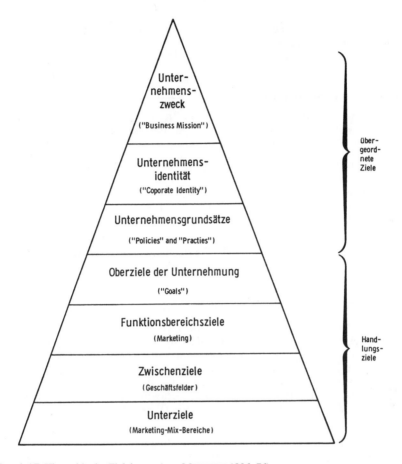

Abb. 4-17 Hierarchie der Zielebenen (aus: MEFFERT 1986: 76)

Operationalisierung erfordert ferner, daß die Marketingziele genau nach Inhalt, Ausmaß, Zeitbezug und Marktsegment festgelegt werden. Konkret heißt das, die Marketingabteilung hat z. B. festzulegen: Steigerung des Umsatzes für das Produkt A (z. B. Destination Griechenland) im Gebiet B (Hamburg), bei einer Käuferschicht C (gehobene Kundenschicht) um D (z. B. 10 %) im Zeitraum E (in der Sommersaison 1995).

(1c) Strategische Ziele

Durch den Vergleich der Ziele (Soll-Zustand) mit dem Ist-Zustand (den man durch die strategische Analyse erhalten hat) ergeben sich erste Hinweise auf die jeweilige **Strategie**. Methodisch verwendet die BWL hierzu:

- **die "Lückenplanung" GAP-Analyse:** Hierbei wird die gewünschte Ziellinie mit der erwarteten Entwicklung, die ohne Marketing-Maßnahmen vermutet wird, verglichen. Dies ergibt möglicherweise eine strategische Lücke, die durch geeignete Maßnahmen zu schließen ist.

• **die Portfolio-Analyse:** Hierbei werden neben dem zuvor (in Abschnitt 4.4.4 (4d)) dargestellten Ist-Portfolio in einem strategischen Ziel-Portfolio die angestrebten Zielwerte für die Geschäftseinheiten entwickelt.

(2) Strategieentwicklung

Auf der Basis der strategischen Diagnose, Zielformulierung und Zukunftserwartungen werden Strategien entwickelt. Zur Festlegung und Darstellung einer umfassenden Marketingstrategie zählen die

- Marketingziele, die sich aus den Überlegungen des vorangegangenen Teiles (1) ergeben,
- Entwicklung der Strategie selbst: (2a) bis (2e),
- Ausgestaltung im Marketing-Mix (Teil 4.4.6), wobei die wesentlichen Aussagen auch in die Strategiedarstellung übernommen werden (vgl. (3)).

Die BWL behandelt verschiedene Grundarten von Strategien, aus denen auch für den Tourismusbereich entsprechende Überlegungen abgeleitet werden können. Die eigene Strategie ist meist eine Kombination (ein "Strategie-Mix ") der im folgenden kurz erläuterten Strategiemöglichkeiten (vgl. genauer FREYER 1997a: 361ff).

(2a) Geschäftsfelderstrategien oder Produkt - Markt - Überlegungen

Die Bestimmung der "Geschäftsfelder" (oder Märkte oder Marktsegmente) legt den Rahmen fest, in dem die Zukunftsentwicklung erfolgen soll. Sie ist daher als eine der grundlegenden Strategieentscheidungen anzusehen. Im einzelnen umfassen diese strategischen Grundentscheidungen die generelle Entwicklungsrichtung (wachsen, stabilisieren oder schrumpfen?), die Bestimmung der Geschäftsfelder am Markt (z. B. Marktdurchdringung oder -entwicklung, die Produktentwicklung oder Diversifikation), sowie des Marktareals (lokal, regional, national oder international).

Hinzu kommen weitere Grundsatzentscheidungen, insbesondere hinsichtlich der Entwicklung des Leistungsangebotes. Es sind vor allem Überlegungen, **ob** und gegebenenfalls **wie** die bisherige Leistungspalette verändert und gestaltet werden soll.

(2b) Konkurrenzstrategien

Konkurrenzorientierte Strategieüberlegungen richten den Blick auf die Bestimmung der eigenen (Markt-)Position gegenüber der Konkurrenz.

Hauptüberlegungen hierbei sind die Abgrenzung bzw. Positionierung des eigenen Angebotes gegenüber den Mittbewerbern. Dies beinhaltet die Entwicklung der eigenen "spezifischen Kompetenz", also der Herausstellung der eigenen Besonderheiten. Hat der eigene Betrieb gegenüber der Konkurrenz Vorteile (z. B. hinsichtlich der Qualität des Leistungsangebotes oder Kostenvorteile), so bieten sich "aggressive", gegen die Konkurrenten gerichtete Strategien an. Oft ist dies auch bei Neuzugang auf Märkten der Fall.

Eine andere Überlegung ist die **Mitläuferschaft** ("Me-too-Strategie"). Dies bietet sich bei wenig differenzierten Angeboten oder bei einem bereits vorhandenen, starken Marktführer an. Eine Sonderform der Mitläuferschaft bietet die **Kooperation** verschiedener Anbieter an.

Neben dem Strategiestil ("friedlich" oder "kriegerisch") werden in bezug auf das Wettbewerbsverhalten vor allem vier Grundstrategien unterschieden: Qualitätsführerschaft, aggressive Preisstrategie, Nischen- oder Niedrigpreisstrategie.

Bereits bei der Darstellung der Konkurrenzanalyse (vgl. 4.4.4(3b) wurden mögliche Konkurrenzstrategien erläutert, die aus einer Konkurrenzanalyse folgen können. In einer vereinfachten Formulierung waren es die Überlegungen ob,

- anderes - anders (Neuentwicklung),
- gleiches - gleich (Nachahmung),
- gleiches - anders (Profilierung)

angeboten werden soll.

(2c) Kundenorientierte Strategien

Eine dritte strategische Überlegung ist die Bestimmung der Zielgruppen, für die die vorhandenen und zu entwickelnden Angebote besonders interessant sind. Hier ist es oft besonders wichtig die eigenen Zielgruppen genau zu benennen (wie dies z. T. bei der Marktabgrenzung, vgl. 4.1.2, bereits erfolgt ist).

Auch können sich einige Zielgruppen als besonders interessant erweisen, für die dann verschiedene Strategien entwickelt werden (z. B. Sport- oder Seniorenreisen).

(2d) Positionierungs- oder Profilierungsstrategie

Eine eigene Überlegung sollte meist der Frage gewidmet werden, ob das eigene Angebot eher

- leistungsdominant oder präferenzorientiert ist (d. h. hierbei wird Wert auf Qualität, Service, oft auch auf Exklusivität und hohe Preise gelegt),"Reisen als Markenartikel", oder
- preisdominant ("günstig", "billig") und mengenorientiert ist (sog. "Preis-Mengen-Strategie"). Hierbei wird Wert auf Angebote "für alle zu günstigen Preisen " gelegt - "Reisen als Sonderangebot und Massenartikel"; in letzter Zeit ist dies oft die Grundstrategie sogenannter "Last-Minute-Angebote".

(2e) Kombinierte Strategien

In der Praxis ergeben sich meist **Kombinationen** der vorgenannten Strategiemöglichkeiten. Auch werden für die verschiedenen strategischen Geschäftseinheiten eines Betriebes meist unterschiedliche Strategien zu entwickeln sein, also z. B. eine eher zielgruppenorientierte (exklusive) Strategie für die Kreuzfahrtabteilung, eine Mengenstrategie für die Flugabteilung ("Last-Minute") usw.

(2f) Zusammenfassung

Zur Ableitung oder Überprüfung der eigenen Strategien bietet sich die Verwendung einer "Strategie-Box" an, in der die vorherigen strategischen Erläuterungen zusammengefaßt sind (in Anlehnung an BECKER 1993, vgl. ähnlich FREYER 1990: 226f):

STRATEGIE-MODUL	Strategie-Möglichkeiten (-Chips)			
1. Entwicklungs-Strategien				
Entwicklungs-richtung	Wachsen	Stabilisieren		Schrumpfen
Marktfelder	Marktdurch-dringung	Marktent-wicklung	Produktent-wicklung	Diversi-fikation
Marktareal	lokal	regional	national	inter-national
2. Konkurrenz-Strategien				
Strategiestil	Kontra/Wett-bewerbs-orientiert	Mitläufer (Me-Too)		Kooperation
Wettbewerbs-verhalten	Qualitäts-führer-schaft	Agressive Preisführer-schaft	Nischen-Strategie	Niedrig-Preis-Strategie
3. Kunden-Strategien	Massenmarkt-Strategie		Segmentierungs-Strategie	
	undifferenziert	differenziert	eine Zielgruppe	mehrere Zielgruppen
4. Positionierungs-Strategien	Präferenz-Strategie		Preis-Mengen-Strategie	

Abb. 4-18 Strategie-Box
(Quelle: Eigene Übersicht in Anlehnung an BECKER 1993)

(3) Strategisches Marketing-Mix

Zentrale Aufgabe einer Marketingstrategie ist die Festlegung eines **optimalen Marketing-Mix**. Aus der Palette der Marketinginstrumente ist die beste Kombination auszuwählen, um die Ziele möglichst optimal zu erreichen.

Hier zeigt sich, daß Marketing als allumfassende Betriebsstrategie weitaus mehr ist als nur Werbung und auch mehr als der isolierte Einsatz der verschiedenen Marketinginstrumente. Marketing-Management umfaßt eine optimale Kombination der Gestaltung der gesamten Maßnahmen, in bezug auf betriebliche Ziele und Möglichkeiten, abhängig von den (Umwelt-) Trends und der Marktsituation (Nachfrager und Konkurrenten). Dafür stehen, verschiedene Instrumente zur Verfügung, die je nach spezifischem Fremdenverkehrsbetrieb unterschiedliche Bedeutung haben (vgl. nächster Abschnitt).

Das **Marketing-Mix** zeigt sich darin, daß nicht die Einzelmaßnahmen isoliert betrachtet werden, z. B. nur Werbung oder Vertriebspolitik, sondern die **optimale Kombination** der verschiedenen Instrumente.

4.4.6 Das Marketing-Mix (Gestaltungsphase)

Phase III beinhaltet die weitere Konkretisierung und Gestaltung des strategischen Konzeptes. Sie wird auch als **taktisches Marketing** oder als Marketing-Mix bezeichnet.

Als Mittel und Möglichkeiten zur Umsetzung der jeweiligen Marketingstrategie stehen dem Fremdenverkehrsbetrieb verschiedene Marketing-Instrumente zur Verfügung, die er in einer optimalen Kombination einsetzen kann. Üblicherweise werden vier Instrumentenbereiche behandelt, die wiederum selbst ein Sub-Mix ergeben können: Die Produkt-, Preis-, Vertriebs- und Kommunikationspolitik oder das entsprechende (Sub-)Mix.

Gelegentlich werden Produkt- und Preispolitik zusammen als "Leistungspolitik" behandelt. Gerade im touristischen Dienstleistungsbereich spricht einiges für diese Sichtweise, da weder standardisierte Produkte gehandelt werden noch die absolute Preishöhe ausschlaggebend ist, sondern das "Preis-Leistungs-Verhältnis". Trotzdem werden im folgenden die einzelnen Bereiche gesondert erläutert.

Neben den traditionellen 4 Instrumentbereichen werden immer wieder weitere Instrumente gesondert herausgestellt, die teilweise neu sind, teilweise aber auch als Unterfälle der traditionellen vier Bereiche angesehen werden können. Für den Tourismus wären beispielsweise "Messen" ein solcher Bereich (vgl. (5)). Ferner werden im Tourismus- und Freizeitbereich immer häufiger Sponsoring, Product-Placement und Events als eigenständige Marketingbereiche herausgestellt (vgl. (6)).

Im angelsächsischen Sprachraum wird anstelle der traditionellen 4 P's (product, price, place, promotion) gelegentlich von bis zu 11 P's gesprochen: packaging, programming, people, partnership, power, public, positioning (vgl. z. B. COWELL 1989: 69, MORRISON 1989: 175).

(1) Produkt- oder Leistungspolitik

Produktpolitik betrifft die marktgerechte Gestaltung des gesamten Leistungs-programmes. Das ist häufig die Kombination mehrerer Betriebsangebote (Produktpalette), kann aber auch nur ein spezielles Angebot bedeuten. Produktpolitik erfordert eine klare Abgrenzung des Produktes, wie es bereits bei "Unternehmenszweck" bestimmt worden war (zumeist inklusive Angabe der Zielgruppe), z. B. Billigflüge für den Berliner Markt, Pauschalreisen für das gesamte Bundesgebiet, und Analyse des Produkt**programmes**.

Als grundsätzliche Möglichkeiten der Produktpolitik bestehen:

*   **Erhaltung** des bisherigen Angebotes, was für Marketing bedeutet, daß die bisherigen Konzepte weitgehend beibehalten und nur partiell verändert werden müssen, oder
*   **Änderung**, was die **Aufgabe** (Elimination), **Veränderung** (Variation) oder **Neueinführung** (Innovation) von Produkten/Leistungen bedeuten kann.

Im Tourismus ist ein Großteil der Tourismusbetriebe dem Dienstleistungsbereich zuzurechnen. Folglich bedeutet Produktpolitik vor allem **Service**(verbesserung).

Beispiele für Produktpolitik für einzelne Fremdenverkehrsbereiche sind:

• Für das **Hotelwesen:** Qualität, Service, Zimmerausstattung.
• Bei **Reisemittlern:** Agenturauswahl, Präsentation des Büros, Personalauswahl, Beratungsqualität, Nebenleistungen (Bücher, Informationsabende, ...).
• Bei **Reiseveranstaltern** ist es das Gesamtprogramm als Produkpalette und die Pauschalreise selbst als touristisches Produkt. Die zahlreichen Möglichkeiten zur Verbesserung einer Pauschalreise zeigt Abb. 4-19.

Andererseits wirken touristische Leistungen nur in ihrer Gesamtheit (als "Reise" oder "Erlebnis"), so daß einzelne Produktbestandteile nur begrenzt durch die einzelnen Leistungsträger beeinflußt werden können (vgl. Abb. 4-19).

(2) Preispolitik

Marktorientierte Preispolitik bedeutet **Preisfestsetzung** weniger wegen der betrieblichen Kostensituation, sondern vor allem aufgrund der (durch die Marktanalyse gewonnenen) Erkenntnisse über Nachfrage- und Konkurrenzsituation am Markt. Hierbei sind vor allem folgende **Preisstrategien** von Bedeutung:

• **Preisdifferenzierung:** dies setzt klar abgrenzbare Teilmärkte und eine gewisse Marktmacht des Unternehmens voraus
• **Hochpreispolitik:** sie stellt auf Produktqualität und Exklusivität ab oder nutzt eine Monopolsituation aus (typisch sind hier die zeitlichen Monopolsituationen im Fremdenverkehr, z. B. in der Hochsaison)
• **Niedrigpreispolitik:** sie zielt auf "Massen"absatz und Billigangebote ab. Sie findet vor allem Anwendung bei Neuzutritt auf bestimmten Märkten oder (im Fremdenverkehr) in Nebensaisonzeiten
• **Preispolitischer Ausgleich:** vor allem bei Produktpaletten sollen dadurch Gewinne und Verluste in unterschiedlichen Bereichen (auch zeitlich, siehe Preisdifferenzierung) ausgeglichen werden.

Im Tourismusbereich zeigt sich vor allem das Mittel der Preisdifferenzierung als weit verbreitet. Touristische Leistungen werden nach unterschiedlichen Kriterien "differenziert", z. B. nach

- Zeit: Haupt- und Nebensaison, Wochenendpauschale, "stand-by"-Tarif,
- Käuferschichten: Familien-, Kinder-, Studentenpreis,
- Umsatz/Volumen: Rabatte für Reisegruppen, Kontingentpreise,
- Stufe des Absatzweges: Gewährung von Reisebüroprovision,
- Zeitpunkt der Bezahlung: "Vorauszahlungstarif",
- räumlichen Kriterien: unterschiedliche Preise bei räumlich voneinander abgegrenzten Märkten, z. B. verschiedene Abflughäfen,
- Kommerzialisierung "freier Güter": Klima, Luft, Wasser, Lage, Aussicht, Himmelsrichtung ("Meerblick")
(nach: SCHÄTZING 1980: 122f)

Pauschalreisebestandteil bzw. Instrumentalvariable	vom Veranstalter		
	bestimmbar	mit Einschränkungen beeinflußbar	nicht beeinflußbar
Zielgebiet, Zielort	Art (Lage, Charakter, Attraktionen, Möglichkeiten)	langfristige, strukurelle Maßnahmen	umgeplante Entwicklungen (Wetter, Politik, Seuchen etc.)
Verkehrsträger	Art, Fahrt- und Flugroute, Zwischenaufenthalte	Zeit und Ort des Reiseantritts, Reisedauer, Komfort, Eigenschaften Mitreisender	Pünktlichkeit der Beförderung, technische Zuverlässigkeit
Transfer	Art, Strecke, Dauer	Qualität, Pünktlichkeit	kurzfristige Qualitätsschwankungen
Unterkunft	Art, Lage, Ausstattung, Service, Qualitätsstandards	Größe des eigenen Kontingents, Kontingente Anderer, Aufenthaltsdauer, Gästestruktur	kurzfristige Qualitätsschwankungen, individuelle Servicefaktoren
Verpflegung	Art, Umfang,	Qualitätsstandards	kurzfristige Qualitätsschwankungen, Befriedigung individueller Bedürfnisse
Zusatzleistungen	Art, Umfang, Preise (wenn katalogmäßig erfaßt)	Qualitätsstandards, Preise (wenn katalogmäßig nicht erfaßt)	kurzfristige Qualitätsschwankungen
Betreuung	Umfang während der Reise, Aufenthalt, Transfer, Qualitätsstandard	kurzfristige Qualitätsschwankungen	
Atmosphäre und Geselligkeit	Anregungen	äußerer Rahmen, Charakteristik der eigenen Gäste	Charakteristik anderer Gäste, individuelle Einflußfaktoren
Buchungsabwicklung	Komfort, Schnelligkeit, Verläßlichkeit, Umbuchungswahrscheinlichkeit	Qualität des externen Buchungspersonals (Reisebüro etc.)	
Preise	bei fix kontrahierten Produkten	bei mit Gleitklauseln kontrahierten Leistungen	bei nicht kontrahierten Leistungen während Reise und Aufenthalt

Abb. 4-19 Die Beeinflußbarkeit von Pauschalreisebestandteilen (Quelle: HEBESTREIT 1992: 221f)

(3) Absatz- und Vertriebspolitik (Distributions(wege)politik)

Distributionspolitik beinhaltet vor allem die Überlegung, in welchem Umfang die Betriebsleistung **direkt** an den Kunden verkauft werden oder inwieweit "Zwischenhändler" eingeschaltet werden. Im Fremdenverkehr sind es die Fragen, ob

- die Leistungsträger ihre Leistungen über Reiseveranstalter und Reisebüros,
- die Reiseveranstalter ihre Reisen über Reisebüros,
- ob über **betriebseigene** oder **-fremde** Unternehmen verkauft werden soll.

Dies betrifft vorrangig die Frage der **Agenturpolitik** sowie der CRS-Computer-Reservierungssysteme der Leistungsträger und Reiseveranstalter. Aufgabe der Vertriebspolitik ist neben der **Organisation** dieser Agenturpolitik vor allem die **Motivation** und **Veranstaltertreue** der Agenturen zu erhöhen, z. B. durch Info-Abende und -reisen, Staffelprovision (ist zum Teil Preispolitik), Agenturauflagen (Fachkräfte, Mindestumsätze usw.) (vgl. auch 3.8).

Entscheidungsträger	Absatzinstitution	
	direkt	**indirekt**
Hotellerie, Gastronomie	Kontakt mit Einzel-kunden	Kontakt mit Veranstaltern u. Verkehrsträger
Reisebüros	Kontakt mit Einzelkunden und Kundengruppen	Kontakt mit Firmen und Institutionen, mit Reise-interessenten
Veranstalter	Kontakt mit Reisebüros u. sonstigen Mittlern	Kontakt mit anderen Veranstaltern
Verkehrsbüros	Kontakt mit Einzelkunden	Kontakt mit Veranstaltern, Firmen u. Insti-tutionen, sowie mit Reiseinteressenten
regionale und nationale Verkehrsverbände	Kontakt mit Veranstaltern	Kontakt mit Hotels und Gastronomie
Verkehrsträger	Kontakt mit Einzel- und Gruppenreisenden	Kontakt mir Veranstaltern und Hotels

Abb. 4-20 Absatzinstitutionen im Fremdenverkehr
(aus: TIETZ 1980: 62)

(4) Kommunikationspolitik

Es werden im Marketing meist vier Möglichkeiten der Kommunikationspolitik unterschieden, die mehr oder weniger intensiv für das eigene Kommunikations-Mix eingesetzt werden (vgl. genauer FREYER 1990: 279ff, ROTH/SCHRAND 1992: 138f):

- **Corporate Identity** (CI) ist eher eine grundsätzliche Voraussetzung für eine erfolgsversprechende Kommunikationspolitik einer Organisation. Sie ist das "strategische Dach " jeder Kommunikation. Sie beschäftigt sich mit (Teilen) der zu übermittelnden Botschaft. Im speziellen ermittelt sie das einheitliche Erscheinungsbild, die "Philosophie" oder "Persönlichkeit" einer Unternehmung (Corporate Design und Corporate Behaviour), kommuniziert diese nach innen und außen (Corporate Communication) (vgl. auch Abschnitt 4.4.5 (1a)). Im Tourismus sind zur Zeit viele Organisationen mit der Erstellung einer CI und den entsprechenden kommunikativen Maßnahmen beschäftigt: von Fremdenverkehrsorten über die Lufthansa, die Deutsche Bahn AG bis zu kleinen Reisebüros.

- **Verkaufsförderung** legt Wert auf die Aktivierung der Vertriebswege und vertriebsfördernden Maßnahmen. Sie versucht, Kaufanreize zu schaffen. **Persönlicher Verkauf zielt darauf ab,** speziell durch direkten Kontakt mit den Nachfragern zu kommunizieren, oft sind es nur einzelne Konsumenten. Im Tourismus sind verkaufsfördernde Maßnahmen vor allem seitens der Leistungsträger auf den Vertriebsweg der Reisemittler gerichtet: Beispiele sind Info-Reisen, Verkaufsschulung, Verkaufswettbewerbe, Deko-Dienst (Schaufenstergestaltung), Fachseminare, Messen usw. In letzter Zeit werden auch kundenorientierte verkaufsfördernde Maßnahmen immer beliebter: Kundenkarten (z. B. TUI), Zugaben (vom Nähset bis zur Strandtasche).

- **Öffentlichkeitsarbeit** (Public Relations) stellt die Kommunikation mit der gesamten (betriebsrelevanten) Öffentlichkeit in den Mittelpunkt der Aktivität; sie hat eine relativ unspezifische Zielrichtung und wirkt eher allgemein imagebildend. Für Reiseveranstalter und touristische Leistungsträger geht es bei der Öffentlichkeitsarbeit vielfach um Kontakte zu den Medien (Presse, Fachzeitschriften, Rundfunk, TV).

- **Werbung** wendet sich an spezielle Zielgruppen und versucht, diese zum Kauf der eigenen Angebote zu bewegen. Die Abgrenzung der Werbung zu PR und Verkaufsförderung ist fließend. In einzelnen Tourismusunternehmen ist ein relativ hoher Betrag für das Werbebudget reserviert (ca. 5 bis 10 % der gesamten Ausgaben), doch verglichen mit den Aufwendungen der gesamten Werbewirtschaft ist der Anteil der Tourismus-Werbung mit ca. 3 bis 3,5 % eher unterrepräsentiert (vgl. Abb. 4-23).

Bei der hier gewählten Systematik wird - anders als bei manch anderen Einteilungen - der Bereich der Corporate Identity als eigener Bereich des Kommunikations-Mix behandelt; ferner werden Verkaufsförderung und persönlicher Verkauf zu einer Gruppe zusammengefaßt. Gelegentlich wird als fünfter Bereich der Kommunikationspolitik der Bereich "Messen und Ausstellungen" unterschieden; zum Teil ist dieses Instrument aber bei Vertrieb, Werbung oder Öffentlichkeitsarbeit enthalten (vgl. (5)).

Bei allen vier Kommunikationsbereichen spiegeln sich die gleichen **Grundsätze** der **Kommunikationspolitik** wider: Es geht um die Festlegung der Kommunikationsinhalte und -wege, mit **was** und **wie** der Kommunizierende nach außen treten will und an **wen** er sich richtet (Zielgruppenbestimmung), oder genauer (in Anlehnung an LASSWELL):

---

6 Grundfragen der Kommunikation

- **wer**   (Kommunikator, Sender, Quelle)

- **sagt was**   (Botschaft, "Message")

- **in welcher Situation**   ("Umfeldbedingungen")

- **zu wem**   (Kommunikant, Empfänger, Rezipient)

- **über welche Kanäle**   (Kommunikationsweg, Medien)

- **mit welchen Wirkungen**   (Kommunikationserfolg, Effekt)

Allerdings wenden sich die einzelnen Kommunikationsinstrumente an verschiedene "Adressaten " (Empfänger) (vgl. Abb. 4-21). Während Öffentlichkeitsarbeit mit der gesamten (betriebsbezogenen) Öffentlichkeit den weitesten Adressatenkreis hat, ist er bei den anderen Kommunikationsgruppen immer spezifischer.

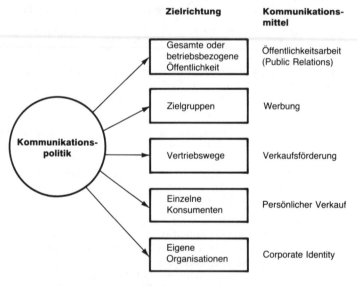

Abb. 4-21 Zielrichtung von Kommunikationsmitteln
(Quelle: FREYER 1990: 284)

Die Kommunikationspolitik, und hierbei vor allem die Werbung, wird noch immer meist als das wichtigste Marketinginstrumente angesehen. Doch die vorherigen Ausführungen haben aufzeigen sollen, daß Kommunikationspolitik **nur eine von vielen** Maßnahmen im Marketing-Mix ist. Hierbei ist wiederum Werbung lediglich ein Teilinstrument.

Nur die abgestimmte Kombination aller Kommunikations- und Marketinginstrumente führt zu optimalen Ergebnissen.

Doch da Werbung am auffälligsten nach außen gerichtet ist, wird ihr immer besondere Aufmerksamkeit zukommen. Werbung ist das "Sprachrohr des Marketing", das Entwicklungen verstärken oder beschleunigen kann. Werbung selbst ist jedoch weder die eigentliche Struktur noch der Inhalt des Marketing oder des Marketing-Mix.

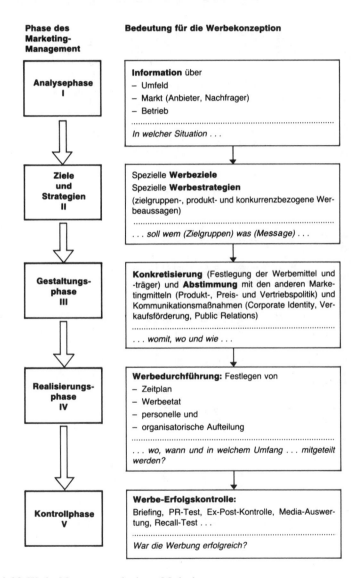

Abb. 4-22 Werbe-Management als eigene Methode
(Quelle: FREYER 1990: 312)

Werbeaufwendungen der Reisebranche (Angaben in Mio DM)

	1978	1979	1980	1981	1982	1983	1984	1985	1986	1987	1988
Hotels und Gastronomie											
– klassische Medien	20,22	24,85	27,84	33,42	30,34	35,36	49,29	53,73	54,13	56,54	61,64
– dar.: Publikumszeitschriften	10,94	10,80	15,98	17,75	12,82	15,89	23,72	20,86	23,44	21,39	16,24
Fremdenverkehr											
– klassische Medien	61,70	57,59	69,76	74,11	84,75	92,96	96,03	98,84	108,42	111,66	118,92
– dar.: Publikumszeitschriften	28,21	30,07	38,68	46,09	51,01	56,22	60,68	62,40	67,56	63,78	59,89
Reisegesellschaften											
– klassische Medien	68,89	77,21	75,13	75,24	79,79	93,86	95,00	85,23	96,41	85,13	98,67
– dar.: Publikumszeitschriften	24,82	26,92	32,08	25,86	30,74	33,63	41,34	30,74	24,73	27,30	27,67
Luftfahrtgesellschaften											
– klassische Medien	43,43	44,28	51,39	55,57	63,40	76,70	81,73	99,46	100,84	108,79	114,90
– dar.: Publikumszeitschriften	22,11	27,27	31,71	32,13	34,52	40,45	42,08	44,64	46,05	50,61	46,19
Insgesamt											
– klassische Medien	194,24	203,93	224,12	238,34	258,28	298,88	322,05	337,26	359,80	362,12	394,13
– dar.: Publikumszeitschriften	86,08	95,06	118,45	121,83	129,09	146,19	167,82	158,64	161,78	163,08	149,99
Anteil der Reisebranche an den gesamtwirtschaftlichen Werbeaufwendungen (%)											
in klassischen Medien	2,9	2,6	2,7	2,9	2,9	3,1	3,2	3,3	3,3	3,1	3,1
in Publikumszeitschriften	2,9	2,9	3,4	3,4	3,5	3,7	3,9	3,7	3,6	3,4	3,0

Abb. 4-23 Werbeaufwendungen in der Tourismusindustrie
(Quelle: SCHMIDT & POHLMANN 1990)

Die Entwicklung eines Kommunikations(-Sub)-Mix hat viel mit der Entwicklung eines allgemeinen Marketing-Konzeptes (vgl. Abb. 4-13) gemeinsam, zum Beispiel kann bei der Aufstellung eines Werbe-Konzeptes entlang der in Abb. 4-22 aufgezeigten Teilschritte vorgegangen werden.

In der Fremdenverkehrspraxis ist die Werbung oft an spezielle Agenturen ausgelagert. In solchen Fällen ist Werbung häufig nur wenig mit einem gesamten betrieblichen Marketing-Konzept abgestimmt, da der Betrieb meist nur begrenzt Einfluß auf die Agentur nehmen kann.

(5) (Tourismus-)Messen als Marketinginstrument

(Tourismus-)Messen haben für den Fremdenverkehr oftmals eine große Bedeutung. Dabei spielen sie für die verschiedenen Fremdenverkehrsbetriebe eine sehr unterschiedliche Rolle. Sie sind für

- **die Messegesellschaften** ein relativ eigenständiger Betriebsbereich, der einen eigenen Teilbereich der Fremdenverkehrsindustrie i.e.S. darstellt (Messen, Ausstellungen, Tagungen, vgl. 3.2.1 und Abb. 3-4),
- **Besucher** eine Informationsquelle für ihre Reiseentscheidung (für Reisende) bzw. Geschäftsaktivitäten (Fachbesucher),
- **Aussteller** ein Instrument im Marketing-Mix.

Letztere Möglichkeit soll an dieser Stelle etwas näher beleuchtet werden: Welche Möglichkeiten bieten Tourismusmessen für das Marketing(-Mix) verschiedener Fremdenverkehrsinstitutionen?

Messen werden ganz allgemein als (wichtigstes) Instrument im Marketing angesehen, wobei sie vielfach Funktionen erfüllen (können): Eine Teilnahme dient der Informationsbeschaffung über momentane und zukünftige Trends (Umfeldanalyse), über den momentanen Markt (Marktforschung) und die Konkurrenz (Konkurrenzanalyse): Für das eigene Marketing sind sie insbesondere im kommunikativen Bereich einzuordnen; sie erfüllen Aufgaben der Image - und Produktwerbung ebenso wie der Verkaufsförderung, des Direktvertriebes oder der Öffentlichkeitsarbeit.

Das Interesse der verschiedenen Tourismusorganisationen an den vorhandenen Tourismusmessen ist recht unterschiedlich . Eine - allerdings nicht repräsentative - Befragung zur ITB 1988 gibt einige Eindrücke davon (vgl. DONAUBAUER/SCHAFBERG 1988, auch KUNZ 1990):

- **Fremdenverkehrsämter:** Sie sehen eine Messeteilnahme als wichtigstes Marketinginstrument an: direkte Zielkundenansprache steht vor genereller Imagewerbung, v. a. bei lokalen Tourismusmessen.

- **Reiseveranstalter**: Bei den Reiseveranstaltern stehen Imagewerbung und Öffentlichkeitsarbeit als wichtigstes Argument für eine Messeteilnahme vor dem Verkauf. Vor allem die Kontaktpflege mit Reisemittlern und Leistungsträgern steht oftmals im Vordergrund.

- **Reisebüros:** Für Reisemittler sind Tourismusmessen als Ausstellungsplattform nur aus lokalem Interesse von Bedeutung, um potentielle Kunden anzusprechen. Hingegen ist die Messeteilnahme als Besucher oftmals wichtig, um sich über neue Angebote zu informieren und Kontakte zu Reiseveranstaltern und Leistungsträgern zu suchen.

- **Verkehrsträger:** Hier fällt das Urteil sehr unterschiedlich aus: Die Deutsche Bundesbahn sieht die direkt Kundenansprache als vorrangig und erfolgsversprechend an. Hingegen schätzt die Lufthansa eher Imagewerbung und Öffentlichkeitsarbeit als die zentralen Argumente ein.

- **Hotels:** Sie stehen der Teilnahme an Tourismusmessen eher skeptisch gegenüber, Imagewerbung steht vor Verkauf, allerdings wird die Medien-Werbung zumeist als effektiver angesehen.

In der Bundesrepublik stehen mehr als ein Dutzend Tourismusmessen miteinander im Wettbewerb. Sie sind hinsichtlich der Aussteller, Besucher und der Zielrichtung der veranstaltenden Messegesellschaften sehr unterschiedlich ausgerichtet: die Palette reicht von eher lokalen Veranstaltungen (wie die Freizeit - Saarbrücken, der Reisemarkt-Köln) über Publikumsmessen mit weiteren Freizeitangeboten (wie Camping, Wasser- und Motorsport, z. B. "Camping + Touristik" in Essen) bis zu international führenden Fachbesuchermesse (ITB- Berlin).

Tourismusmesse	Ort	Termin jährlich	Besucher 1993	Aussteller 1993
boot	Düsseldorf	Januar	398.228	1.523
CBR-Caravan, Boot, Reisen[2)]	München	Februar	168.835	641
CMT[1)]	Stuttgart		203.814	567
Freizeit+Garten Touristik[1)]	Nürnberg		194.908	528
hanseboot	Hamburg		137.064	846
Interboot with Intersurf[1)]	Friedrichs-haven		108.646	155
INTERGASTRA[1)]	Stuttgart	Februar	65.309	501
Internationaler Caravan Salon	Essen	September/ Oktober	139.748	308
internorGa[1)]	Hamburg	März	112.570	701
ITB-Internationale Tourismusbörse	Berlin	März	139.686	4.468
Leisure[1)]	Saarbrücken		62.877	205
Reisemarkt Ruhr[1)]	Essen		173.787	484
SPOGA[1)]	Köln	August/ September	167.574	1.420
Touristik & Caravaning	Leipzig	Dezember	80.000	775
Touristica[1)]	Frankfurt a.M.		124.876	524
Travel Trend	Frankfurt a.M.	November	(ab 1994)	(ab 1994)

[1)] Zahlen von 1992
[2)] Zahlen von 1994

Abb. 4-24   Tourismus-Messen in der Bundesrepublik
(Quelle: Auskünfte der jeweiligen Messegesellschaften)

(6) Weitere Marketing-Instrumente

Neben den zuvor erläuterten traditionellen Instrumenten bzw. Bereichen des Marketing-Mix gibt es noch zahlreiche weitere Maßnahmen, deren Zuordnung zu den einzelnen Politikarten des Marketing-Mix nicht immer eindeutig bzw. einheitlich ist. Vor allem werden im Tourismus-Marketing die folgenden Bereiche des Marketing-Mix besonders hervorgehoben und gelegentlich als eigener Teilbereich behandelt: Sponsoring, Product-Placement und Events.

In einer ganz weiten Sicht werden diese Maßnahmen auch als eigenständige Marketing- und Managementaufgabe gesehen, wie z. B. Sponsoring- und Event-Management.

In einer engeren Sicht werden gerade die folgenden Bereiche als Unterfall der betrieblichen Kommunikationspolitik oder gar nur als Teilbereich der Werbung, als "Werbung below the line", gesehen. Demgegenüber wird hier die Meinung vertreten, daß gerade im Tourismus für eine effektive Ausgestaltung des Marketing-Prozesses die Bereiche Tourismus-Sponsoring, touristisches Product- oder Destinations-Placement sowie Events im Tourismus in Zukunft immer bedeutender werden.

Bereits einleitend war darauf hingewiesen worden, daß im modernen Marketing immer häufiger die traditionellen 4 P's um weitere P's erweitert werden: public, partnership, packaging, programming, people, power, positioning usw. Sponsoring, Events und Product-Placement ordnen sich am ehesten in die Bereiche des öffentlichen Marketing (public, partnership, people) sowie der Paketangebote (packaging, programming) ein.

(6a) Sponsoring:

Sponsoring oder Sponsorship betrachtet die Zuwendung von Wirtschafts-unternehmen für Einrichtungen, Organisationen oder Maßnahmen im Sport-, Kultur- oder Sozialbereich. Dabei sind **zwei Sichtweisen** zu unterscheiden (vgl. zum folgenden FREYER 1993b, 1990: 352ff, sowie Abb. 4-25):

- **die Sicht des Sponsors**: Unternehmen betrachten Sponsoring als Teil ihrer gesamten Unternehmensaktivitäten. Hierbei dient Sponsoring entweder zur Verwirklichung allgemeiner Unternehmensziele (wie z. B. Image, Unter-nehmenskultur usw.) oder konkreter Unternehmensstrategien (wie z. B. Image-profilierung, Zielgruppenansprache usw.). Spezielle Sponsoring-Maßnahmen sind dabei vor allem im Marketing- oder Kommunikationsbereich angesiedelt. Für ein umfassendes Sponsoring ist ein Sponsoring-Konzept zu entwickeln, das alle unternehmerischen Sponsoring-Aktivitäten in die gesamte Unternehmens-politik einordnet.

- **die Sicht des Gesponserten**: Empfänger von Sponsorenleistungen sind meist nichtkommerzielle Einrichtungen. Für sie stellt Sponsoring meist ein wichtiges Finanzierungsinstrument für ihre verschiedenen Aktivitäten dar. Hierfür helfen sie als Gegenleistung den sponsernden Unternehmen bei der Verwirklichung deren Unternehmens- und Marketingziele.
  Auch hierfür ist ein Gesamtkonzept zu entwickeln, das ebenfalls Leistungen und Gegenleistungen in die gesamte Politik und Strategie der gesponserten Organisation einordnet (Erstellen eines "Gesponserten- oder Empfänger-Konzeptes").

Sponsoring ist ein relativ junges Instrument der Unternehmenspolitik, das erst in den 80er Jahren eine gewisse Bedeutung für kommerzielle Unternehmen (als Sponsoren) und für verschiedene - meist nichtkommerzielle - Organisationen (als Gesponserte) erlangt hat und dessen Entwicklung noch nicht abgeschlossen ist. Sponsoring beruht dabei auf dem Prinzip von **Leistung und Gegenleistung** ("give to get").

- **Sponsoren** fördern soziale, künstlerische und sportliche Aktivitäten in der Regel durch Geld-, Sach- oder Dienstleistungen. Der Sponsor erwartet hierfür als Gegenleistung die Unterstützung seiner unternehmerischen Ziele. Letztliches Interesse eines Sponsors ist es, seine Verkäufe oder Marktstellung zu sichern oder zu erhöhen. Hierzu können die gesponserten Organisationen vor allem mit Kommunikationsleistungen oder mit einem Imagetransfer beitragen.

- Die **gesponserten** Organisationen unterstützen den Sponsor bei seinen Marketingaktivitäten und erhalten als Gegenleistung hierfür materielle Zuwendungen des Sponsors.

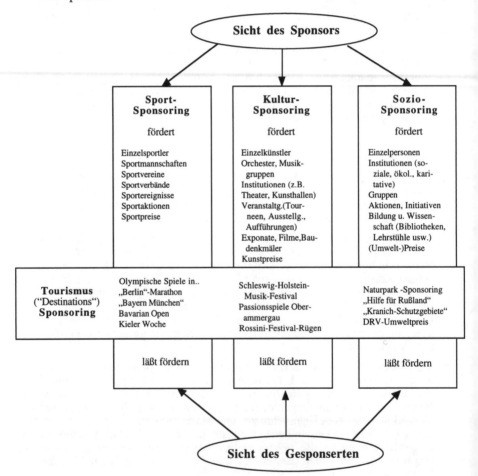

Abb. 4-25 Formen des Sponsorings (aus: FREYER 1993b)

Die bekanntesten Sponsoringbereiche sind das **Sport-, Kultur- und Sozio-Sponsoring**. Doch auch **im Tourismus** tauchen verschiedene Maßnahmen des Sponsoring auf, wobei allerdings bisher nicht von einem gesonderten "Tourismus-Sponsoring" gesprochen wird. Tourismus-Sponsoring stellt eine Schnittmenge dar, in der alle drei Maßnahmen vertreten sind, wenn auch zum Teil mit anderer Bedeutung und Gewichtung (vgl. Abb. 4-25).

Tourismusunternehmen als Sponsoren

Dabei sind Tourismusunternehmen (wie z. B. Lufthansa, ADAC, TUI) einerseits auf der Seite der Sponsoren zu finden. Dies entspricht ganz der üblichen Form des unternehmerischen Sponsoring und stellt kein spezifisches Tourismussponsoring dar:

Beispiele:
* die Lufthansa sponsert u. a. Landeplätze ihres Wappenvogels Kranich oder die "Ladies German Open" (im Golf),
* der ADAC sponsert seit 1992 die "Deutsche Alleenstraße",
* der DRV verleiht jährlich einen "Umweltpreis".

Tourismus(-Destinationen) als Gesponserte(r)

Will man von einem eigenständigen Tourismus-Sponsoring sprechen, so sind vor allem Unterstützungen für touristische Destinationen oder Teile davon als Tourismus-Sponsoring zu verstehen ("touristisches Destinationssponsoring").

Der Bereich Tourismus ist in der Gesellschaft mit sehr positiven Werten besetzt (Entspannung, Gesundheit, Natur, Erholung, Freizeit usw.). Zudem bietet er mit seiner Öffentlichkeitsarbeit und Werbung eine breite Plattform für potentielle Sponsoren. Ferner leiden touristische Kommunen unter einem permanenten Finanzmangel, so daß sie ein vorrangiges Interesse an Sponsoringleistungen aufweisen. Sie können durch Sponsoringzuwendungen vielfache Aktivitäten entfalten (z. B. im Sport-, Kultur-, Sozial- und Umweltbereich), die sonst nicht finanzierbar wären. Auch ergibt die Partnerschaft von privatwirtschaftlichen Unternehmen und Tourismusdestinationen neue Möglichkeiten der Zielgruppenansprache - sowohl aus Sicht des Sponsors als auch der gesponserten Destination

Beispiel
* Sponsoringaktionen der Kreditkartengesellschaft American Express zusammen mit der Insel Sylt 1992.

Die meisten touristischen Sponsoring-Maßnahmen werden den drei großen Bereichen des Sponsoring Sport-, Kultur und Soziales zugerechnet (vgl. Abb. 4-25). Interessant ist in diesem Zusammenhang die Wechselwirkung von (gesponserten) Veranstaltungen sowie von bekannten Künstlern aus der Region und touristischen Effekten.

Beispiele:
* Austragung Olympischer Spiele (z.B. Barcelona 1992) oder anderer Sportereignisse (wie "Berlin-Marathon", "Kieler Woche").
* "Bayern München", "Dynamo Dresden"
* Die Stadt Duisburg hatte dem Fußballverein Meidericher SV zur Auflage für weitere öffentliche Förderung gemacht, sich in MSV Duisburg umzubenennen.
* "Berliner Philharmoniker"

"Allerdings dürften verstärkte Sponsoring-Aktivitäten im Tourismusbereich auf ähnliche anfängliche Widerstände stoßen wie in der Vergangenheit in den anderen Sponsoringbereichen: Freizeit und Urlaub werden gerne als werbefreie Bereiche angesehen, in denen die permanente Konfrontation mit Werbebotschaften von Sponsoren aus dem Alltag der Konsumwelt nicht auf allgemeine Zustimmung treffen wird. Gesponserte Hotels mit Sponsorenspruchbändern, Urlauber mit Sponsoren-T-Shirts und die tägliche Sponsorenbegrüßung am Frühstückstisch sind momentan sicher (noch) Negativ-Visionen für den Tourismus." (FREYER 1993b: 458)

(6b) Product-Placement

Im Product Placement werden bestimmte Produkte oder Produktnamen als „reale Requisite" in Fernseh- oder Kinofilmen „plaziert" und somit bekannt gemacht. Ursprünglich waren es vor allem Markenprodukte aus dem Konsumgüterbereich, die in Fernsehsendungen und Filmen plaziert worden sind: Die Darsteller trinken gewisse Alkohol-Marken ("Johnny Walker", "Kir Royal"), rauchen bestimmte Zigaretten ("Marlboro") oder fahren bestimmte Automarken, die jeweils prägnant in filmischen Einstellungen zu sehen sind.

Doch auch touristische Destinationen sind immer mehr als Spielort in den Vordergrund getreten. Waren es anfangs mehr Zufälligkeiten, die den Erfolg mancher Destinationen begründet haben ("Schwarzwald-Klinik"), haben sich im Gefolge der Entwicklung des Privatfernsehens immer mehr Spiel-Shows mit touristischen Gebieten oder mit Reiseveranstaltern verbunden.

Von einem **aktiven** Product-Placement wird erst dann gesprochen, wenn - ganz ähnlich dem Sponsoring - die entsprechenden Tourismusgebiete oder -veranstalter geldliche oder sachliche Vergünstigungen (Leistungen) für die werblichen Effekte in den jeweiligen Sendungen (Gegenleistungen) zur Verfügung stellen.

Beispiele:
• „Ein Bayer auf Rügen", „Schwarzwald-Klinik", "Ein Schloß am Wörthersee", „Traumschiff", „Ein Tag wie kein anderer", "Rudis Urlaubsshow" usw.

(6c) Veranstaltungs-Marketing und -Management („Events")

Veranstaltungen im Tourismus stellen einen weiteren Bereich dar, der innerhalb oder außerhalb des Marketing-Mix angesiedelt sein kann. Hierzu entwickelt sich zunehmend ein eigenständiger Marketingbereich, der als „Event-Marketing" bezeichnet wird (vgl. FREYER 1996a, FREYER/MEYER/SCHERHAG 1998, GETZ 1991).

Events dienen sowohl der Unternehmenskommunikation als auch dem (Direkt-) Vertrieb, z. B. Verkaufveranstaltungen oder sog. „Butterfahrten". Eine spezielle Variante von Events sind sog. „Incentive-Reisen", die insbesondere zur Belohnung von Mitarbeitern veranstaltet werden.

(7) Zusammenfassung

Für die verschiedenen Betriebe des Fremdenverkehrs ergibt sich ein ganz unterschiedliches Marketing-Mix. Abbildung 4-26 zeigt grundsätzliche Möglichkeiten der Marketing-Instrumente und des Marketing-Mix für verschiedene Fremdenverkehrsbetriebe auf .

Marketing-Mix im Fremdenverkehr

Beispiel	Produktpolitik	Preispolitik	Vertriebspolitik	Kommunikationspolitik [1]
Hotel	Hotel- und Zimmer-gestaltung, z.T. Nebenleistungen (Konf.räume, Swimmingpool, Restaur.)	differenziert	direkt über Reisebüros, Fremdenvk.ämter, Reiseveranstalter, Fluggesellschaften	Medien-Anzeigen, Kleinanzeigen, Direktwerbung Presse-Kontakte z.T. Btx
Reiseveranstalter	Qualität der (Pauschal-) Reise, Produktpalette (Destination)	differenziert	über Reisemittler, nur z.T. direkt	Prospekte, Plakate Presse-Kontakte Info-Fahrten Anzeigen in Medien z.T. Btx
Reisebüro	Service, Beratung, Gestaltung des Büros, z.T. Agenturpolitik	sehr begrenzt, z.T. über Agenturauswahl (teuer, billig, exklusiv)	überwiegend direkt, z.T. Filialen, z.T. Firmendienst	Schaufensterwerbung Anzeigenwerbung Flugblattaktionen Direkt-Werbung
Fluggesellschaft	Pünktlichkeit, Komfort, verschiedene Klassen	differenziertes Tarifwerk	über Reisemittler, z.T. eigene Verkaufsbüros	Medien Anzeigen, Plakate Presse-Kontakte
Fremdenverkehrs-gemeinde	Gesamtgestaltung des Ortes, Freizeiteinrichtungen, Kultur- und sonstiges Angebot	begrenzt	über Reisemittler, Fremdenvk.ämter auf Messen direkt	Medien-Anzeigen Messen Presse-Kontakte

[1] Hier ist meist die ganze Palette der Kommunikationspolitik möglich, im folgenden sind die Schwerpunkte aufgezeigt.

Abb. 4-26 Marketing-Mix im Fremdenverkehr

4.4.7 Realisierung und Kontrolle

Realisierungsphase (IV)

Die Phase III - Gestaltung - geht direkt in die Phase IV - Realisierung - über. Hier werden in der industriellen Produktion die Aufträge erteilt, die Termine überwacht, das Produkt technisch fertiggestellt und das fertige Produkt "abgesetzt".

Im Fremdenverkehr ist dies meist die Phase, in der die Kunden "reisen". Sie nehmen die touristischen Leistungen am Heimatort zur Reisevorbereitung in Anspruch und fahren dann zum Produkt (an den Ferienort) und "verbrauchen" die touristische Leistung (am fremden Ort).

Kontrollphase (V)

Die Kontrollphase, Phase V, wird nicht immer als eigene Phase betrachtet, teilweise wird sie der Phase IV zugerechnet und von Implementierung gesprochen (vgl. FREYER 1997a).

Doch eigentlich kommt der (Gesamt-)Kontrolle mit die wichtigste Ausgabe zu: denn nur wenn - möglichst schnell und genau - kontrolliert wird, ob die ursprünglichen Pläne und Erfolgsaussichten auch mit den konkreten Ergebnissen übereinstimmen, war die Marketing-Maßnahme letztendlich erfolgreich.

Kontrolle des Marketings erfolgt nicht nur am Ende des Marketing-Managements (ex post-Kontrolle), sondern meist (auch) parallel zu allen Stufen des betrieblichen Marketing-Managements (Parallel-Kontrolle). Termine und Zwischenschritte sind zu überwachen und zu kontrollieren, zum Teil werden "Pre-Tests" der eigentlichen Markteinführung vorangestellt.

4.5 Literaturhinweise zu Kapitel 4

Darstellungen zur ökonomischen **Marktanalyse** finden sich in den verschiedenen volkswirtschaftlichen Lehrbüchern, der Auszug in 4.1.4. ist aus FREYER 1979.

Ergänzende Angaben zu den **touristischen Märkten** finden sich in verschiedenen Quellen, vgl. dazu die Literatur aus Teil 3. und die Veröffentlichungen des STATISTISCHEN BUNDESAMTES.

Zum Reiseführermarkt (4.3.6) vgl. FREYER 1986c, 1986f, STEINECKE 1988, TMA 1990.

Zum **Tourismus-Marketing** (4.4):

Monographien: FREYER 1997a, HEBESTREIT 1992 (Schwerpunkt: Reiseveranstalter), KOTLER/ BOWEN/MAKENS 1996 (Beispiele: USA), KRIPPENDORF 1971 (v.a. Fremdenverkehrsämter, Beispiele Schweiz), MIDDLETON 1994 (Großbritannien), SEITZ/MEYER 1995 (touristische Marktforschung).

Sammelbände: HAEDRICH u. a. 1993, ROTH/SCHRAND 1995, SEITZ/WOLF 1991, STUDIENKREIS 1991, 1992, WITT/MOUTINHO 1994.

Als Ergänzung bieten sich die traditionellen Marketing-Lehrbücher, z. B. von BECKER 1993, KOTLER/BLIEMEL 1995, MEFFERT 1986, NIESCHLAG/DICHTL/HÖRSCHGEN 1991 an. Eine ausführliche Darstellung der Marketing-Management-Methode für den Sportbereich findet sich in FREYER 1990, wovon auch einige der Abbildungen des Teils 4.4 entnommen sind.

4.6 Fragen zu Kapitel 4

4.1 Marktanalyse allgemein

(1) Erläutern Sie aus der allgemeinen Marktanalyse das Entstehen von
(1a) Angebotsfunktion,
(1b) Nachfragefunktion,
(1c) Marktpreisbildung.
(2) Was ist die
(2a) Gleichgewichtsversion,
(2b) Ungleichgewichtsversion
der Markttheorie?

4.1/4.2 Marktanalyse im Tourismus

(3) Welche Marktstrukturen kennen Sie
(3a) allgemein,
(3b) im Tourismus (Beispiele).
(4) Wie setzt sich das touristische Marktmodell zusammen?

4.3 Tourismusmärkte

(5) Erläutern Sie die Struktur des
(5a) Gesamtreisemarktes,
(5b) Reiseveranstaltermarktes,
(5c) Reisemittlermarktes,
(5d) Beherbergungsmarktes,
(5e) Flugmarktes (Linie, Charter),
(5f) touristischen Verlagsmarktes,
(5g) Geschäftsreisemarktes, (s. 2.2.4)
(5h) Sport-Reise-Marktes,
(5i) Kultur-Reise-Marktes.

4.4 Touristisches Marketing-Management

(6) Was ist Marketing
(6a) allgemein,
(6b) im Tourismus?
(7) Was ist das Phasenschema des Tourismus-Marketing-Managements?
(8) Was ist bzw. sind im modernen Marketing
(8a) Die Umfeldbedingungen für den Tourismus?
- Megatrends?
(8b) Marktanalyse oder Marktforschung?
- Käufer- und Verkäufermarkt?
- Konsumentenanalyse?
- Konkurrenzanalyse?
- Marktforschungsinstitutionen im Tourismus?
- Sekundärforschung ?
- Primärforschung?

(8c) Strategische oder marketingbezogene Betriebsanalyse?
- *Methoden der strategischen Diagnose?*
- *eine Stärken-Schwächen-Analyse?*
- *Ressourcenanalyse (Stärken-Schwächen-Profil)?*
- *Lebenszyklusanalyse?*
- *Portfolioanalyse?*

(8d) die Zielfestsetzung?
- *Zielarten?*
- *ökonomische und nicht-ökonomische Ziele?*
- *Zielsysteme und Zielhierarchien?*
- *Corporate Identity?*
- *Oberziele-Unterziele?*

(8e) Möglichkeiten der Strategiebestimmung?
- *der Aufbau einer strategischen Erfolgsposition?*
- *geschäftsfelderorientierte Strategien*
- *Produkt-Markt-Überlegungen?*
- *Konkurrenzorientierte Strategien?*
- *"Me-too"-Strategien?*
- *Kooperative Strategien?*
- *Kundenorientierte Strategien?*
- *Positionierungs- oder Profilierungsstrategien?*
- *Präferenzstrategie?*
- *Preis-Mengen-Strategie?*
- *Kombinierte Strategien (Strategie-Mix)?*

(8f) taktisches Marketing?
- *Marketing-Mix?*

(8g) Produkt- und Sortimentspolitik?
- *Gestaltungsmöglichkeiten von Tourismusprodukten?*
- *Markenpolitik?*

(8h) das Kontrahierungs-Mix?
- *Formen der Preisbestimmung?*
- *Preisdifferenzierung?*

(8i) Vertriebspolitik?
- *eigene-fremde Vertriebsformen?*
- *direkte-indirekte Vertriebsformen?*
- *Kooperation im Vertrieb?*

(8j) Kommunikationspolitik?
- *Corporate Communication?*
- *Persönlicher Verkauf und Verkaufsförderung?*
- *Öffentlichkeitsarbeit?*
- *Public Relations?*
- *Werbe-Mix?*
- *Werbemittel?*
- *Sponsoring im Tourismus?*

(8k) Aufgaben der Realisierungsphase?
(8l) Aufgaben der Kontrollphase?

Teil 5
Tourismuspolitik

5.0 Vorbemerkung

Aus dem Blickwinkel des (Wirtschafts-)Politikers stellt sich nach den bisherigen Ausführungen die Frage nach wirtschaftspolitischen bzw. **fremdenverkehrspolitischen** Konsequenzen. Bisher war Tourismus aus Sicht der am Markt auftretenden Anbieter und Nachfrager betrachtet worden. Auf beiden Seiten waren auch staatliche Institutionen (Fremdenverkehrsämter, staatliche Transportunternehmen, Dienststellen) enthalten.

Im gesamtgesellschaftlichen System kommt dem Staat neben der Funktion als Konsument und Produzent auch stets eine (übergeordnete) Rolle zur Beeinflussung gesellschaftlicher Abläufe zu. Im Bereich der Ökonomie werden staatliche Aufgaben innerhalb der allgemein und speziellen Wirtschaftspolitik behandelt. Entsprechend wird in bezug auf Fremdenverkehr bzw. Tourismus von Fremdenverkehrs- oder Tourismuspolitik gesprochen.

Tourismuspolitische Überlegungen (und entsprechend auch die Erstellung von Tourismusplänen und -konzepten) für Regionen und Staaten erfolgen zumeist nach allgemeinen **Grundsätzen**, nach einer bestimmten Methode, die gewisse Parallelitäten zur betrieblichen Marketingpolitik aufweist (5.2). Träger der Tourismuspolitik sind verschiedene staatliche oder halbstaatliche Stellen (vgl. Teil 5.3), die versuchen, touristische Abläufe und Ergebnisse eines Staates oder einer Region im Hinblick auf bestimmte tourismuspolitische Zielvorstellungen (Teil 5.4) mit Hilfe des tourismuspolitischen Instrumentariums (5.5) zu beeinflussen. Entsprechend der jeweiligen gesellschaftlichen Situation existiert eine unterschiedliche Tourismuspolitik.

Diese Behandlung tourismuspolitischer Fragestellungen ist dem betrieblichen touristischen Marketing sehr verwandt. Auch hier wird eine zielgerichtete Marktbeeinflussung mit Hilfe des Marketing-Instrumentariums versucht.

Fremdenverkehrspolitik ist die
* zielgerichtete
* Planung und Beeinflussung/Gestaltung
* der touristischen Realität und Zukunft
* durch verschiedene Träger (staatliche, private, übergeordnete)

Unterschiede des gesellschaftlichen gegenüber dem betrieblichen Marketing liegen überwiegend bei den Trägern und zum Teil auch bei den Zielsetzungen. Träger von Tourismuspolitik sind vor allem öffentliche, staatliche, überstaatliche oder halbstaatliche Institutionen (5.2). Deren zentrale Zielsetzung ist seltener Gewinnerwirtschaftung als **Kosten- und Bedarfsdeckung** . Dabei sind neben lokalen Zielvorstellungen auch zumeist überregionale und überstaatliche Ziele von Bedeutung. Als Mittel steht die ganze Palette staatlicher Maßnahmen zur Verfügung.

Trotz der hohen Bedeutung des Fremdenverkehrs in der Bundesrepublik (vgl.
v.a. 5.2) ist der Bereich der Fremdenverkehrs**politik** nur sehr wenig ausgeprägt.
Dies ist recht verwunderlich, zumal es auch in anderen Ländern - wie Frankreich,
Italien, Spanien, Österreich usw. - jährliche Fremdenverkehrspläne gibt. In der
Bundesrepublik hat dies verschiedene Ursachen, die im folgenden genauer erläutert
werden. Darüber hinaus werden die vorhandenen fremdenverkehrspolitischen
Aussagen und Ansätze in der Bundesrepublik kurz geschildert.

Dieses fremdenverkehrspolitische Defizit in der Bundesrepublik hat vor allem
zwei Gründe

* **Kompetenzprobleme**
  Während für andere Politikbereiche eine eindeutige Kompetenz- und
  Aufgabenzuweisung für die Bundesregierung besteht, ist dies für den Bereich
  des Fremdenverkehrs nicht der Fall. Zwar besteht seit 1975 eine
  fremdenverkehrspolitische Grundsatzerklärung, aber die darin enthaltenen
  Absichtserklärungen wurden in den Folgejahren nur halbherzig verfolgt. Eines
  der Hauptprobleme hierbei ist die unterschiedliche Kompetenz- und
  Entscheidungszuweisung für fremdenverkehrspolitische Aufgaben in der
  Bundesrepublik (vgl. 5.3).

* **Inhaltliche Probleme**
  Bei den für Fremdenverkehr zuständigen Gremien und Institutionen gibt es
  größere Meinungsverschiedenheiten hinsichtlich der **Aufgaben** einer
  Fremdenverkehrspolitik. Teilweise ist dies mit den zuvor genannten Kompetenz-
  problemen zu begründen, andererseits sind es aber eine Reihe grundsätzlicher
  Probleme über die **Aufgaben** einer Fremdenverkehrspolitik. Insbesondere
  spielt hier die Problematik hinein, ob Fremdenverkehr primär oder schwerpunktmäßig eine **ökonomische**, **regionalplanerische**, **gesellschaftspolitische** oder **soziale** Aufgaben(stellung) sei (vgl. 5.2).

"Soviel Markt wie möglich, soviel Plan wie nötig."
(Karl SCHILLER, ehem. Wirtschaftsminister)

5.1 Tourismuspolitik - warum?

5.1.1 (Tourismus-)Planung in marktwirtschaftlichen Systemen

Da die bisherigen Ausführungen sehr stark von einem individualistischen und
marktorientierten Konzept her erfolgt sind, werden im folgenden erst einige allgemeine Aussagen zu Rolle und Aufgaben des Staates im Fremdenverkehr vorangestellt.

In marktorientierten Wirtschaftsystemen ist es nicht selbstverständlich, daß
öffentliche Stellen Planungsaufgaben übernehmen. Die grundsätzliche Sichtweise
ist, daß die Koordination von Angebot und Nachfrage über die Märkte erfolgen und
der Staat nur dort einzugreifen hat, wo Marktkräfte "versagen". Das Marktversagen
führt zu Ergebnissen, die aus sozialen, politischen, ökonomischen oder anderen
Gründen nicht erwünscht sind. So sind es vor allem verschiedene Gemeinschafts-
aufgaben, deren Bereitstellung durch privatwirtschafliche Unternehmen nicht oder
nicht ausreichend gewährleistet erscheint und deren Erfüllung von öffentlichen
Stellen, "vom Staat", erwartet wird.

Im Hinblick auf den Fremdenverkehr kommen dem Staat vor allem aus folgenden allgemeinen Gründen (auch) tourismuspolitische Aufgaben zu:

- **Tourismus ist eine politische Aufgabe.**
Fremdenverkehr ist mit Reisen von und nach verschiedenen Regionen und Ländern verbunden. Doch nicht alle Länder sind bereit, ihre Grenzen unbeschränkt allen Besuchern zu öffnen. Sicherheitsprobleme, gesundheitliche Befürchtungen und Angst vor Terrorismus führen oftmals zu Reisebeschränkungen.
Nur wenn von staatlicher Seite generelle Freizügigkeit und Mobilität der Bewohner und Besucher erwünscht sind, wird (unbeschränkter) Fremdenverkehr ermöglicht werden.

- **Reisen ist ein wirtschaftliches Phänomen.**
Fremdenverkehr hat bedeutende ökonomische Auswirkungen[1] :
Im nationalen Bereich ist Fremdenverkehr ein ökonomischer Faktor, der zur Verbesserung der Einkommenssituation der Gemeinden (über Steuern) und der in der Tourismusindustrie Beschäftigten führt.
Internationaler Tourismus ist ein Bereich der Exportwirtschaft, der die Deviseneinnahmen und -ausgaben und damit die Stellung der nationalen Ökonomie im Welthandel beeinflußt. Da staatliche Stellen in allen Nationen mehr oder weniger mit wirtschaftlichen Aufgaben betraut sind, müssen sie sich zwangsläufig auch mit Tourismus als ökonomischem Faktor beschäftigen. Sie fördern Tourismus zur Erhöhung der inländischen Produktion und haben die internationalen Verflechtungen hinsichtlich der Veränderung der Handelsbilanz zu überwachen (und gegebenenfalls zu beeinflussen).

- **Tourismus ist ein Umweltproblem.**
Tourismus "lebt" von Natur, Landschaft, Städten und deren Attraktionen. Die Erhaltung und Förderung touristischer Umweltbedingungen ist gerade in den letzten Jahren mit gestiegenem Umweltbewußtsein in den Vordergrund getreten. Staatliche Stellen müssen zunehmend der Umweltzerstörung, die durch private, aber auch öffentliche, Investitionen entstehen, entgegenwirken, um so die Grundlagen des Fremdenverkehrs aufrechtzuerhalten.

- **Tourismus ist ein soziales Problem.[2]**
Reisen ist Teil der Lebensqualität. Es dient der Erholung, Regeneration und - international - auch der Völkerverständigung. Folglich ist es im nationalen/gesellschaftlichen Interesse, möglichst vielen Gruppen das Reisen zu ermöglichen. So wird es aus sozialpolitischen Zielsetzungen als öffentliche Aufgaben angesehen, vor allem einkommensschwache oder benachteiligte Gruppen am Reiseverkehr teilnehmen zu lassen. **Beispiele:** Müttergenesungswerk, kinderreiche Familien, Jugendaustausch, Reisen für Behinderte usw.
Es geht jedoch nicht nur ums Verreisen, sondern alle Bürger eines Landes sollen auch am Heimatort gleiche Zutrittsmöglichkeiten zu touristischen Einrichtungen, zu Stränden, Erholungsgebieten, Vergnügungsgebieten usw. haben.
Aber auch die Personen, die durch den Tourismus "negativ betroffen" sind, fordern (staatlichen) Schutz vor dem Massentourismus, vor Blechlawinen, überfüllten Lokalen, Überfremdung der Orte usw.

Auch ohne eigenständige Fremdenverkehrspolitik muß sich der Staat all diesen Problemen stellen - entsprechend ist er bereits im Tourismus engagiert.

---

1 Vgl. Teil 6.2.
2 Vgl. Teil 6.3.

5.1.2 Fremdenverkehrspolitik und gesellschaftliches System sowie Entwicklungsstand

Unter **Fremdenverkehrspolitik** werden im folgenden Maßnahmen öffentlicher Stellen (Bund, Länder und Gemeinden) zur Förderung des Fremdenverkehrs verstanden. Dabei kommt es zum Teil zu Überschneidungen mit privatwirtschaftlichem (über)betrieblichem Marketing.

Fremdenverkehrspolitik ist die

- zielgerichtete (das erfordert die Bestimmung von Zielen - Teil 5.4)
- organisierte (staatlich/durch Träger/übergeordnet - Teil 5.3)
- Planung und Beeinflussung /Gestaltung (das betont das aktive Element, das ein Konzept erfordert - Teile 5.2, 5.5)
- der touristischen Realität und Zukunft.

Dabei ist Fremdenverkehrspolitik und die daraus resultierende Planung das Resultat eines **politischen Prozesses** der Interessenartikulation, an dem neben staatlichen Entscheidungsträgern auch private Interessengruppen und Einzelpersonen teilnehmen (können). Vor allem in der Bundesrepublik sind die überregional organisierten Verbandsinteressen ein starker Einflußfaktor auf die Fremdenverkehrspolitik.

Fremdenverkehrspolitik ist als **Teil einer umfassenden Gesellschaftspolitik** anzusehen, obwohl nur selten eine genauere Abstimmung erfolgt.

Die Rolle und Ausformulierung der Fremdenverkehrspolitik unterscheidet sich von Staat zu Staat/Region zu Region/Gemeinde zu Gemeinde sehr stark. Je nachdem, wie

- das **generelle Verhältnis von Plan und Markt** (von privater und staatlicher Initiative) im jeweiligen Land (und Wirtschaftssystem) ist. So ist in zentralistisch-sozialistischen Planwirtschaften die staatliche Funktion für den Fremdenverkehr vom Grundsatz her weitaus ausgeprägter als in marktwirtschaftlich-kapitalistischen Systemen.
- der **allgemeine ökonomische Entwicklungsstand** ist. So ist die Rolle staatlicher Planung in Entwicklungsländern und entwicklungsbedürftigen Regionen in der Regel höher als in entwickelten Gebieten.
- der **touristische Entwicklungsstand** ist. So kommt dem Staat bei Auf- und Ausbau des Tourismus in der Anfangsphase eine höhere (gestaltende) Aufgabe zu als in späteren Phasen des (bereits) institutionalisierten Tourismus.

Die fremdenverkehrspolitischen Aufgaben werden aber von staatlichen Stellen mit unterschiedlicher Schwerpunktbildung und in unterschiedlichem Umfang wahrgenommen.

Als ein "**Extrem**" werden die Belange des Fremdenverkehrs auf gesamtstaatlicher Ebene durch ein eigenes Ministerium mit weitreichenden Kompetenzen übernommen.

Als **anderes Extrem** werden Fremdenverkehrsaufgaben überwiegend bei den privaten Institutionen belassen. Staatliche Stellen kümmern sich lediglich um den allgemeinen ordnungspolitischen Rahmen.

Dazwischen ist die gesamte Vielzahl der Möglichkeiten, staatlicher, halbstaatlicher, verbandsmäßiger und privater Ausgestaltung der Fremdenverkehrspolitik angesiedelt. Im folgenden wird das grundsätzliche Konzept staatlicher Fremdenverkehrspolitik auf übergeordneter (bundesstaatlicher) Ebene genauer beleuchtet. In ähnlicher Form gelten die Ausführungen auch für regionale und lokale Ebenen. Hier kommen aber in der Regel zusätzliche Abstimmungsprobleme mit den übergeordneten Stellen dazu.

5.2 Fremdenverkehrspolitik im Rahmen eines allgemeinen Tourismusmodells

5.2.1 Fremdenverkehrspolitik als policy-mix, Querschnittsdisziplin oder Teil der Wirtschaftspolitik?

Fremdenverkehrspolitik ist - wie die gesamte Fremdenverkehrslehre - eine "Querschnittsdisziplin", die sich aus verschiedenen Teilbereichen zusammensetzt. Sie ist auf allen Ebenen eine Mischung aus unterschiedlichen gesellschaftspolitischen Zielen und entsprechenden Maßnahmen. In nur wenig anderen Politikbereichen sind der inhaltliche Umfang und die Kompetenzverteilung so weit gefächert wie im Fremdenverkehr. Nur interdisziplinäre Ansätze und die Berücksichtigung der verschiedenen anderen Teilbereiche werden zu einer erfolgreichen Fremdenverkehrspolitik führen. Folglich muß eine (universelle) Fremdenverkehrspolitik Einflußmöglichkeiten auf die verschiedenen Gesellschaftsbereiche besitzen. Dies ist in der Praxis nicht einfach, da die **Kompetenzaufteilung** auf verschiedene Ressorts und Politikbereiche eine übergeordnete, allgemeine Fremdenverkehrspolitik erschwert. Staatliche Fremdenverkehrspolitik umfaßt die in Abb. 5-1 aufgezeigten Bereiche, auf die sie andererseits wiederum Einfluß nimmt.

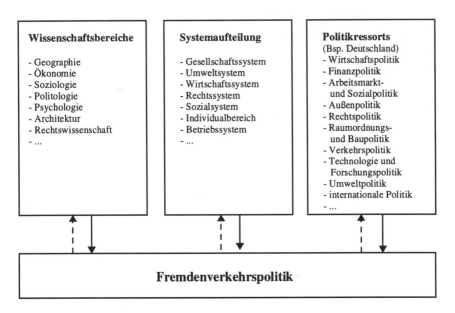

Abb. 5-1 Fremdenverkehrspolitik als Querschnittsdisziplin

Fremdenverkehr als (Teil der) Wirtschaftspolitik: "Primat der Ökonomie"

Trotz des zuvor aufgezeigten universellen Ansatzes der Fremdenverkehrspolitik ist bei konkreten Fremdenverkehrsplänen stets eine eindeutige ökonomische Schwerpunktsetzung festzustellen **(Primat der Ökonomie).** Egal, ob Fremdenverkehrsprobleme im Sozial-, Umwelt-, Politik-, landesplanerischen oder architektonischen Bereich diskutiert werden, stets stehen ökonomische Überlegungen (mit) im Vordergrund.

Dies mag aus Sicht der verschiedenen anderen Teilbereiche, die sich mit Fremdenverkehr beschäftigen[1], oder aus universalistischen und wissenschaftlichen Gründen bedauert werden, doch für jede praxis- und berufsbezogene Beschäftigung mit dem Fremdenverkehr ist die Berücksichtigung der ökonomischen Aspekte von fundamentaler Bedeutung.

Folglich wird auch in diesem Kapitel der Fremdenverkehrspolitik der Schwerpunkt auf die ökonomische Betrachtung gelegt. Dabei wird aber versucht, stets darauf hinzuweisen, daß Fremdenverkehrspolitik eine Universalaufgabe ist und welche verschiedenen Bereiche bei Praxis-Problemen mit hineinspielen.

5.2.2 Fremdenverkehrspolitische Konzepte

Die Aufgabe/Funktion der Fremdenverkehrspolitik ist unterschiedlich auszugestalten. Es lassen sich fünf grundsätzliche Konzepte der Fremdenverkehrspolitik unterscheiden[2]. Dabei sind die ersten vier eher marktwirtschaftlich orientiert, das fünfte ein planwirtschaftlicher Ansatz.

(1) Fremdenverkehr als Ordnungspolitik

Diese Politikart geht auf das liberalistische Staatsdenken zurück und ist durch die Stichworte "laisser faire" und "Nachtwächterstaat" gekennzeichnet. Übertragen auf eine Fremdenverkehrskonzeption bedeutet dies: der Staat hat die **Rahmenbedingungen** für eine (privatwirtschaftliche) Ausgestaltung der Tourismusindustrie zu gewährleisten. Hierzu zählen vor allem

- freier Handel, keine oder möglichst wenig Devisen-, Zoll- und Paßvorschriften,
- freie Entfaltung der Individuen, was allerdings Konflikte enthält zwischen
    - dem Anspruch der einheimischen Bevölkerung auf Ruhe, Unversehrtheit der Natur usw., dem Anspruch der Reisenden auf unbegrenztes Reisen und "Konsum" anderer Länder und Regionen,
    - den unternehmerischen Aktivitäten in bezug auf die Errichtung einer Fremdenverkehrsindustrie,
- unbegrenztes und konfliktfreies Zusammentreffen aller Menschen,
- Gewährleistung freien Wettbewerbs bzw. Schaffung von Markttransparenz einschließlich kartellrechtlicher Ziele (keine Preisabsprachen, Kartelle usw.).

---

1 Vgl. zur Kritik an der Fremdenverkehrspolitik als Wirtschaftspolitik bei ROTH 1986: 107ff.
2 Vgl. zu den ersten drei Konzepten auch KASPAR 1991: 148-156, zum fünften auch Abschnitt 4.4.

(2) Konzeptionell-dogmatische Fremdenverkehrspolitik

Anforderung an jegliche Planung oder Politik, und entsprechend auch an eine langfristige Tourismuspolitik, sind (in der Bundesrepublik) eine gewisse Konstanz und Langfristigkeit. Diesen Ansprüchen trägt das **konzeptionell-dogmatische Tourismuskonzept** Rechnung. Hier wird der Tourismuspolitik ein bestimmtes Konzept zugrundegelegt. Dies kann in der Aufsplittung der tourismuspolitischen Kompetenzen liegen, z. B. zwischen Bund, Ländern und Gemeinden wie beispielsweise in der Bundesrepublik (**föderalistisches Fremdenverkehrskonzept**), aber auch bestimmte gesellschaftliche oder ökonomische (Teil-)Ziele der Erreichung tourismuspolitischer Ziele unterordnen. Dies geschieht beispielsweise oftmals bei Tourismuspolitik in Dritte-Welt-Ländern, wo der Entwicklung des Tourismusbereiches meist übergeordnete Bedeutung zukommt, in der Hoffnung auf schnellere Entwicklung der Gesamtwirtschaft. Hierzu zählen auch tourismuspolitische Ziele der EG, die gegenüber länderspezifischen Zielen vorrangig sind.

(3) Pragmatische Fremdenverkehrspolitik

Ganz anders geartet ist die pragmatische Fremdenverkehrspolitik, wo fremdenverkehrspolitische Eingriffe vor allem **fallweise** erfolgen, aufgrund aktueller Entwicklung und Erfordernisse, mit einer gewissen "Konzeptionslosigkeit, durch elastische Anpassung an die jeweils herrschenden Verhältnisse" (KASPAR 1991: 148). Dieses Konzept veranschaulicht vor allem die Wirtschafts- und Fremdenverkehrspolitik der Schweiz. In der Bundesrepublik ist dieser (Denk-)Ansatz als Konzept eher unbedeutend, in konkreten Einzelfällen wird aber immer wieder danach verfahren.

(4) Fremdenverkehrspolitik als Marketing-Aufgabe

Eingangs war bereits darauf hingewiesen worden, daß die Grenzen zwischen Fremdenverkehrspolitik und (betrieblichem) Marketing fließend sind. Üblicherweise hat Marketing seinen Platz im privatwirtschaftlichen und profitorientierten Bereich. Doch mit Ausweitung des "modernen Marketings" gibt es auch zahlreiche Übertragungsversuche auf andere Bereiche[1], wie z. B.

* öffentliche Verwaltung,
* Non-Profit-Organisationen, wie Vereine, Verbände und öffentliche Einrichtungen/Unternehmen,
* "Ideen" (social-marketing), wie z. B. Nicht-Raucher-Kampagnen, AIDS-Aufklärung oder "Urlaub in Deutschland".

Dies hat auch im Fremdenverkehrsbereich dazu geführt, daß die Aufgaben und Tätigkeiten verschiedener öffentlicher Fremdenverkehrsinstitutionen unter Marketingaspekten diskutiert werden. Dies trifft vor allem für verschiedene Träger der Fremdenverkehrspolitik zu: Von Bund, Länder, Gemeinden sowie Vereinen und Verbänden im Fremdenverkehr wird zunehmend erwartet, daß sie ihre Maßnahmen "am Markt" orientieren, daß sie eine modernes Marketing betreiben. Am deutlichsten ist dies im kommunalen Bereich ausgeprägt, wo heutzutage immer

---

1 Vgl. KOTLER/LEVY 1969, KOTLER 1978.

weniger von (kommunaler) Fremdenverkehrspolitik als von modernem Marketing gesprochen wird[1].

Soweit öffentliches Marketing als modernes Marketing verstanden wird, das mehr ist als "Nur-Werbung", sondern eine zielorientierte Analyse (von Umwelt, Markt und "Betrieb"), ein **Gesamtkonzept** und strategische Beeinflussung des Marktes (mit verschiedenen Instrumenten) umfaßt, ist **"öffentliches Marketing"** weitgehend identisch mit **Fremdenverkehrspolitik**.

Doch im folgenden wird Fremdenverkehrspolitik mit Hilfe des in der Wirtschaftspolitik üblichen **Ziel-Mittel-Ansatz**es und nicht unter dem hier erwähnten Marketing-Management-Konzept behandelt (vgl. dazu Teil 4.4).

(5) Fremdenverkehrspolitik als universelle Planungsaufgabe

In manchen Regionen oder Staaten wird Fremdenverkehrspolitik als **universelle Planungsaufgabe** verstanden. Hierbei ist es vor allem Aufgabe öffentlicher Stellen, eine universelle und ausgewogene Entwicklung des Fremdenverkehrs zu gewährleisten. Diese Aufgabe fällt schwerpunktmäßig bei staatlich gelenktem und gefördertem Neuaufbau und - gelegentlich - bei Ausbau oder Erweiterung eines Fremdenverkehrssektors (Gemeinde, Region oder Nation) an.

Vor allem in Hinblick auf **Entwicklungsländer** und entwicklungsschwache Gebiete der Industrienationen wird der Ausbau des Fremdenverkehrs mit staatlicher Hilfe und umfassenden Plänen erwartet. Öffentliche Aufgabe ist vor allem die Bereitstellung der entsprechenden Infrastruktur (Flugverbindungen, Straßen, Hotelfachschulen usw.), Förderung und Stimulierung der privaten Investitionen, zum Teil werden auch staatliche Fremdenverkehreinrichtungen geschaffen (wie staatliche Hotels, Erholungsparks, Zimmervermittlung, Touristen-Informations-Stellen), aber vor allem wird staatliche Werbung und Promotion für das jeweilige Gebiet erwartet.

Als "abgeschwächte" Form des universellen Planungsansatzes ist **staatlich touristische Rahmenplanung** und privatwirtschaftliche Ausgestaltung anzusehen. In dieser Form ähnelt Fremdenverkehrsplanung dem zuvor erwähnten konzeptionell-dogmatischen Fremdenverkehrskonzept.

(6) Ganzheitliche Tourismuspolitik

Als Fortführung des ganzheitlichen touristischen Grundmodells läßt sich auch für die Tourismuspolitik ein ganzheitlicher Ansatz formulieren. Diese Sichtweise entspricht dem in der Tourismuspolitik verbreitenden grundsätzlichen Ansatzes eines interdisziplinären, vernetzten und ganzheitlichen Vorgehens bei der Ausformulierung von tourismuspolitischen Zielen und Maßnahmen. Doch zeigt sich in der Praxis bei den meisten tourismuspolitischen Vorschlägen und Konzeptionen ein weitgehendes "Primat der Ökonomie".

Eine ganzheitliche Tourismuspolitik ist demnach ein "Policy-Mix" verschiedener Träger (wie Bund, Länder, Kommunen, privater Träger und Verbände), das aus

---

1   Vgl. z. B. CASSEBAUM 1966, STUDIENKREIS 1970, DRÖGE 1979, WÖLM 1979, KLOPP 1979, ENDER u. a. 1983 (v. a. S. 38f), DFV 1983, 1984, MEINUNG 1986, KLEIN 1994.

den Teilbereichen Wirtschafts-, Gesellschafts-, Ökologie-, Freizeit-, Persönlichkeitspolitik und Internationale Politik zusammengesetzt ist.

Über die hier genannten großen Gesellschaftsbereiche hinaus könnten aber auch andere Bereiche als übergreifende Module herausgestellt werden, die dann eine andersartige Zuordnung von Ober- und Unterpunkten vornehmen würde. So könnte beispielsweise auch ein Modul "Raumordnungspolitik" mit den Unterpunkten Wirtschaftsförderungs-, Umweltverträglichkeits-, Freizeitpolitik, individuelle Entfaltung (im Raum), Grenzgebiete usw., aufgenommen werden. Auch die Bereiche Recht, Medizin, Geographie, Pädagogik wären als weitere Module denkbar.

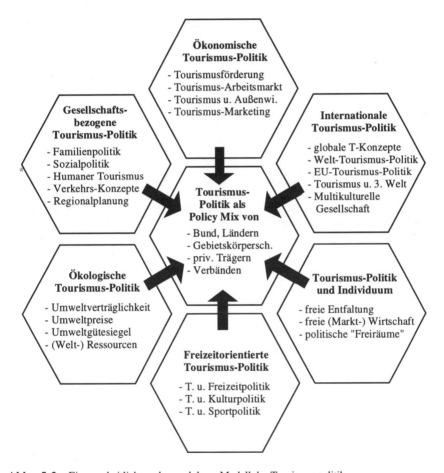

Abb. 5-2   Ein ganzheitliches oder modulares Modell der Tourismuspolitik

5.2.3 Methode: Ziel-Mittel-Denken/Ansatz

Entsprechend der gängigen Vorgehensweise in der wirtschaftswissenschaftlichen Planungs- und Politikdiskussion wird auch die fremdenverkehrspolitische Fragestellung vorwiegend mit Hilfe des üblichen Ziel-Mittel-Denkens diskutiert (vgl. Abb. 5-3):
Vor dem Hintergrund vorgegebener **Daten** (diese sind in der Fremdenverkehrslehre vor allem allgemeine Reisetrends und Wirtschaftssituation sowie lokale Gegebenheiten und Marktsituation) werden fremdenverkehrspolitische Ziele diskutiert bzw. politisch vorgegeben und mit entsprechenden Maßnahmen (mit sogenannten **Instrumenten oder Mitteln**) zu erreichen versucht. Als Ergebnis dieser Überlegung wird ein **tourismuspolitisches Konzept** oder ein tourismuspolitischer Plan aufgestellt. Zur Komplementierung dieses Ansatzes gehören auch noch Durchführung und Überprüfung des Planes bzw. der Zielerreichung, was aber oftmals als nachgelagert empfunden wird und daher nicht mehr als eigentliche Aufgabe der Tourismuspolitik angesehen wird.

Kern dieses Konzeptes ist die **Ziel-Mittel-Denkweise**. Der Tourismuspolitiker (die touristischen Entscheidungsträger) ist (sind) in der Regel an der Zieldiskussion beteiligt. Seine Aufgabe besteht darin, die Ziele (politisch) vorzugeben Mittel und Maßnahmen zur Verfügung zu stellen, zum Teil selbst zu ergreifen oder zu initiieren bzw. zu empfehlen, damit die tourismuspolitischen Ziele erreicht werden können. Dies hat er meist unter der Nebenbedingung ökonomischer Prinzipien umzusetzen (Wirtschaftlichkeitsprinzip und Rationalität). Entweder hat er

- die vorgegebenenen Ziele mit möglichst geringem Mitteleinsatz (fixed-target-policy) oder
- mit vorgegebenen Mitteln eine möglichst optimale Zielgestaltung (Optimierungs- oder flexible-target-policy)

zu erreichen.

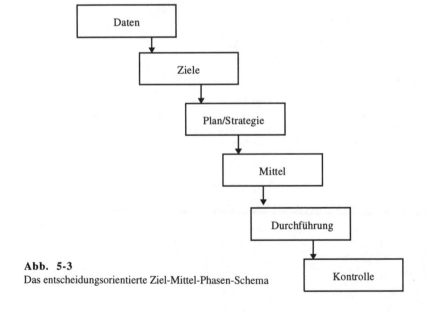

Abb. 5-3
Das entscheidungsorientierte Ziel-Mittel-Phasen-Schema

5.3 Träger der Fremdenverkehrspolitik

5.3.1 Allgemeine Strukturen

Zuvor wurde schon angedeutet, daß fremdenverkehrspolitische Maßnahmen auf ganz unterschiedlichen Ebenen und in verschiedenen Bereichen zu ergreifen sind; entsprechend sind auch verschiedene Träger mit diesen Aufgaben betraut. Diese Träger können nach **gesellschaftlichen Ebenen** unterschieden werden in[1]

* internationale Träger (z. B. EG, OECD, WTO),
* nationale Träger (z. B. nationale Fremdenverkehrsverbände oder Tourismuszentralen wie DZT, DFV),
* regionale Träger (z. B. regionale Fremdenverkehrsverbände),
* lokale Träger (z. B. Verkehrs- oder Kurverein, Hotelverband).

oder nach **rechtlicher Organisation** der Träger in

* öffentlich-rechtliche Körperschaften (z. B. Staat, Gemeinden, EG),
* rechtlich vereinigte Institutionen (z. B. Berufsverbände, Interessengemeinschaften),
* lose verbundene Interessenverbände als Aktionsgemeinschaften (z. B. parlamentarisch oder außerparlamentarische Gruppen, Aktionskomitees Umwelt, usw.).

oder nach **berufsständischer** Aufteilung in

* Hotellerie,
* Reisebüros,
* Fremdenverkehrsämter,
* Verkehrsträger,
* usw.

Im Hinblick auf die Bestimmung einer (möglichst umfangreichen) Fremdenverkehrspolitik ist vor allem die Unterscheidung nach **Organisationsformen** sowie nach **Ebenen** von Bedeutung:

(1) Organisationsformen der Träger

Während in den meisten Politikbereichen vor allem öffentliche Träger die Ziele und Maßnahmen bestimmten, sind im Tourismus auch zahlreiche private Träger (und deren Vereinigungen) sowie einige "Mischformen" für die Tourismuspolitik zuständig. Die Abgrenzung erfolgt vorwiegend nach Eigentumsformen (öffentlich oder privat), aber auch nach Zielsetzungen (gemeinwirtschaftlich oder privatwirtschaftlich-ökonomisch) sowie nach Einnahmequellen (über den Markt oder öffentliche Zuschüsse) (vgl. FREYER 1992b).

* **Staatliche Träger:** Staatliche Träger der Tourismuspolitik umfassen die verschiedenen öffentlichen Entscheidungsträger auf den verschiedenen Ebenen (Bund, Länder und Gemeinden). Es sind Ministerien, deren (Tourismus-)Referate, (Fremdenverkehrs-)Ämter und -verwaltungen. Zudem sind verschiedene Gebietskörperschaften (wie Kommunen, Städte, Regionen) und entsprechende Vereinigungen tourismuspolitisch aktiv (wie Städte- und Gemeindebund, regionale Werbegemeinschaften, Fremdenverkehrsverbände).

---

1 Vgl. KASPAR 1991: 145 und Abschnitt 3.7.

- **Private Träger:** Private Träger sind in ihrer "Reinform" in privatwirtschaftlichem Eigentum und erzielen ihre Erlöse über den Markt. Im Tourismus sind dies die bekannten Tourismusbetriebe des Beherbergungswesens, der Reiseorganisation, des Transportsektors (soweit nicht staatlich) usw. Auch Einzelpersonen und deren Vereinigungen zählen dazu, wie z. B. Reiseclubs, Automobilclubs, VdKF, AIEST usw. Einige dieser Unternehmen (und Einzelpersonen) haben sich auf überbetrieblicher Ebene zu Vereinen und Verbänden zusammengeschlossen, um ihre Interessen auf den verschiedenen Ebenen besser durchsetzen zu können ("Lobbyismus"). Die bekanntesten sind asr, DRV (Reisebüroverbände), DEHOGA (Deutscher Hotel- und Gaststättenverband), ADAC (Automobilclub), ADFC (Fahrradclub), RDA und BDO (Omnibusverbände) und die IHK (berufsständischer Vereinigung). Auch diese Vereinigungen handeln überwiegend im privatiwirtschaftlichen Interesse ihrer Mitglieder, sie nehmen aber auch teilweise öffentliche Aufgaben und Interessen wahr.

- **Mischformen:** Zu den Mischformen der tourismuspolitischen Träger gehören sowohl Organisationen, die im gemeinwirtschaftlichen Interesse handeln, als auch solche, die teils private, teils öffentlich Mitglieder haben.
  Am bekanntesten sind die zahlreichen Tourismusvereine und -verbände, die einerseits im Auftrag ihrer Mitglieder handeln - und damit privatwirtschaftliche Interessen vertreten -, andererseits auch gemeinwirtschaftliche Ziele verfolgen. Zudem gibt es bei solchen Vereinigungen häufig sowohl öffentliche als auch private Mitglieder. Beide zusammen wirken an der Entwicklung der Tourismuspolitik mit.

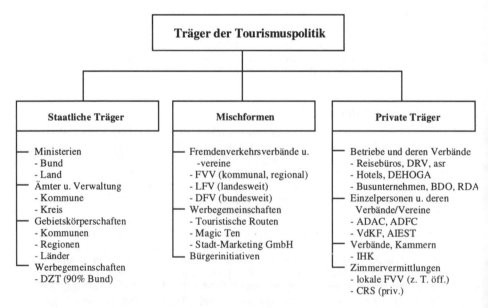

Abb. 5-4　Träger der Tourismuspolitik (nach Organisationsformen)

Auf lokaler Ebene haben sie mehr oder weniger Einfluß auf verschiedene Einrichtungen der Verwaltung oder sind im jeweiligen örtlichen Fremdenverkehrsverein vertreten. Ähnliche Organisationen existieren auf regionaler, überregionaler und auf Bundesebene. Auch Gebietsgemeinschaften nehmen zumeist eine "Zwitterfunktion" wahr. Sie sind zum einen öffentliche Zusammenschlüsse (von Gemeinden, Städten, Regionen usw.), zum anderen vertreten sie - satzungsgemäß - die Interessen ihrer Mitglieder (gegen die anderer ähnlicher Vereinigungen). Insofern sind lokale Fremdenverkehrsvereine und regionale Fremdenverkehrsverbände weder eindeutig dem öffentlichen noch eindeutig dem privaten Bereich zuzurechnen. Zu den Mischformen zählen ferner auch Verbraucherorganisationen und Bürgerinitiativen, die sich - im öffentlichen Interesse - um die Förderung des Fremdenverkehrs bemühen.

Wandel der Organisationsformen

Insgesamt läßt sich im Tourismus ein gewisser Wandel von öffentlicher Fremdenverkehrsplanung (in den 70er Jahren) über Potentialanalysen sowie Markt- und Meinungsforschung (in den 80er Jahren) zum konzeptionellen und strategischen sowie marktorientierten Handeln - auch der Verwaltung - feststellen (in den 90er Jahren). Hinzu kam eine Entwicklung weg-von öffentlichen und hin-zu privatwirtschaftlichen Organisationsformen (wie Tourismus-GmbHs) der Tourismuspolitik (vgl. KLEIN 1994: 28ff, auch FREYER 1992b).

(2) Träger auf verschiedenen Ebenen

Tourismuspolitik ist fast immer ein Zusammenspiel der Entscheidungsträger auf verschiedenen Politikebenen. In allgemeiner Form werden dabei (fast) immer eine "zentrale" und eine "dezentrale" Ebene sowie eine (oder) mehrere Zwischenebene(n) unterschieden.

In bezug auf nationale Tourismuspolitik ist die "**Zentrale**" zumeist die nationale oder - in Deutschland - die Bundesebene, die die allgemeinen Richtlinien der Tourismuspolitik festlegt. Je nach Wirtschafts- und Politiksystem kommt der Zentrale mehr oder weniger Entscheidungskompetenz zu (vgl. 5.1, 5.2.2). Als **dezentrale Ebene** der Tourismuspolitik werden in der Regel die lokalen Entscheidungsträger betrachtet, wie Gemeinden, Städte, kommunale Fremdenverkehrseinrichtungen usw. Als "**Zwischenebene**" werden Träger angesehen, die oberhalb der kommunalen und unterhalb der nationalen Ebene organisiert sind. Diese klingt tautologisch, ist aber aufgrund der Vielfalt von "Zwischenebenen" in der Realität eine notwendige Definition. Zwischenebenen können sein: einzelne (Bundes-)Länder, einzelne Regionen, aber auch Gemeinschaften von Ländern oder Regionen, wie beispielsweise die Deutschen Küsten(bundes)länder ("Deutschlands Norden"), Touristische Routen (die durch mehrere Bundesländer führen), Gebietsgemeinschaften, wie "Schwarzwald", "Sächsische Schweiz", Werbegemeinschaften von Städten ("Magic Ten") usw.

Ferner gibt es oberhalb der "zentralen" nationalen Ebene noch weitere internationale Träger der Tourismuspolitik, die mehr oder weniger Einfluß auf nationale Entscheidungen nehmen (können). "Unterhalb" der dezentralen Ebene Kommune könn(t)en noch Einzelbetriebe mit ihrer - einzelwirtschaftlichen - Unternehmenspolitik unterschieden werden. Soweit sie sich mit anderen Unternehmen zu einem überbetrieblichen Marketing (oder "Politik") zusammenschließen, treten sie zumeist auf der kommunalen Ebene in Erscheinung.

In Abb. 5-5 sind die wichtigsten Träger der Tourismuspolitik auf den verschiedenen Ebenen überblickhaft dargestellt. Entsprechend der unterschiedlichen Ebenen unterscheiden sich auch die tourismuspolitischen Zielvorstellungen sowie die möglichen Maßnahmen von

- internationalen Institutionen   (übernational)
- des Bundes   (national, zentrale obere Ebene)
- der Länder, Regionen   (Zwischenebenen)
- der Kommunen   (dezentrale untere Ebene)
- der Betriebe   (dezentrale einzelwirtschaftliche Träger)
- der Verbände   (auf verschiedenen Ebenen)

und geraten zum Teil auch miteinander in Konflikt (vgl. zu den Zielkonflikten 5.3).

Ebene	Öffentliche Träger/ Institutionen	Private Träger
Übernational	*EG-Kommission, GD XXIII WTO, FITEC**	*FITEC*, UFTAA, UIC, IRU, IATA, HORECA, IATA, IHA*
National	versch. Ministerien, Bundestagsausschuß Tourismus DZT, DBV*, DFV*	asr, DRV, DBV*, DFV*, ADAC, BDO, DEHOGA, etc.
Land, Region	Landesministerien (Ref. FV) LFV*, Werbegemeinschaften/ Touristische Routen	Landes- u. Regionalverbände, DEHOGA, LFV* Werbegemeinschaften/ Touristische Routen*, etc.
Kommune	FVV, FVA	Einzelbetriebe: Hotel, Gaststätten etc.
(Einzel-)Betrieb	***FVA*	*Hotel, Reiseveranstalter,*

Legende:
ADAC = Allgemeiner Deutscher Automobilclub, asr = Allgemeiner Verband mittelständischer Reiseunternehmen, BDO = Bund Deutscher Omnibusbetriebe e.V., DBV = Deutscher Bäderverband e.V., DEHOGA = Deutscher Hotel-und Gaststättenverband e. V., DFV = Deutscher Fremdenverkehrsverband e. V., DRV = Deutscher Reisebüroverband e.V., DZT = Deutsche Zentrale für Tourismus e. V., FITEC = Fédération Internationale du Thermalisme et du Climatisme, FV = Fremdenverkehr(s)-, FVA = Fremdenverkehrsamt, FVV = Fremdenverkehrsverein, HORECA = Hotel-Restaurant Catering, IATA = International Air Transport Association, IHA = International Hotel Association, IRU =International Road Transport Union, UFTAA = Universal Federation of Travel Agents Association, UIC = Union Internationale des Chemins de Fer, WTO = World Tourism Organization

*   Diese Vereinigungen von Gebietsgemeinschaften und gemeinnützige Vereinigungen nehmen eine "Zwitterstellung" ein und sind daher sowohl im öffentlichen als auch privaten Bereich aufgeführt.
** Betrieb im weiteren Verständnis

Abb. 5-5   Träger der Tourismuspolitik (nach Ebenen und Organisationsform)

5.3.2 Träger in der Bundesrepublik: Bund, Länder und Gemeinden sowie Verbände

In der Bundesrepublik lassen sich die verschiedenen öffentlichen und privatwirtschaftlichen Träger infolge des föderalistischen Systems vor allem nach den Trägerebenen Bund, Länder und Gemeinden darstellen, für die die Fremdenverkehrspolitik eine ganz unterschiedliche Bedeutung hat[1].

"Bund und Länder betrachten den Fremdenverkehr aus der Vogelperspektive großräumiger Gebietsdefinitionen und Mittelverwendung ... Die Kommunen ... müssen mit einem mehr oder weniger großen Apparat Fremdenverkehrspolitik aus ihrer begrenzten lokalen Sicht betreiben ... Die Tourismusindustrie schließlich muß ihre Investitionen und Standorte nach den Möglichkeiten der Rentierlichkeit des Kapitals beurteilen, ..." (ROMEISS-STRACKE 1983: 359)

(1) Tourismuspolitische Träger auf Bundesebene

Auf Bundesebene sind fast alle Ministerien mehr oder weniger für verschiedene fremdenverkehrspolitische Aufgaben zuständig (vgl. Abb. 5-6). Diese Kompetenzzersplitterung führt häufig zu einem Nebeneinander und zum Teil auch Gegeneinander von Maßnahmen. So förderte zum Beispiel das Bundesministerium für Forschung und Technologie in einem Modellversuch die Umschulung von arbeitslosen Lehrern zu Tourismus-Assistenten, andererseits förderte das Ministerium für Arbeit und Soziales die Umschulung von (arbeitslosen) Reisebürofachkräften zu Ausbildern im technischen und sozialen Bereich.

Dem Referat "Tourismus(politik)" im Bundeswirtschaftsministerium kommt auf Bundesebene eine gewisse federführende Stellung zu. Ferner wurde durch das Bundesministerium für Wirtschaft im Jahr 1970 die Initiative ergriffen und unter Leitung des damaligen Staatssekretärs von Dohnani der "Arbeitskreis Fremdenverkehr" beim Bundesministerium für Wirtschaft als beratendes Gremium eingerichtet (später zum "Beirat für Fragen des Tourismus" aufgewertet). Hier wurden vor allem Persönlichkeiten aus der deutschen Fremdenverkehrswirtschaft berufen, um als Gesprächspartner mit beratender Funktion auf der Ebene des Bundes und der Länder zur Verfügung zu stehen. Aber in den Folgejahren kam diesem Gremium nur geringe Bedeutung zu.

Den jahrelangen Forderungen der Tourismuswirtschaft nach höherer Bedeutung und vor allem Koordination der verschiedenen fremdenverkehrspolitischen Aktivitäten auf Bundesebene hat die Bundesregierung 1987 durch Einrichtung eines Unterausschusses "Tourismus und Fremdenverkehr" im Wirtschaftsausschuß des Bundestages und der Benennung eines Staatssekretärs als Ansprechpartner für die Fremdenverkehrswirtschaft Rechnung getragen. 1990 wurde er zum Vollausschuß.

Zu erwähnen sind auf Bundesebene ferner die **DZT**-Deutsche Zentrale für Tourismus, die zu fast 90 % vom Bund finanziert wird und für die deutsche Fremdenverkehrswerbung und -vertretung im Ausland zuständig ist, sowie die verschiedenen Bundesverbände der Fremdenverkehrsindustrie (vgl. (4)).

---

1 Bereits in Teil 3.7 waren ausführlich die Struktur und Organisationen der Fremdenverkehrsorte und -gebiete sowie deren kooperative Politik in der Bundesrepublik (als Träger der Fremdenverkehrspolitik) dargestellt worden. Im folgenden werden ergänzend vor allem die öffentlichen Träger genannt.

Ressort/Ministerium	Fremdenverkehrsbezogene Aufgaben
Bundesministerium für Wirtschaft	• Abteilung Fremdenverkehr (Ressort) • Fremdenverkehrsförderung • Regionale und sektorale Strukturpolitik • Sicherung der allgemeinen wirtschaftlichen Rahmenbedingungen
Bundesministerium für Verkehr	• Gesamter Transportsektor • Planung von Bundesfernstraßen • Flugverkehr (Tarifhoheit, Streckengenehmigung) • Bundesbahn • Schiffahrt auf Binnengewässern *Institutionen*: Luftfahrtbundesamt (Braunschweig), Kraftfahrtbundesamt (Flensburg), Wetterdienst, Bundesautobahnen
Bundesministerium für Raumordnung, Bauwesen und Städtebau	• Landschaftsplanung • Regionalplanung, Nutzungspläne • Festlegung von Freizeit- und Erholungsgebieten • Freizeitarchitektur und -einrichtungen
Bundesministerium des Auswärtigen	• Auslandsvertretungen • Konsularischer Schutz und Touristenbetreuung im Ausland • Visaerteilung für ausländische Besucher nach Deutschland
Bundesministerium des Inneren	• Fremdenverkehrsstatistik (Statistisches Bundesamt als ihm unterstehende Bundesbehörde) • Arbeitszeit-, Erholungs- u. Sonderurlaubsverordnung sowie Tarifrecht öff. Bediensteter • Freizeitsport • Bundesgrenzschutz • Regelungen für Ein- und Ausreise • Aufenthaltsgenehmigungen für Ausländer in Deutschland • Zoll- und Paßvorschriften
Bundesministerium der Justiz	• Rechtliche Rahmenbedingungen, speziell: • Reisevertragsgesetz • Allgemeines Vertragsrecht • Internationales Recht/Abkommen
Bundesministerium für Ernährung, Landwirtschaft und Forsten	• Information über und Förderung von "Urlaub auf dem Bauernhof" • Forschung über Freizeit und Landschaft • Neuordnung des ländlichen Raumes • Landschaftskultur, Forstwirtschaft, -struktur, Jagd, Reiterei • Naturschutz, Landschaftsschutz
Bundesministerium für Arbeit und Sozialordnung	• Arbeitszeitregelungen • Urlaubsregelungen • Kur- und Erholungsurlaube (Rentenversicherungsanstalt)
Bundesministerium der Finanzen	• Finanzhilfen (Strukturförderung) • Steuergesetze und -regelungen • Reisekostenregelungen (im Steuergesetz) • Bundesaufsichtsamt für das Versicherungswesen (Reiseversicherung)

Abb. 5-6   Zuständigkeiten für Fremdenverkehr auf Bundesebene

Bundesministerium für Gesundheit	• Gesundheitsvor- und -nachsorge (Impfvorschriften) • Kur- und Bäderwesen, Sozialkuren
Bundesministerium für Familie, Senioren, Frauen und Jugend	• Jugendaustausch • Familienfreizeit und -urlaub • Freizeitverbände
Bundesministerium für das Post und Telekommunikation	• Kommunikationswesen (Telefon, Fax, "Datenautobahnen", usw.) • Reservierungssysteme und Tourismus • Neue Medien • Erholungsstätten für Postbedienstete
Bundesministerium der Verteidigung	• Freizeit der Soldaten • militärisches Transportwesen • Politischer Reiseverkehr (mit Militärmaschinen)
Bundesministerium für Bildung, Wissenschaft, Forschung und Technologie	• Touristische Ausbildung: Berufs-, Fach-, Hochschulen, Universitäten • Weiterbildung, Volkshochschulen • Hotelfachschulen usw. • Forschungsaufträge und -förderung im Bereich Tourismus • Technische Forschungsförderung, insbes. Transportwesen
Bundesministerium für wirtschaftliche Zusammenarbeit und Entwicklung	• Entwicklungsländertourismus • Arbeitsgruppe Touristeninformation 3. Welt • Touristische Entwicklungshilfe • Förderung von Tourismusprojekten im Ausland (begrenzt)
Bundesministerium für Umwelt, Naturschutz und Reaktorsicherheit	• Umweltschutz • Naturschutz in Erholungsgebieten • Erhalt/Einrichtung von Erholungslandschaften

Abb. 5-6   Zuständigkeiten für Fremdenverkehr auf Bundesebene (Fortsetzung)

(2) Träger auf Länderebene (bzw. Zwischenebenen)

Ganz ähnliche Strukturen wie auf Bundesebene gibt es hinsichtlich der Trägerschaften auf Landesebene. Auch hier bestehen in den verschiedenen Landesministerien unterschiedliche Zuständigkeiten für Angelegenheiten des Fremdenverkehrs, ohne daß es gesonderte Fachreferate für Tourismus gibt. In den meisten Bundesländern ist allerdings innerhalb des Wirtschaftsministeriums ein eigenes Tourismusreferat angesiedelt.

In die Zuständigkeit der Länder fallen gemäß Grundgesetz vor allem regionale Wirtschaftsförderungsmaßnahmen, vor allem die Förderung der touristischen Infrastruktur, die Gewerbeförderung, die Förderung des Kurwesens und des Sozialtourismus. Ferner sind die Länder für die - auch tourismuspolitisch bedeutsame - Ferienregelung zuständig. Darüber hinaus unterstützen die Länder Marketingmaßnahmen und Forschungsprojekte. Durch diese Maßnahmen nehmen die Länder auch ihrerseits Einfluß auf die Fremdenverkehrspolitik in den Kommunen.

Hinzu kommen **Landesfremdenverkehrsverbände**, die eine gewisse Zwitterfunktion zwischen privaten und öffentlichen Trägern einnehmen. Zum einen sind sie vorwiegend Zusammenschlüsse öffentlicher Gebietskörperschaften, insbesondere kommunale und regionale Fremdenverkehrsverbände, zum anderen vertreten sie aber die Interessen ihrer Mitglieder und agieren damit ähnlich zu ständigen Organisationen.

Die privatwirtschaftlichen Vereinigungen sind weniger häufig auf Landes- und Bezirksebene vertreten. Die Hauptaufgabe der Tourismuspolitik nehmen ihre Bundesverbände wahr.

Regionen
Die Aussagen zu Bund und Ländern gelten in weitgehender Analogie auch für die Zwischenebene(n) der Regionen und Gebietsgemeinschaften.

(3) Träger auf kommunaler Ebene

Auf der (dezentralen) kommunalen Ebene bemühen sich die Gemeindeverwaltung und die lokalen Fremdenverkehrsorganisationen um eine lokale Fremdenverkehrspolitik. Diese umfaßt die Koordination der verschiedenen Einzelaktivitäten, häufig in einem lokalen (Fremden-)**Verkehrsverein**, der sich meist aus öffentlichen und privaten Mitgliedern zusammensetzt.

(4) Verbände

Auf allen der zuvor genannten Ebenen sind auch die verschiedenen Fremdenverkehrsorganisationen und -verbände aktiv und versuchen, im Interesse der von ihnen vertretenen Mitglieder, Einfluß auf die Fremdenverkehrspolitik zu nehmen. Jahrelang haben die verschiedenen Fremdenverkehrsverbände in der Bundesrepublik eine ziemlich unkoordinierte Verbandspolitik betrieben. Erst seit einigen Jahren ist in diesem Bereich eine zunehmende Koordination festzustellen. So sind vor allem die im deutschen Fremdenverkehrspräsidium zusammengeschlossenen Verbände (DFV, DBV, DEHOGA, DRV, asr, DZT) in engem Kontakt mit den entsprechenden Regierungsstellen.

5.4 Ziele der Fremdenverkehrspolitik

5.4.0 Zieldiskussion - allgemein

Bei allen Planungsmaßnahmen kommt der Zielfestlegung eine bedeutende Rolle zu. Nur wenn Klarheit darüber besteht, was Fremdenverkehrsplanung und fremdenverkehrspolitische Maßnahmen bewirken sollen, können

• die richtigen Maßnahmen ausgewählt und
• letztendlich der Erfolg/Mißerfolg einer Fremdenverkehrspolitik bestimmt bzw. beurteilt werden.

In der Literatur zur allgemeinen Wirtschaftspolitik sowie in der -übergreifenden - Planungsliteratur ist die Ziel-Mittel-Problematik ausführlich abgehandelt worden. Hierbei zeigt sich eine gewisse Zurückhaltung bei der **Zielfestlegung** . Dieser "Zielfindungsprozeß" wird als "politische Aufgabe" angesehen, die aus dem Kräftespiel der am politischen Willensbildungsprozeß beteiligten Personen und

Institutionen resultiert. Es wird davon ausgegangen, daß die Ziele (politisch) **vorgegeben** sind und es Aufgabe des Wirtschafts- oder Fremdenverkehrspolitikers sei, die Ziele hinsichtlich gewisser Eigenschaften (wie Widerspruchsfreiheit, Operationalisierbarkeit) zu überprüfen und sie umzusetzen, zu realisieren.

Im Fremdenverkehr besteht aber (noch) kein allgemein akzeptierter fremdenverkehrspolitischer Zielkatalog und die in der Fremdenverkehrspraxis Beschäftigten werden oft mit der Aufstellung von - lokalen, regionalen oder nationalen - Zielkatalogen befaßt sein.

Folglich wird in diesem Kapitel etwas näher auf den **Zielfindungsprozess** sowie auf einige allgemeine Eigenschaften von Zielen eingegangen.

Bei der Zielfestlegung im öffentlichen und privatwirtschaftlichen Bereich haben sich vor allem drei Problembereiche herauskristallisiert, die im folgenden genauer erläutert werden:

• Ziel-Mittel-Problematik (Zielsysteme, Zielhierarchie)
• Operationalisierbarkeit von Zielen
• Zielkompatibilität und -konkurrenz

5.4.1 Zielstrukturen

Bei der Festlegung von Zielen, Teilzielen usw. hat sich eingebürgert, die Ziele nicht "lose" nebeneinander zu nennen, sondern sie in ein bestimmtes Verhältnis zueinander zu setzen. Vor allem werden diese Zusammenhänge mit Hilfe sogenannter **Zielpyramiden** oder **-hierarchien** dargestellt. Es werden in der Regel mehrere Zielebenen unterschieden. Oft sind diese Ebenen weitgehend identisch mit den Entscheidungsbefugnissen/-kompetenzen der zuständigen Planungsinstitution. Zusätzlich erfolgt die Abstufung der Zielebenen hinsichtlich des Umfanges, der Bedeutung und des Konkretisierungsgrades der Ziele und Mittel.

Die Bezeichnung der einzelnen Zielebenen ist nicht einheitlich, so werden die Ebenen gelegentlich als Primär-, Sekundär, Tertiärziel, oder als Ober- und Unterziel, als Haupt- und Neben- oder Hilfsziel(e) oder als Gesamt- oder Teilbereichs-, Partial-, Haupt- oder Nebenziel usw. bezeichnet.

Für die Fremdenverkehrspolitik ist es üblich, die Diskussion der Zielhierarchie vor allem hinsichtlich der **Planungsebenen**

- Bund,
- Länder,
- Regionen,
- Gemeinden

oder - nach Festlegung gesamtgesellschaftlicher "Oberziele" - hinsichtlich der beteiligten Politikbereiche in **Bereichsziele** aufzuteilen und dann weiter zu differenzieren in

- wirtschaftspolitische Tourismusziele,
- sozialpolitische Tourismusziele,
- politische Tourismusziele,
- rechtliche/juristische Tourismusziele,
- gesellschaftspolitische Tourismusziele,
- umweltpolitische Tourismusziele,
- usw.

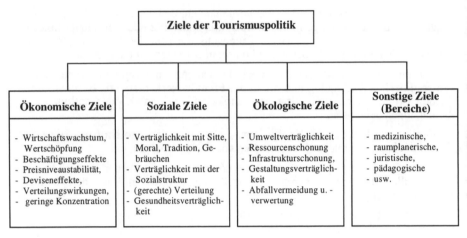

Abb. 5-7   Zielhierarchie (mit Bereichen)

Hinsichtlich der Ziel-Mittel-Zuordnung tritt die Schwierigkeit der **Unterscheidung zwischen Zielen und Mitteln** auf: bestimmte Mittel übergeordneter Ziele sind oft Ziele für untergeordnete Zielebenen, auch ist die Bewertung von Zielen und Mitteln durch die verschiedenen am Planungsprozeß beteiligten Institutionen oftmals sehr unterschiedlich.

Ein allgemeines Beispiel findet sich in Abb. 5-8, wo drei Zielebenen unterschieden sind. Auf der **ersten Ebene** wird nur ein, sehr allgemeines und grundsätzliches Ziel festgelegt. Hinsichtlich des Tourismus könnte dies ein Ziel sein, das von der Bundesregierung festgelegt wird und "Förderung des Tourismus in der Bundesrepublik" lautet.

Die **zweite Ebene** könnte identisch sein

* mit einer Länderebene, die das gleiche Grundsatzziel übernimmt, allerdings nur bezogen auf das jeweilige Land, also z. B. Förderung des Tourismus in Bayern oder in Hessen usw., womit das Hauptziel in 15 Länder(teil)ziele aufgespalten wäre,

oder es könnte

* eine inhaltliche Konkretisierung erfolgen, bei der z. B. folgende vier Teilziele unterschieden werden können[1],

  - Verbesserung der Rahmenbedingungen
  - Steigerung der Leistungsfähigkeit der Fremdenverkehrswirtschaft
  - Verbesserte Teilnahme breiter Bevölkerungsschichten
  - Ausbau der internationalen Zusammenarbeit im Tourismus

---

1 So beispielsweise im fremdenverkehrspolitischen Grundsatzprogramm der Bundesregierung (vgl. BUNDESTAG 1975, 1994 und Abschnitt 5.4.4).

In bezug auf Ebene 1 stellen diese Teilziele **Mittel** dar, in bezug auf Ebene 3 sind es wiederum übergeordnete **Ziele**.

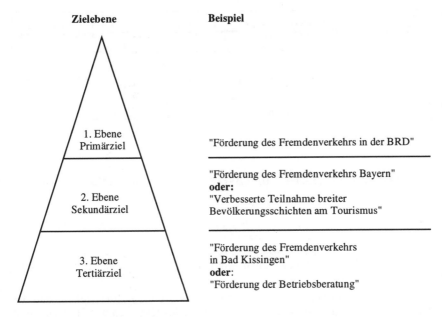

Zielebene	Beispiel
1. Ebene Primärziel	"Förderung des Fremdenverkehrs in der BRD"
2. Ebene Sekundärziel	"Förderung des Fremdenverkehrs Bayern" **oder:** "Verbesserte Teilnahme breiter Bevölkerungsschichten am Tourismus"
3. Ebene Tertiärziel	"Förderung des Fremdenverkehrs in Bad Kissingen" **oder:** "Förderung der Betriebsberatung"

Abb. 5-8 Zielhierarchie (mit Gebieten)

Auf der **dritten Ebene** werden z. B.

• diese Länderziele von den Regionen oder Gemeinden übernommen, womit das Ziel konkretisiert wird, z. B. als "Förderung des Tourismus in der Gemeinde Hintertupfing" oder "der Stadt Berlin" usw.

• oder sie werden inhaltlich konkretisiert, z. B. das "Mittel" der Ebene 2 "Steigerung der Leistungsfähigkeit der Fremdenverkehrswirtschaft" in:
  - Förderung der Betriebsberatung
  - Unterstützung der Marktbeobachtung
  - Absatzförderung
  - usw.

Diese Aufspaltung kann noch weiter gehen. z. B.. können die Mittel der dritten Planungsebene wiederum Zielcharakter bei der Festlegung weiterer Maßnahmen bekommen, z. B. "Förderung der Betriebsberatung" aus Ebene 3 in

- Zuschüsse für die Beratung bei kleinen und mittleren Betrieben- Einrichtung von Beratungsstellen für den Fremdenverkehr
- Erstellen von Marktinformationen für verschiedene Bereiche des Fremdenverkehrs
- usw.

Als Ergebnis dieser Ziel-Mittel-Betrachtungen ergeben sich die verschiedensten **Ziel(-Mittel-)Ketten**, z. B. Abb. 5-9.

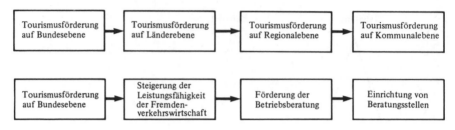

Abb. 5-9   Zielketten

5.4.2   (Übergeordnete) Fremdenverkehrpolitische Ziele und Grundsätze

Für ein umfassendes Fremdenverkehrskonzept benötigt man auf oberer Ebene fremdenverkehrspolitische Grundsatzziele, die in nachgelagerten Stufen mit weiteren Teilzielen konkretisiert werden (können). Erst auf nachgelagerten Planungsstufen werden diese Zielvorgaben in klare Handlungsanweisungen und Maßnahmen umgesetzt.

Bei umfassenden Planungsaufgaben besteht häufig die Schwierigkeit, daß die aufgestellten Ziele **zu allgemein** sind. So sind Zielfestlegungen wie "Entwicklung und Ausbau des Fremdenverkehrs" einerseits zwar vollkommen unumstritten, andererseits aber so wenig konkret, daß ihre Realisierung problematisch ist (Problem der Operationalisierbarkeit).

Im folgenden werden drei Beispiele für tourismuspolitische Haupt- oder Grundsatzziele genannt:

Beispiel 1:
• "Der Mensch mit seinen körperlich-seelischen, sozialen und wirtschaftlichen Bedürfnissen soll im Zentrum der tourismuspolitischen Überlegungen stehen (**menschliche Tourismuspolitik**). Die Tourismuspolitik soll auf die Verwirklichung übergeordneter Werte und Ziele ausgerichtet werden (**ganzheitliche Tourismuspolitik**)."(KASPAR/KUNZ 1983: 395)

Beispiel 2:
• "Das oberste Ziel der Fremdenverkehrspolitik besteht in der langfristigen Gewährleistung der körperlichen und psychischen Erholung sowie regenerierender Aktivität und Geselligkeit für möglichst breite Bevölkerungsschichten in intakter Landschaft und in sowohl Landschafts- wie Gästebedürfnissen angepaßten Siedlungsformen unter Berücksichtigung der langfristigen Interessen der ansässigen Bevölkerung." (KRIPPENDORF 1975: 86)

Beispiel 3:
• Als allgemein **übergeordnete Ziele** nennt TIETZ (1980: 47)
  "1. die Förderung des Tourismus als bedeutende Form der Freizeitgestaltung der Bürger,
  2. die Förderung des Tourismus zur Schaffung von Arbeitsplätzen
  3. die Förderung des Tourismus zum Ausgleich von wirtschaftlichen Unterschieden in der Region,
  4. die Vermeidung von sozialen und ökologischen Nachteilen des Tourismus."

Aus den vorgenannten allgemeinen touristischen Grundsätzen und Bereichs-
zielen läßt sich ein umfassendes System tourismuspolitischer Ziele formulieren. Im
folgenden Abschnitt wird das tourismuspolitische Grundsatzprogramm für die
Bundesrepublik dargestellt. Eine andere umfassende Darstellung existiert für die
Schweiz (vgl. KRIPPENDORF u.a. 1986, KASPAR 1991, vgl. Abb. 5-10). Aus den
vorgenannten übergeordneten fremdenverkehrspolitische Ziele werden **touristische Bereichsziele** abgeleitet. Solche Bereiche und die entsprechenden Ziele
sind beispielsweise:

Ökonomische Fremdenverkehrsziele

Allgemeine Erhöhung der touristischen Wertschöpfung, Ausweitung der (touristischen) internationalen Wirtschaftsbeziehungen, Förderung des regionalen
Tourismus zur Erzielung eines höheren Pro-Kopf-Einkommens, höherer Steuereinnahmen für Gemeinden und Regionen oder Deviseneinnahmen für ein Land.
Erhöhung des Beschäftigungsumfanges im Tourismusbereich sowie Verbesserung
der Einkommenssituation. - **Zusammenfassung**: Möglichst viel und hohe Produktion und Einnahmen aus und für den Tourismus.

Für die Bundesrepublik sind die ökonomischen Fremdenverkehrsziele in engem
Zusammenhang mit den Forderungen des Stabilitäts- und Wachstumsgesetzes zu
sehen: Gleichzeitiges Erreichen von stetigem und angemessenem Wachstum, hoher
Beschäftigungsstand, stabiles Preisniveau und außenwirtschaftliches Gleichgewicht
wird durch (und im) Fremdenverkehr angestrebt (vgl. Teil 6.2).

Umweltziele

Schützung und Bewahrung der natürlichen Ressourcen eines Fremdenverkehrs-
gebietes. Dazu gehört Schutz von Flora und Fauna, Tier- und Pflanzenwelt,
Gewässerschutz, Luftreinhaltung, Lärmschutz, Emission- und Immissionsschutz.
Hierzu zählt die Einrichtung von Naturparks, von schützenswerten Gebieten,
Bewahrung von Landschaftsgebieten und Baudenkmälern, so daß auch noch
künftige Generationen an diesen touristischen Attraktionen teilhaben können.

Soziale Tourismusziele

Möglichkeit für möglichst große Bereiche der Gesellschaft, am nationalen und internationalen Reiseverkehr teilzunehmen. Dies bedeutet Abbau von Reise-
restriktionen, aber auch Überwindung von Problemen für einkommensschwache
Schichten, den Bau von Familienerholungseinrichtungen und die Förderung des
Jugendaustausches. Teilweise umfaßt dies auch die Verbesserung der Infrastruktur,
vor allem in bezug auf Bildung und Gesundheit für die gesamte Bevölkerung.

Im **kulturellen** Bereich stehen Erhaltung und Förderung von Kulturgütern,
Restaurierung von Bauwerken im Widerspruch mit Kommerzialisierung des kulturellen Lebens (Ausverkauf der Kultur(güter), Störung des kulturellen und religiösen Gleichgewichts, Zerstörung von Sitte und Moral, Airport Art).

Politische Fremdenverkehrsziele

Im politischen Bereich ist stets eine Abwägung zu treffen zwischen allgemeiner
Freizügigkeit, Reiseerleichterungen und Schutz der Gesellschaft vor Kriminalität,
Prostitution und gesundheitlichen Problemen.

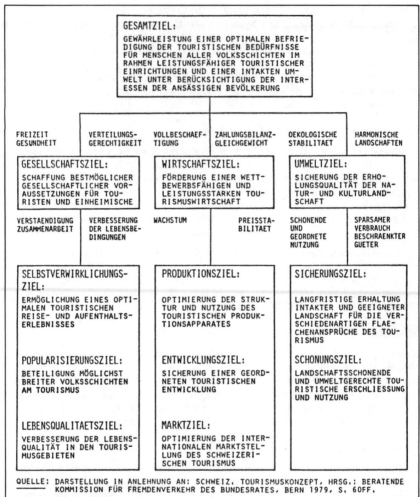

Abb. 5-10 Ziele der Tourismuspolitik in der Schweiz

Individuelle oder individuumbezogene tourismuspolitische Ziele

Für den Einzelnen stehen insbesondere Ziele der Freizügigkeit, der persönlichen Entfaltung, des möglichst hohen touristischen Konsumangebots, viel Vergnügen, Aktivitäten, Erholung, Regeneration usw. im Vordergrund.

Betriebsbezogene tourismuspolitische Ziele

Der einzelne Betrieb wünscht vor allem allgemeine Entfaltung der eigenen wirtschaftlichen Aktivitäten mit dem Ziel hoher Erlöse. Dazu gehören Gewerbefreiheit, zum Teil Konkurrenzschutz, Schutz von Kleinunternehmen und des Mittelstandes vor Monopolen und Großunternehmen, Abbau der Handelshemmnisse (im internationalen Tourismus) usw.

5.4.3 Zielkonflikte: Fremdenverkehrspolitik im Spannungsfeld

Von Zielen und Zielhierarchien wird erwartet, daß sie bestimmte Eigenschaften haben. Sie sollen

- **realisierbar** sein. Das klingt selbstverständlich, ist aber bei konkreten Planungsmaßnahmen oft ein entscheidendes Problem. Es beinhaltet vor allem die Kompetenzproblematik (die betreffende Institution muß für diese Aufgabe auch zuständig sein und die entsprechende Entscheidungsbefugnis haben) und die Operationalisierbarkeit von Zielen.
- **konsistent** sein, d.h. einfach ausgedrückt, daß die Ziele und Mittel in einem logischen Verhältnis zueinander stehen müssen, also keine Widersprüche usw. aufweisen dürfen (Transitivität, kein Arrow-Problem).
- **kompatibel** miteinander sein (Harmonie, Verträglichkeit, keine Zielkonflikte).

Vor allem die dritte Eigenschaft ist bei fast allen konkreten Zielsystemen besonders problematisch. Die wenigsten Ziele stehen zueinander in einem neutralen Verhältnis. Entweder **bedingen sie sich gegenseitig**, haben also zueinander eine Ziel-Mittel-Beziehung oder sie behindern sich gegenseitig, stehen also zueinander in Konflikt. - Auf diese **Zielkonflikte** wird im folgenden etwas genauer eingegangen.

Fremdenverkehrspolitik kann nicht losgelöst von anderen gesellschaftlichen Bereichen/Zielen gesehen werden. Da sie selbst - wie oben erwähnt - ihre Maßnahmen aus unterschiedlichen Politikbereichen entlehnt, steht sie in einem stetigen Spannungsfeld mit anderen Bereichen. Die Förderung des Fremdenverkehrs kann z. B. in **Konflikt** geraten mit (vgl. Abb. 5-11)

- allgemeiner **Wirtschaftspolitik**, wenn dadurch andere Wirtschaftsbereiche, z. B. Industrie, weniger gefördert werden. Auch ist Fremdenverkehr kein Allheilmittel zur Überwindung von regionalen oder nationalen Entwicklungsproblemen. Vor allem die Erfahrung in vielen Entwicklungsländern hat gezeigt, daß die Rolle des Fremdenverkehrs für die nationale Entwicklung inzwischen eher skeptisch eingeschätzt wird.

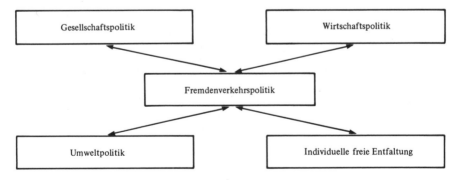

Abb. 5-11 Fremdenverkehrspolitik im Spannungsfeld mit anderen Politikbereichen

- mit **allgemeiner Gesellschaftspolitik**, wenn Fremdenverkehr der politischen, kulturellen und sozialen Entwicklung eines Landes entgegenläuft. So kann es aus fremdenverkehrspolitischen Überlegungen erwünscht sein, ein Spielkasino einzurichten, aber nicht aus sozio-kulturellen Gründen.

- mit **Umweltpolitik**: wenn Tourismus landschaftsverändernd und -zerstörend wirkt, z. B. durch Ansiedlung von Industriebetrieben in ländlichen Gebieten oder den Ausbau der Infrastruktur (Autobahnen, Flughäfen) oder z. B. wenn aus Gründen des Umweltschutzes Gebiete gesperrt oder deren Nutzungen eingeschränkt werden, was im Widerstreit zur touristischen individuellen Entfaltung stehen kann.

- mit **individueller freier Entfaltung**, wenn Tourismus zur Beeinträchtigung der Bewohner am Urlaubsort führt, wie z. B. Lärmbelästigung oder überfüllte Lokale.

Aber Fremdenverkehrspolitik kann auch mit den gleichen Bereichen **konform** gehen, wenn die Förderung des Tourismus

- **wirtschaftspolitisch** zu mehr Arbeitsplätzen führt,
- **gesellschaftspolitisch** erwünschte Veränderungen begünstigt, wie z. B. Freizügigkeit, Emanzipation, Teilnahme verschiedener Gesellschaftsschichten am Fremdenverkehr,
- **umweltpolitisch** zur Umwelterhaltung und -förderung führt, z. B. Bau von Kläranlagen,
- die **individuelle Entfaltung** der Reisenden fördern, z. B. durch Kontakt zu neuen Kulturkreisen oder aufgrund des Erholungsnutzens des Fremdenverkehrs.

Zielkonflikte zeigen sich auch hinsichtlich der fremdenverkehrspolitischen **Träger**. So war in Teil 5.3 aufgezeigt worden, daß sehr viele verschiedene Institutionen am Tourismus und der Festlegung einer entsprechenden Tourismuspolitik beteiligt sind (vgl. Teil 5.3). Zwischen diesen verschiedenen Institutionen kommt es sehr häufig zu Zielkonflikten, da nicht alle Institutionen die gleichen Ziele gleichermaßen unterstützen.

5.4.4   Fremdenverkehrsziele in der Bundesrepublik: Das tourismuspolitische Grundsatzprogramm von 1975 und 1994

Mit Aufkommen der Planungsdiskussion in der Bundesrepublik im Gefolge der ersten SPD/FDP-Regierung 1969 entstand auch im Tourismusbereich ein fremdenverkehrspolitisches Grundsatzprogramm. In diesem tourismuspolitischen Konzept von 1975 betont die damalige Bundesregierung die Zuständigkeit und Mitverantwortung staatlicher Stellen für den Fremdenverkehrsbereich:

"Bund, Länder und Gemeinden haben die gemeinsame Aufgabe und Verpflichtung, zur Sicherung einer kontinuierlichen und zeitgerechten Entwicklung des Fremdenverkehrs in der Bundesrepublik Deutschland Ziele und Schwerpunkte, Prioritäten und Belastungsgrenzen festzulegen. Die Konsequenzen sollen mit allen Betroffenen intensiv erörtert werden, um über die materielle, regionale und institutionelle Gestaltung der deutschen Fremdenverkehrspolitik einen Konsens zu erzielen. " (BUNDESTAG 1975: 5)

Grundlegende Ziele der Tourismuspolitik	Realisierung/Maßnahmen

1. Sicherung der Rahmenbedingungen	• Einordnung der Tourismuspolitik, Koordinierung auf Bundesebene und mit den Ländern
	• Touristische Infrastruktur
	• Verkehrsinfrastruktur
	• Raumordnung und Städtebau
	• Verbesserung der Informationsbasis: Tourismusstatistik, Informations- und Reservierungssysteme, Tourismusbeirat
	• Ferienordnung
	• Rechtsschutz für den Touristen
	• Schutz und Hilfe für deutsche Touristen im Ausland
	  - Information und Aufklärung
	  - Sicherheitshinweise für Auslandsreisen
	  - Dialog mit den Regierungen der Reiseländer
	  - Schutz- und Beistandsmaßnahmen

2. Steigerung der Leistungs- und Wettbewerbsfähigkeit der deutschen Tourismuswirtschaft	• Unterstützung der mittelständischen Unternehmen im Strukturwandel • Aus- und Fortbildung • Auslandswerbung
3. Verbesserung der Möglichkeiten für die Teilnahme breiter Bevölkerungsschichten am Tourismus	• Familien-Tourismus • Jugendreisen • Reisemöglichkeiten für Behinderte • Förderung besonderer Formen des Tourismus (Campingurlaub, Urlaub auf dem Lande, Kurtourismus)
4. Ausbau der internationalen Zusammenarbeit im Tourismus	• Tourismuspolitik auf europäischer Ebene • Organisation für wirtschaftliche Zusammenarbeit und Entwicklung (OECD) • Welt-Tourismus-Organisation (WTO) • Bilaterale Zusammenarbeit mit anderen Staaten • Tourismus im Rahmen der Entwicklungspolitik • Zusammenarbeit mit den Staaten Mittel- und Osteuropa
5. Erhaltung von Umwelt, Natur und Landschaft als Grundlage des Tourismus	• Maßnahmen der Umweltpolitik mit Wirkung auf den Tourismus • Unterstützung der Umweltschutzaktivitäten der deutschen Tourismuswirtschaft • Internationale Aktivitäten

Abb. 5-12   Ziele der Tourismuspolitik der Bundesrepublik Deutschland (Quelle: BMWi 1994)

Die Bundesregierung ging bei der Festlegung ihrer Ziele und Programme für den Tourismus davon aus, "daß aufgrund der gesamtwirtschaftlichen und gesellschaftspolitischen Bedeutung dieses Wirtschaftsbereichs eine gemeinsame politische Verantwortung von Bund und Ländern für die Tourismuspolitik im Rahmen der verfassungsrechtlichen Aufgabenteilung besteht." (ebd: 35)

Sie formuliert fünf fremdenverkehrspolitische Ziele, für die entsprechende Maßnahmen und Aufgabengebiete ausgeführt worden sind. 1994 wurden diese Ziele weitgehend fortgeschrieben, wobei anstelle des damaligen Oberzieles "Verbesserung der Voraussetzungen für die Durchführung der Tourismuspolitik - Koordinierung und Information" (wurde 1994 zum Unterziel) das Umweltziel explizit herausgestellt worden ist (vgl. BMWi 1994):

- Sicherung der Rahmenbedingungen,
- Steigerung der Leistungs- und Wettbewerbsfähigkeit der deutschen Tourismuswirtschaft,
- Verbesserung der Möglichkeiten für die Teilnahme breiter Bevölkerungsschichten am Tourismus,
- Ausbau der internationalen Zusammenarbeit im Tourismus,
- Erhaltung von Umwelt, Natur und Landschaft als Grundlage des Tourismus (wurde 1994 neu bzw. explizit aufgenommen).

Nach wie vor ist die Erklärung von 1975 Grundlage der Fremdenverkehrspolitik in der Bundesrepublik. Trotz veränderter Regierung(skoalition) beriefen sich zwischenzeitlich die politischen Repräsentanten auf diese Grundsatzstudie und schreiben sie 1994 weitgehend unverändert fort.

Unterschiedliche Einschätzungen gab es jedoch in den Folgejahren hinsichtlich der Aufgaben des Bundes. Es wird immer wieder sowohl die Kompetenz der Länder und Gemeinden als auch die Zuständigkeit der Privatunternehmen und des Marktes für Fremdenverkehrsaufgaben betont. Den politischen Entscheidungsträgern und -gremien in der Bundesrepublik käme vorwiegend die Sicherung der **Rahmenbedingungen** für die Entwicklung des Tourismus zu. Sie sähe es nicht als ihre Aufgabe, Umsatz und Ertrag der einzelnen Betriebe oder Betriebsbereiche innerhalb der Tourismuswirtschaft zu maximieren oder der Tourismuswirtschaft das unternehmerische Risiko abzunehmen, vor unbequemen Wettbewerb, vor Folgen von Nachfrageveränderungen und technischen Entwicklungen für Angebot oder Vertrieb zu schützen:

"Dabei ist grundsätzlich davon auszugehen, daß die notwendige Anpassung des gewerblichen touristischen Angebots an veränderte Marktbedingungen in erster Linie eine Sache der einzelnen Unternehmen selbst ist." (BUNDESTAG 1975: 35).

Seit 1975 war mehrfach durch verschiedene Große und Kleine Anfragen der Fraktionen nachgefragt worden, wieweit diese grundsätzlichen Beschlüsse von 1975 umgesetzt worden seien. Auch wurde in diesen An- und Nachfragen immer wieder eine Erneuerung und Fortschreibung des tourismuspolitischen Grundsatzprogrammes von 1975 gefordert (vgl. u. a. BUNDESTAG 1986 a, b). Allgemeiner Tenor der verschiedenen Antworten in der Zwischenzeit war, daß gewisse kleinere Fortschritte erreicht worden seien, daß die allgemeine touristische Entwicklung in der Bundesrepublik keine vorrangigen politischen Aktivitäten (Eingriffe) erfordern würden, daß für einige wenige Teilbereiche weitere Aktivitäten wünschenswert seien und auch entsprechend in die Wege geleitet würden. Auch durch die Fortschreibung von 1994 erfolgte keine wesentliche Trendwende.

Weniger optimistisch äußerte sich die deutsche Tourismuswirtschaft. Sie fordert unter anderem:

- eine **genauere Explikation** der tourismuspolitischen Zielsetzungen sowie der zur Umsetzung notwendigen Maßnahmen.
- eine **Koordination** der verschiedenen fremdenverkehrspolitischen Institutionen, sowie deren Aktivitäten. Zur Zeit sind in fast allen Bundesministerien und auf Ebene der Länder, Regionen und Gemeinden verschiedene Abteilungen mit unterschiedlichen touristischen Fragestellungen beschäftigt. Diese Aufgaben sollten besser koordiniert werden. Erste Schritte waren der 1988 neu eingesetzte Staatssekretär für Tourismus im Wirtschaftsministerium sowie die Einrichtung

eines parlamentarischen (Unter-)Ausschusses "Tourismus und Fremdenverkehr".

• ein **touristisches Jahresgutachten**, das durch die Bundesregierung erstellt
werden sollte. Dieses könnte es der Fremdenverkehrswirtschaft, den Gemeinden, Kreisen, Verbänden, usw. erleichtern, mit ihren Aktivitäten auf veränderte
gesamtwirtschaftliche und fremdenverkehrspolitische Gegebenheiten zu
reagieren. Die derzeitigen Daten innerhalb der amtlichen Statistik werden (von
der Fremdenverkehrswirtschaft) als unzureichend zur Charakterisierung der
volkswirtschaftlichen Bedeutung des Fremdenverkehrs angesehen. Es fehlen
gesamtwirtschaftliche Beurteilungskriterien ebenso wie genauere tourismusbezogene ökonomische Daten und Statistiken. So wären z. B. Angaben zum
Geschäftsreiseverkehr, zu den Ausgaben im Tagesausflugsverkehr, zu den
Reiseausgaben überhaupt, zur Umweltbelastung, zur Beschäftigung im
Tourismusverkehr usw. wünschenswert. Anstelle eines Jahresgutachtens des
Bundes haben zwischenzeitlich die Verbände und das Statistische Bundesamt
begonnen, in eigener Regie entsprechende Analysen zu erstellen (vgl. DFP
1989, 1994, DRV 1989, 1990, Statistisches Bundesamt 1994).

• **unabhängige Studien,** die **öffentlich zugänglich** sind: "Grundlegende
wissenschaftliche Untersuchungen, länderübergreifende Studien sowie modellhafte touristische Initiativen sind für die Entwicklung des Fremdenverkehrs
unentbehrlich und bedürfen ausreichender finanzieller Absicherung durch die
Bundesregierung.
Touristische Forschung muß in erster Linie an den Fachhochschulen und Hochschulen betrieben werden. Es kann nicht angehen, daß fast nahezu alle Grundlagenuntersuchungen auftragsgebunden sind und nur den Auftraggebern zur
Verfügung stehen." (DFV 1993: 12/3)

5.5 Fremdenverkehrpolitische Aufgaben und Mittel

Im folgenden wird nochmals - nach der Erläuterung der Ziele und Träger - kurz auf
die grundsätzlichen Aufgaben einer Fremdenverkehrspolitik hingewiesen und es
werden die **grundsätzlichen** fremdenverkehrspolitischen Mittel erörtert sowie
einige konkrete Ausführungen zu den Möglichkeiten der fremdenverkehrspolitischen Beeinflussung in der Bundesrepublik Deutschland gegeben.

5.5.1 Fremdenverkehrspolitische Aufgaben

Als grundsätzliche fremdenverkehrspolitische Aufgaben gelten - neben den in 5.1.1
genannten allgemeinen Aufgaben in den Bereichen Politik, Ökonomie, Umwelt und
Soziales - vor allem

• touristische **Rahmenplanung**: je nach gesellschaftlichem und politischem
System und allgemeinem und touristischem Entwicklungsstand eines Landes
oder/und einer Region wird eine mehr oder weniger umfassende allgemeine
Rahmenplanung erwartet,

• Entwicklung und Förderung einer **touristischen Region** durch unspezifische
oder gezielte Maßnahmen: Ausbau der Infrastruktur, Bau von Freizeitzentren
oder Steuererleichterungen für touristische Betriebe,

- **touristisches Marketing** auf nationaler, regionaler oder lokaler Ebene. Hierzu zählen vor allem die in Teil 4.4 erläuterten Maßnahmen wie kooperative Werbung usw.

- Fremdenverkehrspolitik als **Ordnungspolitik**: Fremdenverkehrspolitik gewährleistet und sichert ganz allgemein den rechtlichen, ökonomischen und gesellschaftlichen Rahmen für die ökonomischen und sonstigen Aktivitäten der Fremdenverkehrsindustrie. Soweit keine weitergehendere Fremdenverkehrspolitik intendiert ist, beschränkt sich staatliche Fremdenverkehrspolitik auf diese ordnungspolitische Funktion (vgl. 5.2),

- **Koordinationsaufgaben**: Fremdenverkehrspolitik übernimmt die Koordination
  - der verschiedenen staatlichen Institutionen,
  - auf lokaler, regionaler, bundesstaatlicher oder Regierungsebene,
  - zwischen öffentlichen und privaten Stellen,
  - zwischen öffentlichem Sektor und Non-Profit-Organisationen.

Die Abstimmung der Angebots- und Nachfragepläne über den Markt setzt weitgehende ("vollkommene") Markttransparenz voraus, d. h. alle Marktteilnehmer haben sämtliche Marktinformationen (über andere Anbieter, über das Verhalten der Nachfrager usw.). In der Realität sind allerdings die meisten (auch Fremdenverkehrs-) Märkte durch vielfältige Unzulänglichkeiten (für die Marktteilnehmer) gekennzeichnet:

Anbieter sind nur unzureichend informiert über

- ihre Mitwettbewerber,
- Einflußgrößen und Wünsche der Nachfrager,
- ihre eigenen Angebotsmöglichkeiten,
- öffentliche und private Finanzierungsquellen,
- usw.

Nachfrager sind nur unzureichend informiert über

- die verschiedenen touristischen Angebote, über Destinationen, Hotels, usw.
- die vielfältigen Preise in Vor-, Haupt-, Nebensaison,
- über das Nachfrageverhalten der anderen Reisenden, falls man "einsam und alleine" oder "in der Masse" Urlaub machen will,
- das Wetter zur Reisezeit (am Urlaubsort und zu Hause).

Folglich kommt es immer wieder zu überfüllten Reisegebieten auf der einen Seite und zu unausgelasteten Kapazitäten, zu leerstehenden Zimmern und freien Flugsitzen auf der anderen Seite.

Fremdenverkehrspolitik hilft den privaten Anbietern und Nachfragern, diese Informationsdefizite zu verringern. Dies bedeutet für die privaten Marktteilnehmer eine Reduktion ihres Planungsrisikos.

5.5.2 Fremdenverkehrspolitische Instrumente

Zur Durchsetzung touristischer Zielvorstellungen haben die Träger unterschiedliche **Mittel** zur Verfügung. Die Mittel stammen aus der Fülle der staatlichen und privaten Maßnahmen aus den verschiedenen Politikbereichen (**policy-mix**). Die genaue **Ausgestaltung** hängt von der jeweiligen spezifischen Problemstellung des Landes oder der Region ab. Zur Erzielung bestimmter Ergebnisse, z. B. zur Förderung des Tourismus in bestimmten Regionen, wird immer ein **Maßnah-menbündel** erstellt werden müssen.

Nach Inhalt der Mittel können unterschieden werden (vgl. KASPAR 1991: 144f):

- **wirtschaftliche Mittel**, z. B. öffentliche Subventionen oder Beiträge zur Förderung des Fremdenverkehrs, Steuererleichterungen,
- **sozial-kommunikative Mittel**, z. B. Beeinflussung der öffentlichen Meinung - seinerseitiger Aufruf von US-Präsident Johnson zur stay at home Bewegung,
- **rechtliche Mittel**: Gebote und Verbote zugunsten bzw. zulasten des Fremdenverkehrs, z. B. Bauordnung mit Bestimmungen gegen Immissionen wie Lärm, Wasserverunreinigung, Luftverunreinigung bzw. gegen weitere Überbauungen, Arbeitsgesetzgebung usw.
- **technische Mittel**: Konstruktions- und Zustandskontrollen bzw. Sicherheitsvoraussetzungen bei touristischen Spezialverkehrsmitteln,
- **medizinische Mittel**: medizinische Erkenntnisse für den Tourismus zu Heilzwecken, Prävention, Rehabilitation,
- **polizeiliche Mittel**: bau-, sanitäts- und gewerbepolizeiliche Maßnahmen, Kontrolle der Einhaltung rechtlicher Maßnahmen, Wirtschaftsgesetze (Öffnungszeiten).

Im nachfolgenden (5.5.4) werden vor allem die beiden Bereiche der ökonomischen und raumplanerischen Mittel etwas genauer dargestellt.

5.5.3 Fremdenverkehrspolitik im ökonomischen Systemzusammenhang

In Anlehnung und Erweiterung des allgemeinen touristischen Marktmodells aus Teil 1.4.2 kann staatliche **Fremdenverkehrspolitik** vor allem auf drei Bereiche Einfluß nehmen (vgl. Abb. 5-13)

(1) Auf die Nachfrager von Fremdenverkehrsleistungen. Dies kann entweder geschehen

- **indirekt** über Beeinflussung der Bestimmungsfaktoren der Nachfrageseite/der Nachfrager; Beeinflussung nicht-spezifischer Tourismusfaktoren der Nachfrage,
- **direkt** durch spezielle Fremdenverkehrsmaßnahmen, wie z. B. Zuschüsse zum Reisen, Verbilligung/Verteuerung von Transporttarifen, Veränderung der Reisebestimmungen (Paß-, Zollformalitäten), durch direkte Fremdenverkehrswerbung.

(2) Auf die Anbieter: Hier bestehen ebenfalls die beiden Möglichkeiten der Beeinflussung

- **indirekter**, nicht konkret auf den Fremdenverkehr bezogener Faktoren, wie z. B. allgemeine steuerpolitische Entscheidungen, Bauvorschriften, technische Neuerungen, Veränderungen der Infrastruktur,

oder aber durch

- **direkt** tourismusbezogene Angebotsbeeinflussung, wie z. B. durch Fremdenverkehrssubventionen, Steuererleichterungen für Fremdenverkehrsbetriebe, Raumordnungspolitik, Einrichtung einer neuen Flugverbindung von/nach einem bestimmten Ort usw. oder

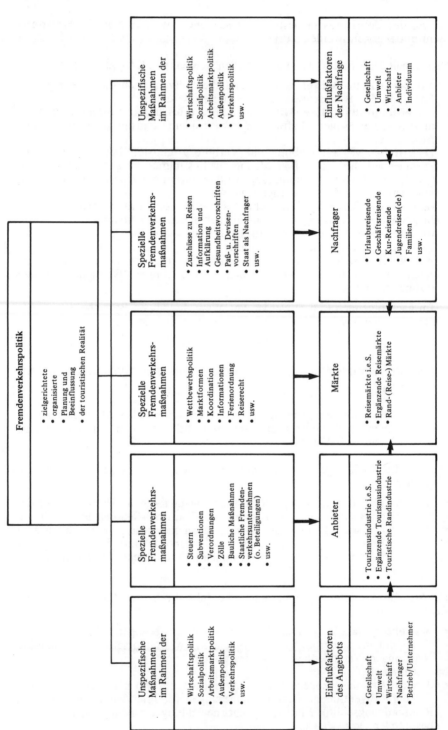

Abb. 5-13 Einflußmöglichkeiten staatlicher Tourismuspolitik

- indem **der Staat selbst** als (zusätzlicher) Anbieter von touristischen Leistungen auftritt, wie z. B. Errichtung eines neuen Flughafens, Einrichtung eines öffentlichen Freizeitzentrums, Einrichtung eines nationalen Fremdenverkehrsbüros.

(3) Auf den Marktbereich: Hierbei greifen öffentliche Stellen in die "normale" Koordinationsfunktion des Marktes ein. Dies kann geschehen mit

- **marktkonformen** Maßnahmen, wie beispielsweise (zusätzlichen) Informationsfunktionen und -aufgaben des Staates, damit die Marktteilnehmer ihr Verhalten besser aufeinander abstimmen (können);
- mit **nicht** oder **weniger marktkonformen** Maßnahmen, wie beispielsweise Ver- und Geboten, z. B. Ein- und Ausfuhrrestriktionen oder -erleichterungen, Subventionen und Steuererleichterungen.
  Der Staat kann ferner Einfluß auf Monopole oder auf Oligopolsituationen auf Märkten nehmen. Dies kann im Interesse der Verbraucher/Konsumenten zu niedrigeren Reisepreisen führen oder im Interesse kleinerer Anbieter deren Marktposition verbessern helfen. Vor allem auch im Hinblick auf die internationale Konkurrenz werden solche Maßnahmen oftmals von staatlicher Seite gefördert[1].
- Durch **planerische Maßnahmen**, indem der Staat versucht, durch verschiedene eigene Maßnahmen die Angebots- und Nachfragemengen auf dem jeweiligen Tourismusmarkt in Einklang zu bringen. Dies kann durch die Förderung zusätzlicher Fremdenverkehrsangebote bzw. -nachfrage geschehen. In dieser Funktion tritt der Staat eventuell selbst als zusätzlicher Anbieter oder Nachfrager auf oder nimmt wiederum Einfluß auf die Bestimmungsfaktoren, also letztendlich wiederum nicht **direkt** auf/über den Markt. Doch auch staatliche Koordinationsfunktionen führen nicht immer zu einer verbesserten Abstimmung der Angebots- und Nachfragewünsche. Oft kommt es auch zu staatlicher **Fehlplanung**, wenn die Planungsinstitutionen vor allem die individuellen Reisewünsche falsch einschätzen und entsprechend zu viel/zu wenig oder das Falsche anbieten.

5.5.4 Das fremdenverkehrspolitische Instrumentarium in der Bundesrepublik Deutschland

Im folgenden werden einige konkrete Maßnahmenmöglichkeiten für den Fremdenverkehr in der Bundesrepublik aufgezeigt. Sie bestehen entweder als Maßnahmen auf Bundes- oder Länderebene und sind in vielen Fällen **nicht fremdenverkehrsspezifisch**. Allgemeine Maßnahmen der Wirtschaftsförderung sind verbreiteter als spezifisch touristische.

5.5.4.1 Ökonomische Instrumente der Fremdenverkehrspolitik

(1) Globalsteuerung

Die Mittel des Stabilitäts- und Wachstumsgesetzes haben indirekt auch für den Fremdenverkehr Bedeutung. Sie werden vor allem auf Bundesebene initiiert und

---

1 Es kann aber auch im Interesse der Marktsituation sein, bestimmte Konzentrationstendenzen aufrechtzuerhalten, so beispielsweise im Hinblick auf die touristischen Groß-Reiseveranstalter oder im Hinblick auf die Monopolstellung einer einheimischen Airline, z. B. Lufthansa.

auf Länder- und lokaler Ebene ergänzt und präzisiert. Abb. 5-14 zeigt die grundsätzlichen Möglichkeiten der **Globalsteuerung** in der Bundesrepublik.

(2) Subventionen

In den meisten Fällen handelt es sich um **Subventionen**. Diese gibt es vor allem bei der Erschließung neuer Regionen und bei Hotelneubauten und -modernisierung. Subventionen reichen von
- Zuschüssen über
- Steuervergünstigungen,
- Darlehen,
- bis zu Bürgschaften.

(2a) Zentrales Förderungsinstrumentarium in der Bundesrepublik ist das Gesetz über die Gemeinschaftsaufgabe (GA) zur **"Verbesserung der regionalen Wirtschaftsstruktur"** [1]. Hiernach werden vor allem Gemeinden und deren Gemeinschaftsmaßnahmen mit Schwerpunkt Fremdenverkehr mit öffentlichen Mitteln gefördert. Oft konzentrieren sich die Vergabemittel auf öffentliche Einrichtungen. Die Erteilung der Bescheinigung über die "besondere volkswirtschaftliche Förderungsmöglichkeit" von Investitionen auch im Fremdenverkehrsbereich obliegt dem Bundesminister für Wirtschaft bzw. dem Bundesamt für gewerbliche Wirtschaft.

(2b) Investitionszulagengesetz: Durch das Investitionszulagengesetz werden auch private Investoren gefördert, wobei keine spezielle Fremdenverkehrsförderung im Gesetz enthalten ist. Allerdings sind Investitionen, die der Modernisierung von Fremdenverkehrsbetrieben dienen, den Umstellungen bzw. grundlegenden Rationalisierungen gleichgestellt. Diese Zuschüsse sind zum Teil von hoher Bedeutung für den Fremdenverkehr, so z. B. Zuschüsse für den Bau von Fremdenverkehrszimmern.

(2c) Darlehen ERP: Im Rahmen der allgemeinen Richtlinien des ERPs (European Recovery Programm) werden bei Existenzgründung oder Erweiterungsinvestitionen oder für kommunale Investitionen, die der Verbesserung des Wohn- und Freizeitwertes dienen, Darlehen gewährt. Hiervon werden im Bereich Fremdenverkehr vor allem Hotel- und Gaststätten- sowie Freizeitzentrenbau und -erweiterung begünstigt. Es bestehen kaum Fördermöglichkeiten für die in der Fremdenverkehrswirtschaft verbreiteten Dienstleistungsbetriebe. Über die Vergabe von Mitteln der Gemeinschaftsaufgabe für Investitionsvorhaben entscheidet das zuständige Land im Rahmen der geltenden Förderungsrichtlinien.

(2d) Verschiedene Zuschüsse: An **Zuschüssen** für die Fremdenverkehrswirtschaft werden gewährt: Zinszuschüsse für Beherbergungsbetriebe, Zuschüsse für die Fremdenverkehrswerbung, vor allem auf Bundesebene (DZT). Als nicht fremdenverkehrsspezifische Zuschüsse sind ferner zu nennen: Zuschüsse für Betriebsberatung (für kleine und mittlere Betriebe), für die Beschäftigung schwervermittelbarer Personen, wie langfristig Arbeitslose oder Behinderte (nach dem Arbeitsförderungsgesetz) und für die Schaffung neuer Ausbildungsplätze.

---

1   Vom 6.10.1969 (BuGBl I, S. 1861) und vom 23.12.1971 (BGBl I, S. 2140) mit fortlaufenden Aktualisierungen (vgl. FREYER 1991d).

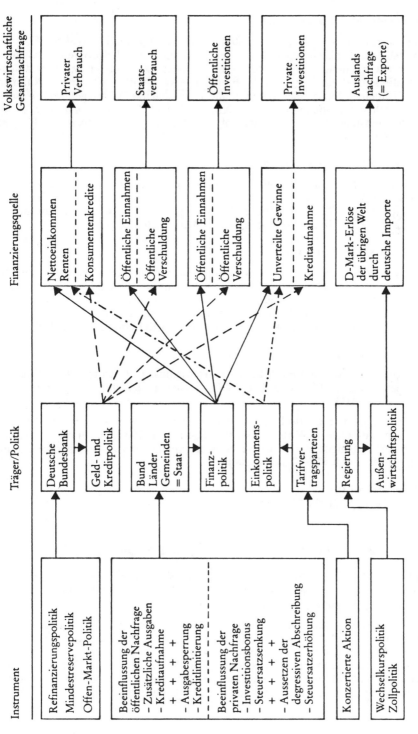

Abb. 5-14 Globalsteuerung in der Bundesrepublik

(3) Steuerliche Maßnahmen

Grundsätzlich kann der Staat als steuerliche Vergünstigung **direkte** (Körperschaftsteuer, Einkommensteuer) oder **indirekte** (Mehrwertsteuer, Grunderwerbsteuer) Steuern senken oder (zeitlich begrenzt) erlassen (z. B. bei Neuinvestitionen auf ein Jahr). Für die Fremdenverkehrswirtschaft wird im Rahmen der allgemeinen Steuerrichtlinien Grunderwerbssteuerbefreiung gewährt. Ansonsten bestehen nur wenige Sonderregelungen für den Fremdenverkehr, so z. B. im Einkommensteuergesetz, Körperschaftsteuergesetz und - historisch - bei der Zonenrandförderung.

(4) Gemeinschaftswerbung

Der Bund und die Länder gewähren Zuschüsse zur Gemeinschaftswerbung von Fremdenverkehrsverbänden. So hat die DZT-Deutsche Zentrale für Fremdenverkehr 1994 44,0 Mio. DM erhalten (zum Vergleich: 1976 betrug die Zuwendung des Bundes 17,6 Mio., 1981 waren es 31,8 Mio., 1986 34,0 Mio.).

(5) Staatsbeteiligungen

Eigene Fremdenverkehrsbetriebe des Bundes sichern und beeinflussen das touristische Angebot und nehmen ebenfalls deutlichen Einfluß auf den Fremdenverkehrsbereich. Die wichtigsten Bundesunternehmen sind bzw. waren die Deutsche Bahn AG, die Lufthansa AG, die teilweise privatisiert worden sind, und die Beteiligungen an verschiedenen anderen Unternehmen der Reisebranche (vgl. Teil 6.2.6).

(6) Förderungen

Förderung der Aus- und Fortbildung im Tourismus, z. B. deutsches Seminar für Fremdenverkehr (Berlin) oder Umschulungsmaßnahmen zu Tourismusreferenten aufgrund des AfG.

Förderung von touristischen Grundlagenuntersuchungen, so z. B. DRV-Studie Neue Technik (1987), Wirtschaftsfaktor Tourismus (1989, 1990) oder verschiedene Untersuchungen zum touristischen Arbeitsmarkt und zur Ausgabenstruktur im Fremdenverkehr des DWIFs (München).

(7) Infrastruktur
(siehe regionalpolitische Maßnahmen)

5.5.4.2 Instrumente der Raumordnung und Regionalplanung

Im Bereich der Raumordnung sind ebenfalls eine Reihe von Instrumenten für die Tourismuspolitik enthalten. Sie unterscheiden sich aufgrund der föderalistischen Ausrichtung in Deutschland je nach Planungsebene.

Die Aussagen der **Bundesraumordnung** haben lediglich empfehlenden Charakter, da die Raumordnung zum Kompetenzbereich der Länder zählt. In den **Bundesländern** werden vor allem im Rahmen der landesspezifischen Regionalplanung Räume mit Fremdenverkehrsfunktion ausgewiesen. Darüber hinaus werden auch Funktionsbestimmungen für Gemeinden vorgenommen. Für großflächige Vorhaben sind Raumordnungsverfahren notwendig.

Förderprogramm/Maßnahmen	Begünstigte	Form der Förderung
A. Private Investoren		
I. Darlehen		
1. ERP-Tourismusprogramm[1] für Existenzgründungen und Investitionen	private gewerbliche Unternehmen mit Sitz in den alten oder neuen Bundesländern und im Ausland (bis max. 50 Mio. DM Jahresumsatz), Angehörige freier Berufe	Darlehen bis 1 Mio. DM, Laufzeit 15 oder 20 Jahre, davon 5 Jahre tilgungsfrei, Zinssatz 7,5% Ausgabekurs z.Z. 100%
2. Ergänzungsprogramm (zum ERP-Tourismusprogramm, siehe 1) - Berliner Industriebank AG	Existenzgründer und Unternehmen in der gewerblichen Wirtschaft (i.d.R. bis max. 250 Mio. DM Umsatz), keine großen Hotelketten	Darlehen bis 10 Mio. DM, Laufzeit bis 20 Jahre, davon 5 Jahre tilgungsfrei, Ausgabenkurs z.Z. 96%, Festzins zu Beginn 8%, danach Anpassung; Finanzierungsanteil ERP und Ergänzungsprogramm max. 75%
3. Eigenkapitalhilfeprogramm	Privatpersonen mit fachlichen und kaufmännischen Qualifikationen, i.d.R. bis max. 50 Jahre	Darlehen bis 350.000 DM (ggf. bis 400.000 oder 1 Mio. DM), Mindestsumme 5.000 DM, keine Sicherheiten, Laufzeit 20 Jahre, 3 Jahre zinsfrei, danach stufenweiser Zinsanstieg, 10 Jahre tilgungsfrei, Auszahlung 100%
4. Mittelstandsprogramm der Landesanstalt für Aufbaufinanzierung Bayern (LfA) sowie Ergänzungsdarlehen (ED) (Hotel- und Gaststättengewerbe)	Mittelständische Hotels und Gaststätten mit Sitz in Bayern	Darlehen, 15.000 bis 300.000 DM, Finanzierungsanteil 25% (durch Ergänzungsdarlehen (ED) bis 66 2/3 %), Laufzeit 7 bzw. 15 Jahre (ED 10 Jahre), Zinssatz 7,5% (ED 8%), Ausgabekurs 98% (ED 97%)
II. Zuschüsse		
5. Gemeinschaftsaufgabe (GA) „Verbesserung der regionalen Wirtschaftsstruktur", speziell: Investitionen der gewerblichen Wirtschaft	Gewerbliche Wirtschaft, hier: Bereich Fremdenverkehr	Zuschuß bei Errichtung/Erweiterung/Umstellung einer Betriebsstätte von bis zu 15/20/23%
6. Ansparförderung des Bundes	Existenzgründer im Bereich gewerbliche Wirtschaft, deutsche und ausländische Unternehmen (ab Ende 1991 auch Freie Berufe)	20% Zuschuß für Sparleistungen, max. 10.000 DM; Sparzeit 3-10 Jahre, („Gründungssparvertrag")
III. Steuerliche Hilfen		
7. Investitionszulage	Steuerpflichtige, die im Fördergebiet begünstigte Investitionen vornehmen	12% (vom 1.1.1992 bis 31.12.1994: 8%) Zulage für „neue abnutzbare, bewegliche Wirtschaftsgüter", Anschaffungskosten über 800 DM o. MWSt, keine PKW oder Luftfahrzeuge, mindestens 3-jähriger Verbleib im Betrieb
8. Sonderabschreibung	Steuerpflichtige, die im Fördergebiet begünstigte Investitionen vornehmen	Verkürzte Abschreibungsmöglichkeit (max. 5 Jahre), wobei im ersten Jahr bis zu 50% angesetzt werden können; Anschaffungszeitraum der Wirtschaftsgüter 1.1.1991 bis 31.12.1994
IV. Schulung und Beratung (Zuschüsse)		
9. Förderung der Unternehmensberatung für kleine und mittlere Betriebe	Existenzgründer sowie Klein- und Mittelbetriebe der gewerblichen Wirtschaft (z.B. Verkehrs-, Gast- und Reisebürogewerbe), auch Freie Berufe; antragsberechtigt sind die Berater	80% Zuschuß (max. 3.000 DM) zu den Beratungskosten (an den Berater); insgesamt können für Existenzgründungsberatungen während des Geltungszeitraums max. 3.000 DM, für sonstige Beratungen max. 9.000 DM gewährt werden
10. Förderung von Informations- und Schulungsveranstaltungen (Weiterbildung)	Informations- und Schulungsveranstaltungen (z.B. Vorträge, Seminare, Kurse) für Unternehmer, Fach- und Führungskräfte, Existenzgründer, u.a. im Tourismusgewerbe	Zuschuß an Veranstalter zu Veranstaltungskosten, max. 1.020 DM pro Tag, insgesamt max. 3.060 DM
B. Öffentliche Investoren (v.a. regionalpolitische Hilfen)		
11. GA „Verbesserung der regionalen Wirtschaftsstruktur", hier: Förderung wirtschaftsnaher Infrastruktur	Gemeinden und Gemeindeverbände	Investitionszuschüsse bei angemessener Eigenbeteiligung, max. 90%; (durchschnittlich 50% in den alten Bundesländern)
12. Projektteams	ausgewählte Regionen, die zusammen mit erfahrenen Fachleuten von Beratungsunternehmen und eigenen Spezialisten ein gemeinsames Projektteam bilden	Zuschüsse an die Region für Beratungsunternehmen zur Erstellung und Umsetzung eines Konzeptes zur regionalen Entwicklung; vorerst bis Ende 1991
13. Förderung wirtschaftsnaher Infrastrukturvorhaben im Grenzgebiet der ehemaligen DDR	Öffentlich-rechtliche Gebietskörperschaften der neuen Bundesländern, ggf. Projektpartner in den westl. Bundesländern	Zuschüsse nicht rückwirkend (für 1990, 1991)
14. Verbesserung der Agrarstruktur und des Küstenschutzes	u.a. Gemeinden und Gemeindeverbände, Wasser- und Bodenverbände, natürliche und juristische Personen	abhängig von der Art der Maßnahme, max. 80%
15. Städtebauförderung sowie Förderung des städtebaulichen Denkmalschutzes	Städte und Gemeinden	Beteiligung von Bund und Land an der Finanzierung der förderfähigen Kosten mit jeweils einem Drittel
C. Arbeitsplatz- und Markthilfen[2]		
16. Arbeitsförderungsgesetz, hier: Eingliederungsbeihilfen und Lohnkostenzuschüsse	Arbeitgeber, die einen (längerfristig) Arbeitslosen einstellen	Zuschuß von 40% des tariflichen oder ortsüblichen Arbeitsentgeltes für bis zu 6 Monate; in Ausnahmefällen („Schwervermittelbare") auch bis 50% und bis 2 Jahre; bei Einstellung von „Langzeitarbeitslosen" in der Regel 50-70% bis zu 1 Jahr
17. Arbeitsförderungsgesetz, hier: Arbeitsbeschaffungsmaßnahmen (ABM)	Arbeitgeber, die einen Arbeitslosen für Arbeiten einstellen, die im öffentlichen Interesse liegen (zum Beispiel ökologische oder soziale Aufgaben)	Zuschuß von 50-75% (ggf. bis 100%) des Arbeitsentgeltes bis 1 Jahr (ggf. bis 3 Jahre); die Übernahme in ein Dauerarbeitsverhältnis wird erwartet; auch zinsgünstige Darlehen oder Zinszuschüsse für die betreffenden Maßnahmen
18. Arbeitsförderungsgesetz, hier: Qualifizierungsmaßnahmen	Arbeitslose, Kurzarbeiter und Arbeitnehmer, die arbeitslos werden könnten; Aus- und Fortbildungsinstitute	Erstattung der Lehrgangs-, Ausbilder-, Lernmittelkosten (an Ausbildungsinstitute); Unterhaltsgeld für Arbeitnehmer (bei außerbetrieblicher Qualifizierung) in Anlehnung an die Bestimmungen des Arbeitslosengeldes (mit Sonderregelungen).

[1] ERP: Wirtschaftshilfe-Programm

[2] im AfG sind weiterhin enthalten: Arbeitsvermittlung und Arbeitsberatung, Kurzarbeit, Ausbildung, Förderung Schwerbehinderter auf Arbeitsplätzen, Existenzgründungen

Abb. 5-15 Fördermöglichkeiten für die Tourismuswirtschaft (aus: FREYER 1991d: 82)

Die **Regionalplanung** stellt das Bindeglied zwischen der länderbezogenen und kommunalen Planungsebene dar. Hier werden die Ziele der Landesplanung in die regionale Raumordnungsplanung übernommen und weiter ausdifferenziert. Die in den Regionalplänen aufgenommenen Zielsetzungen sind für die Behörden des Bundes, der Länder sowie für die Gemeinden verbindlich. In bezug auf den Fremdenverkehr werden die entsprechenden Gebiete sowie Schwerpunktorte benannt und regionsspezifisch ausgewiesen.

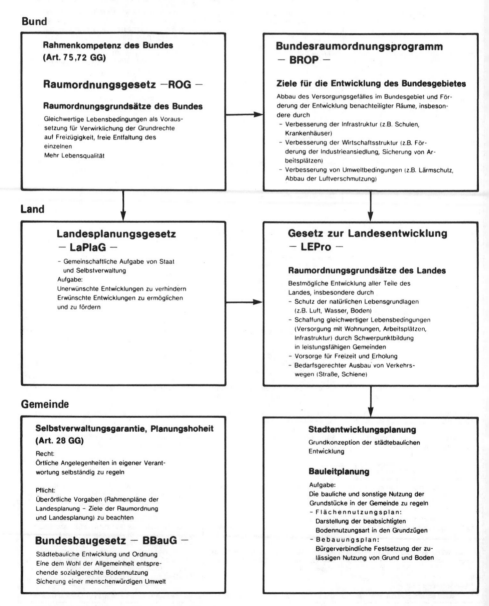

Bund

Rahmenkompetenz des Bundes (Art. 75,72 GG)

Raumordnungsgesetz —ROG —

Raumordnungsgrundsätze des Bundes

Gleichwertige Lebensbedingungen als Voraussetzung für Verwirklichung der Grundrechte auf Freizügigkeit, freie Entfaltung des einzelnen
Mehr Lebensqualität

Bundesraumordnungsprogramm — BROP —

Ziele für die Entwicklung des Bundesgebietes

Abbau des Versorgungsgefälles im Bundesgebiet und Förderung der Entwicklung benachteiligter Räume, insbesondere durch
- Verbesserung der Infrastruktur (z.B. Schulen, Krankenhäuser)
- Verbesserung der Wirtschaftsstruktur (z.B. Förderung der Industrieansiedlung, Sicherung von Arbeitsplätzen)
- Verbesserung von Umweltbedingungen (z.B. Lärmschutz, Abbau der Luftverschmutzung)

Land

Landesplanungsgesetz — LaPlaG —

- Gemeinschaftliche Aufgabe von Staat und Selbstverwaltung
Aufgabe:
Unerwünschte Entwicklungen zu verhindern
Erwünschte Entwicklungen zu ermöglichen und zu fördern

Gesetz zur Landesentwicklung — LEPro —

Raumordnungsgrundsätze des Landes

Bestmögliche Entwicklung aller Teile des Landes, insbesondere durch
- Schutz der natürlichen Lebensgrundlagen (z.B. Luft, Wasser, Boden)
- Schaffung gleichwertiger Lebensbedingungen (Versorgung mit Wohnungen, Arbeitsplätzen, Infrastruktur) durch Schwerpunktbildung in leistungsfähigen Gemeinden
- Vorsorge für Freizeit und Erholung
- Bedarfsgerechter Ausbau von Verkehrswegen (Straße, Schiene)

Gemeinde

Selbstverwaltungsgarantie, Planungshoheit (Art. 28 GG)

Recht:
Örtliche Angelegenheiten in eigener Verantwortung selbständig zu regeln

Pflicht:
Überörtliche Vorgaben (Rahmenpläne der Landesplanung - Ziele der Raumordnung und Landesplanung) zu beachten

Bundesbaugesetz — BBauG —

Städtebauliche Entwicklung und Ordnung
Eine dem Wohl der Allgemeinheit entsprechende sozialgerechte Bodennutzung
Sicherung einer menschenwürdigen Umwelt

Stadtentwicklungsplanung

Grundkonzeption der städtebaulichen Entwicklung

Bauleitplanung

Aufgabe:
Die bauliche und sonstige Nutzung der Grundstücke in der Gemeinde zu regeln
- Flächennutzungsplan:
Darstellung der beabsichtigten Bodennutzungsart in den Grundzügen
- Bebauungsplan:
Bürgerverbindliche Festsetzung der zulässigen Nutzung von Grund und Boden

Abb. 5-16 Raumordnung und Landesplanung

Auf **Gemeindeebene** werden häufig Gutachten, Konzepte, (Entwicklungs-) Konzepte für den Fremdenverkehr oder für Detailprobleme (wie Naturparks, Golfplätze, Kureinrichtungen) in Auftrag gegeben. Sie haben lediglich empfehlenden Charakter, doch stellen sie durch Gemeinderatsbeschlüsse mehr oder weniger verbindliche Aussagen dar.

Infolge der unterschiedlichen Planungsebenen ist das Ziel-Mittel-Verhältnis nicht immer klar bestimmt. So sind im Bundesraumordnungsgesetz auch touristische Zielsetzungen enthalten, die durch die unteren Ebenen umzusetzen sind:

- "Freiräume für die Naherholung und für den ökologischen Ausgleich sollen gesichert werden (§ 2 (1) 4., Abs. 3)
- Die Funktionen dieser (ländlichen, Anm. W.F.) Räume als Standort der land- und forstwirtschaftlichen Produktion, als Wohn- und Wirtschaftsstandort sowie als naturnahe Erholungs- und Feriengebiete sollen gesichert und verbessert werden. (§ 2 (1) 6., Abs. 2)
- Den Bedürfnissen der Menschen nach Erholung in Natur und Landschaft sowie nach Freizeit und Sport soll durch die Sicherung und umweltverträgliche Ausgestaltung geeigneter Räume und Standorte Rechnung getragen werden.

Weitere Ziele und Maßnahmen wurden in der Entschließung der MKRO 1979 festgelegt, auf die auch im Tourismusbericht der Bundesregierung 1994 verwiesen wird. Als Hauptkriterien für die Ausweisung von Gebieten für Freizeit und Erholung gelten (vgl. MKRO 1979):

- **Natürliche Eignung**, wie Oberflächengestalt, Vegetation usw.
- **Infrastrukturelle Ausstattung**: wie Bademöglichkeiten, Wander-, Radwege usw.
- **Kulturelle und soziale Voraussetzungen**, wie Feste, historische Bausubstanz usw.

Ergänzend wurden 1992 Aussagen zu großflächigen Freizeiteinrichtungen in der Raumordnung und Landesplanung formuliert, in der Gebiete benannt werden, die

- in der Regel nicht (wie Naturschutzgebiete),
- nur in Ausnahmefällen (z. B. Teile von Landschaftsschutzgebieten)
- grundsätzlich immer (wie nicht überlastete Gebiete, ehemals militärisch genutzte Freiflächen)

für den Fremdenverkehr in Betracht kommen (vgl. genauer: MKRO 1992, FREYER 1995c).

Als spezifische Instrumente der Raumordnungspolitik und Regionalplanung stehen neben den bereits zuvor benannten wirtschaftspolitischen Instrumenten zur Verfügung:

(1) Infrastrukturmaßnahmen

Zu den Infrastrukturmaßnahmen mit Einfluß auf den Tourismus zählen:

- Ausbau des Verkehrsnetzes zur Erschließung von Fremdenverkehrsgebieten, Straßenbau, Transportverbindungen (einschließlich der Preispolitik, Sondertarife), Flugverbindungen für den nationalen und internationalen Fremdenverkehr, auch das lokale Transportnetz),
- Bau öffentlicher Einrichtungen: Kongreßzentren, Kurparks, Schwimmbäder, Bibliotheken, Fremdenverkehrsämter,

• zum Teil Förderung privater Maßnahmen wie Hotelbau, privat betriebene Freizeitzentren.

(2) Raum- und landesplanerische Mittel

Die ökonomischen Fremdenverkehrsmittel werden durch verschiedene Gesetze und Verordnungen der Raumplanung ergänzt. Hier ergeben sich eine Fülle planerischer Möglichkeiten, gestaltend auf Fremdenverkehrsgebiete und -gemeinden einzuwirken.

Die Gestaltung der Fremdenverkehrsgemeinde geschieht im Rahmen übergeordneter Gesetze und Pläne, z. B. auf **Bundesebene**

- Bundesraumordnungsgesetz (BROG),
- Bundesraumordnungsprogramm (BROP),
- Bundesnaturschutzgesetz,
- Bundeswaldgesetz,
- Städtebauförderungsgesetz,

oder auf **Länderebene** z. B.

- Landesplanungsgesetze und weiterere Gesetze und Verordnungen,
- Landesnaturschutzgesetze,
- Landesbauordnung,

oder durch verschiedene Maßnahmen auf **lokaler Ebene**, z. B.

- Bauleitplanung,
- Sanierung von Bereichen oder Objekten,
- Fassadengestaltung,
- Wettbewerbe, z. B. "Unser Dorf will schöner werden",
- Dorf- und Stadterneuerung,
- Einrichtung, Planung von Grünflächen,
- Verkehrsplanung,
- Wanderwege, Freizeiteinrichtungen, Sportanlagen.

5.6 Internationale Fremdenverkehrspolitik

Obwohl Tourismus in einem besonderen Maße ein internationales Phänomen ist, bestehen nur wenige Ansätze einer internationalen Tourismuspolitik. Dies mag mit den unterschiedlichen Interessen der am Tourismus beteiligten (und nicht-beteiligten) Staaten, aber auch mit den grundsätzlichen Problemen übernationaler Einigung und Politik zusammenhängen.

Eine Reihe internationaler Organisationen beschäftigt sich mit Fragen des Fremdenverkehrs. Sie können nicht alle an dieser Stelle genannt werden. Grundsätzlich handelt es sich um zwei Arten von Organisationen (vgl. Abb. 5-17):

(1) Dies sind zum einen übernationale **Zusammenschlüsse der Tourismus-wirtschaft**, die ihre Mitgliederinteressen auf übernationaler Ebene verwirklichen wollen. Der wohl bekannteste Zusammenschluß der Tourismusindustrie ist die **IATA**- International Air Traffic Association, in der ca. 150 Fluggesellschaften

versuchen, den internationalen Flugverkehr nach ihren Interessen zu regeln. Dieses internationale Luftfahrtkartell betont als einen ihrer obersten Grundsätze, **keine Politik** zu machen, sondern sich vorrangig mit technisch-organisatorischen Fragen des internationalen Flugverkehrs zu beschäftigen. Daß dies nicht im politikfreien Raum geschehen kann, dürfte offensichtlich sein.

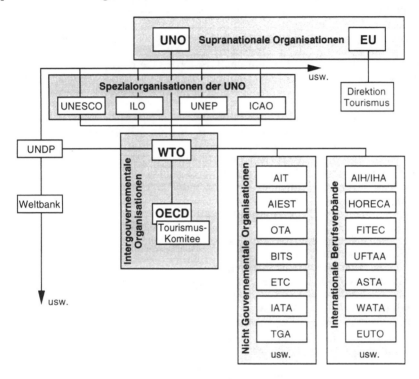

Abb. 5-17 Netz der internationalen Organisationen des Tourismus
(Quelle: nach KASPAR 1996: 184)

(2) Als zweites sind es überstaatliche politische Institutionen, die sich auch mit Fremdenverkehrspolitik beschäftigen:

Die wahrscheinlich **wichtigste** übernationale Organisation ist die **WTO-Welt Tourismus Organisation**. In ihr sind über 100 Staaten Mitglied. Die WTO proklamiert als obere Ziele des internationalen Fremdenverkehrs **Freizügigkeit, offene Grenzen** und die Möglichkeit **aller** Menschen auf der Welt, am Tourismus teilnehmen zu können. **Tourismus** wird (in diesem Zusammenhang) von der WTO als wichtiger Schritt zum internationalen Frieden gesehen. Doch diese auf den ersten Blick überzeugenden Grundsätze werden nicht von allen Ländern/Staaten vorbehaltlos akzeptiert. Wie in Abschnitt 6.3.6 zu sehen ist (Reisen zur Völkerverständigung und zum Frieden), bestehen in vielen Ländern/Staaten der Welt Bedenken gegen eine unbeschränkte Öffnung ihrer Grenzen. Doch proklamiertes Ziel der WTO ist es, diese Bedenken und Restriktionen auf internationaler Ebene abzubauen. Wie vielen supranationalen Organisationen fehlt der WTO die Exekutive (Macht), Vorschläge und Absichten in die Realität umzusetzen.

Die **EG-Europäischen Gemeinschaften** haben 1984 ebenfalls einen Versuch unternommen, die Tourismuspolitik ihrer Mitgliedsstaaten im europäischen Raum zu vereinheitlichen. Als **fremdenverkehrspolitische Grundsätze** der EG wurden am 10.04.1984 verabschiedet[1]:

Grundsatz
"Im Artikel 2 des Vertrages von Rom ergeht an die Europäische Gemeinschaft der Auftrag, engere Beziehungen zwischen den Staaten zu fördern, die in ihr zusammengeschlossen sind. Der Fremdenverkehr stellt sich bei der Erfüllung dieses Auftrags in den Dienst der Gemeinschaft. Er fördert die Begegnungen der europäischen Völker und ist somit ein wichtiger Faktor im europäischen Integrationsprozeß. (...) Der Fremdenverkehr ist zudem ein bedeutender Wirtschaftszweig." (EG-Entschließung, S. 2)

Freizügigkeit und Schutz der Touristen, dies umfaßt folgende Aspekte:
• Grenzübertritt und Kontrollen erleichtern,
• soziale Sicherheit (im Krankheitsfall) gewährleisten,
• KFZ-Versicherung und -schadensfälle vereinheitlichen,
• Rechtsschutz bei irreführender Werbung und unzureichender Reiseleistung.

Verbesserung der Arbeitsbedingungen im Fremdenverkehr
• Niederlassungsrecht,
• Berufsausbildung und Anerkennung von Diplomen,
• Zuschüsse zu Arbeitsplätzen,
• Zeitliche Belastung vereinheitlichen,
• Fremdenverkehr und Energie.

Entwicklung des Verkehrswesens
• attraktiverer Service der Eisenbahngesellschaften,
• Tarife und Verbindungen im Flugverkehr,
• Allgemeine Verkehrsinfrastruktur.

Förderung der Regionalentwicklung
• Zuschüsse aus Regionalfond,
• Zuschüsse aus Landwirtschaftsfond.

Erhaltung europäischen Erbes
• Umweltschutz,
• Architektur.

EU-Binnenmarkt 1993

Mit der Entwicklung des EU-Binnenmarktes ab 1993 haben sich auch für den Tourismusbereich deutliche Auswirkungen ergeben. Aus Sicht der (EU-) Fremdenverkehrspolitik sind es vor allem

- Liberalisierung des Flugverkehrs (Deregulierung),
- Reiserechtsangleichung,
- Lizenzierung der Reisebüros,
- Zulassungsbedingungen für IATA-Agenturen,

---

1 Vgl. EG 1984, auch EG 1986 und 1983.

- Garantiefonds zum Schutz von Kundengeldern,
- Schiedsstelle für Reisereklamationen,
- Haftung der Reisebüros für Pauschalreisen,
- Aufhebung der Preisbindung von Pauschalreisen,
- internationale Konzentration in der Tourismuswirtschaft,
- internationale Reservierungsysteme,

die in den Jahren ab 1993 in den EU-Ländern aufeinander abgestimmt ("harmonisiert") werden müssen.

Darüberhinaus werden auch die Anpassungen in anderen Bereichen nicht ohne Folgen für die Tourismuswirtschaft sein, wie z. B.

- Europäisches Währungssystem (EWS),
- Angleichung der Mehrwertsteuer,
- einheitliche Qualitätsnormen,
- Arbeitsrecht,
- Freizügigkeit,
- Niederlassungsfreiheit,
- usw.

5.7 Literaturhinweise zu Kapitel 5

Allgemeine Beiträge zur Fremdenverkehrspolitik sind: HALL 1994, HALL/JENKINS 1995, INSKEEP 1991, KASPAR 1996, LICKORISH 1994, PÖSCHL 1962.

Zum **Konzept** (5.2), z. T. finden sich hierbei auch Hinweise zu Trägern und Instrumenten: GÖRGMAIER 1979, LAUFER u. a. 1978, LENZ-ROMEISS 1975, LINDE/ROTH 1983, MEYER-SCHWICKERATH 1990, ROTH 1986 (v. a. S. 105ff); mit **regionalen** oder **kommunalen** Schwerpunkten: BLR 1983, BUNDESMINISTER BAU 1986, NAKE-MANN 1984.

Zur Fremdenverkehrspolitik der **Bundesregierung** vgl. BUNDESTAG 1975 und die späteren Anfragen und Antworten (Bundestagsdrucksachen Nr. 4/3739, 7/2802, 7/3840, 8/2805, 8/4190, 9/1781, 9/2082, 10/4232, 10/5454, 10/5455, 11/6546, 12/1323 usw. sowie BMWi 1994.

Zu **Instrumenten** der Fremdenverkehrspolitik: BAHLBURG 1983, BECKER/KLEMM 1978, BURCHARD 1974, 1979, FREYER 1991d,e, ROMEISS-STRACKE 1983; speziell zur **regionalpolitischen** Aufgabenstellung: BECKER, C. 1993, DVAG 1986, FREYER 1996b, KLEMM 1979, MKRO 1979.

Zu den Trägern der Fremdenverkehrspolitik in Deutschland vgl. BRENDLE/MÜLLER 1996.

Zur **EU-Fremdenverkehrspolitik** vgl. BORRMANN/WEINHOLF 1994, BRAUN-MOSER 1990, EG 1983, 1984, 1985, 1986, 1992, 1995, DFP 1989: 96ff, 1994, DRV 1992, HILLMANN 1993, HOMP u.a. 1991, LICKORISH 1989, LÜCKE 1992.

Zur **Globalisierung** und zur globalen Wirtschafts- und Tourismuspolitik vgl. u.a. AIEST 1996, FREYER 1998b, LISSABON 1997, THEOBALD 1994 und die dort angegebene Literatur.

5.8 Fragen zu Kapitel 5

5.1 Fremdenverkehrspolitik - warum?

(1)   Warum benötigt man Fremdenverkehrspolitik?

5.2   Fremdenverkehrspolitik im Rahmen eines allgemeinen Tourismusmodells

(2)   Wie ordnet sich Fremdenverkehrspolitik in das allgemeine
ökonomische Modell des Tourismus ein?

(3)   Welche Ansatzpunkte (Einflußmöglichkeiten) hat in diesem Modell die
Fremdenverkehrspolitik?

(4)   Was sind Konzepte der Fremdenverkehrspolitik?

5.3   Träger der Fremdenverkehrspolitik

(5)   Wer sind die Träger der Fremdenverkehrspolitik
- allgemein
- in der BRD?

5.4   Ziele der Fremdenverkehrspolitik

(6)   Wie bestimmt man die Ziele der Fremdenverkehrspolitik?

(7)   Was sind Zielketten der Fremdenverkehrspolitik?

(8)   Was sind Zielpyramiden der Fremdenverkehrspolitik?

5.5   Fremdenverkehrspolitische Aufgaben und Mittel

(9)   Was sehen Sie als zentrale Aufgaben der Fremdenverkehrspolitik an?

(10)   Welche Mittel stehen der Fremdenverkehrspolitik zur Verfügung
- auf überstaatlicher (internationaler) Ebene?
- auf staatlicher Ebene?
- auf regionaler Ebene?
- auf kommunaler Ebene?

(11)   Es wird behauptet, Fremdenverkehrspolitik sei
- Ordnungspolitik,
- Marketing,
- Wirtschaftspolitik.
Nehmen Sie Stellung dazu.

5.6   Internationale Fremdenverkehrspolitik

(12)   Wie stellt sich die Fremdenverkehrspolitik im internationalen Rahmen
dar bei
- WTO?
- EG?
- Branchen, z. B. Flugverkehr, Reiseveranstalter, ...?

(13)   Welches sind wichtige fremdenverkehrspolitische Aufgaben infolge des
EG-Binnenmarktes?

Teil 6
Bedeutung des Tourismus

6.0 Allgemeine Beurteilungskriterien und -probleme des Tourismus

Die bisherigen Ausführungen haben einen ersten Überblick über die absolute und relative Bedeutung des Tourismus gegeben. Doch trotz dieses offensichtlich hohen Stellenwertes des Tourismus im gesellschaftlichen Zusammenhang steht eine umfassende und allgemein akzeptierte Erörterung der sozio-ökonomischen Bedeutung des Tourismus aus.

Hauptproblem bei der Einschätzung sind - wie bei jeder wertenden Beurteilung - die zugrundeliegenden Wertmaßstäbe bzw. -urteile. In bezug auf Tourismus schwanken die Bewertungen zwischen

- **ökonomischen** Wertmaßstäben wie Kosten/Nutzen, Einnahmen/Ausgaben, mehr/weniger Wachstum, Einkommen, Arbeitsplätze usw.,
- touristisch-**statistischen** Einschätzungen wie Ankünfte, Übernachtungen, Hotelbetten usw.,
- **sozio-kulturellen** Aspekten wie Lebensqualität, Kultureinfluß, Völkerverständigung usw.,
- **individueller** Beurteilung wie persönlicher Lustgewinn, körperliche und geistige Erholung, Regeneration usw.

Einen allgemein akzeptierten Bewertungsmaßstab gibt es nicht.

Im folgenden wird versucht, Beurteilungs- und Bewertungskriterien zu erläutern. Dazu wird von fünf Bereichen der - möglichen - Beurteilung ausgegangen und die entsprechenden Wertmaßstäbe und Sichtweisen werden aufgezeigt. Es werden fünf Ansatzpunkte der Beurteilung unterschieden:

Ansatzpunkte der Beurteilung	Der "Touristen-Mensch" interessiert als
Statistisch-touristische Einschätzung	Nummer, Zahl
Wirtschaftlich-monetäre Einschätzung	Geldgröße
Sozio-kulturelle Einschätzung	soziales Wesen
Kritische Einschätzung	Gegenstand der Kritik
Individuelle Einschätzung	Individuum, Mensch

Abb. 6-1 Ansatzpunkte der touristischen Beurteilung

Ferner fällt die Beurteilung des Tourismus unterschiedlich aus, je nachdem, ob sich

- **Bewohner** der Gastländer **oder Reisende** aus den Herkunftsländern,
- **staatliche** Stellen **oder private** Investoren der Tourismusgebiete,
- diejenigen, die vom Tourismus **zusätzliches Einkommen** erhalten oder Betroffene, **die keinen Nutzen** davon haben, **Kritiker** oder **Befürworter**

dazu äußern und je nachdem, wie hoch oder niedrig

- der touristische und allgemeine **Entwicklungsstand** des jeweiligen Landes (der Region) ist.

Damit ergeben sich von vornherein grundsätzliche Beurteilungsprobleme:

> Gleiche Fakten des Tourismus werden je nach Werturteil und Betrachtungsstandpunkt unterschiedlich beurteilt. (Grundproblem touristischer Beurteilung)

6.1 Statistische Einschätzung

Es gibt drei Arten der Lüge:
die Notlüge,
die gemeine Lüge
und ... die Statistik
(Volksweisheit)

Wer reist, wird ständig registriert:

- Beim **Transport** von den Transportunternehmen (die Zahl der Reisenden, die Art des Transports, die Transport-Ausgaben),
- beim **Grenzübertritt** von den Behörden des Ausreise- und Einreiselandes; meist muß der Ankommende eine Vielfalt von Fragen zu Herkunft, geplante Aufenthaltsdauer, Grund der Reise usw., beantworten,
- während des **Aufenthaltes** werden von den Beherbergungsbetrieben die Gäste, ihre Herkunft und die Dauer ihres Aufenthaltes erfaßt,
- die **Bundesbank** zählt die Devisenausgaben und -einnahmen im Reiseverkehr,
- verschiedene **Meinungsforschungsinstitute** interessieren sich für die Reisegründe und das Reiseverhalten,
- im Rahmen der allgemeinen Statistik werden die Fremdenverkehrsbetriebe, deren Umsätze, Beschäftigte usw. erfaßt.

Abb. 6-2   Der registrierte (bzw. numerierte) Tourist
(aus: Reiseprospekt team-reisen: anders reisen 1983, Graphik: C. EBEL, Berlin)

All diese Daten werden auf lokaler Ebene erfaßt und über verschiedene Zwischenstufen zu immer komplexeren Zahlen über den regionalen, nationalen und internationalen Tourismus zusammengefaßt.

Die wichtigsten Fremdenverkehrsstatistiken sind - nach den Erhebungsorten/-organen[1]:

- **Betriebsstatistik**: z. B. Beherbergungsbetriebe, Reiseveranstalter, Transportunternehmen,
- **Amtliche Statistik**: z. B. Statistisches Bundesamt, Statistische Landesämter, Gemeindeverwaltungen, Bundesbank,
- Internationale Statistik: z. B. OECD, WTO,
- **Verbandsstatistik**: z. B. Fremdenverkehrsverbände, DRV, DEHOGA, DFV,
- **Institutsstatistiken**: häufig mit wissenschaftlichem Interesse, oft im Auftrag privater oder öffentlicher Interessenten, z. B. Marktforschungsinstitute (vgl. Teil 4.4.4), Studienkreis für Tourismus, DWIF, DIW.

Als Ergebnis existiert ein komplexes Gebilde der verschiedensten Statistiken über den Reiseverkehr. Mit ihrer Hilfe lassen sich Aussagen über Umfang und Verteilung (nach Zeit, Gebiet usw.) des Tourismus treffen. Die wichtigsten erhobenen Daten beziehen sich auf

- Ankünfte (Ein- und Ausreise),
- Herkunft der Reisenden, Übernachtungen (nach Ort, Form und Dauer),
- Wahl des Transportmittels,
- Art der Reise,
- Ausgaben der Reisenden.

Im folgenden sind zu einigen dieser Faktoren verschiedene Angaben für den internationalen und nationalen Reiseverkehr zur Veranschaulichung der statistischen Bedeutung des Tourismus angeführt.

Leider sind viele der erhobenen Daten nicht aufeinander abgestimmt und folglich **nur begrenzt vergleichbar** . Ferner werden einige Daten nicht erfaßt oder nicht in der gewünschten Form aufbereitet oder nicht allgemein veröffentlicht.

Die wichtigsten **Probleme** sind:

- Es besteht **keine klare Abgrenzung** des Reisesektors (vgl. Teil 3.1). Folglich bestehen oft Zweifelsfälle, ob in der betreffenden Statistik zu hohe oder zu niedrige Daten für den Fremdenverkehr ausgewiesen sind.
- Die vorhandenen Statistiken sind **uneinheitlich** und meist nicht aufeinander abgestimmt. Folglich lassen sich die Daten verschiedener Länder und Regionen oder zu verschiedenen Zeitpunkten nicht oder nur begrenzt miteinander vergleichen.
- Viele von der Tourismuswirtschaft (oder von Außenstehenden) erwünschte Daten werden **nicht** oder nicht genau genug **erfaßt**. Folglich ist man häufig auf Schätzungen angewiesen.
- Statistiken werden je nach Interesse dessen, der sie verwendet, **verfälscht**, meist beschönigt. Dies geschieht nicht nur dadurch, daß **falsche Angaben** gemacht werden (was auch häufig vorkommt), sondern vor allem durch die

---

1 Die Erläuterungen der im folgenden genannten Abkürzungen für die verschiedenen Institutionen sind an anderer Stelle bereits erfolgt, vgl. dazu das Register am Ende des Buches.

gezielte Auswahl der für den Interessenten günstigsten Daten, wobei die weniger günstigen weggelassen werden und/oder durch **irreführende Aufbereitung** der Daten und Statistiken, z. B. durch zu große (kleine) Skalen oder Vergleichsgrößen, die die jeweiligen Daten günstiger erscheinen lassen als es (bei anderen Vergleichen) der Fall ist.

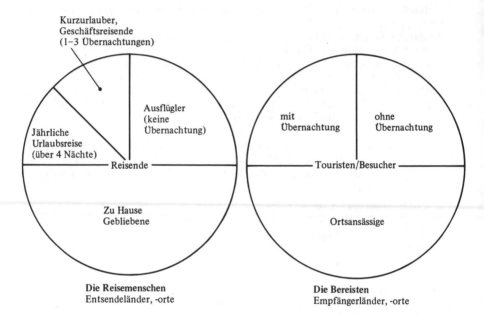

Abb. 6-3   "Reisemenschen " und " Bereiste" in statistischer Abgrenzung

Fazit:
Statistiken bilden die Grundlage für die Beurteilung des Tourismusphänomens, sie selbst sind aber in keiner Weise "wertneutral", sondern sind meist eine bereits für die jeweilige Fragestellung aufbereitete Auswahl von Daten. Sie erhalten ihre eigentliche Bedeutung erst durch Hinzufügen bestimmter Wertungen, v.a. Vergleiche, in bezug auf die Interpretation der Daten. Denn wer kann objektiv sagen, wann 100 000 Touristen-Übernachtungen oder 500 000 DM Umsatz aus Fremdenverkehr "viel" oder "wenig", "erwünscht" oder "unerwünscht" sind?

Im folgenden werden einige der häufigsten touristischen Kennziffern dargestellt und kurz erläutert. **Wertungen** bezüglich dieser Größen finden sich erst in den anschließenden Abschnitten zur ökonomischen, sozio-kulturellen und individuellen Bedeutung des Tourismus.

6.1.1 Internationale Touristenankünfte

Die globalsten Aussagen zum Reiseverkehr erhält man durch Erfassung der internationalen Touristenankünfte. Am bekanntesten sind die entsprechenden Veröffentlichungen der WTO und der OECD. Abb. 6-4 veranschaulicht die Entwicklung des weltweiten (internationalen) Reiseverkehrs. Es ist zu sehen, daß in den letzten Jahrzehnten eine permanente Steigerung der jährlichen Reisetätigkeit festzustellen ist. Man spricht vom Tourismus als bald weltweit größtem Wirtschaftszweig. Unberücksichtigt bleibt bei dieser Auflistung der internationalen Reiseströme der nationale Reiseverkehr, der - grob geschätzt - noch mal das gleiche Volumen wie der internationale Reiseverkehr aufweist.

Jahr	Ankünfte in Mio.	Zuwachs- rate in %	Index 1950 = 100	Ein- nahmen Mrd. US-$	Zuwachs- rate in %	Index 1950 = 100
1950	25,3		100	2,1		100
1960	69,3	273,9**	274	6,9	328,6**	327
1965	112,7	162,6*	445	11,6	168,0*	552
1970	159,7	141,7*	631	17,9	154,3*	852
1975	214,4	134,3*	847	40,7	227,4*	1.938
1980	284,8	133,0*	1.127	102,4	251,6*	4.874
1981	288,9	1,4	1.143	104,3	1,9	4.966
1982	286,8	-0,7	1.134	98,6	-5,5	4.696
1983	284,4	-0,8	1.125	98.5	-0,1	4.689
1984	311,2	9,4	1.231	102,4	4,1	4.882
1985	325,7	4,7	1.288	108,1	5,4	5.147
1986	332,9	2,2	1.317	130,1	20,4	6.196
1987	358,7	7,7	1.419	158,7	22,0	7.558
1988	390,0	8,7	1.543	195,0	22,9	9.286
1989	431,3	7,26	1.705	213,1	7,20	10.148
1990	457,9	6,17	1.810	257,8	20,95	12.276
1991	456,5	-0,32	1.805	260,5	1,06	12.405
1992	481,7	5,51	1.904	296,4	13,76	14.114
1993	500,1	3,83	1.977	324,1	9,35	15.433

* Zuwachsrate für 5 Jahre, ** Zuwachsrate für 10 Jahre

Abb. 6-4 Internationale Touristen-Ankünfte und Tourismus-Einnahmen weltweit 1950 - 1993 (Quelle: WTO: Yearbook of Tourism Statistics 1994)

6.1.2 Struktur der internationalen Touristenströme

Die Verteilung der Touristenströme ist allerdings sehr unterschiedlich. Wie Abb. 6-5a und b zeigen, sind Anfang der 90er Jahre (Stand: 1993) bei den Entsende- und Empfängerländern die verschiedenen Nationen bzw. Kontinente sehr unterschiedlich vertreten (in Klammern zum Vergleich die %-Anteile 1978):

- **Empfängerregionen**: 62 % Europa (75 %), 23% Dritte Welt (11 %), 14 % Nord-Amerika (13 %), 1 % Asien/Pazifik (1 %).
- **Entsendnationen**: 60 % aus Europa (70 %), 18 % Nord-Amerika (19 %), 16 % aus Dritte-Welt-Nationen (9 %), 5 % Asien/Pazifik (3%)

Dabei zeigen sich auffallende Verschiebungen des weltweiten zwischenstaatlichen Tourismus von 1978 bis 1990 vor allem in den Regionen Europa und Dritte-Welt-Staaten (Quelle: BMZ 1993).

6.1.3 Die Tourismusdichte

Eine interessante Zahl zur Charakterisierung der lokalen Bedeutung des Tourismus ist die **Tourismusdichte**, die die Touristenzahlen (-ankünfte, -übernachtungen) in Relation zu lokalen Gegebenheiten (Größe des Landes, Bevölkerung) setzt. Sie gibt Anhaltspunkte dafür, inwieweit ein Land (oder eine Region) touristisch überfremdet ist. Allerdings geben gesamtstaatliche Tourimusdichten keine Hinweise auf die **interne** touristische Verteilung: so kann eine Region deutlich überfremdet sein (z. B. Küstenregionen oder Fremdenverkehrsorte in den Alpen), aber im Landesdurchschnitt sind keine hohen Tourismusdichten ausgewiesen.

Abb. 6-6 zeigt sehr anschaulich die unterschiedliche Bedeutung des Tourismus für 75 Länder (68 Entwicklungs- und 7 Industrieländer) je nach ausgewählter Kennziffer. Die entsprechenden Daten für die Bundesrepublik Deutschland, die CLEVERDON nicht aufgenommen hat, sind: Bei ca. 12,5 Touristenankünften (aus dem Ausland), die 27,5 Übernachtungen in Anspruch genommen haben und einer Bevölkerung von 61 Mio. sowie einer Fläche von 250 000 Km² in der Bundesrepublik, ist die

- **Ankunftsdichte** 20,5 (Ankünfte pro 100 Bewohner)
- **Übernachtungsdichte** pro Km² 110 (Touristenübernachtungen) und pro 100 Einwohner 45 (Übernachtungen).

Bei allen Werten bewegt sich die Bundesrepublik im internationalen Vergleich am unteren Ende der Skalen.[1]

---

1 Da in den Folgejahren keine ähnliche Übersicht erstellt worden ist, wird nach wie vor die Darstellung von CLEVERDON 1977 verwendet. Sie veranschaulicht sehr gut die Grundproblematik der Bestimmung von Tourismusdichten, auch wenn die einzelnen Zahlen sich zwischenzeitlich verändert haben.

Welt-Tourismus nach Regionen im Jahr 1990

Empfängerländer / Entsendeländer	OECD				DRITTE-WELT-LÄNDER						Gesamt
	Gesamt	Europa	Amerika	Asien/ Pazifik	Gesamt	Amerika	Asien/ Pazifik	Afrika	Mittlerer Osten	Ost-/ Zentral- europa	
	Mio.	Mio.	Mio.	Mio.	Mio.	Mio.	Mio.	Mio.	Mio.	Mio.	Mio.
OECD	239,6	191,9	44,2	3,5	53,9	26,5	18,7	6,1	2,6	12,7	306,2
Europa	178,6	169,3	8,1	1,2	15,5	2,1	6,1	5,4	1,9	12,0	206,1
Amerika	49,4	17,0	31,5	0,9	28,9	24,3	3,5	0,5	0,6	0,5	78,8
Asien/Pazifik	11,6	5,7	4,6	1,3	9,6	0,1	9,1	0,2	0,2	0,2	21,3
Dritte-Welt-Länder	21,2	7,9	12,5	0,7	41,0	5,5	21,9	7,1	6,4	2,4	64,5
Amerika	11,6	1,1	10,4	0,1	5,6	5,4	0,2	0,0	0,1	0,0	17,2
Asien/Pazifik	7,8	5,6	1,6	0,6	22,8	0,1	21,4	0,2	1,1	0,2	30,8
Afrika	0,7	0,5	0,1	0,0	7,2	0,0	0,1	6,3	0,7	0,0	7,9
Mittlerer Osten	1,0	0,7	0,4	0,0	5,4	0,0	0,3	0,6	4,6	2,1	8,6
Ost-/Zentraleuropa	2,9	2,5	0,3	0,0	0,6	0,1	0,3	0,0	0,1	33,1	36,5
Gesamt[1]	263,6	202,4	57,0	4,2	95,5	32,1	41,0	13,3	9,2	48,2	407,3

1)   Diese Zahlen stimmen nicht genau mit den Zahlen in Tabelle 1 überein, da hier Länder, die keiner der Kategorien OECD, Dritte-Welt-Länder bzw. Ost-/Zentraleuropa angehören, fehlen (z.B. Israel, Republik Südafrika etc.).

Datenbasis: WTO, Tourism Trends Worldwide, 1950 - 1991.

Quelle: Aderhold / v. Laßberg / Stäbler / Vielhaber (1993): Tourismus in Entwicklungsländer. - Bonn.

Abb. 6-5a Struktur der internationalen Touristenströme I (aus: BMZ 1993: 18)

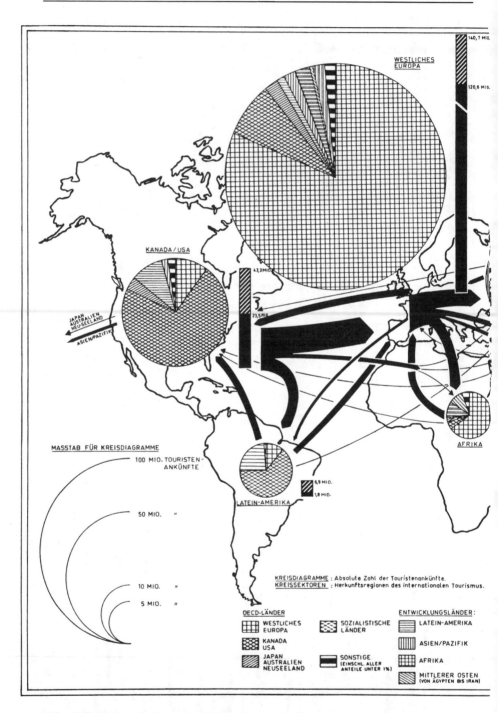

Abb. 6-5b Struktur der internationalen Touristenströme II
(aus: VORLAUFER 1984: 18f)

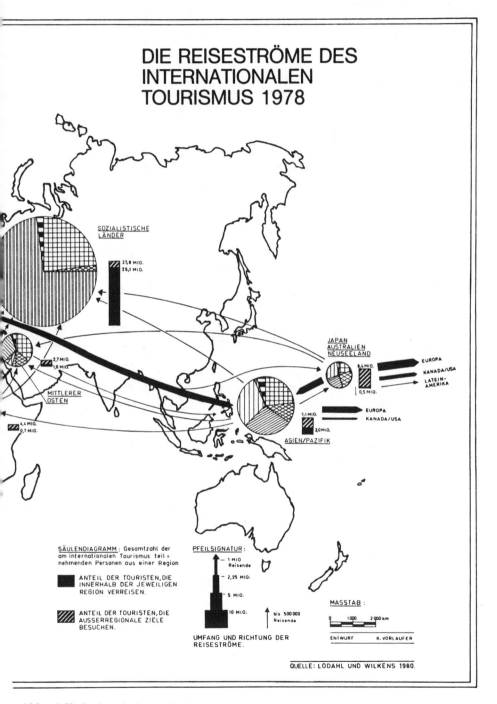

Abb. 6-5b Struktur der internationalen Touristenströme II
(Fortsetzung)

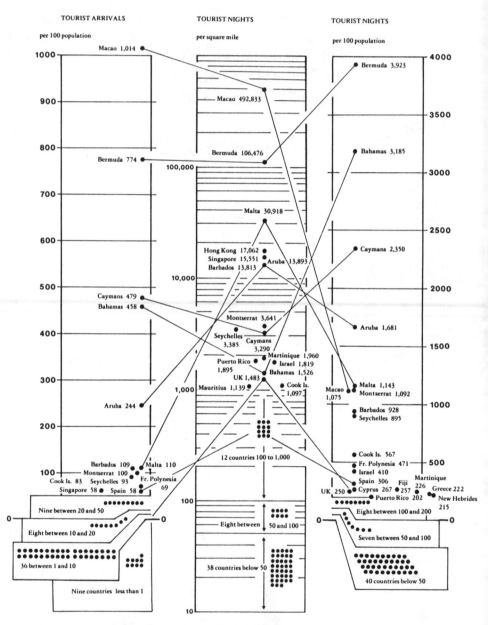

Abb. 6-6   Tourismusdichte für ausgewählte Länder
(aus: CLEVERDON 1977: 91)

6.1.4 Übernachtungszahlen

Am verbreitetsten sind Übernachtungszahlen, die von den jeweiligen
Beherbergungsbetrieben erfaßt werden und daher eine recht differenzierte Auskunft

über die Verteilung des Reiseverkehrs während des Jahres und innerhalb verschiedener Regionen geben.

Merkmalsgruppen	Anzahl der Merkmalsausprägungen
I. Regionale Gliederungen	
1 unmittelbare	
a) administrative Raumeinheiten	Bundesländer Regierungsbezirke Kreisfreie Städte/ Landkreise Gemeinden
b) nicht-administrative Raumeinheiten Gemeindeteile	Nach Wünschen der Länder
Reisegebiete	rd. 60
2 abgeleitete	
a) Gemeinden/Gemeindeteile nach Prädikaten (Gemeindegruppen)	7
b) Gemeinden nach Größenklassen der Einwohnerzahl	7
c) Gemeinden nach Größenklassen der Bettenzahl[1])	5
d) Gemeinden nach Größenklassen der Bettendichte (Betten je 1 000 Einwohner)[1])	6
e) Gemeinden nach Größenklassen der Übernachtungsdichte (Übernachtungen je Einwohner)	5
f) Gemeinden nach Größenklassen der durchschnittlichen Aufenthaltsdauer der Gäste ...	5
II. Gliederungen der Erhebungseinheit	
1 Betriebsarten[1])	9
2 ausgewählte Fremdenverkehrsarten	3
3 abgeleitete	
a) Betriebe (ohne Campingplätze) nach Größenklassen (Zahl der vorhandenen Betten und/ oder Schlafgelegenheiten)[1])	6
b) Betriebe (ohne Campingplätze) nach Größenklassen (Zahl der monatlich angebotenen Betten und/oder Schlafgelegenheiten)	6
c) Betriebe (ohne Campingplätze) nach Größenklassen (Zahl der Beherbergungsräume)[1]) ...	7
d) Campingplätze nach Größenklassen (Zahl der Stellplätze für Urlaubscamping)[1])	6
e) Betriebe nach Ausstattungsklassen[1])	4
f) Betriebe nach Durchschnittspreisklassen[1])	6
g) Campingplätze nach Durchschnittspreisklassen[1])	6
h) Betriebe/Campingplätze nach Jahres- und Saisonbetrieben	2
i) Betriebe/Campingplätze nach Größenklassen der durchschnittlichen Aufenthaltsdauer der Gäste	7
j) Betriebe (ohne Campingplätze) nach Klassen der Auslastung der angebotenen Bettenkapazität	5
III. Gliederungen von Erhebungsmerkmalen	
1 Beherbergungsräume	
a) nach Größenklassen (Zahl der Betten und/oder Schlafgelegenheiten)[1])	3
b) nach Preisklassen[1])	6
2 Ankünfte und Übernachtungen	
a) nach zusammengefaßten Gästegruppen	2
b) nach dem Wohnsitzland der Gäste	44

[1]) Nach Vorliegen der Ergebnisse der Kapazitätserhebung.

Abb. 6-7 Gliederungsmerkmale der Tabellenprogramme für die Statistik der Beherbergung im Reiseverkehr (aus: REEB 1980: 840)

In der **Bundesrepublik** werden diese Daten monatlich im Rahmen der "Statistik der Beherbergung im Reiseverkehr" erhoben. Grundlage ist das

Beherbergungsstatistikgesetz von 1980[1]. Hiernach (§ 2) sind zu erfassen:

1. die Anzahl der Ankünfte und Übernachtungen von Gästen, bei Gästen mit Wohnsitz oder gewöhnlichem Aufenthalt außerhalb des Geltungsbereichs des Gesetzes in der Unterteilung nach Ländern,
2. die Anzahl der im Berichtsmonat angebotenen Fremdenbetten und Wohneinheiten sowie auf Campingplätzen die Anzahl der Stellplätze.

Der Berichterstattung unterliegen alle Beherbergungsstätten, die mehr als acht Gäste gleichzeitig vorübergehend beherbergen können (§ 5); auskunftspflichtig sind die Inhaber oder Leiter der Beherbergungsstätten (§ 6).

Auf der Grundlage dieser Erhebungen werden die entsprechenden Daten vom Statistischen Bundesamt in differenzierter Form veröffentlicht. Abb. 6-7 zeigt die grundsätzliche Strukturierung der Übernachtungsstatistik in der Bundesrepublik.

6.1.5 Deutschland und der Welttourismus

Zur Veranschaulichung wurden in Abb. 6-8 die monetären Kennziffern des bundesrepublikanischen Fremdenverkehrs in Relation zum internationalen (**zwischenstaatlichen**) Tourismus gesetzt. Hier zeigt sich

- die relativ hohe Bedeutung des bundesrepublikanischen Fremdenverkehrs **ins Ausland** für den gesamten internationalen Reiseverkehr - er beträgt ca. 20 %,
- die relativ geringe Bedeutung des Fremdenverkehrs **nach Deutschland**, der nur ca. 2 % des bundesrepublikanischen Bruttosozialprodukts ausmacht.

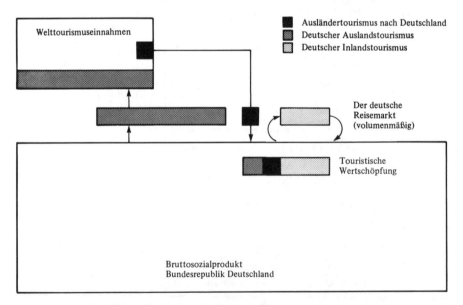

Abb. 6-8   Die relative Bedeutung des bundesrepublikanischen Tourismus - in Relation zum BSP und zum Welttourismus
(Anmerkung: Die Flächen sollen die Verhältnisse zueinander veranschaulichen; aus statistischen Gründen sind die Größen nicht immer genau vergleichbar)

1 BGBl. I Nr. 38, S. 953f.

6.2 Ökonomische Einschätzung[1]

Wirtschaftliche Beurteilungen gesellschaftlicher Phänomene erfolgen in der Regel mit Hilfe monetärer Größen. Der Bewertung liegt der Versuch des Vergleichs verschiedener Größen mit Hilfe von Geldgrößen (= monetäre Bewertung) zugrunde. Der homo oeconomicus handelt zielgerichtet-rational und effizient (nach dem ökonomischen Prinzip). Entsprechend erfordern gesamtwirtschaftliche Beurteilungen:

* Eine Abwägung des Aufwandes und Ertrages, des input-output-Vergleiches. Hier hat sich die Kosten-Nutzen-Analyse als typisch ökonomisches Analyseinstrument eingebürgert.

* Die Festlegung von gesellschaftlich-ökonomischen **Zielen**, in bezug auf die rational zu handeln ist. Eine Bewertung erfolgt nach Zielkompatibilität verschiedener Maßnahmen und Ausmaß der Zielerreichung. - Volkswirtschaftliche Einschätzungen von ökonomischen Trends erfolgen in der Bundesrepublik Deutschland vor allem unter Berücksichtigung der wirtschaftspolitischen Ziele des Stabilitäts- und Wachstumsgesetzes, gelegentlich ergänzt um einige weitere Zielgrößen.

Diese volkswirtschaftliche Betrachtung hat den **Vorteil**, daß ein einheitlicher Maßstab als Beurteilungsgrundlage verwendet wird, allerdings auch den oben erwähnten **Nachteil** der Reduzierung des Tourismusaspekts auf monetär-quantitative Größen. Diese Einengung kann durch Berücksichtigung der im nachfolgenden Kapitel (über sozio-kulturelle Aspekte) erwähnten Faktoren wieder etwas relativiert werden.

(1) Kosten-Nutzen-Analyse und ökonomisches Prinzip

Die Kosten-Nutzen-Analyse ist die allgemeinste Form der ökonomischen Beurteilung. Sie geht von einer ebenso einfachen wie offensichtlich plausiblen Überlegung aus: Was "bringt" eine Maßnahme (an Ertrag, Geld, Freude, Lust, Output, "Nutzen") und was "kostet" sie (an Aufwand, Mühe, Geld, ...).

Sie beinhaltet das **ökonomische Prinzip** : Es besagt, daß Maßnahmen stets so zu ergreifen sind, daß entweder

* mit vorgegebenen Mitteln (Aufwand) ein möglichst hoher Ertrag zu erwirtschaften ist oder
* ein bestimmter Ertrag/Output (oder ein Ziel) mit möglichst geringem Aufwand zu erzielen, zu "erwirtschaften", ist.

Soweit Kosten und Nutzen in Geldgrößen auszudrücken sind, ist eine Beurteilung noch relativ einfach: Die Maßnahme mit der höchsten Differenz aus Kosten und Nutzen ist einer anderen vorzuziehen.

Doch bei Kosten-Nutzen-Analysen gibt es eine Reihe von **Problemen**:

(1a)   **Wessen Nutzen** wird angesetzt?
        - Der eines Ortes, der Region oder der Volkswirtschaft oder
        - der Nutzen des Einzelnen oder der Gesellschaft oder
        - der nationale oder internationale Nutzen des Tourismus?

---

1 Genauere Literaturhinweise zur Vertiefung der einzelnen Abschnitte finden sich bei 6.6.

(1b)   **Was ist Nutzen?**

Dieses ökonomische Effizienzdenken, das Bewerten nach Mengen und Geld, die unterstellte Annahme, daß mehr Ertrag (oder weniger Kosten) grundsätzlich besser sind, verschließt den Blick für alle nicht-monetären Größen, wie Freude, Macht usw. Gerade im Tourismus finden sich vielfältige Beispiele, die die rein ökonomische Beurteilung in Frage stellen:

- nicht immer ist die billigste Reise oder Reisesaison die "beste", die den höchsten (individuellen) Nutzen stiftet: Die billige Saisonzeit kann verregnet sein, man findet keine Kontakte am Urlaubsort, touristische Dienstleistungsunternehmen haben eventuell geschlossen, der Transport der Billig-Airline kann unbequem sein, lange Wartezeiten, überfüllte Transportmittel, schlechte Verpflegung, viele Zwischenstops usw. All diese Größen bedeuten sicher erhebliche Nutzeneinbußen, die nur schwer geldlich bewertbar sind: stiftet eine solche Reise den gleichen Nutzen wie eine DM 500.- teurere Reise in der Hochsaison, mit First-Class-Transport und mit schönem Wetter? Das Urteil, die subjektive Kosten-Nutzen-Analyse, wird je nach Reisendem unterschiedlich ausfallen.

- Wie kann ein Kosten-Nutzen-Vergleich für zwei Wochen Spanien kontra 2 Wochen Italien ausfallen, wenn

  - gleiche Zeit, gleicher Komfort, gleicher Preis
  - gleiche Zeit, gleicher Komfort, unterschiedlicher Preis
  - gleiche Zeit, verschiedener Komfort, verschiedener Preis,
  - verschiedene(r) Zeit, Komfort, Preis

  zu vergleichen sind? Oder gar wenn die Alternative "2 Wochen Mexiko, gleiche Zeit, gleicher Komfort, verschiedener Preis" lautet? Diese Beispiele ließen sich beliebig fortsetzen.

Nutzen	Kosten
quantitativ	**quantitativ**
Wirtschaftswachstum	Güterverbrauch
Höheres Einkommen	Arbeitsaufwand
Erlöse	Boden, Landschaft
Mehr Güter	Inflation
Deviseneinnahmen	Devisenabflüsse
höheres Transportangebot	Infrastrukturaufwand
Neue Arbeitsplätze	Ausbildungskosten
qualitativ	**qualitativ**
Erholung	Lärm
Freude	Landschaft- und Luftver-
Gesundheit	schmutzung
Glück	Verkehrsunfälle

Abb. 6-9   Kosten-Nutzen-Vergleiche (Beispiele)

Diese Überlegungen stellen das alljährliche Problem der Reiseentscheidung dar, das bereits in Teil 2.3 angedeutet worden war. Hier ist ein weiter Bereich außerökonomischer Einflußfaktoren gegeben.

(1c) (Monetäre) **Bewertbarkeit** von Kosten und Nutzen

Nicht alle Größen sind eindeutig und einfach zu bewerten. Touristische Maßnahmen verursachen so unterschiedliche ökonomische Effekte, wie - im positiven -
mehr Beschäftigung, höhere Einkommen, neue Straßen, höheres Güterangebot,
mehr Deviseneinnahmen oder - im negativen - Abwanderung von Arbeitern,
verändertes Einkommen, Verteilung, höhere Preise, mehr Devisenabflüsse usw.
Hinzu kommt die Berücksichtigung der **sozialen Kosten** und Nutzen, wie - im
positiven - Glück, Freude, Gesundheit oder - im negativen - Lärm, Luft- und
Umweltverschmutzung usw. (Vgl. Abb. 6-9)

Diese Denkweise ist in fast allen Bereichen der Ökonomie vorherrschend:

*   im **Betrieb** werden Kosten und Erträge gegeneinander abgewogen,
*   in der **öffentlichen Verwaltung** hat diese Denkweise (als Kosten-Nutzen-
    Analyse) Eingang gefunden und dient als Entscheidungstechnologie für die
    Auswahl bestimmter Projekte und Maßnahmen,
*   auch **Privatpersonen** wägen (mehr oder weniger bewußt) bei ihren Entschei-
    dungen Vor- und Nachteile gegeneinander ab und führen damit auch eine
    (vereinfachte) "Kosten-Nutzen-Analyse" durch.

(2) Wirtschaftspolitische Ziele in der Bundesrepublik

Die wirtschaftspolitische Einschätzung ökonomischer Trends in der Bundes-
republik erfolgt vor allem vor dem Hintergrund der im Stabilität- und
Wachstumsgesetz vom 8.6.1967 formulierten gesamtwirtschaftlichen Ziele.
Jährlich im Januar legt die Bundesregierung im Jahreswirtschaftsbericht eine
Stellungnahme, sowie Zielwerte zu den vier gesetzlich fixierten Zielen vor (**"magi-
sches Viereck"**), diese sind

*   stetiges und angemessenes Wirtschaftswachstum,
*   hoher Beschäftigungsstand,
*   stabiles Preisniveau,
*   außenwirtschaftliches Gleichgewicht.

Sie nimmt damit Stellung zu dem kurz vorher (im November) dem Bundestag
vorgelegten Jahresgutachten des Sachverständigenrates, der "Fünf Weisen", die auf
der Grundlage des Sachverständigengesetzes vom 14.8.1963 eine Analyse der gesamtwirtschaftlichen Situation in der Bundesrepublik versucht haben.

Eine **umfassende** gesamtwirtschaftliche Beurteilung des Tourismus in der
Bundesrepublik erfordert ferner einige Aussagen zu den Zielen

*   gerechte Verteilung von Einkommen und Vermögen, das im Gesetz über die
    Bildung des Sachverständigenrates enthalten ist,
*   geringe Konzentration; hierzu sind im Gesetz gegen Wettbewerbs-
    beschränkungen vom 1.1.1958 (GWB) Vorschriften über betriebliche Zusam-
    menschlüsse, Preisabsprachen und Konzentrationsaspekte in der Bundes-
    republik formuliert.

Ferner gewinnen **ökologische** Einschätzungen der gesellschaftlichen Entwicklung zunehmend an Bedeutung, für die zwar keine einheitliche Gesetzgebung
besteht, deren Berücksichtigung aber in letzter Zeit bei verschiedenen gesellschaftlichen Maßnahmen und Entwicklungen stets mitberücksichtigt wird. In der

ökonomischen Diskussion werden ökologische und ähnliche, nicht primär ökonomische, Aspekte als

• soziale Indikatoren (nicht) behandelt.

Im Gegensatz zu den jährlich umfangreich behandelten wirtschaftspolitischen Zielen haben

• touristische Zielvorstellungen

in den volkswirtschaftlichen Zielkatalog in der Bundesrepublik keinen Eingang gefunden. Anders hingegen in manchen anderen Ländern, wo touristische Ziele zu vorrangig ökonomischen Entwicklungszielen zählen. Touristische Ziele finden sich aber als Teilziele in verschiedenen anderen Politikbereichen (vgl. dazu genauer Teil 5).

Folglich werden die vorgenannten wirtschaftspolitischen Kriterien zur Beurteilung des Tourismus in der Bundesrepublik herangezogen. Dadurch kann etwas mehr Klarheit erhalten werden, welchen tatsächlichen gesamtwirtschaftlichen Stellenwert der Fremdenverkehr in der Bundesrepublik einnimmt. Zur Beschreibung und Beurteilung der zuvor genannten wirtschaftspolitischen Ziele verwendet man sogenannte Indikatoren, deren Werte zur quantitativen Erfassung der Ziele dienen. Die ensprechenden aktuellen Werte finden sich zusammen mit den Zielen und den Indikatoren in Abb. 6-10.

Ziel	Indikator	1986 %	1989 %	1994 %
Stetiges und angemessenes Wirtschaftswachstum	jährliche Veränderung des realen Sozialproduktes	2,5	3,4	1,6
Stabilität des Preisniveaus	Veränderung von Preisindizes	0,5	3,1	3,0
hoher Beschäftigungsstand	Arbeitslosenquote	9,0	7,9	9,2
außenwirtschaftliches Gleichgewicht	Außenbeitrag/BSP	4,5	4,5	6,9
gerechte Verteilung	Lohnquote	ca. 72%	ca. 71%	ca. 71%
geringe Konzentration	(relative) Unternehmensgröße	*	*	*
soziale Ziele	soziale Indikatoren	*	*	*

* kein gesamtwirtschaftlicher Wert angegeben

Abb. 6-10 Wirtschaftspolitische Ziele und Indikatoren
(Quelle: Statistisches Bundesamt 1995)

6.2.1 Reiseverkehr und Sozialprodukt

Die globalste Aussage über die Bedeutung eines Wirtschaftssektors in einer Volkswirtschaft erfolgt üblicherweise durch Angaben zur Höhe des Beitrages dieses Wirtschaftssektors zur gesamtwirtschaftlichen Leistungserstellung, gemessen am (Brutto) **Sozialprodukt**. Im Sozialprodukt spiegeln sich verschiedene makroökonomische Entwicklungen wider (vgl. Abb. 6-11).

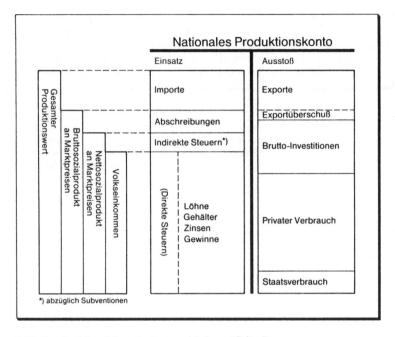

Abb. 6-11 Das Sozialprodukt und seine verschiedenen "Seiten"
(aus: CZADA 1984: 15)

(1) Die Produktionsseite: Wertschöpfung der Reiseverkehrs wirtschaft

Das Bruttosozialprodukt erfaßt auf der **Produktionsseite** alle - in einem Jahr von den Bewohnern eines Landes bzw. eines Teilbereiches (Region) - hergestellten Güter und Dienstleistungen (soweit sie Endprodukte darstellen, also nicht im gleichen Zeitraum wieder als Vorleistungen in den inländischen Produktionsprozeß eingegangen sind), abzüglich der Importe (da diese - gesamtwirtschaftlich - ebenfalls Vorleistungen darstellen). Der gesamte Produktionswert einer Volkswirtschaft abzüglich der Vorleistungen wird auch - analog zur betrieblichen Leistungserstellung - als gesamtwirtschaftliche **Wertschöpfung** bezeichnet.

Um diese Werte für die Gesamtwirtschaft zu ermitteln, werden normalerweise die Marktwerte aller Leistungen addiert, die von diesem Wirtschaftsbereich im Laufe eines Jahres hergestellt wurden. Während die Anteile und Beiträge der verschiedenen Wirtschaftszweige, wie beispielsweise der Automobilindustrie, der Versicherungswirtschaft, der Landwirtschaft usw. sehr detailliert vorliegen (und vom Statistischen Bundesamt im Statistischen Jahrbuch und in verschiedenen Einzelreihen veröffentlicht werden), existieren nur sehr wenige Zahlen über den Beitrag des Fremdenverkehrs zur nationalen Leistungserstellung.

Dies liegt vor allem an der fehlenden Abgrenzung und Erfassung eines Tourismussektors in der amtlichen Statistik. Die touristische Leistungserstellung wird in unterschiedlichen Wirtschaftszweigen und Sektoren statistisch erfaßt, wobei in den seltensten Fällen eine Abgrenzung touristischer Teilbereiche erfolgt. - So wird beispielsweise kein eigenständiger touristischer Transportbereich ausgewiesen, sondern alle Verkehrsleistungen sind unter dem Oberbegriff "Verkehr" miterfaßt. Auch die Beherbergungsleistung, die zu 100 % dem Reiseverkehr zuzurechnen wäre, wird zusammen mit dem Gastgewerbe, das nur teilweise dem Fremdenverkehr zuzurechnen ist (vgl. 3.2), statistisch ausgewiesen.

Bundesland	Volkseinkommen (NSP zu Faktorkosten) 1990 in Mio DM	Einwohner Jahresende 1989 in Mio	Volkseinkommen pro Kopf in DM	Nettoschöpfung im Fremdenverkehr am Aufenthaltsort (ohne Verkehrsleistungen) durch Übernachtungsgäste in allen Bereichen*	
				absolut in Mio DM	in %
Bayern	341 337	11,221	30 420	3 968,6	1,16
Baden-Württemberg	300 413	9,619	31 231	2 307,9	0,77
Niedersachsen	182 761	7,284	25 091	2 111,1	1,16
Nordrhein-Westfalen	482 870	17,104	28 231	1 692,4	0,35
Rheinland-Pfalz	97 587	3,702	26 361	876,3	0,90
Hessen	192 783	5,661	34 055	1 513,7	0,79
Schleswig-Holstein	63 875	2,595	24 615	1 135,9	1,78
Saarland	27 307	1,065	25 640	72,5	0,27
Bremen	25 224	0,674	37 424	64,5	0,26
Hamburg	85 066	1,626	52 316	391,7	0,46
Berlin	70 507	2,068	34 094	676,4	0,96
Bundesgebiet insgesamt	1 869 730	62,619	29 859	14 811,0	0,79

*)   Errechnet aus den statistisch erfaßten Übernachtungen (gewerbliche Betriebe, Jugendherbergen, Campingplätze, gewerbliche Ferienwohnungen) und dem Übernachtungsumfang in Privatquartieren/privaten Ferienwohnungen entsprechend dem Ergebnis der durchgeführten Primärerhebung.

Abb. 6-12 Volkseinkommen, Bevölkerungsstand und Nettowertschöpfung im Fremdenverkehr 1990 (Quelle: DWIF 1992: 222)

(2) Die Einkommensseite: die Reiseverkehrsnachfrage, der touristische Konsum

Gleichzeitig mit der Güter- und Dienstleistungs"produktion" werden **Einkommen** geschaffen, die in gleicher Höhe wie das (Produktions-)Sozialprodukt entstehen. Diese **Einkommensseite** des Sozialprodukts wird häufig auch als **Volkseinkommen** bezeichnet; es entspricht - in strenger volkswirtschaftlicher Abgrenzung - dem Nettosozialprodukt zu Faktorkosten. Die Einkommensseite des Sozialprodukts hat ebenfalls eine Entstehungs- und Verwendungsseite. Der Entstehungsaspekt des Volkseinkommens wird zumeist als **Verteilungsseite** des Sozialprodukts diskutiert, während die Einkommens**verwendung** analog zur Produktionsverwendung in Konsum und - hier - Ersparnis (anstelle von Investition) unterschieden wird.

Die zuvor aufgezeigten Schwierigkeiten, den Umfang des Fremdenverkehrs von der Produktions- oder Angebotsseite her zu erfassen, wie dies für die meisten anderen Wirtschaftszweige in der volkswirtschaftlichen Gesamtrechnung üblich ist, hat dazu geführt, die gesamtwirtschaftliche Größe des Tourismusbereiches **nachfrageseitig** zu bestimmen. Dies müßte grundsätzlich zu gleichen Ergebnissen führen, da die Einkommensseite des Sozialproduktes die gleiche Höhe wie die Produktionsseite hat.

Die Berechnungen des Beitrages der Tourismuswirtschaft zum Sozialprodukt von der Nachfrageseite her erfolgen mit unterschiedlichen Methoden:

(a) Zur Bestimmung der Reiseausgaben in der Bundesrepublik wird versucht, die Reiseausgaben als **Produkt der Mengengrößen** Übernachtungszahlen und der durchschnittlichen Ausgaben pro Übernachtung zu ermitteln. Diese Berechnungen existieren für die Jahre 1924 - 1957 (vgl. MENGES 1959), sowie mit ähnlicher Berechnungsmethode für die Jahre 1960 - 1965, 1978 und 1984 (vgl. KOCH 1961, 1966, 1980, 1985, DWIF 1992). Letztere Daten liegen auch differenziert für einzelne Fremdenverkehrsarten vor. (Abb. 6-13)

Jahr	Gesamtwirtschaft		Reiseausgaben real		Anteile			
	BSP real	privater Konsum C_p	Stat. Bund.Amt C_T^{SB}	Reiseanalyse C_T^{RA}	C_T^{SB}/BSP	C_T^{RA}/BSP	C_T^{SB}/C_p	C_T^{RA}/C_p
1969	911.600	484.300	14.379	.	1,6	.	3,0	.
1970	957.500	521.090	16.815	.	1,8	.	3,2	.
71	988.100	548.310	19.945	.	2,0	.	3,6	.
72	1.039.000	573.300	19.945	17.056	.	1,7	.	3,0
73	1.075.900	587.090	.	17.640	.	1,6	.	3,0
74	1.080.800	589.680	.	18.076	.	1,7	.	3,1
1975	1.063.900	610.150	23.617	18.876	2,2	1,8	3,9	3,1
76	1.123.000	633.500	23.015	18.200	2,1	1,6	3,6	2,9
77	1.254.100	657.210	25.108	18.911	2,2	1,6	3,8	2,9
78	1.194.000	681.000	25.279	21.513	2,1	1,8	3,7	3,2
79	1.241.600	702.390	26.803	22.771	2,2	1,8	3,8	3,2
1980	1.265.500	712.420	25.984	24.283	2,1	1,9	3,7	3,4
81	1.263.000	708.130	25.925	22.238	2,1	1,8	3,7	3,1
82	1.250.000	698.270	.	19.655	.	1,6	.	2,8
83	1.266.600	706.280	.	19.135	.	1,5	.	2,7
84	1.299.700	710.560	.	21.733	.	1,7	.	3,1

Abb. 6-13 Die Entwicklung der touristischen Konsumquote im Gebiet der Bundesrepublik Deutschland (aus: FREYER 1986a: 86)

(b) Eine zweite Berechnungsmethode geht von den teilweise vorhandenen Daten über die Reiseausgaben der bundesdeutschen Bevölkerung aus. Die Daten stammen zum einen aus der Sonderbefragung des Statistischen Bundesamtes im Rahmen des Mikrozensus, zum anderen aus der Reiseanalyse des Studienkreises für Tourismus. In beiden Untersuchungen werden die Ausgaben für Urlaubs- und Erholungsreisen (mit einer Dauer von mindestens fünf Tagen) repräsentativ mit Hilfe einer Zufallsstichprobe errechnet. Beide Zeitreihen beziehen sich allerdings nur auf den

Urlaubsreiseverkehr, erfassen also weder den Beitrag, den der Geschäftsreise-verkehr zum inländischen Reiseverkehr leistet, noch die Ausgaben ausländischer Besucher in der Bundesrepublik. Letztere Angaben können näherungsweise mit Hilfe der Einnahmenseite der Reiseverkehrsbilanz erfaßt werden.

Eine Berechnung von FREYER 1986a unter Verwendung der seit 1969 teilweise vorliegenden Zahlen des Statistischen Bundesamtes für Reiseausgaben durch die Mikrozensusuntersuchung sowie Daten des Studienkreises (ab 1972) ergibt (vgl. Abb. 6-13)[1]:

- eine seit 1971 ziemlich konstante touristische Konsumquote von - je nach Datenreihe - 2,1 bzw. 2,2 % bei Daten des Statistischen Bundesamtes bzw. nur 1,7 % bei Daten des Studienkreises,
- sowie einen ebenfalls konstanten Anteil des touristischen Konsums am gesamten privaten Konsum (von ca. 3,8 bzw. 3,1 %).

(3) Die zeitliche Veränderung: Wachstum und Reisen

Weitaus häufiger als die absolute Höhe des Sozialproduktes interessiert in der aktuellen Diskussion seine **Veränderung**. Die jährliche Veränderung des realen Bruttosozialproduktes ist der Indikator des im Stabilitätsgesetzes formulierten Zieles "stetiges und angemessenes Wirtschaftwachstum", von dem oftmals behauptet wird, daß ihm Vorrang vor den anderen Zielen eingeräumt würde.

Im Zusammenhang mit dem Fremdenverkehr umfaßt die Wachstumsdiskussion in der Regel drei unterschiedliche Aspekte:

(3a) Es werden die verschiedenen **Wachstumsursachen für** den Reiseverkehrs-bereich beleuchtet. Hier wird überlegt, welche Faktoren ursächlich für die immer weiter ansteigende Höhe der Reisetätigkeit waren. Während in der allgemeinen Wachstumsdiskussion Wachstum über Veränderungen der "Produktionsfaktoren" Arbeitskraft, Kapital, Boden und technischer Fortschritt erklärt wird, werden als wachstumsfördernde Faktoren für den Fremdenverkehr üblicherweise die in Teil 1.3 erwähnten Faktoren genannt:

- Einkommen und Wohlstand,
- Urlaub, Freizeit, Wertewandel,
- Motorisierung und Transportwesen,
- Entwicklung des Kommunikationswesens,- Bevölkerungswachstum und Ver-städterung,
- Entstehen und Ausbau einer Tourismusindustrie.

(3b) Es wird untersucht, welche **Wachstumseffekte vom** Fremdenverkehr aus-gehen, z. B. auf das (Leistungs-)Wachstum einer Gemeinde, Region oder eines Landes. - Hierbei wird als Sonderaspekt die **Multiplikatorwirkung** des Frem-denverkehrs mitbehandelt (vgl. nachstehenden Kasten).

(3c) Ferner wird die umgekehrte Abhängigkeit betrachtet, also die Frage, inwieweit höheres/geringeres wirtschaftliches Wachstum zu höherer/geringerer Reisetätigkeit führt. Hierbei wird vor allem die Einkommensseite des gesamtwirtschaftlichen Wachstums gesehen. Verändertes Wirtschaftswachstum bedeutet auch verändertes Volkseinkommen und damit Veränderungen bei der privaten Konsumtätigkeit,

---

1   Die entsprechende graphische Darstellung findet sich in Teil 1.3.1 als Abb. 1-8.

speziell auch bei den touristischen Konsumausgaben. Untersuchungen dieser Fragestellung, die unter der Bezeichnung **Konjunktur und Reisen** diskutiert wird, haben festgestellt, daß

* in der Bundesrepublik die Entwicklung der Gesamtwirtschaft und der Reisetätigkeit durch jeweils starke Wachstumstrends gekennzeichnet waren. Sowohl das gesamte Wirtschaftswachstum als auch die gesamtgesellschaftliche Reisetätigkeit haben in den letzten Jahren hohe Zuwachsraten erreicht,
* es in Jahren mit hohen Wachstumsraten des BSPs keine überproportionalen Zunahmen der Reisetätigkeit gab,
* rückläufige Wachstumsraten des BSPs zumeist auch mit deutlichen Rückgängen der gesamten Reisetätigkeit verbunden waren,
* diese Rückgänge in der Regel zeitversetzt, mit einer Verspätung von ca. einem halben bis einem Jahr erfolgten.

Die Konjunkturabhängigkeit der Reisetätigkeit wurde für verschiedene (monetäre und nicht-monetäre) Indikatoren untersucht. Die direkte Messung wäre der Zusammenhang von Reiseausgaben und Konjunktur. Da die (statistischen) Daten über die deutschen Reiseausgaben nur bruchstückhaft vorliegen, zeigt sich der Zusammenhang von Reisen und Konjunktur am deutlichsten an verschiedenen "Hilfsindikatoren", z. B. an der Entwicklung von Übernachtungstätigkeit und Konjunkturverlauf (vgl. Abb. 6-14).

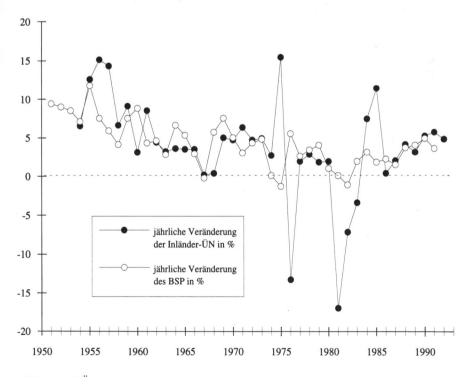

Abb. 6-14 Übernachtungsentwicklung und Konjunktur in der Bundesrepublik Deutschland 1950 - 1993

MULTIPLIKATOREN

Der **Multiplikatoreffekt** beschreibt das Ausmaß, um das sich eine Größe (die sogenannte **abhängige**) durch Änderung einer anderen (**unabhängigen**) verändert. In der Volkswirtschaft existiert eine Fülle unterschiedlicher Multiplikatoren, je nachdem, welche abhängigen und unabhängigen Größen betrachtet werden. Die bekannteste Multiplikatorwirkung ist der **Einkommensmultiplikator**. Er beschreibt die Gesamtwirkung, die bestimmte wirtschaftspolitische Maßnahmen auf das Einkommen haben. Dabei zeigt sich, daß neben der ursächlichen Einkommenserhöhung, z. B. durch eine Investition oder eine Staatsausgabe, noch weitere Einkommenszuwächse in der Folgezeit entstehen, vor allem dadurch, daß die ursprünglich entstandenen Einkommen wieder (und wieder) ausgegeben werden und dadurch weitere neue Einkommen schaffen. Diese neugeschaffenen Einkommen werden aufaddiert und zur ursprünglichen Maßnahme in Beziehung gesetzt. Der Quotient wird als **Multiplikator** bezeichnet. Es zeigt sich, daß die Höhe des Multiplikators ausschließlich von der Ausgabenneigung der Einkommensbezieher abhängig ist und daß sich der Multiplikator - aufgrund mathematischer Zusammenhänge für geometrische Reihen - als Kehrwert der Grenzneigung zum Sparen (dies ist die Ergänzung der Konsumneigung zu 1) errechnen läßt. Die entsprechende Berechnungsformel für den Multiplikator lautet:

$$M = \frac{1}{1 - GNK} \quad \text{mit GNK = Grenzneigung zum Konsum}$$

Übertragen auf den Fremdenverkehr sind vor allem folgende Multiplikatoren von Bedeutung:

- **Einkommensmultiplikator** (M_E): hier interessiert das zusätzliche Einkommen (ΔY), das von Tourismusinvestitionen oder -ausgaben (ΔT) ausgeht und in der betreffenden Volkswirtschaft (Region) geschaffen wird.

$$M_E = \frac{\Delta Y}{\Delta T}$$

- **Arbeitsplatzmultiplikator** (M_A): Er beschreibt die durch Tourismusausgaben (ΔT) neugeschaffenen Arbeitsplätze (ΔAP).

$$M_A = \frac{\Delta AP}{\Delta T}$$

- **Außenhandelsmultiplikator** oder **Deviseneffekt** (M_{Dev}): Hier werden die durch Tourismusausgaben (ΔT) hervorgerufenen Deviseneinnahmen (ΔE_{Dev}) oder auch allgemeinen Außenhandelseffekte, vor allem auf die Exporte, (ΔE_{Ex}) betrachtet.

$$M_{Dev} = \frac{\Delta E_{Dev}}{\Delta T} \qquad M_{Ex} = \frac{\Delta E_{Ex}}{\Delta T}$$

(4) Die strukturelle Veränderung: sektorale, regionale und internationale Effekte

Bei Aufgliederung der gesamtwirtschaftlichen Produktion nach Wirtschaftszweigen und Regionen zeigen sich strukturelle und regionale Effekte, auch im internationalen Vergleich. Die strukturellen Effekte des Fremdenverkehrs umfassen drei unterschiedliche Aspekte:

(4a) Die Aufgliederung nach Wirtschaftsbereichen und deren getrennte Erfassung ermöglicht **Vergleiche** zwischen dem Fremdenverkehrssektor und anderen Wirtschaftssektoren. Hierbei wird nach der **relativen Bedeutung** der einzelnen Wirtschaftssektoren in bezug auf die Gesamtwirtschaft, nach Kapitalbedarf und Arbeits- platzeffekten gefragt. Vor allem interessiert gesamtgesellschaftlich der **Struk- turwandel** zwischen verschiedenen gesamtwirtschaftlichen Sektoren, zwischen Landwirtschaft, industrieller Produktion und dem Dienstleistungsgewerbe (wozu der Fremdenverkehr zählt) und in vielen Ländern (mit hohem Tourismusanteil am BSP) die Abhängigkeit der Gesamtwirtschaft vom Tourismus (Vgl. Abb. 6-28).

(4b) Binnenwirtschaftlich ist ferner die **regionale Verteilung** des Fremden- verkehrs von Bedeutung (vgl. Abb. 6-12). Gesamtwirtschaftliche Betrachtungen verdecken oftmals Probleme, die für kleinere Bereiche innerhalb einer Volks- wirtschaft gegeben sind. So gibt es neben Gebieten mit überdurchschnittlichen Einkommens- und Produktionszuwächsen eine Reihe von "unterentwickelten" Gebieten, deren Bewohner nicht im gleichen Ausmaß am gesamtwirtschaftlichen Wachstumsprozeß teilhaben. Als ein Mittel zur Förderung des gesamtwirtschaft- lichen Produktionsstruktur innerhalb dieser Gebiete wird oftmals der Fremden- verkehr angesehen. Hier erhofft man sich über die Schaffung eines neuen Erwerbs- zweiges neue Arbeitsplätze und höheres Einkommen für die betreffende Region.

(4c) Ähnlich wie binnenwirtschaftlich auf regionaler Ebene wird die ökonomische Wirkung des Tourismus im **internationalen** Zusammenhang für verschiedene Länder diskutiert. Von besonderem Interesse war hierbei in den letzten Jahren die Frage nach der Bedeutung des Fremdenverkehrs für **Entwicklungsländer**, die hier nicht genauer aufgegriffen wird (vgl. dazu BMZ 1993, FREYER 1983 und 1987a und die Abschnitte 6.2.(4) und 6.3).

(5) Kommunale Effekte

Fremdenverkehr ist für viele Gemeinden ein wichtiger Wirtschaftsfaktor, der neben Arbeitsplätzen und persönlichem Einkommen auch Steuereinnahmen für die Kom- mune bedeutet. Als Berechnungsbeispiel für die kommunale Bedeutung des Touris- mus sind in Abb. 6-15 die verschiedenen dazu notwenigen Fachbegriffe mit Erläu- terungen und den für deutsche Kommunen üblichen Größenordnungen zusammen- gestellt (vgl. ausführlich FREYER 1993a).

6.2.2 Reiseverkehr und Beschäftigung

Ein zweites Beurteilungskriterium für die gesamtwirtschaftliche Bedeutung des Reiseverkehrs ist sein Anteil bzw. Beitrag zur Beschäftigungssituation der Volkswirtschaft. Die mangelhafte Abgrenzung und statistische Erfassung des Reiseverkehrssektors bereitet auch bei Aussagen zur touristischen Beschäftigungs- situation die Hauptschwierigkeiten.

Gesamtwirtschaftliche Einschätzungen der Arbeitsmarkt- und Beschäftigungs- situation erfolgen üblicherweise mit Hilfe der Indikatoren Beschäftigte und Erwerbslose (Arbeitslose) und den entsprechenden Anteilen (Arbeitslosenquote); ferner werden oftmals Aussagen zur Struktur und Qualität der Arbeitsplätze mit- herangezogen, wobei letztere Beurteilung oftmals schon am Rande zu betriebs- wirtschaftlichen Arbeits**platz**überlegungen stehen.

Kennzahl	Erläuterung	Größenordnung
Fremdenverkehrsumsätze (in DM, netto o. MWSt)	Ø Tagesausgaben x ÜN plus Ø Tagesausgaben x Tagesgäste	ø Tagesausgaben ÜN-Gäste DM 112,60 ø Tagesausgaben Tagesgäste DM 28,20
Wertschöpfungsquote	Anteil der neu geschaffenen Werte (oder Einkommen) am gesamten FVK-Umsatz	zwischen 35 bis 50%
Touristische Wertschöpfung (= Nettowertschöpfung zu Faktorkosten oder Einkommen aus dem Fremdenverkehr)	Nettoumsatz FVK x Wertschöpfungsquote	Bundesdurchschnitt 38%
Beitrag des gesamten Fremdenverkehrs zum Volkseinkommen (in %)	$\dfrac{\text{Wertschöpfung FVK}}{\text{Volkseinkommen}} \times 100$	Bundesdurchschnitt 4 - 6%
Fremdenverkehrs-Multiplikator	Umsätze der 2. Stufe	1,2 bis 1,6 (ø 1,43) (bezogen auf die gesamte Nettowertschöfung)
Beschäftigte im Fremdenverkehr	Nettowertschöpfung : Ø Pro-Kopf-Einkommen (pro Beschäftigten)	"Faustregel": 1 Beschäftigter pro 5 bis 10 Betten o.: 780 ÜN pro Arbeitsplatz
Steueraufkommen aus dem Fremdenverkehr	bezogen auf den touristischen Nettoumsatz	ca. 2 - 3%
Fremdenverkehrsintensität	$\dfrac{\text{Anzahl der ÜN}}{\text{Anzahl der Einwohner}} \times 100$ (in%)	Bundesdurchschnitt 620 ÜN pro 100 Einwohner

Abb. 6-15 Bedeutung des Fremdenverkehrs für eine Gemeinde
(aus: FREYER 1993a)

(1) Beschäftigungsbereiche, -umfang und -struktur

Tourismusabhängige Arbeitsplätze finden sich in vielen Bereichen der Wirtschaft. Doch die offizielle Arbeitsmarktstatistik gliedert die Berufe nicht nach ihrer Bezogenheit zum Fremdenverkehr. Nur einige wenige "typisch touristische" Berufsgruppen werden in der Statistik der Bundesanstalt für Arbeit ausgewiesen. Dort sind es vor allem die Untergruppen 702 "Fremdenverkehrsfachleute" und 91 "Gästebetreuer", die dem Tourismusbereich zuzuordnen sind. (vgl. Abb. 6-16)

Der Schwerpunkt der Beschäftigtenzahlen liegt bei Einrichtungen **am Urlaubsort** für die Gästebetreuung, vor allem in der Beherbergungsindustrie und der Gastronomie, sowie bei den mit dem Aufenthalt verbundenen ergänzenden und mittelbaren Dienstleistungen. Für den Bereich der Beherbergung und Gastronomie werden ca. 500.000 tourismusabhängige Beschäftigte geschätzt.

Nur ein geringer Teil der im eigentlichen Fremdenverkehrsbereich Beschäftigten ist mit der **Reisevor- und -nachbereitung** und der eigentlichen **Reisedurchführung** beschäftigt: Für den Transportbereich werden ca. 150.000 Beschäftigte mit Tätigkeiten für den touristischen Reiseverkehr geschätzt, für den Bereich der Reiseorganisation ca. 46.000.

Insgesamt ergeben sich damit für die typische Tourismusindustrie ca. 800.000 tourismusabhängige Arbeitsplätze (vgl. Abb. 6-17).

1. Mit der Vorbereitung (Planung und Organisation) des vorübergehenden Ortswechsels sind befaßt:

   - der Reiseverkehrskaufmann mit dem Schwerpunkt Reisevermittlung/ Reiseveranstaltung,
   - der Luftverkehrskaufmann (soweit sein Aufgabengebiet auf den Passagierflugverkehr gerichtet ist),
   - der Kaufmann im Eisenbahn- und Straßenverkehr mit den Schwerpunkten Eisenbahnverkehr und Straßenverkehr/Personen
   - der Verkehrsfachwirt
   - der Kur- und Fremdenverkehrsfachmann.

2. An der unmittelbaren **Durchführung** des vorübergehenden Ortswechsels sind beteiligt:

   - der Berufskraftfahrer im Personenverkehr,
   - Führer von Schienenfahrzeugen im Personenverkehr,
   - Abfertigungs- und technisches Personal im Personen(schienen-)verkehr,
   - Seemännisches Personal im Passagierverkehr,
   - Flugabfertigung- und flugtechnisches Personal im Passagierverkehr,
   - Reisebegleiter.

3. Von dem Touristen am Zielort in Anspruch genommene Dienstleistungen erbringen:

   - die Hotel- und Gaststättenberufe,
   - der Reiseverkehrskaufmann mit dem Schwerpunkt Kur- und Fremdenverkehr,
   - der Kur- und Fremdenverkehrsfachmann,
   - der Reiseleiter,
   - der Fremdenführer,
   - der Freizeitberater (Animateur),
   - die Heil- und Gesundheitsberufe im Bäderwesen.

Abb. 6-16 Fremdenverkehrsbezogene Berufe
(Quelle: DWIF 1982: IVf)

Über diese **direkt oder primär** im Tourismus Beschäftigten, mit "typischen" Fremdenverkehrstätigkeiten hinaus gibt es aber zahlreiche andere Beschäftigte, deren Tätigkeit in mehr oder weniger starkem Ausmaß vom Tourismus geprägt ist.

Dies sind zum einen Tätigkeiten im Dienstleistungsbereich, die zwar keine spezielle touristische Ausbildung erfordern, aber - je nach lokaler Gegebenheit - überwiegend von Touristen in Anspruch genommen werden. Beispiele hierfür sind Gepäckträger, Reisejournalisten und -schriftsteller, Versicherungsleute, v.a. in bezug auf Reiseversicherungen, Bankkaufleute, vor allem im Devisengeschäft, Ausbilder für touristische Berufe, Sportlehrer am Urlaubsort usw. Zum anderen sind auch viele Bereiche des verarbeitenden Gewerbes mehr oder weniger stark vom Tourismus abhängig.

Für diesen gesamten "ergänzenden, indirekten oder sekundären" Bereich des Tourismus liegen keinerlei verläßliche Zahlen vor. Die tourismusabhängige Beschäftigtenzahl ist nur im Schätzwege zu ermitteln. Als wichtigster Versuch in dieser Richtung ist immer noch eine Untersuchung der Bundesregierung aus dem Jahre 1975 anzusehen, in der für ca. 20 verschiedene "nicht-touristische" Wirtschaftszweige eine Tourismusabhängigkeit bis zu 25 % vermutet wird (vgl. Abb. 3-3). Eine Aktualisierung dieser Schätzung ergibt ca. weitere 700 000 tourismusabhängige Arbeitsplätze in der Bundesrepublik.

Touristisch relevanter Beschäftigungsbereich	Touristisch abhängig Beschäftigte	
	absolut	in %
Beherbergung und Gastronomie	652.650	62,6
Unternehmen zur Personenbeförderung		
- Straße	24.420	2,3
- Schiene	82.930	8,0
- Luft	34.450	3,3
- Schiffahrt	6.600	0,6
- Berg- und Seilbahnen	1.350	0,1
Reisevermittler und -veranstalter	44.300	4,3
Reisestellen	1.500	0,1
Kurortunternehmungen	11.770	1,1
Administrative Fremdenverkehrsstellen in Luftkur u. Erholungsorten, Großstädten und sst. Gemeinden	5.370	0,5
Fremdenverkehrsrelevante Verbände und Organisationen	800	0,1
Administationen bei Bund, Ländern, Regierungsbezirken und Landkreisen	410	*
Aus- und Weiterbildung	2.000	0,2
Kongreß- und Tagungswesen, Messe und Ausstellungen	**	**
Sonstige touristisch relevante Nachfrage		
- Unterhaltungsbereich	77.950	7,5
- Einzelhandel (Einkäufe, Lebensmittel)	96.820	9,3
Insgesamt	**1.043.320**	**100,00**

*   Der Wert liegt unter 0,1 % und wird daher nicht ausgewiesen.
** Die Zahl der touristisch abhängig Beschäftigten konnte hier nicht explizit ermittelt werden.

Abb. 6-17 Der touristische Arbeitsmarkt (Quelle: DWIF 1991: 11)

Damit sind also im typischen und ergänzenden Tourismusbereich in der Bundesrepublik **insgesamt ca. 1,5 Mio. Arbeitsplätze** in hohem Maße vom Reiseverkehr abhängig. Ferner ist mitzuberücksichtigen, daß neben diesen für Tourismus produzierenden Arbeitsplätzen weitere Arbeitsplätze über die Einkommens- und Multiplikatoreffekte vom Reiseverkehr beeinflußt werden. Diese **Folgewirkungen** werden für die Bundesrepublik mit weiteren 0,5 bis 1 Mio. Arbeitsplätzen beziffert, so daß sich ein **gesamtes Arbeitsmarktvolumen** für den Reiseverkehr von ca. 2,0 bis 2,3 Mio. tourismusabhängigen Arbeitsplätzen ergibt. Dies sind ca. 10 % der gesamten abhängigen Beschäftigten in der Bundesrepublik oder - zum Vergleich - ähnlich viele Beschäftigte wie im gesamten Stahl-, Maschinen- und Fahrzeugbau, wie im Einzel- und Großhandel zusammen oder 10mal so viele Beschäftigte wie in der Land- und Forstwirtschaft einschließlich Fischerei.

(2) Arbeitslosigkeit im Tourismus

Hinsichtlich der Beschäftigungshöhe bzw. die Arbeitslosigkeit in den touristischen Berufen liegen infolge der nichtvorhandenen Ausgrenzung von Tourismusberufen kaum nennenswerte Daten vor. Touristische Arbeitsplätze sind oftmals durch **saisonale Faktoren** beeinflußt, wobei in Saisonzeiten des Fremdenverkehrs deutlich höhere Beschäftigungszahlen als außerhalb der Saison vorhanden sind. Von saisonaler Beschäftigung bzw. Arbeitslosigkeit sind vor allem das Beherbergungs- und Gastgewerbe, weniger der Transportbereich, betroffen.

Von der Bundesanstalt für Arbeit (BA) liegen einige wenige Daten für spezielle touristische Berufsgruppen vor (vgl. Abb. 6-18). Hier zeigt sich, daß die Arbeitslosigkeit in den ausgewiesenen touristischen Berufen bei Reiseverkehrs- und Speditionskaufleuten, die in dieser Gruppe statistisch miterfaßt sind, etwa gleich hoch wie die gesamtgesellschaftlichen Arbeitslosenquote, hingegen im Hotel- und Gaststättengewerbe deutlich höher ist. Auch eine Sonderuntersuchung der BfA aus dem Jahre 1981 ergab eine wesentlich höhere Betroffenheit von Arbeitslosigkeit (sowohl hinsichtlich der Quote als auch hinsichtlich der Häufigkeit, nicht jedoch hinsichtlich der Dauer der Arbeitslosigkeit) im Hotel- und Gaststättengewerbe als im gesamtwirtschaftlichen Durchschnitt (vgl. BA 1981).

In den Folgejahren wurden keine spezifischen Arbeitslosenquoten für die Untergruppen "Fremdenverkehr" sowie "Hotel- und Gaststättenbereich" ausgewiesen. Lediglich für die Obergruppe "Dienstleistungsbereich und Gästebetreuung" werden seitens der BA Arbeitslosenquoten aufgezeigt. Sie wurde entsprechend in Abb. 6-18 aufgenommen.

Jahr	Speditions- u. Fremdenverkehrs- fachleute	Gastwirte, Hotel- liers, Gaststätten- kaufleute	Kellner, Steward, Hotel- u. Gast- stättengehilfen	Gesamtwirtschaft
1974	2,2	1,9	3,5	2,6
1977	4,4	4,5	6,8	4,5
1979	2,7	6,0	6,3	3,3
1981	4,4	9,1	10,3	4,7
1983	7,9	14,5	16,5	8,1
1985	3,7	16, 0*		9,3
1990	3,1	12, 0*		7,2
1993	3,1	12, 0*		8,2

* nur gesamt ausgewiesen

Abb. 6-18 Arbeitslosenquote bei touristischen Berufsgruppen im Vergleich zur Gesamtwirtschaft (Angaben in % der abhängigen Erwerbspersonen) (Quelle: Bundesanstalt für Arbeit, versch. Jg.)

(3) Qualität der Arbeitsplätze im Tourismus

Die Beschäftigungsmöglichkeiten im Reiseverkehr sind vielfältig und entsprechend ergeben sich unterschiedliche Qualifikationsanforderungen an die Beschäftigten. Hierbei zeigt sich, daß nur ein geringer Teil der Ausbildungsgänge **ausschließlich** für den Fremdenverkehr ausbildet (vgl. Abb. 6-19), die meisten Berufe mit

Beruf	Auszubildende		
	1980	1985	1992
Hotelfachmann/-fachfrau	11.473	17.366	23.710
Restaurantfachmann/-fachfrau	4.195	7.996	9.979
Koch/Köchin	21.607	28.123	25.006
Fachgehilfe/-gehilfin im Gastgewerbe	1.103	4.244	1.736
Kaufmannsgehilfe/-gehilfin im Gastgewerbe	2.022	1.895	1.621
HOGA-Berufe insgesamt	40.400	59.624	62.052

*) Inklusiv der bis 1980 bestehenden Berufsbilder: Hotel- und Gaststättengehilfe/-gehilfin und Kellner/Kellnerin

Beruf	Auszubildende		
	1980	1985	1992
Reiseverkehrskaufmann/-kauffrau	3.745	4 258	7.353
Luftverkehrskaufmann/-kauffrau	76	94	137*
Schiffahrtskaufmann/-kauffrau	759	936	901*
Kaufmann/Kauffrau im Eisenbahn- und Straßenverkehr	1.305	2 044	3.006*
Berufskraftfahrer/-fahrerin	473	1 191	1.025*
übrige Berufe im Fremdenverkehr insgesamt	6.358	8.523	10.447*

* 1987

Abb. 6-19 Ausbildungsberufe im Tourismus
(Quelle: DFP 1994: 116, 118, BUNDESINSTITUT FÜR BERUFSBILDUNG 1994)

bestimmten Qualifikationsanforderungen (wie Lehre, Studium) sind nicht speziell auf den Reiseverkehr zugeschnitten. Insbesondere erscheint verwunderlich, daß kein einziger Universitätsstudiengang speziell für den Bereich des Reiseverkehrs existiert. Lediglich an einigen wenigen Fachbereichen existiert die Möglichkeit einer touristischen Schwerpunktbildung im Rahmen der normalen Ausbildung (zum Geographen, Soziologen, Volks- oder Betriebswirt)[1].

Viele Beschäftigungsmöglichkeiten im Reiseverkehr verlangen nur **geringe Anforderungen**, sie sind oftmals für ungelernte oder (kurz) angelernte Arbeiter zugänglich. Dies wird einerseits als Vorteil angesehen, wenn es darum geht, schnell Beschäftigungsmöglichkeiten zu schaffen. Andererseits bestehen für die im Tourismus "Angelernten" nur geringe Chancen, später in anderen Wirtschaftsbereichen mit dieser Tourismusvorbildung Beschäftigung zu finden.

Die Arbeitsplätze selbst sind oft nur von **geringer Qualität**. Vor allem weisen sie gegenüber anderen Beschäftigungsmöglichkeiten einige (meist negative) Besonderheiten auf:

Die **Lohnstruktur** im Reiseverkehrsbereich wird im Schnitt um 20 bis 25 % niedriger als in der Industrie eingeschätzt. Hingegen liegt die **Arbeitszeit**, die Betroffenheit von **Arbeitslosigkeit** und der Anteil der ungelernten und angelernten Beschäftigten höher als in anderen Berufszweigen. Es existieren viele **Saisonarbeitskräfte**, der Anteil der Frauen an den Beschäftigten ist überdurchschnittlich hoch, viele der Beschäftigten sind unter 25 Jahre.

Uneinigkeit besteht bei der Beurteilung, ob Tourismus als **kapital- oder arbeitsintensiver** Sektor anzusehen ist. Der Ausbau des Tourismusbereiches erfordert hohe Investitionen in Hotels, Infrastruktur, Airlines und Güterversorgung. Vergleiche dieser Investitionen pro neu geschaffenen Arbeitsplatz weisen den Tourismus als kapitalintensiver aus als beispielsweise Investitionen in der Landwirtschaft. Vergleicht man sie andererseits mit neugeschaffenen Arbeitsplätzen in der Industrie, erweisen sich touristische Arbeitsplätze als weitaus **weniger kapitalintensiv**

(4) Beschäftigungseffekte durch Reiseverkehr

Als weitere Überlegung zur touristischen Beschäftigungswirkung sind die Auswirkungen des Fremdenverkehrsbereiches auf Einkommen und allgemeinen Wohlstand der Bevölkerung und der damit verbundenen weiteren Ausgabetätigkeit und die entsprechenden Arbeitsplatzeffekte zu berücksichtigen. Dieser touristische Multiplikatoreffekt (hier in bezug auf die Beschäftigung) ist statistisch sehr schwer zu erfassen, vor allem hängt er vom jeweiligen Entwicklungsstand der untersuchten Region bzw. Volkswirtschaft ab. Vorhandene Schätzungen für verschiedene Regionen und Länder sprechen von **Multiplikatorwirkungen** des Fremdenverkehrs von 0,5 bis 5 zusätzliche Arbeitsplätze in anderen Wirtschaftszweigen pro Arbeitsplatz im eigentlichen Tourismusbereich[2].

---

1 Zu den Studienmöglichkeiten in den Bereichen Freizeit und Fremdenverkehr vgl. DREXL/SPIELBERGER 1987, PUTSCHÖGL 1985, NAHRSTEDT 1994
2 Fischer schätzte 2,6 direkte und indirekte Arbeitsplätze pro Bett im Hotelsektor in Kenia (gegenüber 1,6 direkt), RADKE 1979 vermutet, daß in Sri Lanka "jeder im Tourismusbereich geschaffene Arbeitsplatz induziert weitere 1,35 Arbeitsplätze" (RADKE 1979, 57).

Für die Bundesrepublik Deutschland wird davon ausgegangen, daß neben den 800.000 Beschäftigten im typischen Tourismusbereich weitere 700.000 Beschäftigte in der ergänzenden und nochmals 500.000 bis 900.000 Arbeitsplätze über die touristischen Einkommenseffekte in hohem Maße vom Fremdenverkehr abhängig sind und daß diese Arbeitsplätze bei verändertem Reiseverhalten und veränderter wirtschaftlicher Situation im In- und Ausland zu einem bedeutenden Teil beeinflußt werden.

Dies würde eine Multiplikatorwirkung in bezug auf die engere Tourismusindustrie von ca. 2 bis 3 zusätzlichen Arbeitsplätzen außerhalb der eigentlichen Tourismusindustrie bedeuten. - Hingegen schätzt KOCH 1986 für Fremdenverkehrsregionen in der Bundesrepublik lediglich eine indirekte Beschäftigungswirkung von 0,33, d. h. pro 3 direkt touristischen Beschäftigungsplätzen wird nur ein weiterer vermutet.

Nicht alle neuen Arbeitsplätze im Fremdenverkehrsbereich bedeuten auch automatisch einen **höheren** Beschäftigungs**grad**. Oft bewirken die neuen Tätigkeiten nur eine **Jobverschiebung**, d. h. bisher in anderen Wirtschaftsbereichen, z. B. der Landwirtschaft oder Fischerei Beschäftigte, geben ihre bisherigen Tätigkeiten auf und üben die neuen, lukrativeren Tätigkeiten aus. In vielen Urlaubsgebieten läßt sich feststellen, daß bisher in der Landwirtschaft oder im produzierenden Gewerbe Beschäftigte ihre bisherigen Tätigkeiten aufgeben und sich Beschäftigungsmöglichkeiten im Tourismus suchen. Neben einer Beschäftigungsneutralisation hat dies zudem die Aufgabe der bisherigen Tätigkeitsbereiche zur Folge.

Effekte	Fremdenverkehrsbetriebe				Fremdenverkehrseinrichtungen		
	Laufender Betrieb	Ständige Zulieferungen	Nebenausgaben der Gäste	Bau-investitionen	Laufender Betrieb	Ständige Zulieferungen	Bau-investitionen
Primäreffekt	1 018	–	–	590	167	–	117
Sekundäreffekt	74	83	251	130	12	10	28
Tertiäreffekt	5	6	17	11	1	1	2
Summe	1 097	89	268	731	180	11	147
Multiplikator-effekt		1,43		1,24		1,14	1,26

Abb. 6-20 Beschäftigungseffekte durch Fremdenverkehr
(BECKER/KLEMM 1978: 74)

6.2.3 Reiseverkehr und Preisniveau

Ein weiterer wichtiger ökonomischer Beurteilungsfaktor für wirtschaftliche Entwicklungstendenzen sind Veränderungen der Preise; im gesamtwirtschaftlichen Zusammenhang wird hier insbesondere das nationale Preisniveau der privaten Lebenshaltung (die Inflationsrate), betrachtet.

(1) Preisniveau am Heimatort

Preisbewußtsein und eine äußerst **sensible Inflationsmentalität** der bundesdeutschen Bevölkerung ist auch in der Tourismuswirtschaft festzustellen. So betreiben weite Bereiche der Tourismusindustrie eine äußerst differenzierte Preispolitik, die bei den vielfältigsten Beförderungstarifen (Flug, Bahn) sowie hinsichtlich der verschiedenen Saisonpreise bei Hotels und Reiseveranstaltern zu sehen ist.

Doch diese betriebliche Preispolitik hat auf gesamtgesellschaftlicher Ebene keine Entsprechung. Während die gesamtwirtschaftliche Inflationsrate (gemessen am Preisindex der gesamten privaten Lebenshaltung) regelmäßig in den verschiedenen Medien auftaucht, wird ein ähnlicher Reisepreisindex nur selten erwähnt. Dies ist verwunderlich, zumal ein Preisindex für (Pauschal-) Reisen vom Statistischen Bundesamt berechnet wird und als Unterindex der gesamten Lebenshaltung berücksichtigt wird. Darüber hinaus könnten zur Beurteilung der Preisentwicklung im Fremdenverkehr andere Untergruppenidizes der Privaten Lebenshaltung mit herangezogen werden, wie beispielsweise "Gastgewerbeleistungen", "Verkehrsleistungen" (mit den Untergruppen "Bundesbahn", Flugverkehr", "Kraftfahrzeuge" und "Fahrräder") usw., was ebenfalls nur selten der Fall ist.

Der Reise-Preis-Index:

Vom Statistischen Bundesamt wird seit 1969 auch ein Preisindex für Pauschalreisen (bis 1980: für "Urlaubs- und Gesellschaftsreisen") berechnet. Er ist ein Teilindex des Preisindex der gesamten Lebenshaltung und geht mit einem Gewicht von 1,117 Prozent in den Gesamtindex ein. Das ist etwa der gleiche Anteil am Gesamtindex wie die anderen Untergruppen

- "Zucker, Süßwaren, Marmelade" (1,070 %)
- "Herren-, Damen- und Kinderwäsche, Säuglingsbekleidung" (1,100 %),
- "Geschirr und andere Gebrauchsgüter für die Haushaltsführung" (1,155 %).

Für die Berechnung werden die Kataloge führender Reiseveranstalter herangezogen. Die Berechnung dieses Untergruppenindex erfolgt nach den Unterlagen der Mikrozensus-Erhebung für Urlaubs- und Erholungsreisen, sowie nach Angaben weiterer Stellen: Die Preise für Pauschalreisen (Transport, Verpflegung, Angaben der Reiseveranstalter getrennt nach Sommer- und Winterreisen erfaßt; auch Preise für Ferienwohnungen und Campingplätze werden mitberücksichtigt. Für Individualreisen, die einen Anteil von über 75 % am gesamten (Urlaubs-)Reiseaufkommen haben, gibt es keine vergleichbaren Erhebungen. Es kann aber davon ausgegangen werden, daß hier tendenziell eine gleichartige Preisentwicklung vorhanden ist.
Die Entwicklung für die Zeit 1973 - 1993 ist in Abb. 6-21 zu ersehen. Ein Vergleich des Preisindex für Pauschalreisen mit dem Preisindex für die gesamte Lebenshaltung zeigt, daß sich beide im Lauf der letzten 20 Jahre etwa parallel entwickelten, wobei der Preisindex für Urlaubsreisen stets einige Prozent über dem der gesamten Lebenshaltung lag.

Entwicklung der Preise für Reisen (PT) und der gesamten Lebenshaltung (PL)

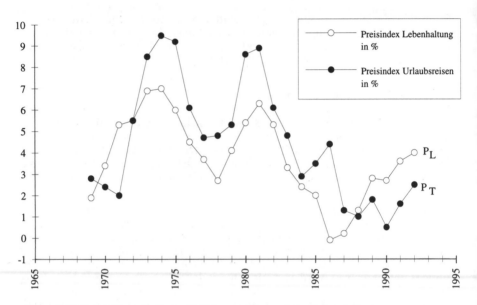

Abb. 6-21 Entwicklung der Preise für Reisen und der gesamten Lebenshaltung
(Quelle: Eigene Berechnungen nach Daten des STATISTISCHEN BUNDESAMTES)

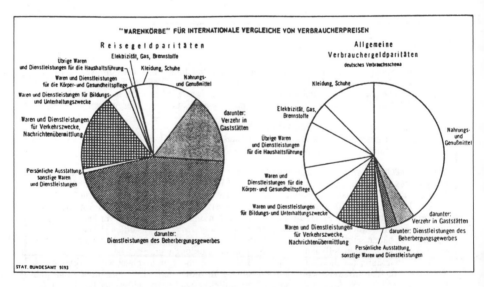

Abb. 6-22 Warenkörbe für nationale und internationale Preisvergleiche
(aus: Wirtschaft und Statistik H. 4 (1969))

(2) Internationale Preisniveauunterschiede

Bedeutender als das heimatliche Preisniveau sind **Kaufkraftunterschiede** zwischen dem **Heimat- und dem Urlaubsort** . Hierzu werden für den internationalen Reiseverkehr vom Statistischen Bundesamt Berechnungen zu sogenannten **Reisegeldparitäten** vorgenommen (seit 1969) (vgl. Abb. 6-22). Diese berücksichtigen

- das landesübliche Preisniveau im Heimat- und Urlaubsland,
- das Wechselkursverhältnis zwischen den verschiedenen Ländern,
- die veränderten Konsumgewohnheiten im Urlaub.

Auf der Grundlage der Berechnung dieser Reisegeldparitäten können Reisende eine Einschätzung vornehmen, ob sie sich in dem betreffenden Land für einen bestimmten Geldbetrag, z. B. 100 DM, mehr, gleich viel oder weniger Güter kaufen können als vergleichsweise in der Bundesrepublik. Beispielsweise war 1994 die Kaufkraft deutscher Urlaubsreisender in Tunesien um 24 % und in der Türkei um 17 % höher und in der Schweiz um 30 % niedriger als in der Bundesrepublik (Angaben COMMERZBANK 1994). Diese Einschätzung über sogenannte "billige" oder "teure" Reiseländer wird in populär aufbereiteter Form von den verschiedenen Medien immer wieder aufgegriffen und dürfte auch einen bedeutenden Einfluß auf die Entscheidung für oder gegen eine bestimmte Urlaubsregion haben (vgl. Abb. 6-23).

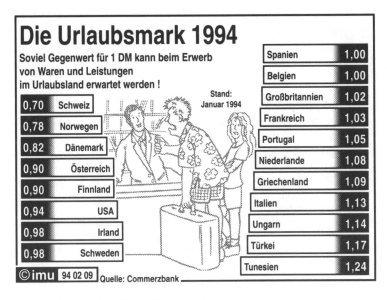

Abb. 6-23 Kaufkraft der Urlaubs-DM im Ausland
(Quelle: COMMERZBANK 1994)

(3) Preisniveau am Urlaubsort

Ein dritter wichtiger Preiseffekt im Zusammenhang mit Reisen ist die Auswirkung des Tourismus auf das lokale Preisniveau in Fremdenverkehrsregionen. Hier liegt die Vermutung zugrunde, daß die hohe Ausgabenfreudigkeit auswärtiger Besucher während der Reise zu einem tendenziell **höheren Preisniveau in Reisezielgebieten** führt als in nicht-touristischen Gebieten. Diese touristischen Preiseffekte betreffen vor allem die Bewohner der Fremdenverkehrsgebiete in negativer Hinsicht. Produkte, die sowohl von Touristen als auch von Einheimischen nachgefragt werden, wie beispielsweise Lebensmittel oder verschiedene lokale Freizeiteinrichtungen, Gaststättenpreise usw., unterliegen höheren Preissteigerung und verschlechtern infolgedessen die Kaufkraftsituation der einheimischen Bevölkerung. Diese Überlegungen und Untersuchungen sind insbesondere für die Planungsbehörden in Fremdenverkehrsgebieten von Bedeutung, die sich über eine Ausweitung oder Reduzierung des Fremdenverkehrs Gedanken machen (müssen). Umfangreichere und detailliertere bzw. regelmäßige Untersuchungen zu dieser Fragestellung liegen nicht vor, lediglich einige regionale Untersuchungen werden von Zeit zu Zeit durchgeführt.

6.2.4 Reiseverkehr und Außenwirtschaft

Jahrelang war die zahlungsbilanzmäßige Auswirkung des Reiseverkehrs Hauptgegenstand der ökonomisch-touristischen Analysen. Heutzutage ist eher eine auffallende Vernachlässigung der Zahlungsbilanzaspekte festzustellen. Außer einigen Beiträgen Ende der 70er Jahre (BLEILE 1981, DÖHRN 1982, SVINDLAND 1982), als erstmals ein negativer Leistungsbilanzsaldo in der Bundesrepublik aufgetaucht war und die Diskussion um Reisedevisenbeschränkungen aufkam, aber bald wieder verebbte, existieren kaum neuere Beiträge.

Diese Vernachlässigung bedeutet nicht, daß die außenwirtschaftlichen Aspekte des Tourismus ausreichend erforscht sind, im Gegenteil: noch immer herrschen in diesem Bereich weitverbreitete Mißverständnisse und Unverständnis über die außenwirtschaftlichen Aspekte des Tourismus z. B.

* über grundsätzliche Zusammenhänge der Außenwirtschaft und des -handels,
* über die spezielle Bedeutung des Tourismus als **Importfaktor,**
* über die außenwirtschaftliche **"Ausgleichsfunktion"** des Fremdenverkehrs,
* über (Netto-)Deviseneffekte (einschließlich Außenwert der DM)
* über den "Außenhandelsmultiplikator",
* zudem existieren statistische Schwächen bei der Erfassung der außenwirtschaftlichen Einflüsse: unzureichende Abgrenzung verschiedener tourismusbedingter oder nicht-bedingter Transaktionen in der Reiseverkehrsbilanz und anderer Teilbilanzen der Zahlungsbilanz.

(1) Ziel: Außenwirtschaftliches Gleichgewicht

Hohe Bedeutung kommt dem Reiseverkehr schon immer im Hinblick auf die außenwirtschaftliche Situation eines Landes zu. In der Bundesrepublik wird im Stabilitiätsgesetz als außenwirtschaftliche Zielvorstellung "**außenwirtschaftliches Gleichgewicht**" gefordert. Grundvorstellung hierbei ist, daß sich langfristig die Importe und Exporte von Gütern und Dienstleistungen (sowie Übertragungen) und - umgekehrt - der damit verbundenen Devisenzu- und -abflüsse ausgleichen sollen. Andernfalls besteht langfristig entweder

- ein permanenter **Devisenabfluß** (bei Importüberschüssen in der Leistungsbilanz, dies ist der Fall bei sogenannten Defizitländern), es besteht die Gefahr, daß das Land zunehmend überschuldet ("Schuldnerland") und gegebenenfalls zahlungsunfähig wird, oder
- ein permanenter **Devisenzufluß** (bei Exportüberschüssen, dies ist der Fall bei sog. Überschußländern), was zu mangelnder Güterversorgung im Land und "importierter Inflation" führen wird ("Gläubigerland"),

um nur einige der Probleme im internationalen Handel zu nennen (ferner: Wechselkursprobleme, internationale Abhängigkeiten, einseitige nationale Produktionsstrukturen usw.).

Die Beurteilung der außenwirtschaftlichen Effekte erfolgt innerhalb der **Zahlungsbilanz**, in der alle internationalen Transaktionen erfaßt sind. Die Zahlungsbilanz ist vom Grundkonzept her als Ganzes immer ausgeglichen, da sie nach dem Prinzip der doppelten Buchführung aufgebaut ist (also jede Transaktion sowohl im Soll als auch im Haben erscheint). Trotzdem wird - ungenauerweise - oftmals von einer "unausgeglichenen Zahlungsbilanz" gesprochen. Diese "Unausgeglichenheit" betrifft stets den Saldo einer Teilbilanz, der einen Überschuß (wenn die Abflüsse, i.d.R. Exporte, größer als die Zuflüsse, Importe, sind) oder ein Defizit (im umgekehrten Fall) ausweisen kann. Als häufigstes werden in diesem Zusammenhang folgende Teilbilanzen betrachtet:

- **Leistungsbilanz** (Waren-, Dienstleistungs- und Übertragungsbilanz),
- **Handelsbilanz** (Waren- und Dienstleistungsbilanz), ihr Saldo wird auch als **Außenbeitrag** bezeichnet, der - laut Stabilitätsgesetz - stets einen bestimmten Prozentsatz des Sozialproduktes nicht überschreiten soll; meist wurden in der Bundesrepublik zwischen 1 und 3 % Außenbeitragsanteil als gesamtwirtschaftliche Zielvorstellung angestrebt,
- **Devisenbilanz**, die quasi das Pendant zu den "realen" Teilbilanzen darstellt und die Zu- und Abflüsse an Devisen für Waren-, Dienstleistungs-, Übertragungs- und Kapitaltransaktionen erfaßt.

Außenwirtschaftliches Gleichgewicht wird in der Bundesrepublik dann als erreicht angesehen, wenn

- der Leistungsbilanzsaldo gegen Null geht,
- der Außenbeitrag ca. 1 - 3 % des BSPs beträgt,
- der Devisenbilanzsaldo gegen Null geht.

Dabei kann die Entwicklung der verschiedenen Teilbilanzen, vor allem der Warenverkehrs- und Dienstleistungsbilanz, sehr unterschiedlich verlaufen, ohne daß das Ziel des außenwirtschaftlichen Gleichgewichtes verletzt ist. In der Bundesrepublik weist die Warenverkehrsbilanz traditionell hohe Überschüsse auf, die Dienstleistungs- und Übertragungsbilanzen sind üblicherweise defizitär gewesen.

Im Hinblick auf den **Reiseverkehr** wird oftmals eine **Ausgeglichenheit** der Reiseverkehrsbilanz gefordert, was unter gesamtwirtschaftlichen Zielvorstellungen und Erfordernissen keineswegs der Fall sein muß. Die Bundesrepublik weist traditionell Überschüsse in der Warenverkehrsbilanz auf, die durch Defizite in der Reiseverkehrsbilanz in Richtung gesamtwirtschaftliches Gleichgewicht **kompensiert** werden.

Auch **international** ist Tourismus ein bedeutender Ausgleichsfaktor: Soweit Tourismus aus Ländern mit hohen Warenbilanzüberschüssen (z. B. der Deutschland) in Länder mit Handelsdefiziten erfolgt, kommt dem Reiseverkehr eine **bedeutende Ausgleichsfunktion** zu.

Anmerkung: Selbstverständlich kann Tourismus auch zur **Verschärfung** der Devisenprobleme führen, beispielsweise bei Reiseverkehr aus Defizitländern (z. B. Frankreich, USA und vielen Entwicklungsländer) oder wenn für den Aufbau einer Tourismusindustrie viele Importe aus dem Ausland benötigt werden (so z. B. in den meisten Entwicklungsländern), die den sogenannten **Nettodeviseneffekt** (= Differenz aus Deviseneinnahmen und -ausgaben) gegen Null oder ins Negative reduzieren.

(2) Die Im- und Exportfunktion des Fremdenverkehrs

Der internationale Reiseverkehr beeinflußt das nationale Sozialprodukt **ähnlich wie** Ausgaben bzw. Einnahmen für **Importe und Exporte** (von Waren, Dienstleistungen, Kapital oder Devisen). Allerdings weist der Reiseverkehr im Gegensatz zum "üblichen" Im- und Export (mindestens) eine **Besonderheit** auf: Die übliche Sichtweise von Importen (Exporten) von Gütern ist, daß sie im Ausland (Inland) erstellt, vom Ausland (Inland) ins Inland (Ausland) transportiert und im Inland (Ausland) verbraucht, konsumiert, werden. Sie stellen damit ein erhöhtes Güter- bzw. Dienstleistungsangebot im Inland (Ausland) dar. Entsprechend erfolgen die Zahlungen vom Inland (Ausland) ans Ausland (Inland), in der Regel dadurch, daß sie bei einer inländischen (ausländischen) Bank eingezahlt und ans Ausland (Inland) überwiesen werden.

Anders hingegen bei **touristischen** Im- und Exportleistungen. Hier erfolgt zwar auch die Leistungserstellung der touristischen Leistungen im Ausland (Inland), doch werden Tourismusleistungen nicht vom Ausland (Inland) ins Inland (Ausland) transportiert und dort konsumiert, sondern die inländischen (ausländischen) Nachfrager nach Tourismusleistungen fahren selbst ins Ausland (Inland) und **verbrauchen**, konsumieren, **die Leistungen im Ausland** (Inland). Die Zahlungen für touristische Leistungen erfolgt "vor Ort", also im Ausland (Inland). Sie werden daher auch als "unsichtbarer Import (Export)" bezeichnet (vgl. Abb. 6-24)

Eine besondere Bedeutung gewinnen in diesem Zusammenhang die **Transportkosten**, die bei traditionellen Export- und Importgeschäften als "Nebeneffekt" anfallen und als mehr oder weniger unbedeutend anzusehen sind. Der Transport für den touristischen Ex- bzw. Import stellt einen bedeutenden Teil der Reise und der Reisekosten dar, sei es als Flug-, Auto-, Schiffs- oder Bahnreise. Auch für die Zahlungsbilanz ist der Transport unterschiedlich zu bewerten, je nachdem, ob er von einem inländischen oder ausländischen Transportunternehmen übernommen wird. Im Falle des inländischen Transporteurs, der deutsche Reisende ins Ausland befördert (z. B. die Lufthansa bei einem USA-Flug), bleibt ein Großteil der inländischen Transportausgaben im Inland und **erhöht** die Inlandsproduktion. Die Zahlungsbilanz wird nicht berührt. Erfolgt der Transport mit einem ausländischen Transportunternehmen (z. B. USA-Flug mit American Airlines), geht die entsprechende Zahlung an die (inländische Niederlassung der) ausländische(n)

Gesellschaft und wird als Ausgabe (Import) in der Zahlungsbilanz (in der Unterbilanz Personenbeförderung) erfaßt. Das Inlandsprodukt **reduziert** sich um den Flugpreis.

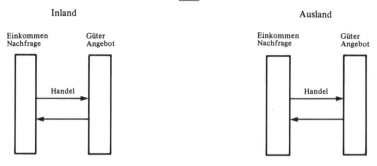

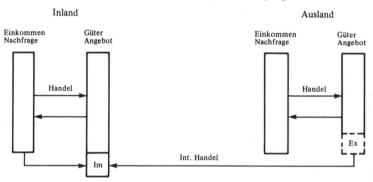

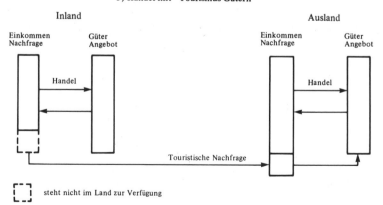

Abb. 6-24 Austauschbeziehungen zwischen zwei Ländern (oder Gebieten)

(3) Die Reiseverkehrsbilanz

Die zuvor aufgeführten Effekte des internationalen Reiseverkehrs werden in der Bundesrepublik statistisch in verschiedenen Unterbilanzen der Dienstleistungsbilanz erfaßt, vor allem in der **Reiseverkehrsbilanz** und der Personenbeförderungsbilanz. Die Stellung dieser Teilbilanzen im Konzept der Zahlungsbilanz ist in Abb. 6-25 zu sehen.

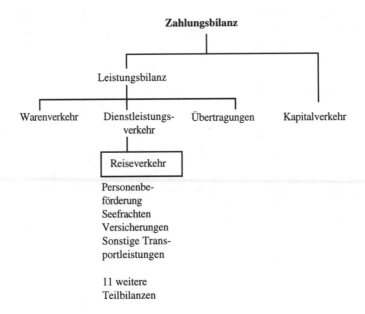

Abb. 6-25 Zahlungsbilanz

Die Reiseverkehrsbilanz weist alle Einnahmen und Ausgaben für "Waren- und Dienstleistungen für den persönlichen Ge- und Verbrauch der Reisenden einschließlich Geschenke" (so die Abgrenzung der Bundesbank) aus.

Auf der **Ausgabenseite** der Reiseverkehrsbilanz sind es die Ausgaben deutscher Reisender im Ausland, z. B. für Unterkunft, Verpflegung, Transport oder Souvenirs am ausländischen Fremdenverkehrsort (soweit dies "vor Ort" bezahlt wird).

Auf der **Einnahmenseite** der Reiseverkehrsbilanz sind dies grundsätzlich alle Ausgaben, die ausländische Besucher für Reisen in Deutschland tätigen, also z. B. die Zahlungen für Unterkunft, Verpflegung, Taxifahrt und Souvenirs, die ein ausländischer Besucher in Deutschland vornimmt.

Doch obwohl beide Zahlungen in derselben Bilanz ausgewiesen sind und oftmals der **Saldo** dieser Reiseverkehrsbilanz in der aktuellen Diskussion auftaucht, entstehen die Einnahmen und Ausgaben der Reiseverkehrsbilanz (fast) **unabhängig** voneinander: die deutsche Vorliebe für Italienreisen (oder nach

Indien) hat keine oder nur minimale Auswirkungen auf die Vorliebe der Italiener (oder Inder), nach Deutschland zu reisen (von einigen Geschäftsreisen, die die Reiseverkehrsbilanz miterfaßt, abgesehen).

Allerdings sind nicht alle Transaktionen, die der internationale Reiseverkehr verursacht, in der Reiseverkehrsbilanz adäquat ausgewiesen.

Die Reiseverkehrsbilanz enthält auch Transaktionen, die **nichts mit Reisen** zu tun haben, z. B. geschäftliche Transaktionen oder Vermögenstransfers, Kapitalflucht zum Zwecke der Steuerhinterziehung, illegale Transaktionen mit Bargeld (Drogen, Waffenschmuggel), zum Teil auch Ausgaben der Pendler und Einkaufsfahrten in grenznahe Gebiete. Grund für diese zu hoch ausgewiesenen Reiseverkehrsausgaben ist die **Erfassung** über die bei Banken umgewechselten (Reise-) Devisen. Andererseits sind eine Reihe von Einnahmen und Ausgaben in der Reiseverkehrsbilanz nicht erfaßt, die ebenfalls dem Reiseverkehr zuzurechnen wären. Dies sind insbesondere Güterim- und -exporte, die in der Warenbilanz ausgewiesen sind, z. B.

- Export deutschen Bieres an ein ausländisches Hotel oder Restaurant, das ein deutscher Urlauber dort trinkt oder umgekehrt
- verursacht die deutsche Vorliebe für Auslandsreisen nach der Rückkunft in die Bundesrepublik weiterhin Devisenabflüsse, wenn beispielsweise weiterhin italienische Spaghetti gegessen werden (die aus Italien importiert werden müssen) oder die im Urlaub entstandene Vorliebe für griechische Oliven zu weiteren Olivenimporten in die Bundesrepublik führt.

Grundsätzlich müßte neben der Reiseverkehrsbilanz auch eine weitere Teilbilanz der Dienstleistungsbilanz berücksichtigt werden, in der die Einnahmen und Ausgaben durch Personenbeförderung im internationalen Reiseverkehr ausgewiesen sind, die **Personenbeförderungsbilanz** (eine Unterbilanz der Transportbilanz). Einnahmen entstehen durch die Beförderung von Ausländern durch deutsche Beförderungsunternehmen, Ausgaben durch die Beförderung von Inländern durch ausländische Verkehrsunternehmen. Sie werden erfaßt z. B.

- bei der **Bahn** über die international anteilige Abrechnung der Teilstrecken.
- bei **Flug** durch die Verkäufe von Flugpassagen
  - deutscher Airlines in ihren ausländischen Niederlassungen (Einnahmen aus der Personenbeförderung),
  - ausländischer Luftverkehrsgesellschaften durch ihre Zweigstellen in der Bundesrepublik (Ausgaben der Personenbeförderungsbilanz).

Direktbuchungen von Inländern (Ausländern) im Ausland (Inland) werden nicht über die Personenbeförderungsbilanz, sondern über die Reiseverkehrsbilanz erfaßt.

Die Personenbeförderungsbilanz wird aber bei der Behandlung des internationalen Reiseverkehrs weitgehend vernachlässigt. Ein Grund dafür könnte sein, daß die Personenbeförderungsbilanz im Laufe der Jahre weitgehend ausgeglichen war bzw. ihr Saldo ab 1962 nur ca. 1 - 2 % des gesamten Reiseverkehrsbilanzsaldos beitrug. Daher gibt ihre Vernachlässigung kaum systematische Verzerrungen bei der Diskussion um den Reiseverkehr in der Zahlungsbilanz.

Trotz einer Reihe verschiedener Faktoren, die die Aussagekraft der Reiseverkehrsbilanz teilweise beeinflußt bzw. verfälscht, ist sie die geeignetste Beurteilungsgrundlage für den Anteil des internationalen Tourismus für ein bestimmtes Land.

Einnahmen aus dem internationalen Reiseverkehr, z. B. (Dienstleistungsexport*)	Ausgaben für den internationalen Reiseverkehr, z. B. (Dienstleistungsimport*)
Übernachtungszahlung von Ausländern an ein deutsches Hotel Konsum einer Flasche Wein durch Ausländer Taxifahrt	Übernachtungzahlung an einen ausländischen Beherbergungsbetrieb Konsum einer Flasche Wein im Ausland Taxifahrt im Ausland
aber auch:	aber auch:
Geldtransfer von Ausländern auf deutsche Konten (in bar)	Geldtransfer für ein Konto in der Schweiz (in bar)
Illegale Waffenverkäufe ans Ausland	Drogenkauf im Ausland
nicht aber**:	nicht aber**:
Verkauf von LH-Tickets im Ausland	Kauf eines ausländischen Flugtickets
Bahnfahrt mit der DB, wofür der Fahrschein im Ausland erworben wurde	Bahnfahrt ins Ausland, wobei der ausländische Bahnanteil bei der DB mitbezahlt worden ist
ferner nicht***:	ferner nicht***:
Ausgaben der ausländischen Fremdenverkehrseinrichtungen in Deutschland	Ausgaben der DZT für Werbemaßnahmen im Ausland
Export deutschen Bieres an ausländische Restaurants (das evtl. von Deutschen konsumiert wird)	Import von ausländischen Lebensmitteln, die "Deutsche" in Deutschland konsumieren
Baus eines ausländischen Hotels in Deutschland	Bau eines deutschen Clubdorfes im Ausland

* Wobei der "Konsum" der Ex- bzw. Importleistung entgegen der sonstigen Leistungen in der Zahlungsbilanz im (deutschen) Inland (bei "Export") bzw. im Ausland (bei "Import") erfolgt
** Diese Größen sind in der Teilbilanz "Personenbeförderung" ausgewiesen
*** Diese Einnahmen bzw. Ausgaben aus dem internationalen Reiseverkehr sind in anderen Teilbilanzen der Zahlungsbilanz erfaßt

Abb. 6-26 Die Reiseverkehrsbilanz

(4) Bedeutung des Reiseverkehrs für die Außenwirtschaft der Bundesrepublik

Legt man die in der Volkswirtschaft üblichen Beurteilungskriterien für die außenwirtschaftliche Entwicklung zugrunde, so läßt sich die (relative) Bedeutung des Tourismus wie folgt charakterisieren:

- Die **Reiseverkehrsbilanz** hat in fast allen Jahren der bundesrepublikanischen Entwicklung einen negativen Saldo vorzuweisen. Die Relation von Einnahmen zu Ausgaben im Fremdenverkehr betrug meist 1 : 3, der Saldo stieg nach und nach auf ca. 30 - 40 Mrd. DM. Die Ausgaben im internationalen Reiseverkehr der bundesdeutschen Reisenden betragen derzeit ca. 50 - 60 Mrd. DM, die Einnahmen aus dem internationalen Reiseverkehr ca. 17 Mrd. Das Defizit der

Reiseverkehrsbilanz hat im Durchschnitt der letzten Jahre stets knapp die Hälfte (0,4 bis 0,5) des Warenbilanzüberschusses und ca. das 1 bis 1,5-fache des Dienstleistungsbilanzsaldos betragen.

- Wenn die Reiseverkehrsausgaben in **absoluter** Höhe verglichen werden, liegen seit Jahren die Bundesrepublik und USA mit Abstand an der Spitze der "reisefreudigsten Länder". Werden hingegen **relative** Größen, wie touristische Konsumquote, Reiseintensität u. ä. zugrundegelegt, liegen "andere kleine europäische Länder mit hohem Wohlstandsniveau und ähnlich vergleichbaren klimatischen Verhältnissen (wie die Bundesrepublik, Anm. W. F.) wie Belgien, Dänemark, Schweden und Schweiz" (so BUNDESBANK 1986: 27) an der Spitze.

	Einnahmen		Ausgaben		
Jahr	Mrd. DM	Veränderung gegen Vorjahr in %	Mrd. DM	Veränderung gegen Vorjahr in %	Saldo Mrd. DM
1965	2,6	5,8	5,3	16,5	- 2,8
1966	2,7	6,1	6,1	14,9	- 3,4
1967	3,1	11,9	6,1	- 0,7	- 3,0
1968	3,2	5,3	6,3	3,8	- 3,1
1969	3,6	11,5	7,5	18,2	- 3,9
1970	4,9	35,4	10,2	36,9	- 5,4
1971	5,3	9,7	12,6	23,4	- 7,3
1972	6,3	17,6	14,8	17,5	- 8,6
1973	6,5	3,4	17,4	17,3	- 10,9
1974	6,4	- 1,3	18,8	8,0	- 12,4
1975	7,3	14,0	22,0	17,0	- 14,7
1976	8,3	13,6	22,9	4,3	-14,6
1977	9,1	10,1	25,5	11,2	-16,4
1978	9,7	6,7	28,8	12,7	- 19,0
1979	10,3	5,8	31,9	10,9	- 21,6
1980	11,4	10,3	36,6	14,8	- 25,2
1981	13,2	16,5	39,0	6,4	- 25,7
1982	13,1	- 1,0	39,3	0,8	- 26,2
1983	13,9	6,4	38,7	- 1,5	- 24,7
1984	15,6	11,9	39,6	2,4	- 24,0
1985	17,5	12,0	42,0	6,0	- 24,5
1986	13,7	-21,7	39,0	-7,1	-25,4
1987	13,8	1,2	41,7	6,8	-27,9
1988	14,6	5,8	43,6	4,6	-28,9
1989	15,9	8,7	44,2	1,6	-28,4
1990	16,9	6,0	47,4	7,0	-30,5
1991	17,1	1,6	51,2	8,0	-34,0
1992	17,0	-0,1	57,5	12,3	-40,4

1 Ab 1970 einschl. der der Bundesbank von wichtigen Reiseländern mitgeteilten An- und Verkäufe von DM-Noten./ Differenzen durch Runden der Zahlen

Abb. 6-27 Entwicklung der Reiseverkehrsbilanz der Bundesrepublik (Quelle: BUNDESBANK 1994)

- Ähnliche Unterschiede in der touristischen Bedeutung des Reiseverkehrs zeigen sich bei den **Reiseeinnahmen**. Hier stehen ebenfalls bei den absoluten Reiseeinnahmen die westlichen Industrieländer an der Spitze, z. B. USA, Italien, Frankreich, Spanien, Großbritannien, Österreich, Bundesrepublik (an 7. Stelle, noch vor Österreich!). Mit Mexiko an 10. Stelle folgt das erste Entwicklungsland. Ganz anders erscheint die Bedeutung der Tourismuseinnahmen bei **relativer Sichtweise**: Werden die Reiseeinnahmen pro Kopf der Bevölkerung untersucht, stehen verschiedene Entwicklungsländer mit vorn. Nach den Bahamas sind dies Barbados, Malta und die Seychellen. Die Bundesrepublik folgt bei einer solchen Betrachtung erst auf Platz 30 und die USA auf Platz 40.

- Betrachtet man den Anteil der Tourismuseinnahmen an der Handels- und Dienstleistungsbilanz, ergeben sich ebenfalls verstärkte Abhängigkeiten der Entwicklungsländer wie Mexiko, Barbados, Uruguay, Tunesien, Malta usw. vom Tourismus. Bei ihnen betragen die Deviseneinnahmen aus dem Tourismus über 20 % der gesamten Exporteinnahmen. Vergleichsweise gering sind die Tourismuseinnahmen der Industrienationen, z. B. 2,8 % bezogen auf den gesamten Export bei der Bundesrepublik Deutschland.

- Um die ökonomische Bedeutung des internationalen Reiseverkehrs für verschiedene Länder zu veranschaulichen, werden einzelne Kennziffern aus der Zahlungs- und Reiseverkehrsbilanz herangezogen:
  Nach dem **Saldo der Reiseverkehrsbilanz** werden die verschiedenen Länder in sogenannte "**Überschuß- und Defizitländer**" im Reiseverkehr eingeteilt, je nachdem, ob die Reiseverkehrseinnahmen (bei Überschußländern) oder -ausgaben (bei Defizitländern) überwiegen. Die Bundesrepublik zählt seit Jahren zu den Defizitländern.

(5) Der Nettodeviseneffekt

Aus wirtschaftlicher Sicht interessiert für die Zielländer (die Tourismusexporteure) vor allem, welche zusätzlichen Deviseneffekte durch den Tourismus erreicht werden können.

Hierzu sind nicht nur die Einnahmen aus dem Tourismus von Bedeutung, sondern auch die zusätzlichen Ausgaben. Ein Teil der Einnahmen aus dem Tourismus fließt wieder in die Entsendeländer zurück, da für die Bewirtung der Touristen mit deutschen Speisen und Getränken, die Herstellung bzw. Umwandlung der Beherbergungsbetriebe mit deutscher Ausstattung, die Beschäftigung deutscher Reiseleiter oder deutscher Manager in den Urlaubsgebieten Devisen nach Deutschland abfließen.

Weiterhin entstehen durch Tourismus sogenannte "Demonstrationseffekte", d.h. die Einheimischen werden durch Touristen angeregt, ähnliche Konsumartikel wie die Touristen aus dem Ausland nachzufragen. Ihr Import reduziert ebenfalls den Nettodeviseneffekt. Umgekehrt werden auch die Touristen nach ihrer Rückkehr Produkte aus ihrem Urlaubsland nachfragen und erhöhen dadurch wiederum den Nettoeffekt für das Urlaubsland.

Erst der Gesamteffekt dieser verschiedenen durch den Tourismus verursachten Deviseneinnahmen und -ausgaben ergeben den Nettodeviseneffekt durch den Tourismus. Je mehr einheimische Produkte Verwendung finden, um so höher wird der Nettodeviseneffekt ausfallen, je mehr Produkte aus dem Entsendeland verwendet werden, um so niedriger wird er sein.

Beispiele

*   Trinken deutsche Touristen während ihres Aufenthaltes in Italien deutsches Bier, führt dies zu zusätzlichen Exporten nach Italien, der Nettodeviseneffekt für Italien geht zurück.
*   Trinken die Italiener ebenfalls mehr deutsches Bier, führt dies zu den gleichen Effekten wie zuvor.
*   Essen die Deutschen nach ihrer Rückkehr vermehrt italienische Spaghetti, so führt dies über mehr Spaghettiimporte aus Italien zu einer Erhöhung des Nettodeviseneffektes für Italien.

a. Einnahmen

Rang 1990	Rang 1980	Rang 1970	Land	Einnahmen 1990 Mio. US-$	Anteil 1990
1	1	1	Vereinigte Staaten	40.579	15,80
2	2	5	Frankreich	21.651	8,40
3	3	3	Italien	19.742	7,60
4	4	2	Spanien	18.683	7,30
5	5	8	GB und Nordirland	14.998	5,80
6	7	9	Österreich	13.017	5,10
7	6	4	Deutschland	10.683	4,20
8	9	10	Schweiz	7.179	2,80
9	10	7	Kanada	6.374	2,50
10	8	6	Mexiko	5.324	2,10

b. Ausgaben

Rang 1990	Rang 1980	Rang 1970	Land	Ausgaben 1990 Mio. US-$	Anteil 1990
1	2	1	Vereinigte Staaten	38.671	16,65
2	1	2	Deutschland	30.136	12,98
3	3	5	GB u. Nordirland	24.885	10,72
4	6	12	Japan	24.354	10,49
5	15	7	Italien	19.779	8,52
6	4	4	Frankreich	13.826	5,95
7	8	3	Kanada	13.476	5,80
8	5	8	Niederlande	8.390	3,61
9	10	13	Österreich	7.363	3,17
10	11	11	Schweiz	6.258	2,69

Abb. 6-28 Einnahmen und Ausgaben im internationalen Reiseverkehr 1970 - 1990 (Quelle: WTO, versch. Jg.)

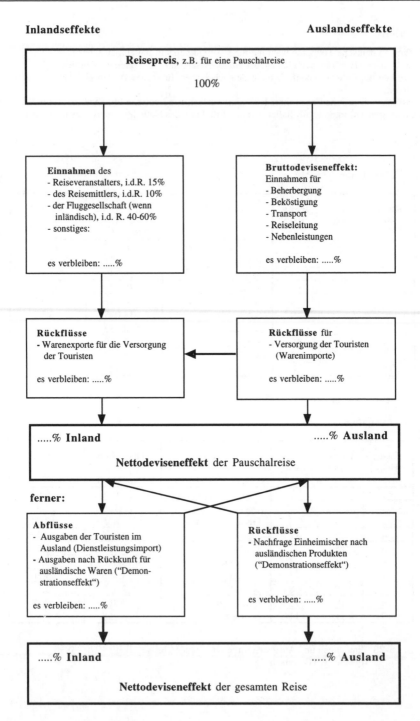

Inlandseffekte   **Auslandseffekte**

Reisepreis, z.B. für eine Pauschalreise

100%

Einnahmen des
- Reiseveranstalters, i.d.R. 15%
- des Reisemittlers, i.d.R. 10%
- der Fluggesellschaft (wenn
  inländisch), i.d. R. 40-60%
- sonstiges:

es verbleiben: .....%

Bruttodeviseneffekt:
Einnahmen für
- Beherbergung
- Beköstigung
- Transport
- Reiseleitung
- Nebenleistungen

es verbleiben: .....%

Rückflüsse
- Warenexporte für die Versorgung
  der Touristen

es verbleiben: .....%

Rückflüsse für
- Versorgung der Touristen
  (Warenimporte)

es verbleiben: .....%

.....% **Inland**   .....% **Ausland**

Nettodeviseneffekt der Pauschalreise

ferner:

Abflüsse
- Ausgaben der Touristen im
  Ausland (Dienstleistungsimport)
- Ausgaben nach Rückkunft für
  ausländische Waren ("Demon-
  strationseffekt")

es verbleiben: .....%

Rückflüsse
- Nachfrage Einheimischer nach
  ausländischen Produkten
  ("Demonstrationseffekt")

es verbleiben: .....%

.....% **Inland**   .....% **Ausland**

Nettodeviseneffekt der gesamten Reise

Abb. 6-29 Nettodeviseneffekt

6.2.5 Reiseverkehr und Verteilung

Unter gesamtwirtschaftlichen und gesamtgesellschaftlichen Aspekten sind auch Verteilungsfragen des Tourismus von Bedeutung. Hier sind es vor allem die Fragen, wer (auf der Einnahmenseite) - überproportional - vom Reiseverkehr profitiert und wer (auf der Ausgabenseite) überhaupt die Möglichkeit hat, am Reiseverkehr teilzunehmen.

(1) Wer profitiert?

Dies ist auf **lokaler** Ebene die Überlegung, welche Betriebe und Einrichtungen von vorhandenem bzw. aufkommendem Fremdenverkehr Vorteile haben. So ist es eindeutig, daß über neugeschaffene Arbeitsplätze und zusätzliche Einnahmen der verschiedenen Betriebe Vorteile durch den Tourismus entstehen. Andererseits wird oftmals ein Großteil der einheimischen Bevölkerung am Fremdenverkehrsort vor allem Nachteile wie höhere Preise, Übervölkerung des Ortes usw., in Kauf nehmen müssen.

Dies sind auf **nationaler** Ebene vor allem die Aspekte der Verteilung und der Konzentrationstendenzen (vgl. dazu auch 6.2(6)) des Fremdenverkehrs. Oftmals bilden sich wenige Großunternehmen heraus, so daß die Vorteile durch den Tourismus nur wenigen zugute kommen. **Regionalwirtschaftlich** spielt die Förderung der Fremdenverkehrsgebiete, der Ausbau der Infrastruktur und oftmals auch ein regionales Einkommensgefälle zwischen Fremdenverkehrsgebieten und anderen Regionen einer Volkswirtschaft eine Rolle. In der Bundesrepublik sind die Fremdenverkehrsaktivitäten räumlich stark konzentriert: Beispielsweise werden in Bayern 90 % der Fremdenverkehrsleistungen in nur 15 % der Gemeinden erbracht (vgl. MEYERHÖFER/SINGER 1976: 17).

Im **internationalen** Zusammenhang ist es vor allem die Frage, welche Länder vom Reiseverkehr profitieren. So wird zwischen Reiseverkehrsüberschuß- und -defizitländern unterschieden. Vor allem wird in diesem Zusammenhang die Problematik der Reisen aus Industrie- in Entwicklungsländer diskutiert. Tourismus wird einerseits als "angenehmste Art der Entwicklungshilfe" angesehen. Er bringt Devisen, schafft Arbeitsplätze, verbessert die Infrastruktur, ermöglicht kulturelle und soziale Fortschritte (so die Befürworter). Andererseits wird (von den Kritikern) behauptet, daß Tourismus eine neue Form des Kolonialismus sei, daß die "Reichen" auf Kosten der "Armen" Urlaub machen würden und daß über Devisenabflüsse (Nettodeviseneffekt) und Akkulturation neue/alte Abhängigkeiten aufgebaut würden.

(2) Wer kann reisen?

Der zweite Verteilungsaspekt im Hinblick auf den Tourismus betrifft die Möglichkeit verschiedener Gesellschaftsgruppen (aber auch Ländergruppen), am Tourismus teilzunehmen. Hier sind es vor allem Überlegungen und Untersuchungen, ob für alle Gruppen gleichermaßen die Möglichkeit besteht zu reisen. Eine Analyse der Reisetätigkeit der Bundesdeutschen zeigt beispielsweise, daß die Teilnahme am Tourismus bei unterschiedlichen Einkommensgruppen sehr verschieden ausgeprägt ist. Während ca. 80 % der Bezieher höherer Einkommen jährlich mindestens eine Urlaubsreise unternehmen, besteht lediglich für ca. 30 % der Bezieher niedrigerer Einkommen die Möglichkeit zu verreisen (vgl. Abb. 6-30).

Ausgewählte soziodemographische Merkmale	Gereiste Personen	Darunter Personen mit 2 und mehr Reisen
Berufliche Tätigkeit		
- Arbeiter	53,8	15,2
- Angestellte	68,2	26,9
- Beamte	82,2	46,7
- Selbständige/Mithelfende Familienangehörige	68,6	21,6
Nichterwerbstätige	43,2	15,6
darunter:		
- Arbeitslose	28,0	12,0
- Rentner/Pensionäre	39,3	14,8
- Fachschüler/Studenten	62,5	20,0
Schulabschluß		
- (Noch) kein Abschluß	43,8	12,5
- Volks-/Hauptschule	43,6	16,1
- Realschule/Mittlere Reife	64,4	23,9
- Polytechnische Oberschule	61,5	13,5
- Hochschulreife	68,0	29,2
Gemeindegrößenklasse		
von ... bis unter ... Einwohnern		
- 0 - 5 000	39,7	8,9
- 5 000 - 20 000	47,8	14,7
- 20 000 - 100 000	57,3	26,1
- 100 000 und mehr	60,2	24,0
Alter von ... bis unter ... Jahren		
- 15 - 20	59,5	27,0
- 20 - 40	59,2	19,9
- 40 - 60	59,4	25,7
- 60 und älter	41,0	14,5

Abb. 6-30 Urlaubsreiseintensitäten nach ausgewählten soziodemographischen Merkmalen (Angaben in % der deutschen Gesamtbevölkerung ab 15 Jahre) (Quelle: STATISTISCHES BUNDESAMT 1993)

Bereits 1975 hat die Bundesregierung in ihrem tourismuspolitischen Grundsatzprogramm als eines der vorrangigen tourismuspolitischen Ziele gefordert, die Möglichkeiten zu verbessern, daß breitere Gesellschaftsschichten am Tourismus teilnehmen können (vgl. auch BMWi 1994). Dies sollte durch Verstärkung der Beteiligung benachteiligter Gruppen in der Gesellschaft, Förderung eines Informationsdienstes, Entwicklung neuer Urlaubsformen und Gestaltungsmöglichkeiten der Freizeit sowie Förderung des internationalen Jugendaustausches ermöglicht werden. Aber in den Folgejahren wurden nur sehr wenige Informationen von seiten der Regierung über die Durchführung dieses tourismuspolitischen Programms veröffentlicht.

6.2.6 Reiseverkehr und geringe Konzentration

Als eine der wesentlichen Grundlagen für die marktwirtschaftliche Ordnung in der Bundesrepublik werden die Möglichkeit des freien Marktzuganges, der vollkommenen Konkurrenz, der geringen Konzentration, wenige Monopole, Konsumentensouveränität und keine Preisabsprachen bei den Anbietern angesehen. Die entsprechenden Grundsätze wurden im Gesetz gegen Wettbewerbsbeschränkungen (Kartellgesetz) vom 1.1.1958 niedergelegt. Hier sind grundsätzliche Vorschriften über Unternehmenszusammenschlüsse, über Ver- bzw. Entflechtung auf verschiedenen Märkten und in Bezug auf Preisabsprachen enthalten. So wird in § 22, Abs. 3 des Kartellgesetzes "Marktbeherrschung" vermutet, wenn

- ein Unternehmen einen Marktanteil von mindestens 1/3,
- drei oder weniger Unternehmen zusammen einen Marktanteil von 50 % oder mehr,
- fünf oder weniger Unternehmen einen Marktanteil von 2/3 oder mehr haben.

Marktanteile werden in der Regel nach Umsatz und/oder Beschäftigung und/oder Anzahl der Unternehmen am Markt, in Spezialfällen auch nach anderen Meßgrößen (z. B. bei Reiseveranstaltern nach Reiseteilnehmern), berechnet. Schwierigkeiten bereitet hierbei oftmals die Marktabgrenzung, da nicht immer klar ist, welche Unternehmen wann und wo gleiche Produkte anbieten.

Man spricht von **horizontaler Konzentration**, wenn **gleiche** Unternehmen zusammengeschlossen sind, z. B. zu Reisebüroketten oder Hotelgruppen, und von **vertikaler Konzentration**, wenn ein Konzern Unternehmen in verschiedenen Bereichen besitzt, z. B. die Lufthansa als Eigentümer einer Fluggesellschaft, von Hotels und Reisebüros. Beide Konzentrationsarten können auch zusammen vorkommen, z. B. bei der Bundesrepublik Deutschland mit ihren Beteiligungen an der Lufthansa, der Deutschen Bundesbahn, Deutschen Touring (Bus) (das wäre horizontale Konzentration bezüglich des Transportsektors) und den (indirekten) Anteilen an Reisebüros, Reiseveranstaltern (das ist horizontale Konzentration bezogen auf den gesamten Tourismusmarkt).

Beurteilt man nach diesen Kriterien verschiedene Teilbereiche der Tourismuswirtschaft, so findet man eine Fülle von Fakten, die diesen Zielen der geringen Konzentration widersprechen. - Die Verflechtungen in der deutschen Tourismusindustrie sind beträchtlich. **Fast jeder ist mit jedem verwandt.**

Versucht man, die Großen der deutschen Tourismusindustrie zu benennen, so sind es vor allem die **drei Großbanken und der Bund**, die über direkte oder indirekte Beteiligungen an den wichtigsten Verkehrsunternehmen und Reiseveranstaltern beteiligt sind.[1]

- Der **Bund** besitzt 51 % des Kapitals der Deutschen Lufthansa und ist mit 100 % an der Bundesbahn beteiligt. Auf dem Weg über diese beiden Beteiligungen verfügt er auch über Anteile an der Deutschen Reisebüro GmbH (DER), der Bayerischen Reisebüro GmbH und der Touristik Union International (TUI).

- Die **Deutsche Bank AG** ist über eine 25 %ige Beteiligung an der Karstadt AG indirekt an NUR-Touristik, über die Horten AG an der TUI und über 12,5 % Anteil an der Hapag-Lloyd AG an DER und damit wiederum an der TUI beteiligt.

---

[1] Die folgenden Aussagen gelten seit 1980 fast unverändert, sie sind lediglich kleineren Wandlungen unterworfen (gewesen). Aktueller Stand: 6/1994

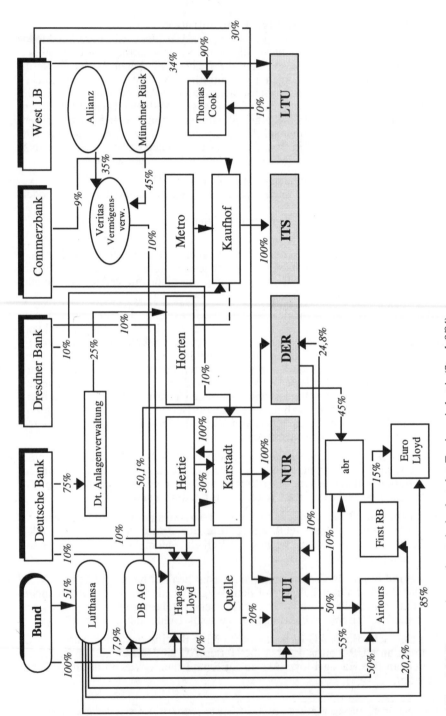

Abb. 6-31 Konzentrationstendenzen in der deutschen Tourismusindustrie (Stand: 8/94)
(Quellen: Angaben der Unternehmen, Graphik: N. TÖDTER ©)

- Die **Commerzbank** besitzt indirekte Beteiligungen an der Tourismusindustrie bei der TUI (über Horten), bei NUR (über Karstadt) und bei ITS (über Kaufhof)

- Die **Dresdner Bank AG** ist ebenfalls mit 12,5 % an Hapag Lloyd (wie die Deutsche Bank) und mit 25 % an der Kaufhof AG (und damit an ITS) beteiligt.

Diese sicher etwas verwirrenden Beteiligungen und Verschachtelungen der einzelnen Betriebe der Reiseindustrie untereinander gehen noch weiter:

Es gibt vor allem eine Reihe von "Querbeteiligungen", die die gesamte Struktur fast vollkommen unübersichtlich gestalten, so z. B. von

- Lufthansa und TUI an Hapag Lloyd (je 10 %),
- DER und abr an der TUI (mit je 11,6 %)
- DER an abr (7,5 %) und umgekehrt abr an DER (14 %)
- usw.

Ferner ist die Beteiligungen der Großen im deutschen Reisebürogewerbe an der **START GmbH** zu erwähnen: Mit je 25 % sind TUI, die Lufthansa und Deutsche Bundesbahn und mit je 8,3 % DER, abr und Hapag Lloyd die Eigner dieses umfangreichsten deutschen Reservierungssystems.

Diese Verflechtungen führen zu deutlichen Konzentrationstendenzen auf einzelnen Tourismusmärkten, so z. B.:

(1) Der Pauschalreisemarkt

Dies beginnt auf dem Teilmarkt der Reiseveranstalter, wo einige wenige Große den Markt dominieren. Die fünf großen Reiseveranstalter TUI, NUR, LTU, ITS und DER sind bei fast allen Teilbetrachtungen und -märkten am Rande der vom Kartellamt vorgeschriebenen Marktanteile. Ein geplanter Großzusammenschluß NUR/ITS war deshalb auch vom Bundeskartellamt untersagt worden.

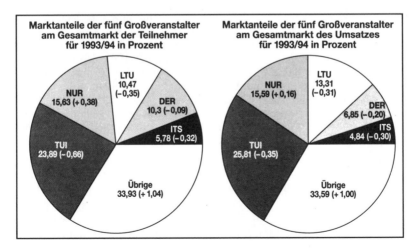

Abb. 6-32a   Marktanteil der fünf größten deutschen Reiseveranstalter
(Quelle: FVW 28/1994)

Die jährlich in der Zeitschrift "FVW-International" veröffentlichten Zahlen für die bundesrepublikanischen Großveranstalter ergeben stets Marktanteile (nach Umsatz, Teilnehmern, Flug, Charter) der TUI über 20 %; TUI, NUR und LTU zusammen von etwa 50 %.

Allerdings sind diese Angaben lediglich auf die 50 - 60 größten deutschen Veranstalter bezogen, die aber immerhin 77 % des gesamten Pauschalreiseaufkommens der BRD auf sich vereinigen. Bezogen auf den Gesamtmarkt liegen die entsprechenden - geschätzten - Anteile knapp unter den als "marktbeherrschend" bezeichneten Werten: die TUI hat ca. 15 % Marktanteil, bezogen auf Teilnehmer und/oder Umsatz, und die drei (sechs) Größten zusammen ca. 40 % (55 %) Marktanteil (vgl. Abb. 6-32b). Bezogen auf den Gesamtmarkt von 24 Mio. Teilnehmern bzw. 26 Mrd. DM Umsatz bedeuten die in der FVW ausgewiesenen Zahlen:

Veranstalter	Teilnehmer ges. (in Mio.)	%	Umsatz ges. (in Mrd.)	%
TUI	4,414	18,39	5,123	19,70
NUR	2,887	12,03	3,095	11,90
LTU	2,153	8,97	2,643	10,17
DER	1,904	7,93	1,360	5,23
ITS	1,067	4,45	0,962	3,7
Gesamtmarkt	**24,000**	**100,00**	**26,0**	**100**

Abb. 6-32b   Marktanteil der fünf größten deutschen Reiseveranstalter am gesamten Pauschalreisemarkt 1994 (Quelle: eigene Berechnungen nach FVW 28/1994)

Die Großveranstalter besitzen unterschiedliche, aber immer bedeutende, Anteile auf verschiedenen Teilmärkten des Veranstalterbereiches, wie Flug (gesamt), Charterflugverkehr, Auto-Touristik usw. HOCHREITER/ARNDT haben in einer Wettbewerbsanalyse des deutschen Reiseveranstaltermarktes für die Jahre 1955 bis 1976 die Marktanteile der 3, 6 und 10 größten Reiseveranstalter berechnet und kamen zu dem Ergebnis, daß "die Konzentration, gemessen in Marktanteilen der führenden Firmen bei Teilnehmer- und Umsatzzahlen (...) auf den meisten verkehrsmittelmäßig abgegrenzten Teilmärkten auf einem Niveau, das in der Nähe der in der ökonomischen Literatur genannten kritischen Schwellenwerte liegt, bei denen oligopolistisches Verhalten zu erwarten ist.

Allerdings ist die so definierte Konzentration zwischen 1962 und 1976 eher gefallen als gestiegen. Die Höhe der Marktanteile ist besonders markant beim wichtigsten Teilmarkt, dem Flugtourismus." (HOCHREITER/ARNDT 1978: 204).

Eine Fortführung ihrer Berechnungen ist in Abb. 6-33 für die Folgejahre vorgenommen worden. Der zum Teil recht deutliche Rückgang der Marktanteile 1989 ist im wesentlichen durch eine nach oben korrigierte höhere Basis des

Gesamtreisevolumens von 1989 (18,3 Reisende bei 19,4 Mrd. Umsatz) gegenüber 1986 (10 Mio. Reisende bei 10,9 Mrd. Umsatz) zu erklären. Für 1994 wurde von einem Gesamtmarktvolumen von 24 Mio. Reisenden und 26 Mrd. Umsatz ausgegangen.

Jahr	Teilnehmer			Umsatz		
	MA3	MA6	MA10	MA3	MA6	MA10
1955	57	.	.	.	.	.
1958	58	.	.	.	.	.
1962	55	56	.	.	.	.
1966	40	45	.	.	.	.
1969	57	63	.	59	.	.
1970	61	70	77	61	70	79
1971	52	63	79	54	66	75
1972	49	59	69	39	46	52
1973	61	73	90	56	65	73
1974	39	47	58	38	45	49
1975	45	56	68	47	55	60
1976	48	59	67	44	53	59
...	...	...	...	...	...	...
1986	41	53	62	43	56	63
1989	29	35	40	32	36	40
1994	40	55	62	44	56	64

Legende: MA3, MA6, MA10 = Marktanteil der jeweils 3, 6 bzw. 10 größten
            Reiseveranstalter (nach Teilnehmer bzw. Umsatz)

Abb. 6-33 Die Entwicklung der Marktanteile führender Reiseveranstalter, 1955 - 1994
(Quelle: bis 1976 HOCHREITER/ARNDT 1978, danach eigene Berechnungen nach
FVW, versch. Jg.)

(2) Der Flugmarkt

Für den **Linienflugverkehr** in der Bundesrepublik besitzt die Lufthansa AG eine weitgehende Monopolstellung. Lediglich auf einigen regionalen und auf den internationalen Strecken ist sie einer bedeutenderen Konkurrenz ausgesetzt. über Beteiligungen an anderen Tourismusunternehmen ist sie auch in anderen Teilbereichen der Fremdenverkehrswirtschaft in bedeutendem Ausmaß engagiert.

Der **Charterflugverkehr** wird ebenfalls durch einige wenige große Anbieter dominiert. Die Charterfluggesellschaften Condor (26 %), LTU (24 %), Hapag Lloyd (20 %) und Aero Lloyd (10 %) vereinigen insgesamt über 3/4 des gesamten Fluggastaufkommens im Charterflugverkehr in der Bundesrepublik Deutschland auf sich. Die Anteile sind seit über 10 Jahren weitgehend unverändert (vgl. Abb. 6-34).

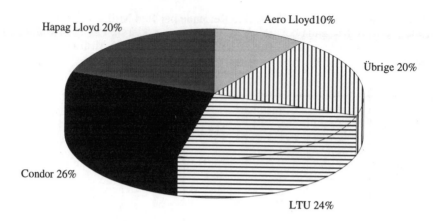

Abb. 6-34 Der Charterflugmarkt in Deutschland
(Quelle: CONDOR MARKTFORSCHUNG 1994)

(3) Preisabsprachen

Ein weiterer wichtiger, in letzter Zeit von Verbrauchern und der Fremdenverkehrswirtschaft oftmals kritisierter und diskutierter Punkt, sind die nationalen
und internationalen Preiskartelle im Flugverkehr. Zunehmend gerät das internationale Preiskartell der IATA-Fluggesellschaften für den internationalen
Flugverkehr in die Schußlinie der Kritik. Verstöße und Forderungen nach
Aufhebung des Kartells sind an der Tagesordnung. Trotzdem zählt der IATA-
Zusammenschluß nach wie vor zu einem der wichtigsten internationalen Abkommen in der Tourismuswirtschaft.

Auf nationaler und europäischer Ebene erfolgen in Anlehnung an die Entwicklung in den USA Deregulationsüberlegungen, die im wesentlichen diskutieren,
welche Vor- oder Nachteile freie Konkurrenz in der Luft haben könnte.

Auch für den Veranstalterbereich steht die Aufhebung der Preisbindung von
Pauschalreisen Mitte der 90er Jahre unmittelbar bevor.

(4) Agenturpolitik

Am Rande der kartellrechtlichen Zulässigkeit bewegt sich auch die Agenturpolitik
vieler Reiseveranstalter. Vor allem die Groß-Reiseveranstalter haben in der
Vergangenheit nur dann Agenturen an Reisebüros vergeben, wenn bestimmte
Auflagen, vor allem bezüglich des Mindestumsatzes und von Agenturen der
Mitwettbewerber. Letzteres als "Vertriebsbindung" bezeichnetes Phänomen
beschäftigte viele Jahre das deutsche Kartellamt. Ab Anfang November 1994 entfiel
die Vertriebsbindung.

6.3 Sozio-kulturelle Beurteilung

6.3.0 Vorbemerkung

Am schwierigsten ist eine Einschätzung der außerökonomischen Bedeutung des Tourismus. Hier wird die Gesamtheit gesellschaftlicher, kultureller, biologisch-ökologischer und psychisch-physischer Aspekte berührt. Im folgenden können all diese Faktoren nur kurz gestreift werden. Oft liegt die sozio-kulturelle Betrachtung außerhalb des Interessenbereiches der Ökonomen. Ein wichtiger Grund dafür ist sicher das **Fehlen einer einheitlichen Methode** zur Erfassung außerökonomischer Effekte. Die meisten sozio-kulturellen Auswirkungen sind nicht mit Geld (pekuniär) erfaßbar und finden daher weniger Eingang in ökonomische als in soziologische und kulturhistorische Untersuchungen.

Sozio-kulturelle Kriterien sollen allerdings im folgenden trotzdem behandelt werden, da

* sie für eine **umfassende Beurteilung** touristischer Maßnahmen, die über die ökonomische Bewertung hinausgeht, von zentraler Bedeutung sind,
* in den Augen vor allem der "Betroffenen" außerökonomische Gründe meist an erster Stelle stehen,
* auch Ökonomen versuchen, nichtökonomische Bereiche des Tourismus zu integrieren, wenn auch oftmals mit traditionell ökonomischen Überlegungen, z. B. mit Kosten-Nutzen-Analysen für den sozio-kulturellen Bereich.

Während die sozio-kulturellen Aspekte lange Zeit gegenüber den ökonomischen im Hintergrund standen, haben sie vor allem in den letzten Jahren infolge des zunehmenden Umweltbewußtseins und gestiegener Sensibilität für negative Aspekte des Tourismus an Bedeutung gewonnen. - Auffallend an der (mangelhaften) Berücksichtigung und Bewertung sozio-kultureller Auswirkungen des Tourismus ist, daß sie weitaus weniger von den betroffenen Ländern kommt als von Vertretern der Entsendeländer. Zwar gibt es auch gelegentlich Stellungnahmen und Protestaktionen der Gastländer gegen den Tourismus, aber sie bleiben die Ausnahme. Dieses überwiegende Schweigen der betroffenen Ländern und Gebiete ist schwierig einzuschätzen, kann es doch einerseits (indirekte) Zustimmung zum Tourismus bedeuten, andererseits aber lediglich die Machtlosigkeit der Betroffenen gegen eine im Kern unerwünschte Entwicklung widerspiegeln.

Viele der im folgenden erläuterten sozio-kulturellen Faktoren des Tourismus haben Eingang in die Diskussion der Auswirkungen des **Tourismus in Länder der Dritten Welt** gefunden, da sie dort am deutlichsten auftreten. Sie sind aber in ähnlicher Form für (fast) alle touristischen Gebiete relevant.

Hauptthemen der im sozio-kulturell Bereich diskutierten Problemkreise sind die Auswirkungen auf Kultur, Kunst, Tradition, Sitte, Moral, Sozialstruktur, Umwelt und Politik.

Die verschiedenen sozio-kulturellen Auswirkungen des Tourismus sind vorwiegend auf der Passivseite des touristischen "Erfolgskontos" angesiedelt, entsprechend werden einige der folgenden Überlegungen auch im Abschnitt 6.4.4 (Kritik) wieder aufgegriffen.

6.3.1 Akkulturation und Demonstrationseffekt

Die Auswirkungen im sozio-kulturellen Bereich werden meist unter dem Begriff der **Akkulturation** beschrieben. Damit ist (in der Ethnologie) die - meist gegenseitige - Beeinflussung verschiedener Kulturkreise gemeint. Akkulturation als Folge von Tourismus zeigt sich in verschiedenen Bereichen, die im folgenden genauer beleuchtet werden.

Tourismusinvestitionen sind zwangsläufig Investitionen in den Bereich gegenseitiger menschlicher Kontakte. Das Tourismusphänomen ist nicht mit dem Bau von Hotels und der Bereitstellung einer geeigneten Infrastruktur ausreichend erfaßt. Schon während der Aufbauphase beginnen die wesentlichen nicht-ökonomischen Auswirkungen. Das regelmäßige Aufeinandertreffen von Menschen

- unterschiedlicher Kulturkreise (Stadt und Land, Industrie- und Entwicklungsland, West-Ost-Begegnung) und
- unterschiedlicher Erwartungshaltungen (Urlaub - Alltag)

führt zur gegenseitigen Beeinflussung der bisherigen Verhaltensweisen, wobei "die Träger der weniger entwickelten Kulturen (...) in der Regel eine stärkere Angleichung durchmachen" (KRIPPENDORF 1978: 59). So auch KADT: "Small countries with relatively underdeveloped production facilities and infrastructure and relatively low levels of skills among their people, are likely to experience more negative sociocultural effects as a result of tourism development than are larger, more developed countries." (KADT 1979: 16f)

Akkulturation setzt voraus, daß die touristischen Werte auch von der einheimischen Bevölkerung akzeptiert werden. Nun ist nicht eindeutig zu entscheiden, ob die Angleichung von Wertvorstellungen und Verhaltensweisen grundsätzlich ein wünschenswerte oder abzulehnende Entwicklung ist.

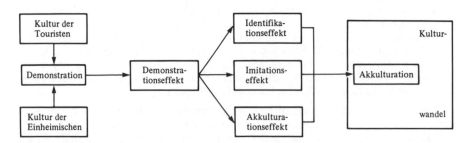

Abb. 6-35 Wirkungsschema der tourismusinduzierten Akkulturation
(aus: LUEM 1985: 68)

Kritiker dieser Akkulturation verurteilen die Beeinflussung und Zerstörung fester Kultur- und Sozialbeziehungen und die (zu schnelle) Übertragung von fremden Normen auf Gesellschaften, die für diese Entwicklung noch nicht ausreichend vorbereitet sind[1] .

---

1   Vgl. als Kritik z. B. HAMER 1979, NETTEKOVEN 1974, WOOD 1980.

Befürworter bezeichnen dies als Fortschritt und Anfangsstadium der Modernisierung. Die bisher "unberührte Idylle" sei oft nur gesellschaftliche Stagnation oder aussichtslose Zukunft. Durch vermehrten Tourismus könnten bisher als "rückständig" zu bezeichnende Gesellschaften schneller einen höheren Entwicklungsstand erreichen. Durch Auslassen verschiedener Entwicklungsstufen könnten sie von vorhandenen Errungenschaften profitieren und schneller auf einen höheren Entwicklungsstand kommen. Entwicklungsstufen können übersprungen und der "Teufelskreis der Armut" (v. a. bei Entwicklungsländern) kann durchbrochen werden (**Konkulturation**):

"For here lies a surprise effect of development aid through tourism: in the long term, social change, promoted by tourism, can subsequently compensate for the distorted social development initially encumbered by tourism!""the behaviour forms that initially distort development can doubtless provide an encouragement and stimulus to social mobility so as to break the vicious circle of poverty that leads to fatalism and fatalism that feeds poverty." (NETTEKOVEN 1969: 34)

Die Kritik an der sozio-kulturellen Beeinflussung von Entwicklungsländern (Dekulturation, Zerstörung kultureller Identität) wird vor allem in westlichen Industrieländern geführt; die betroffenen Länder sehen die Entwicklung häufig weitaus weniger problematisch.

Die Diskussion um Akkulturation ist geprägt von westlichem "Ethnozentrismus und Romantizismus, der Kulturen erhalten will, nicht aber deren Entwicklung und Fortschritt beabsichtigt."[1]

Eng mit dem zuvor erläuterten Akkulturationseffekt ist der **Demonstrationseffekt** verbunden. Durch die Kontakte von Touristen und Einheimischen werden nicht vorhandene bzw. nicht bewußte Bedürfnisse geweckt, die die einheimischen Verhaltensweisen verändern und zu erhöhter Nachfrage nach Konsumgütern führen (können). Dieser Demonstrationseffekt führt zur Nachahmung von seiten der Gastgeber, die aber nur begrenzt möglich ist. Fehlende Freizeit, mangelnde Geldmittel sowie gesellschaftliche Tabus sind zu überwinden.

Je nach Berührungsgrad mit den Touristen wirkt sich dieser Demonstrationeffekt unterschiedlich aus: Ein Großteil der Bevölkerung, der nicht in unmittelbarer Nähe der Touristenzentren lebt und nur geringen Kontakt mit Touristen hat, wird nur relativ gering beeinflußt. Am meisten betroffen werden "die unkritischen oder aus den Traditionen ausgebrochenen Jugendlichen und davon speziell die untätige Jugend, die im verstärkten Maße das demonstrierte Verhalten übernehmen und am demonstrierten Konsum partizipieren wollen." (KRIPPENDORF 1978: 16)

Die sozio-kulturellen Auswirkungen des Tourismus sind je nach Art des Tourismus und abhängig vom **allgemeinen** und **touristischen Entwicklungsstand** der jeweiligen Länder sowie Schnelligkeit der Entwicklung des Tourismussektors unterschiedlich. Doch es lassen sich einige Gemeinsamkeiten und Probleme aufzeigen, mit denen die meisten touristisch beeinflußten Länder und Regionen konfrontiert sind. Dies kann am besten entlang von vier **Entwicklungsphasen** des Tourismus dargestellt werden:

(1) Anfangsphase
(2) Touristische Anpassungsphase
(3) Entwicklungsphase - Institutionalisierung des Tourismus
(4) Stagnationsphase

---

1 BUGNICOURT, nach WOOD 1980: 504.

Stadien des Tourismus

Die Anfangsphase

In der Anfangsphase des Tourismus, der nicht immer weitere folgen, gibt es nur wenige ausländische Besucher im Land. Früher waren es vor allem Forscher und Gelehrte, die als „Vorhut des Tourismus" aufgetreten sind. Heute sind es zumeist Geschäftsreisende oder passionierte Globetrotter und häufig Billig-Traveller, die als erste in touristisch nicht erschlossene Gebiete reisen. Ökonomisch und sozial hat Tourismus in dieser Phase kaum Auswirkungen auf das Gastland. Sowohl die Besucher als auch die Besuchten zeigen noch viel Ursprünglichkeit, Herzlichkeit und Offenheit in den Kontakten, oft passen sich die Besucher besser an die Gewohnheiten des Landes an als später. Aber es entstehen auch Feindseligkeiten, Neugier und Ablehnung bei den Besuchten.

Die touristische Anpassungsphase

Im zweiten Stadium hat Tourismus quantitativ und im Bewußtsein der Bevölkerung schon eine gewisse Bedeutung erlangt. Es kommt zu häufigeren Kontakten der Bevölkerung mit Besuchern. Touristenunterkünfte werden zur Verfügung gestellt, Restaurants werden eröffnet, erste Dienstleistungen werden den Touristen angeboten (Führungen, Boots-, Autoverleih). Die angebotenen Unterkünfte sind meist relativ einfach, und die Ansprüche der Touristen stellen sich auf diese lokalen Gegebenheiten ein. Die meisten Initiativen erfolgen in diesem Stadium ausschließlich auf privater Basis.

Im gesamtgesellschaftlichen Leben nehmen diese Aktivitäten nach wie vor eine geringe Bedeutung ein. Dieses Stadium ist bei Weiterentwicklung des Tourismus nach wie vor in den Landesteilen anzutreffen, die nur wenig vom Tourismus berührt werden. Die wirtschaftlichen Auswirkungen für den Großteil der Bevölkerung sind gering. In dieser Phase ergeben sich aber bereits die ersten bedeutenden sozialen Auswirkungen.

Die Entwicklungsphase – Institutionalisierung des Tourismus

Ein drittes Stadium des Tourismus ist erreicht, wenn systematische Maßnahmen zur Entwicklung des Tourismus erfolgen, die in dieser Phase vorwiegend durch staatliche Stellen durchgeführt bzw. initiiert und unterstützt werden.

Der Anteil der Tourismuseinnahmen am Sozialprodukt steigt, aber auch die Importe für Tourismus. Es bildet sich ein touristischer Arbeitsmarkt heraus. Die lokale Infrastruktur wird ausgebaut, Straßen, Flughäfen, größere und luxuriösere Hotelanlagen werden gebaut, eigene Touristenzentren entstehen. Systematische Werbung im Ausland unterstützt die lokalen Aktivitäten.

In dieser Phase ist Tourismus sowohl bei staatlichen Stellen als auch im ökonomischen und sozialen Leben zu einem festen Bestandteil geworden. Kontaktmöglichkeiten zwischen Touristen und Einheimischen sind relativ häufig. Die ökonomischen und sozio-kulturellen Auswirkungen auf die gesamte Gesellschaft sind bedeutend. – Tourismus hat sich institutionalisiert.

Stagnationsphase

In der Phase des institutionalisierten Tourismus sind die Entwicklungsländer meist um die Ausweitung sowie Stabilisierung der touristischen Nachfrage bemüht. Doch zeigt sich, daß stetige Wachstumsraten auch im Tourismussektor langfristig kaum möglich sind. Vor allem die Abhängigkeit von der internationalen Wirtschaftslage und von Modeerscheinungen bei den Reisezielen führen häufig zu Schwankungen und zum Rückgang der touristischen Nachfrage. Es kommt zu touristischen Stagnationstendenzen.

aus: Freyer 1987a: 18

Touristentypus	Zahlenmäßiges Auftreten der Touristen in den Gastländern	Grad der Anpassung der Touristen an örtliche Normen
Forschungsreisende	äußerst begrenzt	vollständige Akzeptierung
Elite-Touristen (wenige Einzelreisende u. kleinere Gruppen in bisher „unberührten Gebieten")	sehr selten zu sehen	volle Anpassung
„Off-Beat"-Touristen (sondern sich von der Masse ab, suchen das Abenteuer)	ungewöhnlich, aber durchaus zu sehen	paßt sich weitgehend an
„Ungewöhnliche Touristen" (besuchen abgelegene Ziele im Rahmen von organisierten Touren)	gelegentlich zu sehen	paßt sich teilweise an
Beginnender Massentourismus	stetig steigende Zahl	sucht westlichen Komfort
Massentourismus	kontinuierlicher Zustrom	erwartet westlichen Komfort
Charter-Tourismus	Massenankünfte	verlangt westlichen Komfort

Abb. 6-36 Häufigkeitstypen der Touristen und ihre Anpassung an die örtlichen Normen in den gastgebenden Gesellschaften (Quelle: SMITH 1977)

Diese Phasen unterscheiden sich vor allem durch Ausmaß und Organisationsgrad des touristischen Sektors und seiner Bedeutung für die nationale Gesellschaft und Ökonomie. Die Phasen dauern unterschiedlich lang, und häufig bestehen in verschiedenen Regionen des Landes unterschiedliche Stadien des Tourismus nebeneinander. Umfang und Ausmaß der verschiedenen touristischen Stadien hängen auch - wie bereits erwähnt - stark vom allgemeinen Entwicklungsstand des jeweiligen Landes ab.

Dabei sind die sozio-kulturellen Veränderungen **nicht ausschließlich Folge des Tourismus**. Fremdenverkehr ist lediglich ein Medium, durch das sich gesellschaftliche Veränderungen erklären läßt. Fernsehen und Rundfunk sind oftmals stärke Einflußfaktoren als der Fremdenverkehr. Doch touristische Begegnungen im eigenen Land untermauern häufig die in Rundfunk, Presse und Fernsehen erfahrenen Informationen über andere Gesellschaften und deren ökonomische und kulturelle Eigenheiten und Möglichkeiten.

6.3.2 Tourismus und Sozialstruktur

Als Folge des zunehmenden Tourismus werden traditionelle Sozialstrukturen beeinflußt.

Am deutlichsten zeigt sich dieses Phänomen innerhalb der **Familienstruktur**: Kinder suchen häufig den Kontakt zu Touristen und erhalten für ihre (meist kleinen) Dienstleistungen und Gefälligkeiten (Auskünfte, Führung, Verkauf) Geschenke und (Trink-)Gelder, die oftmals die Einkünfte des - schwer arbeitenden - Vaters und der restlichen Familie übersteigen. Dadurch und durch die neu kennengelernten Verhaltens- und Lebensweisen der Touristen wird vielfach die elterliche Autorität untergraben; es kommt zu Auseinandersetzungen und Unzufriedenheit innerhalb der Familie. Kinder suchen häufiger Kontakt zu Touristen und leben immer weniger innerhalb der bisherigen Familienstrukturen. Auch sind es vor allem jüngere Leute, die eine regelmäßige Beschäftigung im Tourismus erhalten. Dies verstärkt ebenfalls den Generationskonflikt.

Die **Stellung der Frau** in Familie und Gesellschaft wird verändert: Die Zahl der weiblichen Beschäftigten im Tourismusbereich ist relativ hoch (Zimmermädchen, Köchinnen, Putzfrauen, Empfangsdamen, Tänzerinnen usw.). Häufig ist es die erste Stellung überhaupt. Dies führt zu zunehmender Unabhängigkeit in Familie und Gesellschaft, bringt aber auch eine Reihe von Spannungen mit sich. So wird von Hawaii berichtet, wo die Zahl der weiblichen Beschäftigten im Tourismus relativ hoch ist, daß seit einigen Jahren auch die Scheidungsrate im Ansteigen begriffen ist[1].

Auch die **soziale Hierarchie** der Berufe verändert sich: Beschäftigungsstellen im Tourismus werden tendenziell höher bewertet als gleich oder gar höher bezahlte Tätigkeiten in Landwirtschaft und Fischerei. Dies führt in Feriengebieten zu Abwanderungen in touristische Berufe und oftmals zur Aufgabe traditioneller Berufsgruppen (wie Fischerei, Handwerk) in Ferienorten. Durch den Tourismus entsteht eine neue gesellschaftliche Schicht von angelernten Arbeitskräften mit engen Kontakten zu ausländischen Besuchern und relativ hohem sozialen Ansehen. Durch die vermehrte Unternehmer- und Dienstleistungstätigkeit im Tourismusbereich bildet sich ferner eine neue Klasse von Selbständigen mit mittlerem Einkommen heraus. Dies hat bedeutende Auswirkungen auf die vorhandene Sozialstruktur, vor allem auf traditionelle Hierarchien, Besitz- und Machtstrukturen am Ort (und allgemeiner in der Gesellschaft).

Anpassung an zunehmenden Tourismus führt oftmals zu umfangreichen **Umsiedlungen** innerhalb der Gesellschaft (**migration**). Während in der Anfangsphase der touristischen Entwicklung Arbeitskräfte vorwiegend aus der Region rekrutiert werden, kommt es mit Ausbau touristischer Zentren zu bedeutenden Zuwanderungen aus anderen Gebieten des Landes, zum Teil auch aus dem Ausland. Dies führt zu lokalen Versorgungs- und Verständigungsproblemen. Für die zugewanderten Arbeitskräfte hat dies oftmals eine Zerstörung traditioneller Familienbande zur Folge, da nur in Ausnahmefällen die gesamte Familie an den neuen Arbeitsplatz eines Familienmitgliedes ziehen kann.

Letztlich ändert sich auch die **Wertigkeit innerhalb der Gesellschaft** als Folge des Tourismus. Staat und Politik in den Gastländern profitieren von touristischen Erfolgen wie neuen Arbeitsplätzen, besserer Versorgung und höherer

---

1   Vgl. WELTBANK 1979: 37.

Einkommen, sie müssen sich aber andererseits vermehrt gegenüber ihren Bürgern für Mißerfolge bei der touristischen Entwicklung verantworten und für die Entwicklungsunterschiede zu den Touristen legitimieren.

6.3.3 Kultur und Tradition

Zunehmender Tourismus läßt auch den Bereich **traditioneller Riten** und Gebräuche nicht unberührt. In der Anfangsphase des Tourismus nahmen nur vereinzelt Besucher an folkloristischen und religiösen Darbietungen teil, es kam zu keiner Veränderung oder Beeinflussung. Mit Ansteigen der Touristenzahlen steigt auch die Nachfrage nach kulturellen Veranstaltungen von seiten der Touristen.

Diesen neuen Bedürfnissen entsprechen die Bewohner der Gastländer häufig durch zusätzliche Darbietungen in Hotels oder in der traditionellen Umgebung. Bisherige Gewohnheiten werden zunehmend gegen Geld den ausländischen Besuchern vorgeführt, der eigentliche Sinngehalt geht verloren. Traditionelle Tänze und Musik dienen der Unterhaltung der Hotelgäste, Farbenpracht und Akrobatik sind dabei mehr gefragt als der ursprüngliche Sinngehalt. Der touristische Geschmack bestimmt zunehmend Inhalt, Dauer und Ort der Darbietungen. So treten neben Darbietungen im Hotel Veranstaltungen in "ursprünglicher" Umgebung, ausschließlich für Touristen: "african night" mit Bootsausfahrt, gekühlten Getränken und Gelegenheit zum Gruppenbild mit Elektroblitz. Modelldörfer entstehen, Blitzlichtzeremonien werden für Touristen abgehalten, die Kultur wird zunehmend kommerzialisiert.

Neben dem Verlust traditioneller Werte wird auch den Touristen nur noch ein **(Zerr-)Bild der Kultur** vorgespielt: Tänze, traditionelle Kleidung zu jeder Tages- und Nachtzeit, wann immer der Touristenbus ankommt. In Bali werden beispielsweise je nach Audienz unterschiedliche Zeremonien gezeigt: kürzere für Touristen, ausführlichere für religiöse Zuschauer (vgl. NORONHA 1979: 177ff).

Die **traditionellen Wertvorstellungen** der Bewohner der Gastländer ändern sich: anstelle der Folklore und traditioneller Tänze treten Disko-Musik und Modetänze. Die traditionelle Kleidung der Männer, wie z. B. Djelabas oder Trachtenanzüge, wird gegen Konfektionsanzüge, Hemd und Binder, T-Shirts und Jeans, die Saris und Kleider der Frauen gegen Blusen, Röcke und Hosen vertauscht. Traditionelle Feste der Einheimischen werden oftmals nicht mehr in der ursprünglichen Umgebung gefeiert, sondern neue Statussymbole treten an ihre Stelle: die Hochzeit im Hilton wird von Einheimischen als sozial höherwertiger eingestuft als in heimatlicher Umgebung.

Im Bereich der **Architektur** ist eine Hinwendung zu "modernen" Hotelgroßbauten im internationalen Stil festzustellen. Dabei werden nur selten einheimische Ideen und Materialien verwendet. Stahl- und Betonbauten dominieren das architektonische Bild der Erholungszentren. Dabei wird diese Entwicklung von den Gastländern anfänglich eher als Fortschritt als als negative Begleiterscheinung des Tourismus angesehen. Erst mit fortgeschrittener touristischer Entwicklung entsteht gelegentlich eine Umkehr im Denken. Von den Behörden werden Vorschriften über Begrenzungen bezüglich Höhe und Form der Bauten erlassen, private Investoren versuchen durch Einrichtungen "im einheimischen Stil" sich von den vorhandenen internationalen Bauwerken abzugrenzen.

Das **Kunsthandwerk** dient zunehmend der massenhaften Produktion für den Souvenirmarkt, Kunstformen werden vereinfacht und massenhafte Produktion tritt an Stelle von Kreativität. Es findet teilweise ein Ausverkauf der Kultur statt: Grabraub, um den Inhalt an Touristen zu verkaufen, oder:

"Auf Funktionalität getrimmte Figuren in verschiedenen Stammestrachten als Coctailspießchen und Salatbestecke, als Nagelreiniger oder Brieföffner;..." (WAHRLICH 1978: 89)

"Billige Einheitsware wird teilweise maschinell vorgefertigt, mit Kinderarbeit in Serie produziert - und zum Verkauf mit Schuhcreme veredelt!" (DRESS 1979)

Durch diesen Souvenirbereich werden unzweifelhaft Arbeitsplätze geschaffen, doch der Verlust an traditionellen künstlerischen Werten wird vielfach beklagt: die sogenannte "airport art" entsteht (Massenproduktion von Leuten ohne Kenntnisse der traditionellen Kultur oder des Kunsthandwerks). Doch auch kreative Künstler profitieren teilweise vom Tourismus: sie finden in den auswärtigen Gästen Interessenten und Käufer (und damit Förderer) für ihre anspruchsvollen und aufwendigen Werke, die sie an Einheimische nie hätten verkaufen können (vgl. IfA 1987, Freyer 1994c).

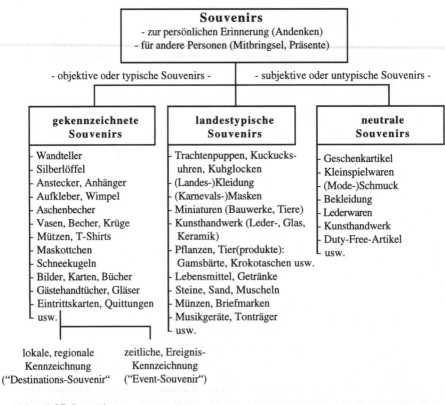

Abb. 6-37 Souvenirs
(aus: FREYER 1994c)

Den zuvor genannten negativen Auswirkungen des Tourismus im kulturellen Bereich können aber auch einige positive Erscheinungen gegenübergestellt werden:

Die **Bewahrung religiöser und profaner Bauwerke**, die Einrichtung und Unterhaltung archäologischer Stätten, von Nationalparks, Museen, Freizeit- und Erholungseinrichtungen wird oft erst durch ansteigenden Tourismus ermöglicht. Auch die **Pflege traditioneller Tänze** und die **Förderung von Künstlern** (Musikern, Malern usw.) ist oft eine (positive) Folge des Fremdenverkehrs. Von all diesen Einrichtungen und Veränderungen des kulturellen Angebotes profitiert (meist) auch die einheimische Bevölkerung.

6.3.4 Normen und Werte

(1) Sitte und Moral

Ein großes Problem für die Bewohner der touristischen Reisegebiete ist die freizügige Moralauffassung der Touristen. Dies liegt

* am gelockerten und stark genußorientierten Verhalten der Reisenden, die im Urlaub ihre unterdrückten Wünsche ausleben wollen: genießen, konsumieren, entspannen, leben ohne Zwänge usw.
* an der Situation der Gastgeber: sie befinden sich in der Alltagssituation, in der sich auch die Besucher anders verhalten würden. Zudem leben die Gastgeber häufig in ländlichen Gebieten oder in Ländern mit tief verwurzelten religiösen und sittlichen Moralvorstellungen.

Diese Konfrontation der Gastgeber mit dem freizügigen Urlaubsverhalten der Touristen (leichte Bekleidung, wenig religiöses Bewußtsein (im Urlaub), gelockerte Sitten zwischen den Geschlechtern sowie freizügiger Alkohol- und Drogenkonsum) verletzt oft das Moralgefühl der Gastgeber.

(2) Gesundheit

Hier befürchten die Gast- und Heimatländer eine Gefährdung der nationalen Gesundheit durch importierte Krankheiten.

In früheren Jahren waren es vor allem Tropenkrankheiten (wie Malaria, Cholera, Gelbfieber), deren Ausbreitung durch Impfungen verhindert werden sollten.

In jüngster Zeit wird vor allem das AIDS-Problem als neue Gefahr für den internationalen Tourismus angesehen. Die Gastländer diskutieren über mögliche Einreiserestriktionen und AIDS-Tests an den Grenzen; in den Heimatländern sind deutliche Rückgänge der Reisenachfrage in Länder festzustellen, die mit AIDS in Verbindung gebracht werden[1].

(3) Kriminalität: Drogen, Terrorismus, Verbrechen

In den 70er Jahren war es vor allem das Drogen-Problem, daß mit zunehmender Reisetätigkeit sich vor allem in den Urlaubsgebieten und Heimatländern ausgebreitet hat. Es war ein deutlicher Anstieg von Reisen - v.a. Jugendlicher - in Gebiete, in

---

1   Vgl. z. B. KLARE/CEBULKA 1987, MAURER 1991.

denen Drogen einfacher (billiger, z. T. legal) zu erwerben waren als auch der Schmuggel dieser Drogen in die Heimatländer der Touristen festzustellen. - Die Auswirkungen der **Hippie-Kultur** und der damit verbundene Drogenkonsum haben vor allem in vielen asiatischen und lateinamerikanischen Ländern zu restriktiven Einreisebestimmungen und verschärften (Grenz-)Kontrollen sowie einer reservierteren Haltung der Bevölkerung gegenüber dem Tourismus allgemein geführt.

Mit Aufkommen des internationalen **Terrorismus** waren auch vermehrt Reisende von Flugzeugentführungen und strengen Kontrollen betroffen.

Auch **am Ort** des Fremdenverkehrs ist häufig ein Ansteigen der Kriminalität festzustellen: Raub, Drogenprobleme, Prostitution sind die bekanntesten Probleme:

"Der "Kulturkontakt" mit den aus westlichen Wohlstandsgesellschaften kommenden Touristen ... fördert ... Kriminalität. Die Delikte werden zumeist von arbeitslosen Jugendlichen begangen. Sie kamen in die Industriegebiete, fanden keine Arbeit, mußten sich aber irgendwie ernähren: durch Taschendiebstahl, durch Prostitution beider Geschlechter, durch Raubüberfälle." (WAHRLICH 1978: 89)

Die **einheimische** Bevölkerung hat nur selten die Mittel, um am konsumorientierten, aufwendigen Leben der Touristen teilzunehmen:

"Um trotzdem an diesem begehrenswerten Leben teilnehmen zu könne, setzen ... sie ... alles ein, was sie besitzen, und das ist meist nicht viel mehr als ihr naiver Charme und ihr Körper." (NETTEKOVEN 1974: 125).

(4) Prostitution

Als Sonderproblem der Auswirkungen des Tourismus auf Sitte und Moral wird Prostitution diskutiert. Sie zeigt sich in zwei Formen:

• als Problem am Ort, wo junge Männer und Frauen ihre Körper einsetzen, um die Armut überwinden zu können oder um am touristischen Leben teilnehmen zu können:
  "Tatsächlich ist in vielen Ferienzentren eine Art der Prostitution zu beobachten, die allerdings weniger als "gewerbsmäßige Unzucht", sondern eher als "Integrationsritus" in die bewundernswerte Welt der sich vergnügenden Ausländer erklärt werden könnte. Sexualobjekte sind in diesem Sinne in islamischen Ländern fast ausschließlich männliche Autochthone (Einheimische, Anm. W.F.), während in vielen fernöstlichen Ländern junge Damen fast zum Hauptreiseziele avancieren können." (NETTEKOVEN 1974: 126)
• als "Reiseform", wenn Reiseveranstalter mehr oder weniger deutlich für ihre Reiseziele mit der Aussicht auf sexuelle Kontakte anpreisen ("Sex-Tourismus").

Protestaktionen gegen den Prostitutionstourismus nehmen zu[1], trotzdem sind die Auswüchse in keinster Form rückläufig.

---

1 Vgl. EFD 1981, EPK 1981, O'GRADY 1982: 42ff, 1992, ZEB 1983. Im Januar 1985 gab es eine große Anfrage der SPD-Fraktion im Deutschen Bundestag zum Sex-Tourismus; vgl. dazu WALD 1985, ferner AGISRA 1990, MAURER 1991, RENSCHLER u. a. 1991.

6.3.5 Tourismus und Umwelt

Heute sind Umweltfragen wichtige Faktoren zur Beurteilung des Tourismus. Intakte Umwelt ist eine Grundvoraussetzung für Fremdenverkehr und Naherholung.

In der Anfangsphase des Tourismus sind häufig Umweltaspekte der Grund für Besucher: Flucht aus den Großstädten der Industrienationen in unberührte Natur, an einsame Strände, aus der Hektik des Industriealltags in die Ruhe der Urlaubsgebiete. Die natürlichen Ressourcen der Gastländer sind dabei die Grundlage des Tourismus: schöne Landschaft, saubere Luft, unberührte Strände, exotische Pflanzen und Tiere zählen zu den Hauptattraktionen des Tourismussektors.

Doch mit ansteigendem Tourismus werden die vorhandenen Ressourcen ziemlich unkontrolliert genutzte, es werden zunehmend Veränderungen im Umweltbereich vorgenommen:

- bisher unberührte Strände und andere landschaftlich reizvolle Gebiete werden bebaut,
- Infrastrukturmaßnahmen (Straßen-, Flugplatzbau) belasten Landschaft und Bevölkerung,
- Jagd und Souvenirindustrie reduzieren den Wildbestand, (Fischbestände werden abgebaut, Korallenriffs zerstört),
- Ausflugsboote verschmutzen Seen und Küsten,
- Tauchkurse und Unterwasserjagd zerstören die Unterwasserwelt,
- Skipisten zerstören Teile der Alpenregion,
- Schmutz- und Lärmbelästigung der Bewohner und Touristen.

Tourismusinvestitionen treffen häufig auf ein noch recht wenig entwickeltes Umwelbewußtsein. Der rasche und umfassende Auf- und Ausbau des Tourismus in einer Region nimmt anfangs nur selten Rücksicht auf die (intakte) Umwelt. Erst mit zunehmender öffentlicher Planung werden auch Umweltbelange mitberücksichtigt.

All dies verursacht neben Verlusten an Lebensqualität auch (meßbare) Kosten, die nur selten von den Verursachern getragen werden. Vor allem staatliche Stellen der Fremdenverkehrsorte müssen für diese Folgekosten der Tourismusindustrie im Umweltbereich aufkommen:

- Klärung der Abwässer,
- Instandhaltung von Infrastruktur,
- Tier- und Pflanzenschutz,
- Säuberung von Stränden und Landschaft,
- Wasserverbrauch der Touristen.

Zu intensive Nutzung der Naturreserven ist häufig der erste Schritt zum **Ausbleiben der Touristen** (Stagnation und Rückgang). Sie beklagen die Verbetonierung der Strände, zurückgehende Wildbestände, fehlende Ursprünglichkeit und wenden sich neuen Urlaubsgebieten zu. In den verlassenen Urlaubsgebieten bleiben Hotelneubauten und -ruinen, ein oftmals einseitig ausgebautes Infrastrukturnetz (Flughafen für Großraumflugzeuge, Straßen zu den Touristenressorts usw.), teure Einrichtungen für Wildparks und Sportanlagen zurück.

Folglich zählen heute Umweltfragen zur Hauptaufgabe einer langfristig orientierten Fremdenverkehrspolitik:

- Schutz der Landschaft vor der Zerstörung durch den Fremdenverkehr,
- Schutz der Bevölkerung vor Belastungen durch Lärm und Schmutz,
- Bauvorschriften, die auch lokale Bedürfnisse mit berücksichtigen
- Zusammenarbeit der Fremdenverkehrswirtschaft mit Natur- und Umweltschutzverbänden.

Fazit: Schmutzige Seen und Meere, abrutschende Berge und sterbende Wälder sind auch für den Tourismus tödlich.

6.3.6 Tourismus als Völkerverständigung?

Eine oftmals im Zusammenhang mit touristischen Auswirkungen gestellte Frage ist, ob oder inwieweit Tourismus der Völkerverständigung diene. Der institutionalisierte Kontakt von Urlaubern mit Einheimischen, das permanente Zusammentreffen von Bewohnern verschiedener Länder, zunehmende Information in den Massenmedien, kann zu zunehmendem Verständnis, steigenden Kontakten und mehr Frieden zwischen einzelnen Menschen, aber auch zwischen Staaten, zwischen Nord und Süd sowie Ost und West führen.

In der Anfangsphase des Tourismus kommt es insgesamt nur zu wenigen Kontakten zwischen Besuchern und Bewohnern der Gastländer. In der Phase des **institutionalisierten** Tourismus sind die Begegnungen zwar insgesamt zahlreicher, doch auch hier beschränkt sich das Zusammentreffen während des Urlaubes auf die Kontakte im Hotel und Flughafen oder in der Stadt. Nur selten treffen Gleichgestellte zusammen, sondern eher Über- und Untergeordnete. Urlaubsghettos unterstützen - zum Teil gewollt - diese gegenseitige Isolation.

Hier zeigt sich auch ein Hauptnachteil des Pauschaltourismus. So verbringen die Besucher zwei oder drei Wochen am Strand, häufig in Clubdörfern, sonnen sich, sind unter Ihresgleichen und haben selten mehr Kontakte zu den Bewohnern des Landes als zu den Hotelangestellten. Der Pauschaltourist muß sich (im Gegensatz zum Individualtourist) nicht an die Gegebenheiten des Landes anpassen. Untergebracht in First-Class-Hotels, in denen es keine Versorgungsschwierigkeiten gibt, lebt er im Überfluß, hat ausreichend Essen, Trinken, Wasser und Strom.

Er wird in klimatisierten Bussen durchs Land gefahren, sieht einige folkloristische Darbietungen, ist entsetzt, wenn er die Armut des Landes außerhalb des Hotels sieht, gibt kleinere Geschenke, die häufig den Tages- oder Wochenlohn eines Arbeiters ausmachen. Nach kurzem Aufenthalt fahren die Touristen wieder nach Haus. Infolge der eingeschränkten Kontaktmöglichkeiten bleiben Vorurteile bestehen, ja, verstärken sich sogar. Überdeutlich formulieren dies RESCH und die CHRISTIAN CONFERENCE:

"Die Mehrzahl der Touristen hat noch nicht jene geistige und ideologische Reife erreicht, die für Reisen in andere, fremde Kulturbereiche unablässig wäre. Wer das gesamte Gesellschaftssystem eines Volkes nicht kennt und falsche Maßstäbe als Grundlage seines Benehmens nimmt, der muß, ob er will oder nicht, sein Verhalten von den betroffenen Menschen als störend oder gar als Herausforderung auslegen lassen." (RESCH 1977: 99)

Der Tourist lernt bei seinem Besuch meist nur eine touristische Scheinwelt kennen, nicht aber das Land. Sehr plastisch verdeutlicht dies NETTEKOVEN mit einer Umkehrsituation: "werden etwa bei amerikanischen Touristen mit den Worten 'oberbayrischer Jodler', 'Hofbräuhaus und Kölner Dom' Assoziationen an den Gesamtkomplex Bundesrepublik Deutschland geweckt oder nur an den Teilaspekt 'Deutschland als Reiseland'?" (Nettekoven 1974: 121).

Andererseits bestehen auch von seiten der Besuchten viele Vorurteile und Ressentiments gegenüber den Reisenden. Viele der neuentdeckten Urlaubsländer haben eine koloniale Vergangenheit und empfinden Tourismus als **"neue Form des Kolonialismus"**. Für die Bewohner erscheinen die reichen Touristen als neue Kolonialisten, die sich fremde Strände zu ihren Erholungsgebieten, die männlichen Bewohner zu ihren Dienern, deren Frauen zu ihren Geliebten machen. Die Bewohner der Urlaubsländer sehen lediglich die Urlaubssituation der Besucher und kennen nicht deren Arbeitsalltag. Für sie ist es schwer zu verstehen, daß sich ihre touristischen Besucher während ihres Urlaubsaufenthaltes in einem **typischen Ausnahmezustand** befinden, der sehr unterschiedlich zum normalen Alltag ihrer Besucher ist.

"Man wird glauben, alle Weißen seien reich, arbeitslos und überheblich, da für den Großteil der einheimischen Bevölkerung kaum eine Möglichkeit besteht, sich vom Gegenteil zu überzeugen. Nur ein Aufenthalt in den Heimatländern der Touristen könnte sie davon überzeugen, mit welcher Mühe selbst der "reiche" Tourist sein Geld verdienen muß." (Helmich 1977: 54 f).

Ähnlich wie die Besucher Vorurteile über ihr Gastland haben und auch nach dem Urlaub beibehalten, beurteilen die Einheimischen ihre Besucher nach bestimmten Klischees:

"The tourist arrives, is whipped out for a shopping tour, is taken on a tour of carefully selected objects of cultural and architectural interest, views a few dances, and is moved out to make room for the next mass tourist. The local population, in turn tends increasingly to stereotype tourists as the 'same little old ladies, with the same blue hair rinses'". (Weltbank 1979: 19)

Tourismus als Paß zum Frieden?

Vom internationalen Reiseverkehr wird erwartet, daß er neben den verschiedenen ökonomischen und sozio-kulturellen Vorteilen für die Länder und dem Erholungswert für den Reisenden auch zur zunehmenden Verständigung zwischen Menschen und Völkern führt. Es besteht die Vorstellung (und der Wunsch) nach möglichst viel Freizügigkeit, daß die Grenzen für alle Menschen durchlässiger werden, daß möglichst viele zwischenstaatliche ökonomische, kulturelle, Beziehungen entstehen mögen und daß dadurch der Frieden auf der Welt ein festeres Fundament erhalten würde.

So haben die Vereinten Nationen 1967 zum Jahr des Tourismus erklärt in der Hoffnung auf Frieden. 1987 fand in Shannon (Irland) eine Konferenz unter dem Motto "Tourism - Passport to Peace" statt, wo Vertreter internationaler Organisationen und der Tourismuswirtschaft die Möglichkeiten der Friedensförderung durch Tourismus aufgezeigt haben (Vgl. Freyer 1987c).

Doch so verbreitet der Wunsch nach Frieden auch ist, Tourismus kann bestenfalls einen kleinen Beitrag dazu leisten. Es kann nicht verkannt werden, daß eine Welt ohne Grenzen, wo jeder ohne Beschränkungen überall hin reisen kann, eine Utopie ist, die wohl nie realisiert werden wird. In fast allen Ländern der Erde bestehen - aus ganz unterschiedlichen Gründen - Bedenken gegen einen unbeschränkten Reiseverkehr und folglich werden mehr oder weniger restriktive

Vorschriften für die Einreise von Besuchern zur Vermeidung von ökonomischen, gesundheitlichen, gesellschaftlichen, politischen und/oder von Sicherheitsproblemen im eigenen Land.

Üblicherweise wird die Meinung vertreten, daß vor allem weniger entwickelte ökonomische und gesellschaftliche Systeme/Nationen sich vor Konkurrenz aus anderen Nationen, vor ökonomischer Abhängigkeit und vor zu starker Beeinflussung ihres eigenen Gesellschaftsystems durch andere Kulturkreise schützen (müssen). Sie befürchten Entwicklungsprobleme und soziale Unzufriedenheit, die durch zu starke Abhängigkeiten und zu schnelle Ausweitung bestimmter Gesellschafts- und Wirtschaftsbereiche ergeben könnten. Doch auch von seiten der weiter entwickelten Nationen bestehen fast dieselben Bedenken. Sie fürchten einen Rückgang des erreichten eigenen hohen Niveaus, daß durch den unbeschränkten Zugang durch Bewohner aus anderen Ländern der eigene Lebensstandard und die eigene kulturelle Identität gefährdet werden könnten. (vgl. auch ROPERS 1986)

6.4 Tourismuskritik

6.4.0 Vorbemerkung

Mit zunehmender Bedeutung des Tourismus hat sich auch ein weiter Bereich der Kritik entwickelt. Die Kritik wird von den verschiedensten Personen artikuliert (vgl. Teil 6.4.1) und umfaßt unterschiedliche Bereiche (Teil 6.4.2). Das Ergebnis sind zum Teil eigene Reiseformen (Teil 6.4.3) und Ansätze (6.4.4).

6.4.1 Die Kritiker

Die Kritiker am Tourismus lassen sich in drei Gruppen einteilen: Es sind zum einen quasi "Außenstehende", die Ideologen und Privilegierten, zum zweiten die "Betroffenen", die "Bereisten", und drittens die Reisenden selbst.

(1) Privilegierte und Ideologen

Es ist fast schon zu einem - intellektuellen - Hobby geworden, Tourismus und Touristen zu kritisieren und zu diffamieren. Das begann mit den "Neckermännern" als den ersten Buhmännern und -frauen des heutigen Tourismus und ging über zur Kritik an den "Alternativ- und Rucksacktouristen" und in der neuesten Form ist es Kritik an den Auswirkungen des Tourismus auf die Umwelt. Stets wird die Kritik aus der Distanz geäußert: "Touristen sind immer die anderen." Man kaschiert damit oftmals die eigenen Unzulänglichkeiten und (Reise-)Fehler. Trotz der oftmals gutgemeinten Grundhaltung bleibt die Kritik fast immer im Negieren stecken und konnte nur wenig positive und realistische Vorschläge zum Reisen hervorbringen.

Diese Gruppe der Kritiker besteht vor allem aus Wissenschaftlern, vor allem Kulturkritikern, Soziologen, Antroposophen und einigen Privilegierten, z. T. Schriftstellern und Journalisten, die aus übergeordneter Warte sich mit dem Phänomen Tourismus kritisch auseinandersetzen.

(2) "Bereiste"

In letzter Zeit melden sich auch die Bereisten kritisch zu Wort. Als Betroffene des Tourismus sind sie oftmals mit den Auswirkungen unzufrieden. Sie stellen mehr oder weniger vehemente Forderungen auf und können die auch zum Teil umsetzen.

1. Aufstand der Bereisten?

Bei der oftmals postulierten Ablehnung der Bereisten gegen Tourismus muß differenziert werden; im einzelnen müssen folgende Fragen genauer erläutert werden:

1. *Wo taucht Widerstand auf?*
   Widerstand gegen Tourismus taucht nicht nur in den am häufigsten zitierten Beispielen in Entwicklungsländern auf, sondern auch in europäischen Reisegebieten (Alpenländer, deutsche Nordseeinseln usw.)

2. *Wie äußert sich dieser Aufstand?*
   Die Formen der Ablehnung und des Aufstandes sind unterschiedlich. Sie äußern sich im werfen von Steinen und Farbbeuteln gegen Besucher, durch kühle Distanz gegenüber Touristen (Reduzierung der Kontakte auf Sachlichkeit), über gesetzliche Maßnahmen (Bauverbote etc.) bis hin zu sprachlichen Veränderungen (das Wort "Gast" wird zunehmend ersetzt durch Tourist, Pax, Klient o. ä.).

3. *Wer probt den Aufstand?*
   Vor allem opponieren diejenigen gegen Tourismus, die nicht oder wenig davon profitieren und tagtäglich Nachteile in Kauf nehmen müssen (wie Preissteigerungen, Lärm, Verschmutzung, überfüllte Orte und Strände), aber es gibt auch zunehmend Protest von Seiten der Nutznießer wie Hoteliers oder auch der Herrschenden (wegen Veränderung der Herrschaftsstrukturen).

4. *Wann kommt der Aufstand?*
   Der Widerstand gegen Tourismus ist unterschiedlich, je nach Größe, dem allgemeinen bzw. touristischen Entwicklungsstand der betroffenen Länder. Am häufigsten regt sich Protest gegen Tourismus in der Anfangsphase, wenn zu entscheiden ist, ob Tourismus erwünscht ist und gefördert werden soll und dann erst wieder auf der Stufe des institutionalisierten oder Massentourismus.

5. *Zusammenfassung der ersten Diskussionsstufe:*
   Es gibt vor dem Hintergrund ökonomischer Wünsche und Erwartungen an den Tourismus keinen ausgeprägten Aufstand, aber viel Widerstand und Unbehagen von Seiten der Bereisten.

2. Faktoren und Ursachen für das Unbehagen

Das zuvor festgestellte Unbehagen der verschiedensten Bevölkerungsgruppen am Tourismus hat die mannigfachsten Ursachen. Die meisten lassen sich letztendlich auf vier Hauptfaktoren zurückführen:

1. **Ungleiche Verteilung der Vorteile des Tourismus**
   Es ist verständlich, daß sich Protest vor allem von Seiten derer regt, die nicht oder nur gering in den Genuß der Vorteile der touristischen Entwicklung kommen, wie höheres Einkommen, Prestige etc.

2. **Sozio-kulturelle Auswirkung des Tourismus**
   Tourismus führt zu den vielfältigsten sozio-kulturellen Problemen in den bereisten Ländern: sie reichen von gesellschaftlichen Strukturveränderungen (v. a. der Herrschaftsstrukturen, aber auch Familienstrukturen, Verhältnis Eltern - Kinder) über kulturelle Beeinflussung (Stichwort Akkulturation, vor allem Veränderung von Moral, Sitten und Gebräuchen) bis hin zu Auswirkungen auf Kunst und Tradition ("airport art" usw.).

3. **Zu schnelle Entwicklung**
   Häufigste Ursache für die Unzufriedenheit mit zunehmendem Tourismus ist, daß die betroffenen Länder oder Gemeinden (und das sind dann meist solche, die noch recht am Anfang der sozialen und touristischen Entwicklung stehen), die neuen Faktoren, mit denen sie durch den Tourismus konfrontiert werden, nicht schnell genug verarbeiten

können. Das Stichwort der "Goldgräberstimmung" kann dieses Phänomen wohl am besten veranschaulichen.

4. Informationsprobleme
Sowohl von Seiten der Bereisten, als auch der Reisenden, besteht ein hohes Defizit an gegenseitigen Informationen: Alltagsfrust wird mit Urlaubsstimmung konfrontiert, unterschwellige Erwartungen und unterschiedliches kulturelles Verhalten von Gast und Gastgeber führen zu vielen vermeidbaren Problemen, wenn diese Faktoren bekannt wären.

Aber: *Bei all diesen primär dem Tourismus angelasteten Problemen darf nicht verkannt werden, daß eine Reihe von Ursachen nicht ausschließlich touristische Probleme sind, sondern mit der allgemeinen Entwicklungstendenz des Landes, mit dem sozio-kulturellen Wandel im allgemeinen zusammenhängen und durch Tourismus als Entwicklungsfaktor lediglich früher oder verstärkt auftreten. Beispiele: Bodenspekulation, zunehmende Arbeitsteilung, Kulturschock. "Fernsehen ist kulturgefährdender als Tourismus."*

3. Was kann man zur Vermeidung des Unbehagens machen?

Hier wurde nichts über mögliche Konzepte und das pro und contra des Tourismus in der Anfangs- oder Planungsphase gesprochen, obwohl gerade hier viel Vorbeugendes vernachlässigt wird, sondern über mögliche Maßnahmen, Vorschläge und praktische Konsequenzen in der Phase des institutionalisierten Tourismus:

1. Tourismus bewußt machen *(Informationskampagnen)*
Durch vermehrte Informationen kann man dem Tourismus eventuell "das Böse" nehmen und ihn als "ganz normales" Phänomen der heutigen Weltwirtschaft mit seinen immanenten Vor- und Nachteilen bewußt machen.
Solche Informationen müssen gegeben werden
• im betroffenen Land bzw. bei dortigen Gemeinden und der Bevölkerung
• den Touristen, z. B. als Touristen"knigge". Begrüßenswert wären in diesem Zusammenhang neben Sympathiemagazinen für Entwicklungsländer auch Sympathiemagazine für europäische Regionen, z. B. "Oberbayern verstehen" etc.

2. Partizipation der Bevölkerung
Mehr Beteiligung der Bevölkerung an geplanten Tourismusmaßnahmen oder bei der Entscheidung, ob mehr oder weniger Tourismus gewünscht wird, bei Flughafenbau usw. Mögliche Maßnahme(n) wären beispielsweise Volksabstimmungen oder Bevölkerungsbefragungen bei anstehenden Planungsmaßnahmen.

3. Mehr Kooperation der Reiseveranstalter
Mit der Bevölkerung, d. h. nicht nur Zusammenarbeit mit den dortigen kommerziellen Promotern und Agenturen, sondern auch mit den anderen Institutionen, z. B. Bildungszentren, Bürgerbewegungen, ...

4. Am Ort: *Keine Kapazitätsausweitung, sondern nur noch Abrundung und Qualitätsausweitung.*

5. Zusammenarbeit mit den Reiseveranstaltern

Aber: *Viele dieser Vorschläge lassen sich nur sehr partiell umsetzen, da vor allem am Ort viel Widerstand gegen die Bewußtmachung des Tourismus besteht, daher ist zu fordern:* **die verantwortlichen Gemeinden sollten häufiger den Aufstand fördern.**

Quelle: W. FREYER, Protokoll des Arbeitskreises "Tourismus - Aufstand der Bereisten?" der Jahrestagung Studienkreis für Tourismus "Tourismuskritik", Frankfurt, Dezember 1984

(3) Die Reisenden

Auch die Reisenden selbst sind mit dem Reisen nicht immer zufrieden. Ihre Kritik richtet sich meist gegen die Art der Reise selbst. Auf der Suche nach Ruhe und Erholung, nach "keinem Tourismus", treffen sie auf die verschiedensten Formen des modernen Massentourismus, vor allem auf viele andere Touristen. Das Ergebnis sind vielfache, auch juristische, Klagen, aber auch das Ausweichen und Suchen nach neuen und anderen Reiseformen.

6.4.2 Gegenstände der Kritik

Die Kritik der zuvor beschriebenen Gruppen richtet sich gegen unterschiedliche Auswirkungen und Formen des Tourismus. Versucht man, diese Objekte der Kritik zu systematisieren, lassen sich vor allem folgende Bereiche unterscheiden.

(1) Ursachen des Reisens

Die wohl grundlegendste Kritik ist gegen die Grundmotive und die Berechtigung des Reisens gerichtet. Dies ist vor allem Gegenstand der Kritikergruppe (1), der Privilegierten und Ideologen: Reisen wird als Neokolonialismus angeprangert, es wird die **Berechtigung** der Reisenden zum Reisen und die ungleiche Begegnung der Reisenden und Bereisten kritisiert und in Frage gestellt (vgl. folgenden Textauszug):

"Hinter der touristischen Expansion stehen also vorwiegend wirtschaftliche Interessen: Und zwar von reichen Industrienationen. Realisiert ohne Befragung der breiten Bevölkerungsmassen in den betroffenen Gastregionen. Diese werden zwar nicht mehr mit Waffen vergewaltigt wie bei der Kolonisation. Wohl aber bestochen. Mit falschen Versprechen. Dazu mit Geld. Aber nur wenige Auserwählte. Das genügt, um anfälligen Widerstand zu ersticken. Da läßt sich einfach anknüpfen an Strukturen, die bei der Kolonisation geschaffen wurden. Der Mechanismus der Fremdbestimmung hat sich also verändert, verfeinert. Ist insgesamt jedoch ähnlich geblieben. Vom Prinzip her. Die Mächtigen befriedigen ihre Bedürfnisse auf Kosten von armen Ländern. Wie und in welchem Ausmaß diese Zechprellerei passiert, erfahren Sie im Abschnitt "Tourismus und Macht". Ebenfalls inwiefern Schweizer Konzerne an diesem Geschäft, von dem wenigstens in hiesigen Breitengraden die breiten Massen profitieren. Aber auch das nur scheinbar und kurzsichtig. Wie beim Kolonialismus." (MAEDER 1982: 30)

Der zweite Hauptstrang dieser Kritik ist gegen die **Ursachen** des heutigen Massentourismus gerichtet. Als solche werden die automatisierten, sinnentleerten, unmenschlichen und ungerechten Arbeits- und Lebensbedingungen der heutigen Industrienationen angesehen. Diese Kritiker fordern Änderungen in den Alltagsbeziehungen und der gesamten Lebensverhältnisse:

"Nichts demonstriert den totalitären Charakter westlicher Vergesellschaftung genauer als gerade die superbe Frei- und Ferienzeit." (SCHLESAK 1972: 16)
"Tourismus ist nichts anderes als die besonders deutliche Spitze jener Verdummungs- und Integrationsmittel, die die westliche Welt bestimmen; indem das Reisegeschäft heute die Erfüllung industrialisiert, als Serienprodukt auf den Markt bringt, verlängert es genau jene Welt, aus der sein Kunde fliehen möchte bis in die elementarsten, unbetretensten Gebiete." (ders.: 14f)

(2) Ökonomische Auswirkungen

Kritiker dieser Gruppe betrachten Tourismus vorrangig unter ökonomischen Kategorien des Kosten-Nutzen-Denkens. Sie fragen nach Vor- und Nachteilen, nach Erträgen und Kosten des Tourismus für

- die Reisenden
- die Bereisten

- die Volkswirtschaft als Ganzes
- den Arbeitsmarkt
- die Region
- die Kultur
- usw.

Kritiker an den ökonomischen Auswirkungen des Tourismus müssen meist einen weiten Bereich positiver Aspekte des Tourismus anerkennen. Hauptkritikpunkt ist die ungleiche Verteilung (regional, personell, monetär) des Tourismus und die ökonomischen Abhängigkeiten.

Diese Sichtweise des Tourismus wurde ausführlich in Teil 6.2 dargestellt. Schwierigkeiten für die ökonomische Kritik ist die Bewertung und Abwägung positiver und negativer Effekte. Ein Beispiel für die Gegenüberstellung positiver und negativer ökonomischer Effekte für Entwicklungsländer findet sich in Abb. 6-38a.

Bereich	Folgeerträge	Folgekosten
Devisen	Deviseneinnahmen durch touristische Dienstleistungen (= Exporte)	Ausgaben für Hotelbauten und ausländisches Personal
Beschäftigung	Neugeschaffene Arbeitsplätze	Strukturveränderung Kapital"verschwendung" für einen unproduktiven Sektor Arbeitsplatzvernichtung in traditionellen Bereichen Ausländische Beschäftigte
Wachstum und Struktur	Infrastrukturausbau Höheres Bildungsniveau Multiplikatorwirkung (Einkommen)	Kosten für Unterhalt der Infrastruktur Importkosten Sektorale Verschiebung
Abhängigkeiten	Weniger internationale Abhängigkeiten durch höhere Produktion	Abhängigkeiten von ausländischem Kapital und Tourismussektor Krisenanfälligkeit des Tourismussektor

Abb. 6-38a   Ökonomische Folgeerträge und -kosten des Tourismus in Entwicklungsländern (aus: FREYER 1983: 52)

(3) Sozio-kulturelle Auswirkungen

Hier kommt die Blickrichtung zumeist aus dem Negativlager, d. h. es werden fast nur negative soziale, kulturelle und politische Folgen des Tourismus gesehen und nur wenige positive sozio-kulturelle Auswirkungen anerkannt.

Ähnlich wie bei ökonomischen Kritikpunkten lautet auch die Fragestellung im sozio-kulturellen Bereich: "überwiegen die positiven die negativen Auswirkungen?"

In Abb. 6-38b ist eine Gegenüberstellung von positiven und negativen sozio-kulturellen Faktoren für Entwicklungsländer (analog zur Abb. 6-38a) wiedergegeben.

Bereich	Folgeerträge	Folgekosten
Akkulturation	Fortschritt durch Kulturaustausch	Verwestlichung Verlust kultureller Werte Kulturimperialismus
Konsum (Demonstration)	Bessere Versorgung	Konsums westlicher Güter (Devisenabfluß) und Werte
Sitte und Moral	Liberalisierung	Sittenverfall
Kultur und Tradition	Schaffung neuer Arbeitsplätze Kultureller Fortschritt Neue Architektur	Verkitschung, Kommerzialisierung, Profanisierung Kulturverfall Verbetonisierung
Sozialstruktur	Emanzipation in unterschiedlichen Bereichen	Zerstörung der Familienstruktur und sozialer Hierarchien Abwanderung
Umwelt	Ressourcennutzung Landschaftserhaltung	Landschaftszerstörung
Verständigung	Mehr Verständnis Weg zum Frieden	Festschreibung von Vorurteilen

Abb. 6-38b   Sozio-kulturelle Folgeerträge und -kosten des Tourismus in Entwicklungsländern (aus: FREYER 1983: 77)

(4) Die Reise

Als Ausdruck der Unzufriedenheit der Reisenden am Tourismus hat sich in den letzten Jahren vermehrt Kritik **an der Reise** selbst herausgebildet: Die Kritik richtet sich vor allem gegen die Unterkunft, den Transport, das Essen, die Umweltbedingungen am Urlaubsort oder die Reiseleitung.

Von anfänglicher Nörgelei ist diese Kritik in der Zwischenzeit fast zu einem "Volkssport" herangereift und immer mehr Gerichte haben sich heutzutage mit Klagen der Reisenden auseinanderzusetzen. Eine wichtige Stufe bei dieser juristischen Kritikart war die Neuformulierung des Reisevertragsrechtes in der Bundesrepublik (1.10.1979, §§ 651 des BGBs), das "zur Stärkung der Stellung des Verbrauchers" (so der Gesetzgeber) beigetragen hat. Als Folge kam es zu weitgehenden Zugeständnissen an die Reisenden von seiten der Gerichte. Typisch hierfür scheint die in den verschiedensten Medien auftauchende "Frankfurter Tabelle zur Reisepreisminderung", die - so die Gegenkritik seitens der Reiseindustrie - den Reisenden zur Kritik und Klage "ermuntern" würde.(vgl. Abb. 6-39).

Sonstiges

Mängelposition	Prozentsatz	Bemerkungen
Fehlender oder verschmutzter Swimmingpool	10-20	bei Zusage
Fehlendes Hallenbad a) bei vorhandenem Swimmingpool b) bei nicht vorhandenem Swimmingpool	10 20	bei Zusage soweit nach Jahreszeit benutzbar
Fehlende Sauna	5	bei Zusage
Fehlender Tennisplatz	5-10	bei Zusage
Fehlendes Mini-Golf	3-5	bei Zusage
Fehlende Segel-, Surf-, Tauchschule	5-10	bei Zusage
Fehlende Möglichkeit zum Reiten	5-10	bei Zusage
Fehlende Kinderbetreuung	5-10	bei Zusage
Unmöglichkeit des Badens im Meer	10-20	je nach Prospektbeschreibung und zumutbarer Ausweichmöglichkeit
Verschmutzter Strand	10-20	
Fehlende Strandliegen, Sonnenschirme	5-10	bei Zusage
Fehlende Snack- oder Strandbar	0-5	Je nach Ersatzmöglichkeit
Fehlender FKK-Strand	10-20	bei Zusage
Fehlendes Restaurant oder Supermarkt a) bei Hotelverpflegung b) bei Selbstverpflegung	0-5 10-20	bei Zusage/je nach Ausweichmöglichkeit
Fehlende Vergnügungseinrichtungen (Disco, Nightclub, Kino, Animateure)	5-15	bei Zusage
Fehlende Boutique oder Ladenstraße	0-5	je nach Ausweichmöglichkeit
Ausfall von Landausflügen bei Kreuzfahrten	20-30	des anteiligen Reisepreises je Tag des Landausfluges
Fehlende Reiseleitung a) bloße Organisation b) bei Besichtigungsreisen c) bei Studienreisen mit wissenschaftlicher Führung	0-5 10-20 20-30	bei Zusage
Zeitverlust durch notwendigen Umzug a) im gleichen Hotel b) in anderes Hotel		anteiliger Reisepreis für 1/2 Tag 1 Tag

Transport

Mängelposition	Prozentsatz	Bemerkungen
Zeitlich verschobener Abflug über 4 Stunden hinaus	5	des anteiligen Reisepreises für einen Tag, für jede weitere Stunde
Ausstattungsmängel a) Niedrigere Klasse b) Erhebliche Abweichung vom normalen Standard	10-15 5-10	
Service a) Verpflegung b) Fehlen der in der Flugklasse üblichen Unterhaltung (Radio, Film, etc.)	5 5	
Auswechslung des Transportmittels		der auf die Transportverzögerung entfallende anteilige Reisepreis
Fehlender Transfer vom Flugplatz (Bahnhof) zum Hotel		Kosten des Ersatztransportmittels

Abb. 6-39 Frankfurter Tabelle zur Reisepreisminderung - Auszug
(Quelle: TEMPEL, NJW-Neue Juristische Wochenzeitschrift 1985: 113ff, Abb. aus: abenteuer und reisen, H.5 (1985): 100f)

(5) Der Reisende/Tourist

Er ist schon immer Gegenstand der Kritik gewesen: der Reisende. Er ist "zu laut, zu mißtrauisch, zu arrogant, häßlich, geizig und ein Herdentier"[1]. Er reist falsch[2], überhaupt, "was der Tourist auch tut, er tut es immer falsch" (so KRIPPENDORF 1984: 94f, vgl. Abb. 6-40).

Was der Tourist auch tut, er tut es immer falsch:

Der lächerliche Tourist, der schon von seinem Äußeren her auffällt, mit seiner Kamera, die ihm als weltweites Erkennungszeichen vor dem Bauch baumelt. Mit seiner komischen Freizeitbekleidung. Weißhäutig, fettleibig oder halbnackt.

Der einfältige Tourist, reiseunerfahren, ohne Sprachkenntnisse, der sich nirgendwo auskennt, dumme Fragen stellt und sich leicht übers Ohr hauen läßt.

Der organisierte Tourist, der unselbständig ist, ohne Reisegruppe und Reiseleiter verloren wäre und der sich wie ein Herdentier nur unter seinesgleichen wohlfühlt.

Der häßliche Tourist, der sich so aufführt, als gehöre die Welt ihm allein und alles macht, was ihm zu Hause verboten ist.

Der kulturlose Tourist, der während seiner ganzen Ferien faul am Strand liegt, sich keinen Deut um das besuchte Land und seine Leute interessiert und wie zu Hause fernsieht, Karten spielt und Wienerschnitzel ißt.

Der reiche Tourist, der sich alles leisten kann und auch kaufen will, der seinen Wohlstand zur Schau stellt und sich wie ein Fürst bedienen läßt.

Der ausbeuterische Tourist, der sich auf Kosten fremder Menschen und Kulturen erholt und von der Armut anderer profitiert.

Der umweltverschmutzende Tourist, der die alles überrollende Blechlawine produziert, mit Abgasen die Luft verpestet, über Felder und Wiesen trampelt, Flüsse und Seen und Meere verschmutzt und die Landschaft verschandelt.

Der alternative Tourist, der sich von den anderen Touristen absetzt, in die hintersten unberührten Winkel der besuchten Gebiete vordringt und so dem Massentourismus den weg bereitet.

Und es versteht sich von selbst: Touristen sind immer die andern!

Abb. 6-40 Der kritisierte Tourist (aus: KRIPPENDORF 1984: 94f)

6.4.3 Sonderform: Alternativer Tourismus

Als Sonderform der Tourismuskritik, neuer Reiseformen und -inhalte ist der soge-nannte Alternativtourismus zu erwähnen. Er ist entstanden aus dem Unbehagen am "traditionellen" Pauschaltourismus und hat "individuelle, andere, neue, alternative, sanfte, einsichtige" Reiseformen entwickelt. Meist identifiziert man damit junge Leute, deren auffälligste Erscheinungsform der Turnschuh-Rucksacktourismus darstellt. Sie hat ihre eigene Art der Kritik ("gegen den Massentourismus"), die sich in einzelnen Stellungnahmen, aber auch in neuen, tourismuskritischen Kreisen

---

1 So die Zeitschrift TEMPO in ihrer Ausgabe Mai 1986 mit "Sieben Regeln, um im Ausland nicht als häßlicher Deutscher aufzufallen".
2 So bereits 1929 die Kritik von KURT TUCHOLSKY: "Die Kunst, falsch zu reisen."

äußert und eine eigene alternativ-touristische Infrastruktur im Heimatland (Globe-trotterläden, Billigflugbüros, alternative Reiseläden und -veranstalter, Alternative Reiseführer) und im Gastland (Müsli-Kneipen, Billighotels, ...). Inzwischen hat diese Kritikbewegung ihre eigene Kritik hervorgerufen und "Globetrottel" werden zumeist auf eine Stufe mit den "Kleckermännern" gestellt. (vgl. zum folgenden Freyer 1985: 45f).

(1) Was ist alternativer Tourismus?"

"Alternativ" ist heutzutage ein so schillerndes und weitverbreitetes Wort geworden, daß man sich zu Beginn einer Diskussion um Alternativtouristen und -tourismus erst etwas mehr Klarheit um den Inhalt des verwendeten Begriffes verschaffen muß. Überwiegend wird Alternativreisen verbunden mit Reiseformen der Globe-trotter- und Tramperszene, weitgehend synonym mit Rucksack- oder Freak-Touris-mus. Doch immer mehr wird dieser Begriff auch zum Werbeargument (zumeist) kommerzieller Reiseveranstalter. Mit ihnen soll die Welt "anders, behutsam, billig, do-it-yourself, alternativ, neu, sanft,..." entdeckt werden.

Folgende Aspekte sind für Alternativtouristen typisch:

(1a) Abgrenzung zum Massentourismus:

Als Alternativtouristen versteht sich die Mehrheit derjenigen, die sich vom Massentourismus absetzen, sich nicht von Pauschalarrangements, Tagesabläufen, Animateuren und Reiseleitern gängeln lassen wollen. Nach ihrem Selbstverständnis sehen sie sich als Nicht-Touristen.

(1b) Reiseform:

Als Form wählen die Alternativtouristen die selbstorganisierte Reise allein oder in der Kleingruppe. Sie haben meist mehr Zeit als der Normaltourist und vermeiden dessen Aufenthaltsorte am Urlaubsort. Der Mehrheit der Alternativtouristen steht nur ein bescheidenes Budget zur Verfügung, das oft zum großen Teil für die Transportkosten aufgewandt wird, während man im Zielland eher billig lebt. So verwendet man billige einheimische Transportmittel und preisgünstige landes-übliche Unterkünfte.

(1c) Information über das Gastland

Der Alternativtourist empfindet sich selbst als überdurchschnittlich an Land und Leuten interessiert, sieht seine Anwesenheit im Zielgebiet im Vergleich zu den großen Konzentrationen des Massentourismus andernorts als geringes Problem.

In dieser allgemeinen Definition von Alternativtouristen sind natürlich die Unterschiede noch nicht angesprochen: So gibt es den typischen Polit-Touristen, der ausgerüstet mit Vorinformationen und Fragestellungen Kontakte sucht, den Globetrotter, der große Entfernungen, der Länder und Kultur auf sich wirken läßt, um sein Weltbild zu relativieren, den Abhauer, der der Frustration des Alltags und der Großstadt zu Hause entfliehen will, andere, denen der Kampf gegen die eigene Psyche ein wichtiges Element des Reisens ist usw.

(2) Alternative Zielvorstellungen

Alternative Reisewünsche und Zielvorstellungen kommen meist aus der Alternativbewegung[1], zu deren wichtigsten Bestimmungsfaktoren gehören:

- Autonomie, Selbstverwaltung, Basisdemokratie
- Selbstverwirklichung
- Solidarität
- Dezentralisierung
- Humane Arbeitswelt
- ökologische Produktion, angepaßte Technologie.

Diese Grundsätze werden in Abwandlung auf das Reisen übertragen. Entsprechend gelten als Grundsätze für alternatives Reisen:

- Reisen auf eigene Faust, frei und individuell,
- das Erleben von ursprünglichem Leben,
- mit möglichst wenig Geld möglichst lange unterwegs sein,
- Leben wie die Einheimischen,
- Anti-Massentourismus, kein vororganisiertes Reisen, kleine Gruppen oder alleine.

(3) Der alternative Reisemarkt

Entsprechend den zuvor geschilderten alternativen Wünsche und Zielvorstellungen haben sich Ende der 70er und in den 80er Jahren alternative Reiseformen und -betriebe herausgebildet:

- Alternative Reiseveranstalter
- Alternative Reisebüros, besser: -läden
- Globetrotterläden, Ausrüstershops
- Globetrotterverlage, Alternative Reiseführer und -zeitschriften
- Alternative Reisemessen und -ausstellungen

Sie nehmen heute einen durchaus beachtenswerten Stellenwert in der Tourismuswirtschaft ein. Grobe Schätzungen sprechen von einem Anteil von zwischen 5 - 10 % des gesamten Reisemarktes, wobei die Bedeutung in Großstädten und für jugendliche Reisende weitaus höher sein dürfte.

Inwieweit diese neue alternative Reiseindustrie den alternativen Ansprüchen gerecht wird, kann (und soll) an dieser Stelle nicht näher betrachtet werden. Jeder, der mit dem Anspruch "alternativ" antritt, wird sich an den allgemeinen Zielen dieser Bewegung messen lassen und wird erkennen, daß im Einzelfall sicher nur Elemente davon umzusetzen sind. Die meisten alternativen Unternehmen (Betriebe, Projekte, Aktivitäten, Reisen) versuchen, ihre Ideen mit Inhalten zu füllen und neue Formen des Wirtschaftens und Lebens zu realisieren. Ihr Ziel und Vorhaben ist es meist, "nicht so schlecht wie die anderen" (Betriebe, Unternehmen, Aktivitäten, Reisen) zu sein. Um so mehr wundern sie sich dann in der Realität über

- die fast immer vorhandenen Zwänge am marktmäßigen Austausch teilnehmen zu müssen (sei es bei Reiseeinkauf oder bei -verkauf) und
- die Kritik ihrer "alternativen" Kunden, sie seien nur "alternative Geschäftemacher " und deswegen "schlimmer als die Bürgerlichen".

---

1 Besser: "Die Bewegung für Lebens- und Arbeitsbedingungen orientiert an ökologischen und menschlichen Bedürfnissen, nicht an Profit- und Wachstumsmaximierung". Sie ist entstanden als "Kritik an den herrschenden Lebens- und Arbeitsbedingungen" - so die Presseerklärung der Arbeiterselbsthilfe Krebsmühle, Oberursel, anläßlich der Projekte-Messe 1983.

6.4.4 Vorschläge

Zwar sind konkrete und positiv formulierte Vorschläge zum Reisen auf der Grundlage der vorgenannten Kritik selten, um so vielfältiger und bunter ist aber ihre Palette. Aus den weitgefächerten Vorschlägen der Kritiker sind im folgenden einige markante herausgegriffen.

(1) Integrierter Tourismus

"Integrierter Tourismus" war eine der ersten Formen, bei der versucht wurde, Reisende und ihre Gastgeber enger zusammenzuführen. In mehreren kleinen Dörfern (Campements) in der Casamance im Senegal nahmen ab 1972 kleine Gruppen (ca. 20 - 25 Personen) ein bis zwei Wochen am Dorfleben teil. Sie waren in den landesüblichen Unterkünften untergebracht und dorfüblich verpflegt. Entsprechend floß der entsprechende Anteil der Reiseausgaben direkt den Dorfbewohnern zu.

(2) anders reisen

Das Schlagwort anders reisen hat zu Beginn der 80er Jahre Furore gemacht:

- Als Werbebotschaft verschiedener Reiseveranstalter und Reisebüros, die mit eigenen Vorschlägen auf neue Reiseformen aufmerksam machen wollten.
- Als Obertitel einer Buchreihe, in deren Gefolge zahlreiche Individualreiseführer entstanden sind.
- Mit einer eigenen Halle zum Thema "ANDERES REISEN" auf der ITB-Internationalen Tourismusbörse Berlin, wo zahlreiche Reiseveranstalter ihre Bemühungen um neue Reiseideen vorgestellt haben.

Keine neue Masche

Es gibt zur Zeit einen weiten Bereich kleiner ›anderer‹ Reiseveranstalter, die neue Reisearten anbieten oder alte mit neuen Inhalten füllen und diesem einen neuen Kundenkreis anbieten. Diese, vorwiegend Kleinveranstalter, tragen damit einem neuen Reisebedürfnis Rechnung, das sich selbst als ›anders‹, vor allem ›anders als der Massentourismus‹, aber auch einfach ›anders, als mein bisheriger Urlaub‹ definiert hat. Dabei stellt Anders Reisen nicht auf Konfrontation Massentourismus-Individualtourismus oder Pauschaltourismus kontra Individual- oder gar Rucksacktourismus ab. Anders Reisen will vorhandene Gegensätze überwinden helfen und konkrete neue Reisemöglichkeiten anbieten und einem größeren Kreis bekannt machen. Anders Reisen ist dabei mehr eine Grundhaltung der Reisenden als ein feststehendes Reiseprogramm. Wie in der Halle Anderes Reisen zu sehen war, reicht das Spektrum von Wander- über Rad- bis hin zu Flugreisen, inländische Reisen sind genauso vertreten wie Fernreisen. Anders Reisen ist keine neue Masche, die beliebig vor jeden Karren zu spannen ist. Anders Reisen ist eine Grundeinstellung bei einem großen Teil der Reisenden, die den Anders-Reisen-Angeboten kritisch gegenüberstehen und die Veranstalter hinterfragen. Gemeinsam ist den meisten ›anderen Reisen‹ ein erhöhtes Informationsbedürfnis der Reisenden, das von den Veranstaltern über intensivere Reisevorbereitung (Vorbereitungstreffen, Infoabende), qualifizierte Reisebegleitung, individuellere Betreuung und gelegentlich auch Reisenachbereitung zu erfüllen versucht wird.

(Quelle: FREYER: Anders Reisen auf der ITB, in: FVW, Nr. 10 (1984))

(3) Sanftes Reisen[1]

In der Zwischenzeit ist der Begriff vom "Sanften Tourismus" an die Stelle des "anderen Reisens" getreten. Diese bereits von JUNGK 1980 postulierte Reiseform hat erst mit aufkommender gesellschaftlicher Umweltdiskussion Eingang in die Tourismusdiskussion gefunden.

Hartes Reisen	Sanftes Reisen
Massentourismus	Einzel-, Familien- und Freundesreisen
Wenig Zeit	Viel Zeit
Schnelle Verkehrsmittel	Angemessene (auch langsame) Verkehrsmittel
Festes Programm	Spontane Entscheidungen
Außengelenkt	Innengelenkt
Importierter Lebenstil	Landesüblicher Lebensstil
"Sehenswürdigkeiten"	Erlebnisse
Bequem und passiv	Anstrengend und aktiv
Wenig oder keine geistige Vorbereitung	Vorhergehende Beschäftigung mit d. Reiseland
Keine Fremdsprache	Sprachenlernen
Überlegenheitsgefühl	Lernfreunde
Einkaufen ("Shopping")	Geschenke bringen
Souvenirs	Erinnerungen, Aufzeichnungen, neue Erkenntn.
Knipsen und Ansichtskarten	Fotografieren, Zeichnen, malen
Neugier	Takt
Laut	Leise

Abb. 6-41   Sanftes und hartes Reisen (Quelle: JUNGK 1980: 56)

(3a) Vom engen zum weiten Begriff des sanften Tourismus

"Sanfter Tourismus" steht heute meist als Synonym für eine Vielfalt ähnlicher Tourismusarten und -formen, deren Kernanliegen innerhalb der Tourismus-diskussion ein ähnliches ist. Es geht um Tourismusformen, die gegenüber dem traditionellen Tourismus neue, meist erhöhte Anforderungen an die ökologischen, gesellschaftlichen und/oder wirtschaftlichen Auswirkungen des Reisens stellen. Hierfür existiert in der Literatur eine Vielfalt von Bezeichnungen, doch trotz aller kritischer Anmerkungen ist die Bezeichnung "Sanfter Tourismus" derzeit am weitesten verbreitet. Dabei werden mit den unterschiedlichen Bezeichnungen der "sanften" Phänomene des Tourismus meist auch verschiedene Inhalte verbunden, die sich wiederum im Laufe der Diskussion verändert haben.

Stets werden für den "sanften Tourismus" einzelne oder mehrere der folgenden Attribute mit Tourismus/Fremdenverkehr/Reisen/Erholung verbunden:

- sanft, weich, still, ruhig, schonend, verträglich, einfach, freundlich,
- ökologisch, naturnah, naturorientiert, umweltfreundlich, grün,
- sozial, kulturell, sozio-kulturell verträglich
- nicht-technisiert, motorlos,
- extensiv, angepaßt,
- "sustainable"
oder:
- alternativ, anders, neu, intelligent, mit Einsicht.

1 Vgl. zum folgenden ausführlich FREYER 1993c und die dort angegebene Literatur.

Im Laufe der Zeit wurde die ursprüngliche überwiegend ökologische Ausrichtung des "Sanften Tourismus" um soziale und ökonomische Elemente ergänzt. Heute stehen ein engeres ("ökologisch verträglicher Tourismus") und weiteres Verständnis ("ökologisch, sozial und ökonomisch verträglicher Tourismus") von sanftem Tourismus nebeneinander, wobei die ökologische Komponente immer, die soziale Komponente häufig und die ökonomische Komponente immer öfter mit einbezogen werden (vgl. Abb. 6-42).

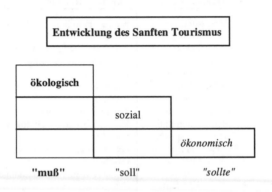

Abb. 6-42 Vom "engen" zum "weiten" sanften Tourismus

(3b) Teilbereiche der sanften Tourismusdiskussion

Trotz einer mittlerweile fast unübersehbaren Vielfalt von Beiträgen zum sanften Tourismus leidet die Diskussion an einer gewissen "Theorielosigkeit". Die Beiträge zum sanften Tourismus stehen weitgehend unverbunden nebeneinander und beziehen sich im wesentlichen auf folgende Teilbereiche, wobei die Summe und Qualität der Beiträge in den einzelnen Teilbereichen sehr unterschiedlich ist (vgl. genauer FREYER 1993c: 3ff):

• Entwicklung "sanfter" Tourismus-Modelle (vgl. FREYER 1993c, PILLMANN/ PREDL 1992),
• Entwicklung "sanfter" Tourismus-Kennziffern und touristischer Gütesiegel: vgl. SCHEMEL 1988, SEILER 1989, BAYERN 1991, BMWi 1993, DEHOGA 1992, HOPLITSCHEK u.a. 1991.
• Aussagen zu einer "sanften" Tourismuspolitik öffentlicher Träger (vgl. WTO 1993),
• Entwicklung einer "sanften" betrieblichen Managementlehre, vor allem für Tourismusbetriebe (wie Reiseveranstalter, Beherbergungsbetriebe, aber auch für die touristischen "Betriebe" Fremdenverkehrsort und -region) (vgl. PILLMANN/ PREDL 1992, PILLMANN/WOLZT 1993, KIRSTGES 1992, SCHERTLER u.a. 1991, HOPFENBECK/ZIMMER 1993.
• "Sanfte" Umsetzungsbeispiele im betrieblichen, lokalen oder regionalen Bereich (vgl. z. B. ADAC 1988, 1991, BAYERN 1991, BMWi 1993, DEHOGA 1992).

(3c) Das touristisch-ökonomische Modell eines "sanften Tourismus"

Die Berücksichtigung des erweiterten Begriffes des sanften Tourismus (vgl. Abb. 6-42) führt zu einer weiteren Ausdifferenzierung des touristischen Grundmodells aus Abb. 1-21. Für den sanften Tourismus bietet dieses Modell einen Ansatzpunkt, die verschiedenen Aussagen zum "verträglichen" Verhalten der Marktteilnehmer zu entwickeln. Gesamtzielsetzung eines solchen Modells könnte z.b. sein, daß alle Marktteilnehmer zusammen sich in einem abgestimmten Verhaltensmodell nach den Grundsätzen des ökologisch-sozial-ökonomisch verträglichen Tourismus verhalten, z. B.:

- **Anbieterseite**: für die Anbieterseite ist im einzelnen ein ökologisch, sozial und wirtschaftlich verträgliches Angebot sowie ein ökologisches betriebliches Management zu entwickeln.

- **Nachfragerseite**: Hier geht es um die Weiterentwicklung der vorhandenen Aussagen zu einem ökologischen Gesellschafts- oder Reiseverhalten (wie Müllvermeidung, Ressourcenschonung usw.) vor allem in den Bereichen des sozialverträglichen Reiseverhaltens (z.b. Nutzung einheimischer Fluggesellschaften, Hotels und Gaststätten usw.) sowie der Wirtschaftsverträglichkeit (Kauf einheimischer Produkte, Unterstützung des einheimischen Mittelstandes usw.)

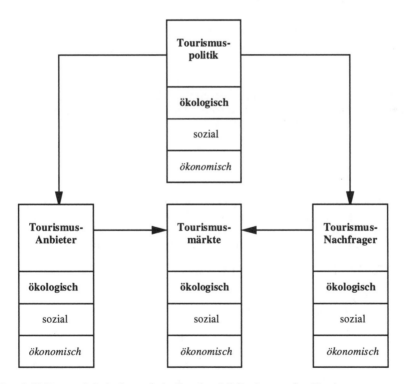

Abb. 6-43 Das touristisch-ökonomische Grundmodell für einen sanften Tourismus

- **Marktbereich**: Schutz, Entwicklung und Unterstützung von ökologisch, ökonomisch und gesellschaftlich "verträglichen" Märkten und Marktbereichen gegenüber den weniger verträglichen Marktsegmenten.

- **Politikbereich**: Aufgabe einer "sanften Tourismuspolitik" wäre zum einen, den Rahmen für eine verträgliche Tourismusentwicklung zu schaffen. Zum anderen bestehen vielfältige Möglichkeiten, durch mehr oder weniger deutliche Eingriffe (durch Gesetze, Verordnungen, steuerliche oder ähnliche Anreize) die Tourismusentwicklung im Sinne der "sanften" Zielsetzungen zu steuern.

(4) Tourismus mit Einsicht

Die Erneuerung bezüglich andersartiger Reisevorschläge hat auch bei der Bezeichnung nicht halt gemacht. Als Nachfolger der "Anders-Reisen"-Initiative zu Beginn der 80er Jahre fanden sich seit 1986 alljährlich auf der ITB-Berlin tourismuskritische Organisationen unter dem Namen "Tourismus mit Einsicht" zusammen und stellen ihre kritischen und neuen Einsichten zum Tourismus vor. In den Anfangsjahren wurden ihre Vertreter noch belächelt, z. T. auch angefeindet, doch inzwischen haben sie sich einigermaßen etabliert. Erste konkrete Vorschläge zum einsichtigen und sanften Tourismus haben die Vorwürfe der "Weltfremdheit" und "Nicht-Praktizierbarkeit" entkräftet. Schwergewicht wird auf ökologische und partizipative Reiseformen gelegt. Die neuen Vorschläge finden auch in der traditionellen Reisebranche mehr und mehr Gehör.

(5) Bleibe zu Hause

Als zu Ende gedachte Tourismuskritik ergibt sich immer häufiger die Forderung, **nicht zu reisen**. "Urlaub in Balkonien", Urlaubsverweigerung, Nicht-Reisen, TV- und Video-Reisen, Ferien via VIDEO, "virtual reality" über den PC und "Stadtreisen" sind einige der Vorschläge für das Zu-Hause-Bleiben.

(6) Künstliche Reisewelten

Mit aufkommendem Tourismus wurden auch immer neue künstliche Reiseangebote entwickelt. Es begann mit Freizeit- und Vergnügungsparks (am bekanntesten Disneyland), ging über "Badeparadiese" und "Center Parks" und kann - ironisch weitergedacht - in künstlichen Ferienlandschaften eines "**Replikalandes**" enden:

> "Ich plädiere daher, und nur zur Hälfte ironisch, für die Schaffung eines reinen Tourismuslandes, das all das beinhaltet, was die Tourismus-Industrie als Köder verwendet. (...)
> Das sogenannte Replika-Territorium soll entstehen. Eine Musterkollektion von kaleidoskophaft wechselnden Eindrücken mit klimatischen Zonen aller Geschmacksrichtungen. Eiswüsten neben zaghaft aktiven Vulkanen, elektronisch gesteuerten Atlantik-Brandungen neben provenzalischen Lavendelfeldern, lawinensichere Tiefschneeabfahrten neben tahitianischen Transvestitenbordellen. Eine Mischung aus Disneyland, Zisterzienserkloster und Club Méditerranée, Vatikan und Kreml, McDonalds und Gault Millau. Kurzum, die sonst über alle Kontinente und Meere verteilten Einrichtungen,

Aussichten und Absichten auf einem Territorium in etwa der dreifachen Größe der Schweiz zusammengefaßt und als Joint-venture aller bisherigen Tourismusnationen unter Leitung der Welttourismusbehörde (...)
Dieser Alptraum könnte das Gros der Reiselustigen mit Sonnenuntergängen und Barbecue-Veranstaltungen, Eiffeltürmen und Niagarafällen, Hüttenzauber und Eisstockschießen beschäftigen. (...)
Und ich behaupte, daß die Mehrheit aller Kunden nach kurzer Eingewöhnzeit schrecklicherweise damit ihre Vorstellungen vom Paradies verwirklicht sähe..." (HELLER 1990: 242f)

(7) Sanfter und einsichtiger Tourismus als neue Marketingstrategie?

Die Diskussion um neue Reiseformen wird nach wie vor verstärkt unter ökologischen und weniger unter ökonomischen Kriterien geführt, wobei beide nur teilweise voneinander zu trennen sind. Doch längst sind findige Reiseveranstalter und Gemeinden darauf gekommen, sich durch umweltbewußte, "sanfte" und "einsichtige" Reiseangebote von Mitwettbewerbern abzugrenzen und alte Angebote unter dem neuen Etikett anzupreisen. Soweit damit ökologische ("sanfte") Ziele verfolgt und erreicht werden, ist dies ganz im Sinne eines umweltorientierteren Tourismus, doch "es liegt eine Gefahr darin, daß Anbieter von touristischen Produkten die Marktwirkung des "sanften" Tourismus als ein neues Produkt nutzen, obwohl sie nicht die Ziele des "sanften" Tourismus verfolgen". (WECZEREK 1990: 38)

6.5 Individuelle Beurteilung

In der bisherigen Betrachtung war der Einzelne, das Individuum zu kurz gekommen. Die Bedeutung und Bewertung des Tourismus erfolgte unter wirtschaftlichen, sozialen, kulturellen und anderen Gesichtspunkten, quasi immer unter **übergeordneter und fremdbestimmter** Sichtweise:

*   Die Gesellschaft verursachte,
*   die Statistiker erschwerten,
*   die Anbieter steuerten,
*   die Kritiker "vermiesten"

das Reisen.

Diese Faktoren sind zwar sicher auch für den Einzelnen von Bedeutung, jedoch oft von einer ganz anderen Wichtigkeit als zuvor ausgeführt. Würden die Reisenden nicht subjektive Freude am Reisen empfinden, käme es kaum zu dieser freiwilligen jährlichen Völkerwanderung erheblichen Ausmaßes.

Dieser persönliche Nutzen des Einzelnen, seine Freude, sein Spaß und die Erholung sind schwierig zu erklären und vor allem kaum zu messen. Der Ökonom geht dabei wieder sehr pragmatisch vor. Als Meßgröße für den individuellen Nutzen sucht er quantitative Größen, vor allem die Bereitschaft der Touristen, Geld für ihre Reise auszugeben.

Der Nutzen wird dreifach unterteilt :

"1)   Kurzfristig wirkender individueller Nutzen in Form des persönlichen "Vergnügens " bei einem Erholungsakt. Dieser Nutzen kann während der Fahrt zum und vom Erholungsort sowie während des Aufenthaltes am Erholungsort auftreten. Er resultiert aus dem als angenehm erlebten Kontrast zu den eine moderne Industriegesellschaft kennzeichnenden "Stressoren", wie sie durch die Zwänge einer produktionsorientierten und rationalisierten Arbeitswelt, die Naturferne der Ballungszentren sowie die Mobilität und den sonstigen raschen sozialen Wandel im gesamten sozialen System hervorgerufen werden.

2)   Langfristig wirkender individueller Nutzen der sich in einer Verbesserung oder Sicherung des Gesundheitszustandes eines einzelnen äußert, sofern der Erholungsakt der körperlichen Regeneration zu dienen vermag.
Als eine andere Form langfristig wirkender individueller Nutzenzuwächse ist die "option demand" identifizierbar. Diejenigen, die das Gut Erholung im gegenwärtigen Zeitpunkt (noch) nicht unmittelbar nachfragen, erzielen dadurch einen Nutzen, daß die Möglichkeit zur Erholung durch die Schaffung von Erholungsprojekten auch für die Zukunft aufrechterhalten wird. Ein Indiz für die "option demand " sind die in zunehmenden Maße in Erscheinung tretenden Bürgerinitiativen zu Gunsten von künftigen Landschaftsschutz - und Naturmaßnahmen.

3)   Gesellschaftlicher Nutzen: Für die Gesellschaft insgesamt ist es vorteilhaft, wenn ein Großteil ihrer Mitglieder die Möglichkeit zur Erholung hat und auch wahrnimmt, weil als Folge körperlicher Regeneration Produktionsausfälle und andere Kosten (beispielsweise als Folgen von Frühinvalidität) vermindert werden können. Eine andere Art gesellschaftlichen Nutzen kann sich ergeben, wenn durch die Realisierung von Erholungsprojekten Naturlandschaft erhalten oder sogar verbessert wird (allerdings auch das Gegenteil davon kann als eine Folge "touristischer Überbelastung" eintreten); ist doch in ökologischer Hinsicht die Landschaft die Existenzgrundlage für die gegenwärtige und (möglicherweise noch stärker) für künftige Generationen."
(FEHM/LERCH 1978: 40)

Doch diese ökonomische-individuelle Sichtweise erfaßt sicher nicht alle subjektiven Empfindungen in angemessener Weise:

Reisen bleibt letztendlich eine individuelle Entscheidung, die weitgehend unbewußt erfolgt und somit auch für die Tourismuswirtschaft und - wissenschaft in bedeutendem Umfang ungeklärt bleiben.

Jeder Reisende wird eher nach dem Motto handeln:

Selber reisen - nicht gereist werden.

6.6 Literaturhinweise zu Teil 6

Zu Teil 6.1

Zur Fremdenverkehrsstatistik vgl. u.a., DRESCH/FLACHMANN 1988, SPÖREL 1993, STATISTISCHES BUNDESAMT 1997, 1997, WILHELM 1983.

Zu Teil 6.2

Zur Vertiefung spezieller makroökonomischer Fragen des Fremdenverkehrs werden einige umfangreichere Literaturhinweise zu diesem Abschnitt gegeben (alphabetisch). Die genauen Quellen finden sich im Anhang.

Allgemein mit volkswirtschaftlichen Aspekten des Reisens beschäftigen sich: BERNECKER 1962, BULL 1995, DFP 1989, 1994, DRV 1989, 1990, FREYER 1986b, SPATT 1975, PÖSCHL 1971, SPATT 1975.

Mit Auswirkungen auf **Einkommen und Sozialprodukt** (6.2.1): DRV 1989, DWIF 1992, FREYER 1986a, KOCH 1961, 1966, 1985, MENGES 1959, SCHULMEISTER 1978, SMERAL 1985.

Zum touristischen **Arbeitsmarkt** (6.2.2) vgl.: BFA 1981, DWIF 1982, 1991, TSCHURTSCHENTHALER 1983.

Zu **Preisniveau** und Reisen (6.2.3): BRENNAUER 1953, z.T. DÖHRN 1974 und KOCH/FABER 1975.

Außenwirtschaftliche Betrachtungen sind (6.2.4): BARETJE 1982, BERNECKER 1969, BUNDESBANK 1986, DIW 1983: 38ff, DRV 1990. In jüngerer Zeit werden die internationalen Aspekte des Tourismus zunehmend unter der Fragestellung der **Globalisierung** behandelt, vgl. dazu u.a. FREYER 1998b, GO/PINE 1995, OECD 1997, THEOBALD 1994.

Zu **Verteilungsfragen** (6.2.5) fehlen einschlägige Beiträge. Einzelne Hinweise sind sehr verstreut zu finden.

Abschnitt **Konzentration** (6.2.6): EG 1985, HELLEX 1984, HOCHREITER/ARNDT 1978, ODRICH 1981.

Zu Teil 6.3 und 6.4

Vgl. zur **Akkulturation**: WAHRLICH 1984, HOFSTEDE 1993, LUEM 1985, THIEM 1994, THOMAS 1996 und die dort angegebene Literatur.

Vgl. zur **Entwicklungsländerdiskussion allgemein**: BMZ 1981, 1993, FREYER 1983, IZ3W 1983, KADT 1979, LEFFLER 1993, MAURER u.a. 1992, O'GRADY 1982, STUDIENKREIS 1974, 1979, THIESSEN 1993, VORLAUFER 1996;

Als umfassende Untersuchungen zu sozialen (und z.T. ökonomischen) Auswirkungen in **einzelnen Ländern**: DRESS 1979 (Bali), May 1985 (Kap Verde), NETTKOVEN 1972 (Tunesien), POMPL 1975 (Kenia), STEIGENBERGER 1975 (Marokko), VIELHABER 1978 (Ägypten), VOIGT 1981 (Mexiko), zur **Kritik** HELMICH 1977, Maurer 1992, iz3w 1983, 1992.

Zu **Kultur und Tradition**: Vgl. dazu u. a. WELTBANK 1979: 41ff, WTO 1978: 58, BUGNICOURT 1978: 52f, ZAHN 1978: 75f, MAY 1976 über Kunst in Papua- Neuguinea, DRESS 1978, 1979 über Bali, COPPOCK 1978, CLEVERDON 1979: 79ff, KADT 1979: 68ff, O' GRADY 1982.

Zu Tourismus und **Völkerverständigung**: D'AMORE/JAFARI 1988, GO/THEOBALD 1995

Zu **Umweltproblemen** des Tourismus: BECKER/JOB/WITZEL 1996, KRIPPENDORF 1975, 1984, 1985, LANGE 1986, MAEDER 1985, MAIER 1986, OECD 1980, SCHEMEL/SCHARPF/HARFST 1987, SCHERTLER/WÖHLER 1993, STUDIENKREIS 1987, TSCHURTSCHENTHALER 1986, VDGW 1984.

Zur **Kritik**: ADLER 1980, ARMANSKI 1978, MAEDER 1982, KRIPPENDORF 1975, 1984, SCHUH 1984.

Zum **Alternativtourismus**: DECKER-HORZ 1979, FREYER 1985, ZIMMER 1984

Zum **Sanften Tourismus**: ADAC 1991, AKFT 1988, DANZ 1985, FREYER 1993c, GNR 1991, HAMELE 1989, HOPFENBECK/ZIMMER 1993, JUNGK 1980, KIRSTGES 1992, LUDWIG/HAS/NEUER 1990, MÄDER 1988, PILLMANN/PREDL 1992, PILLMANN/WOLZT 1993, ROTh 1992, SCHERTLER u.a. 1991, WTO 1993 und die meisten der oben erwähnten Beiträge zu Umweltproblemen.

6.7   Fragen zu Kapitel 6

6.1   Allgemeine Beurteilungskriterien

(1)   Wenn Sie die Rolle des Tourismus beurteilen sollten, welche allgemeinen Beurteilungskriterien sehen Sie?

(2)   Geben Sie eine
  - *statistische,*
  - *ökonomische,*
  - *sozio-kulturelle,*
  - *individuelle*

Beurteilung des Tourismus

  (2a)   in Bayern (oder für ein anderes Bundesland)
  (2b)   in der DDR,
  (2c)   in der BRD,
  (2d)   in Österreich (oder für ein anderes europäisches Land),
  (2e)   in Indonesien (oder für ein anderes Entwicklungsland),
  (2f)   weltweit.

6.2   Ökonomische Einschätzung

(3)   Erläutern Sie die ökonomische Bedeutung des Tourismus in bezug auf

  (3a)   Wirtschaftswachstum,
  (3b)   Beschäftigung,
  (3c)   Preise,
  (3d)   Außenwirtschaft,
  (3e)   Verteilung,
  (3f)   Konzentration
  in der Bundesrepublik Deutschland (oder für ein anderes Land bzw. eine andere Region).

(4)   Was ist in bezug auf den Tourismus
  - *(Netto-)Wertschöpfung?*
  - *Arbeitsmarkt?*
  - *Multiplikatorwirkung des Fremdenverkehrs?*
  - *Beschäftigungsmultiplikator?*
  - *(Reise-)Preisindex?*
  - *Ausgleichsfunktion des Fremdenverkehrs?*
  - *Kaufkraft im Inland (im Ausland)?*
  - *(Netto-)Deviseneffekt?*

6.3   Sozio-kulturelle Beurteilung

(5)   *Dient oder schadet Tourismus*

  (5a)   der Sozialstruktur
  (5b)   der Kultur und Tradition
  (5c)   den gesellschaftlichen Normen und Werten
  (5d)   der Umwelt
  in den Ziel- oder Gastländern?

(6)   *Was setzt Tourismus als Beitrag zur Völkerverständigung voraus?*

(7)   *Was ist*
  (7a)   der touristische Demonstrationseffekt?
  (7b)   Akkulturation?
  (7c)   Dekulturation?

(8)   *Welche*
  -   sozio-kulturellen,
  -   ökonomischen
  Folgewirkungen des Tourismus kennen Sie?

6.4   Tourismuskritik

(9)   *Welche Ansatzpunkte der Tourismuskritik sind ihnen bekannt?*

(10)   *Welche Vorschläge für einen anderen, neuen, intelligenten Tourismus kommen aus der Tourismuskritik?*

(11)   *Was ist "sanft" am "Sanften Tourismus"?*

Zur Begriffsproblematik

Im einleitenden Kapitel wurde kurz auf die Begriffsdiskussion im Tourismus in den Anfangsjahren der Tourismuswissenschaft verwiesen (vgl. S. 11f). In der Fachzeitschrift FVW-International wurde diese Diskussion zwischenzeitlich durch zwei Beiträge neu belebt (vgl. BURCHARD 1991 und FREYER 1991c). In FVW 14/91 sprach sich Dr. Burchard, lange Jahre Leiter der Abteilung "Tourismus" im Bundeswirtschaftsministerium, dafür aus, die beiden Begriffe "Tourismus" und "Fremdenverkehr" gleichzusetzen und nicht von "Erdäpfeln" und "Kartoffeln" zu sprechen, wenn es um das gleiche Phänomen geht - bei der Frage des Tourismus oder Fremdenverkehrs handelt es sich beide Male um den "vorübergehenden Ortswechsel" und die damit verbundenen Aktivitäten. Diese Anregung wurde in FVW 16/1991 aufgegriffen und unter wissenschaftlicher Sicht ausführlich behandelt. Der Inhalt des entsprechenden Artikels wird im folgenden wegen seiner grundlegenden Bedeutung für die Begriffsdiskussion weitgehend übernommen (Quelle: FREYER 1991c) und durch einige weitere Überlegungen zum Reiseverkehr ergänzt (im Abschnitt 5).

"Tourismus", "Touristik" oder "Fremdenverkehr"?

"... was auf den ersten Blick als unproblematisch erscheint, zeigt sich bei einer genaueren Betrachtung als doch nicht so einfach, zumal die Sicht der Wissenschaft und der Praxis hinsichtlich der Begriffe "Tourismus", "Fremdenverkehr" und "Touristik" nicht identisch ist.. (...)

Im folgenden erfolgen einige Anmerkungen zu diesem vorwiegend "hausgemachten" deutschen Sprachproblem aus wissenschaftlicher Sicht mit der Absicht, etwas Klärung in die Diskussion zu bringen - aber auch mit der Gefahr, daß die Verwirrung erst recht perfekt wird.

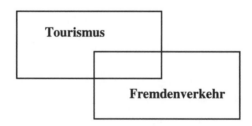

Abb. A1-1   Sind Tourismus und Fremdenverkehr unterschiedlich?

1. "Tourismus"

"Tourismus" ist für den deutschen Sprachraum eine relativ junge Wortschöpfung, die erst nach dem 2. Weltkrieg aufgetaucht ist und sich zwischenzeitlich mehr und mehr eingebürgert hat. Sie ist in Anlehnung an die internationalen Begriffe "tourism" (englisch), "tourisme" (französisch) und "turismo" (italienisch) entstanden. Im Wort selbst ist die "Tour", also die "Rundreise" enthalten. Entsprechend wird auch der Aspekt der "Rückkehr" oder des nur zeitweiligen oder vorübergehenden Aufenthaltes an einem anderen Ort meist mit "Tourismus" verbunden. International besteht weitgehend Übereinstimmung, was unter Tourismus zu verstehen ist, auch wenn in Detailfragen, z. B. bei Länderstatistiken, immer noch Unterschiede vorhanden sind. Eine der gängigsten Definitionen für Tourismus lautet: "Tourismus umfaßt alle Erscheinungen, die mit dem Verlassen des gewöhnlichen Aufenthaltsortes und dem Aufenthalt am anderen Ort verbunden sind" ("weiter Tourismusbegriff").

2. "Fremdenverkehr"

Der Begriff "Fremdenverkehr" ist eine deutschsprachige Besonderheit. Er hat in anderen Sprachen meist keine direkte Entsprechung. Bereits im 19. Jahrhundert wurde er erstmals verwendet und beinhaltet im Namen die Aspekte "Verkehr" und (Aufenthalt in der) "Fremde". Auch wenn vielfache Versuche unternommen wurden, andere Begriffe, wie z. B. "Gäste(reise)verkehr", "Urlaubs(reise)verkehr" oder "Reiseverkehr" an seine Stelle zu setzen, hat sich "Fremdenverkehr" als Fachbegriff für alle mit dem Reisen zusammenhängenden Phänomene im deutschen Sprachraum im Laufe des 19. und 20. Jahrhunderts durchgesetzt. Erst mit Aufkommen des Begriffes "Tourismus" ist die Verbreitung von "Fremdenverkehr" im deutschen Sprachraum gefährdet.

Obwohl man sich einerseits darüber einig ist, daß sprachlich im Deutschen "Tourismus" mit "Fremdenverkehr" zu übersetzen ist, werden andererseits beide Begriffe nebeneinander verwendet und inhaltlich nicht immer gleichgesetzt.

Zur Zeit stehen in Deutschland verschiedene Auffassungen hinsichtlich "Tourismus" und "Fremdenverkehr" nebeneinander:

(1) Die Sicht der Wissenschaft: beide Begriffe sind gleichzusetzen

In der deutschsprachigen wissenschaftlichen Literatur ist man sich überwiegend einig: Fremdenverkehr und Tourismus sind weitgehend identisch, der deutsche Begriff "Fremdenverkehr" verliert immer mehr an Bedeutung und wird immer häufiger durch den international geläufigeren Begriff "Tourismus" ersetzt. So steht es in fast allen wissenschaftlichen Untersuchungen und Lehrbüchern zum Tourismus/Fremdenverkehr.

Wissenschaftlich strittig ist lediglich die Frage, ob der Begriff "Tourismus/ Fremdenverkehr" eher **weit** zu fassen ist, d.h. alle mit dem Phänomen des Reisens zusammenhängenden Fragen enthalten soll (vgl. den vorherigen weiten Tourismusbegriff) oder eher **eng** , d.h. daß man noch zusätzlich nach Ort (Nah- oder Ferntourismus), Zeit (Tages-, Kurzzeit-, Urlaubstourismus) und Motiven (Erholung, Vergnügen, Geschäft) des Reisens eingrenzen soll (vgl. Abb. A1-2). Nach letzterer - enger - Auffassung sind nur Urlaubsreisende **immer**, hingegen Geschäftsreisende (wegen des Motivs) **gelegentlich**, Ausflügler (wegen Entfernung und Zeit) **selten** und Auswanderer (da nicht "vorübergehend") **nie** dem Tourismus (im engeren Sinne) zuzurechnen.

Enger und weiter Tourismusbegriff
In einem **weiten** Verständnis umfaßt Tourismus "alle Erscheinungen, die mit dem Verlassen des gewöhnlichen Aufenthaltsortes und mit dem Aufenthalt am anderen Ort" zusammenhängen. Daneben bestehen verschiedene "**engere**" Vorstellungen von Tourismus. So ergeben Eingrenzungen hinsichtlich der **Zeit oder Reisedauer**, des **Ortes** oder der **Entfernung** und der **Motive** des Ortswechsels einen touristischen "Kern-" und "Randbereich" und einen Bereich, der üblicherweise nicht dem Tourismus zugerechnet wird.
Ferner stehen je nach wissenschaftlicher Schwerpunktsetzung die ökonomischen, geographischen, psychologischen usw. Aspekte des Tourismus im Vordergrund der Betrachtung. - So interessiert sich beispielsweise die **ökonomische** Tourismusforschung vor allem für die Markt- oder Tauschbeziehungen der verschiedenen am Tourismus beteiligten Anbieter und Nachfrager.

Weiter Tourismusbegriff:
Tourismus umfaßt alle Erscheinungen, die mit dem Verlassen des gewöhnlichen Aufenthaltsortes und dem Aufenthalt am anderen Ort verbunden sind.

Engere Tourismusbegriffe:
Sie grenzen Tourismus vor allem hinsichtlich der Zeit/Reisedauer, des Ortes/der Entfernung und der Motive des Ortswechsels und der wissenschaftlichen Schwerpunktsetzung ein.

Touristischer Kernbereich:
Bei allen Tourismusdefinitionen ist die - mindestens - mehrtägige Urlaubs- oder Erholungsreise enthalten (touristischer Kernbereich). Uneinigkeit besteht vor allem, ob z. B. Geschäftsreisen (Motiv), Tagesreisen (Zeit), Ausflugsreiseverkehr (Entfernung), Studien- und Arbeitsaufenthalte (nicht vorübergehend) usw. zum Tourismus zu rechnen sind.

(Enger) Ökonomischer Tourismusbegriff:
(ähnlich für geographische, soziologische, juristische usw. Eingrenzungen):
Tourismus umfaßt alle **ökonomischen** Erscheinungen, die mit dem Verlassen des gewöhnlichen Aufenthaltsortes und dem Aufenthalt am anderen Ort verbunden sind.

Abb. A1-2   Enger und weiter Tourismusbegriff

(2) Die Sicht der Branche: beide sind unterschiedlich

Andererseits sind sich die Praktiker der deutschen Tourismusbranche fast ebenso einig, doch sie kommen zum genau gegenteiligen Ergebnis: Tourismus und Fremdenverkehr sind **nicht identisch**. Grundsätzlich betone "Fremdenverkehr" eher die nationalen und "Tourismus" die internationalen Aspekte des Reisens. Dabei lassen sich drei verschiedene Auffassungen hinsichtlich der Reichweite von Fremdenverkehr und Tourismus feststellen, die relativ ungeklärt im touristischen Alltag nebeneinander stehen - und zu entsprechenden Unklarheiten führen:

- **Tourismus ist umfassender als Fremdenverkehr:** Tourismus als international üblicher Begriff steht für **alle** Aspekte des Reisens und umfaßt auch Fremdenverkehr als Sonderfall (der binnenwirtschaftlichen Aspekte) (vgl. Abb. A1-3a); dies basiert auf dem zuvor benannten "weiten Tourismusbegriff",

- **Fremdenverkehr ist umfassender als Tourismus:** hierbei geht man von einem "engeren Tourismusbegriff" aus und versteht unter "Tourismus" nur den Erholungs- oder Urlaubsreiseverkehr (Motiv), gelegentlich wird dieser noch weiter auf den internationalen, zwischenstaatlichen Reisebereich eingeengt (Raum), also "Urlaubsreiseverkehr ins Ausland"; hingegen bezieht sich "Fremdenverkehr" auf alle Reisemotive und umfaßt somit auch den

Geschäftsreiseverkehr und Reisen (von Inländern und Ausländern) ins Inland (vgl. Abb. A1-3b).

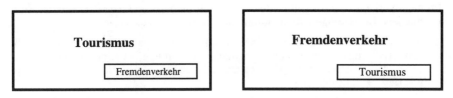

Abb. A1-3a   Tourismus ist umfassender als Fremdenverkehr

Abb. A1-3b   Fremdenverkehr ist umfassender als Tourismus

- Tourismus und Fremdenverkehr stehen **unterschiedlich nebeneinander:** Tourismus bezieht sich vor allem auf Outgoing-, Fremdenverkehr auf Incominggeschäfte (vgl. Abb. A1-3c). Diese Auffassung ist in der deutschen Tourismusbranche sehr verbreitet. Sie orientiert sich an den beiden international geläufigen Begriffen "Incoming und Outgoing ". Bei der Übertragung dieser englischen Begriffe auf deutsche Verhältnisse wird unter Fremdenverkehr bzw. Fremdenverkehrswirtschaft der Bereich des Incoming verstanden und entsprechend mit Einrichtungen und Überlegungen der binnenwirtschaftlichen Fremdenverkehrswirtschaft gleichgesetzt. Beherbergungsbetriebe, Fremdenverkehrsgebiete oder -orte, die DZT-Deutsche Zentrale für Fremdenverkehr usw. haben vor allem mit Besuchern/Reisenden (vom Ausland oder von Deutschland) nach Deutschland zu tun. - Hingegen ist "Tourismus" vor allem der Outgoingbereich, also Reisen von Deutschland ins Ausland (aber auch nach Deutschland). Outgoingaufgaben nehmen vor allem Reiseveranstalter, Reisemittler und Transportbetriebe wahr. Dabei kann einigen Betrieben eine Zwitterstellung zukommen, da sie sowohl Aufgaben des Incoming- als auch des Outgoing wahrnehmen, z. B. Transportunternehmen, auch Reisemittler (als Outgoing- und Incoming-Agenturen).

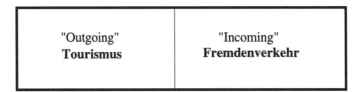

Abb. A1-3c   "Outgoing" Tourismus und "Incoming" Fremdenverkehr?

3. "Touristik"

Eine weitere deutschsprachige Besonderheit ist der Begriff "Touristik". Für ihn gibt es im internationalen Bereich ebenfalls keine Entsprechung. Er existiert ähnlich wie "Fremdenverkehr" bereits seit Ende des 19. Jahrhunderts und hat im Laufe der Zeit verschiedene Bedeutungen durchlaufen:

- Mit der Erschließung der alpinen Bergwelt (ab ca. 1870) bezogen sich "Touristik" und "Touren" auf individuelle Aktivitäten im Alpenbereich (z. B. Bergtouren, Klettertouren, Gletscherwanderungen, Bergtouristik) (vor allem Ende des 19. Jahrhunderts).

- Nachdem die Alpen ihren Reiz des "Unbesiegbaren" verloren hatten und im Gefolge der technischen Entwicklung der Transportmittel traten immer mehr Gesellschaftsreisen, Badereisen und Reisen in Sommerfrischen in den Vordergrund touristischer Aktivitäten. Als "Touristik" wurden entsprechend **alle** Reisen nichtgeschäftlicher Art bezeichnet. Dies mag einer der Hintergründe für den heute vorhandenen "engen Tourismusbegriff" sein (Erholungs- und Vergnügungsreisen, ohne Geschäftsreisen).

- Nach dem 2. Weltkrieg fand der Begriff "Touristik" in Deutschland vor allem Eingang in den Geschäftsbereich von Reiseveranstaltern und -mittlern und bezeichnete vorwiegend **Urlaubs- und Pauschalreiseangebote**. Hier wurde und wird "Touristik" vor allem in Abgrenzung zur Flug- und Bahnabteilung in Reisebüros und bei -veranstaltern verwendet. Er ist somit ein "engerer" Tourismusbegriff (vgl. Abb. A1-4). **Beispiele**: Touristikabteilung bei der Bahn (und in Reisebüros), Touristikkenntnisse (neben IATA-, DB- und START-Kenntnissen) bei Reisebüromitarbeitern.

- In den letzten Jahren kommt immer häufiger ein vierter Bedeutungsinhalt hinzu: Touristik wird als die **geschäftsmäßige** Beschäftigung mit Reisen verstanden, also als Synonym für "Tourismusbetriebe" und "Tourismuswirtschaft". Damit ist Touristik weitgehend identisch mit dem - engeren - "ökonomischen Tourismusbegriff": die volks- und betriebswirtschaftlichen Aspekte des Reisens (vgl. Abb. A1-3). Eine Einengung auf Erholungs- oder Urlaubsreisen erfolgt dabei nicht. Im Gegenteil: der Geschäftsreiseverkehr wird zu einem immer bedeutenderen Anteil Gegenstand der wirtschaftlichen Aspekte des Reisens.

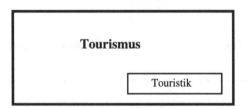

Abb. A1-4   "Touristik" als "engerer" Tourismusbegriff

4. Fazit: Vereinheitlichen!

Vielleicht mag ein Blick über die Grenzen helfen: die Deutschen werden mit ihren Begriffen "Fremdenverkehr" und "Touristik" zunehmend erstaunter betrachtet: im internationalen Bereich hat sich "tourism" (engl.) oder "tourisme" (frz.) eingebürgert und es gibt keine Entsprechung für "Fremdenverkehr" oder "Touristik". Wie ordnet sich da ein deutscher "Ausschuß für Fremdenverkehr, Touristik und/oder Tourismus" ein? Sollen sich die Ausschußmitglieder ihren europäischen Kollegen als Mitglieder einer "commission of tourism, tourism and tourism" (engl.) oder "comission de tourisme, tourisme et tourisme (frz.) präsentieren? In Abwandlung einer Plakette des BMZ-Bundesministeriums für wirtschaftliche Zusammenarbeit ("Wir sind Ausländer fast überall auf der Welt") gilt für deutsche Reisende im Moment:

Deutsche sind "Touristen" fast überall auf der Welt - nur bei Reisen in Deutschland sind sie "Fremde".

Gleichsetzten- aber nicht unbedingt ersetzen!
Es scheint an der Zeit, diese vorwiegend deutsche Sprachverwirrung baldmöglichst zu beenden. Zur Angleichung an den internationalen Sprachgebrauch sollten die vorgenannten Unterscheidungen in den Hintergrund treten und "Tourismus, Touristik und Fremdenverkehr" **gleichgesetzt** werden. Ob damit gleichzeitig der deutsche Begriff "Fremdenverkehr" überall durch Tourismus **ersetzt** werden muß, scheint dann nebensächlich. Die einen tendieren mehr zu der internationalen Bezeichnung "Tourismus", andere haben eine Vorliebe für das entsprechende deutsche Wort "Fremdenverkehr". Wieso sollte man das plötzlich immer und überall verdrängen? Wir sprechen auch nach wie vor vom "Flughafen" und nicht vom "Airport".

Allerdings gibt es Bereiche, wo die internationale Bezeichnung "Tourismus" allgemein anzuraten ist, damit vor allem Besucher aus dem Ausland, aber auch deutsche "Binnentouristen", die entsprechenden "Fremdenverkehrs"einrichtungen auch finden. Dies gilt insbesondere für Hinweisschilder und für die touristischen Auskunftsstellen, die man nach wie vor nicht einheitlich unter "Tourist Information" im eines Ortes findet. Besonders auffällig wird dies, wenn man als "Fremder, Gast oder Tourist" versucht, telefonische Auskünfte zu erhalten. Hier reichen die - oftmals vergeblichen - Versuche, mit der zuständigen Stelle verbunden zu werden, von "Fremdenverkehrsamt", "Kur-" oder "Verkehrsverein" bis zu "Stadt- oder Gemeindeverwaltung" oder "Rathaus" oder gar "Freizeit (in Wilhelmshaven)".

Soweit nur **Teilbereiche** des Tourismus oder Fremdenverkehrs betrachtet werden sollen, erscheint es ratsam, diese mit **zusätzlichen Attributen** genauer zu bestimmen, wie z. B. Freizeit-, Urlaubs-, Geschäftstourismus/-fremdenverkehr oder "incoming", "outgoing", "domestic" (deutsch: Einreise-, Ausreise-, Binnen-) Tourismus/Fremdenverkehr. - Wenn man beispielsweise die von Dr. Burchard in FVW 14/91 vorgeschlagene Übersicht hinsichtlich der Herkunft und der Ziele der Touristen aufgreift und ergänzt, so ließe sich damit ein relativ klarer Sprachgebrauch für verschiedenen Erscheinungsformen des "Tourismus/Fremdenverkehrs" erzielen (vgl. Abb. A1-5):

Ziele der Touristen \ Herkunft der Touristen	aus dem Inland	aus dem Ausland	
ins Inland	Binnen Tourismus (Domestic)	Einreise-Tourismus (Incoming)	**Inlands Tourismus**
ins Ausland	Auslands-Tourismus von Inländern *oder* Ausreise-Tourismus (Outgoing)	Auslands-Tourismus von Ausländern	**Auslands-Tourismus** *oder* Internationaler grenzüberschreitender Tourismus
	Inländer-Tourismus	**Ausländer-Tourismus**	

Abb. A1-5   Tourismus aus deutscher Sicht

5. Fremdenverkehr/Tourismus - Reiseverkehr

Als Folge der verstärkten Diskussion um "Tourismus" oder "Fremdenverkehr" im deutschsprachigen Bereich ist der Begriff "Reiseverkehr" weitgehend vernachlässigt worden bzw. im Hintergrund geblieben.

Dabei ist er ebenfalls weit verbreitet: die Berufsbezeichnungen lauten "Reiseverkehrs-" oder "Luftverkehrskaufleute", die "Reise" wird als "Kernelement des Fremdenverkehrs/Tourismus" verstanden (vgl. S. 51ff).

Darüber hinaus hat Reiseverkehr am ehesten eine Entsprechung im angelsächsischen Sprachraum, wo üblicherweise von "travel and tourism" (wörtl. "Reisen und Tourismus") gesprochen wird. Im deutschen könnte "travel" am besten mit "Reisen" oder "Reiseverkehr" übersetzt werden. Während bisher eher für eine begriffliche Vereinheitlichung plädiert wurde und auch einleitend darauf verwiesen wurde, daß "Reiseverkehr" ebenfalls häufig mit den anderen Begriffen gleichgesetzt wird, sollen an dieser Stelle einige **Unterschiede** von Tourismus und Reiseverkehr herausgestellt werden (vgl. Abb. A1-6a).

Reiseverkehr und Tourismus stimmen nur in einem Schnittbereich, dem **touristischen Reiseverkehr**, überein. Darüberhinaus umfaßt

- **Reiseverkehr** weitere Aspekte als nur den touristischen Reiseverkehr: Hier werden **alle** Formen und Arten des Reisens, unabhängig von Motiv, Zeit, Ort betrachtet. Es ist für die Abgrenzung des Gebietes "Reiseverkehr" unerheblich, **warum** eine Reise unternommen wird, wie lange sie dauert, **wie weit** sie geht und ob der Reisende wieder **zurückkommt**. Alles sind Reisen und damit Aufgabe einer "Reiseverkehrswissenschaft" oder "-lehre".
Lediglich ein sehr weiter Tourismusbegriff könnte Reiseverkehr als Teil mitbeinhalten. Reiseverkehr ist darüber hinaus eng mit allgemeinen Verkehrsfragen und

damit auch mit Transportproblemen verbunden. Dabei bleibt an dieser Stelle offen, inwieweit sich "Reiseverkehr" auf Personentransport und -verkehr beschränkt oder auch Güterverkehr mitumfaßt. Hier sind zumindest Berührungspunkte der Aufgaben von "Luftverkehrs- und Reiseverkehrskaufleuten" mit denen der "Speditionskaufleute" gegeben.

- **Tourismus** weitere Aspekte als nur den touristischen Reiseverkehr: Weniger klar ist, welche Aufgaben ausschließlich dem Tourismus zuzurechnen sind, hingegen nicht dem Reiseverkehr.
  Sicherlich liegt die Schwerpunktsetzung im Tourismus weniger auf dem Verkehrsaspekt, sondern verstärkt bei Einrichtungen am Aufenthaltsort, z. B. bei Beherbergungsbetrieben, bei der Entwicklung von Attraktionen im Fremdenverkehrsgebieten und bei der Organisation und Vorbereitung der Reise, z. B. Pauschalreiseangebote. Auch beschäftigt sich Tourismus mehr als Reiseverkehr mit Urlaubs-, Erholungs- und Pauschalreisen. Zudem gibt es zahlreiche Einrichtungen der ergänzenden Tourismusindustrie (vgl. S. 112ff), die nicht dem Reiseverkehr im engeren Sinne zuzurechnen sind. Doch in einem weiten Verständnis von Reisen und Reiseverkehr bleiben nur wenige Bereiche übrig, die Tourismus, aber nicht (touristischer) Reiseverkehr sind. Geht man von einem weiten Tourismusbegriff aus (alle Ortsveränderungen), kommt "Tourismus" dem "Reiseverkehr" sehr nahe, bei einem engen Tourismusbegriff ("Erholungstourismus"), ist "Reiseverkehr" weitaus umfassender als "Tourismus".

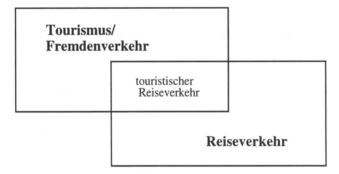

Abb. A1-6a   Reiseverkehr und Tourismus

Insofern könnte **Reiseverkehr**, obwohl dies unüblich ist, als **der allgemeinste** Begriff verstanden werden, der Tourismus als Teil voll umfaßt. Dem momentanen Begriffsverständnis kommt es aber wohl näher, wenn man unter

- **Reiseverkehr** die schwerpunktmäßige Beschäftigung mit (eher technischen) Transport- und Verkehrsaspekten, insbesondere auch die nichttouristischen Reiseverkehrsaspekte versteht,

- **Tourismus** die umfassende Beschäftigung mit der **Gesamtheit** der Reise, die über die technischen Aspekte des Reiseverkehrs hinausgeht und sich dabei auch noch mit Reisevorbereitung, -organisation und Gestaltung des Aufenthaltes im Zielgebiet sowie der Nachbereitung beschäftigt, versteht.

Gegenstand der **Tourismuswissenschaft** ist insbesondere der Schnittbereich von Tourismus und Reiseverkehr, der "touristische Reiseverkehr". So verstanden können auch "Tourismus" und "Reiseverkehr" (strenggenommen aber: "touristischer Reiseverkehr") gleichgesetzt werden. - In Anlehnung an die internationale Betrachtung ist **"Tourismus und Reiseverkehr"** die evtl. präziseste bzw. umfassendste Bezeichnung für den Forschungsgegenstand der Tourismuswissenschaft.

Fazit: Auch hier hat sich gezeigt, daß "Reiseverkehr" - mit der Eingrenzung "touristischer" Reiseverkehr - weitgehend mit "Tourismus" übereinstimmt. Insofern kann auch dieser Begriff mit den anderen drei Begriffen Tourismus, Fremdenverkehr und Touristik gleichgesetzt werden. Im Einzelfall ist es jedoch erforderlich, durch weitere Spezifizierung auf einzelne Aspekte des Reiseverkehrs/ Tourismus/Fremdenverkehrs/Touristik hinzuweisen, wie z. B. Incoming-, Outgoing-Tourismus oder der Motivation des Reisens, z. B. Geschäfts- oder Erholungstourismus, oder der technische Transport- bzw. Vermittlungsschwerpunkt.

Tourismus
Touristik
Fremdenverkehr
(touristischer) Reiseverkehr

Abb. A1-6b: Tourismus-Touristik-Fremdenverkehr-Reiseverkehr

Tourismus in der DDR

Zum besseren Verständnis der Ausgangslage des Tourismus in der ehemaligen DDR (heute: in den neuen Bundesländern) nach der Grenzöffnung 1989 werden im folgenden die wichtigsten Strukturen des Tourismus in der DDR bis 1989 aufgezeigt. Dabei wird eine Darstellungsform in Anlehnung an die neuen marktwirtschaftlichen Strukturen (Angebots- und Nachfragebereiche) nach 1990 gewählt, die - bewußt - nicht in allen Belangen den damaligen verstärkt politischen Ansprüchen an den Tourismus gerecht wird.

Aufgrund einer anderen gesellschaftlichen Zielstellung sind die Daten zum DDR-Tourismus nur begrenzt mit den analogen Daten in der Bundesrepublik Deutschland (West) vergleichbar.

1. Entwicklung des Tourismus in der DDR

Der Tourismus zur DDR-Zeit war in die gesamte gesellschaftliche und sozialistische Entwicklung eingebettet und hatte ähnliche Strukturen wie die gesamte DDR-Wirtschaft, zu denen - unter ökonomischen Aspekten - vor allem das gesellschaftliche Eigentum, die zentralwirtschaftliche Planung und Verwaltung sowie die staatliche Arbeitsplatzgarantie gehörten.

Der DDR-Tourismus (sprachlich als "Erholungswesen" bezeichnet) wurde nach 1945 entsprechend der allgemeinen gesellschaftlichen Entwicklung in verschiedenen Etappen aufgebaut und entwickelt. Wichtige Stationen waren:

(1) 50er Jahre: (unsystematischer) Aufbau eines "sozialistischen Erholungswesens"

Die 50er Jahre waren geprägt von der Vergesellschaftung bisheriger Fremdenverkehrsbetriebe und den ersten Ansätzen des Aufbaus eines sozialistischen Erholungswesens. Wichtige Stationen waren (stichwortartig): 1947 Einrichtung des Feriendienstes (FD) des Freien Deutschen Gewerkschaftsbundes (FDGB), Vergesellschaftung privater Fremdenverkehrsbetriebe in den traditionellen Urlaubsregionen, zum Teil durch Enteignung der bisherigen Eigner (z.B. "Aktion Rose" Anfang der 50er Jahre), unsystematischer Aufbau einfacher Campingplätze und Bungalowsiedlungen (in zum Teil privatem, betrieblichem oder kommunalem Eigentum), v.a. an der Ostseeküste und in den Seenplatten, Einrichtung von Kinderferienlagern, ab Mitte der 50er Jahre verstärkte Einrichtung betrieblicher Erholungsheime, Anfänge des Auslandstourismus, dessen Hauptträger ab 1957 das "Reisebüro" (ab 1964 "Reisebüro der DDR") war.

(2) 60er und 70er Jahre: planmäßiger Auf- und Ausbau eines touristischen Erholungswesens

Auf staatlicher (Deutsche Bauakademie) und bezirklicher Ebene (Büros für Territorialplanung) wurden verstärkt Maßnahmen zum planmäßigen Auf- und Ausbau des Tourismus und Erholungswesens ergriffen. Auf Bezirksebene entstanden in den 80er Jahren eigene Ratsbereiche für das Erholungswesen.

Es erfolgte in diesen Jahren der Auf- und Ausbau von zahlreichen Ferienobjekten, meist allerdings nur mit geringem Komfort. Zudem kam ein erweitertes Urlaubsreiseangebot in das (sozialistische) Ausland.

Allerdings standen die finanziellen und materiellen Fonds für touristische Maßnahmen meist hinter denen für Landwirtschaft, Volksbildung (Horte, Kindergärten, Schulen, Fach- und Hochschulen) usw. zurück.

Hintergrund: Anstieg des Jahresurlaubs von 16 auf 21 Tage, Einführung der 5-Tage-Woche (1967).

Ab 1976 kam es zur verstärkten Einrichtung von Naherholungseinrichtungen, hierzu zählten auch die Bereitstellung von Kleingartenanlagen.

(3) 80er Jahre: Hoch- und Stagnationsphase des Tourismus

In den 80er Jahren hatte sich der Freizeit- und Erholungstourismus zu einem wichtigen gesellschaftlichen Faktor entwickelt. Allerdings zeigten sich hier ähnliche Probleme wie in anderen wirtschaftlichen und gesellschaftlichen Bereichen, denen keine vorrangige politische Priorität zugerechnet wurde. Umfang und Qualität des Angebotes blieben - trotz gegenteiliger SED-Beschlüsse - weit hinter der Nachfrage zurückblieb. Versorgungsprobleme aufgrund mangelhafter Planung zu Urlaubsspitzenzeiten prägten die inländischen Erholungsgebiete. Die vorhandenen touristischen Einrichtungen unterlagen einer hohen (Ab-)Nutzung und wurden nur mangelhaft in Stand gehalten und erneuert.

Inländische Reiseziele und Naherholung dominierten das Freizeitverhalten. Die problematische Regelung des nicht-freizügigen Reiseverkehrs ins Ausland (und vom Ausland) war eines der wichtigsten gesellschaftlichen Probleme, das in der Forderung nach "Reisefreiheit" und der "gewaltlosen Revolution" im Jahre 1989 seinen Ausdruck fand.

2. Ziele der Tourismus-Politik in der DDR

Tourismus hatte in der DDR vor allem drei Funktionen, die allerdings nicht gleichberechtigt nebeneinander standen:

- **politische Funktion:** Erhaltung und Festigung der Staatsmacht der herrschenden Klasse, Entwicklung eines "sozialistischen Bewußtseins", das im Urlaub meist durch Gemeinschaftsveranstaltungen zu festigen und zu entwickeln versucht wurde,
- **soziale Funktion:** Beitrag zur sozialistischen Kultur (verstanden als "Körperkultur" und die allseitige körperliche und geistige Entwicklung der Bürger); durch subventionierte Reisen sollte jedem Bürger jährlich eine Urlaubsreise ermöglicht werden; dem Reisen kam oftmals eine Belohnungsfunktion zu (in den Anfangsjahren aufgrund knapper Plätze, später v. a. im Hinblick auf Auslandsreisen);
- **ökonomische Funktion:** die ökonomische Funktion wurde als "Reproduktion des gesellschaftlichen Arbeitsvermögens" verstanden:
  "In der entwickelten sozialistischen bzw. der den Kommunismus aufbauenden Gesellschaft wird den Fragen der Erholung der Werktätigen aus gesellschaftlichem Interesse große Aufmerksamkeit geschenkt. Nur bei voller Gewährleistung der ständigen Reproduktion der Arbeitskraft ist jene beträchtliche Steigerung der Arbeitsproduktivität möglich, mittels der in den sozialistischen Staaten die Hauptaufgabe der weiteren Erhöhung des materiellen und kulturellen Lebensniveaus des Volkes, der ständigen Verbesserung der Arbeits- und Lebensbedingungen der Werktätigen verwirklicht werden soll."
  (aus: Dokumente des XXIV. Parteitages der KPdSU und des VIII. Parteitages der SED)

Insbesondere die ökonomische Funktionen war deutlich der politischen und sozialen Funktion untergeordnet. Tourismus wurde nicht als Wirtschaftsfaktor, sondern als staatliche Versorgungsleistung angesehen. Die Einrichtungen des Tourismus waren hoch subventioniert und arbeiteten nicht nach den Prinzipien der Wirtschaftlichkeit.

Die Sichtweise des Tourismus als Wirtschaftsfaktor trat erst nach dem Zusammenschluß mit der Bundesrepublik Deutschland schlagartig in den Vordergrund.

3. Das Tourismus-Angebot (die "Ferienträger")

Das touristische Angebot wurde vor allem durch drei Anbietergruppen (sog. "Ferienträger") zur Verfügung gestellt und zum Teil auch organisiert und durchgeführt:

- Feriendienste des Freien Deutschen Gewerkschaftsbundes (FDGB) und der Volkseigenen Betriebe (VEB),
- Staatliches Campingwesen,
- Reisebüros der DDR und der Freien Deutschen Jugend (FDJ).

Daneben gab es nur geringe Möglichkeiten des individuell gestalteten Reisens - sowie als Sonderform das Kurwesen. "Einem entwickelten staatlich gesteuerten Erholungswesen stand ein unterentwickelter, von der freien Entscheidung des einzelnen lebender Tourismus gegenüber" (so BENTHIEN 1990: 83, Tourismus-Minister in der DDR-Übergangsregierung 1989/90). Entsprechend gab es auch neben den zuvor erwähnten staatlichen Unterkunftsträgern nur in sehr geringem Umfang ein öffentlich nutzbares Beherbergungswesen - außer einigen wenigen Valuta-Hotels. Die DDR stand mit ca. 2,8 Hotelbetten pro 1000 Einwohner auf einem der letzten Plätze Europas (zum Vergleich Bundesrepublik Deutschland: 8,0 Betten pro Einwohner)

3.1 Die Feriendienste

Der Fremdenverkehr in der DDR wurde bis 1989 vorwiegend von einem staatlich verankerten Feriendienst geregelt, den die Urlauber über ihren Arbeitsbereich wahrnehmen konnten. Hierzu unterhielten FDGB und Betriebe eigene Erholungseinrichtungen (Hotels, Campingplätze usw.). Der Urlaub wurde also weitgehend gewerkschaftlich (Feriendienst des FDGB) oder betriebsintern (Betrieblicher Feriendienst) organisiert. Eine freie Vergabe dieser Ferienplätze fand nur in Ausnahmefällen - bei Nichtbelegung - statt. Die Urlauber erhielten in der Regel Ferienschecks, die vor Ort gegen Unterkunft und Verpflegung eingelöst wurden. Die jeweiligen Erholungseinrichtungen in den Urlaubsgebieten durften die Ferienplätze nicht direkt an die Urlauber vor Ort vergeben oder frei verkaufen.
Die Plätze waren hoch subventioniert (mit ca. 2 Mrd. Mark jährlich), die Urlauber mußten maximal ca. 1/3 der Kosten selbst tragen.

Die **Vergabe** dieser Urlaubsplätze erfolgte durch die Ferienkommission der Betriebsgewerkschaftsleitung in Abstimmung mit der Betriebsleitung (Zuteilungsprinzip). Von Bedeutung waren hierbei die Dauer der Betriebszugehörigkeit, das Alter, die Familiengröße und die "gesellschaftliche Aktivität" des organisierten Betriebsmitglieds. Nicht immer konnten die Zielgebietswünsche der Urlauber ausreichend erfüllt werden, insbesondere in den bevorzugten Urlaubsgebieten an der Ostsee mußten oftmals jahrelange Wartezeiten in Kauf genommen werden.

(1) Der Feriendienst des FDGB

In den Anfangsjahren (bis ca. 1960) dominierte das gewerkschaftlich organisierte Erholungswesen. Der FDGB besaß gegen Ende der DDR-Zeit über 700 eigene Erholungsobjekte mit ca. 134.000 Betten. In ihnen erfolgte ca. die Hälfte der FDGB-vermittelten Urlauberreisen (ca. 1,9 Mio). Zudem hatte der FDGB Zugriff auf die Vermittlung der ca. 7.000 Ferienobjekte des betrieblichen Erholungswesens. Hinzu kamen vertraglich gebundene Privatquartiere, die 1988 etwa ein Drittel der über den FDGB vermittelten Urlaubsreisen ausmachten. Die angebotenen Urlaubsreisen hatten eine Dauer von 7, 10 und 13 Tagen. Die Unterkünfte waren anfangs eher einfacher Natur, allerdings entstanden im Laufe der Jahre eine Reihe von Prestigeobjekten, z.b. in Klink (Waren an der Müritz), Binz (Rügen), Heringsdorf (Usedom), Oberhof (Thüringer Wald). Die Versorgung erfolgte meist in FDGB-eigenen Verpflegungsbetrieben, die der Öffentlichkeit nicht zugänglich waren.

Dem FDGB oblag die übergeordnete Koordination und Kontrolle des Erholungswesens. Die Vergabe und Verwaltung erfolgte über eine eigene Feriendienstabteilung, die durch ehrenamtliche Kommissionen auf Bezirks- und Kreisebene unterstützt wurden, vorrangig an Gewerkschaftsmitglieder.

Der gewerkschaftliche **"Feriendienst-International"** vermittelt in geringem Umfang auch Auslandsreisen. Sie führten meist in Gewerkschaftsheime der sozialistischen Nachbarländer.

Als besondere Form des Auslandstourismus galten "Freundschaftszüge", die im Verlauf einer Reise mehrere Orte anfuhren, und Kreuzfahrten (mit dem einzigen Kreuzfahrtschiff der DDR, der M.S. Arkona[1]).

(2) Der Feriendienst der VEB-Volkseigenen Betriebe

Im Laufe der Jahre gewann der betrieblich organisierte Tourismus immer mehr an Bedeutung. Viele der VEBs besaßen einen eigenen Feriendienst für ihre Mitarbeiter. Hierfür bauten sie im Laufe der Jahre vermehrt eigene Betriebsferienheime oder -siedlungen. Als Unterkünfte für den Betriebsurlaub standen neben Hotels, meist mit geringerem Komfort (wie Gemeinschaftsduschen) vor allem "Bungalows"[2], Erholungs- und Schulungsheime sowie Wohnwagen und Zelte zur Verfügung. Der Bau solcher Anlagen wurde über den "Prämien-, Kultur- und Sozialfond" der Betriebe finanziert, zum Teil aber auch mit Baumaterialien der jeweiligen Betriebe ausgeführt.

Die Ausstattung der meisten betriebseigenen Ferienplätze war von geringerer Qualität als die der FDGB-Einrichtungen. Betriebsurlauber waren teilweise Selbstverpfleger, zum Teil bestanden Versorgungsverträge mit öffentlichen Speisegaststätten (über Gutscheine).

Einen bedeutenden Anteil am betrieblichen Feriendienstes hatte das Campingwesen. Hierzu wurden Kapazitäten staatlicher Campingplätze mitgenutzt (siehe 3.2).

---

[1] Bis 1985 "M.S. Astor", im Westen aus der Fernsehserie "Traumschiff" bekannt.
[2] Damit waren - entgegen der westlichen Sprachvorstellung - meist einfache Bauten ohne Heizung gemeint, oftmals Holz- oder Wellblechhütten.

(3) Partei- und Armeeerholungseinrichtungen

Auch die Parteien, v. a. die SED, die Armee (NVA-Nationale Volksarmee), der Staatssicherheitsdienst und andere staatliche Stellen sowie die Kirche unterhielten eine Reihe von Erholungseinrichtungen für ihre Mitarbeiter, die statistisch nicht offiziell ausgewiesen worden sind.

Sie waren zumeist streng abgeschirmt, hatten oftmals eine gehobene Ausstattung und eine bevorzugte Lage und waren wenigen Privilegierten des Staatsapparates vorbehalten.

Prora auf Rügen - das Bad der 20.000

Eine der interessantesten Einrichtungen ist das Ferienheim "Walter Ulbricht" der NVA in Prora auf Rügen. Prora wurde in den Jahren 1936-38 als eines von 5 Großprojekten der KdF-Bewegung als "Seebad der 20.000" konzipiert und im Rohbau fertiggestellt. Bei Kriegsbeginn wurden die Bauarbeiten eingestellt und nach Kriegsende wurde die Anlage in einigen Bereichen für die NVA fertiggestellt und zur teilweisen militärischen und teilweise zur Erholungsnutzung verwendet.

Bis zum Jahre 1992 sind die verschiedenen weiteren Nutzungsmöglichkeiten auf der Insel umstritten. Vorschläge reichen von der Fertigstellung des historischen Gedankens über eine gemischte, multifunktionale Nutzung bis zum Abriß der gesamten Anlage. (vgl. u. a. ROSTOCK 1992)

3.2 Staatliche Campingplätze

Ein bedeutender Anteil am DDR-Tourismus hatte der Campingtourismus. Es gab über 500 staatliche Campingplätze mit einer Gesamtkapazität von knapp 400.000 Urlauberplätzen die jährlich von ca. 2 Mio Personen genutzt wurden. Der Anteil des Camping-Tourismus betrug damit ca. 25% des gesamten Urlauberaufkommens, an der Ostseeküste ca. 40%.

Rechtsträger der Campingplätze waren in der Regel die Räte der Städte und Gemeinden. Die Vergabe erfolgte über die Betriebe bzw. über die Vergabestellen.

Ca. 1/3 der gesamten Campingplatz-Kapazitäten war vertraglich durch Betriebe gebunden, deren Plätze über die betrieblichen Feriendienste vergeben wurden. Für die restlichen Plätze konnte man sich für den meist 14-tägigen Urlaub privat anmelden[1], wobei die Nachfrage das Angebot weit überstieg, was zu langfristigen Voranmeldungen und zum Teil langen Wartezeiten führte. Es bestand zudem die Möglichkeit, bis zu 3 Nächten unangemeldet zu verbringen - freie Kapazitäten vorausgesetzt.

---

[1] "Genehmigung zum Zelten (bzw. zum Aufstellen von Wohn- und Campingwagen) für die übrigen Nutzer (d.h. nicht vertraglich an Betriebe gebundene Stellplätze, Anm. W.F.), einschließlich Saisonzeltler (Dauerzeltler), werden mittels Antragsformulars über die in der "Campingkarte der DDR" ausgewiesenen bezirklichen Vermittlungsstellen bzw. die Vermittlungsstellen bei Zweckverbänden, Gemeindeverbänden, den örtlichen Räten unterstellten Einrichtungen und Betrieben der Naherholung oder die Voranmeldung über die Rechtsträger der Plätze bestellt bzw. vermittelt." (ÖHLER u.a. 1988: 47)

Es gab ferner 32 Intercampingplätze (Tageskapazität ca. 45.000 Plätze), meist mit gehobenem Komfort, die auch für Ausländer geöffnet waren. Sie wurden 1989 von ca. 408.700 DDR-Bürgern und von 87.600 Ausländern genutzt.

3.3 Die Reisebüros

(1) Das Reisebüro der DDR

Das "Reisebüro der DDR" war als volkseigener Betrieb (VEB) organisiert und unterstand dem Ministerium für Verkehrswesen. Es bot Einzel- und Gruppen-pauschalreisen ins In- und Ausland an, vermittelte Beherbergungsleistungen (Hotels, Pensionen, Privatquartiere) und Transportleistungen (Bus, Bahn, Flug, Schiff) und organisierte Besichtigungs-, Studien- und sonstige Tagesfahrten. Das Reisebüro der DDR war selbst Rechtsträger von Hotels und Heimen, vermittelte darüber hinaus aber auch weitere Unterkünfte.

Das **Incominggeschäft** des Reisebüros richtete sich zu einem Großteil an westliche Besucher, die mit frei konvertierbaren Währungen zahlten. Für sie wurden vor allem Unterkünfte in - teuren - Interhotels vermittelt sowie Besich-tigungsprogramme organisiert. Diese kommerziell angebotenen Reisen und Unterkünfte waren zu einem geringeren Anteil auch von DDR-Bürgern buchbar. Nur knapp 2% des langfristigen Inlandstourismus wurde über das Reisebüro der DDR abgewickelt - und das seit 1970 mit rückläufiger Tendenz (vgl. Abb. A2-3).

Die Hauptaufgabe des VEB Reisebüros der DDR für die Bürger des eigenen Landes bestand in der Vermittlung von Tages- und Kurzreisen (über 90% der Reisen) sowie von Auslandsreisen (**Outgoingfunktion**) - diese meist mit geho-benem Preisniveau. (vgl. Abb. A2-1)

Art und Ziel der Reisen	Anzahl
Urlaubsreisen im Inland	90.500
Tages- und Kurzreisen	2.422.000
Urlaubsreisen im Ausland	499.500
Tages- und Kurzreisen im Ausland	564.500

Abb. A2-1   Vom Reisebüro der DDR vermittelte Reisen 1988
(Quelle: Statistisches Amt der DDR 1990b: 165)

(2) Reisebüro der FDJ

Das FDJ-eigene Reisebüro "Jugendtourist" war vor allem für Reiseangebote für Lehrlinge, Berufsschüler und Kinder zuständig. Es war dazu in allen größeren Städten und Gemeinden mit Filialen und Agenturen vertreten. Es vermittelte Inlandsreisen mit Unterkünften in Jugendhotels, -herbergen und auf Camping-plätzen. Auch standen Jugendtourist Einrichtungen des FDGB-Feriendienstes und des betrieblichen Erholungswesens sowie ca. 1.300 sogenannte "Lager der

Erholung und Arbeit" zur Verfügung. - Ferner organisierte das Reisebüro der FDJ Inlandsreisen für Fuß-, Rad-, Motorrad- und Wasserwanderer auf Wanderrouten und thematische Reisen.

Hinzu kamen - stark subventionierte - Reisen ins Ausland, für die allerdings strenge Auswahlkriterien galten. Die gesamte Auswahl der reisenden Jugendlichen erfolgte in der Regel über die FDJ, wobei Mitgliedschaft und Mitarbeit in der FDJ sowie andere gesellschaftliche, schulische und berufliche Leistungen wichtige Entscheidungskriterien waren.

Art und Ziel der Reisen	Anzahl
Kurzfristige Erholungs-, Spezialreisen und Exkursionen im Inland	1.300.000
Auslandsreisen mit Ø Aufenthaltsdauer von 7,5 Tagen	395.000

Abb. A2-2   Von Jugendtourist vermittelte Reisen 1988
(Quelle: Statistisches Amt der DDR 1990a: 363)

3.4 Zusammenfassung: Tourismus-Angebote in Zahlen

Ferienträger	1970 absolut indiziert	1975 absolut indiziert	1980 absolut indiziert	1985 absolut indiziert	1987 absolut indiziert
FDGB-Feriendienst	1,18 69	1,70 100	1,96 115	2,12 125	2,09 123
Betrieblicher Feriendienst	*	1,50 100	3,18 212	4,03 268	4,15 277
Campingwesen	*	1,77 100	1,82 103	2,13 120	2,02 114
Reisebüro der DDR	0,20 146	0,14 100	0,10 72	0,07 54	0,08 59
Jugendtourist	*	0,04 100	0,18 435	0,25 614	0,28 680
Gesamt	*	**5,15 100**	**7,24 141**	**8,60 167**	**8,62 167**

* keine Angaben/(Angaben in Mio-Reisen (absolut) bzw. indiziert (mit Basis 1975))

Abb. A2-3 Institutionell organisierter langfristiger Inlandstourismus der DDR
(Quelle: Eigene Zusammenstellung nach GROSSMANN/SCHARF 1988)

Ferienträger	Inlandsreisen	Auslandsreisen
FDGB-Feriendienst	2.100.00	30.000
Betrieblicher Feriendienst *- davon Camping*	4.200.00 *800.000**	200.000
Campingwesen *- davon betr. Feriendienst*	2.000.000 *800.000**	- -
Reisebüro der DDR	200.000	1.100.000
Jugendtourist	300.000	400.000
Gesamt	**8.000.000**	**1.730.000**

* *doppelt erfaßt*

Abb. A2-4   Inlands- und Auslandstourismus 1989
(Quelle: in Anlehnung an GROSSMANN 1990: 112)

Ferienträger	Übernachtg. DDR-Bürger	Übernachtg. Ausländer	Übernachtg. Gesamt
FDGB-Feriendienst	40.381	-	40.381
Betrieblicher Feriendienst	23.534	-	23.534
Staatliche Campingplätze	19.010	1.083	20.093
Öff. Beherbergungsgewerbe *davon: Jugenderholungseinrichtg.*	9.774 *4.338*	5.061 *1.299*	14.835 *5.637*
Privatquartiere (Vermittlung durch Kurverwaltungen)	3.914	-	3.914
Gesamt	**96.613**	**6.144**	**102.757**

Abb. A2-5   Urlauberübernachtungen in der DDR 1988 nach ausgewählten Ferienträgern
(Quelle: Statistischer Jahresbericht Erholungswesen, zitiert nach Albrecht u.a.
1991: 609))

3.5   Exkurs: Kurwesen in der DDR

Grundlage des Kurwesen in der DDR bildete die Kurortverordnung der DDR vom
03.08.1967. Ende der 80er Jahre gab es ca. 160 Kureinrichtungen in der DDR. In
einzelnen Heilstätten (Kliniken und Sanatorien), die den örtlichen Bezirks-
gesundheitsbehörden unterstellt waren, wurden stationäre Kuren durchgeführt. Die
ambulante Kur war in der Entwicklung der DDR bedeutungslos. Insgesamt ging
man jährlich von rund 370.000 von den Behörden zugewiesenen Kuren aus, davon
waren ca. drei Viertel Heil- oder Genesungskuren. Bei dem übrigen Viertel handelte
es sich um prophylaktische Kuren (ca. 80.000), die zumeist in Einrichtungen des
FDGB-Feriendienstes außerhalb der Ferienzeit durchgeführt wurden.

Insgesamt standen ca. 22.000 Kurbetten zur Verfügung, so daß man von einem
Versorgungsgrad von 167 Kuren pro 10.000 Einwohnern ausgehen konnte.

Kuren wurden überwiegend kostenlos als Leistungen der Sozialversicherung unter Berücksichtigung medizinischer und sozialer Aspekte vergeben. Die Zuweisung zur Kur erfolgte in den meisten Fällen durch den behandelnden Arzt im Zusammenwirken mit der Betriebsgewerkschaftsleitung. Die Vergabe der Kuren erfolgte durch die gewerkschaftlichen Kurkommissionen oder durch die Kurkommission der Staatlichen Versicherung der DDR.

Durch das eingleisige Kursystem (stationäre Heilverfahren) war die Anerkennung der betreffenden Gemeinden als Kurort vorwiegend im Hinblick auf die direkten Kureinrichtungen ausgerichtet. Das infrastrukturelle Umfeld der Kureinrichtungen wurde dabei weitgehend vernachlässigt. [1]

Besonderes Interesse in der DDR galt den sogenannten **Kinderkuren**. Über 60% waren prophylaktische Kuren - nach der Devise " Kuren für infektanfällige Kinder ersparen Kuren für chronische Erkrankungen bei Erwachsenen". Die Einweisung erstreckte sich sowohl auf Klein- und Vorschulkinder als auch auf Schulkinder, sie wurde auch außerhalb der allgemeinen Ferienzeiten durchgeführt. Aus diesem Grund wurde in den entsprechenden Einrichtungen zusätzlich ein eingeschränkter Unterricht für Schulkinder gegeben. Einige der anerkannten Kurgemeinden der DDR hatten ihre Bedeutung lediglich aufgrund der Kureinrichtungen für Kinder.

4. Die Tourismus-Nachfrage (das Reiseverhalten)

Bedingt durch die politischen Zielsetzungen (vgl. 2.) und die besondere Angebots-struktur (vgl. 3.) hat sich im Laufe der Jahre ein bestimmtes charakteristisches Reiseverhalten der DDR-Bürger herausgebildet. Dabei sind die folgenden Aussagen aufgrund der anderen Organisationsstruktur nur begrenzt mit dem Reiseverhalten der westdeutschen Bundesbürger (vgl. S. 101ff) zu vergleichen. - Trotzdem wird im folgenden versucht, wichtige Kategorien zur Charakterisierung des Reiseverhaltens der Bundesbürger auch auf die DDR-Zeit zu übertragen.

(1) Reiseintensität und -häufigkeit

Im Laufe der Jahre nahm die Bedeutung der Urlaubsreisen für die DDR-Bürger immer mehr zu. Auch aufgrund des staatlich organisierten und hoch subventionier-ten Ferienwesens konnten ca. 70-80% der DDR-Bürger jährlich eine Urlaubsreise unternehmen.

Zum Vergleich Bundesbürger: Reiseintensität in den 80er Jahren ca. 65-70%.

(2) Reisedauer

Die typische DDR-"Pauschal"-Urlaubsreise dauerte 13 Tage, wobei je 1/2 Tag für An- und Abreise und 12 Tage für den Aufenthalt gerechnet wurden.

Zum Vergleich Bundesbürger: durchschnittliche Dauer 17,3 Tage.

---

[1] Diese infrastrukturelle Problematik erschwert vielen der ehemaligen DDR-Kurorte die Beantragung entsprechender Prädikate nach der Wiedervereinigung, vgl. dazu und zu weiteren aktuellen Problemen des Kurwesens in den Neuen Bundesländern FREYER/TÖDTER 1992.

(3) Reiseziele

Ca. 80-90% der Reisen gingen ins **Inland**. Die beliebteste Ferienregion war die Ostseeküste (ca. 1/3), hier vor allem die Insel Rügen (Anteil 1/3 bzw. 10% aller Reisen). An zweiter Stelle stand der Thüringer Wald, an dritter die Sächsische Schweiz bzw. das Elbsandsteingebirge. Weitere Ferienregionen waren Harz, Vogtland, Erzgebirge, Lausitzer Bergland und Zittauer Gebirge (vgl. dazu Abb. A2-6)

Der Anteil der **Auslands**-Urlaubsreisen betrug knapp 10% , wobei aufgrund der im Laufe der Jahre verbesserten Kurzreisemöglichkeiten in das benachbarte Ausland in der amtlichen Statistik ein höherer Anteil ausgewiesen wurde. Zudem waren Auslandsreisen vor allem auf das sozialistische Ausland (Sowjetunion, Polen, Rumänien, Ungarn, Bulgarien, zu einem ganz geringen Anteil nach Kuba und Vietnam) beschränkt. 90% der Auslandsreisen wurden individuell organisiert (v.a. in die CSSR, wohin ca. 3/4 der Auslandsreisen unternommen wurden).

Reisen in das westliche Ausland waren nur sehr erschwert möglich. Sie beschränkten sich vor allem auf Verwandtenbesuche und Rentnerreisen (1988: 2,7 Mio).

Zum Vergleich Bundesbürger: 1/3 Inlandsreisen, 2/3 Auslandsreisen

(4) Reiseverkehrsmittel

Im Preis der meisten Ferienreisen war die Anreise mit der Bahn inbegriffen. Aus diesem Grund - und infolge der geringeren Motorisierung - war die Bahn mit über 40% das am meisten benutzte Verkehrsmittel. In den letzten Jahren nahm aber die Bedeutung des PKW (mit knapp 40%) deutlich zu. Infolge der geringen Zahl von Auslandsreisen und des hohen Preises hatten Flugreisen lediglich einen Anteil von ca. 2%.

Zum Vergleich Bundesbürger: PKW 60%, Flug 20%, Bahn 8%.

(5) Organisationsform

Der Großteil der Urlaubsreisen zu DDR-Zeiten war staatlich organisiert und kontingentiert. Die meisten vorhandenen Unterkünfte wurden durch die Feriendienste der Betriebe und des FDGB verwaltet und folglich nicht frei buchbar. Das Reisebüro der DDR verfügte lediglich über ca. 2% der Urlaubsplätze. Entsprechend war ein individuell organisierter Urlaubsreiseverkehr nur zu einem geringen Ausmaß möglich. Die wenigen Alternativen zum staatlichen Urlaubs-Feriendienst waren Verwandten- oder Privatunterkünfte am Urlaubsort sowie Camping. Vor allem Camping nahm mit ca. 25% einen hohen Anteil am Urlauberverkehr der DDR ein. Allerdings galten auch hierbei eine Reihe von Restriktionen gegenüber einem frei und individuell gestalteten Campingurlaub westlichen Musters (vgl. 3.4.).

Insgesamt rechnet man über 80% des Urlaubsreiseverkehrs dem "staatlichen Pauschaltourismus" zu. Lediglich 10-20% der DDR-Bürger verbrachten eine "Individualreise" nach westlichem Verständnis.

Zum Vergleich Bundesbürger: 1/3 Pauschalreisen, 2/3 Individualreisen

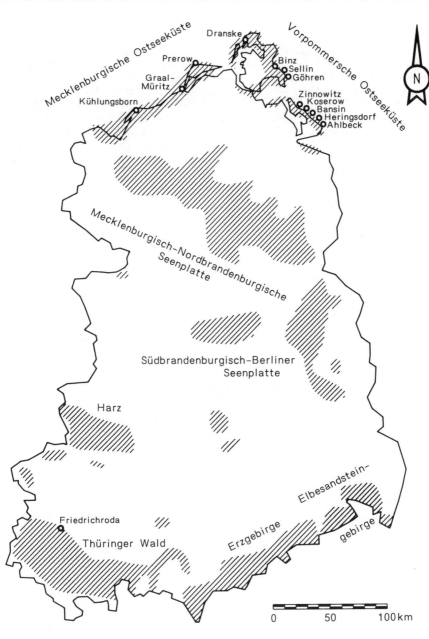

O   Erholungsorte mit mehr als 4000 Unterkünften (incl. Camping)

Erholungslandschaften

Abb. A2-6   Tourismusgebiete in der DDR
(Entwurf der Karte: HELFER nach BÜTOW 1991, vgl. ALBRECHT u.a. 1991: 608)

(6) Die Reiseausgaben

Angaben über die gesamten bzw. durchschnittlichen Reiseausgaben zu DDR-Zeiten liegen nicht vor. Die Preise für Reisen der Feriendienste waren pauschaliert. Sie wurden nach dem Einkommen der Urlauber, nach Art der Unterbringung, nach Lage des Urlaubes in Haupt-, Vor- oder Nachsaison berechnet. Für eine 13-Tage-Reise des FDGB-Feriendienstes wurden beispielsweise zwischen 30.- und 310.-Mark berechnet (einschließlich Fahrt mit öffentlichen Verkehrsmitteln, Unterkunft und Vollpension sowie die Teilnahme an verschiedenen Veranstaltungen, ggf. notwendige ärztliche Versorgung). Ehepartner zahlten den gleichen Preis (als FDGB-Mitglied, ansonsten plus M 45.- bis 80.-) mitreisende Kinder zahlten einheitlich 30.- Mark.

Das monatliche Durchschnittseinkommen lag 1988 bei ca. 900 bis 1.000 Mark pro Werktätigen, da meist mindestens zwei Familienmitglieder berufstätig waren, betrug das Familieneinkommen meist um 2.000 Mark. Entsprechend wurde ca. 40-50% eines Familieneinkommens für die Urlaubsreise (mit Nebenausgaben) ausgegeben.

Bei Auslandsreisen war der Erwerb von Reisedevisen streng limitiert (bei RGW-Ländern) bzw. zum Teil ganz verboten (bei privaten Reisen ins westliche Auslandsreisen).

Zum Vergleich Bundesbürger:
Durchschnittlich Dauer 17,3 Tage, durchschnittliche Ausgaben 1.321.- pro Person (oder ca. 2/3 eines Familieneinkommens bei Familienreisen mit durchschnittlich 3,2 Personen, Angaben für 1989)

5. Der innerdeutsche Reiseverkehr (vor 1990)

Ein besonders problematisches Kapitel des Tourismus zu DDR-Zeiten war der sogenannte "deutsch-deutsche" oder "innerdeutsche" Reiseverkehr oder - aus DDR-Sicht - "Reisen in das kapitalistische Ausland, speziell in die BRD".

Die Probleme begannen mit der Einrichtung der vier Besatzungszonen der Alliierten nach dem 2. Weltkrieg und der daraus entstandenen unterschiedlichen Regelungen für die westlichen und die östliche Besatzungszone(n), aus denen 1949 die DDR und Bundesrepublik Deutschland hervorgingen. Der sogenannte "Interzonenverkehr" zwischen West und Ost wurde mehr und mehr eingeschränkt und kam nach 1961 mit der Befestigung der Grenzanlagen und dem Bau der Mauer in Berlin fast vollkommen zum Erliegen.[1] Besondere Vorschriften galten für Einreisen nach Ost-Berlin und für West-Berliner, die nicht als Bundesbürger anerkannt wurden.

Die Aufenthalts- und Ausreisegenehmigung in der DDR: Bereits zu Beginn der fünfziger Jahre waren in der DDR die Aufenthaltsgenehmigungen eingeführt worden, die Voraussetzungen für Besuchsreisen für Bundesdeutsche und West-Berliner waren. Verwandte (und nach dem Grundlagenvertrag auch Bekannte) sowie Geschäftspartner mit Sitz in der DDR mußten für bundesdeutsche Besucher eine Besuchserlaubnis bei den zuständigen Ostbehörden stellen. Bei Erteilung wurde diese Genehmigung an die eingeladenen Westbesucher geschickt und war zusammen mit den Personaldokumenten Voraussetzung für die Einreise. Ein erleichtertes Verfahren

---

[1] Experten schätzen bis 1961 noch ca 2 bis 3 Mio jährliche Westreisen in die DDR (vgl. FES 1985: 19) und einige Hunderttausend - meist illegale - Abwanderungen von Ostbürgern in den Westen.

galt für die Messebesuche der Stadt Leipzig. Sonderregelungen galten für den Besuch von Ostberlin (hier wurde die Einreisegenehmigung für 24 Stunden direkt an den Übergangsstellen ausgestellt).

Parallel wurde ein Genehmigungsverfahren für DDR-Bürger zur Ausreise in die BRD eingeführt. Ohne eine solche Genehmigung durfte die DDR nicht legal verlassen werden. - Bei Ablehnung der Ein- bzw. Ausreiseanträge gab es keine Möglichkeit, Rechtsmittel dagegen einzulegen. Die Einreise in die DDR wurde bis 1974 nur in begründeten Ausnahmefällen per PKW erlaubt. Hinzu kam ab 1964 die Verpflichtung der Westbesucher, einen **Mindestumtausch** vorzunehmen.

Erst mit dem Viermächteabkommen (vom 3.9.1971), dem Transitabkommen (von 1971), dem Verkehrsvertrag (1972) und dem Grundlagenvertrag (Dezember 1972) verbesserten sich die Besuchsmöglichkeiten von Westbürgern in die DDR. Auf Antrag von DDR-Bewohnern konnten Westdeutsche bis zu 30 Tage in den Osten Deutschlands reisen, hinzu kam der sogenannte "kleine Grenzverkehr", der Bewohnern im grenznahen Gebiet Westdeutschlands bis zu 45 Tagen im Jahr einen Tagesaufenthalt (später 2 Tage) in 54 grenznahen Landkreisen und kreisfreien Städten der DDR erlaubte.
Ferner wurden über Reisebüros touristische Reisen in die DDR ermöglicht.

Der Pflichtumtausch: Ab 1964 waren westliche Besucher verpflichtet, pro Reisetag DM im Verhältnis 1:1 in Mark der DDR umzutauschen und während ihres Aufenthaltes zu verbrauchen. Die Höhe und Bestimmungen des Pflichtumtausches wurde im Laufe der Jahre immer wieder verändert: Bis 1973 waren es DM 10.- täglich, danach 20.- (bzw. für Ost-Berlin 5.-, danach 10.-), im November 1974 wurde die Erhöhung wieder teilweise zurückgenommen (auf DM 13.- bzw. 6,50 für Berlin). 1980 erfolgte wiederum eine Erhöhung auf DM 25.- (einheitlich für DDR und Ost-Berlin).
Rentner und Jugendliche waren zeitweise von dieser Umtauschpflicht ausgenommen bzw. erhielten niedrigere Umtauschsätze.

Zollvorschriften
Ferner galten restriktive Bestimmungen für die Ein- und Ausfuhr von Gegenständen (wie Lebensmittel, Druckerzeugnisse, Babywäsche, Porzellan usw.)

Reisen von Ost nach West

Die im Laufe der Zeit eingetretenen Erleichterungen für Reisen in die DDR galten nicht in gleichem Maße für die Reisemöglichkeiten von DDR-Bürgern in den Westen. Trotzdem waren in all den Jahren auch Reisen für die DDR-Bürger in die Bundesrepublik Deutschland möglich. Doch diese Möglichkeit bestand - von wenigen Geschäfts- oder Politikerreisen abgesehen- nur für Rentner oder in "dringenden Familienangelegenheiten":

- **Rentnerreisen:** Seit 1964 wurden Rentnern aus der DDR die Besuchsmöglichkeit in den Westen ermöglicht, anfangs bis zu 30 Tagen, nach 1984 wurde dies auf 60 Tage erweitert. Diese Möglichkeit nutzten DDR-Rentner zu ca. 1,5 Mio Reisen jährlich (vgl. Abb. A2-7).

- **Reisen in dringenden Familienangelegenheiten** (für nahe Verwandte): Seit den Vereinbarungen von 1972 konnten DDR-Bürger aus familiären Gründen auf Antrag für einige Tage in den Westen reisen. Solche Reisen konnten auf Antrag genehmigt werden, doch auch - ohne Rechtsanspruch und Begründung - abgelehnt werden. Antragsgründe waren zunächst Geburten, Eheschließungen, Sterbefälle von Verwandten im Westen, später auch Ehejubiläen, hohe Geburtstage (60, 65., 70., 75. und jeder folgende Geburtstag), Konfirmationen, Kommunionen und Taufen. - Die Willkür bei der (Nicht-)Genehmigung und die Überprüfung der "Zuverlässigkeit" der Antragsteller, wieder zurückzukehren[1], führte zu vielfacher Unzufriedenheit. - Von 1972 an stiegen diese Reisen bzw. Reisegenehmigungen langsam auf ca. 40.000 und wurden Mitte der 80er Jahre auf ca. 60.000 erhöht (vgl. Abb. A2-7).

Ausreiseversuche ohne Genehmigung galten als **"Republikflucht"** und waren unter Strafe gestellt. Beim Versuch des "illegalen Grenzübertritts" wurden bis 1989 mehrere hundert Personen an der innerdeutschen Grenze erschossen, tausende wurden zu Freiheitsstrafen verurteilt. Die Bundesrepublik erreichte für viele der so verurteilten Personen gegen Zahlung einer hohen Geldsumme[2] die Ausreise-genehmigung in den Westen ("Freikauf").

Das Gesetz zur Regelung von Fragen der Staatsbürgerschaft vom 16.10.1971 (und die Anschlußregelung vom 21.6.1982) entließ alle aus der DDR geflüchteten Personen ("Republikflüchtlinge") aus der Staatsbürgerschaft der DDR, was ihnen grundsätzlich die - straffreie - Wiedereinreise ermöglichte. Trotzdem erhielten viele ehemalige DDR-Bürger oftmals noch Jahre nach ihrer Auswanderung und trotz vielfacher Anträge - und ohne Begründung - keine Einreisegenehmigung.

	Reisen in die DDR[1]		Reisen aus der DDR[2]	
Jahr	Reisen insges. (in Mio)	davon grenznaher Verkehr	Rentnerreisen (in Mio)	Familienange-legenheiten
1964	*	*	0,66	*
1969	1,10	*	*	*
1970	1,25	*	1,04	*
1971	1,26	*	*	*
1972	1,54	*	*	*
1973[2]	2,27	192.000[2]	*	*
1974[3]	1,91	331.350	*	*
1975	3,12	463.190	1,33	*
1976	3,10	445.300	*	*
1977	2,98	443.000	*	41.462
1978	3,17	479.000	*	48.659
1979	3,61	415.000	*	41.474
1980	3,50	392.000	1,55	40.450
1981[3]	2,01	280.000	1,56	37.000
1982	2,22	300.500	1,55	45.700
1983	2,24	311.000	1,45	64.025
1984	2,50	344.000	1,55	61.133
1985	2,64	318.400	1,61	66.074
1986	2,58	325.000	1,76	244.000
1987	2,15	333.900	*	*
1988	2,44	383.200	*	*

* keine Angaben
1 Westdeutsche in die DDR, ohne Tagesbesuche Ost-Berlin, ohne Reisen von Westberlinern nach Ost-Berlin und in die DDR
2 1973 trat der Grundlagenvertrag in Kraft, der u.a. den "Kleinen Grenzverkehr" ermöglichte
3 Erhöhung des Zwangsumtausches

Abb. A2-7 Der innerdeutsche Reiseverkehr 1964 - 1988
(Quelle: Eigene Zusammenstellung nach FES 1985b: 15 u. 42f, STATISTISCHES BUNDESAMT 1990)

1   So erhielt meist nur ein Familiemitglied die Ausreisegenehmigung, Frau (bzw. Mann) und Kinder mußten "in der Regel zurückbleiben".
2   Je nach beruflicher Qualifikation des - politischen - Häftlings wurden zwischen 20.000 und 100.000 DM gezahlt.

6. Tourismus nach der Wende: Tourismus im Umbruch

Infolge der Vereinigung der beiden deutschen Teilstaaten DDR und BRD wurden auf dem Gebiet der ehemaligen DDR einschneidende Veränderungen im Tourismus notwendig. Überwiegend erfolgte eine Anpassung der Strukturen in den östlichen Bundesländern an die westlichen Strukturen der Tourismuswirtschaft und -organisation.

6.1 Die Anfangsprobleme

Der Tourismus in der Zeit bis 1989 war vor allem geprägt von/durch

- zentralistische Wirtschaftsstruktur, Angebot des Tourismus durch wenige mono- bzw. oligopolistische Anbieter,
- kein freier Zugriff der Nachfrage auf das bestehende Angebot (Zuteilungs- statt Nachfrageprinzip),
- politisch und ökonomisch begründete Einschränkungen für Auslandsreisen, insbesondere in das westliche Ausland,
- überdimensionaler Anteil der Inlandsreisen (80%) an den gesamten Urlaubsreisen (über 7 Tagen),
- niedrige Preise für Inlandsreisen, hohe Subventionen ("Sozialtourismus"),
- Überlastung und Verschleiß der vorhandenen Kapazitäten durch Verzehr der Abschreibungen ohne ausreichende Wiederherstellung bzw. Reinvestition,

1989/90 erfolgte binnen kürzester Zeit der Übergang von einer zentralistischen Planwirtschaft zu einer marktorientierten Tourismuswirtschaft mit Gewerbefreiheit, Privatinitiative und Reisefreiheit. Dies bedeutete quasi den schlagartigen Wandel des zu DDR-Zeiten vorhandenen '"Anbietermarktes" (mit "Zwangs- bzw. Zuteilungsbelegung" der vorhandenen Kapazitäten, monopolistischer Preisbildung und Übernachfragesituationen auf dem meisten touristischen Teilmärkten) zum "Nachfragermarkt" (mit freiem Wettbewerb der Anbieter, freier Wahlmöglichkeit der Nachfrager, marktorientierter Preisbildung und Überangebotssituationen auf vielen touristischen Teilmärkten). -

---

Eckdaten der deutsch-deutschen Vereinigung (1989/90)

09.11.1989	Öffnung der Grenzen zur Bundesrepublik und West-Berlin
24.12.1989	Aufhebung des DDR-Visumzwanges für bundesdeutsche Bürger
1.1.1990	Aufhebung des Mindestumtausches für Reisen in die DDR
18.03.1990	freie Wahlen
01.07.1990	Wirtschafts-, Währungs- und Sozialunion, Wegfall der Kontrollen an der innerdeutschen Grenze
31.08.1990	Unterzeichnung des Vertrages zur deutschen Einheit
03.10.1990	Offizielle Vereinigung West- und Ostdeutschland
14.10.1990	Neukonstituierung der Bundesländer, Wahl der Länderparlamente in Ostdeutschland

---

6.2 Die Transformationsproblematik

Die Tourismussituation in den Neuen Bundesländern war nach 1989 vor allem gekennzeichnet von/durch

- im Vergleich zum nationalen und internationalen Tourismusangebot oftmals mangelhafter Infrastruktur und Qualität vieler touristischer Einrichtungen,
- Privatisierung vorhandener Tourismuseinrichtungen (FeDi-Heime, Gaststätten etc.),
- Aufbau einer föderalistischen Tourismusorganisation (Fremdenverkehrsvereine und -verbände) entsprechend der neuen Bezirks- und Ländergrenzen,
- Neugründung von Reiseveranstaltern und -mittlern,
- Restaurierung und Modernisierung vorhandener Tourismuseinrichtungen,
- Ausbau der allgemeinen und der touristischen Infrastruktur,
- Neuaufbau einer marktwirtschaftlich strukturierten Freizeitwirtschaft,
- Rückgang der Auslastung 1990 auf ca. 2/3 der Vorwendezeit,
- mangelhafte "Dienstleistungsmentalität" der Anbieter,
- fehlende gesetzliche Grundlagen, z.B. im Kurwesen (vgl. FREYER/TÖDTER 1993),
- neue Reisemöglichkeiten und -ziele für die ehemaligen DDR-Bürger ("Reise-freiheit"),
- "Schnupper- und Neugiertouristen" aus den Alten Bundesländern in die neuen ostdeutschen Reisegebiete.

Die meisten der vorgenannten Punkte fallen in die generelle Problematik der Über-leitung von zentralwirtschaftlichen in marktwirtschaftliche Systeme, die unter der Bezeichnung "**Transformation**(sprobleme)" behandelt werden. Während sich in zahlreichen gesellschaftlichen Bereichen eine intensive wissenschaftliche Transfor-mationsdiskussion ergeben hat (vgl. u. a. SCHWARZ 1995), ist eine entsprechende Aufarbeitung für den Tourismus bisher nicht erfolgt. In Abb. A2-8 findet sich die modellhafte Darstellung der touristischen Transformationsproblematik, die als Grundlage für die weitere Diskussion um die Tourismus-Transformation Deutschlands dienen kann und auch Ansatzpunkte für andere Gesellschaftssysteme im Wandel bietet (vgl. GO/THEOBALD 1995, FREYER 1994b).

6.3 Phase der Konsolidierung

Nach den Phasen des Umbruchs und der Transformation ist ab Mitte der 90er Jahre in den Neuen Bundesländern eine Phase der Konsolidierung eingetreten - und dies sowohl auf der touristischen Angebots- als auch auf der Nachfrageseite:

(1) Konsolidierung des touristischen Angebotes

Auf der Angebotsseite haben sich die verschiedenen tourismuswirtschaftlichen Bereiche sukzessive an die Strukturen der westlichen Bundesländer angeglichen:

- Die **Reisemittlerbranche** ist ganz ähnlich strukturiert wie in den westlichen Bundesländern, lediglich in bezug auf Ketten, Kooperationen und Franchise-unternehmen ist ein überproportionaler Anteil festzustellen.

- Im Bereich der **Reiseveranstalter** sind nur sehr wenige ostdeutsche Reise-veranstalter neu entstanden. Von einigen lokalen Veranstaltern abgesehen, hierbei wiederum vor allem Busreiseveranstalter, wird der Reiseveranstalter-markt deutlich von den großen westdeutschen Reiseveranstaltern dominiert.

- Im **Hotel- und Gaststättengewerbe** wurden neue Kapazitäten geschaffen sowie qualitative Verbesserungen erzielt. Vor allem das Hotelangebot in den

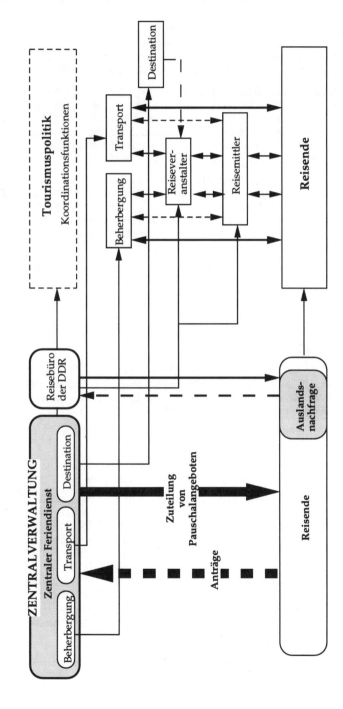

Abb. A2-8 Der touristische Transformationsprozeß in Ost-Deutschland (Quelle: FREYER 1994b)

Städten sowie die Schaffung von Ferienwohnungen in den Urlaubsgebieten standen im Mittelpunkt der Erneuerungen. Doch nach wie vor werden Ende der 90er Jahre in den Neuen Bundesländern lediglich ca. 15% der gesamten Bettenkapazitäten angeboten (vgl. Statistisches Bundesamt 1998).

*   Die touristischen **Destinationen** sind um den Ausbau der gesamten touristischen Infrastruktur bemüht. Dabei standen Verbesserungen bei der Freizeitinfrastruktur im Vordergrund. Eine weitere zentrale Aufgabe war die Entwicklung des Kur- und Bäderwesens, verbunden mit Bestandsschutz der bisherigen prädikatisierten Orte sowie einer Neuorientierung im Hinblick auf die künftigen Prädikatisierungen (vgl. FREYER/TÖDTER 1993, 1998, ZIEGENBALG 1996).

*   Im Hinblick auf die **Organisationsstrukturen** des Tourismus haben sich ebenfalls die westlichen Strukturen des föderalistischen Aufbaus durchgesetzt. Die Chance zu einer Neustrukturierung des Fremdenverkehrs nach geographischen oder funktionalen Aspekten wurde weitgehend nicht genutzt, wenn auch ein deutlich höherer Anteil an privatwirtschaftlichen Strukturen sowie Public-Privat-Partnerships festzustellen ist.

In strategischer Hinsicht stand vor allem die Frage der Ausrichtung des Angebotes an neuen westdeutschen und internationalen Gästen oder an den bisherigen ostdeutschen Gästen im Mittelpunkt der Überlegungen. Nach einer anfänglichen Phase der verstärkten "Westorientierung" zeigt sich ab Mitte der 90er Jahre in vielen Bereichen eine Rückbesinnung auf den traditionellen ostdeutschen Gast.

(2) Konsolidierung der touristischen Nachfrage

Die Tourismusnachfrage in den Neuen Bundesländern (NBL) ist nach der anfänglichen Phase des "Schnuppertourismus" durch eine weitgehende Angleichung an das westdeutsche Reiseverhalten (ABL) charakterisiert. Nur in wenigen Bereichen zeigen sich deutlichere Unterschiede (vgl. REISEANALYSE 1997):

*   Die durchschnittliche **Reisedauer** ist etwas geringer (ca. 11 Tage NBL gegenüber ca. 14 Tagen ABL).

*   Infolge der niedrigeren Einkünfte in den NBL liegen auch die durchschnittlichen **Reiseausgaben** nur bei ca. 70% des "Westniveaus".

*   Bei den **Reisezielen** ist der Aulandsreiseanteil inzwischen ähnlich hoch (60% NBL, 70% ABL). Doch auffallend ist der hohe Anteil osteuropäischer und außereuropäischer Länder (9,7% Osteuropa vor 8,6% Außereuropa); erst an 3. Stelle folgt Spanien (8,1%). Bei den Inlandszielen stehen die traditionellen Feriengebiete in Mecklenburg-Vorpommern (10%), Sachsen (3,3%) und Thüringen (2,9%) in weitaus höherer Gunst als bei den Westdeutschen. Lediglich Bayern (mit 8,4% an 2. Stelle) hat eine ähnliche Attraktivität. Auch in der Gesamtheit zeigt sich ein sehr unterschiedliches Reiseverhalten von West- nach Ostdeutschland und umgekehrt: Während ca. 30% der Ostdeutschen Urlaub in den Altbundesländern machen, sind es umgekehrt nur ca. 3-4% (!).

7. Weiterführende Literatur

Übersichten zum Tourismus in der DDR und zur Ausgangsposition nach 1989 finden sich bei ALBRECHT u.a. 1991, BENTHIEN 1990, FENNEMANN 1990, FES 1985a,b, FREYER/TÖDTER 1993, 1998, GODAU 1990, GREIFSWALD 1992, GROSSMANN 1990, GROSSMANN/ SCHARF 1988, HELFER 1993, HENSCHEL 1992, OEHLER u.a. 1988.

Zur Transformationsproblematik allgemein vgl. SCHWARZ 1995, speziell im Tourismus vgl. FREYER 1994b, GO/THEOBALD 1995, HALL 1992 und die dort angegebene Literatur. Zur touristischen Entwicklung osteuropäischer Länder in den 90er Jahren vgl. CZEGLÉDI 1991, HALL 1991.

Zukunftsforschung und Szenarien im Tourismus

In den letzten Jahren hat sich die touristische Grundlagenforschung verstärkt mit Vorhersagen zur touristischen Zukunft beschäftigt. Trotz der Vielfalt der Beiträge und Aussagen zur zukünftigen Entwicklung des Tourismus haben sich einige zentrale Aussagen herauskristallisiert. Sie werden im folgenden überblickhaft dargestellt. Ausführlichere Darstellungen zur Zukunft des Tourismus finden sich in FREYER/SCHERHAG 1996 und der dort angegebenen Literatur.

1. Tourismus auf der Schwelle zum dritten Jahrtausend

Auf der Schwelle zum dritten Jahrtausend häufen sich auch im Tourismus die Zukunftsvorhersagen und Trendanalysen. Heute sind die zahlreichen Sonderstudien zur Futurologie und Zukunftsforschung kaum mehr aufzuzählen. Das Geschäft mit der Zukunft boomt. Immer neue Trends werden benannt und zu jedem Trend gibt es bereits einen Gegentrend (vgl. als Überblick FREYER 1996b, ferner DSF 1990, FREYER/SCHERHAG 1996, OPASCHOWSKI 1997, PETERMANN 1997, SMERAL 1994, STEINECKE 1996, VDKF 1997).

Der Tourismuspraktiker wird aufgrund der Fülle der Untersuchungen und der vielfältigen Trends und Gegentrends, der Szenarien und Visionen immer mehr verunsichert. Je näher der Jahrtausendwechsel kommt, um so ungewisser blickt auch die Tourismuswirtschaft ins dritte Jahrtausend:

- Was werden die Reisetrends der Zukunft sein?

- Kommen mehr Gäste in meine Destination oder bleiben sie weg und/oder fahren sie in andere Zielgebiete?

- Wie ändert sich das Reiseverhalten, was sind die Wünsche der Reisenden im Jahr 2000-x?

Im folgenden wird versucht, etwas Licht ins Dunkel der touristischen Zukunftsforschung zu bringen.

2. Zukunftsforschung im Tourismus heute

Der Wunsch, die Zukunft vorherzusagen, ist so alt wie die Menschheit. Früher waren es Wahrsager, Sterndeuter, Zaubermänner oder der Klerus, die sich mit Fragen der Zukunft befaßt haben. Deren Vorhersagen haftete stets etwas Mystisches und Geheimnisvolles an. Typisch dafür ist das Orakel von Delphi:

- In der griechischen Antike saß Pythia, die Priesterin des Apolls, auf einem Dreifuß über einer Erdspalte in Delphi, wo sie durch Dämpfe in eine Art Betäubungszustand versetzt wurde und ihre Orakelsprüche stammelte.

Heute versuchen immer mehr Gesellschaftsanalytiker und Wissenschaftler, die Zukunft mit wissenschaftlichen Methoden zu erforschen. Die Zukunftsforschung ist salonfähig geworden.

Doch bis vor Kurzem haben sich Touristiker nur wenig Gedanken um die Zukunft gemacht: immer weiter wachsende Märkte, die Reisewelle, der Reiseboom und die Deutschen als amtierender "Reiseweltmeister" haben den Blick eher auf die Gegenwart gelenkt: wie kann die große und steigende Zahl der Reisenden am besten bewältigt werden? Allerdings sind diese Zeiten seit einigen Jahren auch in der Tourismuswirtschaft vorbei: Nicht ausgelastete Flugzeuge auf ihrem Flug in die Ferne, die immer häufiger leer stehenden Betten in den deutschen Feriengebieten, lassen den Blick der Tourismusfachleute immer öfter fragend in die Zukunft richten:

- Welche Urlaubsarten und -formen werden in Zukunft am meisten nachgefragt?
- Werden wir nach dem Jahr 2000 Urlaub im Weltall machen?
- Wird in Zukunft immer weiter und schneller gereist?

Oder:

- Ersetzen Virtuelle Realitäten oder künstliche Urlaubsparadiese die Reise in die Ferne?
- Gefährdet das Ozonloch die heutigen Badeferien und Sonnendestinationen ("Sonnenkult")?
- Welche Aufgaben haben Tourismuspolitiker und -Manager für die Zukunft des Tourismus zu lösen?

Zukunftsforschung früher	Zukunftsforschung im 20. Jahrhundert	Zukunft der Zukunftsforschung
Antike Mittelalter „Orakel • Wahrsager von • Sterndeuter Delphi" • Zaubermänner • Priester, Klerus	**Trendforschung und positive Futurologie** • Popkorn • Gerken • Naisbitt • Horx **Zukunftsforschung als Zivilisationskritik** • „Club of Rome" • Ökologiebewegung • Sozialkritik und Wertewandel **Zukunftsforschung mit wissenschaftlichen Methoden** • Systematische Verfahren • Kreative Verfahren	**EDV-gestützte Expertensysteme**
Zukunftsforschung im Tourismus		
Pilgerfahrten Reisewelle Nachhaltiger Tourismus		Reiseboom? Reiseverzicht? Neue Reiseformen? Virtuelles Reisen?

Abb. A3-1:   Zukunftsforschung im Tourismus im Zeitablauf
(Quelle: FREYER 1996b: 21)

Die heutige touristische Zukunftsforschung ist durch unterschiedliche Ansätze der allgemeinen Zukunftsforschung und der Futurologie geprägt. Dabei lassen sich vor allem drei Richtungen unterscheiden:

(1) Trendforschung und positive Futurologie

Die populistisch orientierte Zukunftsforschung ist durch Beiträge amerikanischer Trend- und Zukunftsforscher geprägt, die sich in optimistischer Form mit der Zukunft auseinandersetzen. Hierbei besteht eine enge Verbindung zwischen objektiver Analyse und Aussagen zu wünschenswerten Zukunftssitutationen ("Futurologie"). Die zumeist positiven und sehr plastisch formulierten Aussagen dieser positiven Futurologen werden gerne von den Medien aufgegriffen und werden daher auch als journalistische Zukunftsforscher bezeichnet. Vor allem Autoren wie NAISBITT (Megatrends 2000), POPCORN (Popcorn-Report) und in Deutschland GERKEN (Trends 2015), HORX ("Trendbüro") usw. prägen die futuristische und populistische Zukunftsdiskussion.

Diese populär ausgerichteten „Trendomanier" sprechen von immer neuen Mikro- und Makrotrends oder von Strömungen, Tendenzen und von neuen Life-Style-Gruppen. Es wird esoterisch, genuß- und erlebnisorientiert und immer „gepaltener" gereist.

Dabei beschäftigen sich diese Autoren vorwiegend mit allgemeinen gesellschaftlichen Trends und Entwicklungen und treffen nur indirekt Aussagen für den Tourismus. Doch auch Tourismus- und Freizeitforscher lehnen sich mit ihren Aussagen gerne an die zahlreichen Trends und Zukunftsvisionen an. Ähnlich wie die gesamte Konsumwelt durch immer neue Moden und Trends geprägt ist, z.B. von den Life-Style-Typen der Yuppies, der Hedonisten und der Gefühls- und Erlebniskonsumenten, werden auch im Tourismus Erlebniswelten, Center Parks, und der "Freizeitpark Deutschland" formuliert (vgl. OPASCHOWSKI 1992, 1997).

(2) Zukunftsforschung als Zivilisationskritik

Ein zweiter Bereich der Zukunftsforschung ist eher pessimistisch sowie sozial- und kulturkritisch geprägt. Hier sind es vor allem westeuropäische Zukunftsforscher, die sich mit den - vorwiegend negativen - Folgen der gesellschaftlichen und touristischen Entwicklung auseinandersetzen.

Es begann mit dem "Club of Rome", der bereits 1967 vor den "Grenzen des Wachstums" warnte. Im Tourismus fand diese Sichtweise ihre Entsprechung in kritischen Beiträgen in den 70er und 80er Jahren zu den negativen Auswirkungen des Tourismus in die Dritte Welt sowie daran anschließend zu den negativen ökologischen Folgen. Der "sanfte, andere, einsichtige" und - seit der Konferenz von Rio - der "nachhaltige" Tourismus liegt im Trend. JUNGK 1980 fragte "Wieviel Touristen pro Hektar Strand?" und formulierte erste Ansätze des sanften Tourismus. KRIPPENDORF beleuchtete kritisch die "Ferienmenschen" (1984) und ihren negativen Einfluß auf Landschaft und Sozialstruktur (1975: "Die Landschaftsfresser"): "Was der Tourist auch tut, er tut es immer falsch": der lächerliche, einfältige, häßliche, kulturlose, ausbeuterische, umweltverschmutzende Tourist (vgl. KRIPPENDORF 1984, S. 94f).

Heute häufen sich die düsteren Prognosen der Ökologen und Gesellschaftskritiker: Ozonloch, Umweltverschmutzung, knappe Ressourcen sowie die negativen Auswirkungen des Tourismus auf die Gesellschaftsstruktur und die kulturellen Werte erfordern ein bewußtes, intelligentes, nachhaltiges oder sanftes

Reisen. Weniger Reisen oder gleich „Bleibe zu Hause" und „Urlaub auf Balkonien" sind die entsprechenden Zukunftsvorhersagen.

(3) Zukunftsforschung mit wissenschaftlichen Methoden

Neben der eher medienorientierten sowie gesellschaftskritisch ausgerichteten Zukunftsforschung bemühen sich auch immer mehr Tourismusexperten um eine wissenschaftlich fundierte Zukunftsforschung. Innerhalb der wissenschaftlichen Zukunftsforschung lassen sich zwei Gruppen von Verfahren unterscheiden:

- **Systematische oder quantitative Verfahren** versuchen möglichst exakt und quantitativ zu benennende Vorhersagen zu treffen. Die Methoden reichen von der einfachen "Freihandmethode" über Frühwarnsysteme, Regressions- und Korrelationsanalysen bis zu multivariaten Verfahren und Computer-Simulationsmodellen, mit denen Trends bestimmt werden sollen. Oder es wird mit Frühwarnsystemen auf zukünftige Enwicklungsprobleme hingewiesen.

- Die zweite Gruppe von Methoden der Zukunftsforschung wird als **kreative Verfahren** bezeichnet. Hierbei stehen weniger quantitative als qualitative Aussagen im Vordergrund der Zukunftsforschung. Zumeist werden Experten nach ihrer Einschätzung befragt, wobei es wiederum vielfältige Formen der Kreativitätstechniken oder der Befragungen gibt, wie beispielsweise das "Brainstorming", die Delphi-Methode, die demoskopische Marktforschung oder die Szenario-Technik.

Als Ergebnis dieser verschiedenen Verfahren werden Zukunftsvorstellungen entwickelt, deren Eintreten mehr oder weniger wahrscheinlich ist. Entsprechend spricht man von **Visionen, Szenarien oder Utopien** (vgl. genauer FREYER 1997a: 120ff.).

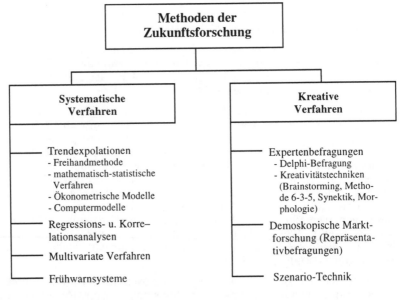

Abb. A3-2:   Methoden der Zukunftsforschung
(Quelle: nach FREYER 1997a: 126)

3.   Szenarien und Visionen für den Tourismus im Jahr 2000-x

Aus dem Bereich der wissenschaftlichen Zukunftsforschung wird im folgenden die Szenario-Methode herausgegriffen. Sie ist eine der am häufigsten für die touristische Zukunftsforschung verwendet Methode und stellt den heutigen Stand der zukunftsgerichteten Vorhersagen sehr anschaulich dar. Auch hilft sie, etwas mehr Licht in die Fülle der touristischen Trends und Vorhersagen zu bekommen.

Die Szenario-Methode geht in drei Teilschritten vor (vgl. Abb. A3-3 und genauer GAUSEMEIER/FINK/SCHLAKE 1995 und FREYER 1997a: 138ff.)

(1)   **Szenariofeld-Analyse**: Es werden aus der Fülle der gesellschaftlichen Erscheinungen die jeweiligen branchen- oder fallspezifischen Faktoren herausgearbeitet, sog. Megatrends oder Deskriptoren.

(2)   **Szenario-Prognostik:** Für die relevanten Trends wird das Spektrum der Entwicklungsmöglichkeiten aufgezeigt. Dabei werden zumeist jeweils zwei Extremvarianten, sog. Optimismus- und Pessimismusvarianten, und eine Durchschnitts-, Realismus- oder Trendvariante herausgearbeitet. Oder es werden Szenario-Trichter entwickelt. Als Ergebnis der Phase 2 entsteht ein Szenario-Tableau, in dem die Vielfalt der „Mini-Szenarien" enthalten sind (vgl. Abb. A3-5).

(3)   **Szenario-Bildung**: In einem dritten Schritt wird die Fülle der einzelnen Extrem- und Durchschnittsvarianten wiederum „verdichtet". Es wird versucht, eine Gesamteinschätzung vorzunehmen, indem einige wenige „Mega-Szenarien" gebildet werden.

Mit Hilfe dieser Methode wird im folgenden der heutige Stand der touristischen Zukunftsforschung dargestellt. Dabei werden im folgenden die Schritte 1 und 2 zum Teil zusammen behandelt.

3.1 Szenariofeld-Analyse und Szenario-Prognostik im Tourismus:
Branchenspezifische Megatrends und deren Entwicklungsspektrum

Trotz der Vielfalt der Beiträge und Aussagen zur Zukunft des Tourismus haben sich vor allem sechs Einflußbereiche, sog. Megatrends oder Deskriptoren, für die touristische Entwicklungsdynamik herauskristallisiert. Alle sechs Megatrends werden im Rahmen der Szenario-Prognostik mit den jeweiligen Optimismus-, Pessimismus- und Realismusvarianten diskutiert. An dieser Stelle können die möglichen Entwicklungsprognosen jeweils nur kurz angedeutet werden (vgl. ausführlich FREYER 1991b und 1997a: 138ff.).

(1) Einkommens- und Wohlstandsentwicklung

Reisen sind unter ökonomischer Betrachtung eng mit der Entwicklung des individuellen Einkommens und der allgemeinen wirtschaftlichen Lage verbunden. Auch in Zukunft wird das Auf und Ab der Konjunktur die Reisenachfrage entscheidend beeinflussen.

Die Extreme der Vorhersagen bewegen sich zwischen einem weiteren permanenten Anstieg der Reisetätigkeit als Folge eines langfristig anhaltenden Wirtschaftswachstums und zunehmenden rezessiven Tendenzen infolge ökonomischer Krisen und zunehmender Arbeitslosigkeit.

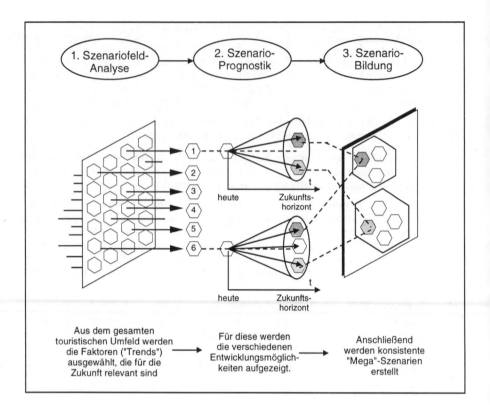

Abb. A3-3:   Entwicklung von Zukunfts-Szenarien
(Quelle: FREYER 1997: 143)

Dabei werden nicht alle Bereiche des Tourismus gleichermaßen von den Zuwächsen oder Rückgängen betroffen. Jeder einzelne Ort muß eine entsprechende Einschätzung vornehmen, wie sich die generelle Einkommens- und Wirtschaftsentwicklung für die touristische Zukunft der eigenen Destination und für die dort angeboten Tourismussegmente auswirken wird. So werden die traditionellen Kur- und Bäderorte aus heutiger Sicht eher mit Rückgängen oder Stagnationstendenzen im Bereich der klinischen und ambulanten Kur rechnen müssen. Der Bereich des nichtmedizinischen „Gesundheitstourismus" erwartet eher Zuwächse.

Doch die entsprechenden Auswirkungen der allgemeinen konjunkturellen Veränderungen sind differenziert für jede einzelne Destination und jedes einzelne Tourismusunternehmen im Rahmen der Szenarioprognostik abzuleiten.

(2) Wertewandel im Gesellschafts- und Freizeitbereich

Reisen besitzen eine bestimmte Position in der individuellen und gesellschaftlichen Werteskala. Entsprechend ist eine Analyse und Prognose der jeweiligen Werte ein weiterer wichtiger Faktor für die zukünftige Enwicklung des Tourismus.

Generell wird von einem Trend zur Freizeitgesellschaft gesprochen, in der auch in Zukunft wohl immer mehr gereist werden wird. Doch dabei stehen Reisen und Tourismus in einem engen Konkurrenzverhältnis mit anderen Freizeitwerten und -aktivitäten. Der reiseerfahrene Gast der heutigen Freizeitgesellschaft wird künftig erhöhte Anforderungen an das Angebot im Sport- und Kulturbereich der Urlaubsgebiete stellen. „Rundum-Unterhaltung", „Urlaub als großer Event", „Aktivurlaub", „Kunst- und Kulturgenuß" könnten die Trends der Zukunft sein. Andererseits erwartet der „gespaltene Konsument" zugleich Ruhe und Umweltschonung sowie Sinnorientierung.

Nur wenige Zukunftexperten sprechen von Werten des Reiseverzichts. Das „Zu-Hause-Bleiben" oder „Urlaub auf Balkonien" wird nur von einer Minderheit als die Zukunft des Reisens gesehen. Doch es ist nicht auszuschließen, daß in Zukunft neue Werte das Freizeit- und Reiseverhalten prägen werden, die zu einem zunehmenden Nicht-Reisen führen könnten.

Allerdings können veränderte Werte und „Moden" für einzelne Regionen oder Reisesegmente immer wieder zu einem Rückgang führen. Entsprechend sind die allgemeinen Trends der Werteforschung für den touristischen Einzelfall zu überprüfen.

Reisetrends gestern	Reisetrends heute	Reisetrends morgen
Postkutschenreisen Dampfschiffahrten Autoreisen Globetrotter-, Rucksackreisen Campingurlaub	Charterflüge Pauschalreisen Cluburlaub All-Inclusive-Tours Ferienparks Event-Tourismus Rad-Tourismus	Intergalaktische Reisen? Cyber-Space-Reisen? Künstliche Urlaubswelten (Virtual Reality)? Bleibe zu Hause? Alles beim Alten?

Abb. A3-4: Trends am Tourismusmarkt
(Quelle: FREYER 1996d: 59)

(3) Mobilität und Verkehr

Tourismus steht in einem engen Zusammenhang mit der Entwicklung im Verkehrsbereich und der allgemeinen sowie freizeitbezogenen Mobilität.

Neue, schnellere Verkehrsmittel mit immer größeren Transportkapazitäten werden in der Optimismusvariante auch in Zukunft zum noch schnelleren, häufigeren und weiteren Reisen führen.

In der Pessimismusvariante wird auf überfüllte Verkehrsräume, auf Umweltprobleme durch den Verkehr und auf eine Mobilitätsmüdigkeit hingewiesen. Wann allerdings der "Verkehrsinfarkt" auf den Straßen und am Himmel zu einem Umdenken der Touristen führen wird, steht heute noch in den Sternen.

(4) Ressourcen und Ökologie

Spätestens nach der Umweltkonferenz von Rio wird auch der Tourismus immer stärker unter nachhaltigen Kriterien betrachtet. Auch hier wird die Zukunft des Reisens sicherlich durch eine noch stärkere Umweltorientierung der Tourismusverantwortlichen, aber auch der Reisenden, geprägt werden. Doch die Grenzen des touristischen Wachstums sind nach Meinung der meisten Zukunftsexperten noch lange nicht erreicht, es stehen noch zahlreiche ungenutzte touristische Ressourcen zur Verfügung.

Die Gegenmeinung sieht aber bereits heute das touristische Potential der Natur und der Gesellschaft weitgehend ausgeschöpft: Es wird auf die steigende touristische Umweltbelastung und einen immer häufigeren „Aufstand der Bereisten" hingewiesen.

Inwieweit in Zukunft eher „sanft" oder „nachhaltig" gereist wird und wie sich ein verändertes Reiseverhalten auf die jeweiligen kommunalen und regionalen Ressourcen auswirkt, ist umstritten.

(5) Kommunikation und Technik

Weltweite Informations- und Computerreservierungssysteme machen künftig die Welt noch kleiner. Auch die entferntesten Orte werden binnen kürzester Zeit erreichbar sein. Inwieweit neue Techniken (wie Video-Konferenzen, Virtual Reality, "Reisen" im Internet) zu einem Rückgang des traditionellen Reisens führen werden, wird heute von Tourismusexperten eher bezweifelt. Doch die Zukunftsforscher glauben fest an neue Marktsegmente im virtuellen Reisebereich für das dritte Jahrtausend.

(6) Globalisierung der Tourismuswirtschaft: Weltweite Standardisierung im „Global Village" und mit „Global-Trottern"

Tourismus steht in enger Wechselwirkung mit einem weiteren Megatrend in Wirtschaft und Gesellschaft, mit der Globalisierung (vgl. AIEST 1996, FREYER 1998b). Weltweit agierende Großunternehmen prägen immer mehr Bereiche der Weltwirtschaft. Gerade der Tourismus ist durch seine grenzüberschreitenden und multinationalen Aktivitäten zugleich Motor und Getriebe der Globalisierung: Mega-Carrier bei den Luftfahrtgesellschaften, weltweit agierende Computer-Reservierungssysteme (CRS), internationale Hotelketten und die gleichen Speisen und Getränke (wie McDonald's, Pizza Hut, Cola) in allen Urlaubsorten sind nur einige Erscheinungsformen. Auch Reiseveranstalter agieren zunehmend global: standardisierte Pauschalreisen, Clubdörfer, All-Inclusive-Angebote, Themenparks und Golfreisen weltweit machen die Welt zu einem touristischen „Global Village" und zu einem riesigen „Freizeitpark".

Auf der anderen Seite werden auch die Erwartungen der Reisende immer „globaler" und damit ähnlicher: Ist ein weltweit gleicher Standard bei Transport, Unterkunft und Aufenthalt noch verständlich, beginnen spätestens beim deutschen Bier auf Bali, bei der Sportschau in Spanien, beim MTV auf den Malediven die ersten Zweifel. Der Gast will sich auch im Ausland „wie zu Hause" fühlen, doch wenn die Angebote in den Zielgebieten immer ähnlicher werden, warum sollte dann in Zukunft noch gereist werden? Wenn die Welt auch touristisch ein „Global Village" wird, dann entscheidet in Zukunft möglicherweise die Anzahl der TV-Kanäle im Hotelzimmer über die Wahl des Reiseziels.

3.2 Szenario-Prognostik: Bewertung der Deskriptoren

In der zweiten Phase der Szenariobestimmung werden für die zuvor benannten Trendbereiche oder Deskriptoren die möglichen Entwicklungsrichtungen aufgezeigt. Da die zukünftige Entwicklung zu einem hohen Maß ungewiß ist, ergeben sich sehr unterschiedliche Einschätzungen der zukünftigen Entwicklung.

Innerhalb der Szenario-Methode werden dafür üblicherweise die Extremvarianten der Entwicklung als Optimismus- oder Pessimismusvarianten und zudem meist noch eine Durchschnitts-, Trend- oder Wahrscheinlichkeitsvariante aufgezeigt. Oder es werden sogenannte "Szenario-Trichter" entwickelt, die das Entwicklungs-spektrum darstellen.

Entsprechende prognostische Trendaussagen sind bereits im vorherigen Abschnitt bei den jeweiligen Deskriptoren im wesentlichen mitaufgenommen worden. In Abb. A3-5 sind die wesentlichen Ergebnisse stichwortartig aufgenommen. Hier wurde ein Szenario-Tableau für jeweils drei Entwicklungsvarianten (Optimismus-, Realismus- und Pessimismusvariante) im Hinblick auf die sechs Megatrends der Phase 1 entwickelt, womit sich insgesamt 18 mögliche touristische "Mini-Szenarien" ergeben.

Megatrends ("Deskriptoren")	Optimismus-Szenarien	Realismus-Szenarien	Pessimismus-Szenarien
• **Wirtschaftsent-wicklung** (Einkommen, Wohlstand)	touristische Wachs–tumsgesellschaft	Seitwärtsbewegungen auf Teilmärkten	touristische Stagnationsgesellschaft
• **Arbeitszeit und Freizeit** (Wertewandel)	touristische Freizeit-gesellschaft "in der Fremde"	"gespaltene" touristische Konsumenten	Freizeitaktivitäten "zu Hause"
• **Mobilität und Verkehr**	mobile Freizeitgesellschaft	Fortentwicklung einzelner Verkehrsmittel, Stagnation bei anderen	"Verkehrsinfarkt"
• **Technik und Kommunikationswesen**	Mehr und schnelleres Reisen durch neue Techniken (CRS, Global Ring)	Technischer Fortschritt gleicht Rückgänge in anderen Bereichen aus	Reisende bleiben "zu Hause" (Virtual Reality, Video-konferenzen)
• **Ressourcenent-wicklung** - Bevölkerungs-entwicklung - Ökologie im Tourismus	- Reiseboom in Asien und Afrika - Seniorenreisen in Deutschland - Ökologische Reise-gesellschaft	Neue Reisezielgruppen gleichen Stagnations-tendenzen aus	"Aufstand der Bereisten" in den Zielgebieten (sozial und ökologisch)
• **Reise"industrie"** - Reise"konsumenten" - Reise"investoren" - Internationalisierung u. Globalisierung	Globalisierung des Tourismus: "Welt ohne Grenzen"	Die "Reiseindustrie" schafft sich neue Märkte und erhält die alten	Globalisierte Reise-gesellschaft Standardisierung u. "Vermassung"
Mega- oder Gesamt-Szenarien	**Optimismus-Mega-Szenario**	**Realismus-Mega-Szenario**	**Pessimismus-Mega-Szenario**

Abb. A3-5: Szenario-Tableau für die touristischen Megatrends
(Quelle: FREYER 1997a: 156)

3.3   Szenariobildung: Gesamtszenarien ("Mega-Szenarien")

Die vorgenannten Megatrends und deren mögliche Entwicklungsrichtungen sind abschließend zu stimmigen Gesamt-Szenarien zusammenzufügen. Dazu können zum einen die optimistischen oder pessimistischen

In der einfachsten Variante ergeben sich die Gesamt-Szenarien als Zusammenfassung der Spalten für die einzelnen Szenario-Varianten in Abb. A3-5. Dabei sind die Gesamt-Szenarien nicht eine bloße Aufsummierung der Teil-Szenarien, sondern es sind Querverbindungen, Synergieeffekte, aber auch Konfliktbereiche zu berücksichtigen, die allesamt in die Gesamtbewertung einfließen.

In einer sehr allgemeinen Form können für den Tourismus der Zukunft folgende drei großen „Mega-Szenarien" aufgrund der sechs zuvor behandelten Deskriptoren formuliert werden (vgl. ähnlich FREYER 1996b: 38ff. und 1997a: 156ff.):

(1) Optimismus-Mega-Szenario

In der Optimismus-Variante werden vor allem die positiven Trends der einzelnen Mikro-Deskriptoren in Erwägung gezogen. Dabei ist von einem immer weiter steigenden touristischen Wachstum auszugehen, wozu im einzelnen die verschiedenen Mikrotrends beitragen:

- **Steigende Einkommen** werden nach wie vor überproportional für Reisen ausgegeben.

- **Vermehrte Freizeit** wird zu zusätzlichen Reisen am Wochenende im Laufe des Lebens führen, die Reise-Palette wird von Reisen für Babys bis zu Seniorenreisen reichen.

- **Neue Wertigkeiten** lassen immer neue Reisearten entstehen, wie Hobby-Reisen, Aktiv-Urlaub, Kultur- und Sportreisen.

- Die immer weiter **steigende Mobilität** macht auch vor Reisen in das Weltall nicht halt; schnellere Züge und Flüge sowie der Ausbau des Straßennetzes lassen den Urlauber noch mobiler werden, die Weltreise im Haupturlaub wird durch viele Kurzreisen ergänzt.

- **Neue Kommunikationstechnologien** machen das Reisen noch attraktiver, Informationen über ferne Länder, schnelles Buchen und Reservieren der Transport- und Hotelplätze von zu Hause führen ebenso zu einem weiter ansteigenden Reiseboom wie die weltweit wachsende Bevölkerung, die national und international der Tourismuswirtschaft ungeahnte Zuwachszahlen bescheren wird.

- In bezug auf die **Ressourcenproblematik** wirken neue Technologien der heutigen Ressourcenverknappung entgegen, neue Energiequellen werden erschlossen, Probleme der Umweltveränderungen werden gestoppt, die Landschaften werden für die Reisenden noch schöner und attraktiver - und leichter zu erreichen.

- **Die globale Reiseindustrie** wird wachsen und international operierende Reiseveranstalter werden auch die entlegensten Destinationen zum Wohle aller touristisch erschließen. Modernes Marketing erkennt die Kundenwünsche und setzt sie in entsprechende Reiseangebote um.

(2) Pessimismus-Mega-Szenario

Für die Pessimismus-Variante werden vor allem die negativen Möglichkeiten der Trends betont. Sie führen zu einem generellen Rückgang des Reisens mit verschiedenen Teilaspekten:

- **Weltweite Wirtschaftskrisen** führen zu ansteigender Arbeitslosigkeit und sinkenden Einkommen.

- Neue **Freizeitaktivitäten** lassen das Interesse am Reisen ebenso sinken wie neue Wertigkeiten. Das „**Zu-Hause-Bleiben**", „Urlaub auf Balkonien" und „Reiseverzicht" treten anstelle der heutigen Reiseaktivitäten.

- **Die Mobilität** wird durch mehr und mehr Verkehrsmittel und überlastete Verkehrswege **eingeschränkt**.

- Neue **Kommunikationstechnologien ersetzen das heutige Reisen** im geschäftlichen und privaten Bereich: Videokonferenzen (Geschäftsreisen), aber auch "virtual reality" (Freizeitreisen).

- Der Bevölkerungszuwachs und die Ressourcenverknappung führen zu **überlasteten Urlaubsgebieten** und als deren Folge zu Einschränkungen des weltweiten Reisens.

- **Die globale Reiseindustrie zerstört** immer mehr ihre eigenen Grundlagen, Hotelsilos und Massentourismus werden immer unattraktiver, neue Reisegebiete lassen sich nur noch selten erschließen. Auch Marketing ist an eine Grenze gekommen, wo den neuen Bedürfnissen nach Ruhe und Erholung nicht mehr ausreichend Rechnung getragen werden kann.

(3) Realismus-Mega-Szenario

Das Realismus-Szenario verbindet die zuvor aufgezeigten Trends und spricht von neuen Markt- und Reisebereichen und versucht, den pessimistischen Trends rechtzeitig durch veränderte Angebote entgegenzuwirken, so daß Reisen auch in Zukunft zu einem der führenden Wirtschaftszweige zählen wird. Durch rechtzeitiges Erkennen der Trends und der Nachfragerwünsche und entsprechende Angebotsgestaltung können die wesentlichen Negativ-Trends abgeschwächt werden. Insgesamt wird sich nach Auffassung des Realismus-Mega-Szenarios der Tourismus der Zukunft gegenüber heute nur unwesentlich verändern.

4. Weiterführende Literatur (Auswahl)

DRV 1995, DSF 1990, FREYER 1991b, 1996b, FREYER/SCHERHAG 1996, GAUSEMEIER/FINK/SCHLAKE 1995, GERKEN 1990, 1995, HORX 1994, 1995, KASPAR/MÜLLER/SCHMIDHAUSER 1991, KIRSTGES/MAYER 1991, NAISBITT 1990, 1995, OPASCHOWSKI 1992, 1997, PETERMANN 1997, POPCORN 1992, RUST 1995, SMERAL 1994, STEINECKE 1996.

Literaturverzeichnis

ADAC 1980 (Hg.): Freizeit 2000, München
-1987: Mobilität, München
-1988: Tourismus und Landschaftserhaltung, München
-1989: Neues Denken im Tourismus, München
-1991: Mehr Wissen - mehr handeln: Bausteine für eine umweltverträgliche Tourismusentwicklung, München
-versch. Jg.: Jahresbericht, München
ADLER,C. 1980: Achtung Touristen, Frankfurt
AESCHBACHER,K. u.a. 1973: Tourismus, Teufen
AIEST-International Association of Scientific Experts in Tourism (Hg.):
-1994 (Hg.): Tourismus-Forschung: Erfolge, Fehlschläge und ungelöste Probleme, St. Gallen
-1996 (Hg.): Globalisierung und Tourismus, St. Gallen
-1997: Qualitätsmanagement im Tourismus, St. Gallen
AGISRA 1990 (Hg.): Frauenhandel und Prostitutionstourismus: Eine Bestandsaufnahme, München
AKFT 1988 (Hg.): Arbeitskreis für Freizeit und Tourismus an der Universität Innsbruck: Wege zu einem intelligenten Tourismus, Innsbruck
ALBRECHT,G. u. a. 1991: Erholungswesen und Tourismus in der DDR, in: Geographische Rundschau, Bd. 43: 606-613
ANDREAE,C.A. 1970: Ökonomik der Freizeit, Reinbek bei Hamburg
ARMANSKI,G. 1979: Die kostbarsten Tage des Jahres, Berlin (3. Auflage, Bielefeld 1986)
ARNDT,H. 1978: Definitionen des Begriffes "Fremdenverkehr" im Wandel der Zeit, in: JfF, 26./27. Jg.: 160-174
ASR 1997: Bundesverband mittelständischer Reiseunternehmen (Hg.): Das Reisebüro - erfolgreich gründen und führen, Neuwied usw.

BÄNSCH,A. 1989: Käuferverhalten, 4. Aufl., München/Wien
BAHLBURG,M. 1983: Aufgaben und Leistungen öffentlicher und privater Investitionen, in: HAEDRICH 1983: 163-170
BARETJE,R. 1982: Tourism's External Account and the Balance of Payments, in: Annals of Tourism Research, Bd. 9: 57-68
BARG,C.- D. 1988: Aufstand der Bereisten, in: touristik management, H. 6: 69-74
-1989: Life-Style zur Seele des Verbrauchers? In: touristik management, H. 1: 11-20
BARTL,H. 1985: Reise- und Freizeitrecht, München
BAT (Hg.): Urlaub, Hamburg, versch. Jg.
-1993: Tourismus im neuen Europa, Hamburg
BAUMANN,E.J.: Kreuzfahrten, in: MUNDT 1993: 247-273
BAUSINGER,H./BEYRER,K./KORFF,G. 1991 (Hg.): Reisekultur: Von der Pilgerfahrt zum modernen Tourismus, München
BAYER,U./GILLIG,M. 1979 (Hg.): English, French or Neckermann, Freiburg
BAYERN 1991: BAYERISCHES STAATSMINISTERIUM (Hg.): Der umweltbewußte Hotel- und Gaststättenbetrieb, München
BECKER,C. 1979: Regionalpolitische Aspekte des Fremdenverkehrs, in: HINSKE/MÖLLER 1979: 33-38
-1988: Regionale Beschäftigungs- und Einkommenseffekte durch den Fremdenverkehr - Die Situation in der Bundesrepublik Deutschland, in: STORBECK 1988: 373-397
-1992: Lebenslanges Urlaubsreiseverhalten, in: ders. (Hg.): Erhebungsmethoden und ihre Umsetzung in Tourismus und Freizeit, Trier: 70-82
-1993: Instrumente der Raumordnung und der regionalen Fremdenverkehrsplanung, in: HAEDRICH u.a. 1993: 387-397
BECKER,C. u. a. 1978: Ansätze zu einer Effizienzkontrolle der regionalen Fremdenverkehrspolitik, Teil I bis III, Hannover

BECKER,C./JOB,H./KOCH,M. 1991: Umweltschonende Konzepte der Raumordnung für Naherholungsgebiete, Trier

BECKER,C./JOB,H./WITZEL,A. 1996: Tourismus und nachhaltige Entwicklung, Darmstadt

BECKER,C./KLEMM,K. 1978: Raumwirksame Instrumente des Bundes im Bereich der Freizeit, Schriftenreihe des Bundesministers für Raumordnung, Bauwesen und Städtebau Nr. 06.028, Bonn

BECKER,C./SCHERTLER,W./STEINECKE,A. 1992 (Hg.): Perspektiven des Tourismus im Zentrum Europas, Trier

BECKER,J. 1993: Marketing-Konzeption, 5. Aufl., München

BENTHIEN,B. 1990: Geographische Aspekte der Tourismuspolitik der DDR, in: STADTFELD 1990: 83-91

BERNECKER,P. 1952: Die Wandlungen des Fremdenverkehrsbegriffes, in: JfF, 1. Jg.: 31-38

-1953: Marktforschung im Fremdenverkehr, in: JfF, 1. Jg.: 10-18

-1956: Die Stellung des Fremdenverkehrs im Leistungssystem der Wirtschaft, Wien

-1957: Der Fremdenverkehr und seine Betriebe, in: JfF, 6. Jg.: 17-25

-1962: Fremdenverkehrslehre und Fremdenverkehrspolitik, Bd. 1: Grundlagenlehre des Fremdenverkehrs, Wien

-1969: Fremdenverkehr und Zahlungsbilanz, in: ZfF, Sondernummer zum 70. Geburtstag von W. Hunziker: 16-19

-1973: Tourismus und Marketing - Einführung in das Problem, in: AIEST 1973: 17-24

BERNKOPF,G. 1983: Marktrisiken mit Markenstrategien begegnen, in: Absatzwirtschaft, Sonderheft 10: 58-64

BEUCHELT,E. 1980: Sozialisation in Tourismus-Kulturen: Erziehung zur Dienstleistungsgesellschaft? In: Sociologus, Bd. 30: 65-76

BEUTEL,M. u. a. 1978: Tourismus: Ein kritisches Bilderbuch, Bensheim

BFA 1981: Bundesanstalt für Arbeit (Hg): Zur Arbeitsmarktsituation im Gaststätten- und Beherbergungsgewerbe, Beitrag AB 26, Nürnberg

BIDINGER,M. 1985: Der Omnibusunternehmer, 4. Aufl., München

-/MÜLLER 1996: Handbuch des Reiserechts, München

BIDLINGMEIER,J. 1983: Marketing 1 und 2, 10. Auflage, Reinbek

BIEGER,T. 1997: Management von Destinationen und Tourismusorganisationen, 3. Aufl., München/Wien

BLEILE,G. 1995: Tourismusmärkte, München/Wien

BMWi 1993: BUNDESMINISTERIUM FÜR WIRTSCHAFT (Hg.): Zwischenbericht "Tourismus und Umwelt: Förderung eines umweltschonenden touristischen Angebots", Bonn

-1994: Bericht der Bundesregierung über die Entwicklung des Tourismus, Bonn

BÖVENTER,E. v. 1989: Ökonomische Theorie des Tourismus, Frankfurt/New York

BORNSTAEDT,F. v. 1992: Telematik in der Tourismuswirtschaft, München (zugl. Diss. Köln 1991)

BORRMANN,C./WEINHOLF,M. 1994: Perspektiven der deutschen Tourismuswirtschaft im EWR unter besonderer Berücksichtigung ihrer mittelständischen Struktur, Baden-Baden

BRAUN,O.L. 1993a: Vom Alltagsstreß zur Urlaubszufriedenheit: Untersuchungen zur Psychologie des Touristen, München

-1993b: Reiseentscheidung, in: HAHN/KAGELMANN 1993: 302-307

BRAUN,O.L./LOHMANN, M. 1989: Die Reiseentscheidung, Starnberg

BRAUN-MOSER,U. 1990 (Hg.): Europäische Tourismuspolitik, Sindelfingen

BRAUER,K.M. 1985: Betriebswirtschaftliche Touristik, Berlin

BRENDLE,U./MÜLLER,V. 1996: Für eine Wende in der Tourismuspolitik, Gutachten durch das nova-Institut für politische und ökologische Innovation Köln, Bonn

BRENNAUER,T 1953: Das Preisniveau am Fremdenverkehrsort, in: JfF, 2. Jg.: 66-75

BRUCKNER,P. 1983: Das Schluchzen des weißen Mannes, Berlin

BUGNICOURT,J. 1978: Sex-Sonne-Sand, in: STUDIENKREIS 1978: 45-59

BULL,A. 1995: The Economics of Travel and Tourism, 2. Aufl., Melbourne: Longman

BUND 1991: BUND-Bundesverband (Hg.): Sanfter Urlaub - aber wie? Bonn

BUNDESBANK 1986: DEUTSCHE BUNDESBANK: Die Reiseverkehrsbilanz der Bundesrepublik Deutschland, in: Monatsberichte der Deutschen Bundesbank, 38. Jg.: 26-36

BUNDESMINISTER BAU 1986: Bundesminister für Raumordnung, Bauwesen und Städtebau (Hg.): Entwicklung ländlicher Räume durch den Fremdenverkehr, Schriftenreihe Nr. 06.058

BUNDESTAG 1975: Tourismus in der Bundesrepublik Deutschland, Bundestags-Drucksache 7/3840
-versch.: ferner zur Fremdenverkehrspolitik der Bundesregierung Bundestagsdrucksachen Nr. 4/3739, 7/2802, 7/3840,8/2805,8/4190, 9/1781, 9/2082, 10/4232, 10/5454, 10/5455, 11/6546, 12/1323
BURCHHARD,R. 1974: Fremdenverkehrsförderung durch den Bund, in: Städte- und Gemeindebund, Jg. 1974: 276-279
-1979: Der Bericht über die Durchführung des Tourismusprogramms der Bundesregierung, in: Der Landkreis, 49. Jg.: 288-291
-1991: Urlauber sollen Gäste und nicht länger Fremde sein, in: FVW, Nr. 14: 5f
BURGDORF,M.: Autovermietung in Deutschland, Landsberg 1993
-1993: Autovermietung in Deutschland, München
BURKART,A.J./MEDLIK,S. 1974: Tourism. Past, Present, and Future, London
-1975 (Hg.): The Management of Tourism, London

CAPITAL 1986 (Hg.): Geschäftsreisen 1987, Hamburg
-1990: Capital+Impulse: Marktprofil: Geschäftsreisen, Hamburg
CHRISTIAN CONFERENCE 1980: Third World Tourism, Singapur
CHRISTL,A. 1965: Die Anwendung des Gesetzes gegen Wettbewerbsbeschränkungen in der Fremdenverkehrswirtschaft, in: JfF, 13. Jg.: 31-38
CLEVERDON,R. 1979: The Economic and Social Impact of International Tourism on Developing Countries, London
COHEN,E. 1972: Towards A Sociology of International Tourism, in: Social Research, , Bd. 39: 164-182
COOPER,C.P. 1989 (Hg.): Progress in Tourism, Recreation and Hospitality Management, London/New York: Belhaven Press
COWELL,D. 1993: The Marketing of Services, 2. Aufl., London: Heinemann
CZADA,P. 1984: Wirtschaft, 5. Aufl., Berlin
CZEGLÉDI,J. 1991: Touristische Grundlagen und Entwicklungsmöglichkeiten in Osteuropa, Wien

D'AMORE,L./JAFARI,J. 1988 (Hg.): Tourism - a Vital Force for Peace, Montreal: Color Art
DATZER,R. 1983: Informationsverhalten von Urlaubsreisenden, Starnberg
-1985: Der Markt der Spezialisten, in: FVW Nr. 20 (1985) bis Nr. 25 (1986), 11 Beiträge
-1996/7: Der Markt der Spezialisten, versch. Beiträge in: FVW-International 1996/97
DBV 1991: DEUTSCHER BÄDERVERBAND (Hg.): Begriffsbestimmungen für Kurorte, Erholungsorte und Heilbrunnen, 10. Aufl., Bonn
-1996: Jahresbericht 1995, Bonn
DEHMER,S. 1996: Die Kur als Markenartikel: Angebotsprofilierung und Markenbildung im Kurwesen, Dresden: FIT-Verlag
DEHOGA 1991 (Hg.): Die Vollendung des EG-Binnenmarktes - ihre Auswirkungen auf das ....
-1992 (Hg.): So führen Sie einen umweltfreundlichen Betrieb, Bonn
-1992 (Hg.): Marketing der Gastfreundschaft, Bonn
-1994 (Hg.): Jahrbuch, versch. Jg.
-1994 (Hg.): Deutscher Tourismusbericht, Bonn
DFP 1989: Deutsches Fremdenverkehrspräsidium (Hg.): Tourismusbericht 1988, Bonn
-1994: Deutscher Tourismusbericht, Bonn
DFV 1992: Verkehrspolitisches Positionspapier, Bonn
-1993a: Fremdenverkehrspolitisches Positionspapier, Bonn
-1993b: Die Organisationsformen im Deutschen Fremdenverkehr , Bonn
-1994: Verraten und verkauft - der kommunale Fremdenverkehr zwischen der Wahrnehmung hoheitlicher Aufgaben, kommerziellen Eiertänzen und Privatisierungssucht, Bonn (Neue Fachreihe Nr. 3)
-1995: Städtetourismus in Deutschland, Bonn
DÖHRN,R. 1982: Reiseverkehr. Freizeitkonsum und Wirtschaftsstruktur, in: Mitteilungen des RWI, Jg. 33, Teil I: 69-84, Teil II: S. 85-98
DÖRR,G. 1994: Das Reisegeschäft - Wie gründe und führe ich ein Reisebüro, 5. Aufl., Bonn

DONAUBAUER,I./SCHAFBERG,B. 1988: Reisemessen im In- und Ausland: Rentables Marketing-instrument oder nur ein teures Übel? in: FVW, H. 5 (1988): 38-46

DRESCH,A./FLACHMANN,C. 1988: Die Fremdenverkehrsstatistik in der Bundesrepublik Deutschland, in: STORBECK 1988: 137-204

DRESS,G. 1979: Wirtschafts- und sozialgeographische Aspekte des Tourismus in Entwicklungsländern, München

DREXL,C./SPIELBERGER,M. 1987: Studienangebote im Bereich Tourismus/Fremdenverkehr/Freizeit, Teil I bis IV, in: FVW Nr. 6 bis 11

DREYER,A. 1996 (Hg.): Kulturtourismus, München/Wien

DREYER,A./KRÜGER, A.1995 (Hg.): Sport-Tourismus, München/Wien

DROEGE,W. 1979: Sommerfrische wird Ferienzentrum, in: Absatzwirtschaft, H. 4: 100-107

DRV 1980: Deutscher Reisebüroverband (Hg.): Wettbewerbsregeln im deutschen Fremden-verkehr, Frankfurt

-1982: Grundlagenuntersuchung über das Reisemittlergewerbe, Frankfurt- 1989:

-1989: Wirtschaftsfaktor Tourismus, Frankfurt

-1990a: Der deutsche Reisemarkt, 2. Aufl., Frankfurt

-1990b: Wirtschaftsfaktor Ferntourismus, Frankfurt

-1992: DRV-Binnenmarktstudie: Auswirkungen des EG-Binnenmarktes auf mittelständische Reiseveranstalter und Reisemittler, Frankfurt 1992

-1995: Tourismusmarkt der Zukunft: Die Entwicklung des Reiseveranstalter- und Reisemitt-lermarktes in der Bundesrepublik Deutschland, Frankfurt (Verf. KREILKAMP)

DSF 1990: Deutsches Seminar für Fremdenverkehr (Hg.): Tourismus 2000, Berlin

DVAG 1986: Deutscher Verband für angewandte Geographie (Hg.): Fremdenverkehr und Freizeit: Entwicklung ohne Expansion, Bochum

DWIF 1988: Die ökonomische Bedeutung des Geschäftsreiseverkehrs, München

-1990: Campingurlaub in der Bundesrepublik Deutschland, München

-1991a: Strukturanalyse des touristischen Arbeitsmarktes, München

-1991b: Hotelbetriebsvergleich, München

-1992: Die Ausgabenstruktur im übernachtenden Fremdenverkehr in der Bundesrepublik Deutschland (ohne Beitrittsgebiet), München

-1993: Die Ausgabenstruktur im übernachtenden Fremdenverkehr in den neuen Bundesländern, München

-1995: Tagesreisen der Deutschen, München

- versch. Jg.: siehe auch KOCH, A., versch. Jg.

ECHTERMEYER,M. 1997: Globale Computer-Reservierungssysteme und neue Informations-, Kommunikations- und Reservierungs-Technologien im internationalen Luftverkehr und Tourismus - unter besonderer Berücksichtigung des Reisemarktes Lateinamerika/Karibik, Trier

ECKERLE,S.: Typologien im Tourismus-Marketing: Eine Methodik der Datenanalyse und der Zielgruppendefinition, unveröff. Diplomarbeit, Heilbronn

EFD 1981: Evangelische Frauenhilfe in Deutschland (Hg.): Sex-Tourismus, Exotischer Heiratsmarkt, Prostitution, Düsseldorf

EG 1983: Rat der Gemeinden Europas (Hg.): Fremdenverkehr in Europa, Düsseldorf

-1984: Entschließung des Rates vom 10. April zu einer Fremdenverkehrspolitik der Gemeinschaft, in: Amtsblatt der Europäischen Gemeinschaften, C 115, 30. April

-1985: Comission of the European Community (Hg.): The Tourism Sector in the Community, A Study of Concentration, Competition and Competitivenes, Luxemburg

-1986: European Communities Economic and Social Commitee, Opinion of the Economic and Social Committee on the Community Action in the Field of Tourism, Brüssel

-1992: Europäisches Parlament (Hg.): Fremdenverkehr in Europa, Luxemburg

EG-Kommission 1987: Kommission der Europäischen Gemeinschaften (Hg.): Die Europäer und der Urlaub, Bonn

-1995: Kommission der Europäischen Gemeinschaften (Hg.): Die Rolle der Union im Bereich des Fremdenverkehrs: Grünbuch der Kommission, Brüssel

EISENSTEIN,B. 1995: Wirtschaftliche Effekte des Fremdenverkehrs, 2. Aufl., Trier

ENDER,W. u. a. 1983: Von der Hotelbetriebslehre zur Management Science im Tourismus? - Zeitgemäße Aufgaben einer Betriebwirtschaftslehre des Fremdenverkehrs, in: Der Markt, Bd. 85: 36-49

ENGELMANN,G. 1989: Einstellung der Reisebüro-Fachkräfte zu Seereisen, in: FVW, Nr. 26 (1989), Beilage "Kreuz und Fähr": 10-15

ENZENSBERGER,H.M. 1958: Eine Theorie des Tourismus, in: Merkur, 12. Jg., H. 8: 701-720

EPK 1981: Sexploitation, in: Entwicklungspolitische Korrespondenz, H. 5 (Schwerpunktheft)

EUROPEAN TRAVEL MONITOR versch. Jg. (ab 1988): dt. Ansprechpartner IPK-Institut für Planungskybernetik, München

FEHM,K./LERCH,B. 1978: Alternative Methoden zur Quantifizierung des Nutzens von Erholungsprojekten, in: Raumforschung und Raumordnung, 36. Jg.: 38-44

FEIGE,M. 1992: Zum Ausflugsverkehr in Reisegebieten, München

FEIGE,M./MÖLLER,A. 1992: Kommunale Belastungen durch fremdenverkehrsbedingtes Müllaufkommen, München

FELDMANN,O.: Die Tourismusentwicklung der DDR aus der Sicht des Gastgewerbes, in: STADTFELD 1990: 153-158

FENNEMANN,M. 1990: Bestandsaufnahme des Tourismus in der ehemaligen DDR/in den neuen Bundesländern, unveröff. Diplomarbeit, FH Heilbronn

FES 1985a: Friedrich Ebert-Stiftung (Hg.): Urlaub und Tourismus in beiden deutschen Staaten, Bonn

- 1985b: Reisen in die DDR, Bonn

FINGER,C./GAYLER,B. 1990: Animation im Urlaub, 2. Aufl., Starnberg

FINGERHUT,D. u. a. 1973: Arbeitsmethode zur Bewertung der Erholungseignung eines landschaftlichen Angebots für verschiedene Typen von Erholungssuchenden, in: Landschaft und Stadt, 5. Jg: 161-171

FISCHER,G./LAESSER,C. 1996 (Hg.): Theorie und Praxis der Tourismus- und Verkehrswirtschaft im Wertewandel, Festschrift zur Emeritierung von Prof. Dr. Claude Kaspar, Bern usw.

FREYER,W. 1979a: Mikro- und makroökonomische (Un-)Gleichgewichtsanalyse, in: WISU, Heft 11: 549-553 und Heft 12: 605-609

- 1979b: Some Determinants of Public Intervention in a Democracy, in: Munich Social Science Review, Heft 2: 49-59

- 1982: Fernreisen - Flucht aus dem Alltag? in: team-info, Nr. 2

- 1983: Tourismus und Dritte Welt. Ökonomische und sozio-kulturelle Folgewirkungen von Tourismusinvestitionen in Entwicklungsländern, Abschlußbericht für den Arbeitskreis "Folgekosten in Entwicklungsländern", unveröff. Manuskript, Berlin

- 1985: Alternativtourismus - Alternative zum Tourismus?, in: Bensberger Manuskripte Nr. 28 - 1. Lernbörse Reisen, Bensberg: 45-51

- 1986a: Reisen und Konjunktur, in: JfF, 33. Jg.: 57-108

- 1986b: Management im Reisebüro: Vier Wege zum Ziel, in: touristik report, Nr. 22: 30f

- 1986c: Beratung: der goldene Mittelweg. Anmerkungen zu den steigenden Anforderungen an Reisebüromitarbeiter, in: touristik aktuell, Nr. 8: 22f

- 1986d: Von Führern und Verführten - Welches Bild vom "richtigen Reisen" wird durch Reiseführer, Reisebücher und Reisehilfen vermittelt? in: PÖGGELER, F. (Hg.), Jugendtourismus zwischen Erziehung und Kommerz, Detmold: 93-105

- 1987a: Tourismus in der Dritten Welt, in: E+Z, Heft 7: 18f

- 1987b: Papierlose Zukunft: Bedeutung der Elektronik im Tourismus, in: touristik report Nr. 14: 13f

- 1987c: Tourismus - Reisepaß zum Frieden? In: Allgemeine Hotel- und Gaststätten-Zeitung, Nr. 26: 15

- 1988: Exotik gegen Devisen - Die Förderung des Tourismus in der Dritten Welt, in: DSE (Hg.): Jahresbericht 1987, Berlin/Bonn 1988: 21-25

- 1989: Arbeitgeber Tourismus - 700 000 Stellen exportiert, in: iwd-Informationsdienst des Instituts der deutschen Wirtschaft, Nr. 36: 7

- 1990: Handbuch des Sport-Marketing, Wiesbaden (3. Auflage Heidelberg 1998, im Druck)

- 1991a: Ganzheitliches Marketing im Tourismus. Ein integrativer Ansatz zur "Vertiefung" und "Erweiterung" des betriebswirtschaftlichen Marketing, in: STUDIENKREIS 1991: 137-162

-1991b: Tourismus 2000. Von Boomfaktoren zu Megatrends und Zukunftsszenarien, Bonn: FIT
-1991c: "Tourismus", "Touristik" oder "Fremdenverkehr"? In: FVW-International, Nr. 16: 6-9
-1991d: Finanzspritzen für Tourismus-Unternehmen, in: touristik management, H. 11: 78-85
-1991e: Fördermöglichkeiten für den Tourismus, Bonn: FIT
-1992a: Umfeldanalyse als Teil der Marketingforschung, in: STUDIENKREIS 1992a: 9-25
-1992b: Rechtsformen im Fremdenverkehr, in: touristik management, H. 11: 46-53 (Teil 1) und H. 12: 62-66 (Teil 2)
-1993a: Die wirtschaftliche Bedeutung des Fremdenverkehrs für eine Gemeinde, in: Heilbad und Kurort, H. 3 (1993): S. 81-85
-1993b: Sponsoring im Tourismus, in: HAHN/KAGELMANN 1993: 455-462
-1993c: Was ist "sanft" am "sanften Tourismus"? in: PILLMANN/WOLZT 1993: 1-19
-1993d: 5 nach 12? Zur Situation des Tourismus in den neuen Bundesländern, in: touristik management, H. 3 (1993): 162-166
-1994a: Neue Strukturen und Kooperationen: Chancen für den deutschen Fremdenverkehr, in: DFV 1994
-1994b: The Tourism Transformation Process in East Germany, in: Go/Theobald 1994: 167-179
-1994c: Touristische Souvenirs, in: Souvenir Festival, Nr. 1 (1994): 60-62
-1994d (Hg.): Touristische Routen, siehe Müller 1994
-1995a: Beitrag der Wirtschaftswissenschaften zur Tourismuswissenschaft, in: IFKA (Hg.): 1. Bielefelder Tourismuskolloquium 1994, Bielefeld: 99-132
-1995b: Marketing-Management im Sporttourismus, in: DREYER/KRÜGER 1995: 53-82
-1996a: Event-Management im Tourismus: Kulturveranstaltungen und Festivals als touristische Leistungsangebote, in: DREYER 1996: 211-242
-1996b: Grundlagen der Zukunftsforschung und -vorhersagen im Tourismus, in: FREYER/ SCHERHAG 1996: 17-42
-1996c: Tourismus-Ökonomie oder Ökonomie des Tourismus?, in: FISCHER/LAESSER 1996: 49-68
-1996d: Dynamische Tourismusmärkte - Zukunftsforschung und Reise-Szenarien, in: STEINECKE 1996: 57-72
-1997a: Tourismus-Marketing: Marktorientiertes Management im Mikro- und Makrobereich der Tourismuswirtschaft, München/Wien
-1997b: Tourismuspolitik und Raumordnung, in: JENKIS,H. (Hg.): Kompendium der Raumordnung und Raumordnungspolitik, München/Wien 1996: S. 258 - 287
-1997c: Qualitätspolitik und Markenpolitik, in: LIEB,M./POMPL,W. 1996: Qualitätsmanagement im Tourismus, München/Wien: 155-183
-1997d: Tourismus und Wissenschaft - Chance für den Wissenschaftsstandort Deutschland, in: FELDMANN,O. (Hg.): Tourismus - Chance für den Standort Deutschland, Baden-Baden: 219-237
-1998a: Grundlagen der Tourismuswirtschaft für den Kultur-Tourismus, Hagen
-1998b: Globalisierung und Tourismus, Dresden: FIT
FREYER,W./MEYER,D./SCHERHAG,K. 1998: Events - Wachstumsmarkt im Tourismus? Dresden: FIT
FREYER,W./MILITZER,C. 1994 (Hg.): Tourismuspolitik für die Neuen Bundesländer? Tagungsband 1. Dresdner Tourismussymposium, Dresden
FREYER,W./POMPL,W. 1996: Schlüsselkompetenzen im internationalen Tourismusmanagement, in: AIEST 1996: 303-322
FREYER,W./SCHERHAG,K. 1996 (Hg.): Zukunft des Tourismus, Dresden
FREYER,W./TÖDTER,N. 1993: Kurortgesetzgebung in den Neuen Bundesländern, 2. Aufl., Heilbronn usw.: FIT-Verlag
-1998: Grundlagenuntersuchung zum Kur- und Bäderwesen in Sachsen, Dresden (im Druck)
FRIED,H. 1989: Informations- und Reservierungssysteme für den deutschen Fremdenverkehr, München
-1992: Die Touristische-Informations-Norm (TIN) für den deutschen Fremdenverkehr, München
FROMME,J./KAHLEN,B. 1990: Berufsfeld Freizeit, Bielefeld
FÜHRICH,E. 1988: Recht im Gastgewerbe, Tourismus und Betrieb, München
-1995: Reiserecht: Handbuch des Reisevertrags-, Reiseversicherungs- und Individualreiserechts, 2. Aufl., Heidelberg 1995

FÜTH,G./WALTER,E. 1993: Betriebswirtschaftslehre für Reiseverkehrsunternehmen, 6. Aufl., Frankfurt

FVW: Fremdenverkehrswirtschaft International, Hamburg (ab 1991: FVW-International)
-1997a: Europäische Veranstalter in Zahlen, Beilage Heft 10/1997 vom 2.5.1997
-1997b: Reisebüro-Ketten und Kooperationen, Beilage Heft 14/1997 vom 27.6.1997
-1997c: Deutsche Veranstalter in Zahlen, Beilage Heft 28/1996 vom 19.12.1997

GÄRTNER,K.: Internationale Computer-Reservierungssysteme, in: HAEDRICH u. a. 1993: 619-627

GANSER, A. 1991: Öffentlichkeitsarbeit in der Touristik, München

GASSER,R.V./WEIERMAIR,K. 1994 (Hg.): Spoilt for Choice: Decision Making Processes and Preference Changes of Tourists, Thaur usw.

GAUF,D.1982: Touristik-Marketing für Bus-Unternehmer, München
-1987: Partnerschaft in der Bustouristik, in: RDA-Reise-Ring Deutscher Autobusunternehmungen (Hg.), Handbuch für die Bustouristik, Köln: 43-48

GAUSEMEIER,J./FINK,A./SCHLAKE,O. 1995: Szenario-Management. Planen und Führen mit Szenarien, München/Wien

GDI 1985: Gottlieb Duttweiler Institut (Hg.): Ferien und Reisen im Jahr 2035, Rüschlikon/Zürich

GEE,C.Y./CHOY,D.J.L./MAKENS,J.C. 1984: The Travel Industry, Westport, Connecticut

GERKEN,G. 1990: Die Trends für das Jahr 2000, 3. Aufl., Düsseldorf usw.
-/KONITZER,M.-A. 1995: Trends 2015. Ideen, Fakten und Perspektiven, Bern usw.

GETZ,D.1991: Festivals, Special Events, and Tourism, New York: Van Nostrand Reinhold

G+J (Hg.): Branchenbilder (zu verschiedenen Bereichen), Gruner+Jahr Marktanalyse, Hamburg
-1997: Branchenbild Hotels, Hamburg

GNR 1991: Gruppe Neues Reisen (Hg.) Sanfter Tourismus - ein Schlagwort mehr, Göttingen usw.

GO,F.M./PINE,R. 1995: Globalization Strategy in the Hotel Industry, London/New York: Routledge

GO,F.M./THEOBALD, W.F. 1995 (Hg.): Reducing the Barriers to International Tourism, Hongkong

GODAU,A. 1990.: Der DDR-Tourismus nach der Umgestaltung - Strukturen, Produkte, Visionen, in: STADTFELD 1990: 101-110

GÖRGMAIER,D. 1979: Staatliche und kommunale Freizeitpolitik, Baden-Baden

GRANDE,M. 1985: Der Luftverkehrsmarkt Bundesrepublik Deutschland, in: Lufthansa Jahrbuch 1985, Köln: 36-49

GREIFSWALD 1992: Geographisches Institut der Ernst-Moritz-Arndt-Universität Greifswald (Hg.): Mecklenburg-Vorpommern: Tourismus im Wandel, Greifswald

GRÖNER,H. 1989: Regulierung und Wettbewerb im europäischen Luftverkehr, Berlin

GROSSMANN,M. 1990: Neue Aspekte der Entwicklung der Reiseströme der DDR-Bürger, in: STADTFELD 1990: 111-118

GROSSMANN,M./SCHARF,S. 1988: Der Tourismus als gesellschaftliche Erscheinung, unveröff., Dresden

GÜNTHER,W. 1991 (Hg.): Handbuch für Studienreiseleiter, Starnberg

HAACK,M./WOLF,W. 1988: Brauchen wir die Bahn?, Bonn

HAEDRICH,G. u. a. 1983 (Hg.): Tourismus-Management: Tourismus-Marketing und Fremdenverkehrsplanung, Berlin/New York (2. Aufl. 1993)

HAEDRICH,G./KREILKAMP, E. 1984: Einsatz des Portfolio-Managements in der Tourismus- und Fremdenverkehrsplanung, in: ZfF, H.1: 4-12

HAEDRICH,G./TOMCZAK,T. 1990: Strategische Markenführung, Bern/Stuttgart

HÄNSSLER,K.-H. 1997: Management in der Hotellerie und Gastronomie, München/Wien

HÄUSSLER,X. 1930: Der Fremdenverkehr, Leipzig

HAHN,H. 1974: Urlaub 74. Wissen Sie eigentlich, was für ein Urlaubstyp Sie sind? In: Für Sie, 25.1.1974: 2-4

HAHN,H./HARTMANN,K.D. 1973: Reiseinformation, Reiseentscheidung, Reisevorbereitung, Starnberg

HAHN,H./KAGELMANN,H.J. 1993 (Hg.): Handbuch der Tourismuspsychologie und -soziologie, München

HAHN,H./SCHADE,B. 1969: Psychologie und Fremdenverkehr, in: Wissenschaftliche Aspekte des Fremdenverkehrs. Veröffentlichungen der Akademie für Raumforschung und Landesplanung, Forschungs- und Sitzungsbericht, Bd. 53, Hannover: 35-53

HALL,C.M. 1994: Tourism and Politics: Policy, Power and Place, Chichester usw.: Wiley & Sons

HALL,C.M./JENKINS,J.M. 1995: Tourism and Public Policy, London/New York: Routledge

HALL,D.R. 1991 (Hg.): Tourism and Economic Development in Eastern Europe and the Soviet Union, London: Belhaven Press

HAMELE,H. 1987: "Sanfter Tourismus" - Entwicklung und Stand der Bemühungen: Mehr und mehr konstruktive Inhalte und Förderungen, in: FVW Nr. 24 (1987): 133-137

-1988: Chancen für einen umweltverträglichen Tourismus, in: FVW Nr. 6 (1988): 12-14

HAMER,T. 1979: Die Auswirkungen des Tourismus auf die Indianer von Panajachel in Guatemala, in: STUDIENKREIS 1979: 63-80

HANK-HAASE,G. 1992: Der Tagungs- und Kogreßreiseverkehr als wirtschaftlicher Faktor in deutschen Großstädten, Trier

HARTMANN,K.D. 1973: Die Bedeutung verschiedener Informationsquellen für Orientierung und den Kaufentscheid am Beispiel von Urlaubsreisen, in: ZV+ZV, 70. Jg.: 1776-1784

-1974: Auslandsreisen, Starnberg (2. Aufl. 1982)

-1975: Auskunft - Beratung - Buchung, in: STUDIENKREIS 1975: 37-57

-1979: Psychologie des Reisens, in: HINSKE/MöLLER 1979: 15-21

-1981: Zur Psychologie des Landschaftserlebens im Tourismus, Starnberg

HASSLACHER, P. 1984: Sanfter Tourismus im Virgental, Innsbruck

HEBESTREIT,D. 1992: Touristik Marketing, Berlin (1. Aufl. 1977)

HEINEMANN,H. u. a. 1994: Schiffahrt, Frankfurt/Melsungen

HELFER,M. 1993: Chancen und Risiken der Umstrukturierung des Tourismus auf der Insel Rügen infolge der deutschen Einigung, Diss. Saarbrücken

HELLER,A.: Der Einfall touristischer Horden führt zur Ausrottung des Schönen, in: LUDWIG/HAS/NEUER 1990: 158-163 (auch in WÖRLE/WOLFF 1990: 238-242)

HELLER,M. 1996: Dienstleistungsqualität in der touristischen Reisevermittlung, Bern usw.

HELLEX,B.-L. 1984: Polarisierung in der Touristik gerät ins Stocken, in: Reisebüro Bulletin, Nr. 43

HELMICH,G. 1977: Stellungnahme zur wachsenden Kritik touristischer Entwicklungshilfe, St. Gallen

HENDERSON,J. M./QUANDT,R.E. 1970: Mikroökonomische Theorie, 2. Aufl., München/Frankfurt

HENNING,M./KRAUSS 1983: Fremdenverkehrsökonomie und Siedlungsplanung, Kassel

HENSCHEL,K.1992: Der Übergang zur marktorientierten Tourismuspolitik, dargestellt am Beispiel der ehemaligen DDR, in: KASPAR,C. (Hg.): Gestaltung einer marktorientierten Tourismuspolitik in Ländern mit bisheriger Planwirtschaft, St. Gallen 1992: 23-38

HESSE,K.-P. 1978: Struktur und Verhalten der Reisebürokunden, in: Fremdenverkehr + Reisebüro, Heft 8

-1979: Struktur und Verhalten der Reisebürokunden, in: Fremdenverkehr + Reisebüro, Heft 8

-1980: Kosten- und Strukturverhalten der Reisebürokunden, in: Fremdenverkehr + Reisebüro, Heft 10

-1983: Gründe für die Beanspruchung des Reisebüros, in: Das Reisebüro, Nr. 10: 1-4

-1984: Aspekte des Reiseverhaltens der Reisebürokunden, in Fremdenverkehr + Reisebüro, 1984

HILLMANN,H. 1993: Auswirkungen des EG-Binnenmarktes, in: HAEDRICH u.a. 1993: 43-49

HINSKE,N./MÖLLER,M. J. 1979 (Hg.): Reisen und Tourismus, Trier

HOCHREITER,R./ARNDT,U. 1978: Die Tourismusindustrie. Eine Markt- und Wettbewerbsanalyse, Frankfurt/Bern/Las Vegas

HÖMBERG,E. 1977: Tourismus: Funktionen, Strukturen, Kommunikationskanäle, München

HOFSTEDE, G. 1993: Interkulturelle Zusammenarbeit. Kulturen - Organisationen - Management, Wiesbaden 1993

HOLLEIS,W. 1993: Controlling in der Hotellerie, Bern usw.

HOLLOWAY,J.C. 1994: The Business of Tourism, 4. Aufl., London

HOMP,C./SCHILLING,S./WELSCHE,M. 1991: Organisationsformen des Tourismus in den Ländern der EG, Heilbromm

HOPFENBECK,W./ZIMMER,P. 1993: Umweltorientiertes Tourismusmanagement, Landsberg
HOPLITSCHEK,E./SCHARPF,H./THIEL,F. 1991 (Hg.): Urlaub und Freizeit mit der Natur, Stuttgart/Wien
HORX,M. 1995: Megatrends für die späten neunziger Jahre, Düsseldorf
HÜFNER,G. 1992 (Hg.): Die deutschen Bäderverbände 1892-1992, Gütersloh
HUNZIKER,W. 1943: System und Hauptprobleme einer wissenschaftlichen Fremdenverkehrslehre, St. Gallen
-1952: Zur Problematik und Systematik der Betriebswirtschaftslehre des Fremdenverkehrs, in: JfF, 1. Jg.: 49-63
- 1959: Betriebswirtschaftslehre des Fremdenverkehrs, Bern
HUNZIKER,G./KRAPF, K. 1942: Grundriß der Allgemeinen Fremdenverkehrslehre, Zürich

IAB 1981: Institut für Arbeitsmarkt und Berufsforschung der Bundesanstalt für Arbeit (Hg.): Zur Arbeitsmarktsituation im Gaststätten- und Beherbergungsgewerbe, Nürnberg
IfA 1978: Institut für Auslandsbeziehungen 1978 (Hg.): Tourismus und Kulturwandel, Stuttgart
IfA 1987: Institut für Auslandsbeziehungen (Hg.): Airport Art: Das exotische Souvenir, Stuttgart
INKPEN,G. 1994: Information Technology for Travel and Tourism, London
INSKEEP,E. 1991: Tourism Planning, New York: Van Nostrand Reinhold
ITB 1990: Internationale Tourismus-Börse Berlin 1990: Wie wird sich der EG-Binnenmarkt 1993 auf die Tourismus-Wirtschaft auswirken? Ausführungen von Fachjournalisten, Presseinformation AMK-Berlin, Berlin ITB 1990)
IZ3W 1983: Informationszentrum 3. Welt (Hg.): "Klar, schön war's, aber...", Freiburg
-1992: Tourismus und Menschenrechte, iz3w, Nr. 179

JfF: Jahrbuch für Fremdenverkehr, München
JOHNSON,P./THOMAS,B. 1993: Perspektives on Tourism Policy, London/New York
JUNGK,R. 1980: Wieviel Touristen pro Hektar Strand? In: GEO, H. 10: 154-156

KAGELMANN,J. 1993 (Hg.) Tourismuswissenschaft: Soziologische, sozialpsychologische und sozialanthropologische Untersuchungen, München
KADT,E. de 1979 (Hg.): Tourism - Passport to Development, New York
KASPAR,C. 1979: Neuere wissenschaftliche Erkenntnisse zum Fremdenverkehrs- bzw. Tourismusbegriff, in: ZfF, Nr. 2, 1979: 5-9
-1991: Die Fremdenverkehrslehre im Grundriß, 4. Aufl., Bern/Stuttgart (5. Aufl. 1996)
-1995: Management im Tourismus, 2. Aufl, Bern/Stuttgart
KASPAR,C./FEHRLIN,P. 1984: Marketing-Konzeption für Heilbäderkurorte, Bern/Stuttgart
KASPAR,C./KUNZ, B. R. 1982: Unternehmensführung im Fremdenverkehr, Bern/Stuttgart (Neuauflage 1995 als KASPAR 1995)
KASPAR,C./MÜLLER,H./SCHMIDHAUSER,H. 1991: Tourismus 2010. Delphi-Umfrage 1991 zur Zukunft des Schweizer Tourismus, Bern/St. Gallen
KEYNES,J.M. 1936: General Theory of Employment, Interest and Money, London
KHAN,M.A./OLSON,M.D./VAR,T. 1993 (Hg.): Encyclopedia of Hospitality and Tourism, New York: Van Nostrand Reinhold
KIEMSTEDT,H.: Landschaftsbewertung für Erholung im Sauerland, Hannover 1975
-1990: Effektivierung der Landschaftsplanung, Berlin 1990
KIRSTGES,T. 1992: Sanfter Tourismus, München/Wien
- 1994: Management von Tourismusunternehmen, München/Wien
- 1996: Expansionsstrategien im Tourismus, 2. Aufl., Wiesbaden
KIRSTGES,T./MAYER,R. 1991: Tourismus 2005: Ein anwendungsbezogener Leitfaden für einen branchenspezifischen Einsatz der Szenariotechnik - dargestellt am Beispiel des Tourismusmarktes, Arbeitspapier Nr. 86, Mannheim
KIRSTGES,T./SEIDL,D. 1989: Basisstrategien im Internationalen Marketing von Reiseveranstaltern, Arbeitspapier Nr. 69, Mannheim
KLARE,H.H./CEBULKA,D. 1987: AIDS und Tourismus, in: STERN, Nr. 18: 26-30
KLATT,H. 1981: Fremdenverkehrsrechtliche Entscheidungen, Loseblatt-Ausgabe, Köln

KLEIN,N. 1994: Erfolgskontrolle für Tourismuskonzepte: Erfolgsfaktoren als Richtlinien für Auftraggeber und Gutachter, Trier

KLEIN,T. 1989: Das Marktsegment der Nichtreisenden, Trier

KLEMM, K. 1979: Methoden der Fremdenverkehrsplanung in der Bundesrepublik Deutschland, Trier

KLIEN,I. 1991: Wettbewerbsvorteile von Groß- und Kettenhotels und deren Kompensierbarkeit durch Hotelkooperationen, Wien

KLINGENBERG,K.-H./TRENSKY,M./WINTER,G. 1991 (Hg.): Wende im Tourismus, Stuttgart

KLOPP,H. 1979: Fremdenverkehrsentwicklungsplanung als Grundlage für ein Fremdenverkehrsmarketing, in: Städte - und Gemeindebund, H. 2: 41-44

KLOPP,H./TÖDTER,N.: Die Wahl der Rechtsform als unternehmerischer Entscheidungsprozeß im Fremdenverkehrsort, in: STADTFELD,F.: Europäische Kurorte - Fakten und Perspektiven, Limburgerhof 1993: 29-46

KNEBEL,H.-J. 1960: Soziologische Strukturwandlungen im modernen Tourismus, Stuttgart

KOCH,A. 1952: Der Fremdenverkehr als Wirtschaftsfaktor, in: JfF, 1. Jg.: 27 - 34-1955: Zum gegenwärtigen Stand der Marktforschung im Fremdenverkehr, in: JfF, 4. Jg: 42-56

-1961: Die Ausgabenstruktur im Fremdenverkehr, in: JfF, 9. Jg.: 1-58

-1966: Die gegenwärtige wirtschaftliche Bedeutung des Fremdenverkehrs unter besonderer Berücksichtigung der im Fremdenverkehr erzielten Umsätze und der Wertschöpfung, in: JfF, 14. Jg.: 22-45

-1980: Die Ausgaben im Fremdenverkehr in der BRD, Schriftenreihe des DWIF, H. 37, München-1982: siehe DWIF 1982

-1985: Die Ausgaben im Fremdenverkehr in der BRD, Schriftenreihe des DWIF, Heft 37, München

KOCH/FABER,M. 1975: Reaktionen des touristischen Konsumverhaltens auf veränderte wirtschaftliche Determinanten, München

KOTLER,P. 1978: Marketing für Nonprofit-Organisationen, Stuttgart

-1992: Marketing-Management, 4. Aufl., Stuttgart

KOTLER,P./BLIEMEL,F. 1995: Marketing-Management. Analyse, Planung, Umsetzung und Steuerung, 8.Aufl., Stuttgart

KOTLER,P./BOWEN,J./MAKENS,J. 1996: Marketing for Hospitality and Tourism, London usw.: Prentice Hall

KOTLER,P./LEVY, S. J. 1969: Broadening the Concept of Marketing, in: Journal of Marketing, Bd. 33: 10-15

KREILKAMP,E. 1987: Strategisches Management und Marketing, Berlin/New York

-1995: Tourismusmarkt der Zukunft - Die Entwicklung des Reiseveranstalter- und Reisemittlermarktes in der Bundesrepublik Deutschland, Frankfurt: DRV

KRIPPENDORF,J. 1971: Marketing im Fremdenverkehr, Bern/Frankfurt

-1975: Die Landschaftsfresser, Stuttgart/ Bern

-1978: Fremdenverkehr in Entwicklungsländern, Bern

-1984: Der Ferienmensch, Zürich usw.

KRIPPENDORF,J./ZIMMER,P./GLAUBER,H. 1988 (Hg.): Für einen anderen Tourismus, Frankfurt

KROHN,H. 1985: Welche Lust gewährt das Reisen!, München

KROPP,W. 1995: Elektronische Reisevertriebssysteme: Marktplatz für das weltweite Reiseangebot, in: ROTH/SCHRAND 1995: 145-158

KUNZ,A. 1990: Erfolgskontrollen für Touristik-Messen in Theorie und Praxis, Trier

KUNZ,B.R. 1976: Hotel-Rechnungswesen, 4. Aufl., Bern usw.

-1986: Die Kosten des Hotels, 3. Aufl., Bern usw.

LANGE,K. 1986: Sanft und brutal, in: natur, H.5: 27-34

LAßBERG,D.V. 1995: Ganzheitlich orientierte Tourismusentwicklung, Ammerland

LAUFENBERG,W. 1969: Welt hinter dem Horizont, Düsseldorf/Wien

LAUFER,H. u. a. 1976: Freizeitpolitik von Bund, Ländern und Gemeinden, Göttingen

LAWS,E. 1995: Tourist Destination Management, London: Routledge

LEED,E.J. 1993: Die Erfahrung der Ferne: Reisen von Gilgamesch bis zum Tourismus unserer Tage, Frankfurt/New York

LEFFLER,U. 1993: Auswirkungen des Tourismus in Entwicklungsländern, Berlin

LENZ-ROMEISS,F. 1975: Freizeitpolitik in der Bundesrepublik, Göttingen

LETTL,M. 1985: Nicht jeder Nichtreisende ist ein Reisemuffel, in: FVW, H. 20

LICKORISH,L.J.: European tourism 1992. The Internal Market, in: Tourism Management, Juni 1989: 100-110

-1991: Developing a single European tourism policy, in: Tourism Management, Bd. 12 (1991): 178-184

-1994: Developing Tourism Destinations: Policies and Perspectives, 2. Aufl., Harlow: Longman

LIEB,M./POMPL,W. 1997 (Hg.): Qualitätsmanagement im Tourismus, München/Wien

LINDE,J./ROTH,E. 1983: Grundlagen der Fremdenverkehrspolitik, in: HAEDRICH 1983: 57-63

LIPPMANN,H. 1986: Strategisches Marketing in der Freizeit-Industrie, in: WIESELHUBER,N./TÖPFER,A. (Hg.) 1991: Strategisches Marketing, 2. Aufl., Landsberg

LISSABON 1997: Die Gruppe von Lissabon (Hg.): Grenzen des Wettbewerbs: die Globalisierung der Wirtschaft und die Zukunft der Menschheit, München 1997

LÖSCHBURG,W. 1977: Von Reiselust und Reiseleid, Frankfurt

LOHMANN,M./MUNDT,J.W. 1988: Erholung und Urlaub, Starnberg

LUDWIG,K./HAS,M./NEUER,M. 1990 (Hg.): Der neue Tourismus, München

LUECHINGER,U. 1975: Die Planung des Reiseprodukts, Diss., St. Gallen

LÜCKE,M. 1992: Strategieansätze mittelständischer Unternehmen der deutschen Reisebranche vor dem Hintergrund des EG-Binnenmarktes, unveröff. Magisterarbeit, Saarbrücken

LÜEM,T. 1985: Sozio-kulturelle Auswirkungen des Tourismus in Entwicklungslän dern, Diss., Zürich 1985

LUFT,H. 1994: Grundlagen der kommunalen Fremdenverkehrsförderung, Limburgerhof

LUFTHANSA:
-versch. Jg.: Lufthansa Jahrbuch, Köln
-versch. Jg.: Geschäftsbericht, Köln

MACHENS,D. 1990 (Hg.): Strategische Entscheidungen im Tourismus, Worms

MÄDER,U. 1982: Fluchthelfer Tourismus, Zürich

-1985 , Sanfter Tourismus: Alibi oder Chance? Zürich

-1988: Sanfter Tourismus, Alibi oder Chance? Zürich

MAIER,J. 1986 (Hg.): Naturnaher Tourismus im Alpenraum - Möglichkeiten und Grenzen, Bayreuth

MANDRYSCH,R. 1979: Die rechtliche Stellung des Reiseveranstaltervertrages, Graduierungs-arbeit, FH Bochum

MASLOW,A.M. 1943: A Theory of Human Motivation, in: Psychological Review 1943: 370-396

MAURER,M. 1991: Tourismus, Prostitution, Aids; Zürich

MAURER,M. u. a. 1992: Tourismus und Dritte Welt, Bern

MAY,S. 1985: Tourismus in der Dritten Welt, Frankfurt a. M./New York

McINTOSH,R./GOELDNER,C.R. 1986: Tourism. Principles, Practices, Philosophies, 5. Aufl., New York usw.

MEFFERT,H. 1986: Marketing, 7. Auflage, Wiesbaden

MENGES,G. 1959: Wachstum und Konjunktur des deutschen Fremdenverkehrs 1913 bis 1956, Frankfurt

MEYER,M. 1983: Das Förderinstrumentarium des Fremdenverkehrs, in: HAEDRICH 1983: 331-346

MEYER-SCHWICKERATH,M. 1990: Perspektiven des Tourismus in der Bundesrepublik Deutschland: Zur Notwendigkeit eines wirtschaftspolitischen Konzepts, Göttingen

MIDDLETON,V.T.C. 1988: Marketing in Travel and Tourism, Oxford usw. (2. Aufl. 1994)

MILL,R.C./MORRISON 1985: The Tourism System, Englewood Cliffs (2. Aufl. 1992)

MKRO 1979: Ministerkonferenz für Raumordnung: Grundlagen der Ausweisung und Gestaltung von Gebieten für Freizeit und Erholung, Entschließung vom 12.11.1979

-1992: Großflächige Freizeiteinrichtungen in der Raumordnung und Landesplanung, Bonn

MORGENROTH,W. 1927: Fremdenverkehr, in: HdS, Bd 4, Jena

MORRISON,A.M. 1989: Hospitality an Travel Marketing, New York: Delmar Publisher

MÜLLER,G. 1994: Touristische Routen als Marketing-Instrument, Heilbronn: FIT (Hg.: W.FREYER)

MÜLLER,H.-R.: Freizeit und Tourismus 7. Aufl., Bern

MÜLLER,H-R../BOESS,M. 1995: Tourismusbewußtsein: Empirische Belege und Hintergründe, Bern

MÜLLER,L.A./WEICHLER,K.: 1990 Arbeitsfeld Freizeit, Reinbek

MUNDT,J.W. 1996 (Hg.): Reiseveranstaltung, 3. Aufl., München/Wien

MUNDT,J.W./LOHMANN,M. 1988: Erholung und Urlaub, Starnberg

NAGEL,C.G. 1993: Strategische Unternehmensbewertung am Beispiel von Hotelunternehmen, Bern usw.

NAHRSTEDT,W. u. a. 1994 (Hg.): Tourismusberufe für Hochschulabsolventen, Bielefeld

NAHRSTEDT,W./PIWODDA,M. 1996: Gästebetreuung in Europa, Perspektiven für den Gesundheitstourismus in Heilbädern und Kurorten, Bielefeld

NAISBITT,J. 1990: Megatrends 2000, Düsseldorf 1990

-1995: Global Paradox, New York

NAKE-MANN,B. 1984: Neue Trends in Freizeit und Fremdenverkehr, Schriftenreihe des Bundesministers für Raumordnung, Bauwesen und Städtebau, Nr. 06.051

NETTEKOVEN,L. 1969: Mass Tourism from the Industrial Society to the Developing Countries, in: Law and State: 24-40

-1972: Massentourismus in Tunesien, Starnberg

-1979: Mechanism of Intercultural Interaction, in: KADT 1979: 135-145

NIEDECKEN,D. u. a. 1989: Europa 1993 - von drinnen und draußen, in: FVW Nr. 24 (1989): 82-106

Nieschlag,R./Dichtl,E./Hörschgen,H. 1991: Marketing, 16. Aufl., Berlin

NIPPER,B. 1985: Eine effektivere Gewerbeaufsicht wäre echter Verbraucherschutz, in: FVW, Nr. 12

ODRICH,P. 1981: Fast jeder ist mit jedem verwandt, in: TID-Touristik Dokumen tation, Nr. 365

OECD 1997: Organisation for Economic Co-Operation and Development (Hg.): The Future of International Air Transport Policy: Responding to Global Change, Paris 1997

OEHLER,E. u. a. 1988 : (Autorenkollektiv) Erholungswesen, Leitung, Organisation, Rechtsfragen (Hg.: Akademie für Staats- und Rechtswissenschaft der DDR), Berlin

O'GRADY,R. 1982: Zwischenlandung Dritte Welt, Frankfurt

-1992: Gebrochene Rosen. Kinderprostitution und Tourismus in Asien, Bad Honnef

ÖSTERREICH WERBUNG o. J. (Hg.): Marketing 2000, Wien

OPASCHOWSKI,H.W. 1983: Arbeit. Freizeit. Lebenssinn? Opladen

-1987: Wie leben wir nach dem Jahr 2000?, Hamburg

-1988: Psychologie und Soziologie der Freizeit, Opladen

-1989: Tourismusforschung, Opladen

-1991: Ökologie von Freizeit und Tourismus, Opladen

-1992: Freizeit 2001: Ein Blick in die Zukunft unserer Freizeitwelt, Hamburg

-1993a: Freizeitökonomie: Marketing von Erlebniswelten, Opladen

-1993b: Lebensstile, in: HAHN/KAGELMANN 1993: 175-179

-1997: Deutschland 2010: Wie wir morgen leben - Voraussagen der Wissenschaft zur Zukunft unserer Gesellschaft, Hamburg

OPASCHOWSKI,H.W. /RADDATZ,G. 1982: Freizeit im Wertewandel, Hamburg

OPPITZ,W. 1981: Die Rolle der Reisebüros und Reiseveranstalter in den achtziger Jahren, in: ZfF, Nr. 1: 9-13

ORTNER,W. 1989: PR im Fremdenverkehr, Wien

PAPSON,S. 1979: Tourism - World's Biggest Industry in the Twenty-First Century?, in: The Futurist, 8 (1979): 249ff

PANNENBECKER,M. 1981: Rucksacktouristen in Griechenland. Studienkreis für Tourismus, Starnberg

PAUL,H. 1977: Marketing für Fremdenverkehr, Frankfurt

PETERMANN,T. 1997: TA-Projekt "Entwicklung und Folgen des Tourismus", Bericht zum Abschluß der Phase I, TAB-Arbeitsbericht Nr. 52, Bonn

PILLMANN,W./PREDL,S. 1992 (Hg.): Strategies for Reducing the Environmental Impact of Tourism, Wien

PILLMANN,W./WOLZT,A. 1993 (Hg.): Umweltschutz im Tourismus: Vom Umdenken - zum Umsetzen, Wien

PÖSCHL,A.E. 1962: Fremdenverkehr und Fremdenverkehrspolitik, Berlin

-1971: Fremdenverkehr - Volkswirtschaftslehre, Salzburg/München

POLLACK,A.P.: Seetours: Durch Produktdifferenzierung zum Marktführer für Kreuzfahrten, in: ROTH/SCHRAND 1992: 323-335

POMPL,W.E. 1975: Der internationale Tourismus in Kenia und seine Implikationen für die sozio-ökonomische Entwicklung des Landes, München

-1991: Luftverkehr, 2. Aufl., Berlin usw.

-1997: Touristik-Management 1: Beschaffungsmanagement, 2. Aufl., Berlin usw.

-1996: Touristik-Management 2: Qualitäts-, Produkt-, Preismanagement, Berlin usw.

POMPL,W./LAVERY,P. 1993 (Hg.): Tourism in Europe, Wallingford

POMPL,W./LIEB,M.1997 (Hg.): Qualitätsmanagement im Tourismus, München/Wien

POON,A. 1993: Tourism, Technology and Competetive Strategies, Wallingford

POPCORN,F. 1992: Der Popcorn Report: Trends für die Zukunft, München

PROFITRAVEL 1988: Profitravel Geschäftsreisestudie 1988, Düsseldorf

PUTSCHÖGL,M. 1985: Studienfach Touristik, in: DIE ZEIT, Nr. 14

PRAHL,H.W./STEINECKE, A. 1981: Der Millionenurlaub, Frankfurt usw.

PROGNOS 1976: Informationsbedarf für die Fremdenverkehrspolitik in der Bundesrepublik Deutschland, Basel

QUANDT,R.E. 1970 (Hg.): The Demand for Travel: Theory and Measurement, Lexington

RADKE,D. 1979: Der Beitrag des internationalen Tourismus zur wirtschaftlichen und sozialen Entwicklung Sri Lankas, in: STUDIENKREIS 1979: 55-61

RAFFÉE,H. 1990 (Hg.): Die Zukunftschancen der Bahn im Tourismus nach Einführung des Europäischen Binnenmarktes, Mannheim

RdT: Revue de Tourisme, siehe auch ZfF: Zeitschrift für Fremdenverkehr, Bern

REISEANALYSE, versch. Jg.: Studienkreis für Tourismus (Hg.), Kurzfassung, Starnberg

REISEMONITOR, versch. Jg.: Deutscher Reisemonitor, Informationssystem für Wirtschaft, Politik und Verwaltung, EMNID, Bielefeld

RENSCHLER,R. u. a. 1991: Ware Liebe: Sextourismus-Prostitution-Frauenhandel, 3. Aufl., Wuppertal

RENTSCH,H. 1974: Anwendungsmöglichkeiten der Kosten-Nutzenanalyse bei touristischen Projekten, in: Fremdenverkehr im Wandel, Berner Studien, Heft 12: 39 -51

RINGELING,H./SVILAR,M. 1982 (Hg.): Tourismus - das Phänomen des Reisens, Bern

RITCHIE,J.R.B./GOELDNER,C.R. 1994 (Hg.): Travel, Tourism, and Hospitality Research, New York usw. 1994: John Wiley & Sons

ROCHLITZ,K.-H. 1986: Sanfter Tourismus: Theorie und Praxis - das Beispiel Virgenthal, in: MAIER 1986: 1-233

-1988: Begriffsentwicklung und -diskussion des "sanften Tourismus", in: Freizeitpädagogik, H. 10 (1988): 105ff

ROMEIKE,A./HILT,S.: Tourismusprogramme der Parteien, Heilbronn: FIT 1994

ROMEIß-STRACKE,F. 1995: Service-Qualität im Tourismus: Grundsätze und Gebrauchsanwei-sungen für die touristische Praxis, München

ROPERS,N. 1986: Tourismus zwischen West und Ost. Ein Beitrag zum Frieden? Frankfurt/New York

ROSTOCK,J./ZADNICEK,F. 1992: Paradiesruinen: Das KdF-Seebad der Zwanzigtausend auf Rügen, Berlin

ROTH,E. 1986: Lokomotive Tourismus, Berlin

ROTH,P. 1990: Sport-Sponsoring, 2. Aufl., Landsberg

ROTH,P./SCHRAND,A. 1995 (Hg.): Touristik-Marketing, 2. Aufl., München

RUST,H. 1995: Trends: Das Geschäft mit der Zukunft, Wien

SABATHIL,S. 1992: Lehrbuch des Linienflugverkehrs, Berlin
SALOMON,I./BOVY,P./ORFEUIL,J.-P. 1993: A Bllion Trips a Day, Dordrecht
SCHAETZING,E.E. 1979: Management in Hotellerie und Gastronomie, Bad Wörrishofen (3. Aufl.
    1985)
-1980: Marketing in Hotelerie und Gastronomie, in: FALK 1980: 117-142
-1988: Qualitätssicherung in Hotellerie und Gastronomie, München
-1992: Management in Hotellerie und Gastronomie, 4. Aufl., Frankfurt
SCHALKOWSKI,E. 1989: Homo oeconomicus auf Reisen: Ein neuer Beitrag zur Theorie des Tou-
    rismus, in: DIE ZEIT v. 29.12.1989
SCHARPF,H. 1974: Ein Ansatz zur Erfassung sozialpsychologischer Faktoren im Fremden-
    verkehrsangebot, in: Landschaft + Stadt, Heft 2: 75-77
SCHEMEL,H.J. 1988: Tourismus und Landschaftserhaltung, München
SCHEMEL,H.-J./SCHARPF,H./HARFST,W. 1987: Landschaftserhaltung durch Tourismus, Berlin
SCHERRIEB,H.R.1993: Freizeitparks und Freizeitzentren - Ziele und Aufgaben als touristischer
    Leistungsträger, in: HAEDRICH u. a. 1993: 601-618
SCHERTLER,W. u. a. 1994 (Hg.): Information and Communications Technologies in Tourism,
    Wien/New York
SCHERTLER,W. u.a. 1995 (Hg.): Elektronisches Marketing im Tourismus, ENTER '95, Wien/
    München
SCHERTLER,W./SPEHL,H./FONTANARI,M. 1991 (Hg.): Umweltstrategien im Tourismus, Trier
SCHERTLER,W./WÖHLER 1993 (Hg.): Touristisches Umweltmanagement, Limburghof
SCHICKER,I. u. a. 1989: Umweltverträglicher Tourismus - eine zukunftsträchtige Geschäfts-
    chance? In: touristik management, H. 5: 10-26, H. 6: 29-36 u. 95
SCHLESAK,D. 1972: Geschäfte mit Odysseus: Zwischen Tourismus und engagiertem Reisen,
    Bern/Stuttgart
SCHMID,C. 1995: Fachkunde Busreiseverkehr, Frankfurt
SCHMIDHAUSER,H.-P. 1966: Marktforschung im Fremdenverkehr, in: wirtschaftsdienst, Bd. II:
    114ff
SCHMEER-STURM,M.-L. 1992: Theorie und Praxis der Reiseleitung, Darmstadt
SCHNEIDER,E. 1967: Einführung in die Wirtschaftstheorie, 2. Teil, Wirtschaftspläne und
    wirtschaftliches Gleichgewicht in der Verkehrswirtschaft, 11. Auflage, Tübingen
SCHNELL,P. 1993: Bahntourismus, in: HAEDRICH u.a. 1993: 569-581
SCHÖNEMANN,K. 1991: Gemeinde und Fremdenverkehr, 2. Aufl., Wiesbaden
SCHOLZ,H.E. 1984: Tausend Türen in die weite Welt, Frankfurt
SCHRAND,A. 1993: Urlaubertypologien, in: HAHN/KAGELMANN 1993: 547-553
SCHREIER,G. 1989: Die großen deutschen Reiseveranstalter auf dem Weg in den Binnenmarkt:
    Spiel ohne Grenzen, in: touristik management, H. 6: 10-18
SCHUCHT,F. 1972: Reisebüro-Image und Reisebüro-Realitäten, in: Der Fremdenverkehr, Nr. 8
-1973: Reisebüro-Kunden und Reisebüro-Nutzung, in: Der Fremdenverkehr + Das Reisebüro, Nr.
SCHÖSSLER,A. 1982 (Hg.): Tourismus. BRD und Dritte Welt, Kiel
SCHUH,F. 1984 (Hg.): Fremdenverkehr - kritische Texte über den Tourismus, Klagenfurt
SCHULMEISTER,S. 1977: Reiseverkehr und Konjunktur, Wien
-1978: Reiseverkehr und Wirtschaftswissenschaft, in: W.A.ENDER (Hg.): Festschrift zur
    Vollendung des 70. Lebensjahres von Prof. Dr. Paul Bernecker, Wien
SCHULZ,A./FRANK,K./SEITZ,E.1996: Tourismus und EDV, München
SCHWARZ,R. 1995: Chaos oder Ordnung? Einsichten in die ökonomische Literatur zur
    Transformationsforschung, Marburg
SCHWEIGER,G./SCHRATTENECKER,G. 1989: Werbung, 2. Aufl., Stuttgart/New York
SCHULTZE,J.-G. 1993: Diagnose des strategischen Handlungsbedarfs für Hotelketten,
    Bern usw.
SEIDL,D./KIRSTGES,T. 1989: Basisstrategien im Internationalen Marketing von Reiseveranstal-
    tern, Mannheim
SEILER,B. 1989: Kennziffern einer harmonischen touristischen Entwicklung, Bern
SEITZ,E./MEYER,W. 1995: Tourismusmarktforschung, München
SEITZ,E./WOLF,J. 1991 (Hg.): Tourismusmanagement und -marketing, Landsberg
SEITZ,G. 1996: Hotelmanagement, Berlin usw.
SIGAUX,G.O.J.: Geschichte des Tourismus, Lausanne

SMERAL,E. 1985: Makroökonomische Aspekte des Reiseverkehrs, in: Wirtschaftspolitische Blätter, 32. Jg., Nr. 5: 407-419
-1994: Tourismus 2005: Entwicklungsaspekte und Szenarien für die Tourismus- und Freizeitwirtschaft, Wien
SMITH,V.L. 1977 (Hg.): Hosts and Guests: The Antropology of Tourims, o.O.:University of Pennsylvania Press
SMITH,S.L.J. 1988: Defining Tourism: A Supply Side View, in: Annals of Tourism Research, Bd. 15: 179-190
SOREMBE,V./WESTHOFF,K. 1979: Einstellung zur internationalen Zusammenarbeit, Starnberg
SPATT,E. 1975: Allgemeine Fremdenverkehrslehre, Innsbruck
SPEHL,H. 1979: Ökonomische Grundlagen und Bedeutung des Fremdenverkehrs, in: HINSKE, N./MÖLLER, M. J.: Reisen und Tourismus, Trier
SPEIL,W./MAIR,G. 1980: Jugendherbergen, Keitel
SPIEGEL1980: Die Leute wollen Geld und sonst gar nichts: Enttäuschte Urlauber erstreiten Schadensersatz in Millionenhöhe, in: Der Spiegel Nr. 34: 70-81
-1988: Geschäftsreisen, Hamburg
-1994: Geschäftsreisen, Hamburg
SPODE,H. 1987: Zur Geschichte des Tourismus, Starnberg
-1991: Zur Sonne, zur Freiheit! Beiträge zur Tourismusgeschichte, Berlin
SPÖREL,U. 1993: Die deutsche Tourismusstatistik, in: HAEDRICH u. a. 1993: 135-153
STADTFELD,F. 1989 (Hg.): Chancen und Risiken eines europäischen Tourismus-Binnenmarktes, Worms
-1990 (Hg.): Tourismus in einem neuen Europa - Zusammenarbeit von Ost und West, Worms
-1993: Europäische Kurorte - Fakten und Persektiven, Limburgerhof
STATISTISCHES AMT DER DDR 1990a (Hg.): Statistisches Jahrbuch der DDR, Berlin
-1990b: Kennziffernsammlung Sozialstatistik 1990, Berlin
STATISTISCHES BUNDESAMT 1978: Reiseverkehr, in: Wirtschaft und Statistik, H. 7: 426-428
-1993: Fachliche Ergebnisse der Tourismusstichprobe, in: Wirtschaft und Statistik, H. 11 (1993) (auch in: Tourismus in Zahlen 1993: 28-35)
-1997: Tourismus in Zahlen, Wiesbaden (und lfd. Jg.)
-versch. Fachreihen zu Tourismus und Verkehr
-versch. Jg.: Mikrozensus, Stuttgart/Mainz
-versch. Jg.: Statistisches Jahrbuch, Stuttgart/Mainz
STEHLE,T. 1995: Kurverkehr, Trier
STEIGENBERGER 1975: Steigenberger Consulting: Devisenrentabilität von Tourismusinvestitionen. Beispiel Marokko, Frankfurt
STEINECKE,A. 1981: Interdisziplinäre Bibliographie zur Fremdenverkehrs- und Naherholungsforschung, 2 Bd. (1981), Fortsetzungsband (1984), Berlin
-1988: Der bundesdeutsche Reiseführermarkt, Starnberg
-1989 (Hg.): Tourismus-Umwelt-Gesellschaft, Bielefeld
STEINECKE,A. 1996 (Hg.): Der Tourismusmarkt von morgen - zwischen Preispolitik und Kultkonsum, Trier
STEINECKE,A./KILLISCH,W.F. 1982: Fremdenverkehr und Naherholung, Stuttgart
STERZENBACH,R. 1991: Omnibusverkehr - Eine Dienstleistungslehre, München
-1996: Luftverkehr, München/Wien
STORBECK,D.1988 (Hg.): Moderner Tourismus - Tendenzen und Aussichten, Trier
STRASDAS,W. 1992: Umweltverträglichkeitsprüfung und Standortfindung für wetterunabhängige Feriengroßprojekte, in: PILLMANN/PREDL 1992: 288-303
STRADNER,J. 1917: Der Fremdenverkehr, 2. Aufl., Graz
STUDIENKREIS 1969 (Hg.): Motive - Meinungen - Verhaltensweisen, Starnberg
-1970: Marketing im Tourismus, Starnberg
-1972: Marktforschung im Tourismus, Starnberg
-1973: Werbung im Tourismus, Starnberg
-1974: Ferntourismus, Starnberg
-1974: Angebotsplanung und -gestaltung im Tourismus, Starnberg
-1975: Verkaufsförderung im Tourismus, Starnberg
-1977: Konsumentenaufklärung und Konsumentenschutz im Tourismus, Starnberg
-1978: Tourismus - Entwicklung und Gefährdung?, Starnberg

-1979: Tourismus in Entwicklungsländern, Starnberg
-1981: Reisemotive - Länderimages - Urlaubsverhalten, Starnberg
-1983: So reisten die Europäer 1982, Starnberg
-1987: Tourismus und Umwelt, Starnberg
-1989b: Tourismus in Europa, Starnberg
-1991: Marketing im Tourismus, Starnberg
-1992a: Marketing und Forschung im Tourismus, Starnberg
-1992b: Das Image von Reisezielen, Starnberg
-1992c: Urlaubsreisen 1954-1991, Starnberg
-versch. Jg.: Reiseanalyse, Starnberg
SÜLBERG,W.1993: Reisevermittler, in: HAEDRICH u.a. 1993: 483-515
SVINDLAND 1982: Einfluß von Konjunkturschwankungen auf den deutschen Auslandsreise-
    verkehr - eine Faktorenanalyse, in: DIW, Internationaler Tourismus, Untersuchung anläßlich
    der 16. Internationalen Tourismus-Börse ITB Berlin: 23-31

THEILE,P. 1971: Fremdenverkehr und Hotellerie in Westdeutschland, Göppinge
THEOBALD,W.F. 1994: Global Tourism, Oxford: Butterworth-Heinemann
THIEM,M.1994: Tourismus und kulturelle Identität, Bern/Hamburg
THIEßEN,B. 1993: Tourismus in der Dritten Welt, Trier
THOMAS,A. 1996 (Hg.): Psychologie interkulturellen Handelns, Göttingen usw.
TINARD,Y. 1994: Le Tourisme, 2. Aufl., Paris
TMA 1990: Thomas-Morus-Akademie (Hg.): Wegweiser in die Fremde? Reiseführer, Reiserat-
    geber, Reisezeitschriften, Bensberg
TÖDTER,N.: Controlling in kommunalen Tourismusunternehmen, in: DFV 1994
-1996: Multimedia und Online-Systeme im Tourismus - Einsatz neuer Technologien als
    Wettbewerbsvorteil in vernetzten Unternehmen, in: FREYER/SCHERHAG 1996: 281-304
TONNER,K. 1995: Der Reisevertrag: Kommentar zu §§ 651a-6511 BGB, 3. Aufl., Neuwied
TOWNER,J. 1985: The Grand Tour: A Key Phase in the History of Tourism, in: Annals of
    Tourism Research, Bd. 12: 297-333
TSCHURTSCHENTHALER,P. 1983: Arbeitsqualität im Fremdenverkehr, in: Wirtschaft und Gesell-
    schaft, 9. Jg., Nr. 1: 107-129
-1986: Das Landschaftsproblem im Fremdenverkehr dargestellt anhand der Situation des Alpen-
    raums, Bern/Stuttgart

UBA 1996: Umweltbundesamt (Hg.): Das Buch der Sieben Siegel: Umweltauszeichnungen im
    Tourismus, 2. Aufl., Berlin 1996
-1996a: Verkehrsleistungen und Luftschadstoffemissionen des Personenflugverkehrs in
    Deutschland von 1980 bis 2010, Texte 16/96, Berlin 1996 (Bearbeiter: Knisch,H./Reich-
    muth,M.)
U+R, versch. Jg.: Forschungsgemeinschaft Urlaub und Reisen (F.U.R,)) (Hg.): Urlaub+Reisen,
    Hamburg, versch. Jg. (ab 1994, Nachfolgeuntersuchung zur REISEANALYSE)

VDGW 1984: Verband deutscher Gebirgs- und Wandervereine (Hg.): Naturschutz und Tourismus,
    Saarbrücken
VENSION,P. 1984: Managing Hotels, 2. Aufl., London
VIEDEBANTT,K.: Geschäftsreisen, München 1983
VIELHABER,A. 1978: Sozio-kulturelle Begleiterscheinungen des ausländischen Tourismus in
    Ägypten, in: STUDIENKREIS 1978: 157-167
VOIGT,P. 1981: Tourismus und Mexiko: Eine Untersuchung über die Auswirkungen inter-
    kultureller Kontakte in der Dritten Welt, München
VORLAUFER, K. 1996: Tourismus in Entwicklungsländern: Möglichkeiten und Grenzen einer
    nachhaltigen Entwicklung durch Fremdenverkehr, Darmstadt
VOSS,J. 1984: Die Bedeutung des Tourismus für die wirtschaftliche Entwicklung, Diss., TU-
    Berlin

WAGNER,F.A. 1984: Ferienarchitektur, Starnberg
WAHRLICH,H. 1984: Tourismus - Eine Herausforderung für Ethnologen, Berlin
WALD,H.J. 1985: Sex-Tourismus im Parlament, in: E+Z, H. 4
WALTERSPIEL,G. 1956: Grundlagen der Betriebswirtschaftslehre des Fremdenverkehrs, Teil I in: JfF, 4. Jg.: 3-13, Teil II: JfF, 5. Jg.: 3-17, Teil III, 5. Jg.: 39-46
WECZEREK,C. 1990: Sanfter Tourismus - eine neue Marketing-Strategie?, unveröff. Diplomarbeit, FH Fulda
WELTBANK 1979: Social and Cultural Dimensions of Tourism, Washington
WIENBERG,L. 1987: Geschäftsreisen, Berlin
WILHELM,H. 1983: Die Fremdenverkehrsstatistik, in: HAEDRICH 1983: 223-239
WILLIAMS,A.M./SHAW, G. 1991: Tourism and Economic Development: Western European Experiences, 2. Aufl., London/New York
WIRTH,A. 1976: Massentourismus und abhängige Entwicklung in der Dritten Welt, Diss., Marburg
WIRTZ,S.J. 1985: Lust und Frust beim Reisen, in: Bensberger Manuskripte, Nr. 28, 1. Lernbörse Reisen, Bensberg: 69-78
WITT,S.F./MOUTINHO,L. 1994 (Hg.): Tourism Marketing and Management Handbook, 2. Aufl., Hertfordshire: Prentice Hall
WÖLM,D. 1979: Marketing im Tourismus, in: Marketing, H. 4: 229-236
-1981: Marktsegmentierung im Tourismus, in: Marketing, H. 2: 99-107
WÖRLE,A./WOLFF,L.-W. 1990 (Hg.): Erstes allgemeines Nicht-Reise-Buch, München
WOLF,J./SEITZ, E. 1991 (Hg.): Tourismus-Management und -Marketing, Landsberg
WOOD,R.E. 1980: International Tourism and Cultural Change in Southeast Asia, in: Economic Development and Cultural Change, Bd. 28: 561-581
WTO 1992: World Tourism Organisation (Hg.): Guidelines: Development of National Parks an Protected Areas for Tourism, Madrid
-1993a: Sustainable Tourism Development: Guide for Local Planners, Madrid
-1993b: Empfehlungen zur Tourismusstatistik, Madrid
-versch. Jg.: Statistisches Jahrbuch, Madrid
WTTC 1995: World Travel and Tourism Council: Travel and Tourism's Economic Perspective, Brüssel 1995 (deutsch: Die Entwicklung der Reise- und Tourismusbranche weltweit bis zum Jahr 2005)

YOUNG, G. 1973: Tourism - Blessing oder Blight? Harmondsworth

ZEB 1983: Zentrum für Entwicklungsbezogene Bildung (Hg.): Tourismus, Prostitution, Entwicklung, Stuttgart/Köln
ZEGG,R. 1989: Arbeitsplatz Hotellerie, 2. Aufl., Bern usw.
ZEDEK,G. 1970: Fremdenverkehr, Salzburg/München
ZfF: Zeitschrift für Fremdenverkehr, St. Gallen
ZIEGENBALG,M. 1996: Chancenpotentiale der ambulanten Kur, Dresden: FIT
ZIMMER,P. 1984: Alternativtourismus - Anspruch und Wirklichkeit, Bern
ZIMMERS,B. 1995: Geschichte und Entwicklung des Tourismus, Trier
ZINNBURG,K. 1978: Kleine Fremdenverkehrslehre, 3.Aufl., Köln usw.
ZOLLES,H./FERNER,F.-K./MÜLLER,R. 1991: Marketingpraxis für den Fremdenverkehr, 3. Aufl., Wien

Abbildungsverzeichnis[1]

---

[1] Um das Auffinden im Text zu erleichtern, werden Tabellen und Grafiken einheitlich als "Abbildungen" bezeichnet und kapitelweise fortlaufend numeriert.

Stichwortverzeichnis